本书为国家社会科学基金项目"方镇辖区变动及其对唐后期中央调控地方机制的影响研究"（14BZS018）研究成果。

唐宋藩镇研究丛书

主编 郑庆寰

唐代后期
方镇辖区变动研究

付先召

著

社会科学文献出版社
SOCIAL SCIENCES ACADEMIC PRESS (CHINA)

序

付先召 2009 年考入南京大学，跟随我攻读博士学位。之前我在参加复旦大学中国历史地理研究所主持的《中国行政区划通史》研讨会上，得知其唐代卷并未将中唐以后的藩镇辖区列入写作计划之中，深觉不妥。当然，唐代安史之乱后方镇置废无常、方镇辖区变动纷繁复杂，如何梳理、表述实为难事。先召无所畏惧，选此作为毕业论文的选题，其披荆斩棘、填补空白的勇气殊为可嘉。先召毕业后回到商丘师范学院工作，在教学之余，继续对该问题进行研究，并获批国家社科基金项目，撰成《唐代后期方镇辖区变动研究》一书。

是书在前人研究的基础上，广引正史及石刻、墓志、碑铭等材料，综合运用历史地理、职官制度和文献考据等知识与方法，以开元时期京畿、关内、都畿、河南、河东、河北、山南东、山南西、淮南、江南东、江南西、黔中、剑南、岭南、陇右等 15 道为基础，对唐后期各道方镇的置废、辖区盈缩等做了逐一考订和复原，并澄清了前人研究中各方镇辖区变动的不实之处。

理清方镇置废、辖区变动这一长期混乱的情况后，逐年钩沉出方镇变动前后所辖诸州的变化趋势，分析了唐后期方镇变化的特点、规律、内在动因等相关问题，揭示了方镇变动中唐朝廷与方镇之间的复杂互动关系，总结了唐后期方镇管理体制的利弊得失。其中既有微观的史实考订，也有宏观的理论阐述，既有纵向的时间梳理，也有横向的空间联系，对探讨中央控制地方的得失，以及从长时段理解中央与地方的关系都有重要作用。

依据文献所载，每个方镇制作辖区变动表和方镇辖区变动沿革总表，使变动后的方镇管辖范围，以及方镇辖区纵向变迁的特点和规律更加直观清晰。

该书论证严谨、内容系统、观点新颖。书中认为，唐代后期方镇辖区变动呈现出有乱则有变、乱者恒乱、稳者恒稳的特点；方镇辖区的设置上，突破山河形便的原则，呈现出犬牙交错分布及跨州遥领的特点；为平定叛乱、控制跋扈方镇、防御少数民族侵扰，以及唐末方镇割据等因素是引发方镇辖区变动的原因；方镇变动背后是唐中央寻求各种措施以实现对方镇的控制；唐朝廷通过肢解方镇、辖区调整的方式，使方镇势力均衡，彼此相互牵制，从而达到管理地方的目的。上述观点多为前人未发，具有一定的创新性。

当然，该书也有一些需要提升完善的地方。譬如，石刻、碑铭、墓志等出土资料的运用相对较少；对归义军节度使以及伊西北庭、安西四镇等的考证相对较弱；结构比例还可再行优化，以保持各部分的篇幅大致平衡；每个方镇辖区变动的特点、原因及其对唐后期中央治理地方的影响等还可进一步深入研究。

总体而言，《唐代后期方镇辖区变动研究》是一部有自己独立见解的学术专著，填补了唐代后期方镇辖区变动沿革领域的空白。该书的出版，有助于完善唐代政区地理和军事历史地理的研究，尤其为唐后期政治史、军事史的研究提供了有价值的史料。这对于了解地方政区设置的基本原则及其对国家稳定的重要性具有重要意义，同时也可为当下行政区划的改革提供历史借鉴。

现书已交由社会科学文献出版社出版。在著作付梓之际，先召请我为该书作序，喜见唐代方镇政区研究又有新成果问世，深感欣慰，故为之序。

李昌宪

2023 年 8 月 10 日于南京

目　录

引　论

一　问题的缘起

安史之乱后，唐王朝由盛转衰，方镇割据是唐后期朝廷最大的难题，方镇祸乱与朝廷平乱似乎成为常态。即便如此，元气大伤的唐朝依然持续了近一百五十年，其中的原因非常值得深入探讨，事实上也的确成为众多史家研究的重点。唐后期的方镇问题关乎唐朝存亡，所谓"国命之重，寄在方镇"，[①] 其实这在中国历史上也并非个案，它与东周列国、东汉末年的州以及民国时期的军阀割据在本质上比较相近。因此，唐后期的方镇问题关乎中央与地方关系的处理，也是中国古代中央与地方关系的重要命题，具有十分重要的研究价值。

唐后期方镇置废无恒，辖区变动频仍，分割移徙繁杂。王鸣盛云："新方镇表与旧地志所列至德后四十七使及杜氏《通典》州郡门，皆有互异处。……《元和郡县图志》……就其存者与新表、旧志参对，三者已各不同，移徙分割，纷乱不可爬梳。"[②] 王寿南先生亦言："《新唐书·方镇表》之疏误及与他书互异处甚多，欲求补正而得一完整无误的新方镇沿革表几不可能。至于各方镇所领州县之多少，因增减离合变化太大，故略而不论。"[③]

厘清方镇置废、辖区变动的情况，对进一步了解唐后期朝廷与方镇之间的关系尤为重要。谭其骧先生言："把历史政区搞清楚，是研究历史地理的一项必要的基础工程。历史上任何一个时期政区不搞清楚，也就无法

---

① 王溥：《唐会要》卷七七《诸使上·巡察按察巡抚等使》，中华书局，1955，第1416页。

② 王鸣盛：《十七史商榷》卷八三《新旧唐书十五·方镇表与他家互异》，上海书店出版社，2005，第730—731页。

③ 王寿南：《唐代藩镇与中央关系之研究》，台北：大化书局，1978，第18页。

正确的进行这一时期的其它历史地理课题的研究。"① 谭先生的这句话同样适用于方镇辖区变化的研究。方镇变化的具体情况是否有规律可循，变化背后的原因为何，纷繁复杂的变化能反映出唐朝廷与方镇之间什么样的关系，其中又有何启示等诸多问题，都值得进行深入系统性的研究。故考订复原方镇辖区沿革及分析其变动背后的原因等问题即是本书研究的主要内容。

二 学术史回顾

对于方镇，学界多从政治史、社会史、经济史、文化史等方面进行研究，诞生一批佳作，影响深远。对于方镇的综合性研究，当首推日野开三郎著《支那中世の军阀—唐代藩镇の研究》，② 它系统梳理了由边境置节度使至内地遍设方镇、方镇跋扈与唐朝廷的博弈及天下尽裂于方镇的整个过程，并深入分析方镇的财政权及朝廷税制改革对方镇的影响。台湾学者王寿南著《唐代藩镇与中央关系之研究》，③ 经过详细缜密的考订制作出颇具功力的《唐代藩镇总表》，并在此基础上对藩镇对朝廷的态度及朝廷对待藩镇的策略措施进行分类统计，认为大多数藩镇在大部分时间是恭顺的，所谓的跋扈割据状态仅发生于特定时段及特定区域；并从经济角度分析方镇跋扈与否的客观条件，提升了藩镇研究的深度与广度。但对于纷繁复杂的方镇辖区变动略而不论，为后人留下继续深入探讨的空间。张国刚著《唐代藩镇研究》，④ 从社会史、经济史等多角度研究唐代方镇问题，通过梳理藩镇的形成过程，分析藩镇的类型、割据的社会基础、动乱的特点、藩镇长期割据的原因，并进一步探讨唐代藩镇的进奏院、使府辟署、财政收入与分配及藩镇进奉等制度，堪称综合研究藩镇的力作。谭其骧主编《中国历史地图集》⑤（第五册"隋唐五代十国时期"）、严耕望著《唐代交通图考》⑥ 及郁

① 周振鹤：《西汉政区地理》，人民出版社，1978，第 3 页。
② 《日野开三郎东洋史学论集》第 1 卷《唐代藩镇の支配体制》，东京：三一书房，1980。
③ 王寿南：《唐代藩镇与中央关系之研究》，台北：嘉新水泥公司文化基金会，1969 年初版；大化书局，1978 年修订版。
④ 张国刚：《唐代藩镇研究》，湖南教育出版社，1987。
⑤ 谭其骧主编《中国历史地图集》，中国地图出版社，1982。
⑥ 严耕望：《唐代交通图考》，台北：中研院历史语言研究所，1985；严耕望遗著，李启文整理《唐代交通图考》第六卷（河南淮南区），台北：中研院历史语言研究所，2003。

贤皓著《唐刺史考》^① 等均为研究唐代后期方镇辖区变动提供了极为珍贵的材料。李碧妍著《危机与重构——唐帝国及其地方诸侯》，^② 探讨唐帝国在安史之乱这场危机爆发后于内地普设藩镇这种行为背后的政治动因，并尝试去揭示处在一个藩镇时代的唐帝国，是如何通过重构藩镇的空间结构与权力结构来应对由藩镇所带来的紧张危机并重新树立其统治权威的。上述研究没有体现方镇辖区的变动情况。陆扬著《清流文化与唐帝国》，^③ 从皇帝权威的特殊性入手，论述唐后期皇帝以积极有为的策略力图达到唐朝廷对方镇的有效控制。至宪宗朝，朝廷已在与方镇的博弈中占据优势。张天虹著《中晚唐五代的河朔藩镇与社会流动》，^④ 从社会流动的角度出发，将河朔地区作为中晚唐时期的一个重要区域进行深入探讨。关乎方镇综合性研究的论著颇多，兹不赘述，如下仅对从政区地理角度对方镇进行的研究进行梳理。

（一）关于唐后期方镇是否为一级行政区的研究

严耕望著《中国历代地理·唐代篇》："安史乱后，故内地亦置节度，权轻者称防御使，皆带观察处置使之号，其非军事区，则单称观察处置使。故就行政区划而言，统称观察区可也。惟西南有经略都护之号，地位又在观察之下耳。于是旧有之道名存实亡。此种区划，通常称为方镇，亦曰道。"可知，安史乱后，唐代方镇应为州县之上的管理层级。谭其骧《历代政区概述》，^⑤ 认为安史之乱爆发后，于关隘要冲处置节度使、防御使等方镇，至乾元元年（758）废采访处置使，随后又置观察使，以军事性质为主的方镇变为行政区划上的道，从而确立唐后期道（即方镇、节度使、观察使等）、州（府）、县三级制。田尚《唐代十道和十五道的产生及其性质》，^⑥ 认为唐后期的节度使、观察使是军事区与行政区的结合。周振鹤《中国地方行政制度史》，^⑦ 认为唐代后期观察使的

① 郁贤皓：《唐刺史考》，江苏古籍出版社，1987。
② 李碧妍：《危机与重构——唐帝国及其地方诸侯》，北京师范大学出版社，2015。
③ 陆扬：《清流文化与唐帝国》，北京大学出版社，2016。
④ 张天虹：《中晚唐五代的河朔藩镇与社会流动》，社会科学文献出版社，2021。
⑤ 谭其骧：《历代政区概述》，《文史知识》1987年第8期。
⑥ 田尚：《唐代十道和十五道的产生及其性质》，《中国古代史论丛》1982年第3辑，福建人民出版社，1982，第141—152页。
⑦ 周振鹤：《中国地方行政制度史》，上海人民出版社，2005。

监察范围（道）与节度使的军事辖区（方镇）合二为一，表明州之上新的一级行政区已经形成。翁俊雄著《唐后期政区与人口》，[①] 认为节度使、观察使在所辖范围内对所属州府有很大的权力，具有朝廷与州府之间一级行政机构的所有功能，是名副其实的一级地方行政机构。赖青寿《唐后期藩镇建置沿革研究》，[②] 认为唐后期嬗变为方镇（道）、州、县三级制，或道级方镇、次道级方镇、州、县四级制。景遐东《使职设置与唐代地方行政级制的演变》[③] 认为，中晚唐节度使、观察使等常设化、固定化，道（方镇）成为实际一级行政机构，地方二级制演变为三级制。郭峰《唐代道置改革与三级制地方行政体制的形成》[④] 认为，至乾元—大历时期，已形成道、州、县三级制地方行政管理体制。成一农撰《唐代的地缘政治结构》[⑤] 认为，安史乱后，监察道逐渐与节度使辖区结合，唐后期的道是类似最高层的准地方行政区，地方管理层级由二级制转为准三级制。薛亚玲、华林甫撰《渐变与突变：中国历史上高层政区演变的分析》，[⑥] 认为唐代的高级行政区"道"经历了划小的历程，符合历史发展的普遍性。

张小稳《唐代道制建设与改革三题》[⑦] 认为，代宗大历十二年至德宗建中三年（777—782）出台一系列措施，如规定方镇的机构编制、人员的俸禄标准，设立进奏院建立中央与方镇之间的沟通渠道，将方镇的行政实体地位确定下来，道—州—县的三级结构最终形成。高凤林《略谈唐朝的节度使制度》[⑧] 认为，观察使于乾元元年由采访使改称，已是道一级的行政长官。此外，认为方镇为高于州县一级行政区的还有沙宪如《唐代节度使的再探讨》[⑨]、艾冲《唐代都督府研究》[⑩]、夏炎《唐代州级行政体制研

① 翁俊雄：《唐后期政区与人口》，首都师范大学出版社，1999。
② 赖青寿：《唐后期藩镇建置沿革研究》，博士学位论文，复旦大学，1999。
③ 景遐东：《使职设置与唐代地方行政级制的演变》，《社会科学》2002 年第 6 期。
④ 郭峰：《唐代道置改革与三级制地方行政体制的形成》，《历史研究》2002 年第 6 期。
⑤ 成一农：《唐代的地缘政治结构》，李孝聪主编《唐代地域结构和运作空间》，上海辞书出版社，2003。
⑥ 薛亚玲、华林甫：《渐变与突变：中国历史上高层政区演变的分析》，《开发研究》2016 年第 2 期。
⑦ 张小稳：《唐代道制建设与改革三题》，《兰州学刊》2010 年第 2 期。
⑧ 高凤林：《略谈唐朝的节度使制度》，《山东师范大学学报》1984 年第 6 期。
⑨ 沙宪如：《唐代节度使的再探讨》，《史学集刊》1994 年第 2 期。
⑩ 艾冲：《唐代都督府研究》，西安地图出版社，2005。

究》①、冯金忠《唐代地方武官研究》② 等。

也有学者认为唐后期方镇并非一级行政区。刘诗平《论唐后期的地方行政体制》③ 认为，唐代后期方镇节度使、观察使虽然行使州县之上的多种权力，但州、县二级制始终存续，数州并非处于方镇的全面领导之下。道为监察区，方镇为军事区，只有州才是实实在在的行政实体，即一级行政机构。张达志《唐代后期藩镇与州之关系新解》④ 认为，藩镇由于其特殊性质，虽凌驾于州之上却不是正式的一级行政建置。唐后期朝廷、藩镇、州之间存在虚实结合的"三角关系"，地方实行二级制而非三级制。藩镇的正式行政区划性质，自始至终都没有在唐代法令中得到确认，而朝廷与州的上通下达却时时被强调。另外，陈志坚《唐代州郡制度研究》⑤ 认为，所谓的三级制是很不完全的，州对朝廷负责的情况一直存在，州一级政权在制度上并未明确规定其行政的各个方面附属于方镇，朝廷、方镇、州三者之间形成的是三角互动关系。罗凯《何为方镇：方镇的特指、泛指与常指》⑥ 认为，方镇并非州之上的一个行政层级，唐后期所形成的都府—州—县三级制，仅是广义的政治区域性质的三级制。

（二）涉及方镇辖区变动的研究

《新唐书·方镇表》是记载方镇置废及辖区变动沿革的主要史料，但存在内容错误、衍字、别字、漏字、时间误载、跳栏脱误等诸多问题。《元和郡县图志》主要记载的是元和年间（806—820）所置方镇，未能反映方镇及辖区的前后变动情况。《旧唐书·地理志》主要记载一个时段的方镇辖区，亦未反映其变动沿革。《资治通鉴》和《通鉴考异》载有部分方镇的辖区及调整情况，但数量极为有限。如王鸣盛云，上述著书之间所载互异，让人感觉纷乱不可爬梳。清人沈炳震著《新旧唐书合钞》，认为两部唐史瑕瑜互见，各有优劣，并依据旧书及其他经史记载，对《方镇表》补列了拜罢承袭诸项目，对欧书之讹谬多有斧正，但主要涉及方镇的置废问题，辖区变动情况斧

---

① 夏炎：《唐代州级行政体制研究》，博士学位论文，南开大学，2005。
② 冯金忠：《唐代地方武官研究》，博士学位论文，北京师范大学，2006。
③ 刘诗平：《论唐后期的地方行政体制》，硕士学位论文，北京大学，1997。
④ 张达志：《唐代后期藩镇与州之关系新解》，《学术月刊》2010 年第 1 期。
⑤ 陈志坚：《唐代州郡制度研究》，上海古籍出版社，2005。
⑥ 罗凯：《何为方镇：方镇的特指、泛指与常指》，《学术月刊》2018 年第 8 期。

正不多。钱大昕《廿二史考异》卷四六至四九对《新唐书·方镇表》进行了相当细致的考证，结论大多可信，但其重点不在辖区变动上，多数是纠正方镇名称、置废时间之误，仅有少量的辖区变动考证。清人吴廷燮著《唐方镇年表》，除收录《新唐书·方镇表》内容外，还从两《唐书》的本纪、志、列传及其他一些类书、地志、总集、别集、墓碑、杂史等史料中辑录方镇节度使任免迁徙的时间，为方镇使职任人的研究奠定了基础；但对于方镇置废及辖区变动只是照搬《新唐书·方镇表》，没有进行相关考证。顾祖禹《读史方舆纪要》卷六《历代州域形势六·唐下》部分，辖区变化仍依据《新唐书·方镇表》，但增加了部分方镇使职及事件发展过程。今人岑仲勉先生于《唐史余渖》①和《通鉴隋唐纪比事质疑》②两部大作中，对部分方镇的建置沿革有过考证。严耕望先生在《中国历史地理·唐代篇》③中，对今本《元和郡县图志》所载元和年间的方镇情况进行了补阙，结论可信。程志、韩滨娜《唐代的州和道》④对《元和郡县图志》所载元和年间的方镇数量进行考证，但结论值得商榷。吴泽先生《〈新唐书·方镇表〉考校记》⑤一文，对《新唐书·方镇表》进行考证，斧正了部分错讹之处，结论基本可信。朱玉龙《五代十国方镇年表》一书，⑥涉及唐后期方镇建置沿革，但基本是依据《新唐书·方镇表》。

从行政区划角度研究唐后期方镇最为系统的应是赖青寿先生，其博士论文《唐后期方镇建置沿革研究》，⑦从行政区划角度对方镇建置沿革的整个过程进行探讨，也涉及其名称、治所、辖区变迁等问题。赖青寿先生做了大量细致的考证，所引资料翔实丰富，为进一步研究唐后期方镇问题做了基础性的工作，实属难得。但就辖区变动而言，赖先生虽主要对《新唐书·方镇表》的讹谬之处进行考证，但亦有不实之处，对有些材料的解释颇显牵强，缺少实证材料。其论述形式亦不甚合理，没有清晰显示逐年变动后方镇具体所辖诸州。仅制作方镇置废表，而没有方镇辖区变动表，亦

---

① 岑仲勉：《唐史余渖》，中华书局，2004。
② 岑仲勉：《通鉴隋唐纪比事质疑》，中华书局，2004。
③ 参见石璋如等《中国历史地理》，台北：中华大典编印会，1954。
④ 程志、韩滨娜：《唐代的州和道》，三秦出版社，1987。
⑤ 吴泽：《〈新唐书·方镇表〉考校记》，《史学史研究》1992年第1期。
⑥ 朱玉龙编著《五代十国方镇年表》，中华书局，1997。
⑦ 赖青寿：《唐后期方镇建置沿革研究》，博士学位论文，复旦大学，1999。

无法使人对方镇辖区变动情况一目了然。再是对辖区变动原因及其变动对唐后期社会、政治的影响没有深入分析等。

陈翔《再论安史之乱的平定与河北藩镇重建》①、《唐代后期泽潞镇军事地位的变化》② 两文，对广德元年（763）淄青镇与河北四镇之间辖区的变动和唐后期泽潞镇辖区变动进行考证，结论基本可信。张正田撰《唐代成德军节度使之变动——安史乱后初期（781—789）河北中部军政形势研究》③，分析李宝臣卒后成德军分裂及所割出的易定、横海二节度恭顺朝廷的原因，打破河朔方镇整体跋扈的观点。黄利平《唐京西北藩镇述略》④ 一文，涉及京西北方镇的置废，但没有对方镇辖区的变动进行考订。黄清连撰《忠武军：唐代藩镇个案研究》⑤ 一文，主要依据《新唐书·方镇表》讨论了忠武军的地理沿革。朱德军《略论唐代中原藩镇的演变及其表现》⑥，梳理中原方镇的废置、名称与治所的改易、管辖区域的变更及动乱频度的变化，其辖区变动部分亦主要依据《新唐书·方镇表》。张正田《唐代昭义军研究》⑦ 一文，部分涉及昭义军的地理环境，但重在分析地理区位优势。此外，涉及方镇辖区变动的还有王韵《论唐、五代的昭义镇》⑧、郎洁《唐中晚期昭义镇研究——兼论中央与藩镇关系》⑨、曾贤熙《唐代汴州——宣武军节度使研究》⑩、冯金忠《唐代幽州镇研究》⑪、姜密《唐代的成德镇》⑫、王赛时《唐代的淄青镇》⑬、任艳艳《唐代河东道政区"调

① 陈翔：《再论安史之乱的平定与河北藩镇重建》，《江汉论坛》2010年第1期。
② 陈翔：《唐代后期泽潞镇军事地位的变化》，《中国历史地理论丛》2008年第3期。
③ 张正田：《唐代成德军节度使之变动——安史乱后初期（781—789）河北中部军政形势研究》，《国立政治大学历史学报》第22期，2004年。
④ 黄利平：《唐京西北藩镇述略》，《陕西师范大学学报》1991年第1期。
⑤ 黄清连：《忠武军：唐代藩镇个案研究》，《中央研究院历史语言研究所集刊》第64本第1分，1993年。
⑥ 朱德军：《略论唐代中原藩镇的演变及其表现》，《洛阳师范学院学报》2010年第4期。
⑦ 张正田：《唐代昭义军研究》，硕士学位论文，中正大学，2002。
⑧ 王韵：《论唐、五代的昭义镇》，硕士学位论文，四川师范大学，2003。
⑨ 郎洁：《唐中晚期昭义镇研究——兼论中央与藩镇关系》，硕士学位论文，中央民族大学，2007。
⑩ 曾贤熙：《唐代汴州——宣武军节度使研究》，博士学位论文，中国文化大学，1991。
⑪ 冯金忠：《唐代幽州镇研究》，硕士学位论文，河北师范大学，2001。
⑫ 姜密：《唐代的成德镇》，硕士学位论文，河北师范大学，1998。
⑬ 王赛时：《唐代的淄青镇》，《东岳论丛》1994年第2期。

整"之研究》①、陈乐保《唐代剑南道研究——以政治地理与戍防体系为中心》②、穆溯《唐代宣歙镇研究》③、林云鹤《唐代山南道研究》④、李堪秋《唐代夏绥镇研究》⑤、龙晶《唐肃代德时期鄂州的几个问题》⑥、王天宇《唐代河中府研究三题》⑦、李想《唐代关内道研究——以敦煌文书为中心》⑧。等。上述文章虽或多或少地涉及方镇辖区，但大都依据《新唐书·方镇表》，少有考证复原方镇辖区变动实况。另有一些零星的考证成果散见于学者的论著中，兹不赘述。

　　虽有上述成果，但安史乱后方镇辖区的变动问题仍没有得到很好的解决。侯仁之先生曾言："研究沿革地理，把历代疆域与行政区划加以考订和复原，这是一项艰巨的工作，但还不能满足历史地理学的要求。如果在完成这一工作之后，还要继续前进，那就有可能作出重要的历史地理成果来。真正的历史地理的工作，是从考订复原开始而不是在这里结束。"⑨ 故方镇辖区变动问题仍有继续深入探讨的必要。

三　研究创新与方法

（一）研究创新

　　首先是在前人研究成果的基础上，继续考订复原方镇置废、辖区盈缩的变动情况，逐年钩沉出变动后的方镇所辖诸州，并试图纠正前人考订方镇辖区变动的不实之处。其次是制作方镇辖区变动沿革表，清晰显现每次变动后的管辖范围。最后是分析辖区变动的原因，探求变动背后所体现的唐朝廷与方镇之间的关系，总结唐后期方镇管理体制的利弊得失。

---

① 任艳艳：《唐代河东道政区"调整"之研究》，博士学位论文，武汉大学，2013。
② 陈乐保：《唐代剑南道研究——以政治地理与戍防体系为中心》，博士学位论文，山东大学，2015。
③ 穆溯：《唐代宣歙镇研究》，硕士学位论文，南京师范大学，2017。
④ 林云鹤：《唐代山南道研究》，博士学位论文，上海师范大学，2018。
⑤ 李堪秋：《唐代夏绥镇研究》，硕士学位论文，黑龙江大学，2019。
⑥ 龙晶：《唐肃代德时期鄂州的几个问题》，硕士学位论文，山东大学，2020。
⑦ 王天宇：《唐代河中府研究三题》，硕士学位论文，西北大学，2021。
⑧ 李想：《唐代关内道研究——以敦煌文书为中心》，硕士学位论文，西北师范大学，2022。
⑨ 侯仁之：《历史地理学四论》，中国科学技术出版社，1994，第6页。

（二）研究方法

以开元十五道来划分考证区域，①综合运用历史地理、职官制度和文献考据等知识与方法对各道方镇置废、辖区变动进行逐个考订、复原。按道对方镇逐个进行考证，每一方镇为一节，篇首概述方镇治所、辖区变动的总体情况，然后考证辖区逐年变化，将每次变动后所辖诸州列出，以清眉目。制作方镇辖区变动表，分析其纵向变迁的特点及规律，进而探讨辖区变迁的原因及其对唐后期朝廷的影响。并重视传统历史学与交叉学科研究方法的综合运用。

本书资料以较常见史料为主，如《旧唐书》《新唐书》《元和郡县图志》《全唐文》《唐六典》《通典》《资治通鉴》《唐会要》《旧五代史》《新五代史》《十国春秋》《册府元龟》《文苑英华》《太平寰宇记》等史书，同时参考石刻、墓志、碑铭等材料，以及宋人所著的笔记小说及其他相关史料。近代学者对唐史有关方镇的研究成果亦尽量参考，对台湾及海外学者的相关研究成果尽量予以采用。

唐后期的形势多变，又史料有限记载不详，给方镇辖区变动的复原带来极大难度。加之本人学力有限，不敢妄求完整无误，唯有尽心尽力而为。有不当之处，敬请方家批评指正。

四 本书的研究对象

（一）时间范围的界定

本书以安史之乱为分界点将唐朝分为前、后两个时期，主要研究安史之乱至唐朝灭亡这段时间内方镇辖区变动情况。之所以选定该时间段，是因为安史之乱后唐朝前期设置的道的性质发生变化，由监察区变为准政区，同时因中原用兵，遍设方镇，自此进入方镇置废频繁、辖区变动无常的阶段。王鸣盛云："方镇之建置，分割移徙，最为纠纷，以唐一代变更

---

① 这与唐代政区制度的变迁和道制的创立与发展有关。唐初政区实行二级制，为便于管理，唐太宗贞观元年创立道制，初为十道，且治所无定。开元二十一年，玄宗重新划分为十五道，并有固定的治所，一直延续至唐末。所以，唐朝后期，虽然方镇多有变化，但道作为一级政区相对稳定。故而本书以开元二十一年设置的十五道为基础进行论述。

不一，竟无定制。"① 研究自此开始，有利于厘清方镇置废、辖区变动这一长期混乱的情况，便于进一步分析上述时间范围内方镇变化的特点、规律、内在动因等相关问题。

（二）方镇概念、性质的界定

何谓方镇？《新唐书·兵志》载"夫所谓方镇者，节度使之兵也"。② 方镇的范围包括节度使、观察处置使、都防御使、经略使，其中以节度使最为重要，故史书常以节度使代表方镇。方镇又被称为藩镇、节镇等，其中唐人通常将方镇和藩镇互用。王寿南先生认为，方镇偏重于地理方面，而藩镇则政治意味较浓厚，《新唐书》方镇表记述地理区划之变革，又有"藩镇魏博""藩镇成德"等传记述政治人事之动态，似乎隐然对"方镇""藩镇"二词有所辨别。③ 本书偏重于辖区变迁，故使用方镇一词。

安史之乱后的方镇是军事辖区与监察辖区合二为一的战时管理区域，也可说是朝廷与州、县之间的管理机构。学界一般认为，至德以后遍设的方镇已成为凌驾于州之上的行政管理区划，形成方镇、州、县三级管理体制。乾元元年（758）停采访使，置观察使，节度使兼领观察使，标志着方镇已成为军事、监察一体的管理层级。也有学者认为方镇非一级行政区，唐朝后期实行的仍是州县二级管理体制。笔者认为唐后期方镇应是事实存在的一级管理机构，但又不同于州、县这样的标准政区，其管理方式在不同时段、不同地域体现出不同特点。

唐后期方镇普遍存在是唐朝廷控制地方的被动之举，对方镇性质的界定需要结合唐朝对地方的管理进行理解。秦统一天下，行郡县制度，郡置守尉，以御史进行监督。西汉代秦，因为秦朝设置的郡管辖范围稍大，朝廷不能实现对地方的有效管理，故西汉析置郡国，行郡国并行制度，又设十三部刺史进行监管。东汉末年，州刺史权力过大，造成汉朝廷无法控制州牧的情形，出现董卓之乱等危及东汉稳定的乱局，最终三国鼎立局面形成。西晋短暂统一，寻陷胡戎，南北分裂，无暇有效治理国家。三百年间，郡国置废不一。及隋朝定鼎天下，改州为郡，又如汉朝地方制度，置

---

① 王鸣盛：《十七史商榷》卷八三《新旧唐书十五·论方镇表》，第 729 页。
② 《新唐书》卷五〇《兵志》，中华书局，1975，第 1328 页。
③ 王寿南：《唐代藩镇与中央关系之研究》，绪言，第 2 页。

司隶、刺史，加强对郡守的纠察。隋朝末年，地方起义蜂起，郡县沦陷，地方管理机构再次陷入混乱。

唐朝建立，高祖李渊改郡为州，太守并称刺史，于边境镇守及襟带之地置总管府，统领军戎，至武德七年（624），改总管府为都督府。内地郡县制重在行政管理，边境或襟要之地在行政管理的基础上加强军事管理，形成内外有别的地方管理模式。

1. 州郡巡察制度

唐高祖初定天下，临时设置的州郡数量过多，对全国州郡的管理存在困难。贞观元年，太宗下令合并州郡，核定州府三百五十八，县一千五百五十一。又依据山河形便，分全国为十道，即关内道、河南道、河东道、河北道、山南道、陇右道、淮南道、江南道、剑南道、岭南道，并遣使巡察各道。睿宗于景云二年（711）试图进行地方行政区划的改革，"天下分置都督府二十四，令都督纠察所管州刺史以下官人善恶"，[1] 模仿汉武帝设置的具有监察性质的十三部州刺史，规定都督府对属州的监察权。都督府的设置遭到多方的反对，持异议者认为都督府权力过大，容易对朝廷形成威胁。如太子右庶子李景伯、太子舍人卢俌等人认为一旦都督被赋予极大的监察权力，将会造成都督"专生杀之柄，典刑赏之科。若委非其人，授受有失，权柄既重，疵衅或生"[2] 的严重后果。运行不久便被迫废止。开元二年（714）改曰按察采访处置使。开元二十一年（733），将山南、江南各分为东、西道，增置黔中道及京畿道、都畿道，"分天下为十五道，每道置采访使，监察非法，如汉刺史之职"。[3] 天宝末，采访使"又兼黜陟使"。[4] 采访使有常设机构和官员，形成州之上的监察区。

2. 节度使沿革

唐朝初期为加强对边境和襟带之地的控制，设置地方军事体系。唐武德至天宝前，设十二道置兵戍边，规模大的称军，规模小的称守捉、城或者镇。据《新唐书·兵志》，平卢道军1，守捉11；范阳道军16；

① 王溥：《唐会要》卷六八《都督府》，第1192页。
② 卢俌：《置都督不便议》，董诰等编《全唐文》卷二六七，中华书局，1983，第2713页。
③ 《旧唐书》卷三八《地理志一》，中华书局，1975，第1385页。
④ 《新唐书》卷四九下《百官四下·观察使》，第1311页。《唐会要》卷七八《诸使中·黜陟使》载，贞观八年（634），置黜陟使，以六条巡察四方，黜陟官吏。

河东道军 4，守捉 5；关内道军 9，守捉 1，城 9；河西道军 14，守捉 14；北庭道军 3，守捉 10；安西道军 1，守捉 8；陇右道军 18，守捉 3；剑南道军 10，守捉 15，城 32，镇 38；岭南道军 6；江南道军 1；河南道军 1，守捉 2，镇 1。

军、城、镇、守捉皆有使，每道有大将一人，称大总管，后改称大都督。唐太宗时，行军征讨时称大总管，在其本道时称大都督。严耕望先生认为："唐自初兴，重要诸州刺史虽加都督邻近诸州之号，有如南北朝都督诸军之制，但实无指挥节制之权。"[①] 都督府不具备对属州军队的指挥权，其对属州的军事职能仅为"掌所管都督诸州城隍、兵马、甲仗、食粮、镇戍等"，[②] 这些职能与军事管理关系密切，与统兵无涉。唐人认为"都督、刺史，其职察州县……劾举不职"，[③] 在都督的职掌中也有"其吏在官公廉正己清直守节者，必察之；其贪秽谄诼求名徇私者，亦谨而察之，皆附于考课，以为褒贬。若善恶殊尤者，随即奏闻"[④] 的规定。

自唐高宗永徽以后，都督带使持节者，开始被称为节度使，然当时尚不是固定官名。景云二年，以贺拔延嗣为凉州都督、河西节度使。开元年间，朔方、陇右、河东、河西诸镇皆置节度使。至天宝元年（742），在沿边地区置九个节度使，即安西、北庭、河西、朔方、河东、范阳、平卢、陇右、剑南节度使。

天宝年间，节度使开始兼领采访使。天宝三载（744）又授范阳长史，充范阳节度使、河北采访使，天宝九载，又命兼河北道采访处置使。节度使开始干涉地方民政，违背了朝廷置采访使监察州县的初衷。天宝九载，敕："采访使但察访善恶，举其大纲，自余郡务所有奏请，并委郡守，不须干及。"[⑤] 表明朝廷不允许节度使过多干涉民政。

但在实际运行中，节度使兼采访使，负责监察地方刑狱和州、县官吏，对州、县官吏的奖惩升降有重要影响，所以州刺史易唯节度使马首是瞻。故有学者认为，"自此，节镇辖区内的诸州刺史为节度使所制，节度

---

① 严耕望：《中国地方行政制度史》上编，台北：中研院历史语言研究所，1961，第 9 页。
② 杜佑：《通典》卷三二《职官十四·州郡上·都督》，中华书局，1988，第 894 页。
③ 《新唐书》卷一九七《循吏传·序》，第 5616 页。
④ 李林甫等：《唐六典》卷三〇《三府督护州县官吏》，中华书局，1992，第 747 页。
⑤ 王溥：《唐会要》卷七八《诸使中·采访处置使》，第 1420 页。

使开始把地方的行政、财赋等大权集于一身。采访使便成为道一级的行政长官，道成为州郡之上的一级行政单位"。①

事实上，该时期的节度使仍不能称为一级行政单位。开元天宝时，节度使带支度营田使职不能作为"有其财赋"的证明，天宝中节度使兼领采访使的现象亦不普遍。② 特别是天宝时期，唐朝的采访使与节度使的区域划分并不完全吻合，不能笼统地说他们都是既有其土地，又有其人民，又有其甲兵，又有其财赋。③ 清人赵翼说："唐之官制，莫不善于节度使。其始察刺史善恶者有都督，后以其权重，改置十道按察使。开元中或加采访、观察、处置、黜陟等号，此文官之统州郡者也。"④ 明确指出了观察等使对州级具有的监察权力。

3. 安史乱后的方镇

天宝十四载，安史之乱爆发，河北等地很快被叛军攻占，内地置节度使。长安失守后，玄宗在仓皇前往成都途中于剑州发布诏书，下令赋予各道节度使战时指挥权，制曰："应须士马、甲仗、粮赐等，并于当路自供。……其署置官属及本路郡县官，并任自简择，署讫闻奏。"⑤ 建立地方以节度使为核心，以取得平定叛乱为目的的战时军事管理体制。节度使拥有招募军队、筹集经费、任免管内官吏的权力，其管辖权已经超过采访使。

这一时期，各道采访使依然存在，有的以节度使兼任，有的与节度使并存。如至德元载（756），高适为淮南节度使，而李成式为淮南采访。⑥ 李光弼为河北节度使，而颜真卿为河北采访使。⑦ 还有一种情况，一道内置数个节度使，原采访使仍在任。如至德元载，河南道内就有河南节度使及淄青节度使，时采访使与节度使亦不是同一人。因节度使被授予战时特

① 沙宪如：《唐代节度使的再探讨》，《史学集刊》1994 年第 2 期。
② 张国刚：《唐代藩镇研究》，第 40—43 页。
③ 韩国磐：《唐末五代的藩镇割据》，《隋唐五代史论集》，生活·读书·新知三联书店，1979。
④ 赵翼著，王树民校证《廿二史札记校证》卷二〇《唐节度使之祸》，中华书局，2013，第429 页。
⑤ 《资治通鉴》卷二一八，至德元载七月丁卯上皇制条，中华书局，1956，第 6984 页。
⑥ 《资治通鉴》卷二一九，至德元载十二月条，第 7007—7009 页。
⑦ 《资治通鉴》卷二一七，至德元载三月条，第 6957 页。

权，原各道所置采访使已无法行使监察权，故乾元元年（758）诏言："近缘狂寇乱常，每道分置节度。其管内缘征发及文牒，兼使命来往，州县非不艰辛，仍加采访，转益烦扰。其采访使置来日久，并诸道黜陟使便宜且停，待后当有处分。"① 是年四月，肃宗停废采访使后置观察处置使，"掌察所部善恶，举大纲。凡奏请，皆属于州"。意图约束方镇权力扩张，强化中央对地方的控制。

乾元元年，"改黜陟使为观察使"，② 将原监察道化小，分置四十余道，大者十余州，小者二三州，各以其山川区域为制。从此，"务系州县"的观察使由"事关军旅"的节度使或都团练使、都防御使兼领，诸道军事权与行政督察权合二为一。兼有军事权和行政督察权的节度使即是安史之乱后所谓的"道"或"方镇"。在节度使府与观察使府的整合中，节度使府居于主导地位，即在原节度使府的基础上加以扩充，节度使府由节度属官、观察属官、支度属官和营田属官构成。节度使虽集各种权力于一身，但突出的是军事权，且重于行政权。③

安史之乱后，除前述节度使兼领观察使，或观察使兼领都防御使、都团练使的军政区外，还有仅置观察使的行政督察区，及置都防御使或都团练使而不置观察使的军事区。都防御使或都团练使，若授予旌节则升为节度使。黄巢起义前，京畿、东都畿、江南、黔中及岭南邕管、容管、桂管、安南多设观察使，其他地区多设节度使。观察使镇若发生战事，则升为节度使。北方传统的节度使镇，因权力斗争，节度使受排挤时也会降为观察使。如元和十四年（819）六月，以前兵部尚书李绛"检校吏部尚书、河中尹，充河中晋绛慈隰观察使"。④ 李绛出为河中观察使，被削兵权，不同于河中置节帅的旧制，是因为"皇甫镈厌恶李绛，只以观察命之"。⑤ 黄巢起义后，观察使镇大都升为节度使镇。

唐代方镇辖区内可据军事需要或地理形势划分出若干小的军区。⑥ 贞

---

① 王溥：《唐会要》卷七八《诸使中·采访处置使》，第 1421 页。
② 《资治通鉴》卷二二〇，乾元元年五月壬午制停采访使条，第 7053 页。
③ 何灿浩：《安定战略与南唐方镇体制的崩解》，《史学月刊》2007 年第 2 期，第 34 页。
④ 《旧唐书》卷一五《宪宗下》，第 468 页。
⑤ 《旧唐书》卷一六四《李绛传》，第 4290 页。
⑥ 张国刚：《唐代藩镇军队的统兵体制》，《晋阳学刊》1991 年第 3 期。

元十六年（800），"置舒、庐、滁、和四州都团练使，隶淮南节度"。① 该四州都团练使应是淮南节度使下辖的二级军事方镇，负责四州团练兵的指挥训练，遇有战事，则统一隶淮南节度使指挥。

唐后期置单州防御使或团练使。安史之乱期间，朝廷令各州置防御使，抵抗叛军侵犯，其御敌的军队主要是各州乡勇，后来改防御使为团练守捉使，使团练使成为正式的统率一州或数州军事的职官称号。② 单州防御使的隶属有两种情况。一是隶属节度镇、观察镇或是都防御使、团练使军事镇。广德二年（764）南郊赦规定："应诸州团练将士等，委本道节度使及都防御使等，审与州府商量，如地非要害，无所防虞，其团练人等并放营农休息。"③ 表明州团练使应隶属节度使或都防御使。如关内道置泾州团练使、丹州防御使、盐州防御使，河南道置宋州防御使、团练使和亳州团练使、防御使，河北道置相州防御使、卫州防御使、贝州防御使等，④ 此类情况很多，兹不赘述。二是直属朝廷。如同州防御使、华州防御使。

本书主要讨论直接隶属朝廷的方镇，包括节度镇、观察镇和都防御使、团练使军事方镇。

---

① 《新唐书》卷六八《方镇五·淮南》，第 1912 页。
② 张国刚：《唐代团结兵问题辨析》，《历史研究》1996 年第 4 期，第 49 页。
③ 宋敏求编《唐大诏令集》卷六九《广德二年南郊赦》，商务印书馆，1959，第 385 页。
④ 赖青寿：《唐后期方镇建置沿革研究》附录三，第 253—258 页。

第一章　京畿道方镇辖区变动考

京畿地区，位于今陕西省中部关中平原，为唐王朝国都所在。顾祖禹《读史方舆纪要》言："陕西山川四塞，形胜甲于天下，为自古建都重地，雄长于兹者，诚足以奄有中原矣。"①

开元二十一年（733），②京畿地区从关内道析出，领京兆府、华州、同州、商州、凤翔府、邠州。③

安史乱后，京畿道曾置京畿观察使、匡国军节度使、镇国军节度使、凤翔陇右节度使、义胜军节度使。陇州、乾州因战乱亦曾置节度使，但时间较短，仅领一州。京畿、同、华地区，战乱时期，一般置节度使，安定时期，京畿置观察使，同、华二州直隶朝廷。凤翔则长期置节度使，常领凤翔府、陇州，最多时领兴、凤、陇、秦、成五州。

第一节　京畿观察使辖区沿革

京畿节度使置于至德元载（756），治京兆府（今陕西省西安市），领京兆府、同、岐、金、商五府州，是年，割出岐、金、商三州。宝应元年（762），复领金、商二州。是年废节度使。广德二年（764），复置京畿观察使，领京兆府。建中四年（783），置京畿金商节度使，领京兆府和商州。兴元元年（784），割出金州，寻废京畿节度使。天祐元年（904），以京畿置佑国军节度使，治京兆府，三年领京兆府和金、商二州。

---

① 顾祖禹：《读史方舆纪要》卷五二《陕西一·山川险要》，中华书局，2005，第 2500 页。
② 关于京畿分设的时间，罗凯《盛唐京畿都畿考论》（《历史地理》第 23 辑，上海人民出版社，2008）认为，不晚于开元八年（720）。该问题尚有争议，此处采取学界传统观点。
③ 《新唐书》卷三七《地理一·关内道》，第 961—967 页。

表 1-1　京畿观察使辖区变动

时间	方镇名称	治所	辖区
至德元载（756）	京畿节度使	京兆府	京兆府、同州
宝应元年（762）	是年废		京兆、金、商三府州
广德二年（764）	复置京畿观察使	京兆府	京兆府
建中四年（783）	京畿金商节度使	奉天	京兆府、商州
兴元元年（784）	废京畿节度使		
天祐三年（906）	佑国军节度使	京兆府	京兆府和金、商二州

京畿节度使（756），治京兆府，领京兆府、同州。

《方镇表一》："至德元载（756），置京畿节度使，领京兆、同、岐、金、商五州。是年，以金、商、岐州隶兴平凤翔，同州隶河中。"① 《方镇表三》载："至德二载，升河中防御为河中节度，兼蒲关防御使，领蒲、晋、绛、隰、慈、虢、同七州，治蒲州。"② 《资治通鉴》载：至德元载十二月，"兴平节度使，领上洛等四郡"。胡注："领商州上洛郡、金州安康郡、岐州凤翔郡。方镇表止著三郡，余一郡当考。"③

由上述可知，至德元载，京畿节度割出岐、金、商三州，同州于至德二载方割隶河中节度。至德二载后，京畿节度使仅领京兆地区。

京畿节度使（762），治京兆府，领京兆、金、商三府州。是年废。

《方镇表一》："宝应元年（762），京畿节度使复领金、商。是年废节度使。"④

《方镇表四》："宝应元年，金、商二州隶京畿。"⑤ 《资治通鉴》亦载：

---

① 《新唐书》卷六四《方镇一·京畿》，第 1766 页。《资治通鉴》卷二一七至德元载七月条载："改关内采访使为节度使，徙治安化（是年改为顺化郡），以前蒲关防御使吕崇贲为之。"胡注："关内采访使以京官领，无治所；今改为节镇，治安化（今甘肃省庆阳市），领京兆、同、岐、金、商五州。"《新唐书》卷六四《方镇一·朔方》至德元载栏载："别置关内节度使以代采访使，徙治安化郡（庆州）。"开元二十二年栏载，朔方节度曾兼领关内道采访使。此处别置的关内节度使所领应是原朔方节度使所领，因肃宗在原朔方节度治所灵州，故于庆州别置关内节度使，统朔方诸州。上元二年（761）栏载，废关内节度使，罢领单于大都护，以泾、原、宁、庆、坊、丹、延隶邠宁节度，可佐证。恐胡三省注有误。
② 《新唐书》卷六六《方镇三·河中》，第 1838 页。
③ 《资治通鉴》卷二一九，至德元载十二月条，第 7011 页。
④ 《新唐书》卷六四《方镇一·京畿》，第 1768 页。
⑤ 《新唐书》卷六七《方镇四·南阳》，第 1872 页。

宝应元年二月，"上乃割商、金、均、房别置观察使，令瑱止领六州"。①
原割金、商二州隶京畿，是因朝廷召山南东道节度使来瑱赴京师。来瑱乐
在襄阳，其将士亦爱之，乃讽所部将吏上表留之；行及邓州，复令还镇。
荆南节度使吕𫍙、淮西节度使王仲昇及中使往来者言"瑱曲收众心，恐久
难制"。至八月乙丑，山南东道节度使来瑱入朝谢罪，上优待之。九月庚
辰，以来瑱为兵部尚书、同平章事、知山南东道节度使。恐废京畿节度使
后，金、商二州应复隶山南东道。

京畿观察使（764），治京兆府，仅领京兆一府。

《方镇表一》："广德二年（764），置京畿观察使，以御史中丞兼之。
永泰元年（765），以御史大夫兼京畿观察使。"②《旧唐书·代宗纪》载：
广德二年正月，"甲辰，复置京畿观察使，以御史中丞领之"。③

京畿金商节度使（783），治奉天（今陕西省乾县），领京兆府和商州。

《方镇表一》："建中四年（783），置京畿渭南节度观察使，领金、商
二州。是年，兼渭北鄜、坊、丹、延、绥五州。未几，罢领五州及金州，
为京畿商州节度使。"④

按，《资治通鉴》载：建中四年冬十月"辛亥，以浑瑊为京畿、渭北
节度使，行在都虞候白志贞为都知兵马使，令狐建为中军鼓角使，以神策
都虞候侯仲庄为左卫将军兼奉天防城使"。"壬子，以少府监李昌㟖为京
畿、渭南节度使。""己巳，加浑瑊京畿、渭南·北、金商节度使。"⑤《旧
唐书·浑瑊传》载：建中四年，"会泾师乱，德宗幸奉天，后三日，瑊率
家人子弟自京城至，乃署为行在都虞候、检校兵部尚书、京畿渭北节度观
察使"。⑥《授浑瑊京畿金商节度使制》载："京畿渭北节度使兵部尚书行
在左都虞候〔候〕浑瑊……可京畿渭北渭南金商等州节度观察处置等使，
余并如故。"⑦

---

① 《资治通鉴》卷二二二，宝应元年二月条，第7129页。
② 《新唐书》卷六四《方镇一·京畿》，第1768—1769页。
③ 《旧唐书》卷一一《代宗》，第274页。
④ 《新唐书》卷六四《方镇一·京畿》，第1773页。
⑤ 《资治通鉴》卷二二八，建中四年十月条，第7356、7359、7367页。
⑥ 《旧唐书》卷一三四《浑瑊传》，第3704页。
⑦ 陆贽：《授浑瑊京畿金商节度使制》，《文苑英华》卷四五四《翰林制诏三五·节镇三》，
　　中华书局，1966，第2303页。

由上述可知，京畿渭南金商、京畿渭北是两节度，前者包括京兆府和金、商二州，后者包括鄜、坊、丹、延、绥五州。前引新表所述不清，应是京畿金商节度使兼领鄜、坊、丹、延、绥五州。是年，罢领五州及金州，领京兆府和商州。

其所领商州地位险要，位于秦岭东段的南麓，"扼秦、楚之交，据山川之险，道南阳而东方动，入蓝田而关右危，武关巨防，一举足而轻重分焉矣。……唐建中四年（783）朱泚据长安，侍御史万俟著开金、商运路，奉天围解，诸道贡赋俱至。孔颖达曰：'四渎以江、河为大，商州乃江、河之交也。秦岭西水入于河，东水入于江；熊耳山北水入于河，南水入于江；清池山东水入于河，南水入于江；而州境之水其大者曰楚水、洛水、丹水云。'"①

京畿节度使废（784）。

《旧唐书·尚可孤》载：兴元元年（784）三月，"迁检校工部尚书、兼御史大夫、神策京畿渭南商州节度使"。②《旧唐书·德宗纪》载：兴元元年三月，"加神策节度使李晟兼京畿渭北鄜坊丹延节度观察使"。③《文苑英华》卷四五四《李晟司徒兼中书令制》载同。前述新表所载"未几，罢领五州及金州，为京畿商州节度使"，应指兴元元年三月之事。

《方镇表一》："兴元元年（784），罢京畿节度使。"④《旧唐书·德宗纪》载：兴元元年五月，"李晟收复京城。十月，神策行营节度使、检校尚书右仆射尚可孤卒"。⑤昔因朱泚乱，据京城，故置京畿节度使；今平朱泚乱，收复京城，神策行营节度使尚可孤卒，故罢京畿节度使。京兆府直属朝廷，商州隶金商都防御使。

---

① 顾祖禹：《读史方舆纪要》卷五四《陕西三·西安府》商州条，第2593页。

② 《旧唐书》卷一四四《尚可孤传》，第3912页。

③ 《旧唐书》卷一二《德宗上》，第341页。《旧唐书》卷一三三《李晟传》兴元元年四月，有诏加晟京畿、渭北、鄜坊、商华兵马副元帅。《资治通鉴》卷二三〇兴元元年三月丁亥条，以李晟兼京畿、渭北、鄜、坊、丹、延节度使。四月甲辰，加李晟鄜坊、京畿、渭北、商华副元帅。《唐大诏令集》卷六〇《李晟司徒兼中书令制》载，中书门下平章事、充神策军节度鄜坊等州管内观察处置等使、京畿渭南渭北商华等州兵马副元帅、上柱国合川郡王李晟。上述李晟兼京畿渭南渭北商华等州兵马副元帅，统京畿商州、渭北鄜坊丹延、华州镇国军。

④ 《新唐书》卷六四《方镇一·京畿》，第1773页。

⑤ 《旧唐书》卷一二《德宗上》，第347页。

佑国军节度使（906），治京兆府，领京兆府和金、商二州。

《方镇表一》："天祐元年（904），以京畿置佑国军节度使，领金、商二州。"①

按，《资治通鉴》载，天祐元年三月，朱全忠奏以长安为佑国军，以韩建为佑国军节度使。《通鉴考异》曰："按河南府先已为佑国军，今京兆府乃与同名者。盖车驾既在河南，则无用军额，故移其名于京兆耳。天祐二年，郑綮犹为西京留守判官。然则虽立军额，京名尚在耳。"② 天祐三年闰十二月乙丑，"废镇国军兴德府复为华州，隶匡国节度，割金、商州隶佑国军"。③《旧唐书·哀帝纪》：天祐三年（906）闰十二月，"西都佑国军作镇以来，未有属郡，其金州、商州宜隶为属郡"。④ 合同、华为一镇，割金、商隶佑国军，均是为防控邠、岐兵对长安的威胁。由上可知，天祐元年，朱全忠欲迁都洛阳，奏以长安为佑国军，至天祐三年，佑国军节度方领金、商二州。钱大昕亦认为，恐置镇在天祐元年，领金、商二州在三年。⑤ 恐新表把两件事误为一年之事。

第二节　匡国军节度使辖区沿革

兴元元年（784），于同州置奉诚军节度使，领同、晋、慈、隰四州。是年，废节度使。乾宁元年（894），于同州置匡国军节度使，领同州。天祐三年（906），增领华州。

匡国军节度使辖区以同州和华州为主。华州，"义宁元年（617）析京兆郡之郑、华阴置"。⑥ 华州因"前据华岳，后临泾、渭，左控桃林之塞，右阻蓝田之关，自昔为关中喉舌，用兵制胜者必出之地也"，⑦ 深受朝廷重视，故建中四年（783）升为镇国军，乾宁三年又升为兴德府，并将其划

---

① 《新唐书》卷六四《方镇一·京畿》，第1792页。
② 《资治通鉴》卷二六四，天祐元年三月乙卯条，第8629页。
③ 《资治通鉴》卷二六五，天祐三年闰十二月乙丑条，第8664页。
④ 《旧唐书》卷二〇下《哀帝》，第808页。
⑤ 钱大昕：《廿二史考异》，上海古籍出版社，2004，第714页。
⑥ 《新唐书》卷三七《地理一》，第964页。
⑦ 顾祖禹：《读史方舆纪要》卷五四《陕西三·华州》，第2583页。

入京畿管辖范围。

同州，"天宝三载（744）以州为郡"，[1] 即以同州为冯翊郡。该地为兵家必争之地，"至德二载郭子仪自洛交引兵趋河东，分兵先取冯翊，河东遂翻城迎官军。兴元初李怀光以河中叛，官军扼其同州，怀光遂不振。李晟曰：'河中去长安三百里，同州当其冲。'"[2]

表 1-2 匡国军节度使辖区变动

时间	方镇名称	治所	辖区
兴元元年（784）	奉诚军节度使，是年即废	同州	同、晋、慈、隰四州
中和二年（882）	同华节度使	同州	同、华二州
乾宁元年（894）	匡国军节度使		同州
天祐三年（906）			同、华二州

奉诚军节度使（784），治同州（今陕西渭南大荔县），领同、晋、慈、隰四州。是年，废节度使。

《方镇表一》："兴元元年（784），以同州为奉诚军节度，领同、晋、慈、隰四州。是年罢。"[3]《旧唐书·德宗纪》载，兴元元年正月丙申，以前赵州观察使康日知兼同州刺史，充奉诚军节度使。《新唐书·康日知传》载，兴元元年，以深、赵益成德，徙康日知奉诚军节度使。《资治通鉴》卷二三○兴元元年辛卯条载略同。

兴元元年正月，朝廷曾命康日知兼同州刺史、奉诚军节度使，但他没有到任。是年五月，同州隶镇国军节度使（参见镇国军节度使一节）。

同华节度使（882），治同州，领同、华二州。

《资治通鉴》载：中和二年（882）"九月，丙戌，（朱）温杀其监军严实，举州降王重荣。温以舅事重荣，王铎承制以温为同华节度使，使瞳奉表诣行在"。[4] 中和三年二月，沙陀攻华州，刺史黄思邺出奔至石堤谷，追擒之。五月，"以检校尚书仆射、华州刺史、潼关防御等使朱温检校司

---

① 《新唐书》卷二七《地理一》，第965页。
② 顾祖禹：《读史方舆纪要》卷五四《陕西三·同州》，第2601页。
③ 《新唐书》卷六四《方镇一·京畿》，第1773页。
④ 《资治通鉴》卷二五五，中和二年九月丙戌条，第8274页。

空，兼汴州刺史、御史大夫，充宣武节度观察等使，仍赐名全忠"。^① 可知，中和二年，制以朱温为同华节度使，领同、华二州，中和三年，实际占有华州。

匡国军节度使（894），治同州，领同州。

《方镇表一》："乾宁二年（895），升同州为匡国军节度。"^②

按，《资治通鉴》载：乾宁元年（894）"十二月，加匡国节度使王行约检校侍中"。^③ 乾宁四年夏四月，以同州防御使李继瑭为匡国节度使。《通鉴考异》曰："赐同州号匡国军，以防御使李继瑭为匡国节度使。按新方镇表，乾宁二年，赐同州号匡国军。王行约已尝为匡国节度使，盖行约死，继瑭但为防御使，今始复旧名耳。"^④《方镇表》与《资治通鉴》所载升同州为匡国军节度使时间稍异，今从后者。据《通鉴考异》可知，乾宁二年至四年，匡国军节度使曾降为同州防御使。

匡国军节度使（906），治同州，领同、华二州。

《资治通鉴》载：天祐三年（906）"闰十二月，乙丑，废镇国军兴德府复为华州，隶匡国节度，割金、商州隶佑国军"。^⑤《方镇表一》所载，天祐三年罢"匡国军"^⑥ 应是罢镇国军之误。

第三节　镇国军节度使辖区沿革

镇国军节度使置于上元二年（761），治华州，领华、同二州。永泰元年（765），更为同华节度使，仍领二州。建中四年（783），复为镇国军节度使，领华州。兴元元年（784），增领同州。贞元九年（793），降为潼关防御使，罢领同州。大顺元年（890），复为镇国军节度使，领华州。天复元年（901），罢镇国军节度使，华州隶朝廷。天复三年，于华州置感化军（镇国军）节度使，领华州。天祐三年（906），废镇国军节度使，华州隶匡国军节度。

---

① 《旧唐书》卷一九下《僖宗》，第714—716页。
② 《新唐书》卷六四《方镇一·京畿》，第1790页。
③ 《资治通鉴》卷二五九，乾宁元年十二月条，第8459页。
④ 《资治通鉴》卷二六一，乾宁四年四月考异条，第8503页。
⑤ 《资治通鉴》卷二六五，天祐三年闰十二月乙丑条，第8554页。
⑥ 《新唐书》卷六四《方镇一·京畿》，第1793页。

表 1 - 3 镇国军节度使辖区变动

时间	方镇名称	治所	辖区
上元二年（761）	镇国军节度使	华州	华、同二州
永泰元年（765）	同华节度使		
兴元元年（784）	镇国军节度使		
大顺元年（890）			华州
天复三年（903）	感化军节度使		
天祐元年（904）	镇国军节度使		

镇国军节度使（761），治华州（今陕西省华县），领同、华（太）①二州。

《方镇表一》："上元二年（761），以华州置镇国节度，亦曰关东节度。"②《方镇表三》："上元二年，以同州隶镇国军节度。"③

《华州刺史李公墓志铭》："公讳怀让……充潼关镇国军使、同华等州节度使、华州刺史……广德元年九月三日，薨于华州军府。"

综上，镇国军节度使置于上元二年，领同、华二州，治华州。

同华节度使（765），治华州，领同、华二州。

《方镇表一》："广德元年（763），罢镇国军节度。"④《旧唐书·代宗纪》载，广德元年六月癸未，同华节度使李怀让检校工部尚书。甲午，同华节度使李怀让自杀，为程元振所构。⑤《资治通鉴》载，广德元年十月己亥，以鱼朝恩部将周智光为华州刺史。永泰元年（765）九月己酉，"同华节度使周智光屯同州"。⑥《旧唐书·周智光传》载："周智光……（鱼）朝恩以扈从功，恩渥崇厚，奏请多允，屡于上前赏拔智光，累迁华州刺史、同华二州节度使及潼关防御使。"⑦《新唐书》卷二二四上《周智光传》载同。又《旧唐书·代宗纪》：永泰元年九月丁酉，"时怀恩诱吐蕃数

---

① 《旧唐书》卷三八《地理一·关内道》："华州，乾元元年（758），复为华州。上元元年（760）十二月，改为太州，华山为太山。宝应元年（762），复为华州。"
② 《新唐书》卷六四《方镇一·京畿》，第1767页。
③ 《新唐书》卷六六《方镇三·河中》，第1839页。
④ 《新唐书》卷六四《方镇一·京畿》，第1768页。
⑤ 《旧唐书》卷一一《代宗》，第272页。
⑥ 《资治通鉴》卷二二三，永泰元年九月己酉条，第7178页。
⑦ 《旧唐书》卷一一四《周智光传》，第3369页。

十万寇邠州……同华节度周智光以兵追击于澄城，破贼万计”。大历元年
（766）十二月癸卯，同华节度使周智光专杀陕州监军张志斌。二年春正月
“壬戌，贬智光为澧州刺史。甲子，以兵部侍郎张仲光为华州刺史、潼关
防御使，大理卿敬括为同州刺史、长春宫等使”。①

综上可推，广德元年李怀让自杀后，曾罢镇国军节度使额。永泰元
年，周智光出任华州刺史、同华节度使。大历二年，周智光被杀，废同华
节度使，仅于华州置潼关防御使。清人钱大昕认为，“新表云广德元年罢
镇国军节度者，非也”。② 从前述看，广德元年至永泰元年，应废镇国军节
度使额。

镇国军节度使（784），治华州，领华、同二州。

《方镇表一》：“兴元元年（784），以华州置潼关节度使。”③《奉天
录》卷四载，兴元元年夏五月二十八日，“右仆射李公晟……同华节度
骆元光……”④《旧唐书·德宗纪》载：“十一月癸卯，上亲祀昊天上帝
于圆丘。时河中浑瑊……同华骆元光……等大将侍祠。”由上可知，自
兴元元年起，镇国军节度使增领同州。

《方镇表一》：“贞元九年（793），罢潼关节度。”⑤《旧唐书·德宗
纪》：贞元九年十一月，“辛卯，华州潼关镇国军、陇右节度使李元谅卒于
良原”。⑥《旧唐书·李复传》：“会华州节度李元谅卒，以（李）复为华州
刺史、潼关防御镇国军使，仍检校户部尚书，兼御史大夫。”⑦ 可知，贞元
九年，降为潼关防御使。

镇国军节度使（890），治华州，领华州。

《资治通鉴》：大顺元年（890）五月，以“（张）濬为河东行营都招
讨制置宣慰使，以镇国节度使韩建为都虞候兼供军粮料使”。⑧ 可见此前华

---

① 《旧唐书》卷一一《代宗》，第279—285页。
② 钱大昕：《廿二史考异》卷四六《唐书六·方镇表一》，第708页。清人吴廷燮在《唐方
镇年表》中云：“《新表》：'大历二年，废镇国军节度。'”言大历二年废镇国军节度无
疑，但非《方镇表》所载。
③ 《新唐书》卷六四《方镇一·京畿》，第1773页。
④ 赵元一：《奉天录》卷四，《丛书集成初编》本，中华书局，1985。
⑤ 《新唐书》卷六四《方镇一·京畿》，第1777页。
⑥ 《旧唐书》卷一三《德宗下》，第378页。
⑦ 《旧唐书》卷一一二《李晟附李复传》，第3338页。
⑧ 《资治通鉴》卷二五八，大顺元年五月条，第8397页。

州已复置镇国军节度使。

《方镇表一》："光化元年（898），以华州置镇国军节度，领华、同二州，兼兴德尹。"①

按，《资治通鉴》载：乾宁四年（897）冬，十月，以"（韩）建为镇国、匡国两军节度使"。② 光化元年八月庚戌，改华州为兴德府，九月乙亥，加韩建为兴德尹。③《赐许国公韩建铁券文》："维光化元年九月，皇帝若曰：'咨尔宣力兴复功臣、镇国匡国等军节度、管内观察处置、修葺宫阙、同州长春宫等使……兴德尹使、持节同州诸军事兼同州刺史……韩建。'"④

由上可知，乾宁四年，韩建兼镇国、匡国两军节度使，同时兼任华、同二州刺史，并非镇国军节度使领华、同二州，光化元年只是兼兴德尹。故新表载不妥。

《方镇表一》："光化三年（900），罢镇国军节度及兴德尹。"⑤

按，《资治通鉴》载：天复元年（901）十一月，"韩建遣节度副使李巨川请降，献银三万两助军。……丁巳，以（韩）建为忠武节度使，理陈州，以前商州刺史李存权知华州，徙忠武节度使赵珝为匡国节度使"。⑥《旧唐书》卷二〇上《昭宗》载略同。

上述可知，天复元年，镇国军节度使韩建降朱全忠，徙为忠武节度使，命李存权任华州刺史。从李存权的任命看，已不见镇国军节度使及兴德府尹。其原因除朱全忠未经表授、擅自而为外，与昔宦官刘季述囚皇帝，立太子裕时，韩建未能勤王有关。进士李愚上韩建书可佐证，略曰："……明公地处要冲，位兼将相。自宫闱变故，已涉旬时，若不号

① 《新唐书》卷六四《方镇一·京畿》，第1791页。清人钱大昕认为："《资治通鉴》大顺元年，张濬用兵河东，时韩建已为镇国军节度使，非于此时始置节度也；其兼领同州节度，亦在乾宁四年；惟兴德尹之称，则于是年始授。盖改州为府，因进刺史为尹耳。"参见氏著《廿二史考异》卷四六《唐书六·方镇表一》，第714页。

② 《资治通鉴》卷二六一，乾宁四年十月条，第8509页。

③ 《资治通鉴》卷二六一，兴化元年八月庚戌条，第8516—8517页。《唐大诏令集》卷九九《政事·升华州为兴德府敕》载："镇国军节度使韩建……（华州）宜改为兴德府。"

④ 崔涓：《赐许国公韩建铁券文》，《文苑英华》卷四七二《翰林制诏五三·铁券文》，第2412页。

⑤ 《新唐书》卷六四《方镇一·京畿》，第1791页。

⑥ 《资治通鉴》卷二六二，天复元年十一月条，第8561—8562页。

令率先以图反正，迟疑未决，一朝山东侯伯唱义连衡，鼓行而西，明公求欲自安，其可得乎！"建虽不能用，厚待之。① 即言山东勤王之师若至华州，韩建则不能居华州。后朱全忠攻打岐州，徙韩建往许州，诚如李愚所言。

综上，罢镇国军节度使及兴德府应是在天复元年，恐新表所载时间有误。

感化军节度使（903），治华州，领华州。

《资治通鉴》载：天复三年（903）"二月，壬辰，以朱友裕为镇国节度使"。《通鉴考异》曰："壬辰，以兴德府复为华州，赐名感化军，以友裕为节度使。"按，天祐三年闰十二月乙丑敕，"镇国之号，兴德之名，并宜停"。《五代史·地理志》："华州，梁为感化军。"梁功臣传："天复三年，友裕权知镇国军留后。"② 《旧唐书·昭宗纪》："天复三年二月，制以朱友裕为华州刺史，充感化军节度使。"③

从《通鉴考异》所引实录和《旧唐书·昭宗纪》看，天复三年，华州所置应是感化军节度使。实录云"以兴德府复为华州"，天复元年罢兴德尹仅是朱全忠所为，非朝廷制，故有天复三年复为华州之说。

镇国军节度使（904），治华州，领华州。

《资治通鉴》：天祐元年（904）六月，朱全忠以"镇国节度使朱友裕为行营都统，将步骑击之"。④ 天祐三年闰十二月乙丑，"废镇国军兴德府复为华州，隶匡国节度"。⑤ 《旧唐书·哀帝纪》载：天祐三年闰十二月"乙丑，华州镇国节度观察处置等使额及兴德府名，并宜停废，复为华州刺史，充本州防御使，仍隶同州为支郡，所管华、商两州诸县，先升次赤、次畿并罢，宜依旧名"。⑥

由上可知，天祐元年，感化军节度使复为镇国军节度使，天祐三年，废镇国军节度使，华州隶匡国军节度使。天祐三年又言废兴德府名，恐是

① 《资治通鉴》卷二六二，光化三年十一月条，第8540—8541页。
② 《资治通鉴》卷二六四，天复三年二月壬辰条，第8604页。
③ 《旧唐书》卷二〇上《昭宗》，第776页。
④ 《资治通鉴》卷二六五，天祐元年六月条，第8634页。
⑤ 《资治通鉴》卷二六五，天祐三年闰十二月乙丑条，第8664页。
⑥ 《旧唐书》卷二〇下《哀帝》，第808页。

天祐元年复镇国军节度使时，华州复升为兴德府。

第四节　凤翔陇右节度使辖区沿革

至德元载（756），置凤翔防御使，治凤翔郡。乾元二年（759），凤翔尹领秦陇二州防御使。上元元年（760）二月，凤翔节度使领秦、陇二州，四月增领兴、凤二州，十二月又增领成州。广德元年（763），兴、凤二州隶山南西道节度，秦、成二州失陷，陇右没于吐蕃。自此至唐末，陇右节度军额仍在，凤翔节度使兼领陇右节度使。大中四年（850）至大中五年，复领秦州。大中六年（852）后，割出秦州，复领陇州。乾宁二年（895），增领乾州，寻废，天祐二年（905），复领乾州。

表 1－4　凤翔陇右节度使辖区变动

时间	方镇名称	治所	辖区
至德元载（756）	凤翔防御使	凤翔郡	凤翔郡
乾元二年（759）	凤翔秦陇防御使	凤翔府	凤翔府及秦、陇二州
上元元年（760）	凤翔节度使		凤翔府及兴、凤、陇、秦、成五州
广德元年（763）			凤翔府、陇州
永泰元年（765）	凤翔陇右节度使		
建中四年（783）			凤翔府
兴元元年（784）			凤翔府、陇州
大中四年（850）			凤翔府及秦、陇二州
大中五年（851）			凤翔府及秦州
大中六年（852）			凤翔府及陇州
中和三年（883）			凤翔府
中和四年（885）			凤翔府、陇州
乾宁二年（895）			凤翔府及陇、乾二州
乾宁四年（897）			凤翔府、陇州
天祐二年（905）			凤翔府及乾州

凤翔防御使（756），治凤翔郡（今陕西省凤翔县），仅辖凤翔一郡。

《方镇表一》京畿条载："至德元载（756），置京畿节度使，领京兆、同、岐、金、商五州。是年，以金、商、岐州隶兴平凤翔。"① 该条应是说金、商二州隶兴平节度使，岐州置凤翔防御使。② 另《资治通鉴》载：至德元载"七月，以陈仓令薛景仙为扶风（凤翔）太守，兼防御使。是月，敕改扶风为凤翔郡"。③ 可证至德元载置凤翔防御使。《方镇表》所载"凤翔"二字属衍文。

岐州，"至德元载更郡曰凤翔"，位于关中平原西部，"居四山之中，五水之会，陇关西阻，益门南扼，当关中之心旅，为长安之右辅"。④ 安史之乱中，朝廷控制凤翔，最终以此为本收复两京地区。肃宗回京后，即以凤翔为西京。在与吐蕃的长期交战过程中，凤翔地区成为京师长安的重要屏障。

凤翔秦陇防御使（759），治凤翔府，领凤翔府及秦、陇二州。

《旧唐书》载：乾元二年（759）三月"甲午，以太子宾客薛景仙为凤翔尹、本府防御使"。⑤《资治通鉴》载：乾元二年四月，李晔与凤翔尹严向皆贬岭下尉。九月丁亥，以"太子少保崔光远为荆、襄招讨使，充山南东道处置兵马都使"。⑥ 上元元年（760）二月癸丑，以"崔光远为凤翔尹、秦陇节度使"。⑦

由上可知，至德元载至乾元二年四月，薛景仙和严向任凤翔尹，崔光远于上元元年二月出任凤翔尹、秦陇节度使。乾元二年四月至上元元年二月缺凤翔尹。检《旧唐书·王缙传》："缙寻入拜国子祭酒，改凤翔尹、秦

---

① 《新唐书》卷六四《方镇一·京畿》，第1766页。

② 《新唐书》卷三七《地理一·关内道》凤翔府条载："凤翔府扶风郡，赤上辅。本岐州，至德元载更郡曰凤翔，二载复郡故名，号西京，为府。"又《资治通鉴》卷二一九至德元载十月条载："置兴平节度使，领上洛等四郡。"胡注："领商州上洛郡、金州安康郡、岐州凤翔郡。方镇表止著三郡，余一郡当考。凤翔郡郿县东原先有兴平军，因置为节镇。"胡三省认为凤翔郡郿县东原先有兴平军，因置为节镇，故岐州凤翔郡隶兴平节度使。然《新唐书》卷三七《地理一·关内道》商州条载："有兴平军，初在郿县东原，至德中徙至商州。"且《新唐书》卷六七《方镇四·南阳》载"至德元载，置兴平节度使，领（商州）上洛、（金州）安康、（均州）武当、（房州）房陵四郡"。从地理位置上看，岐州在秦岭北，其他四州在山南，该四州置兴平节度使应可靠，故岐州应是置凤翔防御使。

③ 《资治通鉴》卷二一八，至德元载七月条，第6982页。

④ 顾祖禹：《读史方舆纪要》卷五五《陕西四·凤翔府》，第2635页。

⑤ 《旧唐书》卷一〇《肃宗》，第255页。

⑥ 《资治通鉴》卷二二一，乾元二年九月丁亥条，第7076页。

⑦ 《旧唐书》卷一〇《肃宗》，第258页。

陇州防御使，历工部侍郎、左散骑常侍。广德二年，拜黄门侍郎、同平章事、太微宫使、弘文崇贤馆大学士。"① 郁贤皓先生《唐刺史考》认为，王缙于乾元二年至上元元年在凤翔任上。② 据此可推知，王缙于该段时间出任凤翔尹、秦陇防御使，凤翔防御使增领秦、陇二州。

秦州，"当关、陇之会，介雍、梁之间，屹为重镇。盖关中要会常在秦州，争秦州则自陇以东皆震矣。大历以后秦州没于吐蕃，雍、岐之境，烽火相接矣。李茂贞兼有秦州，关中诸镇岐为最强。其后蜀人得此，数争岐、陇"。③

陇州，"义宁二年（618），析扶风郡之汧源、汧阳、南由，安定郡之华亭置"。④ 该地"扼陇底之险，控秦、凤之冲，为关中重镇。隗嚣凭此以窥三辅，曹魏据此以保秦、陇。唐至德以后借以扼吐蕃"。⑤

凤翔节度使（760），治凤翔府，领凤翔府及兴、凤、陇、秦、成五州。

如前述上元元年（760）二月癸丑，以崔光远为凤翔尹、秦陇节度使。《旧唐书》载："闰四月，兴王伶凤翔节度大使。"《旧唐书·恭懿太子李伶传》载："维上元元年，太岁庚子，六月己未朔，二十六日甲申，皇第十二子持节凤翔等四州节度观察大使兴王伶，薨于中京内邸，殡于寝之西阶。"⑥ 该条提及"四州节度"应是指凤翔府及兴、凤、陇三州。《方镇表一》载："上元元年，置兴凤陇节度使。"⑦ 另据《资治通鉴》，上元元年四月，制"以陇州刺史韦伦为山南东道节度使。时李辅国用事，节度使皆出其门。伦既朝廷所除，又不谒辅国，寻改秦州防御使"。⑧ 可知，秦州另置防御使，兴王李伶凤翔节度大使所领应是凤翔府及兴、凤、陇三州。

《旧唐书》载：上元元年"十二月庚辰，以右羽林军大将军李鼎为凤翔尹、兴凤陇等州节度使"。上元二年六月己卯，"以凤翔尹李鼎为鄜州刺

① 《旧唐书》卷一一八《王缙传》，第3416页。
② 郁贤皓：《唐刺史考》卷五《京畿道·岐州》，江苏古籍出版社，1987，第143页。
③ 顾祖禹：《读史方舆纪要》卷五九《陕西八·巩昌府》秦州条，第2833—2834页。
④ 《新唐书》卷二七，第967页。
⑤ 顾祖禹：《读史方舆纪要》卷五五《陕西四·凤翔府》，第2653页。
⑥ 《旧唐书》卷一一六《恭懿太子李伶传》，第3389页。
⑦ 《新唐书》卷六四《方镇一·兴凤陇》，第1767页。
⑧ 《资治通鉴》卷二二一，上元元年四月条，第7091页。

史、陇右节度营田等使"。① 又《李鼎陇右节度使制》载："开府仪同三司、行凤翔尹、兼御史大夫、充本府及秦陇兴凤成等州节度观察使、保定郡开国公李鼎，可持节都督鄯州诸军事、鄯州刺史、陇右节度营田等使，余并如故。"② 可知李鼎任凤翔节度使时，又增领秦、成二州，应领有一府五州。

凤翔节度使（763），治凤翔府，领凤翔府、陇州。

《方镇表四》载："广德元年（763），升山南西道防御守捉使为节度使，寻降为观察使，领……兴、凤……十三州，治梁州。"③ 可知凤翔节度使不再领兴、凤二州。又《旧唐书》载：广德元年"秋七月，吐蕃大寇河、陇，陷我秦、成、渭三州，入大震关，陷兰、廓、河、鄯、洮、岷等州，盗有陇右之地"。④《资治通鉴》卷二二三广德元年秋七月条载同。可知秦、成二州陷于吐蕃。时凤翔节度使实领凤翔府、陇州。

凤翔陇右（河陇）节度使（765），治凤翔府，领凤翔府、陇州。

《旧唐书》载：永泰元年（765）"春正月，戊申，泽潞李抱玉兼凤翔陇右节度使、凤翔秦陇临洮已东观察处置等使"。⑤ 大历五年（770）春正月辛卯，以陕州节度使皇甫温判凤翔尹，充"凤翔、河陇节度使"。⑥ 自广德元年河陇诸州陷吐蕃，朝廷为恢复此地，仍保留陇右军额，故有凤翔陇右或河陇节度使。⑦

凤翔陇右节度使（783），治凤翔府，领凤翔一府。

据《资治通鉴》，建中四年（783）十月，凤翔节度营将李楚琳杀节度使张镒，自为节度使，降于朱泚；陇州刺史郝通奔于李楚琳。独陇右留后

---

① 《旧唐书》卷一〇《肃宗》，第260—261页。
② 宋敏求编《唐大诏令集》卷五九《命将·李鼎陇右节度使制》，第316页。
③ 《新唐书》卷六七《方镇四·山南西道》，第1872页。
④ 《旧唐书》卷一一《代宗》，第273页。
⑤ 《旧唐书》卷一一《代宗》，第278页。
⑥ 《旧唐书》卷一一《代宗》，第294页。
⑦ 《新唐书》卷六七《方镇四·陇右》载："开元五年（717），置陇右节度，亦曰陇西节度，兼陇右道经略大使，领秦、河、渭、鄯、兰、临、武、洮、岷、廓、叠、宕十二州，治鄯州。"又检《新唐书》卷六四《方镇一·兴凤陇》："初，陇右节度兵入屯秦州，寻徙岐州，及吐蕃陷陇右，德宗置行秦州，以刺史兼陇右经略使，治普润，以凤翔节度使领陇右支度营田观察使。"于凤翔境内的普润行秦州，刺史兼陇右经略使，即为保留陇右军额，以表朝廷恢复陇右之志。有待恢复的陇右地区的相应管理职能由凤翔节度使兼领。

韦皋不乱，十一月，乙亥，以"陇州为奉义军，擢皋为节度使"。①《奉天录》亦载："建中四年十一月，上深赖之，拜皋御史大夫、陇州刺史，特置奉义军节度以旌殊能也。寻加皋检校礼部尚书。"②《旧唐书》卷一四〇《韦皋传》、《新唐书》卷一五八《韦皋传》载同。可知，建中四年，因凤翔乱，朝廷割陇州另置节度使。

凤翔陇右节度使（784），治凤翔府，领凤翔府、陇州。

《旧唐书》载：兴元元年（784）"八月，以奉义军节度使、陇州刺史韦皋为左金吾卫大将军"。③《方镇表一》载："建中四年，以陇州置奉义军节度使，寻废。"④《资治通鉴》载，兴元元年十一月，"吏部尚书萧复'请以（韦）皋代少游镇淮南'，上然之"。⑤可证，至兴元元年底，韦皋出镇淮南，陇州复隶凤翔节度使。

凤翔陇右节度使（850），治凤翔府，领凤翔府及秦、陇二州。

《旧唐书》载：大中三年（849）"八月，凤翔节度使李玭奏收复秦州"。⑥《资治通鉴》卷二四八大中三年七月条载同。《方镇表一》载："大中四年，增领秦州。"⑦《资治通鉴》载：大中四年"二月，以秦州隶凤翔"。⑧《唐会要》卷七一《州县改置下》陇右道秦州条载同。

凤翔陇右节度使（851），治凤翔府，领凤翔府及秦州。

《方镇表一》兴凤陇条载："大中五年（851），罢领陇州，以陇州置防御使，领黄头军使。"⑨故凤翔节度使还领凤翔府和秦州。

凤翔陇右节度使（852），治凤翔府，领凤翔府及陇州。

《方镇表四》陇右条载："大中六年（852），秦、成两州经略领押蕃落副使。"⑩表明秦州不再隶凤翔节度使。另检《旧唐书》：大中六年春正月"戊辰，以陇州防御使薛逵为秦州刺史、天雄军使，兼秦、成两州经

---

① 《资治通鉴》卷二二九，建中四年十一月条，第7369页。
② 赵元一：《奉天录》卷二，《丛书集成初编》本。
③ 《旧唐书》卷一二《德宗上》，第346页。
④ 《新唐书》卷六四《方镇一·兴凤陇》，第1773页。
⑤ 《资治通鉴》卷二三一，兴元元年十一月条，第7449页。
⑥ 《旧唐书》卷一八下《宣宗》，第623页。
⑦ 《新唐书》卷六四《方镇一·兴凤陇》，第1784页。
⑧ 《资治通鉴》卷二四九，大中四年二月条，第8042页。
⑨ 《新唐书》卷六四《方镇一·兴凤陇》，第1785页。
⑩ 《新唐书》卷六七《方镇四·陇右》，第1885页。

略使。……三月，陇州刺史薛逵奏修筑定成关工毕"。① 由该条可推知，大中六年三月薛逵复任陇州刺史，且陇州不再另设防御使，应复隶凤翔陇右节度使。《旧唐书·裴休传》的记载也可佐证。"大中十四年八月，（裴休）以本官兼凤翔尹，充凤翔陇州节度使。"② 至少可表明，陇州不设防御使时，应是隶属凤翔节度使。

凤翔陇右节度使（883），治凤翔府，领凤翔府。

《方镇表一》载："中和三年（883），陇州防御使增京畿神勇军使。"③ 可知陇州另设防御使，凤翔节度使仅领凤翔府。

凤翔陇右节度使（885），治凤翔府，领凤翔府、陇州。

据《资治通鉴》，中和四年（884）十二月，凤翔节度使李昌言病，表其弟李昌符知留后。后李昌言薨，制"以昌符为凤翔节度使"。④ 《旧唐书·僖宗纪》载：光启三年（887）"六月癸卯朔。戊申，天威军都头杨守立与李昌符争道，麾下相殴。……昌符兵败，出保陇州，命扈驾都将李茂贞攻之。……七月壬申朔，陇州刺史薛知筹以城降李茂贞，遂拔陇州，斩李昌符、昌仁等……丙子……李茂贞检校司空、同平章事，兼凤翔尹、凤翔陇右节度等使"。⑤《资治通鉴》卷二五七光启三年六月戊申条载同。李昌言于中和元年（881）十一月任"凤翔节度使"，⑥ 在其任内陇州另设防御使。从李昌符于光启元年（885）接任凤翔节度使，光启三年"兵败，出保陇州""陇州刺史薛知筹"等信息，可推知，李昌符于光启元年出任凤翔节度使，复领陇州。

凤翔陇右节度使（895），治凤翔府，领凤翔府及陇、乾二州。

《方镇表一》载："乾宁元年（894），凤翔节度增领乾州，未几罢。"⑦

① 《旧唐书》卷一八下《宣宗》，第630页。
② 《旧唐书》卷一七七《裴休传》，第4594页。
③ 《新唐书》卷六四《方镇一·兴凤陇》，第1788页。
④ 《资治通鉴》卷二五六，中和四年十二月条，第8318页。《通鉴考异》载："按实录，中和三年五月，昌言加检校司徒。光启元年二月，昌符始见。"即李昌符于光启元年任凤翔节度使。
⑤ 《旧唐书》卷一九下《僖宗》，第727—728页。
⑥ 《新唐书》卷九《僖宗》，第273页。
⑦ 《新唐书》卷六四《方镇一·兴凤陇》，第1790页。

但《太平寰宇记》乾州条载："本京兆奉天县，唐末李茂贞建为乾州。乾宁中，以覃王出镇，建为威胜军，割奉天、好畤、武功、盩厔、醴泉等五县以隶焉。"奉天县条载："乾宁中置乾州于此。"①《新唐书·地理志》京兆府奉天条载："乾宁二年以县置乾州。及覃王出镇，又以畿内之好畤、武功、盩厔、醴泉隶之。"凤翔府盩厔条载："乾宁中隶乾州，天复元年来属。"② 另《长安志》卷一九《县九》奉天条亦载，乾宁二年，以县置乾州。今从《太平寰宇记》《新唐书·地理志》。

乾州，"九嵕诸山列峙西北，泾、渭二水萦带东南，控长安之近郊，当凤翔之孔道。唐德宗保奉天，卒却朱泚之逼，盖北通邠、泾之甲骑，南集梁、洋之转输，奉天守而贼之锋锐不能越京城数百里间矣。用兵所以贵于势险而节短也"。③

凤翔陇右节度使（897），治凤翔府，领凤翔府、陇州。

《方镇表一》载："乾宁元年（894），以乾州置威胜军节度。"④ 由上可知，既是乾宁二年始建乾州，自然不能于乾宁元年置威胜军节度使。前引《太平寰宇记》载，乾宁中，以覃王出镇，建为威胜军。检《资治通鉴》，乾宁三年十月，以"王抟为吏部尚书、同平章事，以镠为镇海、威胜两军节度使。丙子，更名威胜曰镇东军"。⑤ 该条所言威胜军是指浙东节度使，乾宁三年十月前应不会同时存在两个威胜军节度使。清人胡三省对此曾有疑问。⑥ 乾宁四年六月乙卯，以李茂贞为西川节度使，以覃王嗣周为凤翔节度使。"覃王赴镇，李茂贞不受代。"⑦《新唐书》卷一〇《昭宗纪》载同。以覃王出镇，因李茂贞不受代，遂以乾州置威胜军节度使，以

---

① 乐史等：《太平寰宇记》卷三一《关西道七》乾州条，中华书局，2007，第670—671页。

② 《新唐书》卷三七《地理一·关内道》，第963页。

③ 顾祖禹：《读史方舆纪要》卷五四《陕西三·西安府》乾州条，第2618页。

④ 《新唐书》卷六四《方镇一·京畿》，第1790页。

⑤ 《资治通鉴》卷二六〇乾宁三年十月条，第8495页。《新唐书》卷六八《方镇五·浙东》载："中和三年，升浙江东道观察使为义胜军节度使。光启三年，改义胜军节度为威胜军节度。乾宁三年，改威胜军节度为镇东军节度。"

⑥ 《资治通鉴》卷二六〇乾宁三年八月甲寅条载："胡注：'先是已升浙东观察使为威胜节度使。方镇表：乾宁元年，以乾州置威胜军节度。参考下文，则朝议以董昌已诛，欲以王抟代镇浙东。然则此时藩镇有两威胜军邪？'"

⑦ 《资治通鉴》卷二六一，乾宁四年六月乙卯条，第8505页。

牵制李茂贞，故应是在乾宁四年。是年，废威胜军节度使。[①]

凤翔陇右节度使（901），治凤翔府，领凤翔府。

《方镇表一》载："天复元年（901），升陇州防御使为保胜节度使。"[②]自天复元年始，凤翔节度使仅领凤翔府。

凤翔陇右节度使（905），治凤翔府，领凤翔府及乾州。

据《长安志》卷一九《县九》奉天条，天祐二年（905），李茂贞墨制以奉天县复乾州，领奉天一县。可推知，凤翔节度使复领乾州。

清人顾祖禹言："凤翔府居四山之中，五水之会，陇关西阻，益门南扼，当关中之心膂，为长安之右辅。"[③] 可见凤翔府屏障京师的作用极大。唐天宝之后，置凤翔节度使，卒为收复两京之本。又吐蕃恣横，攻陷河陇，凤翔节度增领秦、陇二州，保固西陲，以扼吐蕃。为加强该地区的防御，凤翔节度使最多时领兴、凤、陇、秦、成五州。广德以后，凤翔节度使主要领凤翔府及陇州，为屏障京师南、西两面的重镇。

又"陇州扼陇底之险，控秦凤之冲，为关中重镇"。[④] 鉴于以陇州控扼吐蕃的重要性，据形势升陇州为防御使或节度使。天复元年，升陇州防御使为保胜节度使，应是与其时京畿局势动荡不安有关，有分李茂贞地盘之意。

建中年间，魏博等四镇联合叛唐，朱泚趁此叛乱称帝。唐德宗退保奉天，阻却朱泚之逼。盖北能与邠、泾兵力呼应，南接梁、洋，转输财物，奉天城守，终挫叛军锋锐而不能越京城数百里。有鉴于此，乾宁年间，朝廷于奉天置乾州，目的为荡平李茂贞之乱。顾祖禹言："乾州，九嵕诸山列峙西北，泾、渭二水萦带东南，控长安之近郊，当凤翔之孔道。"[⑤] 天祐中后期，李茂贞其复置乾州，隶凤翔节度。

[①] 威胜军节度使应于乾宁四年八月废置。《旧唐书》卷二〇上《昭宗》乾宁四年八月条、《新唐书》卷一〇《昭宗》乾宁四年八月条、《资治通鉴》卷二六一乾宁四年八月条均载，韩建杀通、沂、睦、济、韶、彭、韩、陈、覃、延、丹十一王。《长安志》卷一九《县九》奉天亦载，及覃王出镇，又以畿内之好畤、武功、盩厔、醴泉隶之，寻并复旧。可推知，威胜军节度使设置两个月后，因覃王被杀而终止。

[②] 《新唐书》卷六四《方镇一·兴凤陇》，第1792页。

[③] 顾祖禹：《读史方舆纪要》卷五五《陕西四·凤翔府》，第2635页。

[④] 顾祖禹：《读史方舆纪要》卷五五《陕西四·陇州》，第2653页。

[⑤] 顾祖禹：《读史方舆纪要》卷五四《陕西三·西安府》乾州条，第2618页。

第五节　义胜军节度使辖区沿革

义胜军节度使置于天祐三年（906），治耀州，领耀、鼎二州。

表 1-5　义胜军节度使辖区变动

时间	方镇名称	治所	辖区
天祐三年（906）	义胜军节度使	耀州	耀、鼎二州

义胜军节度使（906），治耀州（今陕西铜川市耀州区），领耀、鼎二州。

《方镇表一》："天祐三年（906），置义胜军节度使，领耀、鼎二州。"① 该条失载治所。检《新唐书·地理一》，天祐三年，李茂贞墨制以京兆府华原县置耀州，同州美原县置鼎州。②《太平寰宇记》卷三一《关西道七》载，耀州，本华原县，唐末李茂贞据凤翔，"僭行墨制置耀州，仍为义胜军节度，割同州美原为鼎州，以为属郡，温韬为节度使"。③ 由上可知，义胜军节度使治所应在耀州。清人钱大昕亦认为治耀州。④

满志敏先生认为，义胜军节度使置于乾化元年（911），⑤ 据《资治通鉴》：乾化元年"三月，岐王募华原贼帅温韬以为假子，以华原为耀州，美原为鼎州。置义胜军，以韬为节度使，使帅邠、岐兵寇长安"。⑥ 赖青寿先生认为《资治通鉴》所载时间有误。⑦

按，《新五代史·温韬传》载："温韬，京兆华原人也。少为盗，后事李茂贞，为华原镇将，冒姓李，名彦韬。茂贞以华原县为耀州，以韬为刺史。梁太祖围茂贞于凤翔，韬以耀州降梁，已而复叛归茂贞。茂贞又以美

---

① 《新唐书》卷六四《方镇一·京畿》，第 1793 页。
② 《新唐书》卷三七《地理一·关内道》京兆府条，第 964 页。
③ 乐史等：《太平寰宇记》卷三一《关西道七·耀州》，第 658 页。
④ 钱大昕：《廿二史考异》卷四六《唐书六·方镇表一》，第 714 页。
⑤ 满志敏：《义胜节度使所置年代考》，《历史地理》第 8 辑，上海人民出版社，1990，第 197 页。
⑥ 《资治通鉴》卷二六八，后梁乾化元年三月条，第 8741 页。
⑦ 赖青寿：《唐后期方镇建置沿革研究》，第 36 页。

原县为鼎州，建义胜军，以韬为节度使。"①

　　据《新五代史·温韬传》可知，梁太祖围李茂贞于凤翔，温韬投降于朱全忠，后复叛归李茂贞，李茂贞以美原县为鼎州，建义胜军，以温韬为节度使。《资治通鉴》载，朱全忠围凤翔发生于天复元年至三年。天复二年（902）十月己卯，李彦韬（即温韬）投奔朱全忠。② 又"已而复叛归茂贞"，所隔时间应不长，据前引《太平寰宇记》，唐末李茂贞据凤翔，僭行墨制置耀州，为义胜军节度，加之《方镇表》载，可推断义胜军节度使置于天祐三年。《资治通鉴》载，天祐三年闰十二月乙丑，"废镇国军兴德府复为华州，隶匡国节度，割金、商州隶佑国军"。③ 并同、华为一镇，割金、商隶佑国军节度，欲以增加力量捍御邠、岐，恐也与李茂贞置义胜军节度有关。

---

① 《新五代史》卷四〇《温韬传》，中华书局，1974，第441页。
② 《资治通鉴》卷二六二，天复元年十一月戊辰条；卷二六三，天复二年九月壬子条；卷二六三，天复三年正月朱全忠围凤翔条。
③ 《资治通鉴》卷二六五，天祐三年闰十二月乙丑条，第8664页。

第二章　关内道方镇辖区变动考

关内道，始设于太宗贞观元年（627），"盖古雍州之域"，[①] 辖京兆、凤翔两府，华、同、商、邠、陇、泾、原、渭、武、宁、庆、鄜、坊、丹、延、灵、威、雄、丰、会、盐、夏、绥、银、宥、麟、胜二十七州，单于、安北两大都护府，县一百三十五个，相当于今陕西省的中部、北部以及甘肃陇东地区和内蒙古河套地区。开元二十一年（733），将国都长安（今陕西省西安市）及其附近地区划出，归京畿所属。

安史乱后，为防御吐蕃、回纥内侵，保障京师安全，将关内地区分为泾原、邠宁、鄜坊、夏绥、朔方、振武、天德军七方镇。关内诸方镇，数朔方节度所辖变动较大，其他诸镇辖区相对稳定。

泾原节度使、邠宁节度使、鄜坊节度使、凤翔节度使形成拱卫京师的第一道防线，主要是应对吐蕃、回纥的内犯。

第一节　泾原节度使辖区沿革

泾原节度使设置于大历三年（768），初领泾、原二州，取代原邠宁节度使。关于其设置的原因，学界多有论及。吕思勉[②]、黄永年[③]、黄利平[④] 依据《旧唐书·马璘传》认为，设立原因在于泾州位于抗击犬戎的前沿阵地。《旧唐书》载："以犬戎浸骄，岁犯郊境，泾州最邻戎虏，乃诏璘移镇泾州，兼权知凤翔陇右节度副使、泾原节度、泾州刺史。"[⑤]

---

① 《新唐书》卷三七《地理一·关内道》，第960页。
② 吕思勉：《隋唐五代史》，上海古籍出版社，1959，第246页。
③ 黄永年：《六至九世纪中国政治史》，上海书店出版社，2004，第430页。
④ 黄利平：《中晚唐京西北八镇考》，《中国历史地理论丛》2004年第2期。
⑤ 《旧唐书》卷一五二《马璘传》，第4066页。

李鸿宾①认为邠宁地区长期受到吐蕃骚扰，是马璘驻兵无力抵抗所致。该观点来自《资治通鉴》的记载："元载以吐蕃连岁入寇，马璘以四镇兵屯邠宁，力不能拒……乃与子仪及诸将议，徙璘镇泾州，而使郭子仪以朔方兵镇邠州，曰：'若以边土荒残军费不给，则以内地租税及运金帛以助之。'诸将皆以为然。"②

李新贵则认为"是唐代宗加强专制主义中央集权的结果。代宗及宰相元载在除去干政宦官的过程中将京城周围的独立藩镇迁往西北边疆；而泾州在防御吐蕃方面的特殊军事地位，则成为他们设置泾原节度使进而迁徙这些藩镇的借口"。③

笔者认为，泾原节度使的设置主要还是与其特殊的地理位置有关。该地是唐王朝阻击吐蕃的西北边防重镇，由泾原节度使所辖泾州、渭州的位置即可见一斑。渭州，"山川险阻，控扼边陲，屹为要会。汉以安定名郡，说者曰：郡外阻河朔，内当陇口，襟带秦、凉，拥卫畿辅，关中安危，系于此也"。④唐朝自广德以后，西北边陲多为少数民族所占，而渭州成为控制边陲的要地。泾州，"山川环带，水陆流通，岭北有事，州实为之孔道。……唐自至德以后，吐蕃内侵，恒以泾州为节镇，遮蔽邠、岐。……盖泾州连络中外，翼带东西，诚关中襟要也"。⑤

泾原节度使置于大历三年（768），治泾州，初领泾、原二州。五年，增领郑、颍二州。十四年割出颍州。建中二年（781），割出郑州。元和四年（809），增领（行）渭州。咸通四年（863）至中和三年（883），渭州曾割隶天雄军节度。大中三年（849），升新复原州萧关县为武州，九年来隶。

表 2 - 1　泾原节度使辖区变动

时间	方镇名称	治所	辖区
大历三年（768）	泾原节度使	泾州	泾、原二州

---

① 李鸿宾：《唐朝朔方军研究——兼论唐廷与西北诸族的关系及其演变》，吉林人民出版社，2000，第 186—188 页。
② 《资治通鉴》卷二二四，大历三年十二月己酉条，第 7203—7204 页。
③ 李新贵：《唐代泾原节度使设置原因考辨》，《社会科学辑刊》2013 年第 5 期。
④ 顾祖禹：《读史方舆纪要》卷五八《陕西七·平凉府》，第 2774 页。
⑤ 顾祖禹：《读史方舆纪要》卷五八《陕西七·泾州》，第 2792 页。

续表

时间	方镇名称	治所	辖区
大历五年（770）			泾、原、郑、颍四州
大历十二年（777）			泾、原、郑、颍四州，兼领四镇北庭行营节度使
大历十四年（779）			泾、原、郑三州
建中二年（781）			泾、原二州
元和四年（809）			泾、原、（行）渭三州
大中九年（855）			泾、原、（行）渭、武四州
咸通四年（863）			泾、原、武三州
中和四年（884）			泾、原、渭、武四州
大顺二年（891）	彰义军节度使		

泾原节度使（768），治泾州（今甘肃泾川北），领泾、原二州。

《方镇表一》载："大历三年（768），置泾原节度使，治泾州。"[1]《旧唐书·代宗纪》载：大历三年八月己酉，"以邠宁节度使马璘为泾原节度，移镇泾州，其邠宁割隶朔方军"。[2]

泾原节度使（770），治泾州，领泾、原、郑、颍四州。

《马公神道碑铭》载："马璘历金吾将军、殿中监、太保、御史中丞，迁御史大夫，领北庭行军使、邠州刺史，加工部尚书，节制泾原，以郑、颍二州隶之。"[3]《资治通鉴》载：大历五年四月"泾原节度使马璘屡诉本镇荒残，无以赡军，上讽李抱玉以郑、颍二州让之；乙巳，以璘兼郑颍节度使"。[4]《新唐书》卷六四《方镇一·泾原》、《旧唐书》卷一二八《段秀

---

[1] 《新唐书》卷六四《方镇一·泾原》，第1769页。

[2] 《旧唐书》卷一一《代宗》，第291页。《旧唐书》卷一一《代宗》永泰元年（765）八月乙亥条载："河南道副元帅、泾原节度使马璘封扶风郡王。"此时马璘还不是泾原节度使，恐是邠宁节度使之误。这可由其他资料佐证，检《旧唐书》卷一五二《马璘传》："永泰初，拜四镇行营节度，兼南道和蕃使，委之禁旅，俾清残寇。俄迁四镇、北庭行营节度及邠宁节度使、兼御史大夫，旋加检校工部尚书。"《新唐书》卷一三八《马璘传》所载略同。《旧唐书》卷一一《代宗》大历元年二月壬子条载："以四镇行营节度使马璘兼邠州刺史。"

[3] 常衮：《故四镇北庭行营节度使扶风郡王赠司徒马公神道碑铭》，董诰等编《全唐文》卷四一九，第4281页。

[4] 《资治通鉴》卷二二四，大历五年四月条，第7214页。

实传》所载略同。

泾原节度使（777），治泾州，领泾、原、郑、颍四州，兼领四镇北庭行营节度使。

《旧唐书·代宗纪》载：大历十二年（777）九月辛酉，"以泾原节度副使段秀实为四镇北庭行营、泾原郑颍等节度使"。① 《段府君神道碑铭》载："唐大历己未岁（779）春正月，段府君之子四镇北庭泾原郑颍等州节度使……曰秀实。"② 可知，至迟大历十二年，泾原节度使兼领四镇北庭行营节度使。

泾原节度使（779），治泾州，领泾、原、郑三州。

《方镇表一》载："大历十四年（779），颍州隶永平军节度使。"③ 可知，是年割出颍州。

泾原节度使（781），治泾州④，领泾、原二州。

《方镇表一》载："建中二年（781），郑州隶永平节度。"⑤ 是年，割出郑州。

泾原节度使（809），治泾州，领泾、原、（行）渭三州。

《方镇表一》载："元和四年（809），泾原节度增领行渭州。"⑥ 渭州，本属陇右道，"广德元年（763）没吐蕃，贞元四年（788）复置。元和四

---

① 《旧唐书》卷一一《代宗》，第 312 页。《新唐书》卷六四《方镇一·泾原》载："贞元六年（790），泾原节度领四镇、北庭行军节度使。"《新唐书》卷六七《方镇四·安西》载："贞元六年，泾原节度使兼领安西四镇、北庭节度。"《方镇表》载贞元六年，泾原节度使兼领安西四镇、北庭节度使，从文中所考看，应是推迟了兼领时间。笔者倾向于大历十二年（777）。

② 张增：《段府君神道碑铭》，董诰等编《全唐文》卷四四五，第 4538 页。

③ 《新唐书》卷六四《方镇一·泾原》，第 1771 页。

④ 建中元年（780），为复秦、原二州，曾欲将泾原节度使治所移治原州。后因泾原节度留后刘文喜据泾州城反叛，最终未能移治所于原州，仍治泾州。参见《资治通鉴》卷二二六，第 7277—7281 页。原州虽法定为泾原节度使所辖，但因于广德元年（763）没于吐蕃，节度使马璘表置行原州于灵台之百里城（属泾州）。贞元十九年（803）徙治平凉（属原州），元和三年（808）又徙治临泾（属原州）。大中三年（849）收复关、陇，归治平高。广明元年（880）后复没吐蕃，又侨治临泾。参见《新唐书》卷三七《地理一·关内道》原州条，第 968 页。可知大部分时段，泾原节度使没能实际领有原州，只领行原州。

⑤ 《新唐书》卷六四《方镇一·泾原》，第 1772 页。

⑥ 《新唐书》卷六四《方镇一·泾原》，第 1779 页。

年，以原州之平凉县置行渭州。及为行渭州，其民皆州自领之"。①

　　泾原节度使（855），治泾州，领泾、原、（行）渭、武四州。

　　《新唐书·卢简求传》载：大中九年（855），"党项扰边，拜泾原渭武节度使"。② 又《旧唐书·宣宗纪》载：大中十一年八月"以四镇北庭行军、泾原渭武节度使……卢简求可检校工部尚书、定州刺史、义武节度使、易定观察、北平军等使。……九月，以秦州刺史李承勋为朝散大夫、检校工部尚书、泾州刺史，充四镇北庭泾原渭武节度等使"。③ 可知，大中九年时，泾原节度使所辖已包含武州。④

　　泾原节度使（863），治泾州，领泾、原、武三州。

　　《资治通鉴》载：咸通四年（863）"二月，置天雄军于秦州，以成、河、渭三州隶焉；以前左金吾将军王晏实为天雄观察使"。⑤

　　泾原节度使（884），治泾州，领泾、原、渭、武四州。

　　《新唐书·地理志》载：渭州，"广明元年（880）为吐蕃所破，中和四年（884），泾原节度使张钧表置"。⑥

　　按：广明元年，已隶属天雄军节度的渭州为吐蕃所陷，中和四年，泾原节度使张钧上表复置（行）渭州，应由泾原节度使复领。

　　彰义军节度使（891），治泾州，领泾、原、渭、武四州。

　　《资治通鉴》载：大顺二年（891）十二月，"赐泾原军号曰彰义，增

①　《新唐书》卷三七《地理一·关内道》渭州条，第968页。
②　《新唐书》卷一七七《卢简辞附卢简求传》，第5284页。
③　《旧唐书》卷一八下《宣宗》，第639页。
④　《旧唐书》卷三八《地理一·关内道》原州条、《新唐书》卷三七《地理一·关内道》武州条均载："武州，大中五年（851）以原州之萧关置。"《旧唐书》卷一八下《宣宗》载："大中三年（849）六月，敕于萧关置武州。"笔者倾向于旧纪所载，大中三年置武州。武州本位于原州境内，为何大中三年没有隶属泾原节度？《资治通鉴》卷二四八大中三年七月甲子条载："邠宁节度使张君绪取萧关。"又检《新唐书》卷六四《方镇一·邠宁》："大中三年，邠宁节度以南山、平夏部落叛，徙治宁州，及内附，复徙故治。"由上可推，大中三年是邠宁节度使收复萧关，又邠宁节度为平定南山、平夏等部落叛乱，徙治宁州。所置武州紧邻其辖地庆州，如此划归邠宁，恐是为了增强邠宁节度平定叛乱的力量。再检《资治通鉴》卷二四九大中九年（855）三月条载："诏邠宁节度使毕诚还邠州。先是，以河、湟初附，党项未平，移邠宁军于宁州。至是，南山、平夏皆安，威、盐、武三州军食足，故令还理所。"至此，邠宁节度使还治邠州，防御党项等部落的任务移交给泾原节度使，再者武州（萧关）本属原州境地，故将武州割给泾原节度使所领。
⑤　《资治通鉴》卷二五〇，咸通四年二月条，第8104页。
⑥　《新唐书》卷三七《地理一·关内道》渭州条，第968—969页。

领渭、武二州"。①

按：渭州自中和四年（884）复隶泾原节度，武州自大中九年（855）隶泾原节度，未见二州割出泾原，不知为何此处言及增领渭、武二州，应为衍字。大顺二年后，至唐末，泾原节度应领有泾、原、渭、武四州。

泾原节度设置之初衷，是为防御吐蕃，构成屏障京师北面的第二道防线。其辖区初仅泾、原二州。大历初，增领郑、颍二州，是因二州据蔡颍运河、黄河渡口，能保障内地财物运抵泾原，确保防御吐蕃的财物供给。元和四年（809）增领的渭州只是暂设在原州境内的行州，大中九年（855）所领的武州也是原州境内的萧关县升为州而已。泾原节度虽所辖实际范围不大，但极为重要，其设置和增设行渭州表明朝廷欲借此收复陇右地区。

第二节　邠宁节度使辖区沿革

邠宁节度使置于乾元二年（759），领邠、宁、庆、泾、原、鄜、坊、丹、延九州，治邠州。上元元年（760），罢领鄜、坊、丹、延四州。大历三年（768），罢邠宁节度使，邠、宁、庆三州隶朔方节度，别置泾原节度。大历十四年（779），复置邠宁庆节度使，领邠、宁、庆三州。大中三年（849），增领武州，九年，武州割出。唐末，升宁州境内的定平县为衍州，邠宁节度领邠、宁、庆、衍四州。

表 2 - 2　邠宁节度使辖区变动

时间	方镇名称	治所	辖区
乾元二年（759）	邠宁节度使	邠州	邠、宁、庆、泾、原、鄜、坊、丹、延九州
上元元年（760）			邠、宁、庆、泾、原五州
大历三年（768）	罢邠宁节度使		
大历十四年（779）	复置邠宁节度使	邠州	邠、宁、庆三州
大中三年（849）		宁州	邠、宁、庆、武四州

---

① 《资治通鉴》卷二五八，大顺二年十二月条，第8423页。《新唐书》卷六四《方镇一·泾原》载："乾宁元年（894），泾原节度赐号彰义军节度，增领渭、武二州。"新表所载赐号彰义军节度时间与《资治通鉴》所载有异。鉴于《通鉴考异》参考实录定时间为大顺二年（891），应为可靠，故不取新表。

时间	方镇名称	治所	辖区
大中九年（855）		邠州	邠、宁、庆三州
光启元年（885）	静难军节度使		

邠宁节度使（759），治邠州（今陕西省彬县），领邠、宁、庆、泾、原、鄜、坊、丹、延九州。

《方镇表一》载："乾元二年（759），置邠宁节度使，领州九：邠、宁、庆、泾、原、鄜、坊、丹、延。"[①]《资治通鉴》系于六月，余同。

其所领邠州，"泾水北绕，邠岩南峙，依山为城，地势雄壮。……天宝后以邠宁为重镇，常屯重兵于此以遏寇冲。盖厚泾原之形援，固畿辅之藩卫，州实南北襟要也"。[②]

庆州，"南卫关辅，北御羌戎，秦置北地郡以隔阂匈奴，汉人所谓缘边诸郡也。其地山川险阻，风俗劲勇。……唐时以邠宁为重镇，宋亦以环庆为极冲，每西北发难，控扼之备未尝不在庆州也"。[③]

宁州，"连络关、陇，襟带邠、岐，川谷高深，地形险固，岭北有事，州每当其冲。秦并义渠，渐启榆中之塞，唐保豳宁，卒挫吐蕃之锋，志所称易守难犯者欤？"[④]

邠宁节度使（760），治邠州，领邠、宁、庆、泾、原五州。

《方镇表一》邠宁条载："上元元年（760），罢领鄜、坊、丹、延。"渭北鄜坊条亦载："上元元年，置渭北鄜坊节度使，治坊州，并领丹、延二州。"[⑤]《资治通鉴》载：上元元年春"正月，党项等羌吞噬边鄙，将逼京畿，乃分邠、宁等州节度为鄜坊丹延节度，亦谓之渭北节度。以邠州刺史桑如圭领邠宁，鄜州刺史杜冕领鄜坊节度副使，分道招讨"。[⑥]《旧唐书》卷一二〇《郭子仪传》所载略同。可知，上元元年，分鄜、坊、丹、延另置渭北节度，邠宁还领五州。

---

① 《新唐书》卷六四《方镇一·邠宁》，第1767页。
② 顾祖禹：《读史方舆纪要》卷五四《陕西三·邠州》，第2625页。
③ 顾祖禹：《读史方舆纪要》卷五七《陕西六·延安府》庆阳府条，第2755页。
④ 顾祖禹：《读史方舆纪要》卷五七《陕西六·延安府》宁州条，第2768页。
⑤ 《新唐书》卷六四《方镇一·邠宁》，第1767页。
⑥ 《资治通鉴》卷二二一，上元元年正月条，第7090页。

广德元年（763），原州陷于吐蕃，置行原州于泾州境内的灵台百里城。① 至此，虽邠宁节度法定上领有原州，但无法实际管辖其地。

大历三年（768），罢邠宁节度使。②

《资治通鉴》载，大历三年（768）十二月己酉，"徙马璘为泾原节度使，以邠、宁、庆三州隶朔方"。③《旧唐书》卷一一《代宗》所载略同。可知，泾、原二州置节度使，邠、宁、庆三州隶朔方节度，邠宁节度废。

邠宁节度使（779），治邠州，领邠、宁、庆三州。

《方镇表一》载："大历十四年（779），复置邠宁庆节度使。"④《旧唐书·德宗纪》载："大历十四年五月，以朔方都虞候李怀光为河中尹，邠、宁、庆、晋、绛、慈、隰等州节度观察使。"⑤《资治通鉴》卷二二六大历十四年五月条所载同。上述李怀光所领的应是邠宁、河中节度使，以邠宁节度使为主，同时遥领河中晋绛诸州军事。河中领河中府、晋、绛、慈、隰五府州，邠宁领邠、宁、庆三州。⑥

邠宁节度使（849），治宁州，领邠、宁、庆、武四州。

《旧唐书·宣宗纪》载："大中三年（849）六月，敕于萧关置武州。"⑦

---

① 参见《新唐书》卷三七《地理一·关内道》原州条，第968页。

② 《新唐书》卷六四《方镇一·邠宁》，第1769页。

③ 《资治通鉴》卷二二四，大历三年十二月己酉条，第7204页。

④ 《新唐书》卷六四《方镇一·邠宁》，第1771页。

⑤ 《旧唐书》卷一二《德宗上》，第320页。

⑥ 《旧唐书》卷一二《德宗上》大历十四年十一月丁丑条载："以陕州长史杜亚为河中观察使。"李怀光兼领河中节度使期间，朝廷另派一人任河中观察使。除杜亚外，张镒、赵惠伯、李承、李齐运任河中晋绛观察使。参见吴廷燮著《唐方镇年表》卷四《河中》，中华书局，1980，第445—446页。吴泽先生认为，应是邠宁节度观察使，且以邠宁节度使为主。参见氏著《〈新唐书·方镇表〉考校记》，《史学史研究》1992年第1期。如从军事节制角度上看，吴泽先生的看法比较合理。赖青寿先生认为，李怀光兼领河中、邠宁二镇，河中辖五府州，邠宁领三州，并非邠宁节度使辖晋、绛、慈、隰等州。参见氏著《唐后期方镇建置沿革研究》，第46页。若从行政事务管理上看，赖青寿先生的看法有一定道理，但忽略了军事节制上的统一性。笔者认为，军事上李怀光节制八府州，行政事务管理上侧重于邠宁节度使。

⑦ 《旧唐书》卷一八下《宣宗》，第622页。《新唐书》卷六四《方镇一·邠宁》载："大中五年（851），增领武州。"《新唐书》卷三七《地理一·关内道》武州条、《旧唐书》卷二八《地理一·关内道》原州条均载："大中五年，以原州之萧关置武州。"《太平寰宇记》卷三三《关西道九》原州条载："大中五年于萧关县置武州。"《新唐书》和《太平寰宇记》恐是沿袭《旧唐书·地理志》，应有误。从文中分析看，笔者倾向于大中三年升萧关县为武州，并隶邠宁节度。

《唐会要》载："大中三年七月，邠州节度使张君绪奏，收复萧关，复置武州。"① 《册府元龟》卷二〇《帝王部·功业》载同。《资治通鉴》载：大中三年七月"甲子，邠宁节度使张君绪取萧关"。② 又检《方镇表一》："大中三年，邠宁节度以南山、平夏部落叛，徙治宁州，及内附，复徙故治。"③ 由上可推，大中三年，邠宁节度使收复萧关，又邠宁节度使为平定南山、平夏等部落叛乱，徙治宁州。萧关县地紧邻邠宁辖地庆州，此时升县为武州，并划归邠宁，恐是为增强对新复失地的控制。

邠宁节度使（855），治邠州，领邠、宁、庆三州。

《资治通鉴》载：大中九年（855）"三月，诏邠宁节度使毕诚还邠州。先是，以河、湟初附，党项未平，移邠宁军于宁州。至是，南山、平夏皆安，威、盐、武三州军食足，故令还理所"。④ 至此，邠宁节度使还治邠州，或以武州（萧关）本属原州，遂将武州割隶泾原节度，防御党项等部落的任务移交给泾原节度使（参见泾原节度使一节）。

静难军节度使（885），治邠州，领邠、宁、庆三州。

光启元年（885），邠宁节度赐号静难军节度。⑤

唐末，治邠州，领邠、宁、庆、衍四州。

《新唐书·地理志》载："定平。上。武德二年析定安置，后隶邠州。元和三年复来属，四年隶左神策军。有高摭城。唐末以县置衍州。"⑥ 《太平寰宇记》亦载："定平县，唐末丧乱，曾为衍州。"⑦

如此，邠宁节度使领有邠、宁、庆、衍四州，仍治邠州。

第三节　鄜坊节度使辖区沿革

鄜坊节度使置于上元元年（760），治坊州，领鄜、坊、丹、延四州。永泰元年（765）增领绥州，割出丹、延二州。大历六年（771）复领丹、

---

① 王溥：《唐会要》卷七一《州县改置下·陇右道》武州条，第1269页。

② 《资治通鉴》卷二四八，大中三年七月甲子条，第8039页。

③ 《新唐书》卷六四《方镇一·邠宁》，第1784页。

④ 《资治通鉴》卷二四九，大中九年三月条，第8056页。

⑤ 《新唐书》卷六四《方镇一·邠宁》，第1788页。

⑥ 《新唐书》卷三七《地理一·关内道》宁州条，第969页。

⑦ 乐史等：《太平寰宇记》卷三四《关西道十》邠州条，第724页。

延二州。十四年，割出绥州，移治鄜州。建中二年（781），又移治坊州，四年，复治鄜州。中和三年（883），割出延州。光化元年（898），割出丹州。天复二年（902），于坊州境内的鄜城县置翟州。至唐末，鄜坊节度使领鄜、坊、翟三州。

其所领延州，"东带黄河，北控灵、夏，为形胜之地"。[①] 鄜州，"接壤延、绥，藩屏三辅，为渭北之襟要。唐乾元以后，尝置重兵于此，与邠宁、泾源诸镇相为唇齿"。[②] 宋范仲淹曰："鄜、延密迩灵、夏，西羌必由之地也。"[③]

表 2-3　鄜坊节度使辖区变动

时间	方镇名称	治所	辖区
上元元年（760）	鄜坊节度使	坊州	鄜、坊、丹、延四州
永泰元年（765）			鄜、坊、绥三州
大历六年（771）	渭北节度使		鄜、坊、丹、延、绥五州
大历十四年（779）	渭北鄜坊观察使	鄜州	鄜、坊、丹、延四州
建中二年（781）	鄜坊观察使	坊州	
建中四年（783）	渭北节度使	鄜州	
贞元二年（786）	鄜坊观察使		
贞元三年（787）	渭北节度使		
中和二年（882）	保大军节度使		
中和三年（883）			鄜、坊、丹三州
光化元年（898）			鄜、坊二州
天复二年（902）			鄜、坊、翟三州

鄜坊节度使（760），治坊州（今陕西省黄陵县），领鄜、坊、丹、延四州。

《方镇表一》载："上元元年（760），置渭北鄜坊节度使，治坊州，并领丹、延二州。"[④]《资治通鉴》载：上元元年正月丙戌，"党项等羌吞噬边鄙，将逼京畿，乃分邠宁等州节度为鄜坊丹延节度，亦谓之渭北节

---

① 顾祖禹：《读史方舆纪要》卷五七《陕西六·延安府》，第2719页。
② 顾祖禹：《读史方舆纪要》卷五七《陕西六·延安府》鄜州条，第2734页。
③ 《宋史》卷三一四《范仲淹传》，中华书局，1977，第10270页。
④ 《新唐书》卷六四《方镇一·渭北鄜坊》，第1767页。

度"。①《旧唐书》卷一〇《肃宗》所载略同。可知，上元元年，分邠宁节度所领鄜、坊、丹、延四州，另置节度使，是为有效防御党项等部落内寇。

鄜坊节度使（765），治坊州，领鄜、坊、绥三州。

《方镇表一》载："永泰元年（765），渭北鄜坊节度使罢领丹、延二州，增领绥州。"②

渭北节度使（771），治坊州，领鄜、坊、丹、延、绥五州。

《方镇表一》载："大历六年（771），渭北鄜坊节度使更名渭北节度使，复领丹、延二州。"③

渭北鄜坊观察使（779），治鄜州（今陕西省富县），领鄜、坊、丹、延四州。

《方镇表一》渭北鄜坊条载："大历十四年（779），罢渭北节度，置都团练观察使。"朔方条载："振武节度增领绥州。"④《旧唐书·德宗纪》载：大历十四年闰五月"己丑，以右羽林大将军吴希光检校散骑常侍、兼御史中丞，充渭北鄜坊丹延都团练观察使"。十一月癸巳，"延州刺史李建为鄜坊丹延留后"。⑤《旧唐书·崔宁传》载：大历十四年十月，"（崔）宁遂罢西川节度使，制授检校司空、同中书门下平章事、御史大夫、京畿观察使，兼灵州大都督、单于镇北大都护、朔方节度等使，兼鄜坊丹延都团练观察使。托以重臣绥靖北边，但令居鄜州。虽以宁为节度，每道皆置留后，自得奏事，炎悉讽令伺宁过犯。……李建徽为鄜州……"⑥《新唐书》卷一四四《崔宁传》、《资治通鉴》卷二二六大历十四年十一月条所载略同。由上可知，大历十四年，置鄜坊都团练观察使，治鄜州，领鄜、坊、丹、延四州。绥州割隶振武节度。⑦虽崔宁兼都团练观察使，但鄜州仍置

---

① 《资治通鉴》卷二二一，上元元年正月丙戌条，第7090页。
② 《新唐书》卷六四《方镇一·渭北鄜坊》，第1769页。
③ 《新唐书》卷六四《方镇一·渭北鄜坊》，第1770页。
④ 《新唐书》卷六四《方镇一·渭北鄜坊》，第1771页。
⑤ 《旧唐书》卷一二《德宗上》，第320、323页。
⑥ 《旧唐书》卷一一七《崔宁传》，第3401页。
⑦ 《新唐书》卷六四《方镇一·朔方》，第1771页。《新唐书》卷六四《方镇一·渭北鄜坊》载："贞元三年（787），复置渭北节度使，以绥州隶银夏节度。"从文中看，鄜坊都团练观察使所领有明确的鄜、坊、丹、延四州。而上述材料似表明贞元三年复置渭北节度使时，方割绥州隶银夏节度，恐不妥。绥州于大历十四年已割隶振武节度，现应是从振武节度割隶银夏节度。

留后，且自得奏事，崔宁有名无实权。罢渭北节度，置鄜坊都团练观察使，恐是为夺崔宁兵权。

鄜坊观察使（781），治坊州，领鄜、坊、丹、延四州。

《旧唐书·德宗纪》载：建中二年（781）秋七月辛巳，"以鄜坊丹延观察留后李建徽为坊州刺史、鄜坊丹延都团练观察使"。① 唐后期方镇节度使一般兼领首州刺史，上述材料表明坊州应为治所，即都团练观察使从鄜州徙治坊州。

渭北节度使（783），治鄜州，领鄜、坊、丹、延四州。

《方镇表一》载："建中四年（783），复置渭北节度，如上元之旧，寻罢。未几复置，徙治鄜州，其后置都团练观察防御使。"② 《旧唐书·德宗纪》载：兴元元年（784）三月丙戌，"加神策节度使李晟兼京畿渭北鄜坊丹延节度观察使"。③ 《资治通鉴》卷二三〇兴元元年三月丁亥条、《旧唐书》卷一三三《李晟传》所载略同。表明建中四年后，鄜坊丹延都团练观察使升为节度使，领四州。

鄜坊观察使（786），治鄜州，领鄜、坊、丹、延四州。

《旧唐书·德宗纪》载：贞元二年（786）秋七月戊午，"以鄜坊节度唐朝臣为单于大都护、振武绥银节度使，右金吾大将军论惟明为鄜州刺史、鄜坊都防御观察使"。④ 上文《方镇表一》建中四年（783）栏所载，"其后置都团练观察防御使"，应指的是贞元二年，降节度使为鄜坊都防御观察使。

渭北节度使（787），治鄜州，领鄜、坊、丹、延四州。

《方镇表一》载："贞元三年（787），复置渭北节度使。"⑤ 此处所指应为鄜坊节度使。再检《旧唐书·德宗纪》：贞元四年正月壬戌，"以左龙武大将军王栖曜为麟州刺史、鄜坊丹延节度使"。⑥ 按，麟州刺史应为鄜州刺史之误。同书同卷载：贞元十八年冬十月己酉，"鄜坊丹延节度使、检

---

① 《旧唐书》卷一二《德宗上》，第330页。
② 《新唐书》卷六四《方镇一·渭北鄜坊》，第1773页。
③ 《旧唐书》卷一二《德宗上》，第341页。
④ 《旧唐书》卷一二《德宗上》，第353—354页。
⑤ 《新唐书》卷六四《方镇一·渭北鄜坊》，第1775页。
⑥ 《旧唐书》卷一三《德宗下》，第363页。

校礼部尚书王栖耀卒。十一月丙辰，以同州刺史刘公济为鄜州刺史、鄜坊丹延节度使"。① 王栖耀即王栖曜，此条已更正前条麟州之误。

《方镇表一》载："元和元年（806），析丹州置防御使。"② 光化元年（898），"罢丹州防御使，以丹州隶卫国军"。③ 上述材料表明，似丹州防御使自元和元年不再隶属鄜坊节度使，至光化元年，罢防御使后割隶卫国军节度使。

《旧唐书·德宗纪》载，贞元二十年（804）正月己亥，"以鄜坊丹延节度使刘公济为工部尚书，以其行军司马裴玢代领其任"。④ 元和三年（808）二月癸丑，"以鄜坊节度使裴玢为兴元尹、山南西道节度使。丙子，以右金吾卫大将军路恕为鄜州刺史、鄜坊节度使"。⑤《唐故银青光禄大夫左散骑常侍致仕阳平路公神道碑文》载："元和六年……九月望，薨于东都正平里第，年六十七。……其子临汉县男贯与其弟赏、贞谋曰：'宜有刻也。'告于叔父御史大夫鄜坊丹延观察使恕。"⑥ 该材料表明，裴玢任节度使领鄜、坊、丹、延四州，路恕任鄜坊节度使亦领鄜、坊、丹、延四州。

《旧唐书·宪宗纪》载，元和七年（812）正月辛未，"以京兆尹元义方为鄜州刺史、鄜坊丹延观察使"。⑦ 元和十二年十一月，"以宣武军都虞候韩公武检校左散骑常侍、鄜州刺史、鄜坊丹延节度使"。⑧ 元和十五年正月庚子，"以少府监韩璀为鄜州刺史、鄜坊丹延节度使"。⑨ 大和六年（832）九月壬子，"以右金吾卫将军史孝章为鄜州刺史、鄜坊丹延节度使"。⑩ 如此事例还有很多，不一一列举。上述表明，元和元年，虽析丹州置防御使，但丹州仍属鄜坊节度使所辖。且元和七年至十二年，鄜坊节度

---

① 《旧唐书》卷一三《德宗下》，第 397 页。
② 《新唐书》卷六四《方镇一·渭北鄜坊》，第 1778 页。
③ 《新唐书》卷六四《方镇一·渭北鄜坊》，第 1791 页。
④ 《旧唐书》卷一三《德宗下》，第 399 页。
⑤ 《旧唐书》卷一四《宪宗上》，第 424—425 页。
⑥ 韩愈撰，刘真伦、岳珍校注《韩愈文集汇校笺注》卷一六《唐故银青光禄大夫左散骑常侍致仕阳平路公神道碑文》，中华书局，2010，第 1763—1764 页。
⑦ 《旧唐书》卷一五《宪宗下》，第 441 页。
⑧ 《旧唐书》卷一五《宪宗下》，第 462 页。
⑨ 《旧唐书》卷一五《宪宗下》，第 471 页。
⑩ 《旧唐书》卷一七下《文宗下》，第 547 页。

使降为观察使，元和十二年后复升节度使，但新表缺而不书。①

保大军（鄜坊）节度使（882），治鄜州，领鄜、坊、丹、延四州。

《方镇表一》载："中和二年（882），渭北节度赐号保大军节度，以延州置保塞军节度。"② 《资治通鉴》载：中和二年三月，"赐鄜坊军号保大"。③ 又载：中和三年五月，"又建延州为保塞军，以保大行军司马延州刺史李孝恭为节度使"。④ 从《资治通鉴》所载来看，应是中和三年建保塞军，恐是新表误。

保大军（鄜坊）节度使（883），治鄜州，领鄜、坊、丹三州。

据上条论证，中和三年（883），鄜坊节度使领鄜、坊、丹三州。

保大军（鄜坊）节度使（898），治鄜州，领鄜、坊二州。

《方镇表一》载："光化元年（898），更保塞军节度曰宁塞军节度，后又更名卫国军节度。罢丹州防御使，以丹州隶卫国军。"⑤《资治通鉴》载：乾宁四年（897）正月己亥，"以副都统李思谏为宁塞节度使"。胡三省按方镇表，"光化元年，更延州保塞节度为宁塞节度"。⑥ 恐是乾宁四年表李思谏为宁塞节度使，朝廷的制文正式下达于光化元年，并于是年更号卫国节度，增领丹州，故导致新表与《资治通鉴》所载时间有一年误差，今从新表。

保大军（鄜坊）节度使（902），治鄜州，领鄜、坊、翟三州。

《方镇表一》载："中和二年（882），增领翟州。"⑦《新唐书·党项传》载："嗣襄王煴之乱，诏思恭讨贼，兵不出，卒。以弟思谏代为定难节度使，思孝为保大节度、鄜坊丹翟等州观察使。"⑧《新唐书·地理志》载："坊州中部郡，县四：……鄜城。上。唐末以县置翟州。"⑨《舆地广

---

① 钱大昕：《廿二史考异》卷四六《唐书六·方镇表一》，第711—712页。
② 《新唐书》卷六四《方镇一·渭北鄜坊》，第1788页。
③ 《资治通鉴》卷二五四，中和二年三月条，第8264页。
④ 《资治通鉴》卷二五五，中和三年五月条，第8295页。
⑤ 《新唐书》卷六四《方镇一·渭北鄜坊》，第1791页。马端临《文献通考》卷三二二《舆地考八·古雍州》延安府条载，延州，唐属关内道，为卫国军节度。唐末，延州节度应曾赐号卫国军节度。
⑥ 《资治通鉴》卷二六一，乾宁四年正月己亥条，第8500页。
⑦ 《新唐书》卷六四《方镇一·渭北鄜坊》，第1788页。
⑧ 《新唐书》卷二二一上《党项传》，第6218页。
⑨ 《新唐书》卷三七《关内道》坊州条，第971页。

记》卷四〇载同。《资治通鉴》载：后梁开平三年（909）二月，"岐王置翟州于鄜城"。① 嗣襄王煴之乱是指，光启二年（886）十月"煴即皇帝位，改元建贞，遥尊上为太上元皇圣帝"。② 上述材料所载置翟州时间有中和二年、光启二年、开平三年三种，孰是？

按，《太平寰宇记》载："鄜城县……唐末，李茂贞建为翟州。"③《新唐书·地理志》及《舆地广记》亦载，于唐末置翟州。若是唐末，则《资治通鉴》载后梁开平三年应有误。又李茂贞于唐末建为翟州，那么应是其控制其地时方能为之。

《旧五代史》载：天复二年（902）八月，"鄜帅李周彝屯军于三原，以援凤翔。太祖命怀英讨之，周彝拔军而遁，追至梨园，因攻下翟州，擒其守来献"。④《旧唐书·昭宗纪》亦载：天复二年"十一月，鄜州节度使李周彝率众救凤翔。十二月癸酉，汴将孔勍乘虚袭下鄜州，获周彝妻子，周彝即以兵士来降。于是邠、宁、鄜、坊等州皆陷于汴军"。⑤ 又《资治通鉴》载：天复二年秋七月，"保大节度使李茂勋将兵屯三原，救李茂贞；朱全忠遣其将康怀贞、孔勍击之，茂勋遁去。茂勋，茂贞之从弟也"。"十二月，李茂勋遣使请降于朱全忠，更名周彝。"⑥《新唐书》卷一〇《昭宗》、《旧五代史》卷二《梁书二·太祖纪》所载略同。上述材料表明，天复二年，梁太祖朱全忠命康怀贞、孔勍率兵攻打李茂贞的援军，并从鄜坊节度使或保大节度使李茂勋手中夺得翟州。可证，天复二年已置翟州。但仍不能说明何时置翟州。

乾宁四年（897）七月，"以天雄节度使李继徽为静难节度使"。⑦ 至此，李茂贞已占有泾原、邠宁地区。又李茂勋是李茂贞从弟，可推李茂勋任鄜坊节度使时，李茂贞已占有此地。检《旧五代史》："茂勋，茂贞之从弟也。唐末为凤翔都将，茂贞表为鄜州节度使，累官至兼侍中。"⑧ 清人吴

---

① 《资治通鉴》卷二六七，后梁开平三年二月条，第8707页。
② 《资治通鉴》卷二五六，光启二年十月条，第8339页。
③ 乐史等：《太平寰宇记》卷三五《关西道十一》鄜州条，第738页。
④ 《旧五代史》卷二三《梁书二三·康怀英传》，中华书局，1976，第316页。
⑤ 《旧唐书》卷二〇上《昭宗》，第774—775页。
⑥ 《资治通鉴》卷二六三，天复二年七月条，第8578页；天复二年十二月条，第8587页。
⑦ 《资治通鉴》卷二六一，乾宁四年七月条，第8505页。
⑧ 《旧五代史》卷一三二《李茂勋传》，第1743页。

廷燮认为，李茂勋任鄜坊节度使是在"天复二年"，[1] 郁贤皓先生亦认为，"李茂勋于天复二年任鄜坊节度使"。[2] 据此可推，李茂贞任鄜坊节度使应是在天复二年，置翟州亦应于是年。

第四节　夏绥节度使辖区沿革

夏州节度使，亦称夏绥、夏绥银或银夏节度使，置于贞元三年（787），治夏州，初领夏、绥、银三州。十四年，增领盐州。十九年，罢领盐州。元和九年（814），增领宥州，领夏、绥、银、宥四州，至唐末。

夏绥节度使所领州县常为吐蕃所扰。《资治通鉴》记载：大历十二年（777）十月，吐蕃进攻盐、夏二州；大历十三年（778）二月，"吐蕃遣其将马重英帅众四万寇灵州，夺填汉、御史、尚书三渠水口以弊屯田"。[3] 四月，吐蕃进攻灵州，七、八月吐蕃连续进攻盐、庆、银、麟州。贞元二年（786）十一月吐蕃攻破盐州，十二月又攻陷夏、银、麟州。[4] 贞元三年（787）吐蕃开始从盐夏地区撤退，"三月……初，尚结赞得盐、夏二州，各留千余人戍之，退屯鸣沙；自冬入春，羊马多死，粮运不继"。"辛亥……尚结赞遁自鸣沙引归，其众乏马，多徒行者。"[5]

可见，吐蕃对盐、夏、灵、银等州进行了大规模侵扰，先后占领了盐、夏、灵等州，并对唐都长安造成威胁，后来由于"羊马多死，粮运不继"，被迫放弃所占城池，从鸣沙撤回军队。吐蕃的主要进攻路线系从鸣沙向灵、盐推进，进而深入银、夏等州，撤退时路线也与此相同，这更凸显了夏绥节度使的重要性。

表 2 - 4　夏绥节度使辖区变动

时间	方镇名称	治所	辖区
贞元三年（787）	夏绥节度使	夏州	夏、绥、银三州
贞元十四年（798）			夏、绥、银、盐四州

① 吴廷燮：《唐方镇年表》卷一《鄜坊》，第 104 页。
② 郁贤皓：《唐刺史考》卷七《关内道·鄜州》，第 203 页。
③ 《资治通鉴》卷二二五，大历十三年二月条，第 7251 页。
④ 《资治通鉴》卷二二三，贞元二年十一月、十二月条，第 7474、7475、7477 页。
⑤ 《资治通鉴》卷二二三，贞元三年三月条，第 7482—7483 页。

时间	方镇名称	治所	辖区
贞元十九年（803）			夏、绥、银三州
元和九年（814）			夏、绥、银、宥四州
中和二年（882）	定难节度使		

夏绥节度使（787），治夏州（今陕西省横山区西），领夏、绥、银三州。

《方镇表一》载："贞元三年（787），置夏州节度观察处置押蕃落使，领绥、盐二州，其后罢领盐州。"①

按，《资治通鉴》载：贞元三年七月甲子，"割振武之绥、银二州，以右羽林将军韩潭为夏绥银节度使，帅神策之士五千，朔方、河东之士三千镇夏州"。②《旧唐书·德宗纪》载：贞元三年七月丙辰，"以左羽林大将军韩潭为夏州刺史、夏绥银等州节度使"。③《新唐书·德宗纪》载：贞元三年七月甲子，"朔方节度使杜希全为朔方灵盐丰、夏绥银节度都统"。④《城盐州诏》载："宜令……朔方灵盐丰、夏绥银节度都统杜希全……夏绥银节度使韩潭……"⑤

上引通鉴、旧纪，夏州节度均不领盐州。新纪、《城盐州诏》表明，杜希全任朔方、夏绥银节度都统，朔方军领灵、盐、丰三州，夏州节度领夏、绥、银三州。综上，夏州节度使置于贞元三年，领夏、绥、银三州。又因绥、银二州之故，夏州节度又称夏绥节度、夏绥银节度或银夏节度。从新表看，可能曾有意把盐州隶夏州节度，但很快又复隶朔方节度。⑥ 新

---

① 《新唐书》卷六四《方镇一·朔方》，第1775页。

② 《资治通鉴》卷二三二，贞元三年七月甲子条，第7492页。

③ 《旧唐书》卷一二《德宗上》，第357页。

④ 《新唐书》卷七《德宗》，第195页。

⑤ 宋敏求编《唐大诏令集》卷九九《政事·建易州县》，第500页。

⑥ 赖青寿先生认为，盐州于贞元二年（786）陷于吐蕃，贞元九年（793）收复后即隶朔方，显然与夏州节度无涉。如此则《方镇表》所谓领盐州、后罢领之，纯属子虚乌有。参见氏著《唐后期方镇建置沿革研究》，第54页。但《新唐书》卷七《德宗》载：贞元三年（787）二月己卯，"华州潼关节度使骆元光克盐、夏二州"。表明盐州于贞元三年已经收复，况即使盐州陷于吐蕃，仍不妨夏州节度领盐州。原已陷于吐蕃诸州，朝廷为表收复失地之志，仍把它们置于节度使所辖范围。如大历三年（768）所置的泾原节度，时原州仍陷于吐蕃。按赖青寿先生的逻辑，则文中所引新纪载"贞元三年七月甲子，朔方节度使杜希全为朔方灵盐丰、夏绥银节度都统"，以及《城盐州诏》等诸多史料所载的盐州隶朔方节度，都将被认为是子虚乌有，因为时间同样处于贞元二年至九年。笔者认为朝廷原所辖诸州虽陷于吐蕃，但不影响所置节度使领有各州的法定性质，故夏绥节度先领盐州、后罢领的情况可能存在。

表恐脱银州。

夏绥节度使（798），治夏州，领夏、绥、银、盐四州。

《旧唐书·德宗纪》载：贞元十四年（798）闰五月庚申，"以左神策行营节度韩全义为夏州刺史，兼盐夏绥银节度使，以代韩潭"。[①] 又《新唐书·德宗纪》载：贞元十六年二月乙酉，"盐夏绥银节度使韩全义为蔡州行营招讨处置使，上官涗副之"。[②] 可知，贞元十四年，增领盐州。

夏绥节度使（803），治夏州，领夏、绥、银三州。

《旧唐书·德宗纪》载：贞元十九年（803）十一月戊寅朔，"以盐州兵马使李兴干为盐州刺史，许专达于上，不隶夏州"。[③]《资治通鉴》卷二三六贞元十九年十一月戊寅朔条所载略同。可知，贞元十九年，罢领盐州。

夏绥节度使（814），治夏州，领夏、绥、银、宥四州。

《方镇表一》载："元和九年（814），夏州节度增领宥州。"[④]《旧唐书·宪宗纪》载：元和九年五月庚申，"移宥州于经略军，郭下置延恩县，隶夏州观察使"。[⑤]《旧唐书》载："天宝中，宥州寄理于经略军，宝应已来，因循遂废。由是昆夷屡扰，党项靡依，蕃部之人，抚怀莫及。朕方弘

---

① 《旧唐书》卷一三《德宗下》，第 388 页。两《唐书·韩全义传》载：贞元十三年（797）"（韩全义）拜夏绥银宥节度使"。检两《唐书·地理志》，元和九年（814）复置宥州。可知两《唐书·韩全义传》载"（韩全义）拜夏绥银宥节度使"中"宥"恐是"盐"之误。

② 《新唐书》卷七《德宗》，第 202 页。

③ 《旧唐书》卷一三《德宗下》，第 398 页。

④ 《新唐书》卷六四《方镇一·朔方》，第 1780 页。《旧唐书》卷一六《穆宗》：元和十五年（820）九月，"夏州奏移宥州于长泽县置"。《旧唐书》卷一七上《敬宗》载：长庆四年（824）三月甲戌，"夏州节度使李祐奏：于塞外筑乌延、宥州、临塞、阴河、陶子等五城，以备边寇。又以党项为盗，于芦子关北木瓜岭筑垒，以扼其冲"。再检《旧唐书》卷三八《地理一·关内道》宥州条："乾元元年，复为宥州。宝应后废。元和九年，复于经略军置宥州，郭下置延恩县。十五年，移治长泽县，为吐蕃所破。长庆四年，夏州节度使李祐复置。"《新唐书》卷三七《地理一·关内道》宥州条、《唐会要》卷七〇《州县改制上·关内道》宥州条、《唐会要》卷八六《关市》所载略同。上述材料表明，元和九年复置宥州后，曾于十五年移治长泽县，并为吐蕃所陷，但于长庆四年复置。虽有四年时间陷于吐蕃，但法定为夏绥节度所领的性质没变，故不应认为其于该段时间割出夏绥节度。

⑤ 《旧唐书》卷一五《宪宗下》，第 449 页。

远略，思复旧规，宜于经略军置宥州，仍为上州；于郭下置延恩县，为上县，属夏绥银观察使。"①《新唐书》卷一四六《李吉甫传》载同。元和九年，朝廷因宥州居中以制戎虏之便，复置宥州，隶夏绥节度。

定难节度使（882），治夏州，领夏、绥、银、宥四州。

中和二年（882），"赐号定难节度"，②仍领夏、绥、银、宥四州。

《新唐书·僖宗纪》载：中和元年九月丙午，"鄜延节度使李孝章、夏绥银节度使拓拔思恭及黄巢战于东渭桥，败绩"。③

《资治通鉴》载：中和元年三月，"宥州刺史拓跋思恭，本党项羌也，纠合夷夏兵会鄜延节度使李孝昌于鄜州，同盟讨贼。……四月……以拓跋思恭权知夏绥节度使"。④《新唐书·党项传》载："贼平，兼太子太傅，封夏国公，赐姓李。嗣襄王煴之乱，诏思恭讨贼，兵不出，卒。以弟思谏代为定难节度使。"⑤

由上可知，中和元年李思恭任夏绥节度使时，仍领夏、绥、银、宥四州。李思谏代李思恭任夏绥节度使所领亦应如此。

《资治通鉴》载：乾宁三年（896）九月，"以前定难节度使李思谏为静难节度使"。⑥《授李成庆夏州节度使制》载："诸父每举，宿将知归。……以尔成庆，代有殊烈。禄山滔天之日，文已载于司勋。朱泚盗国之时，绩复书于盟府。洎黄巢犯阙，先臣进士兄弟，宗族携率征讨，首谋大计，果成元功。……尔其思曾高戡祸之勋，缵父叔定倾之烈。"⑦该制书所云，自黄巢叛乱，"先臣进士兄弟"及"缵父叔定倾之烈"等，应是指前任夏绥节度使李思恭和李思谏两人。清人吴廷燮也认为，李成庆恐是李思恭之子。⑧李成庆任夏绥节度使至唐末，领夏、绥、银、宥四州。

---

① 《旧唐书》卷一四八《李吉甫传》，第3996页。
② 《新唐书》卷六四《方镇一·朔方》，第1788页。
③ 《新唐书》卷九《僖宗》，第272页。
④ 《资治通鉴》卷二五四，中和元年三月条，第8249页。
⑤ 《新唐书》卷二二一上《党项传》，第6218页。
⑥ 《资治通鉴》卷二六〇，乾宁三年九月条，第8249页。
⑦ 韩仪：《授李成庆夏州节度使制》，《文苑英华》卷四五八《翰林诏制三九·节镇七》，第2330页。
⑧ 吴廷燮：《唐方镇年表》卷一《夏绥》，第124页。

第五节　朔方节度使辖区沿革

朔方节度使（因治所在灵州，曾称灵武郡，故又称灵武节度使）置于开元九年（721），前期辖区范围较大，最大时辖管内二十余州。至德元载（756），领安北都护府，定远、丰安二军，东、中、西三受降城，灵、夏、盐、绥、银、丰、胜、陇、鄜、会、宥、麟、邠十三州。乾元元年（758），增领天德军，割出麟、胜二州。二年，割出鄜、邠、陇三州。宝应元年（762），增领镇北大都护府，割出宥州。广德二年（764），增领麟、胜、河中府、晋、绛、慈、隰七府州。永泰元年（765），割出绥州。大历三年（768），增领邠、宁、庆三州。十四年，析置河中、振武、邠宁三节度，朔方所领为灵盐夏丰四州、西受降城和定远、天德二军。贞元三年（787），割出夏州。十二年，罢领丰州及西受降城、天德军。十四年，割出盐州。元和二年（807），复领盐州。八年，复领会州。大中三年（849），增领威州。乾符三年（876），增领雄州。景福元年（892），增置警州。时朔方节度使领灵、盐、会、威、雄、警六州，至唐灭亡。

表 2-5　朔方节度使辖区变动

时间	方镇名称	治所	辖区
至德元载（756）	朔方节度使	灵州	安北都护府，定远、丰安军，东、中、西三受降城，灵、夏、盐、绥、银、丰、胜、陇、鄜、会、宥、麟、邠十三州
乾元元年（758）			定远、丰安、天德军，东、中、西三受降城，灵、夏、盐、绥、银、丰、陇、鄜、会、宥、邠十一州
乾元二年（759）			单于大都护府，定远、丰安、天德军，东、中、西三受降城，灵、夏、盐、绥、银、丰、会、宥八州
宝应元年（762）			单于大都护府、镇北大都护府，定远、丰安、天德军，东、中、西三受降城，灵、夏、盐、绥、银、丰、会七州
广德二年（764）			单于大都护府、镇北大都护府，定远、丰安、天德军，东、中、西三受降城，灵、夏、盐、绥、银、丰、会、麟、胜九州，兼领河中府、晋、绛、慈、隰五府州

续表

时间	方镇名称	治所	辖区
永泰元年（765）			单于大都护府、镇北大都护府，定远、丰安、天德军，东、中、西三受降城，灵、夏、盐、银、丰、会、麟、胜八州，兼领河中府、晋、绛、慈、隰五府州
大历三年（768）			单于大都护府、镇北大都护府，定远、丰安、天德军，东、中、西三受降城，灵、夏、盐、银、丰、会、麟、胜、邠、宁、庆十一州，兼领河中府、晋、绛、慈、隰五府州
大历十四年（779）			定远、天德军，西受降城，灵、夏、盐、丰四州
贞元三年（787）			定远、天德军，西受降城，灵、盐、丰三州
贞元十二年（796）			定远军，灵、盐二州
贞元十四年（798）			定远军、灵州
元和二年（807）			定远军，灵、盐二州
元和八年（813）			定远军，灵、盐、会三州
大中三年（849）			定远军，灵、盐、会、威四州
乾符三年（876）			定远军，灵、盐、会、威、雄五州
景福元年（892）			灵、盐、会、威、雄、警六州

朔方节度使（756），治灵州（今宁夏灵武市西北），领安北都护府、定远、丰安军，东、中、西三受降城，灵、夏、盐、绥、银、丰、胜、陇、鄜、会、宥、麟、邠十三州。

《方镇表一》载，天宝十四载（755），朔方节度使兼关内道采访处置使，领单于、安北二都护府，定远、丰安军，东、中、西三受降城，灵、夏、盐、绥、银、丰、胜、泾、原、宁、庆、陇、鄜、坊、丹、延、会、宥、麟、邠二十州，治灵州。[①]

《方镇表一》载："至德元载（756），别置关内节度使以代采访使，徙治安化郡（庆州）。上元二年（761），废关内节度使，罢领单于大都护，

---

① 《新唐书》卷六四《方镇一·朔方》，第1761—1765页。

以泾、原、宁、庆、坊、丹、延隶邠宁节度。"① 按：应是乾元二年废关内节度使（参见振武节度使一节）。从废关内节度使，罢领单于大都护府，以泾、原、宁、庆、坊、丹、延隶邠宁可知，至德元载，朔方节度割出该七州及单于大都护府。

朔方节度使（758），治灵州，领定远、丰安、天德军，东、中、西三受降城，灵、夏、盐、绥、银、丰、陇、郦、会、宥、邠十一州。

《方镇表一》载："乾元元年（758），置振武节度押蕃落使，领镇北大都护府、麟胜二州。"② 《元和郡县图志》载：天德军，本安北都护。天宝八载，张齐丘于可敦城置横塞军，又自中受降城移理横塞军。十二载，废横塞军，于大同川西筑城置大安军。十四载，筑城攻毕，移大安军理焉。乾元后改为天德军。③ 由上可知，乾元以后，原来的安北都护改为天德军，麟、胜二州又割隶振武节度，故朔方领三军、三城、十一州。

朔方节度使（759），治灵州，领单于大都护府，定远、丰安、天德军，东、中、西三受降城，灵、夏、盐、绥、银、丰、会、宥八州。

《方镇表一》载："乾元二年（759），置邠宁节度使，领州九：邠、宁、庆、泾、原、郦、坊、丹、延。"④ 《资治通鉴》载：乾元二年六月丁巳，"分朔方置邠、宁等九州节度使"。⑤ 胡三省认为，于乾元元年废关内节度使，所领八州隶邠宁节度。如前所述，单于大都护府本隶朔方节度，废关内节度使后，应复隶朔方节度。⑥ 《方镇表》所载关内节度所领七州并

① 《新唐书》卷六四《方镇一·朔方》，第 1766—1767 页。据吴泽先生考证，因乾元二年（759），以"泾、原、宁、庆"隶邠宁节度，中间未见罢领此四州；乾元元年（758），麟、胜二州隶振武节度，此后亦未见罢领，故"以泾、原、宁、庆隶邠宁节度，麟、胜隶振武节度"，与乾元二年邠宁栏原刊和乾元元年朔方栏原刊重复，显系衍误。但仍可看出至德元载所置关内节度使所领七州。

② 《新唐书》卷六四《方镇一·朔方》，第 1766 页。

③ 李吉甫：《元和郡县图志》卷四《关内道四·丰州天德军》，中华书局，1983，第 113 页。

④ 《新唐书》卷六四《方镇一·朔方》，第 1767 页。

⑤ 《资治通鉴》卷二二一，乾元二年六月丁巳条，第 7077 页。

⑥ 《新唐书》卷六四《方镇一·朔方》载："广德二年（764），朔方节度兼领单于大都护。"而《资治通鉴》卷二二二十一月己亥条载："以怀恩为河北副元帅，加左仆射兼中书令、单于、镇北大都护、朔方节度使。"至少可证，广德二年前，单于大都护府已复隶朔方节度。赖青寿先生亦认为，《方镇表》所载广德二年复隶朔方有误。参见氏著《唐后期方镇建置沿革研究》，第 50 页。

无郦州，又据吴泽先生考证，关内节度使应废于乾元二年。笔者倾向于乾元二年废关内节度。此时陇州已割隶凤翔秦陇防御使（参见凤翔陇右节度使一节），故朔方节度还领三军、三城、八州。

朔方节度使（762），治灵州，领单于大都护府、镇北大都护府，定远、丰安、天德军，东、中、西三受降城，灵、夏、盐、绥、银、丰、会七州。

《方镇表一》载："宝应元年（762），振武节度增领镇北大都护府，以镇北隶朔方。"① 《元和郡县图志》载："宝应以后废宥州。"② 两《唐书·地理志》、《唐会要》卷七〇《州县改置上》关内道宥州条载同。可知，自宝应后，复领镇北大都护府，不再领宥州。

朔方节度使（764），治灵州，领单于大都护府、镇北大都护府，定远、丰安、天德军，东、中、西三受降城，灵、夏、盐、绥、银、丰、会、麟、胜九州，兼领河中府、晋、绛、慈、隰五府州。

《方镇表一》载："广德二年（764），罢河中、振武节度，以所管七州隶朔方。"③ 又《方镇表三》河中条载：广德二年，"废河中节度，置河中五州都团练观察使"。④ 时河中节度使领河中府和晋、绛、慈、隰五府州（参见河中·晋慈节度使一节），振武节度使领麟、胜二州。因麟、胜二州原隶朔方节度，罢振武节度后，二州应复隶朔方节度。河中虽罢节度，但仍置五州都团练观察使，恐朔方节度使仅兼领河中五府州军事。

朔方节度使（765），治灵州，领单于大都护府、镇北大都护府，定远、丰安、天德军，东、中、西三受降城，灵、夏、盐、银、丰、会、麟、胜八州，兼领河中府、晋、绛、慈、隰五府州。

《方镇表一》载："永泰元年（765），渭北郦坊节度使增领绥州。"⑤ 是年，割出绥州。

---

① 《新唐书》卷六四《方镇一·朔方》，第1768页。振武节度"增领"镇北大都护府，可该栏乾元元年（758）条载，置振武节度，领镇北大都护府，此后未见罢领，何谈于宝应元年（762）增领之，恐是误"罢领"为"增领"。赖青寿先生亦持此说。

② 李吉甫：《元和郡县图志》卷四《关内道四·废宥州》，第106页。

③ 《新唐书》卷六四《方镇一·朔方》，第1768页。

④ 《新唐书》卷六六《方镇三·河中》，第1841页。

⑤ 《新唐书》卷六四《方镇一·朔方》，第1769页。

朔方节度使（768），治灵州，领单于大都护府、镇北大都护府，定远、丰安、天德军，东、中、西三受降城，灵、夏、盐、银、丰、会、麟、胜、邠、宁、庆十一州，兼领河中府、晋、绛、慈、隰五府州。

《方镇表一》载："大历三年（768），朔方节度增领邠、宁、庆三州。"①

朔方节度使（779），治灵州，领定远、天德军，西受降城，灵、夏、盐、丰四州。

《方镇表一》载："大历十四年（779），析置河中、振武、邠宁三节度，朔方所领灵盐夏丰四州、西受降城、定远、天德二军。"② 又检《资治通鉴》：大历十四年五月，"以其裨将河东、朔方都虞候李怀光为河中尹、邠、宁、庆、晋、绛、慈、隰节度使，以朔方留后兼灵州长史常谦光为灵州大都督、西受降城、定远、天德、盐、夏、丰等军州节度使，振武军使浑瑊为单于大都护，东、中二受降城，振武、镇北、绥银、麟胜等军州节度使。"③

《旧唐书·德宗纪》载：大历十四年十一月癸巳，"加崔宁兼灵州大都督、单于镇北大都护、朔方节度等使，出镇坊州。……以鄜州刺史张光晟为单于振武军使、东中二受降城、绥银麟胜等军州留后……杨炎素恶崔宁，虽授以三镇，仍署此三人为留后，夺宁之权也，人皆愤之"。④ 可知，崔宁虽领朔方节度使，但其所辖被分为三镇，皆置留后。从崔宁职衔来看，崔宁领单于镇北大都护、朔方节度等使，但被架空。

《旧唐书·德宗纪》载，建中二年（781）七月辛巳，"以邠宁节度使李怀光兼灵州大都督、单于镇北大都护、朔方节度使"。⑤ 兴元元年（784）三月己亥，"诏李怀光太子太保，其余官职并罢"。⑥ 兴元元年后，朔方不再领单于、镇北大都护。

朔方节度原领会州、丰安军不见来隶。丰安军"在灵州西黄河外百八十里"，⑦ 朔方、邠宁、振武均不见载，不知何故。从位置上看，其位于灵

① 《新唐书》卷六四《方镇一·朔方》，第 1769 页。
② 《新唐书》卷六四《方镇一·朔方》，第 1771 页。
③ 《资治通鉴》卷二二五，大历十四年五月条，第 7259 页。
④ 《旧唐书》卷一二《德宗上》，第 323—324 页。
⑤ 《旧唐书》卷一二《德宗上》，第 330 页。
⑥ 《旧唐书》卷一二《德宗上》，第 341 页。
⑦ 《旧唐书》卷三八《地理一》，第 1838 页。

州境内，应隶朔方节度。赖青寿先生认为，会州既然不见隶属河中、邠宁、振武，就应该隶朔方节度。① 笔者认为，上述诸书所载各州数较为详细具体，然均不见载会州，不像是遗漏造成。且会州不一定要非此即彼，即不见隶属河中、邠宁、振武，就定会隶属朔方。同是关内道的盐州，贞元十九年（803）就曾"许专达于上，不隶夏州"，② 即直属中央。笔者认为不排除会州直隶朝廷的情况，待考。

朔方节度使（787），治灵州，领定远、天德军，西受降城，灵、盐、丰三州。

《方镇表一》载："贞元三年（787），置夏州节度观察处置押蕃落使，领绥、盐二州，其后罢领盐州。"③ 又《资治通鉴》载，贞元三年七月甲子，割"振武之绥、银二州，以右羽林将军韩潭为夏绥银节度使，帅神策之士五千，朔方、河东之士三千镇夏州"。④《旧唐书》卷一二《德宗上》载同。

朔方节度使（796），治灵州，领定远军，灵、盐二州。

《方镇表一》载："贞元十二年（796），朔方节度罢领丰州及西受降城、天德军。"⑤ 又检《旧唐书·德宗纪》：贞元十二年九月甲午，"以河东行军司马李景略为丰州刺史、天德军丰州西受降城都防御使"。⑥ 可知，朔方割出丰州、天德军及西受降城。

朔方节度使（798），治灵州，领定远军、灵州。

《旧唐书·德宗纪》载：贞元十四年（798）闰五月庚申，"以左神策

---

① 参见赖青寿《唐后期方镇建置沿革研究》，第51—52页。
② 《旧唐书》卷一三《德宗下》，第398页。
③ 《新唐书》卷六四《方镇一·朔方》，1775页。《旧唐书》卷一二《德宗上》载：贞元二年（786）十一月辛丑，吐蕃陷盐州。十二月丁巳，以韩滉兼度支、诸道盐铁转运使。吐蕃陷夏州，又陷银州。贞元三年（787）夏四月庚申，诏："蕃寇虽退，疆理犹虞，安边之策，必有良算，宜令常参官各陈边事，随所见封进以闻。"《新唐书》卷七《德宗》载：贞元三年（787）二月已卯，"华州潼关节度使骆元光克盐、夏二州"。可知贞元二年，吐蕃曾陷盐州，随后又陷夏、银二州，但贞元三年吐蕃退去，恐因此置夏州节度使，盐州复隶朔方节度。
④ 《资治通鉴》卷二三二，贞元三年七月甲子条，第7492页。
⑤ 《新唐书》卷六四《方镇一·朔方》，1777页。《旧唐书》卷一三《德宗下》载：贞元十一年（795）五月，"又以朔方留后李栾为灵州大都督府长史、朔方灵盐丰夏四州（西）受降定远天德军节度副大使、知节度事、管内度支营田观察押蕃落等使"。此条仍言"灵盐丰夏四州"，恐是沿用贞元三年（787）以前的表述，应有误。
⑥ 《旧唐书》卷一三《德宗下》，第384页。

行营节度韩全义为夏州刺史，兼盐夏绥银节度使，以代韩潭"。① 又《新唐书·德宗纪》载：贞元十六年二月乙酉，"盐夏绥银节度使韩全义为蔡州行营招讨处置使，上官涗副之"。②《旧唐书·德宗纪》载：贞元十九年十一月戊寅朔，"以盐州兵马使李兴干为盐州刺史，许专达于上，不隶夏州"。③《资治通鉴》卷二三六贞元十九年十一月戊寅朔条所载略同。由上可知，自贞元十四年，盐州不再隶朔方节度。

朔方节度使（807），治灵州，领定远军，灵、盐二州。

《旧唐书·宪宗纪》载：元和二年（807）夏四月，"以右金吾卫大将军范希朝为检校司空、灵州长史、朔方灵盐节度使"。④ 可知，自元和二年起，盐州复隶朔方节度。

朔方节度使（813），治灵州，领定远军，灵、盐、会三州。

《元和郡县图志》载：灵武节度使，管州三：灵州、盐州、会州。治灵州。⑤ 至元和八年，朔方复领会州。

朔方节度使（灵武节度使）（849），治灵州，领定远军，灵、盐、会、威四州。

《资治通鉴》载：大中三年（849）七月丁巳，"灵武节度使朱叔明取长乐州。（胡注：'长乐'当作'安乐'。宋白曰：'安乐州置于灵州鸣沙县。'）八月乙酉，改长乐州为威州"。⑥《旧唐书·地理志》载："威州，本安乐州。大中三年收复，更名。"⑦《新唐书》卷二一六下《吐蕃下》、《唐会要》卷七〇《州县分望道》所载略同。可知，大中三年，威州（安乐州）由灵武节度使收复，本身又置于灵州境内的鸣沙县，故理应隶朔方节度。

---

① 《旧唐书》卷一三《德宗下》，第388页。
② 《新唐书》卷七《德宗》，第202页。
③ 《旧唐书》卷一三《德宗下》，第398页。
④ 《旧唐书》卷一四《宪宗上》，第421页。
⑤ 李吉甫：《元和郡县图志》卷四《关内道四·灵州》，第91页。
⑥ 《资治通鉴》卷二四八，大中三年七月丁巳条，第8039页。
⑦ 《新唐书》卷三七《地理一·关内道》，第972页。《新唐书》卷六四《方镇一·朔方》载："大中八年（854），朔方节度增领威州。"应有误，今不取。《旧唐书》卷一八下《宣宗》载："大中三年（849）六月，改长乐为威州。"此处"长乐"应为"安乐"。

朔方节度使（灵武节度使）（876），治灵州，领定远军，灵、盐、会、威、雄五州。

《资治通鉴》载：乾符三年（876）六月，"雄州地震裂，水涌，坏州城及公私庐舍俱尽"。胡注："雄州，在灵州西南百八十里。"[1] 《新唐书》卷九《僖宗》、《新唐书》卷三五《五行二》、《唐会要》卷四二《地震》所载略同。另检《新唐书·地理志》："雄州，在灵州西南百八十里。中和元年徙治承天堡为行州。"[2] 由上可知，雄州位于灵州境内，又最早见于乾符三年，可推知，是年朔方节度领有雄州。

朔方节度使（灵武节度使）（892），治灵州，领灵、盐、会、威、雄、警六州。

《新唐书·地理志》载："警州，本定远城，在灵州东北二百里。先天二年，朔方大总管郭元振置。其后为上县，隶灵州。景福元年（892），灵威节度使韩遵表为州。"[3] 可知，景福元年，增置警州。时朔方节度使领灵、盐、会、威、雄、警六州，至唐灭亡。

第六节　振武节度使辖区沿革

振武节度使置于乾元元年（758），领镇北大都护府，麟、胜二州。广德二年（764），废振武节度使，所领二州隶朔方节度。大历十四年（779），复置振武节度使，治单于都护府，领单于都护府、东中二受降城及绥、银、麟、胜四州。贞元三年（787），割出绥、银二州。十二年，割出东、中二受降城。元和八年（813），复领东受降城。会昌三年（843），改单于大都护为安北都护。中和四年（884），割出麟州，领安北都护府、东受降城和胜州，至唐灭亡。

表 2－6　振武节度使辖区变动

时间	方镇名称	治所	辖区
乾元元年（758）	振武节度使	不明	镇北大都护府，麟、胜二州

---

[1] 《资治通鉴》卷二五二，乾符三年六月雄州地震裂条，第8184页。

[2] 《新唐书》卷三七《地理一》，第972页。

[3] 《新唐书》卷三七《地理一》，第973页。

时间	方镇名称	治所	辖区
广德二年（764）	废振武节度使		
大历十四年（779）	析置振武节度使	单于都护府	单于都护府，东、中二受降城，绥、银、麟、胜四州
贞元三年（787）			单于都护府，东、中二受降城及麟、胜二州
贞元十二年（796）			单于都护府及麟、胜二州
元和八年（813）			单于都护府、东受降城及麟、胜二州
会昌三年（843）		安北都护府	安北都护府、东受降城及麟、胜二州
中和四年（884）			安北都护府、东受降城及胜州

振武节度使（758），治所不明，应是治镇北大都护府，领镇北大都护府和麟、胜二州。

《方镇表一》载："乾元元年（758），置振武节度押蕃落使，领镇北大都护府、麟胜二州。"①《资治通鉴》卷二二〇载，乾元元年置振武节度使，领镇北大都护府，麟、胜二州。

《方镇表一》载："上元二年（761），废关内节度使，罢领单于大都护，以泾、原、宁、庆、坊、丹、延隶邠宁节度，麟、胜隶振武节度。"②

按，邠宁栏载，乾元二年，置邠宁节度使，领州九：邠、宁、庆、泾、原、鄜、坊、丹、延。又因乾元元年置振武节度使。至上元二年，不见罢领"泾、原、宁、庆"及"麟、胜"等州，则可认定上元二年所载属衍文。应是乾元二年废关内节度使。吴泽先生考证亦认为，上元二年条所载属衍文。③

《方镇表一》载："宝应元年（762），振武节度增领镇北大都护府，以镇北隶朔方。"④《资治通鉴》载，宝应元年十一月己亥，以怀恩为河北副

---

① 《新唐书》卷六四《方镇一·朔方》，第1766页。
② 《新唐书》卷六四《方镇一·朔方》，第1767页。
③ 吴泽：《〈新唐书·方镇表〉考校记》，《史学史研究》1992年第1期。
④ 《新唐书》卷六四《方镇一·朔方》，第1768页。此处言振武节度"增领"镇北大都护府。如前所述，乾元元年已领之，后未见镇北隶属他镇，不知为何言振武"增领"镇北大都护府。

元帅，加左仆射兼中书令，"单于、镇北大都护，朔方节度使"。① 由上可知，宝应元年，振武节度增领镇北大都护，寻隶朔方节度。

振武节度使（764）废，以所领隶朔方节度。

《方镇表一》载："广德二年（764），罢河中、振武节度，以所领七州隶朔方节度。"② 时河中节度领河中府、晋、绛、慈、隰五府州（参见河中·晋慈节度使一节），振武领麟、胜二州。《旧唐书·代宗纪》载，广德二年正月丁卯，郭子仪充河东副元帅、河中等处观察，兼云州大都督、单于镇北大都护。十二月乙丑，"加（郭）子仪关内、河中副元帅"。③

振武节度使（779），治单于都护府④（今内蒙古和林格尔县），领单于都护府，东、中二受降城及绥、银、麟、胜四州。

《方镇表一》载，大历十四年（779），析置"振武节度，复领镇北大都护府及绥银二州、东中二受降城"。⑤《旧唐书·德宗纪》载，大历十四年闰五月甲申，以朔方左留后、单于副都护浑瑊为"单于大都护、振武军、东中二受降城、镇北及绥、银、麟、胜等军州节度营田使"。⑥ 十一月癸巳，加崔宁兼灵州大都督、单于镇北大都护、朔方节度等使，出镇坊州。以鄜州刺史张光晟为单于振武军使、东中二受降城绥银麟胜等军州留后。《旧唐书》卷一三四《浑瑊传》载同。《资治通鉴》载，大历十四年五月，"振武军使浑瑊为单于大都护，东中二受降城，振武、镇北、绥银、麟胜等军州节度使"。⑦

由上可知，大历十四年复置振武节度，五月，领单于镇北大都护、振武军、东中二受降城及绥、银、麟、胜等军州，十一月，镇北隶朔方节

---

① 《资治通鉴》卷二二二，宝应元年十一月己亥条，第7136页。
② 《新唐书》卷六四《方镇一·朔方》，第1768页。
③ 《旧唐书》卷一一《代宗》，第275—277页。
④ 《资治通鉴》胡注：镇北大都护府，领大同、长宁二县。振武节度使，治单于都护府，因旧振武军而建节镇，兼押蕃落使。宋白曰：振武军，旧为单于都护府，即汉定襄郡之盛乐县也，在阴山之阳，黄河之北，后魏所都盛乐是也。唐平突厥，于此置云中都督府。麟德三年，改为单于大都护府。至德后，振武节度治焉。参见《资治通鉴》卷二二○乾元元年是岁置振武节度使条，第7066页。《旧唐书》卷三九《地理二》亦载，单于都护府，秦汉时云中郡城也。唐龙朔三年，置云中都护府。麟德元年，改为单于大都护府。东北至朔州五百五十七里。振武军在城内置。
⑤ 《新唐书》卷六四《方镇一·朔方》，第1771页。
⑥ 《旧唐书》卷一二《德宗上》，第320页。
⑦ 《资治通鉴》卷二二五，大历十四年五月条，第7259页。

度，还领单于大都护府、东中二受降城及绥、银、麟、胜四州。故新表所载绥、银二州似有误。

据《方镇表一》京畿条："建中四年（783），京畿渭南兼渭北、鄜、坊、丹、延、绥五州。未几，罢五州。"① 按：本条渭北后顿号似衍。五州均位于渭水以北，若加顿号，则为六州，实非也。其下文"罢五州"，似脱"领"字。表明是年绥州曾隶渭北鄜坊节度，旋复隶振武节度。

《旧唐书·德宗纪》载，贞元二年（786）秋七月戊午，以鄜坊节度唐朝臣为"单于大都护、振武绥银节度使"。② 《唐朝臣振武节度论惟明鄜坊观察使制》载，开府仪同三司、检校兵部尚书、兼鄜州刺史、御史大夫、充鄜坊丹延等州节度观察处置等使、平乐郡王唐朝臣，可依前检校兵部尚书兼"单于大都护、御史大夫、充振武绥银麟胜等州节度营田观察处置押蕃落等使"。③ 由此可知，至贞元二年，振武节度领单于大都护府、东中二受降城及绥、银、麟、胜四州。

振武节度使（787），治单于都护府，领单于都护府，东、中二受降城及麟、胜二州。

《方镇表一》渭北鄜坊条载，贞元三年（787），复置渭北节度使，以"绥州隶银夏节度"。④ 《资治通鉴》载，贞元三年七月甲子，"割振武之绥、银二州，以韩潭为夏、绥、银节度使"。⑤

振武节度使（796），治单于都护府，领单于都护府及麟、胜二州。

《方镇表一》载，贞元十二年（796），"东、中二受降城隶天德军"。⑥

振武节度使（813），治单于都护府，领单于都护府、东受降城及麟、胜二州。

元和七年（812）正月癸酉，振武河溢，"毁东受降城"。⑦ 《资治通鉴》载，元和八年秋七月，振武节度使李光进请修受降城，兼理河防。十

---

① 《新唐书》卷六四《方镇一·京畿》，第1773页。
② 《旧唐书》卷一二《德宗上》，第353页。此后似不再领有镇北大都护府。
③ 陆贽：《唐朝臣振武节度论惟明鄜坊观察使制》，《文苑英华》卷四五四《翰林制诏三五·节镇三》，第2304页。
④ 《新唐书》卷六四《方镇一·朔方》，第1775页。
⑤ 《资治通鉴》卷二三二，贞元三年七月甲子条，第7492页。
⑥ 《新唐书》卷六四《方镇一·朔方》，第1777页。
⑦ 《旧唐书》卷一五《宪宗下》，第441页。

月，振武节度使李进贤使"牙将杨遵宪将五百骑趣东受降城以备回鹘"。①
由此表明，至少于元和八年，振武节度复领东受降城。《元和郡县图志》
载，振武节度领"单于都护府、东受降城及麟、胜二州"。②

振武节度使（843），治安北都护府，领安北都护府、东受降城及麟、胜二州。

《方镇表一》载，会昌三年（843），改"单于大都护为安北都护"。③

振武节度使（884），治安北都护府，领安北都护府、东受降城及胜州。

《资治通鉴》载，中和四年（884）八月，李克用奏请"割麟州隶河东"。④ 至唐末，振武节度使领安北都护府、东受降城及胜州。

第七节　天德军都防御使辖区沿革

天德军在灵州东北一千余里，为唐朝北疆军事重地，其西与丰州、西受降城连成一线，控扼阴山及河套地区，北御突厥、回纥，南蔽朔方和关中，其治所在今河套平原内蒙古乌梁素海东南岸水下。⑤

天德军都团练防御使置于贞元十二年（796），治丰州，领丰州、会州、三受降城。元和八年（813），割出会州及东受降城，领丰州、天德军和西、中二受降城，至唐灭亡。

表 2-7　天德军都防御使辖区变动

时间	方镇名称	治所	辖区
贞元十二年（796）	天德军都防御使	丰州	三受降城和丰、会二州
元和八年（813）	天德军都团练防御使		丰州、天德军和西、中二受降城

---

① 《资治通鉴》卷二三九，元和八年十月条，第7702页。
② 李吉甫：《元和郡县图志》卷四《关内道四·振武节度使》，第107页。
③ 《新唐书》卷六四《方镇一·朔方》，第1783页。
④ 《资治通鉴》卷二五六，中和四年八月条，第8313页。《通鉴考异》曰："新方镇表：'中和二年，河东节度增领麟州。'误也。今从《唐末见闻录》。"
⑤ 王北辰：《唐代长安—夏州—天德军道路考》，《王北辰西北历史地理论文集》，学苑出版社，2000，第86页。

天德军都防御使（796），治丰州（今内蒙古五原市），领三受降城和丰、会二州。

《方镇表一》载："贞元十二年（796），朔方节度罢领丰州及西受降城、天德军，以振武之东、中二受降城隶天德军，以天德军置都团练防御使，领丰会二州、三受降城。"①

然《旧唐书·德宗纪》载：贞元十二年九月甲午，"以河东行军司马李景略为丰州刺史、天德军丰州西受降城都防御使"。②《唐会要》载："贞元十二年九月，以河东节度使行军司马兼御史中丞李景略兼御史大夫，充天德军、丰州、西受降城都防御等使。丰州本隶灵州，至是始析之。"③由上可知，天德军都团练防御使所辖，新表与旧纪、《唐会要》所载有异，后者不包括东、中二受降城及会州。孰是？

清人钱大昕认为，贞元十二年（796），以天德军置都团练防御使，领丰会二州、三受降城。丰州别置都防御，以李景略为使。④樊文礼先生认为，贞元十二年天德军置都防御使后，天德军成为唐朝直属的地方藩镇，天德、丰州、中西二受降城（有时包括东城）都在它的统领之下。⑤黄利平先生认为，《新唐书·方镇表一》所言显然有误，其实际辖地仅有丰州与西受降城两处，理由如下。首先，按唐人惯例，若天德镇统辖中、东二受降城和会州，则应在其都防御使的职衔中注明。但在所有关于贞元十二年天德军都防御使李景略的材料中均找不到这一证据。相反，《旧唐书·德宗纪》、两《唐书·李景略传》、《册府元龟》卷一一九《选将一》、《唐会要》卷七三均载，李景略只是丰州刺史和天德军、丰州、西受降城都防御使。《新唐书·方镇表一》所载仅是孤证。其次，中受降城在元和九年（814）才从振武割属天德，东受降城至少在元和九年时归振武统辖。如果有贞元十二年天德镇领三受降城一事，则在贞元十二年到元和八年应有天德镇割中、东二受降城给振武之举。而事实上史料中根本没有这方面的记载。再次，会州远在原州以西，贞元十二

---

① 《新唐书》卷六四《方镇一·朔方》，第1777页。
② 《旧唐书》卷一三《德宗下》，第384页。
③ 王溥：《唐会要》卷七三《灵州都督府》，第1318页。
④ 钱大昕：《廿二史考异》卷四六《唐书六·方镇表一》，第711页。
⑤ 樊文礼：《略论唐代的丰州》，《内蒙古大学学报》（哲学社会科学版）1982年第2期。

年时早已陷于吐蕃之手，天德镇又怎能越过与会州比邻的灵武镇和泾原镇而领有它呢？这显然与当时边镇兼领内地富州的惯例也不能类比。最后，天德镇是京西北八镇中实力最弱的镇，故是八镇中唯一以"都防御使"统领的镇。若它同时统辖丰州、天德三受降城及会州的话，其实力起码已不在振武之下，"都防御使"又焉能镇之？故《新唐书·方镇表一》所载必误无疑。贞元十二年组建的天德镇仅是由丰州、天德军、西受降城所组成。①

笔者认为，新表所载应为可信。主要分歧在于是否辖有东、中二受降城和会州，现辨析理由如下。

首先是东、中二受降城。

从天德军设置背景来看，三受降城设置之初即为三位一体、连同作战的防御体系，天德军都团练防御使统辖三城，有利于实现防御回鹘寇边的目的。

吕温《三受降城碑铭》载："景龙二年（708），默啜强暴，渎邻构怨，扫境西伐，汉南空虚。朔方大总管韩国公张仁愿蹑机而谋，请筑三城，夺据其地，跨大河以北向，制胡马之南牧，中宗诏许，横议不挠。于是留及瓜之戍，斩奸命之卒，六旬雷动，三城岳立，以拂云祠为中城，东西相去各四百里，过朝那而北辟，斥堠迭望，几二千所，损费亿计，减兵万人，分形以据，同力而守。……厥后贤愚迭任，工拙异势，刚者黩武，柔者败律，城隳险固，寇得凌轹，或驱马饮河而去，或控弦劖垒而旋，吾知韩公不瞑目于地下矣。……亦宜镇以元老，授之庙胜，俾述旧职，而恢遗功。外勤抚绥，内谨经略，使其来不敢仰视，去不敢反顾，永詟猛气，无生祸心，耸威驯恩，禽息荒外。安固万代，术何加焉。敢勒铭城隅，庶儌复隍而光烈不昧。"②

刘乾先生认为，吕温（772—811）青少年时期曾寄居扬州，求学于灵岩寺，主要学习六经，且以致用为目的。其文章里有很多是对唐朝兴盛时期的憧憬，就是证明。如《三受降城碑铭》等，都是对治世的贤臣良将及

---

①　黄利平：《唐天德镇领三受降城说质疑》，《中国历史地理论丛》1989 年第 1 期。

②　吕温：《三受降城碑铭》，董诰等编《全唐文》卷六三〇，第 6353—6354 页。

积极措施的肯定。① 又据白盛友博士研究，贞元元年（785）至贞元四年（788），吕温十四岁至十八岁，居广陵（今扬州），求学于灵岩寺。贞元二年，从梁肃学文章，且与元洪讨论春秋大义。② 吕温学习六经之事还有其他材料可证，如刘禹锡《唐故衡州刺史吕君集纪》云："（温）早闻《诗》《礼》于先侍郎，又师吴郡陆质通《春秋》，从安定梁肃学文章，勇于艺能，咸有所祖。"③《新唐书·吕温传》云："从陆质治《春秋》，梁肃为文章。"④《唐故衡州刺史吕君集纪》载："始以文学震三川，三川守以为贡士之冠。"⑤ 三川为秦代三川郡，汉改为洛阳郡。刘德重先生在《吕温生平事迹考辨》一文中认为，吕温在贞元十年为贡士之冠，而被举送后同年十月举贤良方正科，不第。⑥

上述材料证明，吕温青少年时期主要学习六经，学以致用，并表现出骄人的才气，《三受降城碑铭》就是写于这段时间，应是在贞元十年（794）之前。从上述碑铭可看出，景龙二年修建的东、中、西三受降城，东西相距各四百里，瞭望哨所迷望达两千余，分形以据，彼此首尾照应，同力而守，形成有效抵制回鹘的防御带。后因用人不当，工拙异势，三城失去往日的防御功能，回鹘复得为患。吕温渴望能镇以元老，进而恢复三城防御之功能。若想达此目标，恐应是置一统帅统辖三城，方能发挥抵御回鹘内寇的作用。

吕温在碑铭总序中对西受降城独到的看法，应是影响了唐朝廷于贞元十二年置天德军都团练防御使的决定。大历十四年（779），因郭子仪权任既重，功名复大，性宽大，政令颇不肃，代宗欲分其权而难之。三受降城也因此被分为两段，东、中二受降城隶振武节度，西受降城隶朔方节度。⑦此次被一分为二，是为防止朔方势力过大，形成尾大不掉之势，并非出于更好地防御北部边疆的目的。贞元十二年，面临日益猖狂的回鹘，极有可能恢复三受降城接受统一指挥的建制，即由天德军都团练防御使统辖。

---

① 刘乾：《吕温论》，《西南师范大学学报》1982 年第 1 期。
② 白盛友：《吕温研究》，博士学位论文，复旦大学，2009，附录吕温年谱，第 121—123 页。
③ 陶敏、陶红雨校注《刘禹锡全集编年校注》下册，岳麓书社，2003，第 1059 页。
④ 《新唐书》卷一六〇《吕温传》，第 4976 页。
⑤ 陶敏、陶红雨校注《刘禹锡全集编年校注》下册，第 1057—1058 页。
⑥ 刘德重：《吕温生平事迹考辨》，《文史》第 27 辑，中华书局，1986，第 231 页。
⑦ 《资治通鉴》卷二二五，大历十四年郭子仪以司徒、中书令领河中尹条，第 7259 页。

黄先生以唐朝惯例——在其都防御使的职衔中注明所辖诸州，而在所有关于贞元十二年天德军都防御使李景略的材料中均找不到这一证据，故认定天德军都防御使不领有东、中二受降城。言外之意，此时东、中二受降城应是隶属振武节度。但除大历十四年（779）五月甲申，"以朔方左留后、单于副护浑瑊为单于大都护、振武军、中东二受降城、镇北及绥银麟胜等军州节度营田使"，[①] 建中二年（781）三月，"辛巳，以汾州刺史王翃为振武军使、东中二受降城、镇北绥银麟胜等州留后"[②] 外，至贞元十二年（796），中间经历张光晟、彭令芳、杜从政、唐朝臣、范希朝几位节度使，他们的官衔中也不见有东、中二受降城。[③] 所以不能据此推断东、中二受降城隶属振武节度。

对于《旧唐书·德宗纪》、两《唐书·李景略传》、《册府元龟》卷一一九《选将一》、《唐会要》卷七三等材料不载东、中二受降城，笔者认为，东、中二受降城隶天德军，而军隶防御使，二城低一个层级，或以此故，防御使衔内少东、中二受降城。因天德军"理于西受降城"，[④] 即西受降城为天德军使的首城，相当于方镇节度使治所所在的首州，天德军都团练防御使领三城，出于表述方便之考虑，只在天德军使后载西受降城。再检《旧唐书·高霞寓传》：元和六年（811），"（高霞寓）任丰州刺史、三城都团练防御使"。[⑤]《新唐书》卷一四一《高霞寓传》载同。元和六年，丰州刺史仍领三城都团练防御使，亦可证明新书方镇表所载并非孤证。

其次是会州。

天德军都团练防御使领有会州，从地理位置上看应是遥领。会州于广德元年（763）后陷于吐蕃，朝廷为收复其地，由天德军都防御使遥领的情形恐会出现。黄先生恐是把遥领仅看作从遥领州获取财物的一种形式，故认为不可能因获取财物而遥领会州。会州原隶朔方节度，但自大历十四年始，会州不再隶属朔方（参见朔方节度使一节）。朝廷割会州给天德军

① 《旧唐书》卷一二《德宗上》，第 320 页。
② 《旧唐书》卷一二《德宗上》，第 328 页。
③ 参见吴廷燮《唐方镇年表》卷一《振武》，第 163—166 页；郁贤皓《唐刺史考》卷二五《关内道·单于大都护》，第 344—348 页。
④ 李吉甫：《元和郡县图志》卷四《关内道四》，第 113 页。
⑤ 《旧唐书》卷一六二《高霞寓传》，第 4249 页。

都防御使李景略，表明对其重视，也可统一协调抵御吐蕃、回鹘的侵扰。那为何天德军都防御使下领有丰、会二州和三受降城，但没有授予李景略节度使之职？之前李景略为河东节度司马，因回鹘独怕李景略，河东节度使李说心存嫉妒，会有传回鹘将入寇北疆，朝廷以丰州当虏冲，寻择可守者。李说通过贿赂中尉窦文场，贞元十二年九月甲午，"（李）景略出任丰州刺史、天德军都团练防御使"。[①] 由上可知，朝廷让李景略领二州、三城，是因为其能当其任；又仅授予防御使而非节度使之职，是李景略遭李说的嫉妒排挤而致，再者其级别不够授予旄节。

《方镇表》所载，贞元十二年（796）置天德军都团练防御使一事应可信，至少设置时领有丰、会二州和东、中、西三受降城的可能性是有的。黄先生认为新书方镇表所载必错无疑，恐过于绝对。

天德军都团练防御使（813），治丰州，领丰州、天德军和西、中二受降城。

检《元和郡县图志》："丰州都防御使，管丰州、天德军、西受降城、中受降城。"[②]

黄先生认为，中受降城在元和九年（814）才从振武割属天德，东受降城至少在元和九年时归振武统辖。其依据是《元和郡县图志》卷四所载。而《旧唐书》载：元和八年二月乙酉朔，"宰相李吉甫进所撰《元和郡国图》三十卷，又进《六代略》三十卷，又为《十道州郡图》五十四卷"。[③] 也就是说，中受降城至迟在元和八年二月之前应隶属丰州都防御使，故黄先生言元和九年仍属振武节度恐不妥。

又如前引两《唐书·高霞寓传》载，元和六年（811），高霞寓任丰州刺史、三城都团练防御使。元和七年春正月，"振武河溢，毁东受降城"。[④] 元和八年七月，"振武节度使李光进请修受降城，兼理河防"。[⑤]

据上可推，元和六年时，丰州都防御使仍领东、中、西三受降城。因元和七年东受降城毁于河水，造成丰州都防御使无法实际领有该城。元和

---

① 《资治通鉴》卷二三五，贞元十二年九月甲午条，第7574页。

② 李吉甫：《元和郡县图志》卷四《关内道四》，第111页。

③ 《旧唐书》卷一五《宪宗下》，第445页。

④ 《资治通鉴》卷二三八，元和七年正月条，第7689页。

⑤ 《资治通鉴》卷二三九，元和八年七月条，第7700页。

八年，振武节度使李光进请修受降城，恐自此起，东受降城改隶振武节度。最迟至元和八年，天德军都防御使不再领有会州及东受降城，具体何时割出，囿于材料，待考。

黄先生为证明元和九年（814）割中受降城隶天德军防御使，举元和八年春西受降城南北被黄河冲坏一事，认为《元和郡县图志》卷四、两《唐书·卢坦传》、《新唐书》卷一八六《周宝传》、《唐会要》卷七三均明确记载了西受降城被河冲毁、宰臣廷议、天德军迁回故城之事，但诸书均漏载此时天德镇增领中受降城之事。李吉甫主张的"仍取城隶天德军，别置使名"，也没有指明是哪个城隶属天德军。黄先生认为是中受降城隶属天德军。

《资治通鉴》载：元和八年（813）秋，七月，"振武节度使李光进请修受降城，兼理河防。时受降城为河所毁。李吉甫请徙其徒于天德故城，李绛及户部侍郎卢坦以为：'受降城，张仁愿所筑，当碛口，据虏要冲，美水草，守边之利地。今避河患，退二三里可矣，奈何舍万代永安之策，徇一时省费之便乎！况天德故城僻处确瘠，去河绝远，烽候警急不相应接，虏忽唐突，势无由知，是无故而蹙国二百里也。'及城使周怀义奏利害，与绛、坦同。上卒用吉甫策，以受降城骑士隶天德军。李绛言于上曰：'边军徒有其数而无其实，虚费衣粮，将帅但缘私役使，聚货财以结权幸而已，未尝训练以备不虞，此不可不于无事之时豫留圣意也。'时受降城兵籍旧四百人，及天德军交兵，止有五十人，（《考异》曰：实录云：'李光进请修东受降城兼理河防。'又云：'以中受降城及所管骑士一千一百四十人隶于天德军。'旧传：'卢坦与李绛叶议，以为西城张仁愿所筑，不可废。'三者不同，莫知孰是。今但云受降城，所阙疑也。又李司空论事云：'中城旧属振武，有镇兵四百人，其时割属天德，交割惟有五十人。'人数如此不同，或者一千一百四十人是三城都数耳。）器械止有一弓，自余称是"。[①] 上述材料中，司马光的疑惑是因为其混淆了元和七年东受降城及元和八年西受降城被黄河冲坏两件事，结果把诸位大臣讨论是否

---

① 《资治通鉴》卷二三九，元和八年七月条，第 7700—7701 页。《唐会要》卷七三"三受降城"条载："元和十二年（817）九月，西受降城为河徙浸毁。宰相李吉甫请移兵于天德故地。"第 1311 页。恐有误，今不取。

修建的城当成东受降城。黄先生对此有论证，仝建平对此亦进行过考证，[①]兹不赘述。

再检《元和郡县图志》："元和八年（813）春，黄河泛滥，城南面毁坏转多，防御使周怀义上表请修筑，约当钱二十一万贯。中书侍郎平章事李吉甫密陈便宜，以西城费用至广，又难施功，请修天德旧城以安军镇，其大略曰：'伏以西城是开元十年张说所筑，今河水来侵，已毁其半。……按天德旧城，在西城正东微南一百八十里，其处见有两城。今之永清栅，即隋氏大同旧城理，去本城约三里已下，城甚牢小，今随事制宜，仍存天德军额。北城周回一十二里，高四丈，下阔一丈七尺，天宝十二载安思顺所置。其城居大同川中，当北戎大路，南接牟那山钳耳嘴，山中出好材木，若有营建，不日可成。……臣久访略已计料，约修北城，不过二万贯钱。今若于天德旧城，随事增饰，因有移换，仍取城隶于天德军，别置使名，自为雄镇，以张声势，可奢殊邻。'诏从之，于是复移天德军理所于旧城焉。"[②]

上述材料表明，天德旧城有两处：一是永清栅，即隋氏大同旧城理，仍存天德军额；二是北城，比较适合修建为天德军理所。李吉甫所言，"今若于天德旧城"，是指北城，"仍取城隶于天德军"，从语境分析，应是指隋氏大同旧城理隶天德军，因其还保留军额，或是指新建之城。虽它们做过天德军理所，但天德军徙治西受降城后，它们不见得还隶属天德军。此处言仍取城隶属天德军，恐是因为它们曾是天德军理所，所以用了"仍取城隶"四字。若把"仍取城"看成中受降城，则从上下文看有些牵强。

《通鉴考异》援引李司空论事云："中城旧属振武，有镇兵四百人，其时割属天德，交割惟有五十人。"《论边事》载，宰臣李绛尝因延英论及边事曰："今西、北两都，皆无备拟，兵但虚数，坐盗衣粮，将无实效，岁邀官爵，衣甲器械之数，破官钱空有其名，部伍训练之方，务酒乐都亡其制……"上惊曰："今边上岂如此空虚也！卿等便令点检，切为殿最。""时天德军中城，旧属振武，有镇兵四百人，其时却割属天德军，交割惟有十人，并军将在此，其器械惟有弓一张，余可知也。数月后，李绛罢

---

① 仝建平：《〈资治通鉴〉所载"受降城"纠误》，《沧桑》2008 年第 3 期。
② 李吉甫：《元和郡县图志》卷四《关内道四·天德军》，第 113—114 页。

相，遂因循旧弊。"①

把《通鉴考异》所引"李司空论事云"放置在原文中看，并非李绛所言，应是《李相国论集》的作者蒋偕所云。该书题要云，前有大中五年（851）偕《自序》。《新唐书·李绛传》亦载："大中初，诏史官差第元和将相，图形凌烟阁，绛在焉，独留中。绛所论事万余言，其甥夏侯孜以授蒋偕，次为七篇。"②

由上可推，《李相国论集》成书于大中五年，蒋偕并非亲历中受降城割隶天德军一事。恐是朝廷令李绛点检边镇兵数，获知中受降城驻军仅五十人。蒋偕所描述的应是中受降城隶属天德军的一种状态，并非实指元和八年割隶天德军都防御使。也未见割中受降城隶天德军的明确记载。人数不实恐是边军将领用减少兵员、虚报人数等方式诈取朝廷所调军资的结果。贞元九年（793），陆贽亦曾指出："边军将校诡为媚词，因请遥隶神策，不离旧所，唯改旧名，其于廪赐之饶，遂有三倍之益。"③故蒋偕所云有可能是指贞元十二年中受降城交割天德军时仅有五十人。

综上，《元和郡县图志》所载的"仍取城"隶天德军，与李司空论事所载应非指同一件事，黄先生依此得出中受降城于元和九年（814）方割隶天德军都防御使，并得出新书方镇表所载必错无疑的结论恐显牵强。笔者认为，贞元十二年（796）置天德军都防御使，领丰、会二州和东、中、西三受降城。至迟元和八年，割出会州及东受降城。至唐末，天德军都防御使辖区几无变化。

---

① 李绛：《李相国论事集》卷六，上海商务印书馆，1939，第47—48页。
② 《新唐书》卷一五二《李绛传》，第4844页。
③ 《资治通鉴》卷二三四，贞元九年理戎之要条，第7546页。

第三章　都畿道方镇辖区变动考

开元二十一年（733），从河南道分置都畿道，辖河南府及汝州地区。安史之乱后，都畿道主要置东都畿观察使、陕虢观察使二方镇，除战时升为节度使，辖区变动频繁外，二方镇长期置观察使，辖区相对稳定。

第一节　东都畿观察使辖区沿革

东京，孔颖达曰："洛阳处涧、瀍之中，天地交会，北有太行之险，南有宛、叶之饶，东压江、淮食湖海之利，西驰崤、渑据关、河之胜。"①

东畿观察使置于至德元载（756），治东都河南府，领怀、郑、汝、陕四州，是年，割出郑州。乾元元年（758），割出汝州。二年，割出陕州。广德元年（763），割出怀州。二年，罢东畿观察使。大历十四年（779），复置东畿观察使，领河南府和汝、陕、虢三州。建中二年（781），增领郑州，罢领虢州。四年，罢观察使，置东畿汝州节度，割出陕、郑二州。贞元元年（785），废东都畿汝州节度，置都防御使，增领唐、邓二州。三年，割出唐、邓。元和三年（808），废东畿汝州都防御使，东都畿和汝州直隶朝廷。十三年，复置东都畿汝州都防御使，领河南府、汝州。长庆元年（821），东都畿都防御使罢领汝州。二年，复领汝州。文德元年（888），升为佑国军节度使。乾宁元年（894），割出汝州。光化三年（900），复领汝州。天祐元年（904），废东畿观察使兼防遏使，河南府、汝州直隶朝廷。

---

① 顾祖禹：《读史方舆纪要》卷四八《河南三·河南府》，第2216页。

表 3-1　东都畿观察使辖区变动

时间	方镇名称	治所	辖区
至德元载（756）	东畿观察使	东都	河南府、怀州、汝州、陕州
乾元元年（758）	东畿采访处置使		河南府、陕州、怀州
乾元二年（759）			河南府、怀州
广德元年（763）	东畿观察使		河南府
大历十四年（779）			河南府、汝州、陕州、虢州
建中二年（781）			河南府、郑州、汝州、陕州
建中四年（783）	东畿汝州节度使		河南府、汝州
贞元元年（785）	东畿都防御使		河南府、汝州、唐州、邓州
贞元二年（786）	东畿都防御观察使		
贞元三年（787）			河南府、汝州
贞元五年（789）	东畿汝州都防御使		
元和三年（808）	废东畿汝州都防御使		
元和十三年（818）	复置东都畿汝州都防御使	东都	河南府、汝州
长庆元年（821）	东都畿都防御使		河南府
长庆二年（822）			河南府、汝州
文德元年（888）	佑国军节度使		
乾宁元年（894）			河南府
光化三年（900）	东畿观察使		河南府、汝州

东畿观察使（756），治东都（今河南省洛阳市），领河南府、怀州、汝州、陕州。

《方镇表一》："至德元载（756），置东畿观察使，领怀、郑、汝、陕四州，寻以郑州隶淮西。"[1]《方镇表二》："至德元载，置淮南西道节度使，领义阳（申州）、弋阳（光州）、颍川（许州）、荥阳（郑州）、汝南（蔡州）五郡。"[2] 可知，是年割出郑州。

东畿采访处置使（758），治东都，领河南府、陕州、怀州。

《旧唐书·肃宗纪》：乾元元年（758）四月癸卯，"以太子少师、嗣虢

---

[1]《新唐书》卷六四《方镇一·东畿》，第1766页。

[2]《新唐书》卷六五《方镇二·淮南西道》，第1800页。

王巨为东京留守、河南尹，充京（东）畿采访处置使"。①

《方镇表一》："乾元元年，汝州隶豫许汝节度。"②《方镇表二》："乾元元年，别置豫许汝节度使，治豫州。"③《资治通鉴》：乾元元年十二月，"又置陕、虢、华及豫、许、汝二节度使"。④

由上可知，东畿采访处置使是年割出汝州。

东畿采访处置使（759），治东都，领河南府、怀州。

乾元二年（759），陕州割隶陕虢华节度使（参见陕虢观察使一节）。

东畿观察使（763），治东都，领河南府。

《旧唐书·李勉传》："……兼御史中丞、都畿观察使。寻兼河南尹，明年罢尹，以中丞归西台……"⑤《方镇表一》："广德元年（763），怀州隶昭义。二年，罢东畿观察使。"⑥

东畿观察使（779），治东都，领河南府、汝州、陕州、虢州。

《方镇表一》："大历十四年（779），复置东畿观察使，以留台御史中丞兼之，复领汝州。"⑦《旧唐书·代宗纪》：大历十四年六月辛酉，"复置东都京畿观察使，以御史中丞为之。七月辛未，以吏部侍郎房宗偃为御史中丞、东都畿观察使"。

又检《唐会要》："（贞元）十四年六月，罢陕虢两州都防御观察使，以其地分隶诸道。置东畿观察，以留台御史中丞为之。"⑧ 按：此条应放置在大历之下。《旧唐书·德宗纪》载：大历十四年六月辛酉，罢陕虢都防御使，以其地分隶诸道。据此，陕、虢两州或隶东畿观察使。

东畿观察使（781），治东都，领河南府、郑州、汝州、陕州。

《方镇表一》："建中二年（781），以汝州隶河阳，寻复旧。复置陕西防御使。置河阳三城节度使，以东都畿观察使兼之，领怀、郑、汝、陕四

---

① 《旧唐书》卷一〇《肃宗》，第252页。
② 《新唐书》卷六四《方镇一·东畿》，第1766页。
③ 《新唐书》卷六五《方镇二·淮南西道》，第1801页。
④ 《资治通鉴》卷二二〇，乾元元年十二月条，第7066页。
⑤ 《旧唐书》卷一三一《李勉传》，第3634页。
⑥ 《新唐书》卷六四《方镇一·东畿》，第1768页。
⑦ 《新唐书》卷六四《方镇一·东畿》，第1771页。
⑧ 王溥：《唐会要》卷七八《诸使中》，第1440页。

州，寻置使，增领东畿五县。"①《旧唐书·德宗纪》：建中二年正月，"以兵部尚书、东都留守路嗣恭为郑汝陕河阳三城节度、东畿观察等使。……五月……壬子，以怀郑河阳节度副使李芃为河阳三城、怀州节度使，仍割东畿五县隶焉"。②《旧唐书》卷一二二《路嗣恭传》、《新唐书》卷一三八《路嗣恭传》所载略同。《资治通鉴》：建中二年正月，"以东都留守路嗣恭为怀郑汝陕四州、河阳三城节度使"。六月"壬子，以怀、郑、河阳节度副使李芃为河阳、怀州节度使，割东畿五县隶焉"。③ 时不见虢州，应是直隶朝廷。

东畿汝州节度使（783），治东都，领河南府、汝州。

《方镇表一》："建中四年（783），罢观察，置东畿汝州节度。"④《旧唐书·德宗纪》：建中四年春正月戊戌，"以龙武大将军哥舒曜为东都畿汝节度使，率凤翔、邠宁、泾原等军，东讨希烈"。二月"乙卯，哥舒曜收汝州"。⑤《旧唐书》卷一三五《哥舒翰附曜传》载略同。陕州复隶陕西都防御使（参见陕虢观察使一节），东畿汝州置节度使。

东畿都防御使（785），治东都，领河南府、汝州、唐州、邓州。

《方镇表一》："贞元元年（785），废东都畿汝州节度，置都防御使，以东都留守兼之，增领唐、邓二州。"⑥《方镇表四》："贞元元年，邓州隶东都畿。"⑦《方镇表四》未载唐州，恐有遗漏。

东畿都防御观察使（786），治东都，领河南府、汝州、唐州、邓州。

《方镇表一》："贞元二年（786），升东都畿汝州都防御使为都防御观

① 《新唐书》卷六四《方镇一·东畿》，第1772页。
② 《旧唐书》卷一二《德宗上》，第327—329页。
③ 《资治通鉴》卷二二六，建中二年正月条，第7295页；卷二二七，建中二年六月壬子条，第7303页。胡三省注：五县，河阳、河清、济源、温、王屋。按，《新唐书》卷三九《地理三·河北道》孟州条载："建中二年（781）以河南府之河阳、河清、济源、温租赋入河阳三城使，又以汜水租赋益之。"《全唐文》卷九六七《阙名（八）》载："臣等商量，其河阳县望改为孟州，仍为望州。河阳、汜水、温县、河清、济源等五县改为望县。其县令以下，望且令守本官，至吏部注官日替。"由上可知，五县应是河阳、河清、济源、温县、汜水。
④ 《新唐书》卷六四《方镇一·东畿》，第1773页。
⑤ 《旧唐书》卷一二《德宗上》，第335—336页。
⑥ 《新唐书》卷六四《方镇一·东畿》，第1774页。
⑦ 《新唐书》卷六七《方镇四·南阳》，第1876页。

察使。"①《旧唐书·德宗纪》：贞元二年秋七月己酉，"加东都留守贾耽东都畿唐汝邓都防御观察使。"九月丁酉，"以东都畿唐邓汝等防御观察使贾耽检校尚书右仆射，兼滑州刺史、义成军节度、郑滑等州观察使。戊戌，以吏部侍郎崔纵检校礼部尚书、东都留守、东都畿唐邓汝防御观察使"。②

东畿都防御观察使（787），治东都，领河南府、汝州。

《方镇表一》："贞元三年（787），唐、邓二州隶山南东道。"③《资治通鉴》：贞元三年闰五月，"上以襄、邓扼淮西冲要，癸亥，以荆南节度使曹王皋为山南东道节度使，以襄、邓、复、郢、安、随、唐七州隶之"。④《旧唐书》卷一二《德宗上》贞元三年闰五月癸亥条载略同。

东畿汝州都防御使（789），治东都，领河南府、汝州。

《方镇表一》："贞元五年（789），罢东都畿汝州观察使，置都防御使，汝州别置防御使。"⑤《旧唐书·德宗纪》：贞元五年十二月辛未，"以淮南节度使杜亚为东都留守、（东）畿汝州都防御使"。⑥

《方镇表一》："元和三年（808），罢东都畿汝州都防御使。"⑦《旧唐书·宪宗纪》：元和三年五月甲午，"敕东都畿汝州都防御使及副使宜停，所管将士三千七百三十人，随畿、汝界分留守及汝州防御使分掌之"。⑧

东都畿汝州都防御使（818），治东都，领河南府、汝州。

《方镇表一》："元和十三年（818），汝州隶东畿，复置东都畿汝州都防御使，兼东都留守如故。"⑨《旧唐书·宪宗纪》：元和十三年三月丙申，"以同州刺史郑絪为东都留守、都畿汝防御使"。⑩

东都畿都防御使（821），治东都，领河南府。

《方镇表一》："长庆元年（821），东都畿防御罢领汝州。"⑪

---

① 《新唐书》卷六四《方镇一·东畿》，第 1775 页。
② 《旧唐书》卷一二《德宗上》，第 353—354 页。
③ 《新唐书》卷六四《方镇一·东畿》，第 1775 页。
④ 《资治通鉴》卷二三二，贞元三年闰五月条，第 7485 页。
⑤ 《新唐书》卷六四《方镇一·东畿》，第 1776 页。
⑥ 《旧唐书》卷一三《德宗下》，第 368 页。
⑦ 《新唐书》卷六四《方镇一·东畿》，第 1779 页。
⑧ 《旧唐书》卷一四《宪宗上》，第 425 页。
⑨ 《新唐书》卷六四《方镇一·东畿》，第 1780 页。
⑩ 《旧唐书》卷一五《宪宗下》，第 462 页。
⑪ 《新唐书》卷六四《方镇一·东畿》，第 1781 页。

东都畿都防御使（822），治东都，领河南府、汝州。

《方镇表一》："长庆二年（822），东都畿复领汝州。"① 《旧唐书·穆宗纪》：长庆二年七月，"以前义武军节度使陈楚为东都留守、判尚书省事、东畿汝防御使"。② 《旧唐书》卷一六三《崔弘礼传》载同。

佑国军节度使（888），治东都，领河南府、汝州。

《方镇表一》："光启元年（885），置东畿观察兼防遏使。三年，升东畿观察兼防遏使为佑国军节度。"③

按，《通鉴考异》引实录："光启三年（887）六月，全义已除河南尹。"④ 《资治通鉴》：文德元年（888）六月，"置佑国军于河南府，以张全义为节度使"。⑤ 今从《资治通鉴》。

佑国军节度使（894），治东都，领河南府。

《方镇表一》："乾宁元年（894），汝州隶忠武军节度。"⑥

东畿观察使（900），治东都，领河南府、汝州。

《方镇表一》："光化三年（900），复置东畿观察使兼防遏使。置佑国军节度。"⑦

按，《方镇表二》："光化三年，汝州隶东都。"⑧ 《旧唐书·昭宗纪》：光化三年八月丙辰朔，"朱全忠奏：'先割汝州隶许州，请却还东都。'从之"。⑨ 应是光化三年罢佑国军节度使，置东畿观察使。

《方镇表一》："天祐元年（904），罢东畿观察使兼防遏使。"⑩ 《资治

---

① 《新唐书》卷六四《方镇一·东畿》，第1781页。
② 《旧唐书》卷一六《穆宗》，第498页。
③ 《新唐书》卷六四《方镇一·东畿》，第1789页。
④ 《资治通鉴》卷二五七，光启三年六月条，第8358页。
⑤ 《资治通鉴》卷二五七，文德元年六月条，第8380页。
⑥ 《新唐书》卷六四《方镇一·东畿》，第1790页。
⑦ 《新唐书》卷六四《方镇一·东畿》，第1791页。清人钱大昕认为，佑国军节度置于光启三年（887），"置"当是"罢"之讹。盖天祐元年（904）昭宗迁洛，河南尹不带留守，因移佑国军于长安，而张全义亦改除天平节度使。此罢佑国军节度事，或是在天复三年（903），而新表误系之光化三年耳。参见钱大昕《廿二史考异》卷四六《唐书六·方镇表一》，第714页。
⑧ 《新唐书》卷六四《方镇二·郑陈》，第1828页。
⑨ 《旧唐书》卷二〇上《昭宗》，第767页。
⑩ 《新唐书》卷六四《方镇一·东畿》，第1792页。

通鉴》：天祐元年三月，"（朱）全忠奏以长安为佑国军"。① 天祐元年，因迁都洛阳，罢东畿观察使，将四年不用的佑国军节度授予长安。

第二节　陕虢观察使辖区沿革

陕虢华节度使置于乾元二年（759），治陕州，领陕、虢、华三州。上元元年（760），改为陕西节度使，仍领三州。二年，罢领华州。广德元年（763），降为陕虢都防御观察使，领二州。大历十四年（779），废陕虢都防御观察使，陕、虢二州隶东都畿观察使。建中四年（783），复置陕西都防御使，寻升为节度使，领陕、虢二州。贞元元年（785），降为观察使，仍领二州。大和五年（831），废陕虢都防御观察使，二州直隶朝廷。开成元年（836），复置陕虢都防御观察使，领二州。中和三年（883），升为节度使，辖区不变。龙纪元年（889），赐号保义军节度，仍领二州，至唐灭亡。

表 3-2　陕虢观察使辖区变动

时间	方镇名称	治所	辖区
乾元二年（759）	陕虢华节度使	陕州	陕、虢、华三州
上元元年（760）	陕西节度使		
上元二年（761）			陕、虢二州
广德元年（763）	陕虢都防御观察使		
建中四年（783）	陕虢节度使		
贞元元年（785）	陕虢都防御观察使		
大和五年（831）	废陕虢都防御观察使		
开成元年（836）	复置陕虢都防御观察使	陕州	陕、虢二州
中和三年（883）	陕虢节度使		
龙纪元年（889）	保义军节度使		

陕虢华节度使（759），治陕州（今河南省三门峡市陕县），领陕、虢、华三州。

《方镇表一》："乾元元年（758），陕州隶陕虢华节度。二年，置陕虢

---

① 《资治通鉴》卷二五七，天祐元年三月条，第 8629 页。

华节度，领潼关防御、团练、镇守等使，治陕州。"①《资治通鉴》：乾元元年，"置陕虢华节度使"。②《方镇表》与《资治通鉴》所载置陕虢华节度使时间互异，考订如下。

按，《旧唐书·肃宗纪》：乾元元年（758）九月庚午朔，"右羽林大将军赵泚为蒲州刺史、蒲同虢三州节度使"。③《资治通鉴》卷二二〇乾元元年九月庚午朔条载。《新唐书·方镇表三》："乾元二年（759），虢州隶陕华节度。"④综上，乾元元年，虢州隶蒲同虢三州节度，二年，方隶陕虢华节度。

又检《新唐书·魏少游传》："两京平，封巨鹿县侯，迁陕州刺史。王师溃于邺，河洛震骇，少游镇守自若，擢京兆尹。"⑤至德二载（757）收复两京，"王师溃于邺，河洛震骇"，是指乾元二年三月壬申，"相州行营郭子仪等与贼史思明战，王师不利，九节度兵溃"。⑥由此可知，魏少游出任陕州刺史应是在乾元元年至二年三月，且职衔中不见陕虢华节度使。

再检《资治通鉴》：乾元二年三月丙申，"以河西节度使来瑱行陕州刺史，充陕、虢、华州节度使。"⑦《旧唐书》卷一〇《肃宗》乾元二年三月丙申条载同。

综上可知，陕虢华节度使应是置于乾元二年，领陕、虢、华三州。

陕西节度使（760），治陕州，领陕、虢、华三州。

《方镇表一》："上元元年（760），改陕虢华节度，为陕西节度兼神策

---

① 《新唐书》卷六四《方镇一·东畿》，第1766页。《新唐书》卷一四〇《苗晋卿传》载："安禄山反，窦廷芝弃陕郡不守，杨国忠本忌其有望，即奏'东道贼冲，非大臣不可镇遏'，授陕郡太守、陕虢防御使。晋卿见帝，以老辞，忤旨，听致仕于家。"表明安禄山反后，因陕、虢地处要冲，为护卫京师的第一道屏障，曾置陕虢防御使，但存在时间不长，防御使苗晋卿亦没有赴任。《新唐书》卷二二五上《安禄山传》载："时高仙芝屯陕，闻常清败，弃甲保潼关，太守窦廷芝奔河东。"《旧唐书》卷九《玄宗》天宝十四载（755）十二月丁酉条载："时高仙芝镇陕郡，弃城西保潼关。"知窦廷芝弃陕郡不守的时间应是天宝十四载十二月，可推授苗晋卿陕虢防御使的时间应于天宝十四载年底或至德元载。但苗晋卿以年老推辞，致使陕虢防御使没能实际设置。
② 《资治通鉴》卷二二〇，乾元元年条，第7066页。
③ 《旧唐书》卷一〇《肃宗》，第253页。
④ 《新唐书》卷六六《方镇三·河中》，第1839页。
⑤ 《新唐书》卷一四一《魏少游传》，第4657页。
⑥ 《旧唐书》卷一〇《肃宗》，第255页。
⑦ 《资治通鉴》卷二二一，乾元二年三月丙申条，第7073页。

军使，寻置观察使。"①《旧唐书·肃宗纪》：上元元年四月，庚申，"以右羽林大将军郭英乂为陕州刺史、陕西节度、潼关防御等使"。②

陕西节度使（761），治陕州，领陕、虢二州。

《方镇表一》东畿栏："上元二年（761），陕西节度罢领华州。"京畿栏载："以华州置镇国军节度。"③

陕虢都防御观察使（763），治陕州，领陕、虢二州。

《方镇表一》："宝应元年（762），陕西观察使增领都防御使。广德元年（763），陕西观察使增领虢州。"④《旧唐书·代宗纪》载，宝应元年冬十月辛酉，诏天下兵马元帅雍王统河东、朔方及诸道行营、回纥等兵十余万讨史朝义，会军于陕州。戊辰，元帅雍王率诸军进发，留郭英乂、鱼朝恩镇陕州。乙酉，陕西节度使郭英乂权知东京留守。⑤ 广德元年（763）冬十月乙亥，以"鱼朝恩部将皇甫温为陕州刺史"。⑥ 恐因朝廷驾幸陕州，鱼朝恩有功，迁其部将任陕州刺史、陕虢都防御观察使。

《方镇表一》：大历十四年（779），废陕西防御观察使。⑦《旧唐书·德宗纪》：大历十四年六月辛酉，罢陕虢都防御使，以其地分隶诸道。⑧

陕虢节度使（783），治陕州，领陕、虢二州。

《方镇表一》："建中四年（783），置陕西都防御使，寻升为节度使。"⑨《资治通鉴》：建中四年十一月，"上之出幸奉天也，陕虢观察使姚明扬，以军事委都防御副使张劝，去诣行在。甲申，以（张）劝为陕虢节度使"。⑩

陕虢都防御观察使（785），治陕州，领陕、虢二州。

《方镇表一》："兴元元年（784），废陕西节度使。"⑪

---

① 《新唐书》卷六四《方镇一·东畿》，第 1767 页。
② 《旧唐书》卷一〇《肃宗》，第 258 页。
③ 《新唐书》卷六四《方镇一·京畿》，第 1767 页。
④ 《新唐书》卷六四《方镇一·京畿》，第 1768 页。
⑤ 《旧唐书》卷一一《代宗》，第 270 页。
⑥ 《资治通鉴》卷二二三，广德元年十月乙亥条，第 7155 页。
⑦ 《新唐书》卷六四《方镇一·东畿》，第 1771 页。
⑧ 《旧唐书》卷一二《德宗上》，第 322 页。
⑨ 《新唐书》卷六四《方镇一·东畿》，第 1773 页。
⑩ 《资治通鉴》卷二二九，建中四年十一月条，第 7386 页。
⑪ 《新唐书》卷六四《方镇一·东畿》，第 1773 页。

按，《资治通鉴》：贞元元年（785）秋七月，"陕虢都兵马使达奚抱晖鸩杀节度使张劝，代总军务，邀求旌节。且阴召李怀光将达奚小俊为援。上谓李泌曰：'若蒲、陕连衡，则猝不可制。且抱晖据陕，则水陆之运皆绝矣。不得不烦卿一往。'辛丑，以（李）泌为陕虢都防御水陆运使"。①

《方镇表一》："贞元元年，置陕虢都防御使，治陕州。逾月，又为都防御观察陆运使。"②《旧唐书·德宗纪》：贞元元年秋七月辛丑，"以左散骑常侍李泌为陕州刺史、陕虢都防御观察陆运使"。③

综上可知，应是贞元元年，陕虢都兵马使达奚抱晖鸩杀节度使张劝，邀求旌节，朝廷担心蒲、陕连横，故废陕虢节度使，任李泌为陕虢都防御观察使。新表所载"废陕西节度使"是习惯称呼，应是指陕虢节度使，言兴元元年废节度使误，今不取。

陕虢都防御观察使废（831）。

《方镇表一》："大和三年（829），以陕虢地近京师，罢陕虢都防御使。"④《唐会要》："大和四年五月敕：'陕、虢西去两京非远，唯管一郡，分置廉使，本因艰难。若四方少事，则旧制为便。其都防御观察使额，宜停。所管兵马使，属本州防御使。'"⑤

按，《旧唐书·文宗纪》：大和四年（830）正月壬辰，以兵部侍郎崔郾为陕虢观察使。大和五年八月戊寅，以陕虢观察使崔郾为鄂岳安黄观察使。甲申，以中书舍人崔咸为陕州防御使。诏陕州旧有都防御观察使额宜停，兵马属本州防御使。⑥又检《崔公行状》："今上即位四年……除陕虢观察使、兼御史大夫。……凡二年，改岳鄂安黄蕲申等州观察使。"⑦

由上可知，大和四年至大和五年，崔郾任陕虢观察使。故新表和《唐

---

① 《资治通鉴》卷二三一，贞元元年七月条，第7457页。
② 《新唐书》卷六四《方镇一·东畿》，第1774页。
③ 《旧唐书》卷一二《德宗上》，第349页。
④ 《新唐书》卷六四《方镇一·东畿》，第1782页。
⑤ 王溥：《唐会要》卷七九《诸使下》，第1446页。
⑥ 《旧唐书》卷一七下《文宗下》，第535—543页。《旧唐书》卷一九〇下《崔咸传》、《新唐书》卷一七七《崔咸传》均载："（崔咸）累迁陕观察使。"据文中所考，两书本传所载应有误，故不取。
⑦ 杜牧：《银青光禄大夫检校礼部尚书兼御史大夫充浙江两道都团练观察处置等使上柱国清河郡开国公食邑二千户赠吏部尚书崔公行状》（以下简称《崔公行状》），《文苑英华》卷九七七《行状七》，第5145页。

会要》所载罢陕虢观察使的时间有误，应是大和五年。

陕虢都防御观察使（836），治陕州，领陕、虢二州。

《方镇表一》："复置陕虢都防御观察使。"① 《旧唐书·文宗纪》：开成元年（836）五月丁巳，"以尚书右丞郑肃为陕虢都防御观察使。前罢观察，复置之"。②

陕虢节度使（883），治陕州，领陕、虢二州。

《方镇表一》："中和三年（883），升陕虢防御观察使为节度使。"③ 《资治通鉴》：中和三年五月，"升陕州为节度，以王重盈为节度使"。④

保义军节度使（889），治陕州，领陕、虢二州。

《方镇表一》："龙纪元年（889），赐陕虢节度为保义军节度。"⑤ 《旧唐书·昭宗纪》：光化三年（900）十月丙辰朔，癸未，"制以保义军节度留后、朱友谦兼陕州大都督府长史，充保义军节度、陕虢观察处置等使"。⑥ 至唐末，保义军节度辖陕、虢二州。

---

① 《新唐书》卷六四《方镇一·东畿》，第 1782 页。
② 《旧唐书》卷一七下《文宗下》，第 565 页。
③ 《新唐书》卷六四《方镇一·东畿》，第 1788 页。
④ 《资治通鉴》卷二五五，中和三年五月条，第 8295 页。
⑤ 《新唐书》卷六四《方镇一·东畿》，第 1789 页。
⑥ 《旧唐书》卷二〇上《昭宗》，第 769 页。

第四章　河南道方镇辖区变动考

顾祖禹言："河南阃域中夏，道里辐辏。顿子曰：'韩，天下之咽喉；魏，天下之胸腹。'范雎亦云：'韩、魏，中国之处，而天下之枢也。'秦氏观曰：'长安四塞之国利于守；开封四通五达之郊利于战；洛阳守不如雍，战不如梁，而不得洛阳则雍、梁无以为重，故自古号为天下之咽喉。'夫据洛阳之险固，资大梁之沃饶，表里河山，提封万井，河北三郡足以指挥燕、赵，南阳、汝宁足以控扼秦、楚，归德足以鞭弭齐、鲁，遮蔽东南。中天下而立，以经营四方，此其选也。"①

河南道，始设于唐贞观元年（627），"盖古豫、兖、青、徐之域"，②辖河南府及汝、陕、虢、滑、郑、颍、许、陈、蔡、汴、宋、亳、徐、泗、濠、宿、郓、齐、曹、濮、青、淄、登、莱、棣、兖、海、沂、密二十九州，一百九十六县，相当于今山东、河南省大部及江苏、安徽省的北部地区。玄宗开元二十一年（733），将东都洛阳及其附近地区析出，分置都畿道。

安史乱后，河南道方镇置废频繁，辖区变动较大。战乱初期，置河南节度使、青密节度使及郓齐兖都防御使。随后因地制宜增减方镇，河南节度被数次分割重建，曾置豫许汝、郑陈等节度使，但存续时间不长。广德元年，河南道保留河南、淄青、滑卫三节度。建中四王之乱后，以汴州、徐州、滑州、青州、陈州为治所分置宣武、徐泗、义成、淄青、陈许五个方镇。元和十四年，平淄青李师道后，淄青节度分出郓曹濮及沂海二方镇。元和以后，河南道方镇数量及辖区进入相对稳定时期。黄巢起义后，虽河南道内多发战事，但方镇数量及辖区几无变化，主要成为朱全忠的割

---

① 顾祖禹：《读史方舆纪要》卷四六《河南一·山川险要》，第2132—2133页。
② 《新唐书》卷三八，第981页。

据范围。

第一节　河南·汴滑·宣武军节度使辖区沿革

本节主要考订以汴州为治所的方镇辖区变动。河南节度使置于天宝十四载（755），治汴州，领汴、宋、滑、陈、颍、亳、曹、濮、淄、沂、徐、泗、海十三州。乾元元年（758），废河南节度使，置汴州都防御使，领前述十三州，是年，割出滑、濮、陈、亳、颍五州。二年，废汴州都防御使，置汴滑节度使，治汴州，初领滑、濮、汴、曹、宋五州，是年，割出濮州，增领海州，终领滑、汴、曹、宋、海五州。上元元年（760），割出海州。二年，废汴滑节度使。宝应元年（762），复置河南节度使，治汴州，领汴、宋、曹、徐、颍、兖、郓、濮八州。大历三年（768），割出颍州。四年，增领泗州。十一年，废河南节度使，曹、兖、郓、濮、徐隶淄青节度，宋、泗隶永平军节度，汴州隶淮西节度。建中二年（781），置宋亳颍节度使，治宋州，领宋、亳、颍三州，寻号宣武军节度使。兴元元年（784），增领汴州，徙治汴州。元和七年（812），割出颍州。十四年，复领颍州。长庆二年（822），割出颍州。大和九年（835），复领颍州。大中十一年（857），割出颍州。光化二年（899），增置辉州，领汴、宋、亳、辉四州，至唐灭亡。

表 4 – 1　河南·忭滑·宣武军节度使辖区变动

时间	方镇名称	治所	辖区
天宝十四载（755）	河南节度使	汴州	汴、宋、滑、陈、颍、亳、曹、濮、淄、沂、徐、泗、海十三州
乾元元年（758）	汴州都防御使		汴、宋、曹、淄、沂、徐、泗、海八州
乾元二年（759）	汴滑节度使		汴、滑、曹、宋、海五州
上元元年（760）			汴、滑、曹、宋四州
上元二年（761）	废汴滑节度使		
宝应元年（762）	河南节度使	汴州	汴、宋、曹、徐、颍、兖、郓、濮八州
大历三年（768）			汴、宋、曹、徐、兖、郓、濮七州
大历四年（769）			汴、宋、曹、徐、兖、郓、濮、泗八州
大历十一年（776）	废河南节度使		

续表

时间	方镇名称	治所	辖区
建中二年（781）	宣武军节度使	宋州	宋、亳、颍三州
兴元元年（784）		汴州	汴、宋、亳、颍四州
元和七年（812）			汴、宋、亳三州
元和十四年（819）			汴、宋、亳、颍四州
长庆二年（822）			汴、宋、亳三州
大和九年（835）			汴、宋、亳、颍四州
大中十一年（857）			汴、宋、亳三州
光化二年（899）			汴、宋、亳、辉四州

河南节度使（755），治汴州（今河南省开封市），领汴、宋、滑、陈、颍、亳、曹、濮、淄、沂、徐、泗、海十三州。

《资治通鉴》载：天宝十四载（755）十一月丙子，"置河南节度使，领陈留（汴州）等十三郡，以卫尉卿猗氏张介然为之"。[1]《旧唐书·玄宗纪》载：天宝十四载十一月戊寅，"以卫尉卿张介然为陈留太守、河南节度采访使"。[2]《新唐书》卷五《玄宗》天宝十四载十一月丙子载略同。十二月丁亥，张介然抵陈留才数日，安禄山兵至攻城，汴州不守。太守郭纳以城降，张介然被杀。安禄山以其将李庭望为河南节度使，驻守陈留。

虽陈留郡被安禄山占领，但朝廷仍继续保存河南节度使建制，治所仍为陈留。此后一段时间里，河南节度使因讨伐叛军转战各地，实际所治常有变动。至德二载（757）十月，河南节度使实际治陈留郡。

《方镇表二》河南条："天宝十五载（756），置河南节度使，治陈留郡（汴州），领郡十三：陈留（汴州）、睢阳（宋州）、灵昌（滑州）、淮阳（陈州）、汝阴（颍州）、谯（亳州）、济阴（曹州）、濮阳（濮州）、淄川（淄州）、琅邪（沂州）、彭城（徐州）、临淮（泗州）、

---

① 《资治通鉴》卷二一七，天宝十四载十一月丙子条，第6937页。
② 《旧唐书》卷九《玄宗下》，第230页。《通鉴考异》曰："实录以介然为汴州刺史；旧纪以介然为陈留太守。按是时无刺史，郭纳见为太守，介然直为节度使耳。"笔者认为，因安史叛乱，授张介然为河南节度使，从唐天宝年间节度使情况及平定叛乱之需要来看，张介然应是任陈留郡太守。之所以仍存陈留郡太守郭纳，恐是因张介然才至陈留数日即被杀，尚未完成太守交接，或是虽交接，郭纳仍被习惯称为太守。恐不能据此认定张介然仅为节度使，不兼陈留郡太守。

东海（海州）。"①《资治通鉴》卷二一七至德元载春正月丙辰条载同。可知，至德元载，朝廷恢复河南节度使，仍领十三州。由此推定，天宝十四载置河南节度使所领十三郡与此同。

《资治通鉴》载，至德元载（756）春正月，李随至睢阳，有众数万。丙辰，"以（李）随为河南节度使。以前高要尉许远为睢阳太守兼防御使"。② 既然以许远为睢阳太守，河南节度使李随应为陈留太守，实际驻睢阳郡（宋州）。

二月，上以吴王祇为灵昌太守、河南都知兵马使。三月戊辰，"吴王（李）祇击谢元同，走之，拜陈留太守、河南节度使"。③ 又《旧唐书》本传载："天宝十五载二月，授祇灵昌太守，又左金吾大将军、河南都知兵马使。其月又加兼御史中丞、陈留太守，持节充河南道节度采访使，本官如故。五月，诏以为太仆卿，遣御史大夫虢王巨代之。"④ 三月，吴王祇任河南节度使，从"本官如故"看，其应兼灵昌、陈留两郡太守，实际驻灵昌郡（滑州）。

五月，太常卿张垍荐夷陵太守虢王巨有勇略，上征吴王祇为太仆卿，以"（李）巨为陈留·谯郡太守、河南节度使"。⑤ 时河南节度使实际驻谯郡（亳州）。

十二月，"河南节度使虢王巨屯彭城"。⑥

至德二载（757）八月己丑，以"平章事张镐兼河南节度、采访处置等使"。⑦ 十月乙丑，"陈留人杀尹子奇，举郡降。制以（来）瑱为河南节度使"。⑧ 至德二载十月，陈留郡降，来瑱任河南节度使，方实际徙治陈留郡（汴州）。

汴州都防御使（758），治汴州，领汴、宋、曹、淄、沂、徐、泗、海八州。

《方镇表二》河南条："乾元元年（758），废河南节度使，置汴州都防

---

① 《新唐书》卷六五《方镇二》，第1800页。
② 《资治通鉴》卷二一七，至德元载正月条，第6951页。
③ 《资治通鉴》卷二一七，至德元载三月戊辰条，第6957页。
④ 《旧唐书》卷七六《太宗诸子·李祇传》，第2653页。
⑤ 《资治通鉴》卷二一八，至德元载五月条，第6962页。
⑥ 《资治通鉴》卷二一九，至德元载十二月令狐潮、李庭望攻雍丘条，第7010页。
⑦ 《旧唐书》卷一〇《肃宗》，第246页。
⑧ 《资治通鉴》卷二二〇，至德二载十月乙丑条，第7042页。

御使，领州十三如故；寻以滑、濮二州隶青密节度，亳州隶淮西节度。"
淮南西道条："乾元元年，淮南西道节度徙治郑州，增领陈、亳、颍三
州。"① 可知，乾元元年，置汴州都防御使，领十三州，是年割出滑、濮、
陈、亳、颍五州，领汴、宋、曹、淄、沂、徐、泗、海八州。

汴滑节度使（759），治汴州，领汴、滑、曹、宋、海五州。

《方镇表二》河南条："乾元二年（759），废汴州都防御使，置汴滑节
度使，治滑州，领州五：滑、濮、汴、曹、宋。又置河南节度使，治徐
州，领州五：徐、泗、海、亳、颍。"可知，乾元二年，废汴州都防御使，
将其分为两镇。因河南节度使治徐州，将其放置忠武军节度使一节讨论。
本节对汴滑节度使辖区变动进行考订，因其治所主要在汴州。

《方镇表二》河南条："乾元二年，废汴州都防御使，置汴滑节度使，
治滑州，领州五：滑、濮、汴、曹、宋。……是年，又以濮州隶兖郓节
度。"② 青密条："乾元二年，以海州隶汴滑节度。"③ 《旧唐书·肃宗纪》
载：乾元二年三月辛卯，"以滑州刺史许叔冀充滑汴曹宋等州节度使"。④
《资治通鉴》载：乾元二年五月壬午，"以滑濮节度使许叔冀为汴州刺史，
充滑、汴等七州节度使；以试汝州刺史刘展为滑州刺史，充副使"。⑤

综上可知，乾元二年，置汴滑节度使，三月，治滑州，五月，徙治汴
州，初领滑、濮、汴、曹、宋五州，是年，割出濮州，增领海州，终领
滑、汴、曹、宋、海五州。《资治通鉴》载汴滑节度使辖七州似误。胡三
省举《方镇表》为注，应是对领七州进行校正。赖青寿先生疑《资治通
鉴》所据唐宋人文献存在笔误，因"七""五"两字古书最易互舛。⑥ 笔
者倾向于领五州。

汴滑节度使（760），治汴州，领汴、滑、曹、宋四州。

《方镇表二》青密条："上元元年（760），海州复隶青密节度。"⑦
可知，上元元年，割出海州，领滑、汴、曹、宋四州。

---

① 《新唐书》卷六五《方镇二》，第1801页。
② 《新唐书》卷六五《方镇二》，第1802页。
③ 《新唐书》卷六五《方镇二》，第1802页。
④ 《旧唐书》卷一〇《肃宗》，第255页。
⑤ 《资治通鉴》卷二二一，乾元二年五月壬午条，第7077页。
⑥ 赖青寿：《唐后期方镇建置沿革研究》，第65页。
⑦ 《新唐书》卷六五《方镇二》，第1803页。

汴滑节度使废（761），所领四州分隶淮西和滑卫二节度。

《方镇表二》河南条："上元二年（761），废汴滑节度使。汴、宋、曹隶淮西节度，滑州隶滑卫节度。"①

河南节度使（762），治汴州，领汴、宋、曹、徐、颍、兖、郓、濮八州。

《方镇表二》河南条："宝应元年（762），复置河南节度使，治汴州，领州八：汴、宋、曹、徐、颍、兖、郓、濮。"淮南西道条："宝应元年，淮西节度所领颍、汴、宋、曹四州隶河南节度。"青密节度条："宝应元年，以郓、兖、濮、徐四州隶河南节度。"② 可知，宝应元年，置河南节度使，领八州。

河南节度使（768），治汴州，领汴、宋、曹、徐、兖、郓、濮七州。

大历三年（768），颍州割隶滑亳节度使（参见义成军节度使一节）。

河南节度使（769），治汴州，领汴、宋、曹、徐、兖、郓、濮、泗八州。

《方镇表二》河南条："大历四年（769），河南节度增领泗州。"③ 可知，大历四年增领泗州，领八州。

河南节度使废（776），所辖八州分隶淄青、永平军、淮西诸道。

《方镇表二》河南条："大历十一年（776），废河南节度使，曹、兖、郓、濮、徐隶淄青节度，宋、颍、泗隶永平军节度，汴州隶淮西节度。"滑卫条："大历十一年，永平节度增领宋、泗二州。"④ 按：河南条载"颍"应是衍文，时颍州隶泾原节度（参见泾原节度使一节）。

可知，大历十一年，废河南节度使，曹、兖、郓、濮、徐隶淄青节度，宋、泗隶永平军节度，汴州隶淮西节度。

宣武军节度使（781），治宋州（今河南省商丘市睢阳区），领宋、亳、颍三州。

《方镇表二》河南条："建中二年（781），置宋亳颍节度使，治宋州，

---

① 《新唐书》卷六五《方镇二》，第1803页。
② 《新唐书》卷六五《方镇二》，第1804页。
③ 《新唐书》卷六五《方镇二》，第1806页。
④ 《新唐书》卷六五《方镇二》，第1807页。

寻号宣武军节度使。"滑卫条："建中二年，析宋、亳、颍别置节度使。"①
《旧唐书·德宗纪》载：建中二年正月丙子，以宋州刺史刘洽为宋、亳、颍
节度使。二月丙午，以宋亳节度为宣武军。②《资治通鉴》载：建中二年正
月丙子，"永平军分宋、亳、颍别为节度使，以宋州刺史刘洽为之"。③

综上可知，建中二年，分永平军节度所辖宋、亳、颍别置节度使，治
宋州。二月，赐宋亳颍节度使为宣武军节度使。

宣武军节度使（784），治汴州，领汴、宋、亳、颍四州。

《方镇表二》河南条："兴元元年（784），宣武军节度使徙治汴州。"
滑卫条："兴元元年，永平军节度以汴州隶宣武军。"④《资治通鉴》载：
兴元元年正月戊戌，"加刘洽汴、滑、宋、亳都统副使，李勉悉以其众授
之"。⑤《旧唐书·德宗纪》载：兴元元年十一月戊午，"汴州平"。⑥

综上可知，兴元元年，宣武军节度增领汴州，徙治汴州，领汴、宋、
亳、颍四州。

宣武军节度使（812），治汴州，领汴、宋、亳三州。

元和七年（812），颍州割隶义成军节度使（参见义成军节度使一节）。
《元和郡县图志》载："汴宋节度使，管州四：汴州、宋州、亳州、颍
州。"⑦《元和郡县图志》所载河南道汴宋节度使部分应是完成于元和七年
颍州割出之前，恐未及修改。

宣武军节度使（819），治汴州，领汴、宋、亳、颍四州。

《旧唐书·宪宗纪》载，元和十四年（819）八月，制"宣武军节度副
大使、知节度事、汴宋亳颍等州观察处置等使、开府仪同三司、守司徒、
兼侍中、汴州刺史、上柱国、许国公、食邑三千户韩弘可守司徒、兼中书
令。癸丑，以吏部尚书张弘靖为……汴州刺史、宣武军节度使"。⑧该材料
表明，元和十四年，颍州复隶宣武节度。

---

① 《新唐书》卷六五《方镇二》，第 1809 页。
② 《旧唐书》卷一二《德宗》，第 327—328 页。
③ 《资治通鉴》卷二二六，建中二年正月丙子条，第 7295 页。
④ 《新唐书》卷六五《方镇二》，第 1810 页。
⑤ 《资治通鉴》卷二二九，兴元元年正月戊戌条，第 7399 页。
⑥ 《旧唐书》卷一二《德宗》，第 347 页。
⑦ 李吉甫：《元和郡县图志》卷七《河南道三·汴宋节度》，第 175 页。
⑧ 《旧唐书》卷一五《宪宗下》，第 469 页。

宣武军节度使（822），治汴州，领汴、宋、亳三州。

《旧唐书·穆宗纪》载：长庆二年（822）八月丁丑，"以兖海沂密节度使曹华为滑州刺史，充义成军节度、郑滑颍等州观察使。颍州隶郑滑观察使"。① 可知，长庆二年，宣武军节度割出颍州，领三州。

宣武军节度使（835），治汴州，领汴、宋、亳、颍四州。

《旧唐书·工智兴传》载："大和九年（835）五月，王智兴任汴州刺史、宣武军节度、宋亳汴颍观察等使。"② 可知，大和九年，颍州复隶宣武军节度。

宣武军节度使（857），治汴州，领汴、宋、亳三州。

《旧唐书·宣宗纪》载，大中九年（855）十一月，以河南尹刘瑑任"汴州刺史，充宣武军节度、宋亳汴颍观察处置等使"。③ 《旧唐书·刘瑑传》载："十一年五月，刘瑑转任河东节度使。"④ 《旧唐书·宣宗纪》载，大中十一年（857）八月，郑涯任"汴州刺史，充宣武军节度副大使、知节度事、宋亳观察等使"。⑤ 《旧唐书·李福传》载："大中时，（李福）检校滑州刺史，充义成军节度、郑滑颍观察使。"⑥

综上，大中九年，刘瑑任宣武军节度使，领颍州，十一年，郑涯任宣武军节度副大使，职衔中不见有颍州，然义成军节度使李福职衔中有颍州，可推断，大中十一年，颍州割隶义成军节度。

宣武军节度使（899），治汴州，领汴、宋、亳、辉四州。

《新唐书·地理志》载："光化二年（899），朱全忠以砀山、虞城、单父，曹州之成武，表置辉州。三年，徙辉州治单父。"⑦ 《旧唐书·昭宗纪》载：光化三年春正月癸卯，"朱全忠奏：'本贯宋州砀山县，蒙恩升为辉州，其地卑湿，难葺庐舍，请移辉州治所于单父县。'从之，仍赐号为崇德军。"⑧ 砀山、虞城、单父本宋州属县，加之曹州所辖成武县所置辉州，

---

① 《旧唐书》卷一六《穆宗》，第499页。
② 《旧唐书》卷一五六《王智兴传》，第4140页。
③ 《旧唐书》卷一八下《宣宗》，第634页。
④ 《旧唐书》卷一七七《刘瑑传》，第4607页。
⑤ 《旧唐书》卷一八下《宣宗》，第639页。
⑥ 《旧唐书》卷一七二《李福传》，第4487页。
⑦ 《新唐书》卷三八《地理二·宋州》砀山条，第990页。
⑧ 《旧唐书》卷二〇上《昭宗》，第766页。

应隶属宣武军节度。从天复三年二月己卯制"以……宣武等军节度使，汴宋亳辉……观察处置等使……朱全忠……"[1] 可看出，辉州为宣武军节度使管辖。至唐末，宣武军节度使辖汴、宋、亳、辉四州。

第二节　义成军节度使辖区沿革

本节主要考订以滑州为治所的方镇辖区变动。滑卫节度使置于上元二年（761），治滑州，领滑、卫、相、魏、德、贝六州。是年又割出德州，增领博州，领滑、卫、相、魏、博、贝六州。广德元年（763），滑卫节度使增领亳州，更号滑亳节度使，领滑、亳二州。大历三年（768），增领颍州。四年，增领陈州，割出颍州。七年，赐滑亳节度为永平节度，领三州不变。十一年，增领宋、泗二州。十四年，徙治汴州，增领汴、颍二州。建中二年（781），增领郑州，割出宋、亳、颍、泗、郑五州，是年复领郑州，领汴、滑、陈、郑四州。兴元元年（784），徙治滑州，割出汴州。贞元元年（785），永平军节度更号义成军节度，增领许州。三年，割出陈、许二州。元和七年（812），增领颍州。十四年，割出颍州。长庆二年（822），复领颍州。大和九年（835），割出颍州。会昌三年（843），增领濮州。六年，割出濮州。大中十一年（857），增领颍州。光启二年（886），义成军节度改为宣义军节度，领滑、郑、颍三州，至唐灭亡。

表 4-2　义成军节度使辖区变动

时间	方镇名称	治所	辖区
上元二年（761）	滑卫节度使	滑州	滑、卫、相、魏、博、贝六州
广德元年（763）	滑亳节度使		滑、亳二州
大历三年（768）			滑、亳、颍三州
大历四年（769）			滑、亳、陈三州
大历七年（772）	永平节度使		
大历十一年（776）			滑、亳、陈、宋、泗五州
大历十四年（779）		汴州	汴、滑、亳、陈、宋、泗、颍七州

----

[1] 《旧唐书》卷二〇上《昭宗》，第 776 页。

续表

时间	方镇名称	治所	辖区
建中二年（781）			汴、滑、陈、郑四州
兴元元年（784）		滑州	滑、陈、郑三州
贞元元年（785）	义成军节度使		滑、陈、郑、许四州
贞元三年（787）			滑、郑二州
元和七年（812）			滑、郑、颍三州
元和十四年（819）			滑、郑二州
长庆二年（822）			滑、郑、颍三州
大和九年（835）			滑、郑二州
会昌三年（843）			滑、郑、濮三州
会昌六年（846）			滑、郑二州
大中十一年（857）			滑、郑、颍三州
光启二年（886）	宣义军节度使		

滑卫节度使（761），治滑州（今河南省安阳市滑县），领滑、卫、相、魏、博、贝六州。

《方镇表二》滑卫条："上元二年（761），置滑卫节度使，治滑州，领州六：滑、卫、相、魏、德、贝。寻以德州隶淄沂节度而增领博州。"[1]《旧唐书·肃宗纪》载：上元二年五月甲午，"（史）思明伪将滑州刺史令狐彰以滑州归朝，授彰御史中丞，依前滑州刺史、滑魏德贝相六州节度使"。[2]《资治通鉴》载：上元二年五月甲午，"以彰为滑、卫等六州节度使"。[3]《旧唐书》所载应是漏"卫"州。

综上可知，上元二年，废汴滑节度使，以滑州为治所置滑卫节度使，领滑、卫、相、魏、德、贝六州。是年又割出德州，增领博州，领滑、卫、相、魏、博、贝六州。

滑亳节度使（763），治滑州，领滑、亳二州。

《方镇表二》滑卫条："广德元年（763），滑卫节度增领亳州，更号滑

---

① 《新唐书》卷六五《方镇二》，第 1803 页。

② 《旧唐书》卷一〇《肃宗》，第 261 页。

③ 《资治通鉴》卷二二二，上元二年五月甲午条，第 7114 页。

亳节度使，增领德州。以卫州隶泽潞，析相贝别置节度，魏博别置防御。"① 魏博条："广德元年，置魏博等州防御使。是年升为节度使，增领德州。"②

综上，广德元年，滑卫节度使更名为滑亳节度使，治滑州，领滑、亳、德三州，是年割出德州，领滑、亳二州。

滑亳节度使（768），治滑州，领滑、亳、颍三州。

《资治通鉴》载，大历三年（768）九月，"颍州刺史李岵以事忤滑亳节度使令狐彰，（令狐）彰使节度判官姚奭按行颍州，因代（李）岵领州事，且曰：'岵不受代，即杀之。'"③ 从节度判官姚奭按行颍州，及代李岵领州事来看，颍州亦应为滑亳节度使所辖。时滑亳节度使应领滑、亳、颍三州。

滑亳节度使（769），治滑州，领滑、亳、陈三州。

《方镇表二》滑卫条："大历四年（769），滑亳节度增领陈州。"河南条："颍州隶泽潞节度。"④ 可知，大历四年，增领陈州，割出颍州，领滑、亳、陈三州。

永平节度使（772），治滑州，领滑、亳、陈三州。

《方镇表二》滑卫条："大历七年（772），赐滑亳节度为永平节度。"⑤《旧唐书·代宗纪》：大历七年十二月辛未，"滑州置永平军"。⑥ 可知，大历七年，滑亳节度赐号永平军节度，领三州不变。

永平节度使（776），治滑州，领滑、亳、陈、宋、泗五州。

《方镇表二》滑卫条："大历十一年（776），永平节度增领宋、泗二州。"河南条："大历十一年，宋、颍、泗三州隶永平军节度。"⑦ 按："颍"应是衍文，时颍州隶泾原节度（参见泾原节度使一节）。

可知，大历十一年，永平节度增领宋、泗二州，领滑、亳、陈、宋、泗五州。

---

① 《新唐书》卷六五《方镇二》，第1804页。
② 《新唐书》卷六六《方镇三》，第1840页。
③ 《资治通鉴》卷二二四，大历三年九月条，第7203页。
④ 《新唐书》卷六五《方镇二》，第1806页。
⑤ 《新唐书》卷六五《方镇二》，第1807页。
⑥ 《旧唐书》卷一一《代宗》，第301页。
⑦ 《新唐书》卷六五《方镇二》，第1807页。

永平节度使（779），治汴州，领汴、滑、亳、陈、宋、泗、颍七州。

《方镇表二》滑卫条："大历十四年（779），永平军节度增领汴、颍二州，徙治汴州。"① 又《资治通鉴》载：大历十四年三月，"以永平节度使李勉兼汴州刺史，增领汴、颍二州，徙镇汴州"。② 可知，大历十四年，永平军节度徙治汴州，增领汴、颍二州，领汴、滑、亳、陈、宋、泗、颍七州。

永平节度使（781），治汴州，领汴、滑、陈、郑四州。

《方镇表二》滑卫条："建中二年（781），永平节度增领郑州，析宋、亳、颍别置节度使，以泗州隶淮南。是年，以郑州隶河阳三城节度，既而复旧。"③ 可知，建中二年，增领郑州，割出宋、亳、颍、泗、郑五州，是年复领郑州，领汴、滑、陈、郑四州。

永平节度使（784），治滑州，领滑、陈、郑三州。

《方镇表二》滑卫条："兴元元年（784），永平军节度以汴、滑二州隶宣武军，寻复领滑州，徙治滑州。"④ 可知，兴元元年，徙治滑州，割出汴州，领滑、陈、郑三州。

义成军节度使（785），治滑州，领滑、陈、郑、许四州。

《方镇表二》滑卫条："贞元元年（785），永平军节度使更号义成军节度，增领许州。"⑤《旧唐书·德宗纪》载：贞元元年四月己卯，"改滑州永平军名曰义成"。⑥ 可知，贞元元年，永平节度更号义成节度，增领许州，领滑、陈、郑、许四州。

义成军节度使（787），治滑州，领滑、郑二州。

《方镇表二》滑卫条："贞元三年（787），以许州隶陈许节度。"郑陈条："置陈许节度，治许州。"⑦ 可知，贞元三年，割出陈、许二州，领滑、郑二州。

义成军节度使（812），治滑州，领滑、郑、颍三州。

《旧唐书·宪宗纪》载：元和七年（812）八月，"以薛平为滑州刺史、

① 《新唐书》卷六五《方镇二》，第1808页。
② 《资治通鉴》卷二二五，大历十四年三月条，第7256页。
③ 《新唐书》卷六五《方镇二》，第1809页。
④ 《新唐书》卷六五《方镇二》，第1810页。
⑤ 《新唐书》卷六五《方镇二》，第1811页。
⑥ 《旧唐书》卷一二《德宗上》，第348页。
⑦ 《新唐书》卷六五《方镇二》，第1811页。

义成军节度使"。① 元和十四年三月，"以义成军节度使薛平为青州刺史，充平卢节度使"。② 《文苑英华》载："右卫将军薛平，可检校……郑滑颍等州节度使、观察处置等使。"③ 《元和郡县图志》载："郑滑节度，理滑州，管州二：滑州、郑州。"④ 元和八年二月，宰相李吉甫进所撰《元和郡国图》三十卷，表明《元和郡县图志》所载应是元和八年前发生之事。薛平任义成军节度使于元和七年，辖区领有颍州时，恐李吉甫已完成《元和郡国图》所载的河南道郑滑节度使部分，故《元和郡县图志》未载郑滑节度使领有颍州。

义成军节度使（819），治滑州，领滑、郑二州。

《旧唐书·宪宗纪》载，元和十四年（819）八月，制"宣武军节度副大使、知节度事、汴宋亳颍等州观察处置等使、开府仪同三司、守司徒、兼侍中、汴州刺史、上柱国、许国公、食邑三千户韩弘可守司徒、兼中书令。癸丑，以吏部尚书张弘靖为……汴州刺史、宣武军节度使"。⑤ 该材料表明，元和十四年，颍州割隶宣武军节度，义成军领滑、郑二州。

义成军节度使（822），治滑州，领滑、郑、颍三州。

《方镇表二》滑卫条："长庆二年（822），义成军节度使复领颍州。"⑥ 《旧唐书·穆宗纪》载：长庆二年八月丁丑，"以兖海沂密节度使曹华为滑州刺史，充义成军节度、郑滑颍等州观察使。颍州隶郑滑观察使"。⑦ 可知，长庆二年，义成军节度增领颍州，领滑、郑、颍三州。

义成军节度使（835），治滑州，领滑、郑二州。

《旧唐书·王智兴传》载："大和九年（835）五月，王智兴任汴州刺史、宣武军节度、宋亳汴颍观察等使。"⑧ 可知，大和九年，颍州割隶宣武军节度，义成军节度领滑、郑二州。

① 《旧唐书》卷一五《宪宗下》，第443页。
② 《旧唐书》卷一五《宪宗下》，第466页。
③ 白居易：《除薛平郑滑节度使制》，《文苑英华》卷四五四《翰林制诏三五·节镇三》，第2309页。
④ 李吉甫：《元和郡县图志》卷八《河南道四·郑滑节度使》，第197页。
⑤ 《旧唐书》卷一五《宪宗下》，第469页。
⑥ 《新唐书》卷六五《方镇二》，第1817页。
⑦ 《旧唐书》卷一六《穆宗》，第499页。
⑧ 《旧唐书》卷一五六《王智兴传》，第4140页。

义成军节度使（843），治滑州，领滑、郑、濮三州。

《旧唐书》载："会昌三年（843）十月，以河东节度使刘沔检校司空，兼滑州刺史，充义成军节度、郑滑濮观察等使。"① 可知，会昌三年，义成军节度增领濮州。

义成军节度使（846），治滑州，领滑、郑二州。

《旧唐书》载：会昌六年（846）十一月，"以江西观察使周墀为义成军节度使、郑滑观察等使"。② 可知，会昌六年，义成军节度割出濮州，领滑、郑二州。

义成军节度使（857），治滑州，领滑、郑、颍三州。

《旧唐书·李福传》载："大中时，（李福）检校滑州刺史，充义成军节度、郑滑颍观察使。"③ 《旧唐书·宣宗纪》载，大中九年（855）十一月，以河南尹刘瑑任"汴州刺史，充宣武军节度、宋亳汴颍观察处置等使"。④ 《旧唐书·刘瑑传》载："十一年五月，刘瑑转任河东节度使。"⑤ 《旧唐书·宣宗纪》载，大中十一年（857）八月，郑涯任"汴州刺史，充宣武军节度副大使、知节度事、宋亳观察等使"。⑥

综上可知，刘瑑任宣武节度使期间，管辖颍州，其于大中十一年五月转任河东节度使，八月，郑涯任宣武军节度副大使时，不见管辖颍州，表明宣武军节度割出颍州。李福于大中时任义成军节度使、郑滑颍观察使，可推知，大中十一年，义成军节度增领颍州，领滑、郑、颍三州。

宣义军节度使（886），治滑州，领滑、郑、颍三州。

《方镇表二》滑卫条："光启二年（886），义成军节度使改为宣义军节度使，朱全忠请改，以避其父名。"⑦ 《旧唐书·昭宗纪》载：天复三年（903）二月己卯制"以……宣义……等军节度使……郑、滑、颍……等州观察处置等使……朱全忠可守太尉"。⑧ 可知，光启二年，改义成军节度为

---

① 《旧唐书》卷一八上《武宗》，第 598 页。
② 《旧唐书》卷一八下《宣宗》，第 616 页。
③ 《旧唐书》卷一七二《李福传》，第 4487 页。
④ 《旧唐书》卷一八下《宣宗》，第 634 页。
⑤ 《旧唐书》卷一七七《刘瑑传》，第 4607 页。
⑥ 《旧唐书》卷一八下《宣宗》，第 639 页。
⑦ 《新唐书》卷六五《方镇二》，第 1826 页。
⑧ 《旧唐书》卷二〇上《昭宗》，第 776 页。

宣义军节度，领滑、郑、颍三州，至唐灭亡。

第三节 忠武军节度使辖区沿革

陈许节度使置于贞元二年（786），治许州，领陈、许二州。二十年，赐号忠武军节度，领二州不变。元和十二年（817），增领溵州。十三年，又增领蔡州，辖境达到最大。长庆二年（822），省溵州。中和二年（882），割出蔡州。龙纪元年（889），徙治陈州，领陈、许二州不变。乾宁元年（894），增领汝州。光化三年（900），割出汝州。天祐元年（904），徙治许州，领陈、许二州，至唐灭亡。

表 4-3 忠武军节度使辖区变动

时间	方镇名称	治所	辖区
贞元二年（786）	陈许节度使	许州	陈、许二州
贞元二十年（804）	忠武军节度使		
元和十二年（817）			陈、许、溵三州
元和十三年（818）			陈、许、溵、蔡四州
长庆二年（822）			陈、许、蔡三州
中和二年（882）			陈、许二州
龙纪元年（889）		陈州	
乾宁元年（894）			陈、许、汝三州
光化三年（900）			陈、许二州
天祐元年（904）		许州	

陈许节度使（786），治许州（今河南省许昌市），领陈、许二州。

《方镇表二》郑陈条：“贞元三年（787），置陈许节度使，治许州。”[1]

按，《旧唐书·德宗纪》载：贞元二年（786）七月己酉，“以陇右行营节度使曲环为陈许节度使”。[2]《资治通鉴》载：贞元二年十一月壬寅，

---

① 《新唐书》卷六五《方镇二》，第 1811 页。

② 《旧唐书》卷一二《德宗上》，第 353 页。

"玄佐与陈许节度使曲环俱入朝"。①

综上可知，陈许节度使应置于贞元二年，治许州，领陈、许二州。《方镇表二》所载应是较实际延后一年。

忠武军节度使（804），治许州，领陈、许二州。

《方镇表二》郑陈条："贞元十年（794），陈许节度赐号忠武军节度使"。②

按，《旧唐书·德宗纪》：贞元二十年（804）四月丙寅，"陈许节度赐号忠武军"。③《资治通鉴》载：贞元二十年四月丙寅，"名陈许军曰忠武"。④《旧唐书·德宗纪》载，贞元十五年八月丙申，"陈许节度使、许州刺史曲环卒。丙午，以陈许兵马使、前陈州刺史上官涗为许州刺史、陈许节度使"。⑤ 十九年五月甲辰，以陈许行军司马刘昌裔检校工部尚书，兼"许州刺史、陈许节度使"。⑥

综上可知，贞元二十年之前不见忠武军，二十年方赐陈许节度忠武军节度，不见辖区变动。《方镇表》载贞元十年赐号忠武军似误。

忠武军节度使（817），治许州，领陈、许、溵三州。

《方镇表二》郑陈条："元和十二年（817），忠武节度增领溵州"。⑦《旧唐书·宪宗纪》载：元和十二年十二月壬戌，"以蔡州留后马总为蔡州刺史、彰义军节度使、溵颍陈许节度使"。⑧ 该条中"颍"应是衍文，时颍州隶宣武军节度（参见宣武军节度使一节）。可知，元和十二年增领溵州，领陈、许、溵三州。

忠武军节度使（818），治许州，领陈、许、溵、蔡四州。

《方镇表二》郑陈条："元和十三年（818），又增领蔡州"。⑨《旧唐书·宪宗纪》载：元和十三年五月丙辰，"以彰义军节度使马总为许州刺史、忠武军节度使、陈许溵蔡观察等使"。⑩ 可知，元和十三年增领蔡州，领四州。

---

① 《资治通鉴》卷二三二，贞元二年十一月壬寅条，第7475页。
② 《新唐书》卷六五《方镇二》，第1812页。
③ 《旧唐书》卷一三《德宗下》，第399页。
④ 《资治通鉴》卷二三六，贞元二十年四月丙寅条，第7605页。
⑤ 《旧唐书》卷一三《德宗下》，第391页。
⑥ 《旧唐书》卷一三《德宗下》，第398页。
⑦ 《新唐书》卷六五《方镇二》，第1815页。
⑧ 《旧唐书》卷一五《宪宗下》，第462页。
⑨ 《新唐书》卷六五《方镇二》，第1816页。
⑩ 《旧唐书》卷一五《宪宗下》，第463页。

忠武军节度使（822），治许州，领陈、许、蔡三州。

《方镇表二》郑陈条："长庆二年（822），忠武节度省潋州。"① 可知，长庆二年省潋州，领陈、许、蔡三州。

忠武军节度使（882），治许州，领陈、许二州。

《方镇表二》郑陈条："中和二年（882），蔡州置奉国军节度。"② 可知，中和二年罢领蔡州，领陈、许二州。

忠武军节度使（889），治陈州（今河南省周口市淮阳县），领陈、许二州。

《旧五代史·赵犨传》载，黄巢陷长安后，因赵犨善战，朝廷命其任陈州刺史。文德元年（888），蔡州平，以赵犨检校司徒，充泰宁军节度使，又改授浙西节度使，不离陈州，兼领二镇。龙纪元年（889）三月，以平黄巢、蔡贼秦宗权有功，加平章事，"充忠武军节度使，仍以陈州为理所"。③ 后数月，寝疾，卒于陈州官舍。《旧五代史·赵昶传》载，赵犨患病不能理政，遂将军州事务尽付于赵昶。赵犨卒后，赵昶"旋迁忠武军节度使，亦以陈州为理所"。④

由上可知，龙纪元年，忠武军节度徙治陈州，领陈、许二州。

忠武军节度使（894），治陈州，领陈、许、汝三州。

《方镇表二》郑陈条："乾宁元年（894），忠武军节度增领汝州。"⑤ 可知，乾宁元年，忠武节度领陈、许、汝三州。

忠武军节度使（900），治陈州，领陈、许二州。

《方镇表二》郑陈条："光化三年（900），汝州隶东都。"⑥《旧唐书·昭宗纪》：光化三年八月丙辰朔，"朱全忠奏：'先割汝州隶许州，请却还

---

① 《新唐书》卷六五《方镇二》，第 1817 页。《旧唐书》卷一五八《王彦威传》载："开成三年（838）七月，（王彦威）代殷侑为许州刺史，充忠武军节度、陈许潋观察等使。"此条载开成三年忠武军节度使仍领潋州。按，《新唐书》卷三八《地理二》许州条载："元和十二年（817）复以郾城、上蔡、西平、遂平置潋州。长庆元年（821）州废，具还隶蔡州，是年，郾城来属。"由此可知，长庆元年后，潋州废，仅郾城隶许州。恐此处"潋"为"蔡"之误。

② 《新唐书》卷六五《方镇二》，第 1825 页。

③ 《旧五代史》卷一四《赵犨传》，第 194 页。

④ 《旧五代史》卷一四《赵昶传》，第 196 页。

⑤ 《新唐书》卷六五《方镇二》，第 1827 页。

⑥ 《新唐书》卷六五《方镇二》，第 1828 页。

东都.'从之"。① 可知,光化三年,忠武军节度罢领汝州,领陈、许二州。

忠武军节度使（904），治许州，领陈、许二州。

《旧唐书·哀帝纪》载,天祐元年（904）十月丙申,制天平军节度使、兼郓州刺史张全义本官兼河南尹、"许州刺史、忠武军节度观察等使"。② 二年五月丁丑,"陈许节度使张全义奏:'得许州留后状申,自多事以来,许州权为列郡,今特创鼓角楼讫,请复为军额。'敕旨依旧置忠武军牌额"。③ 从张全义兼"许州刺史、忠武军节度观察等使"及"得许州留后状申"看,因张全义兼领忠武军,故于许州置节度留后,时许州已为忠武军节度使治所。天祐二年,朝廷敕旨恢复忠武军牌额。综上,天祐元年,忠武军节度徙治许州,领陈、许二州,至唐灭亡。

第四节　郓兖节度使辖区沿革

郓齐兖都防御使置于至德元载（756）,治齐州,领郓、齐、兖三州。乾元二年（759）,升为节度使,徙治兖州,增领濮州。上元二年（761）,增领徐州,割出齐州。宝应元年（762）,增领登、莱、沂、海、泗五州,是年,郓兖节度使废,兖、郓、濮、徐四州隶河南节度,登、莱、沂、海、泗五州隶淄青平卢节度。

表4-4　郓兖节度使辖区变动

时间	方镇名称	治所	辖区
至德元载（756）	郓齐兖都防御使	齐州	郓、齐、兖三州
乾元二年（759）	郓兖节度使	兖州	郓、齐、兖、濮四州
上元二年（761）			郓、兖、濮、徐四州
宝应元年（762）	废郓兖节度使		

郓齐兖都防御使（756），治齐州（今山东省济南市），领郓、齐、兖三州。

《方镇表二》青密条:"至德元载（756）,置郓、齐、兖三州都防御

---

① 《旧唐书》卷二〇上《昭宗》,第767页。
② 《旧唐书》卷二〇下《哀帝》,第788页。
③ 《旧唐书》卷二〇下《哀帝》,第795页。

使，治齐州。"①《旧唐书》载：乾元元年（758）九月庚午，"贝州刺史能元皓为齐州刺史、齐兖郓等州防御使"。②

郓兖节度使（759），治兖州（今山东省兖州区瑕丘县），领郓、齐、兖、濮四州。

《方镇表二》青密条："乾元二年（759），升郓、齐、兖三州都防御使为节度使，治兖州，增领濮州，寻以濮州隶河南节度。"③ 河南条："乾元二年，置汴滑节度使，领滑、濮、汴、曹、宋五州。又置河南节度使，领徐、泗、海、亳、颍五州。是年，以濮州隶兖、郓节度。"④

从上述看，应是濮州先隶郓兖节度，寻割隶河南节度，是年，又从河南割隶郓兖节度。

郓兖节度使（761），治兖州，领郓、兖、濮、徐四州。

《方镇表二》青密条："上元二年（761），以齐州隶青密节度，而兖郓节度增领徐州。"⑤《方镇表二》淮南西道条载："上元二年，淮南西道节度使增领陈、郑、颍、亳、汴、曹、宋、徐、泗九州，徙治安州，号淮西十六州节度使。寻以徐州隶兖郓节度。"⑥ 可知，上元二年，割齐州隶青密节度，徐州自淮南西道割隶郓兖节度。

郓兖节度使废（762），所领郓、兖、濮、徐四州隶河南节度。

《方镇表二》青密条："宝应元年（762），登、莱、沂、海、泗五州隶兖郓节度。是年，废兖郓节度，以兖、郓、濮、徐四州隶河南节度，登、莱、沂、海、泗五州隶淄青平卢节度。"《方镇表二》淮南西道条："泗州隶兖郓节度。"⑦ 上述表明，宝应元年增领登、莱、沂、海、泗五州，是年，废郓兖节度使。

第五节　天平军节度使辖区沿革

郓曹濮节度使置于元和十四年（819），治郓州，领郓、曹、濮三州。十

① 《新唐书》卷六五《方镇二》，第 1801 页。
② 《旧唐书》卷一○《肃宗》，第 253 页。
③ 《新唐书》卷六五《方镇二》，第 1802 页。
④ 《新唐书》卷六五《方镇二》，第 1802 页。
⑤ 《新唐书》卷六五《方镇二》，第 1804 页。
⑥ 《新唐书》卷六五《方镇二》，第 1803 页。
⑦ 《新唐书》卷六五《方镇二》，第 1804 页。

五年，赐郓曹濮节度使号天平军节度使，领三州不变。会昌三年（843），割出濮州。六年，复领濮州。咸通五年（864），增领齐、棣二州。十三年，割出齐、棣二州。天复元年（901），天平军节度增领齐州，领郓、曹、濮、齐四州，至唐灭亡。

表 4 – 5　天平军节度使辖区变动

时间	方镇名称	治所	辖区
元和十四年（819）	郓曹濮节度使	郓州	郓、曹、濮三州
元和十五年（820）	天平军节度使		
会昌三年（843）			郓、曹二州
会昌六年（846）			郓、曹、濮三州
咸通五年（864）			郓、曹、濮、齐、棣五州
咸通十三年（872）			郓、曹、濮三州
天复元年（901）			郓、曹、濮、齐四州

郓曹濮节度使（819），治郓州（今山东省郓城县），领郓、曹、濮三州。

《方镇表二》青密条："元和十四年（819），置郓曹濮节度使，治郓州。"[1]《旧唐书》载：元和十四年三月戊子，"以华州刺史马总为郓、曹、濮等州观察等使"。[2]《资治通鉴》载：元和十四年，"上命杨於陵分李师道地，於陵按图籍，视土地远迩，计士马众寡，校仓库虚实，分为三道，使之适均。以郓、曹、濮为一道，淄、青、齐、登、莱为一道，兖、海、沂、密为一道，上从之。……三月，戊子，以华州刺史马总为郓、曹、濮等州节度使"。[3] 即元和十四年，置郓曹濮节度使，领郓、曹、濮三州。

天平军节度使（820），治郓州，领郓、曹、濮三州。

《方镇表二》青密条："元和十五年（820），赐郓曹濮节度使号天平军节度使。"[4]《旧唐书》载：元和十五年七月乙巳，"郓、曹、濮等州节度赐号天平军，从马总奏也"。[5]

---

① 《新唐书》卷六五《方镇二》，第 1816 页。
② 《旧唐书》卷一五《宪宗》，第 466 页。
③ 《资治通鉴》卷二四一，元和十四年上命杨於陵分李师道地条，第 7765—7767 页。
④ 《新唐书》卷六五《方镇二》，第 1816 页。
⑤ 《旧唐书》卷一六《穆宗》，第 479 页。

天平军节度使（843），治郓州，领郓、曹二州。

《旧唐书》载：会昌三年（843）十月，"以河东节度使刘沔检校司空，兼滑州刺史，充义成军节度、郑滑濮观察等使"。[①]《旧唐书·地理志》载："义成军节度使。治滑州，管滑、郑、濮三州。"[②] 可知，会昌三年，濮州割隶义成军节度。

天平军节度使（846），治郓州，领郓、曹、濮三州。

《旧唐书》载：会昌六年（846）十一月，"以江西观察使周墀为义成军节度使、郑滑观察等使"。[③] 由此可知，会昌五年，义成军节度已不领濮州，濮州应是复隶天平军节度，即天平军节度仍领郓、曹、濮三州。

天平军节度使（864），治郓州，领郓、曹、濮、齐、棣五州。

《方镇表二》青密条载："咸通五年（864），天平军节度增领齐、棣二州。"[④]《旧唐书》载：咸通六年正月丁亥，"制以河东节度使、检校刑部尚书孔温裕为郓州刺史、天平军节度、郓曹棣观察处置等使"。[⑤]

天平军节度使（872），治郓州，领郓、曹、濮三州。

《方镇表二》青密条载："咸通十三年（872），淄青平卢节度复领齐、棣二州。"[⑥] 可知，咸通十三年，割出齐、棣二州。

天平军节度使（901），治郓州，领郓、曹、濮、齐四州。

《旧唐书·昭宗纪》载，天复元年（901）闰六月，"全忠奏请以齐州隶郓州，从之"。[⑦]《方镇表二》青密条载："天复元年，罢武肃军防御使。"[⑧] 可知，天复元年，天平军节度增领齐州，领郓、曹、濮、齐四州，至唐灭亡。

第六节　河南·徐海·徐泗·武宁军节度使辖区沿革

本节主要考订以徐州为治所的方镇辖区变动情况。乾元二年（759），

---

① 《旧唐书》卷一八上《武宗》，第598页。
② 《旧唐书》卷三八《地理一》，第1389页。
③ 《旧唐书》卷一八下《宣宗》，第616页。
④ 《新唐书》卷六五《方镇二》，第1822页。
⑤ 《旧唐书》卷一九上《懿宗》，第658页。
⑥ 《新唐书》卷六五《方镇二》，第1823页。
⑦ 《旧唐书》卷二〇上《昭宗》，第773页。
⑧ 《新唐书》卷六五《方镇二》，第1828页。

置河南节度使，治徐州，领徐、泗、海、亳、颍五州，是年，割出亳、颍二州。上元元年（760），割出海州。二年，废河南节度使，所领徐、泗二州隶淮西节度。建中三年（782），置徐海沂密都团练观察使，领徐、海、沂、密四州。兴元元年（784），废徐海沂密都团练观察使，所领四州隶淄青平卢节度。贞元四年（788），置徐泗濠节度使，领徐、泗、濠三州。贞元十六年（800），废徐泗濠节度使。永贞元年（805），徐州节度赐名武宁军，领徐州。元和元年（806），增领濠、泗二州。元和四年（809），增领宿州。长庆元年（821），割出宿州。大和七年（833），复领宿州。咸通三年（862），罢武宁军节度使，置徐州团练防御使，隶兖海节度。四年，置徐泗观察使，领徐、泗、濠三州。是年，割濠州隶淮南节度。十年，升徐泗观察使为节度使。是年，复置都团练防御使，增领濠、宿二州。十一年（870），升为徐泗观察使，寻赐号感化军节度使。乾符二年（875），感化军节度罢领泗州。天复二年（902），罢感化军号，复为武宁军节度使，领徐、濠、宿三州，至唐灭亡。

表 4 - 6　河南·徐海·徐泗·武宁军节度使辖区变动

时间	方镇名称	治所	辖区
乾元二年（759）	河南节度使	徐州	徐、泗、海三州
上元元年（760）			徐、泗二州
上元二年（761）	废河南节度使		
建中三年（782）	徐海沂密都团练观察使	徐州	徐、海、沂、密四州
兴元元年（784）	废徐海沂密都团练观察使		
贞元四年（788）	徐泗濠节度使	徐州	徐、泗、濠三州
贞元十六年（800）	废徐泗濠节度使		
永贞元年（805）	武宁军节度使	徐州	徐州
元和元年（806）			徐、泗、濠三州
元和四年（809）			徐、泗、濠、宿四州
长庆元年（821）			徐、泗、濠三州
大和七年（833）			徐、泗、濠、宿四州
咸通三年（862）	废武宁军节度使		
咸通四年（863）	徐泗团练观察处置使	徐州	徐、泗二州
咸通十年（869）	徐泗都团练防御使		徐、泗、濠、宿四州

续表

时间	方镇名称	治所	辖区
咸通十一年（870）	感化军节度使		
乾符二年（875）			徐、濠、宿三州
天复二年（902）	武宁军节度使		

河南节度使（759），治徐州（今江苏省徐州市），领徐、泗、海三州。

《方镇表二》河南条："乾元二年（759），又置河南节度使，治徐州，领州五：徐、泗、海、亳、颍。未几，颍州隶郑陈节度，寻复领颍州。是年，又以亳、颍二州隶郑陈节度。"① 《旧唐书·肃宗纪》载：乾元二年三月辛卯，"以郓州刺史尚衡为徐州刺史，充亳、颍等州节度使"。② 可知，乾元二年，复置河南节度使，是年，割出亳、颍二州，领徐、泗、海三州。

河南节度使（760），治徐州，领徐、泗二州。

《方镇表二》河南条："上元元年（760），以海州隶青密节度。"③ 可知，上元元年，割出海州，领徐、泗二州。

河南节度使废（761），所领二州隶淮西节度。

《方镇表二》河南条："上元二年（761），废河南节度，以徐、泗隶淮西节度。"④ 可知，上元二年，河南节度使废，所领徐、泗二州隶淮西节度。

徐海沂密都团练观察使（782），治徐州，领徐、海、沂、密四州。

《方镇表二》徐海沂密条："建中三年（782），置徐海沂密都团练观察使，治徐州。"⑤ 《旧唐书·德宗纪》载：建中三年三月乙未，"以徐州刺史李洧为徐沂海团练观察使。……八月……庚辰，徐海沂都团练使李洧卒。……九月丁亥，以李洧部将高承宗为徐州刺史、徐海沂都团练使。"⑥ 《新唐书·李洧传》载："建中初，加（李）洧徐海沂密观察使。"⑦ 《资治

---

① 《新唐书》卷六五《方镇二》，第 1802 页。
② 《旧唐书》卷一〇《肃宗》，第 255 页。
③ 《新唐书》卷六五《方镇二》，第 1803 页。
④ 《新唐书》卷六五《方镇二》，第 1803 页。
⑤ 《新唐书》卷六五《方镇二》，第 1809 页。
⑥ 《旧唐书》卷一二《德宗上》，第 332—334 页。
⑦ 《新唐书》卷一四八《李洧传》，第 4780 页。

通鉴》载：兴元元年（784）五月癸酉，"徐、海、沂、密观察使高承宗卒。甲戌，使其子（高）明应知军事"。①

综上可知，建中三年，置徐海沂密观察使，领徐、海、沂、密四州。

徐海沂密都团练观察使废（784），所领四州隶淄青平卢节度。

《方镇表二》徐海沂密条："兴元元年（784），废徐海沂密观察使。"《方镇表二》青密条："兴元元年，复置淄青平卢节度使，领……徐、海、沂、密……十三州。"②可知，兴元元年，废徐海沂密观察使，所领四州隶淄青平卢节度。

徐泗濠节度使（788），治徐州，领徐、泗、濠三州。

《方镇表二》徐海沂密条："贞元四年（788），置徐泗濠三州节度使，治徐州。"③《旧唐书·张建封传》载："贞元四年，以建封为徐州刺史，兼御史大夫、徐泗濠节度、支度营田观察使。"④《资治通鉴》卷二三三贞元四年十一月条、《新唐书》卷一五八《张建封传》载同。可知，贞元四年，置徐泗濠节度使，治徐州，领三州。

徐泗濠节度使废（800），置徐州留后。

《方镇表二》徐海沂密条："贞元十六年（800），废徐泗濠三州节度使。未几，复置泗、濠二州观察使，隶淮南。徐州领本州留后。"⑤《旧唐书·德宗纪》：贞元十六年五月戊戌，"徐泗濠节度使、检校尚书右仆射、徐州刺史张建封卒。……六月丙午，郓州李师古、淮南杜佑并加同平章事，以佑兼领徐泗濠节度，以前虢州参军张愔起复骁卫将军，兼徐州刺史、御史中丞、本州团练使、知徐州留后"。⑥《旧唐书·杜佑传》载："（贞元）十六年，徐州节度使张建封卒，其子（张）愔为三军所立。……诏以徐州授（张）愔，而加（杜）佑兼濠泗等州观察使。"⑦

综上可知，贞元十六年，因节度使张建封卒，废徐泗濠节度使，其子张愔欲承袭节度使，不为朝廷认可。以徐州授张愔知徐州留后，直隶朝

---

① 《资治通鉴》卷二三一，兴元元年五月条，第7431页。
② 《新唐书》卷六五《方镇二》，第1810页。
③ 《新唐书》卷六五《方镇二》，第1811页。
④ 《旧唐书》卷一四〇《张建封传》，第3830页。
⑤ 《新唐书》卷六五《方镇二》，第1813页。
⑥ 《旧唐书》卷一三《德宗下》，第392—393页。
⑦ 《旧唐书》卷一四七《杜佑传》，第3978—3979页。

廷，泗、濠二州隶淮南节度。

武宁军节度使（805），领徐州。

《旧唐书·顺宗纪》：永贞元年（805）三月戊子，"徐州节度赐名武宁军"。① 《唐会要》载："徐州节度使，贞元二十一年（即永贞元年）三月，名其军曰武宁。"② 可知，永贞元年，赐徐州节度为武宁军节度。

武宁军节度使（806），治徐州，领徐、泗、濠三州。

《旧唐书·张愔传》："元和元年（806），以东都留守王绍为武宁军节度，代愔，复隶濠、泗二州于徐。"③ 《资治通鉴》卷二三七元和元年十一月戊申条载同。《旧唐书·宪宗纪》：元和元年十一月，"以东都留守王绍兼徐州刺史、武宁军节度使、徐泗濠等州观察等使"。④ 可知，元和元年，武宁军节度增领泗、濠二州。

武宁军节度使（809），治徐州，领徐、泗、濠、宿四州。

《方镇表二》徐海沂密条："元和四年（809），武宁军增领宿州。"⑤ 可知，元和四年，武宁军节度增领宿州。

武宁军节度使（821），治徐州，领徐、泗、濠三州。

《方镇表二》徐海沂密条："长庆元年（821），宿州隶淮南。"⑥ 可知，长庆元年，割出宿州，领三州。

武宁军节度使（833），治徐州，领徐、泗、濠、宿四州。

《方镇表二》徐海沂密条："大和七年（833），宿州复隶武宁节度。"⑦ 可知，大和七年，复领宿州。

武宁军节度使废（862），徐州置团练防御使，隶兖海节度。

《方镇表二》徐海沂密条："咸通三年（862），罢武宁军节度。置徐州

---

① 《旧唐书》卷一四《顺宗》，第406页。
② 王溥：《唐会要》卷七八《诸使中·节度使》，第1432页。
③ 《旧唐书》卷一四〇《张愔传》，第3833页。
④ 《旧唐书》卷一四《宪宗上》，第419页。《新唐书》卷六五《方镇二》载："元和二年（807），废泗、濠二州观察使，置武宁军节度使，治徐州，领徐、泗、濠三州。"由文中所述可知，新书所载时间有误，置武宁军应是在永贞元年（805），领泗、濠二州应是在元和元年。
⑤ 《新唐书》卷六五《方镇二》，第1814页。
⑥ 《新唐书》卷六五《方镇二》，第1817页。
⑦ 《新唐书》卷六五《方镇二》，第1818页。《新唐书》卷三八《地理二》宿州条载："大和三年（829）州废，七年复置。"

团练防御使，隶兖海。又置宿泗等州都团练观察处置使，治宿州。"①《资治通鉴》载：咸通三年三月甲子，"武宁改为徐州团练使，隶兖海节度。复以濠州归淮南道，更于宿州置宿泗都团练观察使"。② 可知，咸通三年，罢武宁军节度使，改为徐州团练使，隶兖海节度，濠州隶淮南，宿泗置观察使。

徐泗团练观察处置使（863），治徐州，领徐、泗二州。

《资治通鉴》：咸通四年（863）十一月辛巳，"废宿泗观察使，复以徐州为观察府，以濠、泗隶焉"。《方镇表二》徐海沂密条："咸通四年，以濠州隶淮南。五年，置徐泗团练观察处置使，治徐州。"③《旧唐书·懿宗纪》载：咸通五年五月，"宜令徐泗团练使选拣召募官健三千人，赴邕管防戍。……六年……七月，以右卫大将军薛绾检校工部尚书、徐州刺史，充徐泗团练观察防御等使"。④《资治通鉴》卷二五〇咸通五年五月条载同。可知，咸通四年，徐州置观察使府，领徐、泗、濠三州。是年，割濠州隶淮南节度。

徐泗都团练防御使（869），治徐州，领徐、泗、濠、宿四州。

《方镇表二》徐海沂密条："咸通十年（869），置徐泗节度使。是年，复置都团练防御使，增领濠、宿二州。"⑤ 可知，咸通十年，升徐泗观察使为节度使。是年，复置都团练防御使，领徐、泗、濠、宿四州。

感化军节度使（870），治徐州，领徐、泗、濠、宿四州。

《方镇表二》徐海沂密条："咸通十一年（870），置徐泗观察使，寻赐号感化军节度使。"⑥《资治通鉴》：咸通十一年五月，"徐州依旧为观察使，统徐、濠、宿三州，泗州为团练使，割隶淮南。十一月丁卯，复以徐州为感化军节度"。⑦《旧唐书·懿宗纪》载，咸通十一年十一月丁卯，敕："徐州地当沛野……其徐州都团练使改为感化军节度、徐宿濠泗等州观察处置等使。"⑧《唐大诏令集》卷九九《政事·建易州县》建徐州为感化军节度敕条

---

① 《新唐书》卷六五《方镇二》，第 1822 页。
② 《资治通鉴》卷二五〇，咸通三年三月甲子条，第 8100 页。
③ 《新唐书》卷六五《方镇二》，第 1822 页。
④ 《旧唐书》卷一九上《懿宗》，第 657—659 页。
⑤ 《新唐书》卷六五《方镇二》，第 1823 页。
⑥ 《新唐书》卷六五《方镇二》，第 1823 页。
⑦ 《资治通鉴》卷二五二，咸通十一年五月条，第 8159 页。
⑧ 《旧唐书》卷一九上《懿宗》，第 676 页。

载同。可知，咸通十一年，于徐泗置观察使府，领徐、濠、宿三州，泗州隶淮南。寻赐号感化军节度使，复领泗州，领徐、濠、宿、泗四州。

感化军节度使（875），治徐州，领徐、濠、宿三州。

《方镇表二》徐海沂密条："乾符二年（875），感化军节度罢领泗州。"可知，乾符二年，割出泗州，领徐、宿、濠三州。

武宁军节度使（902），治徐州，领徐、濠、宿三州。

《方镇表二》徐海沂密条："天复二年（902），罢感化军节度。"[1]《旧唐书·昭宗纪》载：天复三年五月，"制以颍州刺史朱友恭检校司空，兼徐州刺史，充武宁军节度使，从全忠奏也"。[2] 可知，天复二年，罢感化军号，复为武宁军节度，领徐、濠、宿三州，至唐灭亡。

第七节　泰宁军节度使辖区沿革

海沂密都防御使置于大历四年（769），治海州，领海、沂、密三州，寻废，三州隶淄青、平卢节度。元和十四年（819），置沂海观察使，治沂州，领沂、海、兖、密四州。十五年，徙治兖州。长庆二年（822），升沂海观察使为节度使。咸通三年（862），增领徐州。五年，罢领徐州。乾符三年（876），赐沂海节度号泰宁军节度使，领兖、海、沂、密四州，至唐末。

表 4-7　泰宁军节度使辖区变动

时间	方镇名称	治所	辖区
大历四年（769）	海沂密都防御使	海州	海、沂、密三州
元和十四年（819）	沂海观察使	沂州	沂、海、兖、密四州
元和十五年（820）		兖州	
长庆二年（822）	沂海节度使		
咸通三年（862）			兖、沂、海、密、徐五州
咸通五年（864）			兖、沂、海、密四州
乾符三年（876）	泰宁军节度使		

---

[1]　《新唐书》卷六五《方镇二》，第 1826 页。

[2]　《旧唐书》卷二〇上《昭宗》，第 777 页。

海沂密都防御使（769），治海州（今江苏省连云港市），领海、沂、密三州。

《方镇表二》青密条："大历四年（769），淄青、平卢节度罢领海、沂、密三州，置海、沂、密三州都防御使，寻废，复以三州隶淄青、平卢节度。"①

沂海观察使（819），治沂州（今山东省临沂市），领沂、海、兖、密四州。

《方镇表二》青密条："元和十四年（819），置沂海观察使，领沂、海、兖、密四州，治沂州。"②《河东先生集》载："元和十四年二月，命户部侍郎杨於陵为淄青宣抚使，令分师道所管十二州为三道：……兖、海、沂、密为一道。"③《资治通鉴》载：元和十四年三月，"以淄青四面行营供军使王遂为沂、海、兖、密等州观察使"。④综上可知，元和十四年，置沂海观察使，领沂、海、兖、密四州，治沂州。

沂海观察使（820），治兖州，领沂、海、兖、密四州。

《旧唐书·宪宗纪》：元和十五年（820）正月丙戌，"沂海四州观察使府移置于兖州，改观察使曹华为兖州刺史"。⑤《资治通鉴》载，元和十四年七月甲辰，以棣州刺史曹华为沂、海、兖、密观察使。十五年正月，"曹华请徙理兖州，许之"。⑥可知，元和十五年，沂海观察使徙治兖州，所领四州不变。

---

① 《新唐书》卷六五《方镇二》，第 1806 页。

② 《新唐书》卷六五《方镇二》，第 1816 页。另曾以沂州为治所的节度有淄、沂节度使，领淄、沂、沧、德、棣五州，但很快被废。《新唐书》卷六五《方镇二》载："上元二年（761），置淄、沂节度使，领淄、沂、沧、德、棣五州，治沂州。平卢军节度使侯希逸引兵保青州，授青、密节度使，遂废淄、沂节度，仍管五州，号淄青、平卢节度。"《旧唐书》卷一〇《肃宗》载：上元元年（760）十月壬申，"青州刺史殷仲卿为淄州刺史、淄沂沧德棣等州节度使"。

③ 柳宗元：《河东先生集》卷三八《代裴中丞贺分淄青为三道节度表》，上海古籍出版社，2008。

④ 《资治通鉴》卷二四一，元和十四年三月条，第 7767—7768 页。《唐会要》卷七八《诸使中·节度使》载："元和十四年（819）三月平李师道，以所管十二州分三节度……王遂为兖海沂密节度。"此处言"王遂为兖海沂密节度"恐不妥，应为观察使，今不取。

⑤ 《旧唐书》卷一五《宪宗下》，第 471 页。

⑥ 《资治通鉴》卷二四一，元和十五年正月条，第 7771—7776 页。《新唐书》卷六五《方镇二》青密条载："大和八年（834），废沂、海节度为观察使。大中五年（851），升沂、海观察使为节度使。"表明自大和八年至大中五年，沂、海节度使被降为观察使。

沂海节度使（822），治兖州，领沂、海、兖、密四州。

《旧唐书·穆宗纪》：长庆二年（822）正月庚子，"以兖沂密观察使曹华为节度使"。① 可知，长庆二年，升沂海观察使为节度使。

沂海节度使（862），治兖州，领兖、沂、海、密、徐五州。

《方镇表二》青密条："咸通三年（862），沂海节度使增领徐州。"《方镇表二》徐海沂密条载："咸通三年，罢武宁军节度。置徐州团练防御使，隶兖海。"② 《资治通鉴》载：咸通三年八月甲子，"武宁改为徐州团练使，隶兖海节度"。③ 可知，咸通三年，沂海增领徐州。

沂海节度使（864），治兖州，领兖、沂、海、密四州。

《方镇表二》青密条："咸通五年（864），沂海节度使罢领徐州。"《方镇表二》徐海沂密条载："咸通五年，置徐、泗团练观察处置使，治徐州。"④ 可知，咸通五年，沂海节度割出徐州。

泰宁军节度使（876），治兖州，领兖、沂、海、密四州。

《方镇表二》青密条："乾宁四年（897），赐沂海节度使为泰宁军节度使。"⑤

按，《资治通鉴》载：乾符三年（876）正月，"赐兖海节度号泰宁军"。⑥《新唐书·僖宗纪》载，乾符六年五月，"泰宁军节度使李系为湖南观察使，副之"。⑦ 光启二年（886）十二月，天平军将朱瑾逐"泰宁军节度使齐克让，自称留后"。⑧ 乾宁二年（895）四月，"泰宁军节度使朱瑾及朱全忠战于高梧"。⑨

综上，乾宁四年前已出现泰宁军节度使，似《方镇表》载乾宁四年赐泰宁军节度使有误，今从《资治通鉴》，乾符三年，赐沂海节度使为泰宁

① 《旧唐书》卷一六《穆宗》，第494页。《新唐书》卷六五《方镇二》载："长庆元年（821），升沂、海观察使为节度使，徙治兖州。"笔者倾向于沂海观察使元和十五年徙治兖州，长庆二年升为节度使。
② 《新唐书》卷六五《方镇二》，第1821页。
③ 《资治通鉴》卷二五〇，咸通三年八月甲子条，第8100页。
④ 《新唐书》卷六五《方镇二》，第1822页。
⑤ 《新唐书》卷六五《方镇二》，第1827页。
⑥ 《资治通鉴》卷二五二，乾符三年正月条，第8182页。
⑦ 《新唐书》卷九《僖宗》，第268页。
⑧ 《新唐书》卷九《僖宗》，第279页。
⑨ 《新唐书》卷一〇《昭宗》，第291页。

军节度使，领兖、沂、海、密四州，至唐末。

第八节　淄青平卢节度使辖区沿革

至德元载（756），置青密节度使，治青州，领青、密、登、莱四州。乾元元年（758），增领滑、濮二州。二年，增领淄、沂二州，割出滑、濮二州。上元元年（760），增领海州。二年，置淄青平卢节度使，增领沧、德、棣、齐四州。宝应元年（762），割出登、莱、沂、海四州，是年，复领四州，增领泗州。广德元年（763），割出沧、德二州。大历四年（769），割出泗州。十年，增领德州。十一年，增领郓、曹、濮、徐、兖五州。十二年，徙治郓州。建中三年（782），废淄青平卢节度使，置淄青都团练观察使，治青州，领淄、青、登、莱、齐、兖、郓七州。兴元元年（784），复置淄青平卢节度使，领青、淄、登、莱、齐、兖、郓、徐、海、沂、密、曹、濮十三州。贞元四年（788），徙治郓州，割出徐州。元和十四年（819），复治青州，割出兖、海、沂、密、郓、曹、濮七州，领青、淄、登、莱、齐五州。大和元年（827），割出齐州。二年（828），增领棣州。咸通五年（864），割出棣州。十三年，增领齐、棣二州。乾宁二年（895），割出齐州，领青、淄、登、莱、棣五州，至唐灭亡。

表4-8　淄青平卢节度使辖区变动

时间	方镇名称	治所	辖区
至德元载（756）	青密节度使	青州	青、密、登、莱四州
乾元元年（758）			青、密、登、莱、滑、濮六州
乾元二年（759）			青、密、登、莱、淄、沂六州
上元元年（760）			青、密、登、莱、淄、沂、海七州
上元二年（761）	淄青平卢节度使		青、密、登、莱、海、淄、沂、沧、德、棣、齐十一州
宝应元年（762）			青、密、登、莱、海、淄、沂、沧、德、棣、齐、泗十二州
广德元年（763）			青、密、登、莱、海、淄、沂、棣、齐、泗十州

时间	方镇名称	治所	辖区
大历四年（769）			青、密、登、莱、海、淄、沂、棣、齐九州
大历十年（775）			青、密、登、莱、海、淄、沂、棣、齐、德十州
大历十一年（776）			青、密、登、莱、海、淄、沂、棣、齐、德、郓、曹、濮、徐、兖十五州
大历十二年（777）		郓州	
建中三年（782）	淄青都团练观察使	青州	淄、青、登、莱、齐、兖、郓七州
兴元元年（784）	淄青平卢节度使		青、淄、登、莱、齐、兖、郓、徐、海、沂、密、曹、濮十三州
贞元四年（788）		郓州	青、淄、登、莱、齐、兖、郓、海、沂、密、曹、濮十二州
元和十四年（819）		青州	青、淄、登、莱、齐五州
大和元年（827）			青、淄、登、莱四州
大和二年（828）			青、淄、登、莱、棣五州
咸通五年（864）			青、淄、登、莱四州
咸通十三年（872）			青、淄、登、莱、齐、棣六州
乾宁二年（895）			青、淄、登、莱、棣五州

青密节度使（756），治青州（今山东省青州市），领青、密、登、莱四州。

《方镇表二》青密条："至德元载（756），置青密（北海）节度使，领北海（青州）、高密（密州）、东牟（登州）、东莱（莱州）四郡，治北海郡。"① 《资治通鉴》卷二一九至德元载十二月条载同。

青密节度使（758），治青州，领青、密、登、莱、滑、濮六州。

《方镇表二》青密条："乾元元年（758），青密节度增领滑、濮二州。"《方镇表二》河南条："置汴州都防御使，领州十三如故，寻以滑、濮二州隶青密节度。"② 《旧唐书·肃宗纪》载：乾元元年八月壬寅，"以青州刺史许叔冀兼滑州刺史，充青滑六州节度使。……九

---

① 《新唐书》卷六五《方镇二》，第1800页。
② 《新唐书》卷六五《方镇二》，第1801页。

月……庚寅……滑濮节度许叔冀……"① 综上，乾元元年，青州刺史许叔冀充青滑六州节度使，应是指青、密、登、莱、滑、濮六州。

青密节度使（759），治青州，领青、密、登、莱、淄、沂六州。

《方镇表二》青密条："乾元二年（759），青密节度使增领淄、沂、海三州。滑州隶汴滑节度使，濮州隶郓齐兖节度使。是年以海州隶汴滑节度。"②《资治通鉴》：乾元二年四月甲辰，"以徐州刺史尚衡为青、密等七州节度使"。③《资治通鉴》载七州节度应是海州割隶汴滑节度之前的青、密、登、莱、淄、沂、海七州，是年，又割出海州，领六州。

青密节度使（760），治青州，领青、密、登、莱、淄、沂、海七州。

《方镇表二》青密条："上元元年（760），海州复隶青密节度使。"④ 上元元年青密节度复领海州，领七州。

淄青平卢节度使（761），治青州，领青、密、登、莱、海、淄、沂、沧、德、棣、齐十一州。

《方镇表二》青密条："上元二年（761），置淄沂节度使，领淄、沂、沧、德、棣五州，治沂州。平卢军侯希逸引兵保青州，授青密节度使，废淄沂节度，并其所领淄、沂、沧、德、棣五州，号淄青平卢节度，增领齐州。"⑤《旧唐书·侯希逸传》载："青州遂陷于希逸，诏就加希逸为平卢淄青节度使，自是迄今淄青节度皆带平卢之名也。"⑥ 上元二年，先是割出淄、沂置节度使，是年废淄沂节度，其所领五州隶淄青节度。侯希逸授淄青平卢节度使，领青、密、登、莱、海、淄、沂、沧、德、棣、齐十一州。

淄青平卢节度使（762），治青州，领青、密、登、莱、海、淄、沂、沧、德、棣、齐、泗十二州。

《方镇表二》青密条："宝应元年（762），登、莱、沂、海、泗五州隶兖郓节度。是年，废兖郓节度，登、莱、沂、海、泗隶淄青平卢节度。"⑦ 可知，宝应元年，淄青平卢节度曾一度割出登、莱、沂、海四州，是年，

---

① 《旧唐书》卷一〇《肃宗》，第253页。
② 《新唐书》卷六五《方镇表二》，第1802页。
③ 《资治通鉴》卷二二一，乾元二年四月甲辰条，第7074页。
④ 《新唐书》卷六五《方镇表二》，第1803页。
⑤ 《新唐书》卷六五《方镇表二》，第1803页。
⑥ 《旧唐书》卷一二四《侯希逸传》，第3534页。
⑦ 《新唐书》卷六五《方镇表二》，第1804页。

复领四州，增领泗州，领青、密、登、莱、海、淄、沂、沧、德、棣、齐、泗十二州。

淄青平卢节度使（763），治青州，领青、密、登、莱、海、淄、沂、棣、齐、泗十州。

《方镇表二》青密条："广德元年（763），沧、德二州隶魏博节度。淄青平卢节度增领瀛洲；未几，瀛洲复隶魏博节度。"①《资治通鉴》：广德元年五月丁卯，"制分河北诸州：……沧、棣、冀、瀛为青淄管"。②可知，广德元年，淄青节度割出沧、德二州，是年五月，增领沧、棣、冀、瀛四州，是年末，沧、瀛复隶魏博节度（参见魏博节度使一节），冀州割隶成德军节度（参见成德军节度使一节）。淄青平卢节度领有青、密、登、莱、海、淄、沂、棣、齐、泗十州。

淄青平卢节度使（769），治青州，领青、密、登、莱、海、淄、沂、棣、齐九州。

《方镇表二》河南条："大历四年（769），河南节度增领泗州。"《方镇表二》青密条："大历四年，淄青平卢节度罢领海、沂、密三州，置三州都防御使，寻废，淄青平卢节度复领三州。"③可知，大历四年，曾罢领海、沂、密三州，是年复领，仅割出泗州，领九州。

淄青平卢节度使（775），治青州，领青、密、登、莱、海、淄、沂、棣、齐、德十州。

《方镇表二》青密条："大历十年（775），淄青平卢节度又领德州。"④

淄青平卢节度使（776），治青州，领青、密、登、莱、海、淄、沂、棣、齐、德、郓、曹、濮、徐、兖十五州。

《方镇表二》青密条："大历十一年（776），淄青平卢节度增领郓、曹、濮、徐、兖五州。"⑤《旧唐书·代宗纪》载：大历十一年八月，"李

---

① 《新唐书》卷六五《方镇二》，第1804—1805页。
② 《资治通鉴》卷二二二，广德元年五月丁卯条，第7143页。
③ 《新唐书》卷六五《方镇二》，第1806页。
④ 《新唐书》卷六五《方镇二》，第1807页。
⑤ 《新唐书》卷六五《方镇二》，第1807页。该条载"以泗州隶永平军节度"似放错栏目，泗州于大历四年（769）已割隶河南节度。河南条载"大历十一年，宋、颍、泗三州隶永平军节度"，表明泗州割隶永平军节度前隶属河南节度，故应置于河南条。若置于青密条，有泗州隶永平军之前仍隶属青密节度之嫌。

灵曜据汴州叛。……九月……戊辰，淄青李正己取郓、濮二州"。① 可知，大历十一年，因河南节度使李灵曜叛，废河南节度使，以其所辖郓、曹、濮、徐、兖五州分隶淄青平卢节度。

淄青平卢节度使（777），治郓州，领青、密、登、莱、海、淄、沂、棣、齐、德、郓、曹、濮、徐、兖十五州。

《资治通鉴》载：大历十二年（777）十二月庚子，"平卢节度使李正己先有淄、青、齐、海、登、莱、沂、密、德、棣十州之地，及李灵曜之乱，诸道合兵攻之，所得之地各为己有，正己又得曹、濮、徐、兖、郓五州，因自青州徙治郓州。使其子前淄州刺史纳守青州"。② 可知，大历十二年，淄青平卢节度使徙治郓州。

淄青都团练观察使（782），治青州，领淄、青、登、莱、齐、兖、郓七州。

《方镇表二》青密条："建中三年（782），废淄青平卢节度使，置淄青都团练观察使，领淄、青、登、莱、齐、兖、郓七州，治青州。"③《旧唐书·李希烈传》载："建中三年秋，加希烈检校司空，兼淄、青、兖、郓、登、莱、齐等州节度。"④《资治通鉴》卷二二七建中三年七月甲辰条载同。因李纳反，废淄青平卢节度使，置淄青都团练观察使，治青州，领淄、青、登、莱、齐、兖、郓七州，由李希烈兼领七州军事。

淄青平卢节度使（784），治青州，领青、淄、登、莱、齐、兖、郓、徐、海、沂、密、曹、濮十三州。

《方镇表二》青密条："兴元元年（784），复置淄青平卢节度使，领青、淄、登、莱、齐、兖、郓、徐、海、沂、密、曹、濮十三州，治青州。"⑤《资治通鉴》载，兴元元年正月，赦天下，制曰："……李希烈、田悦、王武俊、李纳等，咸以勋旧，各守藩维……宜并所管将吏等一切待之如初。"⑥《资治通鉴》：兴元元年正月辛卯，"以曹州刺史李纳为郓州刺

---

① 《旧唐书》卷一一《代宗》，第310—311 页。

② 《资治通鉴》卷二二五，大历十二年十二月庚子条，第7249 页。

③ 《新唐书》卷六五《方镇二》，第1809 页。

④ 《旧唐书》卷一四五《李希烈传》，第3943 页。

⑤ 《新唐书》卷六五《方镇二》，第1810 页。

⑥ 《资治通鉴》卷二二九，兴元元年正月条，第7391—7392 页。

史、平卢节度使"。①《旧唐书·德宗纪》：兴元元年八月辛丑，"诏淄青节度使承前带陆海运、押新罗渤海两蕃等使，宜令李纳兼之"。② 可知，兴元元年，朝廷赦淄青李纳，复置节度使，李纳由郓州徙治青州，领上述十三州。

淄青平卢节度使（788），治郓州，领青、淄、登、莱、齐、兖、郓、海、沂、密、曹、濮十二州。

《方镇表二》青密条："贞元四年（788），淄青平卢节度使徙治郓州，以徐州隶徐泗节度。"③《旧唐书·李纳传》："及兴元之降罪己诏，纳乃效顺，诏加检校工部尚书、平卢军节度、淄青等州观察使。贞元初升郓州为大都督府，改授长史。"④ 可知，贞元四年，淄青平卢节度徙治郓州，割出徐州。

淄青平卢节度使（819），治青州，领青、淄、登、莱、齐五州。

《方镇表二》青密条："元和十四年（819），淄青、平卢节度使领青、淄、齐、登、莱五州，复治青州。"⑤《旧唐书·宪宗纪》载：元和十四年三月己丑，"以义成军节度使薛平为青州刺史，充平卢军节度、淄青齐登莱等州观察等使"。⑥《资治通鉴》：元和十四年，"上命杨於陵分李师道地，於陵按图籍，视土地远迩，计士马众寡，校仓库虚实，分为三道，使之适均。以郓、曹、濮为一道，淄、青、齐、登、莱为一道，兖、海、沂、密为一道，上从之。……三月……己丑，以义成军节度使薛平为青州刺史，充平卢军节度、淄青齐登莱等州观察等使"。⑦ 综上可知，元和十四年，淄青平卢节度使被分为三道，淄青领青、淄、齐、登、莱五州，治青州。

淄青平卢节度使（827），治青州，领青、淄、登、莱四州。

《方镇表二》青密条："大和元年（827），齐州隶横海节度。"⑧ 可知，大和元年，淄青节度割出齐州，领四州。

---

① 《资治通鉴》卷二二九，兴元元年正月辛卯条，第7398页。
② 《旧唐书》卷一二《德宗上》，第345页。
③ 《新唐书》卷六五《方镇二》，第1811页。
④ 《旧唐书》卷一二四《李纳传》，第3536页。
⑤ 《新唐书》卷六五《方镇二》，第1816页。
⑥ 《旧唐书》卷一五《宪宗下》，第466—467页。
⑦ 《资治通鉴》卷二四一，元和十四年上命杨於陵分李师道地条，第7767页。
⑧ 《新唐书》卷六五《方镇二》，第1817页。

淄青平卢节度使（828），治青州，领青、淄、登、莱、棣五州。

《方镇表二》青密条："大和二年（828），淄青平卢节度增领棣州。"① 《旧唐书·李同捷传》载：大和二年九月，"棣州割隶淄青"。② 《旧唐书·文宗纪》载：大和七年十二月丁未，"以河南尹严休复充平卢军节度、淄青登莱棣观察等使"。③ 上述表明，大和二年，增领棣州，领青、淄、登、莱、棣五州。

淄青平卢节度使（864），治青州，领青、淄、登、莱四州。

《方镇表二》青密条："咸通五年（864），天平军节度增领齐、棣二州。"④ 可知，咸通五年，淄青节度割出棣州，领四州。

淄青平卢节度使（872），治青州，领青、淄、登、莱、齐、棣六州。

《方镇表二》青密条："咸通十三年（872），淄青平卢节度复领齐、棣二州。"⑤ 可知，咸通十三年，淄青增领齐、棣二州，领六州。

淄青平卢节度使（895），治青州，领青、淄、登、莱、棣五州。

《方镇表二》青密条："乾宁二年（895），析齐州置武肃军防御使。"⑥ 可知，乾宁二年，割出齐州，领青、淄、登、莱、棣五州，至唐灭亡。

附考

豫许汝节度使辖区沿革

豫许汝节度使，置于乾元元年（758），治豫州，领豫、许、汝三州。宝应元年（762），改豫州为蔡州，增领申州，割出许州。大历四年（769），增领仙州。五年，省仙州。八年，废蔡汝节度使，蔡、申、汝三州皆隶淮西节度。

表 4-9　豫许汝节度使辖区变动

时间	方镇名称	治所	辖区
乾元元年（758）	豫许汝节度使	豫州	豫、许、汝三州

① 《新唐书》卷六五《方镇二》，第 1817 页。
② 《旧唐书》卷一四三《李全略附李同捷传》，第 3907 页。
③ 《旧唐书》卷一七下《文宗下》，第 553 页。
④ 《新唐书》卷六五《方镇二》，第 1817 页。
⑤ 《新唐书》卷六五《方镇二》，第 1823 页。
⑥ 《新唐书》卷六五《方镇二》，第 1827 页。

续表

时间	方镇名称	治所	辖区
宝应元年（762）	蔡汝节度使	蔡州	蔡、申、汝三州
大历四年（769）			蔡、申、汝、仙四州
大历五年（770）			蔡、申、汝三州

豫许汝节度使（758），治豫州（今河南省汝南县），领豫、许、汝三州。

《方镇表二》："乾元元年（758），置豫许汝节度使，治豫州。"① 《方镇表一》："乾元元年，汝州隶豫许汝节度。"②

蔡汝节度使（762），治蔡州，领蔡、申、汝三州。

《方镇表二》："宝应元年（762），淮西节度增领许、隋、唐三州，申州隶蔡汝节度使。"③ 《旧唐书·代宗纪》：宝应元年六月，"改豫州为蔡州，避上名也"。④ 可知，宝应元年，改豫州为蔡州，增领申州，割出许州。

蔡汝节度使（769），治蔡州，领蔡、申、汝、仙四州。

《方镇表二》："大历三年（768），蔡汝节度增领仙州。"⑤

按，《旧唐书·代宗纪》："大历四年（769）三月丙申，复置仙州。"⑥ 《新唐书·地理志》亦载："大历四年，复以叶、襄城置仙州。"⑦

综上可知，应是大历四年于汝州境内的叶、襄城置仙州，蔡汝节度增领仙州。

蔡汝节度使（770），治蔡州，领蔡、申、汝三州。

《方镇表二》："大历五年（770），省仙州。"⑧ 《旧唐书·代宗纪》：大历五年二月己亥，"废仙州，以襄城、叶县隶汝州"。⑨ 《新唐书》卷三八

---

① 《新唐书》卷六五《方镇二·淮南西道》，第1801页。
② 《新唐书》卷六四《方镇一·东畿》，第1766页。
③ 《新唐书》卷六五《方镇二·淮南西道》，第1804页。
④ 《旧唐书》卷一一《代宗》，第269页。
⑤ 《新唐书》卷六五《方镇二·淮南西道》，第1806页。
⑥ 《旧唐书》卷一一《代宗》，第292页。
⑦ 《新唐书》卷三八《地理二·河南道》汝州条，第984页。因《旧唐书》卷三八《地理一·河南道》许州条载："开元四年，割叶、襄城置仙州。二十六年，仙州废，以叶、襄城、阳翟来属。其年，又以叶、襄城属汝州。"故言大历四年复置仙州。
⑧ 《新唐书》卷六五《方镇二·淮南西道》，第1806页。
⑨ 《旧唐书》卷一一《代宗》，第295页。

《地理二·河南道》汝州条载同。可知,大历五年,蔡汝节度省仙州,仍领三州。

大历八年(773),废蔡汝节度使。

《方镇表二》:"大历八年(773),废蔡汝节度使,所管州皆隶淮西节度。"①

郑陈节度使辖区沿革

郑陈节度使,置于乾元二年(759),治郑州,领郑、陈、亳、颍四州。上元二年(761),废郑陈节度使,所领四州割隶淮西节度。

表4-10 郑陈节度使辖区变动

时间	方镇名称	治所	辖区
乾元二年(759)	郑陈节度使	郑州	郑、陈、亳、颍四州
上元二年(761)	废郑陈节度使		

郑陈节度使(759),治郑州(今河南省郑州市),领郑、陈、亳、颍四州。

《方镇表二》载:"乾元二年(759),置郑陈节度使,领郑、陈、亳、颍四州,治郑州,寻增领申、光、寿三州;未几,以三州隶淮西。"②《方镇表二》淮西条:"乾元二年,废淮南西道节度使,以陈、颍、亳隶陈郑。是年,复置淮南西道节度使,领申、光、寿、安、沔、蕲、黄七州,治寿州。"③《旧唐书·肃宗纪》:乾元二年四月甲辰,"以邓州刺史鲁炅为郑州刺史,充陈、郑、颍、亳节度使。……九月……丁亥……右羽林将军李抱玉为郑州刺史、郑陈颍亳四州节度使"。④

可知,乾元二年,置郑陈节度使,治郑州,领郑、陈、亳、颍四州。增领申、光、寿三州,是年,三州又割隶淮西节度。

上元二年(761),废郑陈节度使。

《方镇表二》载:"上元二年(761),废郑陈节度,以郑、陈、亳、颍

---

① 《新唐书》卷六五《方镇二·淮南西道》,第1807页。
② 《新唐书》卷六五《方镇二·郑陈》,第1802页。
③ 《新唐书》卷六五《方镇二·淮南西道》,第1802页。
④ 《旧唐书》卷一〇《肃宗》,第256—257页。

四州隶淮西。"①

曹濮观察使辖区沿革

曹濮观察使置于建中三年（782），治濮州（今山东省鄄城县），领曹、濮二州。兴元元年（784）废，二州隶淄青节度。

《方镇表二》青密条载："建中三年（782），置曹濮都团练观察使，治濮州。兴元元年（784），废曹濮都团练观察使。"②《旧唐书·刘玄佐传》载："建中二年后，刘玄佐迁尚书，累封四百户、兼曹濮观察使，寻加淄青充郓招讨使。"③建中三年，因淄青节度使李纳反，为平定叛乱，废淄青节度，置曹濮都团练观察使。兴元元年，朝廷赦淄青李纳，复置淄青节度使，废曹濮观察使。

表 4-11　曹濮观察使辖区变动

时间	方镇名称	治所	辖区
建中三年（782）	曹濮观察使	濮州	曹、濮二州
兴元元年（784）	废曹濮观察使		

---

① 《新唐书》卷六五《方镇二·郑陈》，第 1803 页。
② 《新唐书》卷六五《方镇二》，第 1810—1811 页。
③ 《旧唐书》卷一四五《刘玄佐传》，第 3931 页。

第五章　河东道方镇辖区变动考

河东道，设于唐贞观元年（627），"盖古冀州之域"，[①] 辖河中、太原二府，晋、绛、慈、隰、汾、沁、辽、岚、宪、石、忻、代、云、朔、蔚、武、新、潞、泽十九州，一百一十个县，相当于今山西省全部及河北省的西北部。

安史乱后，河东道主要有河中、河东、昭义三节度。建中之乱，曾析河中置晋慈观察使，后废，复隶河中节度。会昌后，析河东置大同防御使及代北节度使，唐末，复隶河东节度。黄巢起义后，昭义节度分为两镇，即潞州一镇和邢洺磁一镇，唐末，二镇合一，复为昭义军节度。

第一节　河中·晋慈节度使辖区沿革

一　河中节度使

河中节度使置于至德二载（757），治蒲州，领蒲、晋、绛、隰、慈、虢、同七州。乾元元年（758），改为蒲同虢节度使，领三州。二年，增领绛州，割出虢州。上元元年（760），改蒲州为河中府，增领晋州，割出同州。二年，河中节度徙治绛州，领河中府及晋、绛、慈、隰四州。广德二年（764），废河中节度，置河中都团练观察使。大历十四年（779），升观察使为节度使。兴元元年（784），增领陕、虢二州，割出晋、慈、隰三州。贞元元年（785），罢领陕、虢二州。元和二年（807），复领晋、慈、隰三州。长庆二年（822），割出晋、慈二州。大和元年（827），复领晋、慈二州。

---

① 《新唐书》卷三九《地理三·河东道》，第999页。

表 5 – 1　河中节度使辖区变动

时间	方镇名称	治所	辖区
至德二载（757）	河中节度使	蒲州	蒲、晋、绛、隰、慈、虢、同七州
乾元元年（758）	蒲同虢节度使		蒲、同、虢三州
乾元二年（759）	蒲同绛节度使		蒲、同、绛三州
上元元年（760）	河中节度使	河中府	河中府，晋、绛二州
上元二年（761）		绛州	河中府，晋、绛、慈、隰四州
广德二年（764）	河中都团练观察使	河中府	
大历十四年（779）	河中节度使		
兴元元年（784）			河中府，绛、陕、虢三州
贞元元年（785）			河中府、绛州
贞元十五年（799）	河中防御观察使		
贞元十六年（800）	河中节度使		
元和二年（807）			河中府，晋、绛、慈、隰四州
元和十四年（819）	河中都防御观察使		
元和十五年（820）	河中节度使		
长庆二年（822）			河中府，绛、隰二州
大和元年（827）			河中府，晋、绛、慈、隰四州
光启元年（885）	护国军节度使		

河中节度使（757），治蒲州（今山西省永济市），领蒲、晋、绛、隰、慈、虢、同七州。

《方镇表三》载："至德元载（756），置河中防御守捉蒲关使。二载，升河中防御为河中节度，兼蒲关防御使，领蒲、晋、绛、隰、慈、虢、同七州，治蒲州。"[1]《资治通鉴》载：至德二载十二月，"升河中防御使为节度，领蒲、绛等七州"。[2] 可知，至德二载，河中节度使领七州。

蒲同虢节度使（758），治蒲州，领蒲、同、虢三州。

《旧唐书·肃宗纪》载，乾元元年（758）九月，以右羽林大将军赵泚为"蒲同虢三州节度使"。[3]

① 《新唐书》卷六六《方镇三·河中》，第 1838 页。
② 《资治通鉴》卷二二〇，至德二载十二月条，第 7051 页。
③ 《旧唐书》卷一〇《肃宗》，第 253 页。

蒲同绛节度使（759），治蒲州，领蒲、同、绛三州。

《旧唐书·肃宗纪》载，乾元二年（759）七月，以刑部尚书王玙为蒲州刺史，充"蒲同绛三州节度使"。① 《方镇表三》载："乾元二年，虢州隶陕华节度。"② 可知，乾元二年，增领绛州，割出虢州。

河中节度使（760），治河中府，领河中府和晋、绛二州。

《旧唐书·肃宗纪》载，上元元年（760）二月，以右丞崔寓为蒲州刺史，充"蒲同晋绛等州节度使"。③ 《资治通鉴》载，上元元年三月，改"蒲州为河中府"。④ 《旧唐书·肃宗纪》载，上元元年四月，以右丞萧华为河中尹、兼御史中丞，充"同、晋、绛等州节度、观察处置使"。⑤

《方镇表三》载，上元二年（761），以"同州隶镇国军节度"。⑥

按：《旧唐书·肃宗纪》载，上元元年（760）八月，以将作监王昂为"河中尹、本府晋绛等州节度使"。⑦ 上元二年（761）三月，李光弼以失律让太尉、中书令，许之，授"侍中、河中尹、晋绛等州节度观察使"。⑧ 由上可知，上元元年八月，同州已不再隶属河中节度，河中节度还领河中府和晋、绛二州。

河中节度使（761），治绛州（今山西省新绛县），领河中府和晋、绛、慈、隰四州。

《旧唐书·李国贞传》载，上元二年（761）八月，李国贞持节充河中节度都统处置使，镇于绛州。既至，又加充"管内河中晋绛慈隰沁等州观察处置等使"。⑨ 《新唐书》卷七八《李国贞传》载同。又据《方镇表三》，上元二年，沁州曾割隶河中节度使，是年，"复隶泽潞节度"。⑩ 可知，上元二年八月，河中节度领河中、晋、绛、慈、隰、沁六府州，是年末，还领河中、晋、绛、慈、隰五府州。

---

① 《旧唐书》卷一〇《肃宗》，第 256 页。
② 《新唐书》卷六六《方镇三·河中》，第 1839 页。
③ 《旧唐书》卷一〇《肃宗》，第 258 页。
④ 《资治通鉴》卷二二一，上元元年三月条，第 7090 页。
⑤ 《旧唐书》卷一〇《肃宗》，第 258 页。
⑥ 《新唐书》卷六六《方镇三·河中》，第 1839 页。
⑦ 《旧唐书》卷一〇《肃宗》，第 259 页。
⑧ 《旧唐书》卷一〇《肃宗》，第 261 页。
⑨ 《旧唐书》卷一一二《李国贞传》，第 3340 页。
⑩ 《新唐书》卷六六《方镇三·河中》，第 1839 页。

河中都团练观察使（764），治河中府，领河中府和晋、绛、慈、隰四州。

《方镇表三》载，广德二年（764），"废河中节度，置河中五州都团练观察使"。[1]《资治通鉴》载，广德二年五月，郭子仪以安史之乱占据洛阳，故诸道置节度使以制其要冲；今叛乱已平，若再设镇置兵，则会耗蠹百姓，故表请罢节镇，自河中为始。六月，"敕罢河中节度及耀德军"。[2]《方镇表一》朔方条载，广德二年，朔方节度复兼单于大都护，"罢河中、振武节度，以所管七州隶朔方"。[3] 是年，河中置观察使，五州军事由朔方节度使兼领。

河中节度使（779），治河中府，领河中府和晋、绛、慈、隰四州。

《方镇表一》载，大历十四年（779），析置"河中节度"。[4]

《资治通鉴》载，大历十四年五月，因郭子仪位高权重，朝廷欲分其权。《旧唐书·德宗纪》载，大历十四年闰五月，以朔方都虞候李怀光为"河中尹，邠、宁、庆、晋、绛、慈、隰等州节度观察使"。[5]《旧唐书·李怀光传》载，德宗即位，罢郭子仪节度副元帅，以其所部分隶诸将，遂以怀光起复检校刑部尚书，兼"河中尹、邠州刺史、邠宁庆晋绛慈隰节度支度营田观察押诸蕃部落等使"。[6]

李怀光所兼的应是邠宁庆和河中两个节度使，河中节度领河中、晋、绛、慈、隰五府州。河中同时置观察使，如大历十四年十一月，以陕州长史杜亚为"河中尹、河中晋绛慈隰都防御观察使"。[7] 建中二年（781）正月，以河南尹赵惠伯为"河中尹、河中晋绛慈隰都防御观察使"。[8] 十一月，以陕州长史李齐运为"河中尹，充河中晋绛防御观察使"。[9]

---

① 《新唐书》卷六六《方镇三·河中》，第 1841 页。
② 《资治通鉴》卷二二三，广德二年五月条，第 7165 页。《新唐书》卷三九《地理三·河东道》河中府条载："耀德军，乾元二年（759）置，广德二年（764）废。"
③ 《新唐书》卷六四《方镇一·朔方》，第 1768 页。
④ 《新唐书》卷六四《方镇一·朔方》，第 1771 页。
⑤ 《旧唐书》卷一二《德宗上》，第 320 页。
⑥ 《旧唐书》卷一二一《李怀光传》，第 3491 页。
⑦ 《旧唐书》卷一二《德宗上》，第 323 页。
⑧ 《旧唐书》卷一二《德宗上》，第 328 页。
⑨ 《旧唐书》卷一二《德宗上》，第 331 页。

河中节度使（784），治河中府，领河中府和绛、陕、虢三州。

《方镇表三》载："兴元元年（784），置晋慈隰节度使，治晋州。寻罢，复置河中节度使，领河中府，同、绛、陕、虢四州。"① 《方镇表一》京畿条载，兴元元年，"以同州为奉诚军节度，领同、晋、慈、隰四州。是年罢"。②

《资治通鉴》载，兴元元年正月辛卯，前深、赵观察使康日知为同州刺史、奉诚军节度使。二月乙丑，加李晟河中、同绛节度使。四月乙巳，以陕虢防遏使唐朝臣为"河中、同绛节度使"。③ 《旧唐书·德宗纪》载，兴元元年正月，以前赵州观察使康日知兼同州刺史，充奉诚军节度使。四月，以陕虢防遏使唐朝臣为"河中尹、河中同晋绛节度使"。④

《资治通鉴》载：兴元元年八月，上加马燧奉诚军、晋慈隰节度使。"初王武俊急攻康日知于赵州，马燧奏请诏武俊与李抱真同击朱滔，以深、赵隶武俊，改（康）日知为晋、慈、隰节度使，上从之。日知未至而三州降燧，故上使燧兼领之。燧表让三州于日知，且言因降而授，恐后有功者，踵以为常，上嘉而许之"。⑤

综上可知，王武俊攻康日知于赵州发生在兴元元年正月，遂改康日知为同州刺史、奉诚军节度使，领同、晋、慈、隰四州，二月，同州割隶河中节度。四月，河中节度增领陕、虢二州，领河中府和同、绛、陕、虢四州。

《新唐书·德宗纪》载，兴元元年八月癸卯，马燧为晋、慈、隰诸军行营兵马副元帅，浑瑊为"河中、同绛、陕虢诸军行营兵马副元帅"。⑥《册府元龟》卷一二九《帝王部》载，兴元元年八月，马燧奉诚军、晋慈隰节度使，并管内诸军行营兵马副元帅。浑瑊河中尹、河中、绛州节度观察等使，仍充河中、同绛、陕虢节度及管内诸军行营兵马副元帅。《资治通鉴》载，八月，上乃加"浑瑊河中、绛州节度使，充河

---

① 《新唐书》卷六六《方镇三·河中》，第 1845 页。
② 《新唐书》卷六四《方镇一·京畿》，第 1773 页。
③ 《资治通鉴》卷二三〇，兴元元年四月乙巳条，第 7422 页。
④ 《旧唐书》卷一二《德宗上》，第 342 页。
⑤ 《资治通鉴》卷二三一，兴元元年八月条，第 7444 页。
⑥ 《新唐书》卷七《德宗》，第 192 页。

中、同华、陕虢行营副元帅，加马燧奉诚军、晋慈隰节度使，充管内诸
军行营副元帅"。①

上述材料载浑瑊为河中、绛州节度观察等使，充河中、同绛、陕虢节
度及管内诸军行营兵马副元帅，然《资治通鉴》载，"同华"非"同绛"。
检《奉天录》卷四，兴元元年"夏五月二十有八日，右仆射李公晟、金商
节度尚可孤、同华节度骆元光、神策制将高秉哲、潼关大使御史大夫唐朝
臣等……"② 该材料表明，兴元元年五月同州已隶属镇国军节度使骆元光
所领，故应是《资治通鉴》所载的"同华"为妥。

综上，至兴元元年八月，河中节度应领河中府及绛、陕、虢三州。

河中节度使（785），治河中府，领河中府、绛州。

《方镇表一》："贞元元年（785），置陕虢都防御使，治陕州。"③《旧
唐书·德宗纪》：贞元元年秋七月辛丑，"以左散骑常侍李泌为陕州刺史、
陕虢都防御观察陆运使"。④ 可知，贞元元年，河中节度割出陕、虢二州，
领河中府及绛州。

河中防御观察使（799），治河中府，领河中府、绛州。

《方镇表三》载："贞元十五年（799），罢河中节度，置河中防御观察
使。"⑤《旧唐书·德宗纪》载，贞元十五年十二月庚午，朔方等道副元帅、
河中绛州节度使、检校司徒、兼奉朔中书令浑瑊薨。丁酉，以同州刺史杜
确为"河中尹、河中绛州观察使"。⑥

河中节度使（800），治河中府，领河中府、绛州。

《方镇表三》载："贞元十六年（800），复置河中节度使。"⑦《旧唐
书·郑元传》载："（郑元）贞元中为河中节度使杜确行军司马。确卒，遂
继为节度使。"⑧ 表明杜确应于贞元十六年升为河中节度使。贞元十八年三

---

① 《资治通鉴》卷二三一，兴元元年八月条，第7444页。
② 赵元一：《奉天录》卷四，《丛书集成初编》本。
③ 《新唐书》卷六四《方镇一·东畿》，第1774页。
④ 《旧唐书》卷一二《德宗上》，第349页。
⑤ 《新唐书》卷六六《方镇三·河中》，第1847页。
⑥ 《旧唐书》卷一三《德宗下》，第392页。
⑦ 《新唐书》卷六六《方镇三·河中》，第1847页。
⑧ 《旧唐书》卷一四六《郑元传》，第3968页。

月，以河中行军司马郑元为"河中尹、兼御史大夫、河中绛节度使"。①

河中节度使（807），治河中府，领河中府和晋、绛、慈、隰四州。

《方镇表三》载，元和三年（808），"罢晋、慈、隰观察使，以三州隶河中节度"。②

按：《旧唐书·宪宗纪》载，元和二年（807）正月，以杜黄裳检校司空、同平章事，兼"河中尹、河中晋绛等州节度使"。③《资治通鉴》载，元和二年正月乙巳，以黄裳同平章事，充"河中、晋、绛、慈、隰节度使"。④可知，元和二年罢晋、慈、隰观察使，以三州隶河中节度。《方镇表》似有误，把"二"误作"三"。

河中都防御观察使（819），治河中府，领河中府和晋、绛、慈、隰四州。

《方镇表三》载，元和十四年（819），罢河中节度，置"河中都防御观察使"。⑤

《旧唐书·宪宗纪》载，元和十四年六月，以前兵部尚书李绛"检校吏部尚书、河中尹，充河中晋绛慈隰观察使"。⑥李绛出为河中观察使，不同于河中置节帅的旧制，是因为"皇甫镈厌恶李绛，只以观察命之"。⑦十五年，皇甫镈获罪，李绛复为兵部尚书。

河中节度使（820），治河中府，领河中府和晋、绛、慈、隰四州。

《方镇表三》载，元和十五年（820），"复置河中节度使"。⑧《旧唐书·穆宗纪》载，元和十五年六月丁丑，以司徒、兼中书令韩弘为"河中尹，充河中晋绛磁隰等州节度使"。⑨

河中节度使（822），治河中府，领河中府和绛、隰二州。

《方镇表三》载，长庆二年（822），"置晋、慈都团练观察使，治晋

---

① 《旧唐书》卷一三《德宗下》，第 396 页。
② 《新唐书》卷六六《方镇三·河中》，第 1848 页。
③ 《旧唐书》卷一四《宪宗上》，第 420 页。
④ 《资治通鉴》卷二三七，元和二年正月乙巳条，第 7639 页。
⑤ 《新唐书》卷六六《方镇三·河中》，第 1849 页。
⑥ 《旧唐书》卷一五《宪宗下》，第 468 页。
⑦ 《旧唐书》卷一六四《李绛传》，第 4290 页。
⑧ 《新唐书》卷六六《方镇三·河中》，第 1850 页。
⑨ 《旧唐书》卷一六《穆宗》，第 478 页。

州"。① 《旧唐书·穆宗纪》载，长庆二年（822）九月，以前河阳节度使郭钊为"河中尹，兼河中绛隰等州节度使"，加晋州刺史李寰为"晋慈等州都团练观察使"。② 可知，长庆二年河中节度割出晋、慈二州，还领河中府和绛、隰二州。

河中节度使（827），治河中府，领河中府和晋、绛、慈、隰四州。

《方镇表三》载："大和元年（827），升晋、慈观察使为保义军节度，是年罢，以二州隶河中节度。"③

《旧唐书·文宗纪》载，大和元年十一月庚辰，以保义军节度、晋慈等州观察处置等使李寰为横海军节度使。癸巳，"以晋州、慈州复隶河中"。④ 《唐会要》卷七〇载，太和元年十一月二十日，敕慈州宜割隶属河中府观察使收管。"二十四日，敕晋州割隶河东观察使收管，改属河中府。"⑤ 由上可知，大和元年，河中节度复领慈、晋二州，还领河中府和晋、绛、慈、隰四州。

护国军节度使（885），治河中府，领河中府和晋、绛、慈、隰四州。

光启元年（885），赐"河中节度号护国军节度"，⑥ 仍领一府四州。天复三年（903）二月，朱全忠为护国军节度使，领"河中府，晋、绛、慈、隰四州"。⑦

二　晋慈节度使

晋慈隰节度使置于兴元元年（784），治晋州，领三州。贞元四年（788），降为防御观察使，领三州不变。元和二年（807），罢观察使，以三州隶河中节度。长庆二年（822），置晋慈都团练观察使，治晋州，领晋、慈二州。三年，升为保义军。大和元年（827），废观察使，晋、慈二州复隶河中节度。

---

① 《新唐书》卷六六《方镇三·河中》，第 1850 页。

② 《旧唐书》卷一六《穆宗》，第 499 页。

③ 《新唐书》卷六六《方镇三·河中》，第 1851 页。

④ 《旧唐书》卷一七上《文宗上》，第 527 页。

⑤ 王溥：《唐会要》卷七〇《州县改置上·河东道》，第 1259 页。

⑥ 《新唐书》卷六六《方镇三·河中》，第 1857 页。

⑦ 《旧唐书》卷二〇上《昭宗》，第 776 页。

表 5 - 2　晋慈节度使辖区变动

时间	方镇名称	治所	辖区
兴元元年（784）	晋慈隰节度使	晋州	晋、慈、隰三州
贞元四年（788）	晋慈隰防御观察使		
元和二年（807）	废晋慈隰防御观察使		
长庆二年（822）	晋慈都团练观察使	晋州	晋、慈二州
大和元年（827）	废晋慈都团练观察使		

晋慈隰节度使（784），治晋州（今山西省临汾市），领晋、慈、隰三州。

《方镇表三》河中条载，兴元元年（784），置晋慈隰节度使，治晋州。寻罢。①《资治通鉴》载：兴元元年八月，上加马燧奉诚军、晋慈隰节度使。"初王武俊急攻康日知于赵州，马燧奏请诏武俊与李抱真同击朱滔，以深、赵隶武俊，改（康）日知为晋、慈、隰节度使，上从之。日知未至而三州降燧，故上使燧兼领之。燧表让三州于日知，且言因降而授，恐后有功者，踵以为常，上嘉而许之。"②

综上可知，兴元元年八月，康日知为晋慈隰节度使。

晋慈隰防御观察使（788），治晋州，领晋、慈、隰三州。

《方镇表三》载，贞元四年（788），置"晋、慈、隰防御观察使"。③《旧唐书·德宗纪》载，贞元四年七月丁丑，以兵部尚书崔汉衡为"晋州刺史、晋慈隰观察使"。④

晋慈隰防御观察使废（807），所领三州隶河中节度。

《方镇表三》载，元和三年（808），"罢晋、慈、隰观察使，以三州隶河中节度"。⑤

按：《旧唐书·宪宗纪》载，元和二年（807）正月，以杜黄裳检校司空、同平章事，兼"河中尹、河中晋绛等州节度使"。⑥《资治通鉴》载，

①　《新唐书》卷六六《方镇三·河中》，第 1845 页。
②　《资治通鉴》卷二三一，兴元元年八月条，第 7444 页。
③　《新唐书》卷六六《方镇三·河中》，第 1846 页。
④　《旧唐书》卷一三《德宗下》，第 365 页。
⑤　《新唐书》卷六六《方镇三·河中》，第 1848 页。
⑥　《旧唐书》卷一四《宪宗上》，第 420 页。

元和二年正月乙巳，以黄裳同平章事，充"河中、晋、绛、慈、隰节度使"。① 可知晋、慈、隰三州应于元和二年复隶河中节度。《方镇表》所载"三"似是"二"之误。

晋慈都团练观察使（822），治晋州，领晋、慈二州。

《方镇表三》载，长庆二年（822），"置晋、慈都团练观察使，治晋州"。②《旧唐书·穆宗纪》载，长庆二年九月癸卯，以前河阳节度使郭钊为河中尹、兼河中绛隰等州节度使，加晋州刺史李寰为"晋慈等州都团练观察使"。③ 可证长庆二年，晋、慈二州从河中割出，另置都团练观察使。

晋慈都团练观察使废（827），所领二州隶河中节度。

《方镇表三》载："大和元年（827），升晋、慈观察使为保义军节度，是年罢，以二州隶河中节度。"④《资治通鉴》载，长庆三年（823）五月丙子，"以晋、慈二州为保义军，以观察使李寰为节度使"。⑤《旧唐书·文宗纪》载，大和元年十一月庚辰，以保义军节度、晋慈等州观察处置等使李寰为横海节度使，癸巳，"以晋州、慈州复隶河中"。⑥

由上可知，晋慈都团练观察使于长庆三年升为保义军，大和元年，以晋、慈二州复隶河中节度。《方镇表》所载，大和元年，升晋慈观察使为保义军节度似误。长庆元年，成德王廷凑叛，朝廷为增强平叛力量，于长庆三年升晋慈观察使为保义军节度使为妥。

第二节 河东节度使辖区沿革

河东节度使置于开元十八年（730），治太原府。至德元载（756），领太原府及仪、石、岚、汾、代、忻、朔、蔚、云九州。宝应元年（762），割出仪州。广德元年（763），增领仪、沁二州。会昌三年（843），罢领云、朔、蔚三州。中和二年（882），割出忻、代二州。四年，增领麟、

---

① 《资治通鉴》卷二三七，元和二年正月乙巳条，第7639页。
② 《新唐书》卷六六《方镇三·河中》，第1850页。
③ 《旧唐书》卷一六《穆宗》，第499页。
④ 《新唐书》卷六六《方镇三·河中》，第1851页。
⑤ 《资治通鉴》卷二四三，长庆三年五月丙子条，第7827页。
⑥ 《旧唐书》卷一七上《文宗上》，第527页。

云、蔚、朔四州。光启三年（887），复领忻、代二州。龙纪元年（889），增领宪州。天复二年（902），增领慈、隰二州。

表 5-3　河东节度使辖区变动

时间	方镇名称	治所	辖区
至德元载（756）	河东节度使	太原府	太原府及仪、石、岚、汾、代、忻、朔、蔚、云九州
宝应元年（762）			太原府及石、岚、汾、代、忻、朔、蔚、云八州
广德元年（763）			太原府及仪、沁、石、岚、汾、代、忻、朔、蔚、云十州
兴元元年（784）	保宁军节度使		
贞元三年（787）	河东节度使		
会昌三年（843）			太原府及仪、沁、石、岚、汾、代、忻七州
中和二年（882）			太原府及仪、沁、石、岚、汾五州
中和四年（884）			太原府及仪、沁、石、岚、汾、云、蔚、朔、麟九州
光启三年（887）			太原府及仪、沁、石、岚、汾、忻、代、云、蔚、朔、麟十一州
龙纪元年（889）			太原府及仪、沁、石、岚、汾、忻、代、云、蔚、朔、麟、宪十二州
天复二年（902）			太原府及仪、沁、石、岚、汾、忻、代、云、蔚、朔、麟、宪、慈、隰十四州

河东节度使（756），治太原府（今山西省太原市西南），领太原府及仪、石、岚、汾、代、忻、朔、蔚、云九州。

景云二年（711）的北都长史领持节和戎、大武等诸军州节度使。开元五年（717），北都长史又持节领天兵军大使。八年，更天兵军大使为天兵军节度使。十一年，更天兵军节度为太原府以北诸军州节度、河东道支度营田使兼北都留守，领"太原及辽（仪）①、石、岚、汾、代、忻、朔、

---

① 辽州，武德三年，分并州之乐平、和顺、平城、石文四县置辽州，治乐平。八年，改辽州为箕州。先天元年，又改为仪州。天宝元年，改为乐平郡。乾元元年，复为仪州。中和三年八月，复为辽州。开元十一年，辽州名称改为仪州。见《旧唐书》卷三九《地理二》辽州条，第1479页。

蔚、云①九州，治太原"。十七年，以"仪、石二州隶潞州都督"。② 太原府以北诸军州节度使领太原及岚、汾、代、忻、朔、蔚、云七州。十八年（730），更太原府以北诸军州节度为河东节度。自后节度使领大同军使，副使以代州刺史领之，复领"仪、石二州"。③

天宝元年（742）正月，河东节度与朔方掎角以御突厥，"统天兵、大同、横野、岢岚四军，云中守捉，屯太原府忻、代、岚三州之境，治太原府"。④

至至德元载（756），河东节度使领太原府及仪、石、岚、汾、代、忻、朔、蔚、云九州。

河东节度使（762），治太原府，领太原府及石、岚、汾、代、忻、朔、蔚、云八州。

《资治通鉴》载，宝应元年（762）七月，以郭子仪都知朔方、河东、北庭、"潞仪沁泽陈郑"等节度行营及兴平等军副元帅。此条胡三省注："时以潞、沁、泽、仪、陈、郑为一镇，以李抱玉为节度使……"⑤ 仪州于是年割隶泽潞节度。

河东节度使（763），治太原府，领太原府及仪、沁、石、岚、汾、代、忻、朔、蔚、云十州。

《义阳王李公德政碑记》载，永泰初，李抱真兼御史中丞，充"陈郑怀泽潞等五州节度留后。上大器之，改泽州刺史兼侍御史，充节度副使巡内五州都团练使"。⑥ 该材料表明，泽潞已不领仪、沁二州。

---

① 《新唐书》卷六五《方镇二》北都条及《资治通鉴》卷二一二开元十一年二月己巳条，均载有"云州"。赖青寿先生认为应无"云州"，理由是：《元和郡县图志》卷一四、《新唐书·地理志》、《太平寰宇记》卷四九并谓开元十八年始复置云州及云中县。参见氏著《唐后期方镇建置沿革研究》，第 97 页。考《元和郡县图志》卷一四《河东道三》云州条载，贞观十四年，自朔州北界定襄城移云州及定襄县于此，后为默啜所破，移百姓于朔州。开元十八年，复置云州及云中县。《新唐书·玄宗纪》载，开元四年六月癸酉，大武军子将郝灵佺杀突厥默啜。笔者认为，云州之地虽为突厥默啜所破，朝廷仍视该地为其疆土，并坚持用兵收复此地。新表和《资治通鉴》载"云州"，恐是沿用其名来表示朝廷的疆域所及，并仍置于河东节度使辖下。

② 《新唐书》卷六五《方镇二·北都》，第 1798 页。

③ 《新唐书》卷六五《方镇二·北都》，第 1798 页。

④ 《资治通鉴》卷二一五，天宝元年正月条，第 6849 页。

⑤ 《资治通鉴》卷二二二，宝应元年七月条，第 7129 页。

⑥ 董晋：《义阳王李公德政碑记》，董诰等编《全唐文》卷四四六，第 4559 页。

仪州原是河东节度所辖，亦不见其他方镇增领仪州，应是复隶河东节度。沁州位居潞州、晋州、汾州之间，广德元年（763）藩镇调整后，泽潞节度和河中节度均不见领沁州，可推沁州应隶属河东节度使。成书于元和年间的《元和郡县图志》载，河东节度使，治太原府，管州十一："太原府、汾、沁、仪、岚、石、忻、代、蔚、朔、云州。"①

保宁军节度使（784），治太原府，领太原府及仪、沁、石、岚、汾、代、忻、朔、蔚、云十州。

《方镇表二》载，兴元元年（784），赐河东节度号"保宁军节度"。②《旧唐书·德宗纪》载，兴元元年八月，"河东保宁军节度使"③、太原尹、北都留守马燧为奉诚军、晋绛慈隰节度行营兵马副元帅，可为佐证。

河东节度使（787），治太原府，领太原府及仪、沁、石、岚、汾、代、忻、朔、蔚、云十州。

《方镇表二》载，贞元三年（787），保宁军节度"复为河东节度"。④《旧唐书·德宗纪》载，贞元三年六月，以左龙武将军李自良为检校工部尚书、"太原尹、河东节度使"。⑤长庆元年（821），河东节度使"领押北山诸蕃使"。⑥

河东节度使（843），治太原府，领太原府及仪、沁、石、岚、汾、代、忻七州。

《方镇表二》载："会昌三年（843），河东节度使罢领云、朔、蔚三州，以云、蔚、朔三州置大同都团练使。"⑦乾符五年（878），升为节度使。

河东节度使（882），治太原府，领太原府及仪、沁、石、岚、汾五州。

《方镇表二》载："中和二年（882），以忻、代二州隶雁门节度。"
河东节度还领太原府及仪、沁、石、岚、汾五州。

---

① 李吉甫：《元和郡县图志》卷一三《河东道二·河东节度使》，第159页。
② 《新唐书》卷六五《方镇二·北都》，第1810页。
③ 《旧唐书》卷一二《德宗上》，第345页。
④ 《新唐书》卷六五《方镇二·北都》，第1811页。
⑤ 《旧唐书》卷一二《德宗上》，第357页。
⑥ 《新唐书》卷六五《方镇二·北都》，第1817页。
⑦ 《新唐书》卷六五《方镇二·北都》，第1819页。

河东节度使（884），治太原府，领太原府及仪、沁、石、岚、汾、云、蔚、朔、麟九州。

《资治通鉴》载，中和四年（884）八月，"李克用奏请割麟州隶河东，麟州，本属振武节度"。《通鉴考异》曰："新方镇表载：'中和二年，河东节度增领麟州。'误也。"①

《方镇表二》载，中和四年，河东节度"复领云、蔚二州"。② 此处应是云、蔚、朔三州。清人顾祖禹认为："中和四年，李克用请罢防御使，以三州并入河东。时赫连铎据守其地。"③《资治通鉴》载："李克用奏罢云蔚防御使，依旧隶河东，从之。"④ 云蔚防御使即大同都防御使。恐云、蔚、朔为赫连铎所占，所以李克用奏罢赫连铎的云蔚防御使，应是增领云、蔚、朔三州。

河东节度使（887），治太原府，领太原府及仪、沁、石、岚、汾、忻、代、云、蔚、朔、麟十一州。

《资治通鉴》载，光启三年（887）二月，"代北节度使李国昌薨"。⑤ 李国昌死后，忻、代二州隶河东节度。此后不见置代北节度使。

河东节度使（889），治太原府，领太原府及仪、沁、石、岚、汾、忻、代、云、蔚、朔、麟、宪十二州。

《方镇表二》载，龙纪元年（889），河东节度增领"宪州"。⑥《旧唐书·地理志》亦载，龙纪元年，特置"宪州于楼烦监"。⑦

河东节度使（902），治太原府，领太原府及仪、沁、石、岚、汾、忻、代、云、蔚、朔、麟、宪、慈、隰十四州。

《资治通鉴》载，天复二年（902）三月，复取"慈、隰、汾三州"。⑧ 是年，增领慈、隰二州。

① 《资治通鉴》卷二五六，中和四年八月条，第8313页。
② 《新唐书》卷六五《方镇二·北都》，第1825页。
③ 顾祖禹：《读史方舆纪要》卷六《历代州域形势六·河东》，第252页。
④ 《资治通鉴》卷二五六，中和四年八月条，第8313页。
⑤ 《资治通鉴》卷二五六，光启三年二月代北节度使李国昌薨条，第8345页。
⑥ 《新唐书》卷六五《方镇二·北都》，第1826页。
⑦ 《旧唐书》卷三九《地理二》宪州条，第1486页。
⑧ 《资治通鉴》卷二六三，天复二年三月条，第8570页。

第三节　代北节度使辖区沿革

　　大同都团练使置于会昌三年（843），治云州，领云、蔚、朔三州。四年，升为都防御使。中和二年（882），更大同节度为雁门节度，治代州，领代、忻、云、蔚、朔五州。三年，改雁门为代北节度，四年，割出云、蔚、朔三州隶河东节度。光启三年（887），废代北节度。

表 5-4　代北节度使辖区变动

时间	方镇名称	治所	辖区
会昌三年（843）	大同都团练使	云州	云、蔚、朔三州
大中十三年（859）	大同节度使		
咸通十三年（872）	大同军防御使		
中和二年（882）	雁门节度使	代州	忻、代、云、蔚、朔五州
中和三年（883）	代北节度使		
中和四年（884）			忻、代二州

　　大同都团练使（843），治云州（今山西省大同市），领云、蔚、朔三州。

　　《方镇表二》北都条载："会昌三年（843），河东节度使罢领云、朔、蔚三州，以云、蔚、朔三州置大同都团练使，治云州。四年，升大同都团练使为大同都防御使。"[1]

　　大同节度使（859），治云州，领云、蔚、朔三州。

　　《资治通鉴》载，大中十三年（859）三月，"割河东云、蔚、朔三州隶大同军"。胡注："时置大同军节度，治云州。"[2] 清人顾祖禹亦认为："大中十三年，分置大同节度使，领云、朔、蔚三州，亦曰云中节度，寻又改为防御使。"[3]

　　《资治通鉴》载，咸通十年（869）冬十月，上嘉朱邪赤心之功，"置

---

① 《新唐书》卷六五《方镇二·北都》，第 1819 页。
② 《资治通鉴》卷二四九，大中十三年三月条，第 8075 页。
③ 顾祖禹：《读史方舆纪要》卷六《历代州域形势六·河东》，第 252 页。

大同军于云州，以赤心（赐名为李国昌）为节度使"。①

大同军防御使（872），治云州，领云、蔚、朔三州。

《旧唐书》载，咸通十三年（872）五月，以天德防御使、检校左散骑常侍段文楚为云州刺史、大同军防御使。十二月，以振武节度使李国昌为云州刺史、大同军防御等使。国昌恃功颇横，朝廷不能平，乃移镇云中。国昌称病辞军务，乃以太仆卿卢简方检校刑部尚书、云州刺史，充大同军防御等使。是月，李国昌小男克用杀云中防御使段文楚，据云州，自称防御留后。②

《资治通鉴》亦载，咸通十三年，"徙国昌为大同军防御使，国昌称

---

① 《资治通鉴》卷二五一，咸通十年十月条，第8150页。岑仲勉著《通鉴隋唐纪比事质疑》"李国昌大同节度（咸通十年）条"言："考《旧纪》一九上咸通十三年叙段文楚、李国昌、卢简方三人之历官，皆称大同军防御使，克用亦自称防御留后。则在此前，大同军似未尝升为节度，《资治通鉴》盖沿《新简方传》之误也。"赖青寿也认为："《资治通鉴》必误防御使为'节度使'。"理由是咸通十年升大同防御使为节度使均不见于其他史文，咸通十年尝以李国昌为大同军节度使，但何以隔两年不遵此前制度徙之为节度使，而仅"大同军防御使"？认为不合情理。笔者认为，咸通十年是朝廷为嘉奖赤心（李国昌）之功，故升其为节度使，这次是针对人的奖励而升格为节度。随后李国昌徙至振武仍任节度使，又因李国昌恃功恣横，专杀长吏。朝廷不能平，故又降其为大同防御使，且国昌称疾不赴，也是情理之中之事。在唐朝，朝廷会因对节帅的重视与否，而将防御使升为节度使或是再降为防御。另外还会有方镇处于战争时期升为节度使，战事平息降为防御。故防御使与节度使之间相互转换是朝廷根据需要进行的正常调整。

② 《通鉴考异》曰："按庄宗列传、旧纪，克用杀文楚在咸通十三年十二月，欧阳修五代史记取之；太祖纪年录在乾符三年，薛居正五代史新沙陀传取之；见闻录在乾符五年二月，新纪取之；惟实录在乾符元年，不知其所据何也。克用既杀文楚，岂肯晏然安处，必更侵扰边陲，朝廷亦须发兵征讨，而自乾符四年以前皆不见其事。唐末见闻录叙月日，今从之。"见《资治通鉴》卷二五三，第8198页。而《旧五代史》考异曰："案《旧唐书·懿宗纪》：咸通十三年十二月，李国昌小男克用杀云中防御使段文楚，据云州，自称防御留后。《新唐书·懿宗纪》：乾符五年二月癸酉，云中守捉使李克用杀大同防御使段文楚。欧阳史从《旧唐书》，《资治通鉴》从《新唐书》。薛史作乾符三年，与诸书异。据《通鉴考异》引赵凤《后唐太祖纪年录》正作乾符三年。赵凤为唐宰相，去武皇时不远，见闻较确，宜可征信云。"见《旧五代史》卷二五《唐书一·武皇纪上》，第333页。同样是出自欧阳修之手的《新五代史》和《新唐书》竟对此事记载有如此大的出入，颇费思量。且《新唐书》卷一五三《段秀实附段文楚传》亦载此事发生于咸通末。《新五代史》为欧阳修的私人修史，从史料而言应为可靠。又检《全唐文》："李国昌久怀忠赤，明著功劳，朝廷亦三授土疆，两移旌节，其为宠遇，实寡比伦。昨者征发兵师，又令克让将领，惟嘉节义，同绝嫌疑。近知大同军不安，杀害段文楚，推国昌小男克用主领兵权。"参见董诰等编《全唐文》卷八四《懿宗二》遣卢简方谕李国昌诏条，第881页。既是懿宗时期的诏书中提及杀害段文楚一事，可证旧纪所载的咸通十三年李克用杀段文楚应较为可靠。今从之。

疾不赴"。①

《方镇表二》载："乾符五年（878），升大同防御使为节度使。"②

按：《资治通鉴》载，乾符五年，朝廷以李克用据云中，夏四月，以前大同军防御使卢简方为振武节度使，以振武节度使李国昌为大同节度使，以为克用必无以拒也。五月，李国昌即毁大同制书。《通鉴考异》曰："盖国昌父子俱不肯受代，朝廷以为用国昌代克用，必无违命，故徙国昌为大同军节度使，而以卢简方镇振武，二人竟不受命，故简方不得赴镇而死于岚州，国昌亦未尝赴大同也。"③ 表明乾符五年李国昌并未赴任，大同节度使亦作罢。

《资治通鉴》载，广明元年（880）四月丁酉，以"太仆卿李琢为蔚、朔等州招讨都统、行营节度使"。④ 以李琢为蔚朔节度使，仍充都统。因李克用占有云州，朝廷只好命李琢节度蔚、朔两州兵马来讨伐李国昌父子。《旧唐书·僖宗纪》载，广明元年七月，李克用与其父李国昌及诸兄弟北入鞑靼部。朝廷以吐浑都督赫连铎"为云州刺史、大同军防御使，吐浑白义诚为蔚州刺史，萨葛米海万为朔州刺史"。⑤《资治通鉴》卷二五三广明元年秋七月条载同。可知，广明元年，大同军防御使治云州，仍领云、蔚、朔三州。

雁门节度使（882），治代州（今山西省代县），领忻、代、云、蔚、朔五州。

《方镇表二》载："中和二年（882），以河东忻、代二州隶雁门节度，更大同节度为雁门节度，治代州。"⑥《通鉴考异》曰：中和元年，"（李）克用但攻掠太原，又陷忻、代二州。明年十二月，始自忻、代留后除雁门节度使。盖此际止赦其罪，复为大同防御使。及陷忻、代，自称留后，朝廷再召之，始除雁门"。⑦ 忻、代二州先属河东，中和二年始割隶雁门。可知，李克用于中和二年实际任雁门节度使，并于是年并大同节度所领云、蔚、朔三州入雁门节度，雁门以北五州设一行营节度使。

---

① 《资治通鉴》卷二五二，咸通十三年十二月振武节度使李国昌条，第8165页。
② 《新唐书》卷六五《方镇二·北都》，第1824页。
③ 《资治通鉴》卷二五三，乾符五年五月李国昌即毁大同制书条，第8203页。
④ 《资治通鉴》卷二五三，广明元年四月丁酉条，第8224页。
⑤ 《旧唐书》卷一九下《僖宗》，第707页。
⑥ 《新唐书》卷六五《方镇二·北都》，第1825页。
⑦ 《资治通鉴》卷二五四，中和元年三月瞿稹、李友金至代州条，第8248页。

代北节度使（883），治代州，领忻、代、云、蔚、朔五州。

《方镇表二》载："中和三年（883），赐雁门节度为代北节度。"① 《资治通鉴》载，中和三年八月甲辰，李克用至晋阳，诏"以前振武节度使李国昌为代北节度使，镇代州"。② 《旧唐书·僖宗纪》载，中和三年二月，加李克用检校尚书左仆射、忻代云蔚等州观察处置等使。八月，李克用赴镇太原。制以"前振武节度李国昌为检校司徒、代州刺史、雁门已北行营节度、蔚朔等州观察等使"。③ 由上述可知，代北节度使李克用于中和三年八月出任河东节度使，代北节度使由其父李国昌接替。

代北节度使（884），治代州，领忻、代二州。

《资治通鉴》载：中和四年（884）八月，"李克用奏罢云蔚防御使，依旧隶河东，从之"。④ 是年，割云、蔚、朔三州隶河东节度。

《资治通鉴》载，光启三年（887）二月，"代北节度使李国昌薨"。⑤ 李国昌死后，忻、代二州隶河东节度。清人顾祖禹认为，"代北节度，光启三年，并入河东，此列于河东道者也"。⑥ 吴廷燮亦认为李国昌卒于光启三年，代北节度终于光启三年。⑦

第四节　昭义军·邢洺节度使辖区沿革

一　昭义军节度使

泽潞沁节度使置于至德元载（756），治潞州，领泽、潞、沁三州。宝应元年（762），增领陈、郑二州，割出沁州。广德元年（763），增领怀州及河阳三城。大历四年（769），增领颍州，割出陈州。五年，割出郑、颍二州。十一年，增领磁、邢二州。建中二年（781），割出怀州及河阳三

---

① 《新唐书》卷六五《方镇二·北都》，第1825页。

② 《资治通鉴》卷二五五，中和三年八月甲辰条，第8299页。

③ 《旧唐书》卷一九下《僖宗》，第717页。

④ 《资治通鉴》卷二五六，中和四年八月条，第8313页。

⑤ 《资治通鉴》卷二五六，光启三年二月条，第8345页。《旧五代史》考异曰："案：《新唐书·沙陀传》：光启三年，国昌卒。与薛史异。考《旧唐书·僖宗纪》，中和三年十月，国昌卒，与薛史同。欧阳史亦从薛史。"今从《资治通鉴》。

⑥ 顾祖禹：《读史方舆纪要》卷六《历代州域形势六·河东》，第252页。

⑦ 参见吴廷燮《唐方镇年表》，第1173页。

城。三年，增领洺州。会昌四年（844），割出泽州。中和四年（884），分邢洺磁另置一镇。光启三年（887），复领泽州。景福元年（892），割出泽州。光化三年（900），复领泽州。天复元年（901），增领邢、洺、磁三州。天祐三年（906）末，仅领潞州。

表 5-5　昭义军节度使辖区变动

时间	方镇名称	治所	辖区
至德元载（756）	泽潞沁节度使	潞州	泽、潞、沁三州
宝应元年（762）	泽潞节度使		泽、潞、陈、郑四州
广德元年（763）			泽、潞、郑、陈、怀五州及河阳三城
大历四年（769）			泽、潞、郑、怀、颍五州及河阳三城
大历五年（770）			泽、潞、怀三州及河阳三城
大历十一年（776）			泽、潞、怀、磁、邢五州及河阳三城
建中二年（781）	昭义军节度使		泽、潞、磁、邢四州
建中三年（782）			泽、潞、磁、邢、洺五州
会昌四年（844）			潞、磁、邢、洺四州
中和四年（884）			潞州
光启三年（887）			潞、泽二州
景福元年（892）			潞州
光化三年（900）			泽、潞二州
天复元年（901）			泽、潞、磁、邢、洺五州
天祐三年（906）			潞州

泽潞沁节度使（756），治潞州（今山西省长治县），领泽、潞、沁三州。

《方镇表三》载："至德元载（756），置泽潞沁节度使，辖三州，治潞州。"[1]《资治通鉴》载：至德元载十二月，"上党节度使，领上党等三郡"。[2] 即领潞州上党郡、泽州长平郡、沁州阳城郡。

上元二年（761），沁州曾割隶河中节度使。是年，"复隶泽潞节度"。[3]《方镇表三》潞沁条载，泽潞节度"增领沁州"。[4]

---

① 《新唐书》卷六六《方镇三·泽潞沁》，第 1838 页。
② 《资治通鉴》卷二一九，至德元载十二月条，第 7011 页。
③ 《新唐书》卷六六《方镇三·河中》，第 1839 页。
④ 《新唐书》卷六六《方镇三·河中》，第 1839 页。

泽潞节度使（762），治潞州，领泽、潞、陈、郑四州。

《方镇表三》载："宝应元年（762），泽潞节度增领郑州，又增领陈、邢、洺、赵、怀、卫六州。是年，以赵州隶成德军节度，邢、洺、卫隶相卫节度。"①

《旧唐书·郭子仪传》载，宝应元年二月，郭子仪为朔方、河中、北庭、"潞仪泽沁"等州节度行营兼兴平、定国副元帅，充本管观察处置使。②《资治通鉴》载，宝应元年七月，以郭子仪都知朔方、河东、北庭、"潞仪沁泽陈郑"等节度行营及兴平等军副元帅。③

宝应元年二月，领泽、潞、仪、沁四州，七月，增领陈、郑二州。盖李抱玉先以陈郑节度使讨贼在行营，李光弼邙山之败，李抱玉奔泽州，陈郑为贼所隔，朝廷因使之节度潞、仪、沁、泽四州。

《旧唐书·代宗纪》载，宝应元年冬十月，伪恒州节度使张忠志以"赵、定、深、恒、易五州归顺，以忠志任恒州刺史，充成德军节度使，赐姓名曰李宝臣"。④《资治通鉴》载，宝应元年十一月，邺郡节度使薛嵩以"相、卫、洺、邢四州降于陈郑、泽潞节度使李抱玉"，恒阳节度使张忠志以赵、恒、深、定、易五州降于河东节度使辛云京。⑤李抱玉等已进军入其营，按其部伍，嵩等皆受代，后仆固怀恩皆令复位。

由上述可知，宝应元年十一月，相、卫、洺、邢四州降李抱玉，寻又复隶原节度。《方镇表》载"怀"恐是"相"之误。从相、卫、洺、邢四州降于"陈郑、泽潞节度使李抱玉"来看，泽潞似已不领"仪、沁"⑥二州，还领泽、潞、郑、陈四州。

---

① 《新唐书》卷六六《方镇三·泽潞沁》，第 1840 页。
② 《旧唐书》卷一二〇《郭子仪传》，第 3454 页。
③ 《资治通鉴》卷二二二，宝应元年七月条，第 7129 页。
④ 《旧唐书》卷一一《代宗》，第 270 页。
⑤ 《资治通鉴》卷二二二，宝应元年十一月条，第 7135 页。
⑥ 赖青寿先生没有论及泽潞曾于宝应元年（762）增领仪州一事，认为沁州于贞元十年（794）方自泽潞节度转隶河东节度，但其所依证据似有不妥。且赖先生在论证泽潞节度于建中元年（780）更名为昭义节度时，曾言及《义阳王李公德政碑记》这则史料，但似忽视了"永泰初（李抱真）兼御史中丞，充'陈郑怀泽潞等五州节度留后'"的信息，此条已指明永泰元年（765），泽潞领有陈、郑、怀、泽、潞五州。故其认为贞元十年沁州割隶河东的看法不妥。参见赖青寿《唐后期方镇建置沿革研究》，第 100—101 页。陈翔也不认同赖青寿的观点，认为宝应元年末，泽潞节度不再兼领仪、沁二州。参见陈翔《唐代后期泽潞镇军事地位的变化》，《中国历史地理论丛》2008 年第 3 期。

泽潞节度使（763），治潞州，领泽、潞、郑、陈、怀五州及河阳三城。

广德元年（763）闰正月，"陈郑泽潞节度使李抱玉欲遣官属置顿……"①
五月丁卯，制分河北诸州："……怀、卫、河阳为泽潞管。"②《方镇表三》
滑卫条载："广德元年，以卫州隶泽潞。"③ 是年，又以"卫州还隶相卫节
度"。④《方镇表一》东畿条载，广德元年，"怀州隶昭义"。⑤ 此处昭义应
是指泽潞节度。⑥《义阳王李公德政碑记》载，永泰初，李抱真兼御史中
丞，充"陈郑怀泽潞等五州节度留后。上大器之，改泽州刺史兼侍御史，
充节度副使巡内五州都团练使"。⑦

因河阳三城不能以州待之，故上述仅表为五州节度留后。广德元年，
以史朝义降将薛嵩为相卫节度使，实为朝廷无奈之举。河阳三城在黄河两
岸及河中洲，是控扼黄河要道、屏蔽东都洛阳的重镇，故河阳三城应隶泽
潞节度。可知，泽潞应是领"泽、潞、郑、陈、怀五州及河阳三城"。⑧

---

① 《资治通鉴》卷二二二，广德元年闰正月条，第7141页。

② 《资治通鉴》卷二二二，广德元年五月丁卯条，第7143页。

③ 《新唐书》卷六五《方镇二·滑卫》，第1804页。

④ 《新唐书》卷六六《方镇三·泽潞沁》，第1841页。

⑤ 《新唐书》卷六四《方镇一·东畿》，第1768页。

⑥ 大历元年（766），相卫六州节度赐号昭义军节度，至大历十一年（776）李抱真领昭义，
合泽潞怀邢磁为一镇。陈翔撰文亦认为是指泽潞节度。参见陈翔《唐代后期泽潞镇军事
地位的变化》，《中国历史地理论丛》2008年第3期。

⑦ 董晋：《义阳王李公德政碑记》，董诰等编《全唐文》卷四四六，第4559页。

⑧ 赖青寿先生依据新表泽潞沁条所载的广德元年（763）"怀州隶昭义"，认为此处的"昭
义"是指相卫节度，并认为建中二年（781），"昭义军节度罢领怀卫二州、河阳三城"。
显然是因为建中二年前，昭义（相卫）节度须先领怀州，后方能罢领。殊不知卫州于大
历十一年就被魏博抢占，此处言罢领卫州本身就有误。另，此处罢领怀州并非要怀州隶
相卫才，因为大历十一年时泽潞与磁邢合一，昭义军号同样适用于原来的泽潞节度，
因此前隶泽潞节度，同样可以言罢领怀州，故以此判定怀州于广德元年隶相卫节度不妥。
赖先生又以泽潞沁条所载的广德元年相卫节度增领河阳三城及河阳在怀州西南，推断广德
元年怀州隶相卫节度，由此方可凑成所谓的相卫节度六州之数。笔者认为，其下文指
出的大历元年曾明确有相卫节度六州之记载，应是他忽视了永泰元年（765）薛嵩于相卫
节度增设磁州的事实，所以大历元年的确有六州之数。广德元年言六州之数，应是欧阳
修之误。《资治通鉴》卷二二二广德元年闰正月癸亥条载，以史朝义降将薛嵩为相、卫、
邢、洺、贝、磁六州节度使，可见司马光也忽视了永泰元年方设置磁州的事实。清代学
者钱大昕于《廿二史考异》卷四八《唐书八》中认为，泽潞沁条广德元年不当云"六
州"，须在永泰元年增书"增领磁州，号相卫六州节度使"。赖先生所论参见《唐后期方
镇建置沿革研究》，第68页。陈翔也否认了赖先生的看法，认为怀州、河阳三城于广德
元年均隶于泽潞节度，参见氏著《唐代后期泽潞镇军事地位的变化》，《中国历史地理论
丛》2008年第3期。

泽潞节度使（769），治潞州，领泽、潞、郑、怀、颍五州及河阳三城。

《方镇表三》泽潞沁条载："大历四年（769），泽潞节度增领颍州。"①《方镇表二》滑卫条载："大历四年，陈州隶滑亳节度。"② 时领泽、潞、郑、怀、颍五州及河阳三城。

泽潞节度使（770），治潞州，领泽、潞、怀三州及河阳三城。

《方镇表一》泾原条载："大历五年（770），泾原节度使马璘诉地贫军廪不给，遥领郑、颍二州。"③ 又《资治通鉴》载：大历五年四月，"泾原节度使马璘屡诉本镇荒残，无以赡军，上讽李抱玉以郑、颍二州让之；乙巳，以璘兼郑颍节度使"。④ 时领泽、潞、怀三州及河阳三城。《资治通鉴》载，大历十二年春三月，"怀泽潞节度使李抱玉薨，弟抱真仍领怀泽潞留后"。⑤ 又如下文所证，大历十一年泽潞李抱真兼领磁、邢二州，故大历十一年前，泽潞领泽、潞、怀三州及河阳三城。

泽潞节度使（776），治潞州，领泽、潞、怀、磁、邢五州及河阳三城。

《方镇表三》载："建中元年（780），昭义军节度兼领泽、潞二州，徙至潞州。"⑥

按：《旧唐书》载，大历十一年（776）十二月，昭义军节度使李承昭抗表称疾，以泽潞行军司马李抱真"权知磁、邢兵马留后"。⑦《旧唐书·李抱真传》载，李抱玉卒前，李抱真为怀泽潞观察留后，又代李承昭为昭义军及磁邢节度观察留后。⑧ 昭义本相卫军号，薛嵩失相卫四州，遂移邢磁，至李抱真领昭义，遂合泽潞怀邢磁为一。

由上可知，至大历十一年，泽潞李抱真已领磁、邢二州，非建中元年昭义军节度兼领泽、潞二州。吴廷燮著《唐方镇年表》卷四《昭义节度》载，"遂合泽潞邢洺磁为一"应有误，时洺州已被魏博所占。

---

① 《新唐书》卷六六《方镇三·泽潞沁》，第 1842 页。
② 《新唐书》卷六五《方镇二·滑卫》，第 1806 页。
③ 《新唐书》卷六四《方镇一·泾原》，第 1770 页。
④ 《资治通鉴》卷二二四，大历五年四月条，第 7214 页。
⑤ 《资治通鉴》卷二二五，大历十二年三月条，第 7241 页。
⑥ 《新唐书》卷六六《方镇三·泽潞沁》，第 1844 页。
⑦ 《旧唐书》卷一一《代宗》，第 310 页。
⑧ 《旧唐书》卷一三二《李抱真传》，第 3647—3648 页。

昭义军节度使（781），治潞州，领泽、潞、磁、邢四州。

《旧唐书·德宗纪》载，建中元年（780）二月癸丑，"昭义军节度留后李抱真为本道节度使"。① 《方镇表三》泽潞沁条载："建中二年，昭义军节度罢领怀、卫二州，河阳三城。"② 《旧唐书·李抱真传》载："德宗即位，拜检校工部尚书，兼潞州长史、昭义军节度支度营田、泽潞磁邢观察使。"③

综上，《方镇表》载罢领卫州似误，此前卫州已隶魏博节度（参见魏博节度使一节），昭义军节度不应有罢领卫州一事。建中二年，昭义军节度领泽、潞、邢、磁四州。

昭义军节度使（782），治潞州，领泽、潞、磁、邢、洺五州。

《方镇表三》载："建中三年（782），昭义军节度增领洺州。"④ 《资治通鉴》载，建中三年四月，洺州刺史田昂归顺朝廷，马燧奏以"洺州隶（李）抱真"。⑤ 自此，洺州隶属昭义军节度。时领泽、潞、邢、磁、洺五州。

昭义军节度使（844），治潞州，领潞、磁、邢、洺四州。

《方镇表一》东畿条载："会昌四年（844），河阳节度增领泽州。"⑥

《资治通鉴》载，会昌三年八月，李德裕曾建言："俟昭义平日，仍割泽州隶河阳节度，则太行之险不在昭义，而河阳遂为重镇，东都无复忧矣！"⑦ 上采其言。戊申，以河南尹敬昕为河阳节度、怀孟观察使。会昌四年九月，敕以河阳三城镇遏使为孟州，"割泽州隶焉，与怀、孟、泽为节度，号河阳"。⑧ 自此，泽州隶河阳节度。昭义领潞、洺、邢、磁四州。

昭义军节度使（884），治潞州，领潞州。

《方镇表三》载："中和二年（882），节度使孟方立徙昭义军于邢州，

① 《旧唐书》卷一二《德宗上》，第 325 页。
② 《新唐书》卷六六《方镇三·泽潞沁》，第 1844 页。
③ 《旧唐书》卷一三二《李抱真传》，第 3648 页。
④ 《新唐书》卷六六《方镇三·泽潞沁》，第 1844 页。
⑤ 《资治通鉴》卷二二七，建中三年四月条，第 7327 页。
⑥ 《新唐书》卷六四《方镇一》东畿条，第 1784 页。
⑦ 《资治通鉴》卷二四七，会昌三年八月条，第 7991 页。
⑧ 《旧唐书》卷一八上《武宗》，第 602 页。

而兼领潞州，自是五州有二昭义节度。"① 时昭义仅领潞、洺、邢、磁四州，泽州仍隶河阳节度，此处言"五州"似有误。

《资治通鉴》载，中和二年十二月，孟方立专据山东邢、洺、磁三州。中和三年九月，迁"昭义军于邢州"，② 自称留后，表其将李殷锐为潞州刺史。十月，李克用取潞州。《通鉴考异》曰："实录：'克用表李克修为节度使，于是分昭义军五州为二镇。'"中和四年八月，"李克用表请其弟李克修为昭义节度使，朝廷许之"。③ 时李罕之为东都留守，故李克修仅得潞州，昭义节度领潞州。

综上，中和四年分昭义军节度为二镇，即潞州为一镇，邢、洺、磁为一镇。

昭义军节度使（887），治潞州，领潞、泽二州。

《通鉴考异》载："光启中，泽潞已为李克修所据。"④《旧五代史·武皇纪》载，光启三年（887）七月，李克用以"安金俊为泽州刺史"。⑤ 文德元年（888）二月，李克用以"李罕之为泽州刺史，遥领河阳节度使"。⑥ 据上可推，光启三年，泽州隶昭义军节度。

昭义军节度使（892），治潞州，领潞州。

《旧唐书·昭宗纪》载，景福元年（892）五月甲辰，制"以河南尹张全义检校司徒、同平章事，兼孟州刺史，充河阳三城节度、孟怀泽观察等使"。⑦ 是年，泽州复隶河阳节度。

昭义军节度使（900），治潞州，领泽、潞二州。

光化二年（899）闰六月，朱全忠奏请以"丁会为泽、潞等节度使；以昭义节度使李罕之充河阳三城节度、孟怀观察等使"。⑧ 结果因李罕之死而未能成行。八月，李克用陷泽、潞、怀三州。九月，李克用表汾州刺史孟迁为昭义留后。《旧唐书·昭宗纪》载，光化三年七月，制昭义节度留

---

① 《新唐书》卷六六《方镇三·泽潞沁》，第1856页。
② 《资治通鉴》卷二五五，中和三年九月条，第8284页。
③ 《资治通鉴》卷二五六，中和四年八月条，第8299页。
④ 《资治通鉴》卷二五五，中和二年条，第8287页。
⑤ 《旧五代史》卷二五《唐书一·武皇纪上》，第341页。
⑥ 《旧五代史》卷二五《唐书一·武皇纪上》，第342页。
⑦ 《旧唐书》卷二〇上《昭宗》，第748页。
⑧ 《旧唐书》卷二〇上《昭宗》，第765页。

后孟迁为检校司徒，兼潞州大都府长史，充昭义节度副大使、知节度事、"潞磁邢洺等州观察处置使"，① 从李克用奏也。《旧五代史·武皇纪》载，时邢、洺、磁三州仍为朱全忠所占。《方镇表一》东畿条载："光化三年，河阳节度罢领泽州。"② 光化三年，增领泽州。

昭义军节度使（901），治潞州，领泽、潞、磁、邢、洺五州。

天复元年（901）四月，节度使孟迁以上党降。闰六月，制以丁会为潞州大都督府长史、昭义节度等使。至此，二昭义军节度合一。然朱全忠又请于"昭义节度官阶内落下邢、洺、磁三州，却以泽州为属郡，其河阳节度只以怀州为属郡"，③ 朝廷准奏。《方镇表三》泽潞沁条载："天复元年，二昭义军节度合为一，复领泽州。"④ 综上，天复元年，昭义军节度辖内增加邢、洺、磁三州，领泽、潞、邢、洺、磁五州。⑤

昭义军节度使（906），治潞州，领泽、潞、惠、邢、洺五州，是年末，仅领潞州。

天祐三年（906）三月，因河中、昭义管内俱有慈州，地里相去不远，称谓时闻错误，敕："其昭义管内慈州宜改为惠州。"⑥ 天祐三年闰十二月，昭宗凶讣传至潞州，昭义节度使丁会帅将士以"泽、潞降太原"。⑦ 河东兵进攻泽州，"不克而退"，⑧ 李克用仅得潞州。可知，天祐三年末，昭义军节度使丁会降李克用，仅领潞州，其他四州为朱全忠所占。

---

① 《旧唐书》卷二〇上《昭宗》，第767页。
② 《新唐书》卷六四《方镇一·东畿》，第1791页。
③ 《旧唐书》卷二〇上《昭宗》，第773页。
④ 《新唐书》卷六六《方镇三·泽潞沁》，第1859页。
⑤ 赖青寿先生认为，天复元年之所以落下邢、洺、磁三州，是因为朱全忠还没有占领该三州，是年末占领三州，昭义复领泽、潞、邢、洺、磁五州。《资治通鉴》卷二六二天复元年（901）三月癸未朔条载，朱全忠至大梁。癸卯，遣氏叔琮等将兵五万攻李克用，入自太行，魏博都将张文恭自磁州新口，葛从周以兖、郓兵会成德军入自土门，洺州刺史张归厚入自马岭。从材料可知，时磁、洺等州已经被朱全忠所占。又《资治通鉴》卷二六五天祐二年（905）十一月辛巳条载，以朱全忠为相国，总百揆。以……昭义、保义……等二十一道为魏国。胡注：昭义军领潞、泽，保义领邢、洺、磁。由此可推断，天复元年昭义领泽、潞二州，邢、洺、磁另外设镇，是朱全忠故意为之。顾祖禹认为，光化初，邢、洺、磁三州为朱全忠所取，亦曰保义军。参见氏著《读史方舆纪要》卷六《历代州域形势六》，第252页。
⑥ 《旧唐书》卷二〇下《哀帝》，第806页。
⑦ 《旧唐书》卷二〇下《哀帝》，第809页。
⑧ 《资治通鉴》卷二六五，天祐三年闰十二月条，第8665页。

二 邢洺节度使

邢洺节度使置于中和四年（884），治邢州，领邢、洺、磁三州。天复元年（901），废邢洺节度使，所领三州复隶昭义节度。

表 5-6 邢洺节度使辖区变动

时间	方镇名称	治所	辖区
中和四年（884）	邢洺节度使	邢州	邢、洺、磁三州
天复元年（901）	废邢洺节度使		

邢洺节度使（884），治邢州（今河北省邢台市），领邢、洺、磁三州。

《方镇表三》载："中和二年（882），节度使孟方立徙昭义军于邢州，而兼领潞州，自是五州有二昭义节度。"①

按：《资治通鉴》载，中和二年十二月，孟方立专据山东邢、洺、磁三州。中和三年九月，迁"昭义军于邢州"，② 自称留后，表其将李殷锐为潞州刺史。十月，李克用取潞州。中和四年八月，"李克用表请其弟李克修为昭义节度使，朝廷许之"。③

综上，中和四年，昭义节度为二镇，即潞州为一镇，邢、洺、磁为一镇。

邢洺节度使废（901），所领三州隶昭义军节度。

《方镇表三》泽潞沁条载："天复元年（901），二昭义军节度合为一。"④ 是年，废邢洺节度使，三州复隶昭义军节度。

---

① 《新唐书》卷六六《方镇三·泽潞沁》，第 1856 页。
② 《资治通鉴》卷二五五，中和三年九月条，第 8284 页。
③ 《资治通鉴》卷二五六，中和四年八月条，第 8299 页。
④ 《新唐书》卷六六《方镇三·泽潞沁》，第 1859 页。

第六章　河北道方镇辖区变动考

河北道，置于唐贞观元年（627），"盖古幽、冀二州之境"，[①] 辖安东都护府，孟、怀、魏、博、相、卫、贝、澶、邢、洺、惠、镇、冀、深、赵、沧、景、德、定、易、幽、涿、瀛、莫、平、妫、檀、蓟、营二十九州，一百七十四县，相当于今河北省的大部及北京、天津、山西、河南的一部分。

安史乱后，河北道置相卫、魏博、成德和幽州四镇。大历十年，相卫节度废，四州被魏博所并。建中之乱，置河阳三城节度使，析成德镇易、定二州置义武军节度使，沧州置横海军节度使。德宗之后，除成德镇辖区变动较大之外，其他方镇相对稳定。

第一节　河阳三城节度使辖区沿革

河阳三城节度使置于建中二年（781），治河阳，领河阳三城及怀、郑、卫三州，是年，割出郑州。兴元元年（784），割出卫州。元和九年（814），增领汝州，徙治汝州。十三年，罢领汝州，徙治怀州。长庆三年（823），徙治河阳。大和五年（831），复徙治怀州。会昌三年（843），增领孟州，徙治孟州。四年，增领泽州。光化二年（899），罢领泽州，还辖怀、孟二州，至唐末。

表 6 - 1　河阳三城节度使辖区变动

时间	方镇名称	治所	辖区
建中二年（781）	河阳三城节度使	河阳	河阳三城及怀、卫二州
建中四年（783）	河阳军节度使		

---

① 《新唐书》卷三九《地理三·河北道》，第1009页。

续表

时间	方镇名称	治所	辖区
兴元元年（784）	河阳三城节度使		河阳三城、怀州
贞元元年（785）	河阳怀都团练使		河阳三城、怀州
贞元十二年（796）	河阳怀节度使	怀州	河阳三城、怀州
元和九年（814）	河阳节度使	汝州	河阳、怀州、汝州
元和十三年（818）		怀州	河阳、怀州
长庆三年（823）		河阳	
大和五年（831）		怀州	
会昌三年（843）		孟州	河阳三城及怀、孟二州
会昌四年（844）			河阳三城及怀、孟、泽三州
光化二年（899）			河阳三城及怀、孟二州

河阳三城节度使（781），治河阳（今河南省焦作市孟州市），领河阳三城及怀、卫二州。

《方镇表一》："建中二年（781），置河阳三城节度使，以东都畿观察使兼之，领怀、郑、汝、陕四州，寻置使，增领东畿五县及卫州，亦曰怀卫节度使。"①

按，《旧唐书·德宗纪》：建中二年正月，"以兵部尚书、东都留守路嗣恭为郑汝陕河阳三城节度、东畿观察等使"。②《资治通鉴》：建中二年正月，"以东都留守路嗣恭为怀、郑、汝、陕四州，河阳三城节度。旬日，又以永平节度使李勉都统洺、嗣恭二道，仍割郑州隶之，选尝为将者为诸州刺史，以备正己等"。③《新唐书》卷一三八《路嗣恭传》载略同。由此可知，建中二年正月，置怀郑汝陕河阳三城节度使，由东畿观察使路嗣恭兼领。

检《旧唐书·德宗纪》：建中二年五月壬子，"以怀郑河阳节度副使李芃为河阳三城、怀州节度使，仍割东畿五县隶焉"。④《方镇表二》："建中

① 《新唐书》卷六四《方镇一·东畿》，第1772页。
② 《旧唐书》卷一二《德宗上》，第327页。
③ 《资治通鉴》卷二二六，建中二年正月条，第7295—7296页。
④ 《旧唐书》卷一二《德宗上》，第329页。

二年，以郑州隶河阳三城节度，既而复旧。"①《资治通鉴》：建中二年六月壬子，"以怀、郑、河阳节度副使李芃为河阳、怀州节度使，割东畿五县隶焉"。②《旧唐书》卷一三二《李芃传》、《新唐书》卷一四七《李芃传》所载略同。

《方镇表》所载，增领卫州，"亦曰怀卫节度使"。清人钱大昕认为："卫州本在田悦管内，时李芃受诏讨田悦，遥假以名，不能有其地也。"③可知时唐为平定魏博之乱，割卫州隶河阳节度，但恐未能实际控制该州。

综上可知，建中二年五月，析路嗣恭兼领的怀郑汝陕河阳三城节度，以怀州、郑州、河阳三城另置河阳节度使，寻增领卫州。

河阳军节度使（783），治河阳，领河阳三城、怀州、卫州。

《旧唐书·德宗纪》载：建中四年（783）二月戊申，"于河阳三城置河阳军节度"。④《资治通鉴》载：建中四年二月丙寅，"以河阳三城、怀、卫州为河阳军"。⑤可知，建中四年，河阳三城置河阳军节度使，领三城及怀州、卫州。

河阳三城节度使（784），治河阳，领河阳三城、怀州。

《资治通鉴》：兴元元年（784）正月，"赦天下，制曰：'……李希烈、田悦、王武俊、李纳等，咸以勋旧，各守藩维……宜并所管将吏等一切待之如初。'"⑥兴元元年，卫州复隶魏博节度，河阳节度领河阳三城及怀州。

河阳怀都团练使（785），治河阳，领河阳三城、怀州。

《方镇表一》："贞元元年（785），罢河阳节度，置都团练使。"⑦《旧唐书·德宗纪》：贞元元年五月辛酉，"以河阳都知兵马使雍希颜为河阳怀都团练使"。⑧

① 《新唐书》卷六五《方镇二·滑卫》，第1809页。
② 《资治通鉴》卷二二七，建中二年六月壬子条，第7303页。
③ 钱大昕：《廿二史考异》卷四六《唐书六·方镇表一》，第709页。
④ 《旧唐书》卷一二《德宗上》，第336页。
⑤ 《资治通鉴》卷二二八，建中四年二月丙寅条，第7342页。
⑥ 《资治通鉴》卷二二九，兴元元年正月条，第7391—7392页。
⑦ 《新唐书》卷六四《方镇一·东畿》，第1774页。
⑧ 《旧唐书》卷一二《德宗上》，第349页。

河阳怀节度使（796），治怀州（今河南省焦作市沁阳市），领河阳三城、怀州。

《方镇表一》："贞元十二年（796），复置河阳怀节度，治河阳。"①《祁连郡王李公墓志》："公讳元淳，陇西敦煌人。……贞元四年，制除河阳三城怀州都团练使。公本长荣，至是诏改为元淳焉。明年，加怀州刺史，仍兼管内营田使。……十二年，制除检校工部尚书、河阳三城怀州节度使。"②《旧唐书·德宗纪》：贞元四年十月丙戌，"以右神策将军李长荣为河阳三城怀州团练使"。③

由上可知，原河阳三城怀州都团练使由神策军兼领。贞元五年任李长荣为怀州刺史，仍兼管内营田使，应移治怀州。

河阳节度使（814），治汝州（今河南省汝州市），领河阳、怀州、汝州。

《方镇表一》："元和九年（814），河阳节度增领汝州，徙治汝州。"④《资治通鉴》："辛酉，以河阳节度使乌重胤为汝州刺史，充河阳、怀、汝节度使，徙理汝州。"⑤

河阳节度使（818），治怀州，领河阳、怀州。

《方镇表一》："元和十三年（818），汝州隶东畿。罢河阳节度。"⑥

按，《旧唐书·宪宗纪》载：元和十三年十一月丁未，以令狐楚为怀州刺史，充河阳三城怀孟节度使。元和十四年七月丁酉，以河阳三城怀州节度使、使持节怀州诸军事、守怀州刺史令狐楚，可朝议大夫、守中书侍郎、同中书门下章事。癸卯，以前黔中观察使魏义通为怀州刺史、河阳三城怀孟节度使。⑦

该材料表明，元和十三年并未罢河阳节度使。新表载"罢河阳节度"，

---

① 《新唐书》卷六四《方镇一·东畿》，第1777页。
② 潘孟阳：《祁连郡王李公墓志》，《孟县志》卷四，转引自吴廷燮《唐方镇年表》卷四《河阳》，第358—359页。
③ 《旧唐书》卷一三《德宗下》，第367页。
④ 《新唐书》卷六四《方镇一·东畿》，第1780页。
⑤ 《资治通鉴》卷二三九，元和九年闰八月辛酉条，第7706页。
⑥ 《新唐书》卷六四《方镇一·东畿》，第1780页。
⑦ 《旧唐书》卷一五《宪宗下》，第465—469页。

应是指汝州不再为河阳节度治所。① 该材料河阳节度使官衔中有"河阳三城怀孟","孟"应指孟州。会昌三年九月中书门下奏曰:"臣闻河阳五县,自艰难以后,割属河阳三城使。今河南所管五县中,租赋色役,尽属河阳,使归一统,便为定制。既是雄镇,足壮三城。臣等商量,其河阳县望改为孟州,仍为望州。河阳、汜水、温县、河清、济源等五县改为望县。"② 《旧唐书》卷三八《地理一》孟州条、《新唐书》卷三九《地理三·河北道》孟州条载同。

由上可知,孟州置于会昌三年(843)。又检《令狐楚平章事制》:"……河阳三城怀州节度使、使持节怀州诸军事、守怀州刺史令狐楚……。元和十四年七月。"③ 上述可证,《旧唐书·宪宗纪》载令狐楚、魏义通领河阳三城怀孟节度使应有误。另《旧唐书·宪宗纪》:永贞元年(805)九月辛未,"河阳三城节度使元韶卒。癸酉,以孟元阳为怀州刺史、河阳三城孟怀节度使"。④ 亦误。会昌三年前,河阳节度使不应领有孟州。

河阳节度使(823),治河阳,领河阳、怀州。

《旧唐书·穆宗纪》:长庆三年(823)二月"河阳节度使陈楚奏:移使府于三城,未有门戟,欲移怀州门戟于河阳。从之"。⑤ 可知,河阳节度使移治于河阳。

河阳节度使(831),治怀州,领河阳、怀州。

《旧唐书·文宗纪》:大和五年(831)八月壬申,"以河阳三城怀州节度使杨元卿为宣武军节度"。⑥ 又检《旧唐书·杨元卿传》:"长庆初,授……泾原渭节度观察等使……居六年,泾人论奏,为立德政碑,移授怀

---

① 清人钱大昕认为,元和十三年(818)至会昌三年(843)二十五年之中,河阳凡更十二帅,初未闻罢而更置也。新表于是年书罢河阳节度,直至会昌三年复置,殊为疏舛,且与《旧唐书·文宗纪》河阳军乱,逐节度之文,亦不相应。参见钱大昕《廿二史考异》卷四六《唐书六·方镇表一》,第712页。吴泽先生认为,新表"罢河阳节度"五字应删。参见氏著《〈新唐书·方镇表〉考校记》。赖青寿先生亦认为,新表"罢河阳节度"乃指河阳节度使自汝州移治怀州,并非罢河阳节度使。参见氏著《唐后期方镇建置沿革研究》,第105页。
② 王溥:《唐会要》卷七〇《州县改置上·河南道》,第1250页。
③ 宋敏求编《唐大诏令集》卷四七《命相四》,第236页。
④ 《旧唐书》卷一四《宪宗上》,第412页。
⑤ 《旧唐书》卷一六《穆宗》,第502页。
⑥ 《旧唐书》卷一七下《文宗下》,第542页。

州刺史，充河阳三城节度观察等使。大和五年，就加检校司空。"① 杨元卿任怀州刺史，表明河阳三城节度使徙治怀州。

河阳节度使（843），治孟州（今河南省焦作市孟州市），领河阳三城及怀、孟二州。

《方镇表一》："会昌三年（843），复置河阳节度，徙治孟州。"② 《资治通鉴》：会昌三年九月，"李德裕奏：'王宰止可令以忠武节度使将万善营兵，不可使兼领河阳，恐其不爱河阳州县，恣为侵扰。又，河阳节度先领怀州刺史，常以判官摄事，割河南五县租赋隶河阳。不若遂置孟州，其怀州别置刺史。俟昭义平日，仍割泽州隶河阳节度，则太行之险不在昭义，而河阳遂为重镇，东都无复忧矣！'上采其言。戊申，以河南尹敬昕为河阳节度、怀孟观察使"③ 可知，会昌三年，河阳节度徙治孟州。

河阳节度使（844），治孟州，领河阳三城及怀、孟、泽三州。

《方镇表一》："会昌四年（844），河阳节度增领泽州。"④ 《旧唐书·武宗纪》：会昌四年九月，"敕以河阳三城镇遏使为孟州，割泽州隶焉，与怀、孟、泽为节度，号河阳"。⑤ 会昌四年，河阳节度增领泽州。

河阳节度使（899），治孟州，领河阳三城及怀、孟二州。

《方镇表一》："光化三年（900），河阳节度罢领泽州。"⑥

按，《旧唐书·昭宗纪》：光化二年（899）六月"制……以检校司徒、孟州刺史、河阳节度使丁会为泽、潞等节度使，从全忠奏也"。⑦ 该条表明，光化二年，泽州已不再隶河阳节度。

光化三年（900）八月丙辰朔，朱全忠奏："先割汝州隶许州，请却还东都。河阳先管泽州，今缘蕃戎占据，得失不常，请权割河南府王屋、清河、巩三县隶河阳。"从之。⑧ 此条亦表明，因泽州不隶河阳节度，方请割王屋、清河、巩三县隶河阳。

---

① 《旧唐书》卷一六一《杨元卿传》，第4229页。
② 《新唐书》卷六四《方镇一·东畿》，第1783页。
③ 《资治通鉴》卷二四七，会昌三年九月条，第7991页。
④ 《新唐书》卷六四《方镇一·东畿》，第1784页。
⑤ 《旧唐书》卷一八上《武宗》，第602页。
⑥ 《新唐书》卷六四《方镇一·东畿》，第1791页。
⑦ 《旧唐书》卷二○上《昭宗》，第765页。
⑧ 《旧唐书》卷二○上《昭宗》，第767页。

天复元年（901）"闰六月辛巳朔，制以河阳节度丁会依前检校司徒，兼潞州大都督府长史、昭义节度等使，代孟迁；以（孟）迁检校司徒，为河阳节度。全忠奏也。仍请于昭义节度官阶内落下邢、洺、磁三州，却以泽州为属郡，其河阳节度只以怀州为属郡，从之"。[①] 该材料表明，天复二年，泽州仍隶昭义节度，河阳节度领怀州。

综上可知，河阳节度应是于光化二年割出泽州，还辖怀、孟二州，至唐末。

第二节　相卫节度使辖区沿革

相卫节度使置于广德元年（763），治相州，领相、卫、洺、贝、邢五州。永泰元年（765），增领磁州。大历元年（766），赐号昭义军节度使。大历十一年，相、卫、洺、贝四州被魏博占领。建中元年（780），邢、磁二州与泽、怀、潞州合一，用昭义军号。

表 6-2　相卫节度使辖区变动

时间	方镇名称	治所	辖区
广德元年（763）	相卫节度使	相州	相、卫、洺、邢、贝五州
永泰元年（765）			相、卫、贝、邢、洺、磁六州
大历元年（766）	昭义军节度使		
大历十一年（776）			磁、邢二州

相卫节度使（763），治相州（今河南省安阳市），领相、卫、洺、邢、贝五州。

《方镇表三》载："广德元年（763），置相卫节度使，治相州。是年，增领贝、邢、洺，号洺相节度。卫州复隶泽潞，未几，复领，号相卫六州节度使。是年，增领河阳三城。"[②]

按：《资治通鉴》载，广德元年五月丁卯，制分河北诸州："相、贝、

---

① 《旧唐书》卷二〇上《昭宗》，第 773 页。
② 《新唐书》卷六六《方镇三·泽潞沁》，第 1840 页。

邢、洺为相州管；怀、卫、河阳为泽潞管。"① 《方镇表二》载："广德元年，以卫州隶泽潞。"② 是年，又以"卫州还隶相卫节度"。③

由上述材料可知，广德元年，相卫节度领相、卫、贝、邢、洺五州。河阳三城隶泽潞节度。《方镇表》所载相卫"六州"之数应是欧阳修之误。

相卫节度使（765），治相州，领相、卫、贝、邢、洺、磁六州。

《旧唐书·地理志》载，永泰元年（765）六月，节度使薛嵩请于滏阳"复置磁州，领滏阳、武安、昭义、邯郸四县"。④ 可知，至永泰元年，相卫节度增领磁州。

昭义军节度使（766），治相州，领相、卫、贝、邢、洺、磁六州。

《方镇表三》载："大历元年（766），相卫六州节度赐号昭义军节度。"⑤ 是年，赐号昭义军节度使。

昭义军节度使（776），领磁、邢二州，由泽潞节度使兼领。

《方镇表三》载：后田承嗣盗取"相、卫、洺、贝四州，所存者二州"。⑥

《旧唐书·代宗纪》载，大历十年（775）二月，第十三子造封忻王，充昭义节度大使。丙子，以华州刺史李承昭为相州刺史，知昭义兵马留后。时田承嗣尽盗入"相、卫所管四州之地，自署长吏"。⑦ 《方镇表三》魏博条载，大历十一年，魏博节度增领"相、卫、洺、贝四州"。⑧

《旧唐书》载，大历十一年十二月，昭义节度使李承昭抗表称疾，以泽潞行军司马李抱真"权知磁、邢兵马留后"。⑨ 可知大历十一年，昭义军节度仍在，领磁、邢二州，李抱真兼领兵马留后。

《方镇表三》泽潞沁条载，建中元年（780），"昭义军节度兼领泽潞二州，徙治潞州"。⑩ 《旧唐书·德宗纪》载，建中元年二月癸丑，"昭义军

---

① 《资治通鉴》卷二二二，广德元年五月丁卯条，第 7143 页。
② 《新唐书》卷六五《方镇二·滑卫》，第 1804 页。
③ 《新唐书》卷六六《方镇三·泽潞沁》，第 1841 页。
④ 《旧唐书》卷三九《地理二》磁州条，第 1499 页。
⑤ 《新唐书》卷六六《方镇三·泽潞沁》，第 1842 页。
⑥ 《新唐书》卷六六《方镇三·泽潞沁》，第 1842 页。
⑦ 《旧唐书》卷一一《代宗》，第 307 页。
⑧ 《新唐书》卷六六《方镇三·魏博》，第 1843 页。
⑨ 《旧唐书》卷一一《代宗》，第 310 页。
⑩ 《新唐书》卷六六《方镇三·泽潞沁》，第 1842 页。

节度留后李抱真为本道节度使"。① 建中元年，昭义和泽怀潞两节度合一，用昭义军号，领泽、潞、怀、邢、磁五州，治所徙至潞州。

第三节　魏博节度使辖区沿革

魏博节度使置于广德元年（763），治魏州，领魏、博、德、沧、瀛五州。大历七年（772），增置澶州。十年，割出沧、瀛、德三州。十一年，增领卫、相、洺、贝四州。建中三年（782），割出洺州。四年，割出卫州。兴元元年（784），复领魏、博、澶、相、贝、卫六州，至唐末。

表 6 - 3　魏博节度使辖区变动

时间	方镇名称	治所	辖区
广德元年（763）	魏博节度使	魏州	魏、博、德、沧、瀛五州
大历七年（772）			魏、博、德、沧、瀛、澶六州
大历十年（775）			魏、博、澶三州
大历十一年（776）			魏、博、澶、相、卫、洺、贝七州
建中三年（782）			魏、博、澶、相、卫、贝六州
建中四年（783）			魏、博、澶、相、贝五州
兴元元年（784）			魏、博、澶、相、贝、卫六州

魏博节度使（763），治魏州（今河北省邯郸市大名县），领魏、博、德、沧、瀛五州。

《方镇表三》魏博条："广德元年（763），置魏博等州防御使，领魏、博、贝、瀛、沧五州，治魏州。是年，升为节度使，增领德州。以瀛、沧二州隶淄青平卢节度，贝州隶洺相节度。未几，复领瀛、沧二州。"②

按，《资治通鉴》：广德元年闰正月癸亥，"以史朝义降将薛嵩为相、卫、邢、洺、贝、磁六州节度使，田承嗣为魏、博、德、沧、瀛五州都防御使"。③《方镇表二》滑卫条载："析相、贝别置节度，魏博别置防御。"④

---

① 《旧唐书》卷一二《德宗上》，第 325 页。
② 《新唐书》卷六六《方镇三·魏博》，第 1840—1841 页。
③ 《资治通鉴》卷二二二，广德元年闰正月癸亥条，第 7141 页。
④ 《新唐书》卷六五《方镇二·滑卫》，第 1805 页。

《资治通鉴》：广德元年五月丁卯，"制：分河北诸州：以相、贝、邢、洺为相州管；魏、博、德为魏州管；沧、棣、冀、瀛为青淄管"。① 六月庚寅，以"魏博都防御使田承嗣为节度使"。②

综上，《方镇表》魏博条载魏博防御使领贝州似有误，言升为节度使后增领德州，应顺序颠倒。魏博防御使置于广德元年闰正月，领魏、博、德、沧、瀛五州。五月，割瀛、沧二州隶淄青平卢节度，还领魏、博、德三州。六月，升为节度使，随后复领瀛、沧二州，仍领五州。

魏博节度使（772），治魏州，领魏、博、德、沧、瀛、澶六州。

《方镇表三》魏博条："大历七年（772），魏博节度增领澶州。"③ 澶州由魏博节度使田承嗣奏置。④《旧唐书·代宗纪》大历七年正月戊子条载同，故魏博节度领有六州。

魏博节度使（775），治魏州，领魏、博、澶三州。

《方镇表三》成德条："大历十年（775），成德军节度增领沧州。"横海条："瀛州隶幽州卢龙节度，德州隶淄青平卢节度。"⑤ 可知，大历十年，魏博节度割出沧、瀛、德三州。

大历九年末，魏博节度使田承嗣诱昭义将吏作乱，趁机攻取昭义军节度所辖各州。至大历十年二月，田承嗣尽据相卫四州之地。《贬田承嗣永州刺史诏》："……既云相州骚扰，邻境救灾，旋即更并磁州，重行威虐。此实自相矛盾，不究始终。三州既空，远迩惊陷，更移兵马，又赴洺州，实为暴殄不仁，穷极残忍。又薛雄乃卫州刺史，固守本藩，忿其不附，横加凌虐。门尽屠戮，无复噍类，酷烈无状，人神所冤。又四州之地，皆列屯营，长史属官，擅请补署……"⑥ 魏博节度于大历十年二月，已占昭义节度相、卫、洺、磁四州。⑦ 至九月，田承嗣应又抢占贝州。"大历十年九

---

① 《资治通鉴》卷二二二，广德元年五月丁卯条，第7143页。
② 《资治通鉴》卷二二二，广德元年六月庚寅条，第7144页。
③ 《新唐书》卷六六《方镇三·魏博》，第1843页。
④ "武德四年分魏州之顿丘、观城二县，置澶州。贞观元年废澶州。大历七年，魏博节度使田承嗣又奏置澶州。"李吉甫：《元和郡县图志》卷一六《河北道一》澶州条，第466页。
⑤ 《新唐书》卷六六《方镇三·成德》，第1843页。
⑥ 宋敏求编《唐大诏令集》卷一一九《讨伐上》，第627页。
⑦ 《旧唐书》卷一一《代宗》，第306页。

月，李宝臣、正己会于枣强，进围贝州，田承嗣出兵救之。"① 既然田承嗣出兵救贝州，说明贝州已为其所占。又《旧唐书·王武俊传》载："大历十年，田承嗣因薛嵩死，兼有相、卫、磁、邢、洺五州。"②

大历十年四月乙未，敕贬田承嗣为永州刺史，命河东、成德、幽州、淄青、淮西、永平、汴宋、河阳、泽潞诸道进讨魏博。五月乙未，"承嗣将霍荣国以磁州降。丁未，李正己攻德州，拔之"。③ 十月，田承嗣为分化瓦解朝廷力量，以沧州贿成德节度李宝臣。田承嗣使客说之曰："公与朱滔共取沧州，得之，则地归国，非公所有。公能舍承嗣之罪，请以沧州归公，仍愿从公取范阳以自效。公以精骑前驱，承嗣以步卒继之，蔑不克矣。"李宝臣遂与田承嗣通谋，密图范阳，田承嗣亦陈兵境上。④ 十一月丁酉，"田承嗣所署瀛州刺史吴希光以城降"。⑤《资治通鉴》大历十年十一月丁酉载同。

综上，至大历十年底，魏博已失去德州、沧州、瀛洲及所盗取的磁州。时魏博虽仍占有所盗取昭义节度的相、卫、洺、贝四州，但不为朝廷所认可，故领有魏、博、澶三州。

魏博节度使（776），治魏州，领魏、博、澶、相、卫、洺、贝七州。

《方镇表三》魏博条："大历十一年（776），魏博节度增领卫、相、洺、贝四州。"⑥ 大历十一年二月庚辰，"田承嗣复遣使上表，请入朝。上乃下诏，敕承嗣罪，复其官爵"。⑦ 表明朝廷认可魏博抢占事实，故增领卫、相、洺、贝四州。

《旧唐书·田承嗣传》载：大历十二年，"承嗣复上章请罪，又赦之，复其官爵。承嗣有贝、博、魏、卫、相、磁、洺等七州，复为七州节度使"。⑧ 因田承嗣于大历十一年十月，遣田悦将兵助李灵曜，朝廷欲诏诛之。田承嗣又上表请罪，朝廷再次赦免于他，复为七州节度使。而《资治

---

① 《资治通鉴》卷二二五，大历十年九月条，第7232页。
② 《旧唐书》卷一四二《王武俊传》，第3872页。
③ 《资治通鉴》卷二二五，大历十年五月乙未条，第7231页。
④ 《资治通鉴》卷二二五，大历十年十月条，第7234页。
⑤ 《旧唐书》卷一一《代宗》，第308页。
⑥ 《新唐书》卷六六《方镇三·魏博》，第1843页。
⑦ 《资治通鉴》卷二二五，大历十一年二月庚辰条，第7237页。
⑧ 《旧唐书》卷一四一《田承嗣传》，第3840页。

通鉴》载：大历十二年十二月，"田承嗣据魏、博、相、卫、洺、贝、澶七州"。① 两书所载有异，究竟是领澶州还是磁州？

如前所述，田承嗣于大历七年奏置澶州，此后未见澶州割出。另大历十一年十二月，"昭义节度使李承昭抗表称疾，以泽潞行军司马李抱真权知磁、邢兵马留后"。②《资治通鉴》大历十一年十二月戊戌条载同。《旧唐书·德宗纪》亦载："大历中，田承嗣有魏、博、相、卫、洺、贝、澶七州之地。"③ 表明磁州应属昭义节度，时魏博所领应为澶州，非磁州。故《旧唐书·田承嗣传》载"磁"应为"澶"之误。

大历十四年二月癸未，魏博七州节度使田承嗣卒。甲申，以魏博中军兵马使、左司马田悦兼御史中丞，充魏博节度留后。《旧唐书·田悦传》载："寻拜（田悦）检校工部尚书、御史大夫，充魏博七州节度使。"④ 由上可知，至大历十四年，魏博节度仍领魏、博、澶、相、卫、洺、贝七州。

魏博节度使（782），治魏州，领魏、博、澶、相、卫、贝六州。

《方镇表三》泽潞沁条："建中三年（782），昭义军节度增领洺州。"⑤

建中二年，田悦以魏博反。三年正月，"（李）瑶父（李）再春以博州降"。⑥ 三月戊戌，"田悦洺州刺史田昂以城降"。⑦ 马燧奏以洺州隶李抱真，四月甲戌，"以昭义节度副使、磁州刺史卢玄卿为洺州刺史兼魏博招讨副使"。⑧ 至此，洺州割隶昭义节度，博州降，魏博节度实际领有五州。

建中三年四月戊午，"昭义军节度副使卢玄卿为魏博、澶相招讨使"。⑨《资治通鉴》载：建中三年秋七月甲辰，"以河东节度使马燧兼魏博、澶相节度使"。⑩《旧唐书·马燧传》载：建中三年七月，"燧与诸军退次魏县。是月，诏加（马）燧魏州大都督府长史，兼魏博贝四州节度、观察、招讨

---

① 《资治通鉴》卷二二五，大历十二年十二月条，第7250页。

② 《旧唐书》卷一一《代宗》，第310页。

③ 《旧唐书》卷一二《德宗》，第328页。

④ 《旧唐书》卷一四一《田悦传》，第3841页。

⑤ 《新唐书》卷六六《方镇三·泽潞沁》，第1844页。

⑥ 《资治通鉴》卷二二七，建中三年正月条，第7316页。

⑦ 《旧唐书》卷一二《德宗上》，第331—332页。

⑧ 《资治通鉴》卷二二七，建中三年四月甲戌条，第7326页。

⑨ 《新唐书》卷七《德宗》，第187—188页。

⑩ 《资治通鉴》卷二二七，建中三年七月甲辰条，第7333页。

等使"。① 上述所载，马燧所兼魏博节度、观察、诏讨使所辖范围不同，受材料限制，无法证明具体为哪几州。但朝廷所任命的魏博节度只是为讨伐田悦而临时设置，非魏博节度使所辖范围。建中三年，魏博实际割出洺州。

魏博节度使（783），治魏州，领魏、博、澶、相、贝五州。

《旧唐书·德宗纪》载：建中四年二月戊申，"于河阳三城置河阳军节度"。② 《资治通鉴》载：建中四年二月丙寅，"以河阳三城、怀、卫州为河阳军"。③ 可知，建中四年，魏博割出卫州。

魏博节度使（784），治魏州，领魏、博、澶、相、贝、卫六州。

兴元元年（784）正月，赦天下，制曰："……李希烈、田悦、王武俊、李纳等，咸以勋旧，各守藩维……宜并所管将吏等一切待之如初。"④ 自兴元元年，魏博节度复领魏、博、澶、相、贝、卫六州，直至唐末。

大和三年（829），朝廷试图把魏博节度一分为二，但未能实现。

《方镇表三》魏博条："大和三年（829），置相、卫、澶三州节度使，治相州，寻罢，三州复隶魏博。"⑤ 《资治通鉴》载：大和三年六月辛酉，"以李听兼魏博节度使。分相、卫、澶三州，以史孝章为节度使"。⑥ 但李听进驻魏州时，魏博留后何进滔拒绝其入城，并出兵攻击。朝廷苦于河北长期用兵，是年八月，"以进滔为魏博节度使，复以相、卫、澶三州归之"。⑦ 自此以后，魏博一直领有魏、博、澶、相、贝、卫六州。

第四节　成德军节度使辖区沿革

成德军节度使设置于宝应元年（762），治恒州，领恒、定、易、赵、深五州。广德元年（763），成德军节度增领冀州。大历十年（775），增领沧州。建中三年（782），废成德军节度使，分置恒冀都团练观察使，治恒州；深赵都团练观察使，治赵州。兴元元年（784），复置成德军节度使，

---

① 《旧唐书》卷一三四《马燧传》，第3695页。
② 《旧唐书》卷一二《德宗上》，第336页。
③ 《资治通鉴》卷二二八，建中四年二月丙寅条，第7342页。
④ 《资治通鉴》卷二二九，兴元元年正月条，第7391—7392页。
⑤ 《新唐书》卷六六《方镇三·魏博》，第1852页。
⑥ 《资治通鉴》卷二四四，大和三年六月辛酉条，第7864页。
⑦ 《资治通鉴》卷二四四，大和三年八月条，第7864页。

治恒州，领恒、冀、深、赵四州，废恒冀、深赵二观察使。贞元元年
（785），增领德、棣二州。元和四年（809），割出德、棣二州，五年，复
领德、棣二州，十三年，割出德、棣二州。长庆元年（821），割出深、冀
二州，是年，复领二州。天祐二年（905），赐成德军节度号武顺军节度。

表 6 - 4　成德军节度使辖区变动

时间	方镇名称	治所	辖区
宝应元年（762）	成德军节度使	恒州	恒、定、易、赵、深五州
广德元年（763）			恒、定、易、赵、深、冀六州
大历十年（775）			恒、定、易、赵、深、冀、沧七州
建中三年（782）	废成德军节度使		
兴元元年（784）	复置成德军节度使	恒州	恒、冀、赵、深四州
贞元元年（785）			恒、冀、赵、深、德、棣六州
元和四年（809）			恒、冀、赵、深四州
元和五年（810）			恒、冀、赵、深、德、棣六州
元和十三年（818）			恒、冀、赵、深四州
长庆元年（821）		镇州	镇、冀、赵、深四州

**成德军节度使（762），治恒州（今河北省石家庄市正定县），领恒、
定、易、赵、深五州。**

《方镇表三》成德条："宝应元年（762），置成德军节度使，领恒、
定、易、赵、深五州。"[1]《资治通鉴》载：宝应元年十一月丁丑，"恒阳
节度使张忠志以赵、恒、深、定、易五州降于河东节度使辛云京。……丁
酉，以张忠志为成德军节度使，统恒、赵、深、定、易五州，赐姓李，名
宝臣"。[2]《旧唐书·代宗纪》宝应元年冬十月、《新唐书·代宗纪》宝应
元年十一月丁酉条载略同。

成德军节度使（763），治恒州，领恒、定、易、赵、深、冀六州。

《方镇表三》成德条："广德元年（763），成德军节度增领冀州。"[3]

---

① 《新唐书》卷六六《方镇三·成德》，第 1840 页。
② 《资治通鉴》卷二二二，宝应元年十一月条，第 7135—7136 页。
③ 《新唐书》卷六六《方镇三·成德》，第 1840 页。

《旧唐书·李宝臣传》载，李宝臣有"恒、定、易、赵、深、冀六州之地"。① 而《资治通鉴》载：广德元年五月丁卯，"制分河北诸州：……恒、定、赵、深、易为成德军管；沧、棣、冀、瀛为青淄管……"② 冀州割隶淄青之前隶幽州节度（参见幽州节度使一节）。从上述材料可知，应是于广德元年五月，割幽州节度之冀州隶淄青节度，是年末，又割冀州为成德军节度。广德元年五月，淄青节度增领河北沧、棣、冀、瀛四州。为牵制河北方镇，是年末，又重新调整，沧、瀛复隶魏博节度（参见魏博节度使一节），冀州割隶成德军节度。

成德军节度使（775），治恒州，领恒、定、易、赵、深、冀、沧七州。

《方镇表三》成德条："大历十年（775），成德军节度增领沧州。"③ 是年，因魏博节度田承嗣盗取相、卫四州之地，朝廷诏河东、成德等诸道进讨魏博。十月，田承嗣为分化瓦解朝廷力量，以沧州赇成德节度李宝臣。田承嗣遣使说之曰："公与朱滔共取沧州，得之，则地归国，非公所有。公能舍承嗣之罪，请以沧州归公，仍愿从公取范阳以自效。公以精骑前驱，承嗣以步卒继之，蔑不克矣。"④ 李宝臣遂与田承嗣通谋，密图范阳，田承嗣亦陈兵境上。自此，沧州隶成德军节度。

成德军节度使废（782），分置恒冀都团练观察使，治恒州，领恒、冀二州；深赵都团练观察使，治赵州（今河北石家庄市赵县），领深、赵二州。

《方镇表三》成德条："建中三年（782），罢成德军节度，置恒冀都团练观察使，治恒州；深赵都团练观察使，治赵州。"⑤ 建中二年，成德军节度使李宝臣死，其子李惟岳企图承袭节度使位，朝廷诏幽州节度使朱滔率兵讨伐。易州刺史张孝忠归顺朝廷，德宗因其立功，授其检校工部尚书、恒州刺史，充成德军节度使，令其与朱滔合兵攻李惟岳。三年闰正月甲辰，成德军兵马使王武俊杀李惟岳，传首至京师。二月，时既诛李惟岳，

---

① 《旧唐书》卷一四二《李宝臣传》，第3866页。
② 《资治通鉴》卷二二二，广德元年五月丁卯条，第7143页。
③ 《新唐书》卷六六《方镇三·成德》，第1843页。
④ 《资治通鉴》卷二二五，大历十年十月条，第7234页。
⑤ 《新唐书》卷六六《方镇三·成德》，第1844页。

分四州各置观察使，"加朱滔检校司徒，以张孝忠检校兵部尚书、易定沧三州节度使，以检校太子宾客王武俊检校秘书监、恒州刺史、恒冀都团练观察使，康日知为赵州刺史、深赵都团练观察使"。①

成德军节度使（784），治恒州，领恒、冀、赵、深四州。

《方镇表三》成德条："兴元元年（784），废恒冀、深赵二观察使，复置成德军节度使，领恒、冀、赵、深四州，治恒州。"②《新唐书·王武俊传》载："兴元元年赦天下，（王）武俊拜检校工部尚书、恒冀深赵节度使。又诏兼幽州卢龙节度使。"③《旧唐书》卷一四二《王武俊传》载略同。由上可知，兴元元年，朝廷赦免王武俊反叛之罪，仍由其充任成德军节度使，领恒、冀、赵、深四州。

成德军节度使（785），治恒州，领恒、冀、赵、深、德、棣六州。

《方镇表三》成德条："贞元元年（785），成德军节度增领德、棣二州。"④《新唐书·王武俊传》载，时诏复朱滔官爵，王武俊上还幽州卢龙节度。朝廷又"诏以恒州为大都督府，即授武俊长史，赐德、棣二州，以士真为观察使、清河郡王"。⑤德、棣二州是幽州节度侵夺淄青节度而得，朝廷割二州隶成德军节度使，既能趁机削弱幽州实力，又能嘉奖成德王武俊还幽州卢龙节度一事，且起到牵制幽州的作用。

贞元十七年（801）六月丁巳，成德军节度使、恒冀深赵德棣观察等使、恒州大都督府长史王武俊薨。秋七月辛巳，"以前成德军节度副使……王士真起授恒州大都督府长史，充成德军节度、恒冀深赵德棣等州观察等使"。⑥

成德军节度使（809），治恒州，领恒、冀、赵、深四州。

《方镇表三》成德条："元和四年（809），德、棣二州隶保信军节度。"⑦《旧唐书·王承宗传》载，元和四年三月，王士真卒，三军推王承宗为留后，朝廷伺其变，累月不问。王承宗畏惧，累上表陈谢。请割德、棣二州上献，以表诚恳。由是起复"镇州大都督府长史、成德军节度、镇

① 《旧唐书》卷一二《德宗上》，第331—332页。
② 《新唐书》卷六六《方镇三·成德》，第1845页。
③ 《新唐书》卷二一一《王武俊传》，第5954页。
④ 《新唐书》卷六六《方镇三·成德》，第1845页。
⑤ 《新唐书》卷二一一《王武俊传》，第5955页。
⑥ 《旧唐书》卷一四二《王士真传》，第3877页。
⑦ 《新唐书》卷六六《方镇三·成德》，第1848页。

冀深赵等州观察等使"。① 《旧唐书·宪宗纪》载：元和四年九月庚戌，"以成德军都知兵马使、镇府右司马王承宗……充成德军节度使；以德州刺史薛昌朝检校左常侍，充保信军节度、德棣等州观察等使"。② 《资治通鉴》卷二三八元和四年九月条载同。由上述可知，成德军节度使王士真死后，朝廷欲革河北诸镇世袭之弊，并削弱成德镇，故割出德、棣二州设置保信军节度使。

成德军节度使（810），治恒州，领恒、冀、赵、深、德、棣六州。

《方镇表三》成德条："元和五年（810），成德军节度复领德、棣二州。"③ 《资治通鉴》载：元和五年七月庚子，王承宗遣使自陈叛乱为卢从史所离间，乞输贡赋，请官吏，祈求许其自新。李师道等数上表请赦王承宗，朝廷亦以师久无功，遂"制洗雪承宗，以为成德军节度使，复以德、棣二州与之"。④ 《唐大诏令集》亦载："其王承宗特宜洗雪，依前起复……镇州大都督府长史，充成德军节度……镇冀深赵德棣等州观察处置使。成德军将士官爵实封等，一切如旧，待之如初。"⑤ 朝廷因平叛无进展，加之淄青李师道、幽州刘济等人为王承宗求情，遂恢复王承宗成德军节度使之职，德、棣二州仍隶成德镇。

成德军节度使（818），治恒州，领恒、冀、赵、深四州。

《方镇表三》成德条："元和十三年（818），以德、棣二州隶横海节度。"⑥ 元和十二年十二月，王承宗纵兵四掠，幽、沧、定三镇皆受其苦，三镇节度使争上表请讨王承宗。十三年，淮西吴元济就擒，王承宗畏惧，于是哀求于田弘正，请以二子为人质，献德、棣二州，上输租税，请朝廷任免官吏。四月甲寅朔，"魏博遣使送承宗子知感、知信及德、棣二州图印至京师"。⑦ 《全唐文》载："其承宗所有瑕衅，特宜洗雪。可依前守……镇州大都督府长史……充成德军管内支度管田、镇冀深赵等州观察处置等使。应成德军将士官爵实封等，一切仍旧，待之如初。其管内四州百姓，委

---

① 《旧唐书》卷一四二《王承宗传》，第3879页。
② 《旧唐书》卷一四《宪宗上》，第428页。
③ 《新唐书》卷六六《方镇三·成德》，第1848页。
④ 《资治通鉴》卷二三八，元和五年七月庚子条，第7677—7678页。
⑤ 宋敏求编《唐大诏令集》卷一二二《政事·舍雪下》雪王承宗诏条，第651页。
⑥ 《新唐书》卷六六《方镇三·成德》，第1849页。
⑦ 《资治通鉴》卷二四〇，元和十三年四月甲寅朔条，第7749页。

承宗厚加安慰，令守生业。官吏以下，各守职分。"① 由上可知，王承宗纵兵掳掠，朝廷平定淮西后，王承宗因惧怕而向朝廷妥协，朝廷趁机收回德、棣二州，削弱其实力。

元和十五年（820）正月己未，改恒州为镇州。十月庚辰，成德军节度使王承宗卒，其弟王承元上表请朝廷命帅，朝廷遣起居舍人柏耆宣慰成德，以"魏博等州节度观察等使……魏博大都督府长史……田弘正可检校司徒、兼中书令、镇州大都督府长史、成德军节度、镇冀深赵等州观察处置等使"。②

成德军节度使（821），治镇州，领镇、冀、赵、深四州。

《方镇表三》成德条："长庆元年（821），置深冀节度，治深州，寻罢，复以深冀隶成德军节度。"③ 是年七月，成德牙将王廷凑叛，杀田弘正并家属将佐三百余口。王廷凑自称留后、知兵马使，将吏逼监军宋惟澄上章请授王廷凑节钺。穆宗怒，下诏征邻道兵讨成德叛军。穆宗以牛元翼在成德享有声望，自深州刺史擢为深冀节度使，讨伐王廷凑。冬十月戊辰，又以"深冀节度使牛元翼为镇州大都督府长史，充成德军节度、镇冀深赵等州节度使"。④ 可知，长庆元年，割出深、冀二州置节度使，但仅存续三个月，寻复隶成德军节度，仍领镇、冀、赵、深四州。

长庆二年二月，王廷凑围牛元翼于深州，因缺粮朝廷未能救之，不得已诏"赦（王）廷凑，仍授……镇州大都督府长史、成德军节度、镇冀深赵等州观察等使"。⑤ 成德镇不再恭顺朝廷，至唐末，由王氏家族任节度使，管辖镇、冀、赵、深四州。如司马光言："史宪诚既逼杀田布，朝廷不能讨，遂并朱克融、王庭凑以节授之。由是再失河朔，迄于唐亡，不能复取。"⑥

大和八年（834）十一月，成德军节度使王廷凑卒。大和九年春正月乙卯，"以镇州左司马王元逵……充成德军节度使、镇冀深赵观察等使"。⑦

① 董诰等编《全唐文》卷六〇《赦王承宗诏》，第650—651页。
② 《旧唐书》卷一六《穆宗》，第482页。
③ 《新唐书》卷六六《方镇三·成德》，第1850页。
④ 《旧唐书》卷一六《穆宗》，第491页。
⑤ 《旧唐书》卷一四二《王廷凑传》，第3887页。
⑥ 《资治通鉴》卷二四二，长庆二年二月崔植、杜元颖为相条，第7809页。
⑦ 《旧唐书》卷一七下《文宗下》，第557页。

大中九年（855）正月甲申，成德军奏节度使王元逵薨，军中立其子节度副使王绍鼎。癸卯，以王绍鼎为成德留后。五月，"以王绍鼎为成德节度使"。①

大中十一年八月，成德军节度使王绍鼎卒。以皇子昭王鼎守镇州大都督府长史、成德军节度、镇冀深赵观察等大使；以成德军节度副使、都知兵马使王绍懿为成德军副使留后。十月，"以成德军观察留后……王绍懿……兼镇州大都督府长史，充成德军节度、镇冀深赵观察使等"。②

咸通七年（866）三月，成德军节度、镇冀深赵等州观察处置等使王绍懿死。十二月，"成德留后王景崇为节度使"。③

中和二年（882）十二月庚戌，成德军节度、镇冀深赵观察处置等使王景崇卒。三年二月，以王镕为成德留后。七月，"以成德留后王镕为本道节度使"。④

天祐二年（905）十月，为避朱全忠祖、父名，"更成德军节度号武顺军节度"。⑤

第五节　义武军节度使辖区沿革

义武军节度使，置于建中三年（782），治定州，领定、易、沧三州。兴元元年（784），割出沧州。景福二年（893），增置祁州，领定、易、祁三州，至唐亡。

表 6－5　义武军节度使辖区变动

时间	方镇名称	治所	辖区
建中三年（782）	义武军节度使	定州	定、易、沧三州
兴元元年（784）			定、易二州
景福二年（893）			定、易、祁三州

---

① 《资治通鉴》卷二四九，大中九年五月条，第 8056 页。
② 《旧唐书》卷一八下《宣宗》，第 640 页。
③ 《资治通鉴》卷二五〇，咸通七年十二月条，第 8114 页。
④ 《资治通鉴》卷二五五，中和三年七月条，第 8288 页。
⑤ 《新唐书》卷六六《方镇三·成德》，第 1860 页。

义武军节度使（782），治定州（今河北省保定市定州市），领定、易、沧三州。

《旧唐书·德宗纪》：建中三年（782）五月辛亥，"易定节度赐名义武军"。① 《资治通鉴》：建中三年五月辛亥，"置义武军节度于定州，以易、定、沧三州隶之"。② 《旧唐书·张孝忠传》："后定州刺史杨政义以州降，（张）孝忠遂有易、定之地。朝廷乃于定州置义武军，以孝忠检校兵部尚书，为义武军节度、易定沧等州观察等使。"③

综上可知，建中三年，置义武军节度使，治定州，领易、定、沧三州。

义武军节度使（784），治定州，领定、易二州。

《旧唐书·张孝忠传》：兴元元年（784）正月，"（张）孝忠即令（牙将程华）摄刺史事。及朱滔、王武俊称伪国，（程）华与孝忠阻绝，不能相援。华婴城拒贼，一州获全，朝廷嘉之，乃拜华沧州刺史、御史中丞，充横海军使，仍改名曰华，令每岁以沧州税钱十二万贯供义武军"。④ 《资治通鉴》：兴元元年五月，"朝廷以（程）华为沧州刺史、横海军副大使、知节度事，赐名曰华，今曰华岁供义武租钱十二万缗"。⑤ 《旧唐书·程曰华传》："德宗深嘉之，拜（程）华御史中丞、沧州刺史。复置横海军，以华为使。寻加工部尚书、御史大夫，赐名曰华，仍岁给义武军粮饷数万。自是别为一使，孝忠唯有易、定二州而已。"⑥

综上可知，兴元元年，因沧州与易、定之间被数州阻隔，不易管辖，故于沧州独置横海军节度使。义武军节度领定、易二州。

《元和郡县图志》："易定节度使，定州为理所，管州二：定州、易州。"⑦

义武军节度使（892），治定州，领定、易、祁三州。

《旧唐书·地理志》："景福二年（893），定州节度使王处存，奏请于

---

① 《旧唐书》卷一二《德宗上》，第333页。
② 《资治通鉴》卷二二七，建中三年五月辛亥条，第7330页。
③ 《旧唐书》卷一四一《张孝忠传》，第3856页。
④ 《旧唐书》卷一四一《张孝忠传》，第3857页。
⑤ 《资治通鉴》卷二三一，兴元元年五月条，第7433页。
⑥ 《旧唐书》卷一四三《程曰华传》，第3904页。
⑦ 李吉甫：《元和郡县图志》卷一八《河北道三·易定节度使》，第509页。

本部无极县置祁州。"① 可知，景福二年，义武军节度增领祁州，领定、易、祁三州，至唐亡。

第六节　义昌军节度使辖区沿革

兴元元年（784），沧州置横海军使。贞元二年（786），升为横海军节度使，治沧州，领沧、景二州。元和十三年（818），增领德、棣二州。长庆元年（821），废景州。二年，复置景州。大和元年（827），增领齐州。二年，割出棣州。三年，更号齐沧德节度使，领沧、景、齐、德四州。四年，省景州。五年，齐德沧节度使赐号义昌军节度。咸通五年（864），割出齐州。景福元年（892），复领景州，义昌军节度领沧、景、德三州，至唐亡。

表 6-6　义昌军节度使辖区变动

时间	方镇名称	治所	辖区
兴元元年（784）	横海军使	沧州	沧州
贞元二年（786）	横海军节度使		沧、景二州
元和十三年（818）			沧、景、德、棣四州
长庆元年（821）			沧、德、棣三州
长庆二年（822）			沧、景、德、棣四州
大和元年（827）			沧、景、德、棣、齐五州
大和二年（828）			沧、景、德、齐四州
大和四年（830）			沧、德、齐三州
大和五年（831）	义昌军节度使		
咸通五年（864）			沧、德二州
景福元年（892）			沧、景、德三州

横海军使（784），治沧州（河北省沧州市），领沧州。

《旧唐书·张孝忠传》：兴元元年（784）正月，"（张）孝忠即令（牙将程华）摄刺史事。及朱滔、王武俊称伪国，（程）华与孝忠阻绝，不能

---

① 《旧唐书》卷三九《地理二·河北道》祁州条，第1511页。

相援。华婴城拒贼，一州获全，朝廷嘉之，乃拜华沧州刺史、御史中丞，充横海军使，仍改名曰华，令每岁以沧州税钱十二万贯供义武军"。[1]《资治通鉴》：兴元元年五月，"朝廷以（程）华为沧州刺史、横海军副大使、知节度事，赐名曰华，今曰华岁供义武租钱十二万缗"。[2]《旧唐书·程日华传》："德宗深嘉之，拜（程）华御史中丞、沧州刺史。复置横海军，以华为使。寻加工部尚书、御史大夫，赐名曰华，仍岁给义武军粮饷数万。自是别为一使，孝忠唯有易、定二州而已。"[3]

综上，兴元元年，沧州单独置横海军使，领沧州。

横海军节度使（786），治沧州，领沧、景二州。

《方镇表三》："贞元三年（787），置横海军节度使，领沧、景二州，治沧州。"[4]

按，《元和郡县图志》："贞元二年（786），于弓高县重置景州。"[5]《旧唐书·地理志》："贞元二年，又于弓高县重置景州。"[6] 弓高县本沧州所辖，既是贞元二年置景州，应于是年隶横海军节度使。

《元和郡县图志》："沧景节度使，沧州为理所，管州二：沧州、景州。"[7] 表明至元和八年（813），横海军节度使仍领沧、景二州。

横海军节度使（818），治沧州，领沧、景、德、棣四州。

《方镇表三》："元和十三年（818），以德、棣二州隶横海节度。"[8]《旧唐书·宪宗纪》：元和十三年三月庚辰，"以华州刺史郑权为德州刺史、横海军节度、德棣沧景等州观察使。……十一月……壬寅，以河阳节度使

----

① 《旧唐书》卷一四一《张孝忠传》，第3857页。

② 《资治通鉴》卷二三一，兴元元年五月条，第7433页。

③ 《旧唐书》卷一四三《程日华传》，第3904页。

④ 《新唐书》卷六六《方镇三·横海》，第1846页。

⑤ 李吉甫：《元和郡县图志》卷一八《河北道三·沧景节度使》景州条，第520页。《新唐书》卷三九《地理三·河北道》景州条："贞元三年析沧州之弓高、东光、临津置。"又《资治通鉴》卷二三三："贞元五年（789）二月戊戌，以横海留后程怀直为沧州观察使。怀直请分弓高、景城为景州，仍请朝廷除刺史。上喜曰：'三十年无此事矣！'乃以员外郎徐伸为景州刺史。"可见，《新唐书》《资治通鉴》所载时间均不同于《元和郡县图志》和《旧唐书》，今取后两书所载。

⑥ 《旧唐书》卷三九《地理二·河北道》景州条，第1508页。

⑦ 李吉甫：《元和郡县图志》卷一八《河北道三·沧景节度使》，第517页。

⑧ 《新唐书》卷六六《方镇三·成德》，第1849页。

乌重胤为沧州刺史、横海军节度、沧景德棣观察等使"。①

综上，元和十三年三月，横海军节度徙治德州，增领德、棣二州。十一月，复徙治沧州，仍领沧、景、德、棣四州。

横海军节度使（821），治沧州，领沧、德、棣三州。

《方镇表三》："长庆元年（821），置德、棣二州观察处置使。省景州。"②《旧唐书·地理志》："长庆元年，废景州，四县亦还本属。"③《新唐书》卷三九《地理三·河北道》景州条载同。综上可知，长庆元年，废景州。

横海军节度使（822），治沧州，领沧、景、德、棣四州。

《方镇表三》："长庆二年（822），罢德、棣二州观察处置使。横海节度使复领景州。"④《旧唐书·地理志》："长庆二年，复于弓高置景州。"⑤《新唐书》卷三九《地理三·河北道》景州条载同。可知，长庆二年，复置景州。

《旧唐书·穆宗纪》：长庆二年春正月庚戌，"以德州刺史王日简为沧州刺史，充横海军节度、沧德棣观察等使。……二月……沧州节度使王日简赐姓名李全略。……癸未，以深冀行营诸军节度、忠武军节度使李光颜为沧州刺史、横海军节度使……以横海军节度使李全略为德州刺史、德棣等州节度。三月己未，以德棣节度使李全略复为沧州节度使，仍合沧景德棣为一镇。……李光颜还镇许州"。⑥《资治通鉴》亦载：长庆二年二月癸未，"加李光颜横海节度、沧景观察使，其忠武、深州行营节度如故。以横海节度使李全略为德棣节度使。时朝廷以光颜悬军深入，馈运难通，故割沧景以隶之。……三月……复以德棣节度使李全略为横海节度使"。⑦

上述两材料表明，长庆二年正月，横海军节度仍领沧、德、棣三州，复置景州应是正月之后。是年二月，横海军节度割出德、棣二州另置德棣节度使。三月，横海军节度复领德、棣二州。长庆元年，并未见置德、棣二州观察使。前引《新唐书·方镇表》载，"长庆元年，置德、棣二州观

---

① 《旧唐书》卷一五《宪宗下》，第463—465页。
② 《新唐书》卷六六《方镇三·横海》，第1850页。
③ 《旧唐书》卷三九《地理二·河北道》景州条，第1508页。
④ 《新唐书》卷六六《方镇三·横海》，第1850页。
⑤ 《旧唐书》卷三九《地理二·河北道》景州条，第1508页。
⑥ 《旧唐书》卷一六《穆宗》，第494—497页。
⑦ 《资治通鉴》卷二四二，长庆二年二月、三月条，第7810—7815页。

察处置使"，似有误，今不取。

横海军节度使（827），治沧州，领沧、景、德、棣、齐五州。

《方镇表三》："大和元年（827），横海节度增领齐州。"① 可知，大和元年，横海军节度增领齐州。

横海军节度使（828），治沧州，领沧、景、德、齐四州。

《方镇表二》："大和二年（828），淄青平卢节度增领棣州。"② 可知，横海军节度割出棣州，还领四州。

《方镇表三》："大和三年（829），罢横海节度，更置齐德节度使，治德州，寻废，复置，更号齐沧德节度使。"③

按，《旧唐书·文宗纪》：大和三年五月甲申，"柏耆斩李同捷于将陵，沧景平，李祐入沧州。……丙申，横海军节度使李祐卒。以泾原节度使李岵为齐、德等州节度使，改名有裕。丁酉，以前义武军节度使傅毅为沧州刺史、横海军节度使。……秋七月癸丑，以卫尉卿殷侑检校工部尚书，为齐德沧节度使"。④

从旧纪看，大和三年平定沧景李同捷之乱后，李祐任横海军节度使。李祐寻卒，废横海军额。更号齐德节度使，寻又于沧州置横海军节度使，应是领沧、德、景、齐四州。《旧唐书·文宗纪》：大和四年（830）夏四月丁巳，"贬前齐德沧景等州节度使李有裕为永州刺史"。⑤ 此条可证，齐德沧节度领上述四州。《新唐书·方镇表》所载罢的仅是横海军额，更号为齐德节度使，复置的亦是横海军节度使额，辖区应不变。

横海军（齐德沧）节度使（830），治沧州，领沧、德、齐三州。

《方镇表三》："大和四年（830），省景州。"⑥《旧唐书·文宗纪》：大和四年十二月辛丑朔，"沧州殷侑请废景州为景平县。……闰十二月辛未朔……废景州，其县隶沧州刺史"。⑦《旧唐书》卷三九《地理二·河北道》景州条、《新唐书》卷三九《地理三·河北道》景州条载同。可知，

① 《新唐书》卷六六《方镇三·横海》，第1851页。
② 《新唐书》卷六五《方镇二·青密》，第1817页。
③ 《新唐书》卷六六《方镇三·横海》，第1851页。
④ 《旧唐书》卷一七上《文宗上》，第531—532页。
⑤ 《旧唐书》卷一七下《文宗下》，第536页。
⑥ 《新唐书》卷六六《方镇三·横海》，第1852页。
⑦ 《旧唐书》卷一七下《文宗下》，第539—540页。

大和四年，齐德沧节度省景州。

义昌军节度使（831），治沧州，领沧、德、齐三州。

《方镇表三》："大和五年（831），齐德沧节度使赐号义昌军节度。"① 《旧唐书·文宗纪》：大和五年春正月丁巳，"赐沧德节度使曰义昌军"。② 可知，大和五年，齐德沧节度使更号义昌军节度使。

义昌军节度使（864），治沧州，领沧、德二州。

《方镇表三》："咸通五年（864），天平军节度使增领齐州。"③ 可知，咸通五年，义昌军节度割出齐州，领沧、德二州。

义昌军节度使（892），治沧州，领沧、景、德三州。

《方镇表三》："景福元年（892），义昌军节度复领景州。"④ 《旧唐书·地理志》："景福元年，复于弓高置景州，管弓高、东光、安陵三县。"⑤《新唐书》卷三九《地理三·河北道》景州条载同。可知，景福元年，复置景州，义昌军节度领沧、景、德三州，至唐亡。

第七节　幽州节度使辖区沿革

唐平定安史之乱后，于广德元年（763）制分河北诸州。幽州节度使治幽州，领幽、莫、妫、檀、平、蓟、营、燕八州。大历四年（769），增置涿州。十年，增领瀛洲。建中二年（781），省燕州。三年，增领德、棣二州。贞元元年（785），割出德、棣二州。长庆元年（821），罢领瀛、莫二州。二年，复领二州。乾宁元年（894），增领武、新二州，共领十一州，至唐亡。

表 6 - 7　幽州节度使辖区变动

时间	方镇名称	治所	辖区
宝应元年（762）	幽州节度使	幽州	幽、冀、营、莫、归顺、顺、燕、妫、檀、平、蓟十一州

---

① 《新唐书》卷六六《方镇三·横海》，第1852页。
② 《旧唐书》卷一七下《文宗下》，第540页。
③ 《新唐书》卷六五《方镇二·青密》，第1822页。
④ 《新唐书》卷六六《方镇三·横海》，第1858页。
⑤ 《旧唐书》卷三九《地理二·河北道》景州条，第1508页。

续表

时间	方镇名称	治所	辖区
广德元年（763）			幽、莫、妫、檀、平、蓟、营、燕八州
大历四年（769）			幽、莫、妫、檀、平、蓟、营、燕、涿九州
大历十年（775）			幽、莫、妫、檀、平、蓟、营、燕、涿、瀛十州
建中二年（781）			幽、莫、妫、檀、平、蓟、营、涿、瀛九州
建中三年（782）			幽、莫、妫、檀、平、蓟、营、涿、瀛、德、棣十一州
贞元元年（785）			幽、莫、妫、檀、平、蓟、营、涿、瀛九州
长庆元年（821）			幽、妫、檀、平、蓟、营、涿七州
长庆二年（822）			幽、莫、妫、檀、平、蓟、营、涿、瀛九州
乾宁元年（894）			幽、莫、妫、檀、平、蓟、营、涿、瀛、武、新十一州

幽州节度使（762），治幽州（今北京市大兴区），领幽、冀、营、莫、归顺、顺、燕、妫、檀、平、蓟十一州。

开元二十年（732），幽州节度使兼河北采访处置使，增领卫、相、洺、贝、冀、魏、深、赵、恒、定、邢、德、博、棣、营、莫十六州及安东都护府。天宝元年（742），更幽州节度使为范阳节度使，增领归顺、归德（燕州）二郡。上元二年（761），沧、德、棣三州隶淄沂节度，卫、相、贝、魏、博五州隶滑卫节度。至上元二年，范阳节度使应领幽、易、平、檀、妫、燕、蓟、洺、冀、深、赵、恒、定、邢、营、莫、归顺十七州。①

《方镇表三》："宝应元年（762），范阳节度使复为幽州节度使，及平卢陷，又兼卢龙节度使。以恒、定、易、赵、深五州隶成德军节度，邢州隶泽潞节度，置平卢防御本军营田使。"② 泽潞沁条载："泽潞节度增领洺州。"③

综上，宝应元年，范阳节度使复为幽州节度使，割出恒、定、易、赵、深、邢、洺七州，领幽、平、檀、妫、蓟、冀、营、莫、归顺、燕十

---

① 《新唐书》卷六六《方镇三·幽州》，第1835—1839页。
② 《新唐书》卷六六《方镇三·幽州》，第1840页。
③ 《新唐书》卷六六《方镇三·泽潞沁》，第1840页。

州。又从下引广德元年罢领顺州看，应是还领有顺州。

幽州节度使（763），治幽州，领幽、莫、妫、檀、平、蓟、营、燕八州。

《资治通鉴》：广德元年（763）五月丁卯，"制分河北诸州：以幽、莫、妫、檀、平、蓟为幽州管"。① 《方镇表三》幽州条："广德元年，冀州隶成德军节度，罢领顺、易、归顺三州。"② 易州于宝应元年已割隶成德军节度。可知，广德元年，割出冀、顺、归顺三州，共领幽、莫、妫、檀、平、蓟、营、燕八州。

幽州节度使（769），治幽州，领幽、莫、妫、檀、平、蓟、营、燕、涿九州。

《旧唐书·地理志》："大历四年（769），幽州节度使朱希彩，奏请于范阳县置涿州，仍割幽州之范阳、归义、固安三县以隶涿，属幽州都督。"③ 可知，大历四年，幽州节度增领涿州。

幽州节度使（775），治幽州，领幽、莫、妫、檀、平、蓟、营、燕、涿、瀛十州。

《方镇表三》："大历十年（775），瀛州隶幽州卢龙节度。"④ 可知，大历十年，幽州节度增领瀛洲。

幽州节度使（781），治幽州，领幽、莫、妫、檀、平、蓟、营、涿、瀛九州。

《方镇表三》："建中二年（781），幽州节度省燕州。"⑤ 《旧唐书·德宗纪》：建中二年夏四月己亥，"省燕州、顺化州"。⑥ 其中顺化州为羁縻州，⑦ 非正州。可知，建中二年，幽州节度省燕州，还领九州。

幽州节度使（782），治幽州，领幽、莫、妫、檀、平、蓟、营、涿、瀛、德、棣十一州。

《方镇表三》："建中三年（782），幽州节度复领德、棣二州，后以二

---

① 《资治通鉴》卷二二二，广德元年五月丁卯条，第7143页。
② 《新唐书》卷六六《方镇三·幽州》，第1840页。
③ 《旧唐书》卷三九《地理二·河北道》涿州条，第1517页。
④ 《新唐书》卷六六《方镇三·横海》，第1843页。
⑤ 《新唐书》卷六六《方镇三·幽州》，第1844页。
⑥ 《旧唐书》卷一二《德宗上》，第329页。
⑦ 《新唐书》卷四三下《地理七下·羁縻州》，第1126页。

州复隶成德军节度。"① 建中三年，幽州节度增领淄青节度所辖的德、棣二州（参见淄青平卢节度使一节），领十一州。

幽州节度使（785），治幽州，领幽、莫、妫、檀、平、蓟、营、涿、瀛九州。

《方镇表三》："贞元元年（785），成德军节度增领德、棣二州。"② 可知，贞元元年，幽州节度割出德、棣二州，仍领九州。

幽州节度使（821），治幽州，领幽、妫、檀、平、蓟、营、涿七州。

《方镇表三》："长庆元年（821），幽州节度罢领瀛、莫二州，置瀛莫都团练观察使，治瀛洲，寻升为节度使。"③《旧唐书·刘总传》："长庆初，（幽州节度使刘总）累疏求入觐，兼请分割所理之地，然后归朝。其意欲以幽、涿、营州为一道，请弘靖理之；瀛州、漠州为一道，请卢士玫理之；平、蓟、妫、檀为一道，请薛平理之。……穆宗且欲速得范阳，宰臣崔植、杜元颖又不为久大经略，但欲重弘靖所授，而未能省其使局，惟瀛、漠两州许置观察使，其他郡县悉命弘靖统之。"④《旧唐书·穆宗纪》：长庆元年（821）三月乙卯，"以权知京兆尹卢士玫为瀛州刺史，充瀛莫等州都团练观察使，从刘总奏析置也"。⑤ 又《旧唐书·卢士玫传》："幽州乱，害宾佐，縶弘靖，取裨将朱克融领军务，遣兵袭瀛、莫。朝廷虑防御之名不足抗凶逆，即日除士玫检校工部尚书，充瀛莫节度使。"⑥

综上，从刘总请分幽州为三镇看，长庆元年前，幽州节度仍领九州。长庆元年，割出瀛、莫二州，还领七州。

幽州节度使（822），治幽州，领幽、莫、妫、檀、平、蓟、营、涿、瀛九州。

《方镇表三》："长庆二年（822），幽州节度复领瀛、莫二州。废瀛莫

---

① 《新唐书》卷六六《方镇三·幽州》，第1844页。
② 《新唐书》卷六六《方镇三·成德》，第1845页。
③ 《新唐书》卷六六《方镇三·幽州》，第1850页。《新唐书》卷六六《方镇三·幽州》："天复元年（901），置平、营、瀛、莫等州观察使。"从地图上看，平、营二州与瀛、莫二州间隔有数州，天复元年置此四州观察使似误，待考。
④ 《旧唐书》卷一四三《刘总传》，第3903页。
⑤ 《旧唐书》卷一六《穆宗》，第487页。
⑥ 《旧唐书》卷一六二《卢士玫传》，第4247页。

节度使。"① 长庆二年，幽州节度仍领九州。

幽州节度使（894），治幽州，领幽、莫、妫、檀、平、蓟、营、涿、瀛、武、新十一州。

《资治通鉴》：乾宁元年（894）十一月，"李克用大举兵攻（李）匡筹，拔武州，进围新州"。② 材料载"拔武州，进围新州"，表明武州和新州应隶属幽州节度。《新唐书·地理志》："武州，领文德县。新州，领县四：永兴、矾山、龙门、怀安。"③ 据谭其骧先生主编的《中国历史地图集》，武、新二州位于妫州西北。史书不载其建置时间，已无从得知幽州节度何时增领二州，至迟乾宁元年领有二州。至此，幽州节度领十一州，至唐亡。

---

① 《新唐书》卷六六《方镇三·幽州》，第 1850 页。

② 《资治通鉴》卷二五九，乾宁元年十一月条，第 8458 页。《资治通鉴》卷二六〇乾宁二年（895）春正月辛酉条，胡三省注："幽、涿、瀛、莫、妫、檀、蓟、顺、营、平、新、武等州，皆卢龙巡属也。"胡三省亦认为领有新、武二州，但言领有顺州似有误。见文中引，广德元年已罢领顺州。且《旧唐书》卷三九《地理二·河北道》顺州条："顺州，旧领县一，宾义郡所理，在幽州城内。"《新唐书》卷四三下《地理七下·羁縻州》河北道突厥府二条载，顺州为羁縻州。由此可知，顺州理所在幽州城内，表明顺州应为幽州都督府羁縻州，不应与正州放在一起。又《资治通鉴》卷二六一光化二年（899）正月条："刘仁恭发幽、沧等十二州兵十万。"胡三省注："十二州：幽、涿、瀛、莫、平、营、蓟、妫、檀、沧、景、德也。幽州巡属更有蔚、新、武三州。"蔚州此时隶河东节度。胡三省认为幽州巡属有蔚、新、武三州，应是为符合"十二州"之数。《资治通鉴》载刘仁恭发幽、沧等十二州兵马，包括沧德隶节度所辖，言十二州并非幽、沧二镇领有的全部辖区。且乾宁二年条，胡三省认为领顺州，光化二年条，领蔚州，两者不同，恐胡三省亦不确定。综上，可证有的十一州。

③ 《新唐书》卷三九《地理三·河东道》，第 1007—1008 页。

第七章　山南东道方镇辖区变动考

山南道，初设于唐贞观元年（627），"盖古荆、梁二州之域"，[①] 辖江陵、兴元二府及峡、归、夔、澧、朗、忠、涪、万、襄、泌、隋、邓、均、房、复、郢、金、洋、利、凤、兴、成、文、扶、集、壁、巴、蓬、通、开、阆、果、渠三十三州，一百六十一县，相当于今湖北嘉陵江以北，汉水以西，陕西秦岭、河南伏牛山以南，四川剑阁以东地区。

唐睿宗景云二年（711），析分山南道为东、西二道。《唐会要》卷七〇载："景云二年五月，出使者以山南控带江山，疆界阔远，于是分为山南东、西两道。"[②] 山南东道领"荆、襄、邓、商、复、郢、随、唐、峡、归、均、房、金、夔、万、忠"[③] 十六州。

山南东道存续时间较长的有山南东道节度使、荆南节度使、金商节度使三方镇，因战事临时而置的有唐隋邓节度使、襄峡节度使、澧朗溆都团练使。本道方镇辖区变动相对频繁。

第一节　山南东道节度使辖区沿革

山南东道节度使置于至德元载（756），治襄州，领襄、邓、隋、唐、安、均、房、金、商九州。是年，割出商、金、均、房、安五州。上元元年（760），增领复、郢、金、商、均、房六州。宝应元年（762），割出隋、唐二州。建中四年（783），割出金、商二州。贞元元年（785），割出邓州。三年，增领唐、邓、安、隋四州。十五年，割出安州。元和十年

---

① 《新唐书》卷四〇《地理四·山南道》，第 1027 页。
② 王溥：《唐会要》卷七〇，第 1459 页。
③ 李林甫等：《唐六典》卷三《户部郎中员外郎》，第 67 页。

181

（815），割出唐、隋、邓三州。十二年，复领三州。天祐二年（905），割出均、房二州。三年，复领二州。

表7-1　山南东道节度使辖区变动

时间	方镇名称	治所	辖区
至德元载（756）	山南东道节度使	襄州	襄、邓、隋、唐四州
上元元年（760）			襄、邓、隋、唐、复、郢、金、商、均、房十州
宝应元年（762）			襄、邓、复、郢、金、商、均、房八州
建中四年（783）			襄、邓、复、郢、均、房六州
贞元元年（785）			襄、复、郢、均、房五州
贞元三年（787）			襄、邓、复、郢、安、隋、唐、均、房九州
贞元十五年（799）			襄、复、郢、隋、唐、均、房八州
元和十年（815）			襄、复、郢、均、房五州
元和十二年（817）			襄、邓、复、郢、隋、唐、均、房八州
文德元年（888）	忠义军节度使		
天祐二年（905）			襄、邓、复、郢、隋、唐六州
天祐三年（906）	山南东道节度使		襄、邓、复、郢、隋、唐（泌）均、房八州

山南东道节度使（又称襄邓节度使）（756），治襄州（今湖北省襄阳市襄州区），领襄、邓、隋、唐四州。

《旧唐书·徐浩传》："安禄山反，出为襄阳太守、本郡防御使，赐以金紫之服。肃宗即位，召拜中书舍人，时天下事殷，诏令多出于浩。"[1] 又至德元载（756）七月甲子，"上即皇帝位于灵武"。[2]

由上可知，至德元载七月，徐浩不再任襄阳防御使。郁贤皓先生认为，其后应有崔伯阳、韩洪、李峘任襄阳太守。[3]

再检《授韩洪山南东道防御使等制》："襄阳太守韩洪……可山南东道防御使，纮可考功员外郎知制诰。"[4] 此条表明，襄阳已是山南东道防御使

---

① 《旧唐书》卷一三七《徐浩传》，第3759页。
② 《旧唐书》卷一〇《肃宗》，第242页。
③ 郁贤皓：《唐刺史考》卷一八九《山南东道·襄州》，第2267页。
④ 贾至：《授韩洪山南东道防御使等制》，《文苑英华》卷四〇九《诸使二·防御使》，第2072页。

治所。

《资治通鉴》：至德元载七月，"置山南东道节度使，领襄阳等九郡"。①《方镇表四》："至德二载，升襄阳防御使为山南东道节度使，领襄、邓、隋、唐、安、均、房、金、商九州，治襄州。"②《方镇表》载至德"二载"恐是"元载"之误。

由上可知，应是至德元载置山南东道防御使，领襄州襄阳郡、邓州南阳郡、隋州汉东郡、唐州淮安郡、安州安陆郡、均州武当郡、房州房陵郡、金州安康郡、商州上洛郡。

又《方镇表四》："至德元载，置兴平节度使，领（商州）上洛、（金州）安康、（均州）武当、（房州）房陵四郡，治上洛郡。"③《方镇表五》："至德元载，置淮南节度使，领安……黄十三州。"④ 可知，是年又割出金、商、均、房、安五州。

综上，至德元载，先置襄阳防御使，后置山南东道防御使，遂升为节度使，领九州。是年末，又割出商、金、均、房、安五州，领襄、邓、隋、唐四州。

山南东道节度使（760），治襄州，领襄、邓、隋、唐、复、郢、金、商、均、房十州。

《旧唐书·肃宗纪》：上元元年（760）四月己未，"以陕州刺史来瑱为襄州刺史，充山南东道襄邓等十州节度、观察处置等使"。⑤《资治通鉴》：上元元年四月己未，"以陕西节度使来瑱为山南东道节度使"。⑥《旧唐书·韦伦传》："上元元年，襄州大将张瑾杀节度使史翙作乱，乃以（韦）伦为襄州刺史、兼御史大夫、山南东道襄邓等十州节度使。"⑦《新唐书·来瑱传》："明年（上元元年），襄州部将张维瑾等杀其使史翙，徙瑱山南东道

① 《资治通鉴》卷二一八，至德元载七月条，第6983—6984页。
② 《新唐书》卷六七《方镇四·南阳》，第1870页。《新唐书》卷一四七《鲁炅传》："至德二载五月，乃率众突围走襄阳。俄拜御史大夫、襄邓十州节度使。"不知该条所载是何十州，从文中分析看，恐有误，今不取。
③ 《新唐书》卷六七《方镇四·南阳》，第1869页。
④ 《新唐书》卷六八《方镇五·淮南》，第1902页。
⑤ 《旧唐书》卷一〇《肃宗》，第258页。
⑥ 《资治通鉴》卷二二一，上元元年四月己未条，第7091页。
⑦ 《旧唐书》卷一三八《韦伦传》，第3781页。

襄、邓、均、房、金、商、隋、郢、复十州节度使。"① 《旧唐书》卷一一四《来瑱传》载同。

综上可知，上元元年，山南东道节度领十州。《新唐书·来瑱传》载山南东道领十州，实载九州，应漏记唐州。

山南东道节度使（762），治襄州，领襄、邓、复、郢、金、商、均、房八州。

《资治通鉴》：宝应元年（762）二月，"上召山南东道节度使来瑱赴京师。瑱乐在襄阳，其将士亦爱之，乃讽所部将吏上表留之；行及邓州，复令还镇。荆南节度使吕谔、淮西节度使王仲昇及中使往来者言'瑱曲收众心，恐久难制'。上乃割商、金、均、房别置观察使，令瑱止领六州。……密敕以茂代瑱为襄、邓等州防御使"。《旧唐书·来瑱传》："上元三年……以瑱为邓州刺史，充山南东道襄、邓、唐、复、郢、随等六州节度，余并如故。……加裴茂兼御史中丞、襄邓等七州防御使以代之。……裴茂于商州召募，以窥去就。"②《新唐书》卷一四四《来瑱传》载同。《旧唐书·代宗纪》：宝应元年五月壬寅，"以来瑱复为襄州刺史、山南东道节度使"。③

由上可知，因山南东道节度使来瑱难制，故割出商、金、均、房四州，且降为襄邓防御使。后言裴茂为襄邓七州防御使，据"裴茂于商州召募，以窥去就"，应是襄、邓、唐、复、郢、隋、商七州。宝应元年五月，来瑱复为山南东道节度使。

检《方镇表四》："宝应元年，金、商二州隶京畿。罢武关内外四州防御观察使。"④《方镇表一》："宝应元年，京畿节度使复领金、商。是年废节度使。"⑤《方镇表二》："宝应元年，淮西节度增领许、隋、唐三州。"⑥应是来瑱复任山南东道节度使后，罢武关内外四州防御使，均、房二州复隶山南东道节度使，金、商二州隶京畿节度使。是年废京畿节度使，金、

---

① 《新唐书》卷一四四《来瑱传》，第4699页。《新唐书》卷六七《方镇四·南阳》："上元二年（761），废兴平节度使，置武关内外四州防御观察使，领州如故。"从文中分析看，该条所载应有误，故不取。

② 《旧唐书》卷一一四《来瑱传》，第3366页。

③ 《旧唐书》卷一一《代宗》，第270页。

④ 《新唐书》卷六七《方镇四·南阳》，第1872页。

⑤ 《新唐书》卷六四《方镇一·京畿》，第1768页。

⑥ 《新唐书》卷六五《方镇二·淮南西道》，第1804页。

商二州复隶山南东道节度使。隋、唐二州割隶淮西节度。则是年山南东道领襄、邓、复、郢、金、商、均、房八州。

山南东道节度使（783），治襄州，领襄、邓、复、郢、均、房六州。

《方镇表一》载："建中四年（783），置京畿渭南节度观察使，领金、商二州。未几罢，五州及金州为京畿商州节度使。"[1]《资治通鉴》：建中四年冬十月己巳，"加浑瑊京畿、渭南北、金商节度使"。[2] 是年十月，金、商州仍隶金商节度。兴元元年（784），又置"金、商二州都防御使"。[3] 可推知，自建中四年，金、商二州不再隶山南东道节度使。

山南东道节度使（785），治襄州，领襄、复、郢、均、房五州。

《方镇表四》："贞元元年（785），邓州隶东都畿。"[4]《方镇表一》："贞元元年，废东都畿汝州节度，置都防御使，以东都留守兼之，增领唐、邓二州。"[5] 可知，是年割出邓州，领五州。

山南东道节度使（787），治襄州，领襄、邓、复、郢、安、隋、唐、均、房九州。

《方镇表一》："贞元三年（787），唐、邓二州隶山南东道。"[6]《资治通鉴》：贞元三年闰五月，"上以襄、邓扼淮西冲要，癸亥，以荆南节度使曹王皋为山南东道节度使，以襄、邓、复、郢、安、随、唐七州隶之"。[7]《旧唐书》卷一二《德宗上》贞元三年闰五月癸亥条载略同。

又检《旧唐书·李皋传》："初平希烈，吴少诚杀陈仙奇，上以襄、邓要扼，贞元三年，除襄州刺史、山南东道节度等使，割汝、随隶焉。"[8] 结合前引《资治通鉴》所载，应是割安、隋隶山南东道。汝州隶东都畿，此处载平淮西李希烈事，且安州曾隶山南东道，从地理位置上看，亦应是割淮西所辖安州来隶为妥。

---

① 《新唐书》卷六四《方镇一·京畿》，第1773页。
② 《资治通鉴》卷二二八，建中四年十月己巳条，第7366页。
③ 《新唐书》卷六七《方镇四·南阳》，第1876页。
④ 《新唐书》卷六七《方镇四·南阳》，第1876页。
⑤ 《新唐书》卷六四《方镇一·东畿》，第1774页。
⑥ 《新唐书》卷六四《方镇一·东畿》，第1775页。
⑦ 《资治通鉴》卷二三二，贞元三年闰五月条，第7485页。《新唐书》卷六七《方镇四·南阳》："贞元三年（787），山南东道节度增领复州。"从文中看，前不见山南东道割出复州，此言增领该州恐有误，今不取。
⑧ 《旧唐书》卷一三一《李皋传》，第3640页。

综上，贞元三年，山南东道增领东都畿唐、邓二州，淮西安、隋二州，又未见均、房二州割出，故应领襄、邓、复、郢、安、隋、唐、均、房九州。①

山南东道节度使（799），治襄州，领襄、邓、复、郢、隋、唐、均、房八州。

《方镇表五》："贞元十五年（799），置安黄节度观察使，治安州。"② 《旧唐书·德宗纪》：贞元十五年四月癸未，"以安州刺史伊慎为安黄节度营田观察使"。③ 《资治通鉴》卷二三五贞元十五年四月癸未条载同。

可知，贞元十五年，安州割隶安黄节度观察使，山南东道还领八州。《元和郡县图志》载："襄邓节度使，领襄、邓、复、郢、唐、隋、均、房八州。"④ 应属贞元十五年后山南东道所领。

山南东道节度使（815），治襄州，领襄、复、郢、均、房五州。

《方镇表四》："元和十年（815），置唐隋邓三州节度使，治唐州。"⑤ 《资治通鉴》：元和十年冬十月庚子，"始分山南东道为两节度，以户部侍郎李逊为襄、复、郢、均、房节度使；以右羽林大将军高霞寓为唐、随、邓节度使。朝议以唐与蔡接，故使霞寓专事攻战，而逊调五州之赋以饷之"。⑥ 《旧唐书》卷一五《宪宗下》元和十年冬十月庚子条、《旧唐书》卷一五五《李逊传》、《旧唐书》卷一六二《高霞寓传》载同。

元和十一年，"废唐隋邓节度使，是年复置，徙治隋州"。⑦ 《旧唐书·宪宗纪》：元和十一年秋七月丁丑，"贬随唐节度使高霞寓为归州刺史。……以荆南节度使袁滋为唐州刺史、彰义节度使、申光唐蔡随邓州观察使，权以唐州为理所。……十二月……甲寅，以闲厩宫苑使李愬检校左散骑常侍，兼邓州刺史，充唐随邓等州节度使"。⑧ 《资治通鉴》卷二三九元和十一年十

---

① 《唐会要》卷七一《州县改置下·山南道》均州条："贞元元年（785）五月，以均州隶山南东道观察使。"此前不见均州割出山南东道，故言贞元五年以均州隶山南东道恐误，今不取。《资治通鉴》卷二三二，贞元三年闰五月条载，恐漏"均、房"二州。

② 《新唐书》卷六八《方镇五·鄂岳沔》，第1912页。

③ 《旧唐书》卷一三《德宗下》，第390页。

④ 李吉甫：《元和郡县图志》卷二一《山南道二》，第527页。

⑤ 《新唐书》卷六七《方镇四·南阳》，第1879页。

⑥ 《资治通鉴》卷二三九，元和十年十月庚子条，第7718页。

⑦ 《新唐书》卷六七《方镇四·南阳》，第1880页。

⑧ 《旧唐书》卷一五《宪宗下》，第456—458页。

二月甲寅条载同。可知，元和十一年，唐、隋、邓三州曾隶彰义军节度，十二月复置，治邓州。恐新表载治隋州有误。

山南东道节度使（817），治襄州，领襄、邓、复、郢、隋、唐、均、房八州。

《旧唐书·宪宗纪》：元和十二年（817）十一月丙戌朔，"随唐节度使、检校左散骑常侍李愬检校尚书左仆射、襄州刺史，充山南东道节度、襄邓随唐复郢均房等州观察等使"。① 《方镇表四》："元和十二年，废唐隋邓节度使，以唐、隋、邓三州还隶山南东道。"② 《旧唐书》卷一三三《李愬传》载同。可知，元和十二年，山南东道复领唐、隋、邓三州，仍领八州。

忠义军节度使（888），治襄州，领襄、邓、复、郢、隋、唐、均、房八州。

《方镇表四》："文德元年（888），赐山南东道节度号忠义军节度。"③ 《资治通鉴》：文德元年五月，"制以山南东道为忠义"。④ 所领八州不变。

忠义军节度使（905），治襄州，领襄、邓、复、郢、隋、唐六州。

《方镇表四》："天祐二年（905），赐昭信军节度号戎昭军节度，增领均、房二州。是年，更戎昭军曰武定军，徙治均州。"⑤ 故是年忠义军节度使领襄、邓、复、郢、隋、唐六州。

山南东道节度使（906），治襄州，领襄、邓、复、郢、隋、唐（泌）、均、房八州。

《旧唐书·哀帝纪》：天祐三年（906）五月丙申，"敕：'天祐二年九月二十日于金州置戎昭军，割均、房二州为属郡。比因冯行袭叶赞元勋，克宣丕绩，用奖济师之效，遂行割地之权。今命帅得人，畴庸有秩，其戎

---

① 《旧唐书》卷一五《宪宗下》，第461页。
② 《新唐书》卷六七《方镇四·南阳》，第1880页。《新唐书》第1888页载："会昌四年（844），废山南东道节度，是年复置。"按，《资治通鉴》卷二四八：会昌三年（843）七月，以山南东道节度使卢钧为昭义节度招讨使。会昌四年八月，罢卢钧山南东道，专为昭义节度使。又《新唐书》卷一八二《郑肃传》："会昌四年，迁山南东道节度使，五年，以检校尚书右仆射同中书门下平章事。"可知，会昌四年，应是罢卢钧山南东道节度使，使其专任昭义节度使。其后郑肃任山南东道节度使。恐新表有误。
③ 《新唐书》卷六七《方镇四·南阳》，第1890页。
④ 《资治通鉴》卷二五七，文德元年五月条，第8379页。
⑤ 《新唐书》卷六七《方镇四·南阳》，第1894页。

昭军额宜停，其均、房二州却还山南东道收管。'六月癸未朔，甲申，敕：'襄州近因赵匡凝作帅，请别立忠义军额，即非往制，固是从权。忠义军额宜停废，依旧为山南东道节度使。'己亥，权知唐州事卫审符奏，州郭凋残，又不居要路，请移理所于泌阳县，从之"。①《资治通鉴》：天祐三年五月丙子，"废戎昭军，并均、房隶忠义军。……六月，甲申，复以忠义军为山南东道"。②《方镇表四》："天祐三年，忠义军节度复为山南东道节度。废武定军节度，复以均、房二州隶山南东道节度。"③《新唐书·地理四》："天祐三年，更唐州为泌州。"④

综上可知，天祐三年，忠义军节度使复为山南东道节度使，仍领泌州等八州。

第二节　荆南节度使辖区沿革

荆南节度，亦曰荆澧节度，置于至德二载（757），治荆州，初领荆、澧、朗、郢、复、夔、峡、忠、万、归十州。是年，割出夔、峡、忠、万、归五州。乾元元年（758），复领十州。二年，割出澧、朗、夔、峡、忠、万、归七州。上元元年（760），增领澧、朗、夔、峡、忠、万、归、岳八州，割出郢、复二州。二年，增领涪、衡、潭、郴、邵、永、道、连八州。广德二年（764），割出衡、潭、邵、永、道、郴、连、夔、忠、涪十州。永泰元年（765），割出岳州。大历元年（766），复领夔、忠、涪三州，后又割出归、万、涪、夔、忠五州。四年，复领归、夔、万、忠、涪五州。六年，割出澧、朗二州。九年，复领二州。十四年，复领岳州。兴元元年（784），割出岳州。元和三年（808），割出涪州。大中二年（848），复领涪州，未几，复割出。光化元年（898），割出澧、朗二州。三年，复领涪州。天复三年（903），割出夔、忠、万、涪四州，至唐亡。

---

① 《旧唐书》卷二〇下《哀帝》，第 807 页。
② 《资治通鉴》卷二六五，天祐三年五月、六月条，第 8659 页。
③ 《新唐书》卷六七《方镇四·南阳》，第 1894 页。
④ 《新唐书》卷四〇《地理四·山南道》泌州条，第 1031 页。

表 7－2　荆南节度使辖区变动

时间	方镇名称	治所	辖区
至德二载（757）	荆南节度使	荆州	荆、澧、朗、郢、复五州
乾元元年（758）			荆、澧、朗、郢、复、夔、峡、忠、万、归十州
乾元二年（759）			荆、郢、复三州
上元元年（760）		江陵府	江陵府、澧、朗、夔、峡、忠、万、归、岳九府州
上元二年（761）			江陵府、澧、朗、夔、峡、忠、万、归、涪、岳、潭、衡、郴、邵、永、道、连十七府州
广德二年（764）			江陵府、澧、朗、峡、万、归、岳七府州
永泰元年（765）			江陵府、澧、朗、峡、万、归六府州
大历元年（766）			江陵府、澧、朗、峡四府州
大历四年（769）			江陵府、澧、朗、峡、归、夔、万、忠、涪九府州
大历六年（771）			江陵府、峡、归、夔、万、忠、涪七府州
大历九年（774）			江陵府、澧、朗、峡、归、夔、万、忠、涪九府州
大历十四年（779）			江陵府、澧、朗、岳、峡、归、夔、万、忠、涪十府州
兴元元年（784）			江陵府、澧、朗、峡、归、夔、万、忠、涪九府州
元和三年（808）			江陵府、澧、朗、峡、归、夔、万、忠八府州
大中二年（848）			江陵府、澧、朗、峡、归、夔、万、忠、涪九府州
光化元年（898）			江陵府、峡、归、夔、万、忠六府州
光化三年（900）			江陵府、峡、归、夔、万、忠、涪七府州
天复三年（903）			江陵府、峡、归三府州

荆南节度使（757），治荆州（今湖北省荆州市沙市区），初领荆、澧、朗、郢、复、夔、峡、忠、万、归州。是年，割出夔、峡、忠、万、归五州。

《方镇表四》："至德二载（757），置荆南节度，亦曰荆澧节度，领荆、

澧、朗、郢、复、夔、峡、忠、万、归十州,治荆州。升夔州防御为夔峡
节度使。"① 《资治通鉴》:至德二载十二月,"又置荆澧节度,领荆、澧等
五州;夔峡节度,领夔、峡等五州"。② 由上可知,至德二载十二月,荆南
节度分出夔峡节度,领荆、澧、朗、郢、复,共五州。夔峡兼领涪、忠、
万,共五州。荆南还领五州。

**荆南节度使(758),治荆州,领荆、澧、朗、郢、复、夔、峡、忠、
万、归十州。**

《方镇表四》:"乾元元年(758),废夔峡节度使。"③ 《夔州刺史厅壁
记》:"乾元初,复为州,偃节于有司,第以防御使为称。寻罢,以支郡隶
江陵。"④ 由上可知,夔峡节度所辖五州应复隶荆南节度。

荆南节度使(759),治荆州,领荆、郢、复三州。

《资治通鉴》:乾元二年(759)九月甲午,"张嘉延袭破荆州,荆南节
度使杜鸿渐弃城走,澧、朗、郢、峡、归等州官吏闻之,争潜窜山谷"。⑤
《方镇表四》:"乾元二年,置澧朗溆都团练使,治澧州。以夔、峡、忠、
归、万五州隶夔州。"⑥

由上可知,因杜鸿渐弃城走,析澧、朗置澧朗溆都团练使,夔、峡、
忠、归、万五州隶夔峡节度,荆南节度辖下还有荆、复、郢三州。

**荆南节度使(760),治江陵府,领江陵府、澧、朗、夔、峡、忠、
万、归、岳九府州。**

《旧唐书·肃宗纪》:上元元年(760)八月丁丑,"以太子宾客吕𧩙为
荆州大都督府长史、澧朗峡忠五州节度观察处置等使。……九月甲午,以
荆州为南都,州曰江陵府,官吏制置同京兆"。⑦ 《新唐书·吕𧩙传》亦载:
"上元初,加同中书门下三品……数月,拜荆州长史、澧朗峡忠等五州节
度使。"⑧ 《方镇表四》:"上元元年,废澧朗溆都团练使。荆南节度使兼江

---

① 《新唐书》卷六七《方镇四·荆南》,第1870页。
② 《资治通鉴》卷二二〇,至德二载十二月条,第7051页。
③ 《新唐书》卷六七《方镇四·荆南》,第1871页。
④ 《刘禹锡集》卷第九《记下·夔州刺史厅壁记》,中华书局,1990,第107页。
⑤ 《资治通鉴》卷二二一,乾元二年九月甲午条,第7081页。
⑥ 《新唐书》卷六七《方镇四·荆南》,第1871页。
⑦ 《旧唐书》卷一〇《肃宗》,第259页。
⑧ 《新唐书》卷一四〇《吕𧩙传》,第4649页。

南尹。荆南节度复领澧、朗、忠、峡四州。"①

上述三则材料均言，上元元年荆南节度领江陵府、澧、朗、峡、忠五府州。但从地理位置上看，峡、忠二州均沿长江而处，中间隔有归、夔、万三州，为何不载该三州呢？检《旧唐书·地理志》："上元元年九月，置南都，以荆州为江陵府。长史为尹，观察、制置，一准两京。以旧相吕谭为尹，充荆南节度使，领澧、朗、硖、夔、忠、归、万等八州。"② 该材料似可证前述三则史料恐漏载归、夔、万三州，笔者倾向于领有三州。

再检《方镇表五》："上元元年，岳州隶荆南节度。"③ 可知，是年荆南增领岳州。另，复、郢二州于是年割隶山南东道节度（参见山南东道节度使一节）。

综上，上元元年，荆南节度应领江陵府、澧、朗、夔、峡、忠、万、归、岳九府州。

荆南节度使（761），治江陵府，领江陵府、澧、朗、夔、峡、忠、万、归、涪、岳、潭、衡、郴、邵、永、道、连十七府州。

《方镇表四》："上元二年（761），荆南节度增领涪、衡、潭、岳、郴、邵、永、道、连九州。"④ 《旧唐书·地理志》："又割黔中之涪，湖南之岳、潭、衡、郴、邵、永、道、连八州，隶荆南节度。"⑤ 《资治通鉴》：上元二年正月，"荆南节度使吕谭奏：请以江南之潭、岳、郴、邵、永、道、连，黔中之涪州，皆隶荆南。从之"。⑥ 《新唐书》卷一四〇《吕谭传》载略同。《资治通鉴》恐漏载衡州。

《方镇表六》："上元二年，废韶、连、郴都团练使，三州复隶岭南节度。"⑦ 按：该条载三州复隶岭南似误，应是韶州隶岭南，连、郴二州隶荆南节度。

由上可知，上元二年，荆南节度又增领八州，共领十七。《吕公表》亦可佐证，"上元二年，置南都于荆州，为江陵府，使旧相东平吕公为江

---

① 《新唐书》卷六七《方镇四·荆南》，第 1871 页。
② 《旧唐书》卷三九《地理二·山南道》荆州江陵府条，第 1552 页。
③ 《新唐书》卷六八《方镇五·鄂岳沔》，第 1904 页。
④ 《新唐书》卷六七《方镇四·荆南》，第 1872 页。
⑤ 《旧唐书》卷三九《地理二·山南道》荆州江陵府条，第 1552 页。
⑥ 《资治通鉴》卷二二二，上元二年正月条，第 7104 页。
⑦ 《新唐书》卷六九《方镇六·衡州》，第 1936 页。

陵尹兼御史大夫，分峡中、湖南及武陵、沣阳、巴陵凡一十七州为荆南节度观察使"。①

荆南节度使（764），治江陵府，领江陵府、澧、朗、峡、万、归、岳七府州。

《方镇表四》："广德二年（764），荆南节度罢领忠、涪二州，以衡、潭、邵、永、道五州隶湖南观察使。置夔忠涪都防御使，治夔州。"② 郴、连二州亦隶湖南观察使（参见湖南观察使一节）。由此可推，广德二年，荆南节度使割出衡、潭、邵、永、道、郴、连、夔、忠、涪十州，还领七府州。

荆南节度使（765），治江陵府，领江陵府、澧、朗、峡、万、归六府州。

永泰元年（765），荆南节度"罢领岳州"。③

荆南节度使（766），治江陵府，领江陵府、澧、朗、峡四府州。

《方镇表四》："大历元年（766），荆南节度复领澧、朗、涪三州。"④ 按：如前述，澧、朗二州并未曾割出荆南节度，此言复领似不妥。因广德二年曾置夔忠涪都防御使，恐是荆南节度复领夔、忠、涪三州。

检《授柏贞节夔忠等州防御使制》："开府仪同三司、试太常卿使、持节邛州诸军事、兼邛州刺史、御史中丞、剑南防御使及邛南招讨使、上柱国、钜鹿县开国子柏贞节……可使持节都督夔州诸军事，兼夔州刺史，依前兼御史中丞，充夔忠万归涪等州都防御使。"⑤ 此处柏贞节即柏茂林，也称柏茂琳。⑥

又检《旧唐书·代宗纪》：大历元年（766）二月癸丑，"邛州刺史柏茂林充邛南防御使……八月……壬寅，以茂州刺史崔旰为成都尹、兼御史大夫、剑南西川节度行军司马，邛南防御使、邛州刺史柏茂林为邛

---

① 《吕公表》，董诰等编《全唐文》，第3897页。
② 《新唐书》卷六七《方镇四·荆南》，第1873页。
③ 《新唐书》卷六七《方镇四·荆南》，第1873页。
④ 《新唐书》卷六七《方镇四·荆南》，第1874页。
⑤ 常衮：《授柏贞节夔忠等州防御使制》，《文苑英华》卷四〇九《诸使二·防御使》，第2073页。
⑥ 参见《旧唐书》卷一一七《崔宁传》、《新唐书》卷一四四《崔宁传》、《新唐书》卷一二六《杜鸿渐传》。

南节度使"。①

由上可知，大历元年八月，柏茂林（柏贞节）仍任邛南节度使，那么其担任夔忠万归涪等州都防御使应是在大历元年末，即割出夔、忠、万、归、涪置都防御使，荆南节度还领江陵府、澧、朗、峡四府州。

荆南节度使（769），治江陵府，领江陵府、澧、朗、峡、归、夔、万、忠、涪九府州。

《资治通鉴》载，大历四年（769）二月，杨子琳既败还泸州，沿江东下，相继攻下涪州、忠州、夔州。荆南节度使卫伯玉欲结以为援，许其以夔州，并为之请于朝。杨子琳遣使诣阙请罪，乙巳，以杨子琳为峡州团练使。② 既然荆南节度使能许夔州给杨子琳，表明夔州已为其所领，且原夔忠都防御使应被废。又因杨子琳请罪后，朝廷仅任其为峡州团练使，可知原夔忠都防御使所领应复隶荆南节度。

荆南节度使（771），治江陵府，领江陵府、峡、归、夔、万、忠、涪七府州。

《旧唐书·代宗纪》：大历六年（771）四月己未，澧州刺史杨子琳来朝，赐名猷。大历九年春正月壬寅，澧、朗两州镇遏使、澧州刺史杨猷擅浮江而下，至鄂州。三月戊子，以澧州刺史杨猷为洮州刺史。③ 其后一段时间不见任命澧州刺史，或表明大历六年至九年，澧、朗二州曾置镇，大历九年，澧、朗复隶荆南节度。

荆南节度使（779），治江陵府，领江陵府、澧、朗、岳、峡、归、夔、万、忠、涪十府州。

《方镇表五》："大历十四年（779），罢鄂州观察防御使。"④ 《旧唐书·德宗纪》亦载，大历十四年六月，罢鄂岳沔都团练观察使，以其地分隶诸道。⑤ 岳州应是复隶荆南节度。

《旧唐书·李泌传》："会澧州刺史阙……。诏曰：'……可检校御史中

---

① 《旧唐书》卷一一《代宗》，第282—283页。
② 《资治通鉴》卷二二四，大历四年二月条，第7207页。
③ 《旧唐书》卷一一《代宗》，第297—304页。
④ 《新唐书》卷六八《方镇五·鄂岳沔》，第1908页。
⑤ 《旧唐书》卷一二《德宗上》，第322页。

丞，充澧朗峡团练使。'重其礼而遣之。无几，改杭州刺史，以理称。"①
《旧唐书·代宗纪》：大历十四年春正月壬戌，"以楚州刺史李泌为澧州刺史"。② 可知，大历十四年应是曾置澧朗峡都团练使，但因刺史李泌的调离而废，三州复隶荆南节度。

荆南节度使（784），治江陵府，领江陵府、澧、朗、峡、归、夔、万、忠、涪九府州。

《资治通鉴》：兴元元年（784）正月，"上以李兼为鄂、岳、沔都团练使"。③ 可知，是年，岳州不隶荆南节度。

荆南节度使（808），治江陵府，领江陵府、澧、朗、峡、归、夔、万、忠八府州。

《方镇表四》："元和三年（808），涪州隶黔中节度。"④ 可知，元和三年，荆南节度割出涪州。

《荆潭裴均杨凭唱和诗序》："今仆射裴公开镇蛮荆，统郡惟九；常侍杨公领湖之南壤地二千里：德刑之政并勤，爵禄之报两崇。"⑤ 从作者韩愈生活的年代看，该材料中的裴公和杨公应是指荆南节度使裴均和湖南观察使杨凭。检《旧唐书·德宗纪》，贞元十九年（803）五月乙未，以"荆南行军司马裴筠为江陵尹、兼御史大夫、荆南节度使"。⑥ 元和三年四月乙亥，"以岭南节度使赵昌为江陵尹、荆南节度使……丁丑，以荆南节度使裴均为右仆射、判度支"。⑦

由上可知，裴公镇蛮荆，统郡惟九，应是指裴均自贞元十九年至元和三年任荆南节度使，领九州，且应在元和三年涪州割隶黔中节度使之前。

---

① 《旧唐书》卷一三〇《李泌传》，第3621—3622页。
② 《旧唐书》卷一一《代宗》，第315页。
③ 《资治通鉴》卷二二九，兴元元年正月条，第7394页。《新唐书》卷六八《方镇五·鄂岳沔》："建中四年（783），复置鄂州都团练观察使，复领沔州。"笔者倾向于兴元元年复置鄂岳都团练使，今不取。
④ 《新唐书》卷六七《方镇四·荆南》，第1879页。
⑤ 韩愈：《荆潭裴均杨凭唱和诗序》，《文苑英华》卷七一七《诗序三》，第3707页。
⑥ 《旧唐书》卷一三《德宗下》，第398页。
⑦ 《旧唐书》卷一四《宪宗上》，第425页。

荆南节度使（848），治江陵府，领江陵府、澧、朗、峡、归、夔、万、忠、涪九府州。

《方镇表四》："大中二年（848），荆南节度复领涪州。未几，复以涪州隶黔中。"①

荆南节度使（898），治江陵府，领江陵府、峡、归、夔、万、忠六府州。

《方镇表四》载，光化元年（898），"澧、朗二州隶武贞军节度"。②

荆南节度使（900），治江陵府，领江陵府、峡、归、夔、万、忠、涪七府州。

《旧唐书·昭宗纪》：光化三年（900）八月壬午，"制荆南节度、忠万归夔涪峡等州观察处置水陆催运等使……成汭可检校太师、中书令，余如故"。③

荆南节度使（903），治江陵府，领江陵府、峡、归三府州。

《资治通鉴》载，天复三年（903）十月，夔州刺史侯矩以州降王建，川将王宗本取夔、忠、万、施四州。王建复以侯矩为夔州刺史，更其姓名曰王宗矩。蜀之议者，以瞿唐，蜀之险要，乃弃归、峡，屯军夔州。武泰军旧治黔州，王宗本以其地多瘴疠，请徙治涪州，王建许之。④ 由上可知，天复三年，夔、忠、万三州置防御使，涪州割隶黔中观察使。荆南节度还领江陵府、峡、归三府州，至唐亡。

第三节　金商节度使辖区沿革

金商都防御使置于兴元元年（784），治商州，领金、商二州。光启二年（886），升金商都防御使为节度使，徙治金州，仍领金、商二州。三年，罢金商节度，置昭信军防御使，治金州，领金、商二州。光化元年（898），升昭信军防御使为节度使，辖区不变。天祐二年（905），改昭信军节度为戎昭军节度，增领均、房二州，徙治均州。三年，废戎昭军节

---

① 《新唐书》卷六七《方镇四·荆南》，第1884页。
② 《新唐书》卷六七《方镇四·荆南》，第1893页。
③ 《旧唐书》卷二〇上《昭宗》，第768页。
④ 《资治通鉴》卷二六四，天复三年十月条，第8619页。

度，均、房二州隶山南东道节度，金、商二州隶佑国军节度。

表 7－3　金商节度使辖区变动

时间	方镇名称	治所	辖区
兴元元年（784）	金商都防御使	商州	金、商二州
光启二年（886）	金商节度使	金州	
光启三年（887）	昭信军防御使		
光化元年（898）	昭信军节度使		
天祐二年（905）	武定军节度使	均州	金、商、均、房四州
天祐三年（906）	废武定军节度使		

金商都防御使（784），治商州（今陕西省商洛市），领金、商二州。

《方镇表四》载："兴元元年（784），置金、商二州都防御使。"[1] 未载治所，鉴于"商州扼秦楚之交，据山川之险，道南阳而东方动，入蓝田而关右危。武关巨防，一举足而轻重分焉矣"，[2] 兴元元年罢京畿节度使后置金商都防御使，应将治所设于商州。[3]

《京兆少尹李公墓志》载："有唐故京兆少尹陇西李府君，讳佐字公辅。……銮驾还京，公奉章朝奏。是时梁、汴圮隔，漕运不至，逆将跋扈，屯于近郊。上以贡赋之入，必由江津，择全才领商於之地，以辟南门，于是有刺史、防御、中丞之命。公心周庶政，手集庶物，明于理身，勤于理家。俾天收其灾，地尽其利，峻岭重负，至如川流。诏加朝议大夫，赐金印紫绶……"[4] 又《册府元龟》卷六七三载：李佐为商州刺史，

---

[1] 《新唐书》卷六七《方镇四·南阳》，第 1876 页。

[2] 顾祖禹：《读史方舆纪要》卷五四《陕西三·西安府》商州条，第 2593 页。

[3] 赖青寿先生认为，金商都防御使治在金州。依据《册府元龟》卷八二〇载："李融，兴元初为金州刺史兼防御使，州人怀之，刻石纪政。"认为防御使前漏"都"字，推测金商都防御使治所在金州。笔者认为此处的防御使前未必漏"都"字，安史之乱后，要冲之地常设防御使，节度使或都防御使所辖要冲之处亦可设单州防御使。赖先生依据《京兆少尹李公墓志》及《册府元龟》卷六七三，认为贞元二年（786），金商都防御使徙治商州。从文中分析看，赖先生应是忽视了"銮驾还京"这一暗含时间的信息，仅看到贞元二年赐金紫，所以认为于是年徙治商州；并认为《方镇表》失载这一重要的沿革，亦疏漏。严耕望在补《元和郡县图志》所缺金商都防御一目中，亦未深考。参见赖青寿《唐后期方镇建置沿革研究》，第 128—129 页。笔者认为赖先生观点有误，故不取。

[4] 穆员：《京兆少尹李公墓志》，《文苑英华》卷九四四《职官六》，第 4964 页。

德宗贞元二年（786）以能政，特赐金紫。

由上述可知，德宗于贞元二年因能政赐商州刺史李佐金紫；从李佐墓志铭看，所谓的能政主要是做到了"天收其灾，地尽其利，峻岭重负，至如川流"。而做出这些功绩必定是在贞元二年之前。又"銮驾还京"，应是指德宗于兴元元年（784）自奉天还京城。①因汴河受阻，需另开输运江南贡赋的漕运之道，择全才领商於之地，以辟南门。"商於之地"应指商州，孔颖达曰："四渎以江河为大，商州乃江河之交也。秦岭西水入于河，东水入于江；熊耳山北水入于河，南水入于江；清池山东水入于河，南水入于江。"②故李佐时所任应为商州刺史，防御应是指金商都防御使，时间应是兴元元年。③金州北有汉水，唐李吉甫曰：金州，秦头楚尾，为一都会。④金商都防御使的设立，既能屏障京都，又能保障供给京城财物的运输通道。

检《旧唐书·杜兼传》："元和初……除金商防御使。……元和四年，卒于官。"⑤《中散大夫河南尹杜君墓志铭》载："公讳兼……遂为给事中，出为商州刺史、金商防御使。……元和四年十一月二十二日，无疾暴薨，年六十。"⑥《柳河东集》卷一四《杜兼对》略同。由上述材料可推，金商防御使应治商州。

金商节度使（886），治金州（今陕西省安康市），领金、商二州。

《方镇表四》载："光启元年（885），升金商都防御使为节度，兼京畿制置万胜军等使，治金州。"⑦

按，《旧唐书·僖宗纪》：光启二年六月己酉朔，"以扈跸都将杨守亮为金州刺史、金商节度、京畿制置使"。⑧《资治通鉴》卷二五六光启二年六月载同。清人钱大昕亦认为，该条有误，应是光启二年升防御使为节度

---

① 《旧唐书》卷一二《德宗上》，第343页。
② 参见顾祖禹《读史方舆纪要》卷五四《陕西三·西安府》商州条，第2593页。
③ 郁贤皓先生认为，李佐出任商州刺史的时间是贞元二年。参见氏著《唐刺史考》卷二〇四《山南东道·商州》，第2435页。笔者认为该时间不妥，应为兴元元年。
④ 顾祖禹：《读史方舆纪要》卷五六《陕西五·汉中府》金州条，第2708页。
⑤ 《旧唐书》卷一四六《杜兼传》，第3969页。
⑥ 韩愈撰，马其昶注《韩昌黎文集校注》卷六《碑志》，第391页。
⑦ 《新唐书》卷六七《方镇四·南阳》，第1890页。
⑧ 《旧唐书》卷一九下《僖宗》，第724页。

使，三年罢节度使。①

昭信军防御使（887），治金州，领金、商二州。

《方镇表四》载："光启元年（885），罢金、商节度，置昭信军防御使，治金州。"②

按，《旧唐书·僖宗纪》：光启三年（887）春正月，扈跸都头杨守宗为金州刺史、金商节度等使。五月，诏杨守宗权知许州事。③《资治通鉴》卷二五六光启三年正月和五月条载同。

光启二年置金商节度使，是为讨伐朱玫，是年十二月，王行瑜擒斩朱玫及其党数百人。④ 叛乱平定后，三年五月，金商节度使杨守宗权知许州事，恐自此金商不除节度。"三""元"形近，新表或以此致误。

昭信军节度使（898），治金州，领金、商二州。

《方镇表四》载："光化元年（898），升昭信军防御为节度使。"⑤《资治通鉴》卷二六一光化元年正月条载同。

武定军节度使（905），治均州（今湖北省丹江口市），领金、商、均、房四州。

《方镇表四》载："天祐二年（905），赐昭信军节度号戎昭军节度，增领均、房二州。是年，更戎昭军曰武定军，徙治均州。"⑥

《旧唐书·哀帝》：天祐二年十月，金州冯行袭奏当道昭信军额内一字，与元帅全忠讳字同，乃赐号戎昭军。十二月壬寅，戎昭军奏收复金州，兵火之后，井邑残破，请移理所于均州，从之。仍改为武定军。⑦

武定军节度使废（906），金、商二州隶佑国军节度，均、房二州隶山南东道节度。

《方镇表四》载："天祐三年（906），废武定军节度，复以均、房二州隶山南东道节度。"⑧

---

① 钱大昕：《廿二史考异》，第731—732页。
② 《新唐书》卷六七《方镇四·南阳》，第1890页。
③ 《旧唐书》卷一九下《僖宗》，第724—727页。
④ 《资治通鉴》卷二五六，光启二年十二月条，第8341页。
⑤ 《新唐书》卷六七《方镇四·南阳》，第1893页。
⑥ 《新唐书》卷六七《方镇四·南阳》，第1894页。
⑦ 《旧唐书》卷二〇下《哀帝》，第800—804页。
⑧ 《新唐书》卷六七《方镇四·南阳》，第1894页。

天祐三年五月丙申，敕："天祐二年九月二十日于金州置戎昭军，割均、房二州为属郡。比因冯行袭叶赞元勋，克宣丕绩，用奖济师之效，遂行割地之权。今命帅得人，畴庸有秩，其戎昭军额宜停，其均、房二州却还山南东道收管。"① 闰十二月乙丑，华州镇国节度观察处置等使额及兴德府名，并宜停废，复为华州刺史，充本州防御使，仍隶同州为支郡，所管华、商两州诸县，先升次赤、次畿并罢，宜依旧名。西都佑国军作镇以来，未有属郡，其"金州、商州宜隶为属郡"。②

由上述可知，天祐三年，均、房隶山南东道节度，金、商隶佑国军节度。

另《方镇表四》载天祐二年更戎昭军为武定军，三年废武定军节度，而旧纪及《停戎昭军额敕》均云天祐三年方停戎昭军额，孰是？

检《资治通鉴》：天祐二年（905）十二月，"西川将王宗朗不能守金州，焚其城邑，奔成都。戎昭节度使冯行袭复取金州，奏请'金州荒残，乞徙理均州'，从之。更以行袭领武安军"。《通鉴考异》曰："实录云改为武宁军，新表云改为武定军。按武宁乃徐州军额，武定乃洋州军额，不应同名。参验诸书，似是今者以行袭兼领洋州节制，非改戎昭为武定军，实录、新表皆误。"③

综上可知，应是冯行袭于天祐二年十二月收复金州后，徙戎昭军治均州。三年戎昭军额停废。又因冯行袭曾任洋州节度使，故命其兼领武定军节度使（洋州节度使）。同时存在剑南王建所署的王宗绾为武定军节度使。这种两个武定军节度使并存的现象，是朱全忠和王建割据争夺的结果。清人钱大昕对此已有论述。④

第四节　唐隋邓节度使辖区沿革

唐隋邓节度使置于元和十年（815），治唐州，领唐、隋、邓三州。唐隋邓节度使为平淮西之乱而置，十二年，淮西之乱被平后，废唐隋邓节度

---

①　《旧唐书》卷二〇下《哀帝》，第807页。
②　《旧唐书》卷二〇下《哀帝》，第808页。
③　《资治通鉴》卷二六五，天祐二年十二月条，第8655页。
④　钱大昕：《廿二史考异》卷四八《唐书八》天祐三年条，第733页。

使，三州复隶山南东道节度。

表7-4　唐隋邓节度使辖区变动

时间	方镇名称	治所	辖区
元和十年（815）	唐隋邓节度使	唐州	唐、隋、邓三州
元和十二年（817）	废唐隋邓节度使		

唐隋邓节度使（815），治唐州（今河南省驻马店市泌阳县），领唐、隋、邓三州。

《资治通鉴》：元和十年（815）冬十月庚子，"以右羽林大将军高霞寓为唐、随、邓度使。朝议以唐与蔡接，故使霞寓专事攻战，而逊调五州之赋以饷之"。① 《旧唐书》卷一五《宪宗下》元和十年冬十月庚子条、《旧唐书》卷一五五《李逊传》、《旧唐书》卷一六二《高霞寓传》载同。《方镇表四》："元和十年，置唐隋邓三州节度使，治唐州。"②

《方镇表四》："元和十一年（816），废唐隋邓节度使，是年复置，徙治隋州。"③

按，《旧唐书·宪宗纪》：元和十一年秋七月丁丑，"贬随唐节度使高霞寓为归州刺史。……以荆南节度使袁滋为唐州刺史、彰义节度使、申光唐蔡随邓州观察使，权以唐州为理所。……十二月……甲寅，以闲厩宫苑使李愬检校左散骑常侍，兼邓州刺史，充唐随邓等州节度使"。④ 《资治通鉴》卷二三九元和十一年十二月甲寅条载同。

可知，元和十一年，唐、隋、邓三州曾隶彰义军节度，十二月复置，治邓州。恐新表载治隋州有误。

元和十二年（817），废唐隋邓节度使。

《旧唐书·宪宗纪》：元和十二年（817）十一月丙戌朔，"随唐节度使、检校左散骑常侍李愬检校尚书左仆射、襄州刺史，充山南东道节度、襄邓随唐复郢均房等州观察等使"。⑤ 《方镇表四》："元和十二年，废唐随

---

① 《资治通鉴》卷二三九，元和十年十月庚子条，第7718页。
② 《新唐书》卷六七《方镇四·南阳》，第1879页。
③ 《新唐书》卷六七《方镇四·南阳》，第1880页。
④ 《旧唐书》卷一五《宪宗下》，第456—458页。
⑤ 《旧唐书》卷一五《宪宗下》，第461页。

邓节度使，以唐、随、邓三州还隶山南东道。"①《旧唐书》卷一三三《李愬传》载同。可知，元和十二年，唐、隋、邓三州复隶山南东道。

第五节　夔峡节度使辖区沿革

以夔州为治所的方镇始于至德元载（756），历经夔州都防御使、夔峡节度使、夔忠都防御使和镇江节度使等名称。至德元载领归、夔、忠、万、涪、渝、南七州。至德二载（757），割出渝、南、涪三州，增领峡州。大历元年（766），割出峡州，复领涪州。大历四年（769），废夔忠都防御使。天复三年（903），复置夔忠都防御使，领夔、忠、万三州。天祐三年（906），升为镇江节度使，仍领三州。

表 7–5　夔峡节度使辖区变动

时间	方镇名称	治所	辖区
至德元载（756）	夔州都防御使	夔州	归、夔、忠、万、涪、渝、南七州
至德二载（757）	夔峡节度使		夔、峡、忠、万、归五州
乾元元年（758）	废夔峡节度使		
乾元二年（759）	复置夔峡节度使	夔州	夔、峡、忠、万、归五州
大历元年（766）	夔忠都防御使		夔、忠、万、归、涪五州
大历四年（769）	废夔忠都防御使		
天复三年（903）	复置夔忠都防御使	夔州	夔、忠、万三州
天祐三年（906）	镇江节度使		

夔州都防御使（756），治夔州（今重庆市奉节县），领归、夔、忠、万、涪、渝、南七州。

《旧唐书·地理志》载，至德元载，于云安（夔州）置七州防御使。贞观十四年，夔州置都督府，曾督归、夔、忠、万、涪、渝、南七州。从地理位置看，夔州都防御使所领应是上述七州。

夔峡节度使（757），治夔州，领夔、峡、忠、万、归五州。

《资治通鉴》：至德二载（757），"置夔峡节度，领夔、峡等五州"。

① 《新唐书》卷六七《方镇四·南阳》，第1880页。

胡注："夔峡兼领涪、忠、万，共五州。"① 《方镇表四》："至德二载，置荆南节度，亦曰荆澧节度，领荆、澧、朗、郢、复、夔、峡、忠、万、归十州，治荆州。升夔州防御为夔峡节度使。"② 《唐大诏令集》："嗣道王（李）炼……可充云安（夔州）、夷陵（峡州）、南浦（万州）、南平（忠州）、巴东（归州）等五郡节度采访处置防御等使。至德二年正月五日。"③

综上，至德二载，夔峡节度应领夔、峡、忠、万、归五州。胡三省注为夔、峡、涪、忠、万似有误，涪州应隶黔中节度（参见黔中观察使一节）。

乾元元年（758），"废夔峡节度使"。④

夔峡节度使（759），治夔州，领夔、峡、忠、万、归五州。

《方镇表四》："乾元二年（759），复置夔峡节度使，仍领夔、峡、忠、万、归五州。"⑤

上元元年（760），废夔峡节度使，所领五州隶荆南节度（参见荆南节度使一节）。

夔忠都防御使（766），治夔州，领夔、忠、万、归、涪五州。

《授柏贞节夔忠等州防御使制》："开府仪同三司、试太常卿使、持节邛州诸军事、兼邛州刺史、御史中丞、剑南防御使及邛南招讨使、上柱国、钜鹿县开国子柏贞节……可使持节都督夔州诸军事，兼夔州刺史，依前兼御史中丞，充夔忠万归涪等州都防御使。"⑥ 此处柏贞节即柏茂林，也称柏茂琳。又检《旧唐书·代宗纪》：大历元年（766）二月癸丑，"邛州刺史柏茂林充邛南防御使……八月……壬寅，以茂州刺史崔旰为成都尹、兼御史大夫、剑南西川节度行军司马，邛南防御使、邛州刺史柏茂林为邛南节度使"。⑦

由上可知，大历元年八月，柏茂林（柏贞节）仍任邛南节度使，那么

---

① 《资治通鉴》卷二二〇，至德二载十二月升河中防御使为节度条，第7051页。
② 《新唐书》卷六七《方镇四·荆南》，第1870页。
③ 贾至：《嗣道王李炼云安等五郡节度等使制》，宋敏求编《唐大诏令集》卷三八，第176页。
④ 《新唐书》卷六七《方镇四·荆南》，第1871页。
⑤ 《新唐书》卷六七《方镇四·荆南》，第1871页。
⑥ 常衮：《授柏贞节夔忠等州防御使制》，《文苑英华》卷四〇九《诸使二·防御使》，第2073页。
⑦ 《旧唐书》卷一一《代宗》，第282—283页。

其担任夔忠万归涪等州都防御使应是在大历元年末，如此可证，是年置夔忠都防御使，领五州。

夔忠都防御使废（769）。

《资治通鉴》载，大历四年（769）二月，杨子琳既败还泸州，沿江东下，相继攻下涪州、忠州、夔州。荆南节度使卫伯玉欲结以为援，许其以夔州，并为之请于朝。杨子琳遣使诣阙请罪，乙巳，以杨子琳为峡州团练使。① 既然荆南节度使能许夔州给杨子琳，表明夔州已为其所领，且原夔忠都防御使应被废。又因杨子琳请罪后，朝廷仅任其为峡州团练使，可知原夔忠都防御使所领应复隶荆南节度。

夔忠都防御使（903），治夔州，领夔、忠、万三州。

《资治通鉴》载，天复三年（903）十月，夔州刺史侯矩以州降王建，川将王宗本取夔、忠、万、施四州。王建复以侯矩为夔州刺史，更其姓名曰王宗矩。蜀之议者，以瞿唐，蜀之险要，乃弃归、峡，屯军夔州。"武泰军旧治黔州，王宗本以其地多瘴疠，请徙治涪州，王建许之。"② 由上可知，天复三年，夔、忠、万三州置防御使。

镇江节度使（906），治夔州，领夔、忠、万三州。

《方镇表四》："天祐三年（906），升夔忠涪防御使为镇江节度使。"③按：涪州时仍应为黔中观察使治所，恐是夔忠都防御使之误。

第六节　武贞军节度使辖区沿革

唐后期，以澧州为治所的澧朗溆都团练使置于乾元二年（759），领澧、朗、溆三州。上元元年（760），废澧朗溆都团练使。大历六年（771），置澧朗镇遏使，领澧、朗二州。大历十四年（779），置澧朗峡都团练使，领澧、朗、峡三州。光化元年（898），置武贞军节度使，领澧、朗、溆三州。

---

① 《资治通鉴》卷二二四，大历四年二月条，第7207页。
② 《资治通鉴》卷二六四，天复三年十月条，第8619页。
③ 《新唐书》卷六七《方镇四·荆南》，第1894页。

表 7 - 6 武贞军节度使辖区变动

时间	方镇名称	治所	辖区
乾元二年（759）	澧朗溆都团练使	澧州	澧、朗、溆三州
大历六年（771）	澧朗镇遏使		澧、朗二州
大历十四年（779）	澧朗峡都团练使		澧、朗、峡三州
光化元年（898）	武贞军节度使		澧、朗、溆三州

澧朗溆都团练使（759），治澧州（今湖南省常德市澧县），领澧、朗、溆三州。

《方镇表四》："乾元二年（759），置澧朗溆都团练使，治澧州。"①《新唐书·地理志》："叙州潭阳郡，本巫州，贞观八年以辰州之龙标县置，天授二年曰沅州。开元十三年复为巫州，大历五年（770）更名。"②《旧唐书·代宗纪》：大历五年十二月乙未，"改巫州为溆"。③

综上可知，叙州和溆州均是指巫州。澧、朗二州与巫州之间隔有辰州，应是遥领巫州。自朗州经沅水可达巫州，巫州又是控扼湖南邵州西出的重要关口，澧朗溆都团练使对东西两侧的黔中观察使和湖南观察使均有牵制作用。

上元元年（760），"废澧朗溆都团练使"。④

澧朗镇遏使（771），治澧州，领澧、朗二州。

《旧唐书·代宗纪》：大历六年（771）四月己未，澧州刺史杨子琳来朝，赐名猷。大历九年春正月壬寅，澧、朗两州镇遏使、澧州刺史杨猷擅浮江而下，至鄂州。三月戊子，以澧州刺史杨猷为洮州刺史。⑤其后一段时间不见任命澧州刺史。⑥

综上，大历九年，澧州刺史杨猷为澧、朗两州镇遏使，杨猷本澧州刺史杨子琳于大历六年所赐名，由此可推，杨猷为澧、朗两州镇遏使应始于大历六年。大历九年，澧、朗应复隶荆南节度。

---

① 《新唐书》卷六七《方镇四·荆南》，第1871页。
② 《新唐书》卷四一《地理五》，第1074页。
③ 《旧唐书》卷一一《代宗》，第297页。
④ 《新唐书》卷六七《方镇四·荆南》，第1871页。
⑤ 《旧唐书》卷一一《代宗》，第297—304页。
⑥ 郁贤皓：《唐刺史考》卷一七四《江南西道·沣州》，第2210页。

澧朗峡都团练使（779），治澧州，领澧、朗、峡三州。

《旧唐书·李泌传》："会澧州刺史阙……。诏曰：'……可检校御史中丞，充澧朗峡团练使。'重其礼而遣之。无几，改杭州刺史，以理称。"[1]《旧唐书·代宗纪》：大历十四年（779）春正月壬戌，"以楚州刺史李泌为澧州刺史"。[2]

可知，大历十四年曾置澧朗峡都团练使，但因刺史李泌的调离而废，三州复隶荆南节度。

武贞军节度使（898），治澧州，领澧、朗、溆三州。

《方镇表四》："光化元年（898），置武贞军节度使，领澧、朗、溆三州，治澧州。"[3]《资治通鉴》：光化元年秋七月，"加武贞节度使雷满同平章事"。[4]天祐三年（906）冬十月，"雷彦威为武贞节度使"。[5]

可知，光化三年置武贞军节度使，领三州，至唐灭亡。

---

① 《旧唐书》卷一三〇《李泌传》，第 3621—3622 页。

② 《旧唐书》卷一一《代宗》，第 315 页。

③ 《新唐书》卷六七《方镇四·荆南》，第 1893 页。

④ 《资治通鉴》卷二六一，光化元年七月条，第 8516 页。

⑤ 《资治通鉴》卷二六五，天祐三年十月条，第 8663 页。

第八章　山南西道方镇辖区变动考

唐睿宗景云二年（711），析分山南道为山南东道和山南西道。据《唐六典》，山南西道领梁、洋、集、通、开、壁、巴、蓬、渠、涪、渝、合、凤、兴、利、阆、果等共十七州。

山南西道主要有山南西道节度使，唐末年，析置感义军节度使、利阆节度使、武定军节度使、兴文节度使、巴渠开观察使，山南西道节度使仅领兴元府和凤州。

第一节　山南西道节度使辖区沿革

山南西道防御守捉使置于至德元载（756），治梁州，领梁、洋、集、壁、通、巴、兴、凤、利、开、渠、蓬、金、商、合十五州。是年，割出金、商二州，还领十三州。二载，增领渝州。乾元二年（759），割出渝、合二州。上元元年（760），割出兴、凤二州。宝应元年（762），割出通、巴、蓬、渠四州。广德元年（763），升为节度使，复领兴、凤、通、巴、蓬、渠六州，增领文州。兴元元年（784），增领果、阆二州。贞元五年（789），增领成州。元和八年（813），增领扶州。大中三年（849），割出成州。四年，复领成州。六年，割出成州。光启元年（885），割出兴、凤、洋三州。二年，复领兴、凤二州。文德元年（888），割出利、文、兴、凤四州。大顺二年（891），割出扶州。景福二年（893），割出果、阆二州。乾宁元年（894），复领文州。光化元年（898），割出蓬、壁二州。天祐二年（905），割出巴、渠、开三州。三年，割出通、文、集三州，复领凤州，仅领兴元府和凤州。

表 8－1　山南西道节度使辖区变动

时间	方镇名称	治所	辖区
至德元载（756）	山南西道防御守捉使	梁州	梁、洋、集、壁、通、巴、兴、凤、利、开、渠、蓬、合十三州
至德二载（757）			梁、洋、集、壁、通、巴、兴、凤、利、开、渠、蓬、渝、合十四州
乾元二年（759）			梁、洋、集、壁、通、巴、兴、凤、利、开、渠、蓬十二州
上元元年（760）			梁、洋、集、壁、通、巴、利、开、渠、蓬十州
宝应元年（762）			梁、洋、集、壁、利、开六州
广德元年（763）	山南西道节度使		梁、洋、集、壁、通、巴、利、开、渠、蓬、文、兴、凤十三州
兴元元年（784）		兴元府	兴元府、洋、集、壁、通、巴、利、开、渠、蓬、文、兴、凤、阆、果十五府州
贞元五年（789）			兴元府、洋、集、壁、通、巴、利、开、渠、蓬、文、兴、凤、阆、果、成十六府州
元和八年（813）			兴元府、洋、集、壁、通、巴、利、开、渠、蓬、文、兴、凤、阆、果、成、扶十七府州
大中三年（849）			兴元府、洋、集、壁、通、巴、利、开、渠、蓬、文、兴、凤、阆、果、扶十六府州
大中四年（850）			兴元府、洋、集、壁、通、巴、利、开、渠、蓬、文、兴、凤、阆、果、成、扶十七府州
大中六年（852）			兴元府、洋、集、壁、通、巴、利、开、渠、蓬、文、兴、凤、阆、果、扶十六府州
光启元年（885）			兴元府、集、壁、通、巴、利、开、渠、蓬、文、阆、果、扶十三府州
光启二年（886）			兴元府、集、壁、通、巴、利、开、渠、蓬、文、阆、果、扶、兴、凤十五府州
文德元年（888）			兴元府、集、壁、通、巴、开、渠、蓬、阆、果、扶十一府州

时间	方镇名称	治所	辖区
大顺二年（891）			兴元府、集、壁、通、巴、开、渠、蓬、阆、果十府州
景福二年（893）			兴元府、集、壁、通、巴、开、渠、蓬八府州
乾宁元年（894）			兴元府、集、壁、通、巴、开、渠、蓬、文九府州
光化元年（898）			兴元府、集、通、巴、开、渠、文七府州
天祐二年（905）			兴元府、集、通、文四府州
天祐三年（906）			兴元府和凤州

山南西道防御守捉使（756），治梁州（今陕西省汉中市），领梁、洋、集、壁、通、巴、兴、凤、利、开、渠、蓬、合十三州。

《方镇表四》："至德元载（756），置山南西道防御守捉使。"① 《资治通鉴》：至德元载六月，"以陇西公瑀为汉中王、梁州都督、山南西道采访、防御使"。②

上述不载山南西道防御使所辖，其所管应是原山南西道监察区所领范围，据《旧唐书·地理二》：梁州、凤州、兴州、利州、通州、洋州、合州、集州、巴州、蓬州、壁州、商州、金州、开州、渠州、渝州。③ 是年，渝州隶夔州都防御使（参见夔峡节度使一节）。金、商二州先隶山南东道节度使，随后隶兴平节度使（参见山南东道节度使一节）。山南西道领十三州。

山南西道防御守捉使（757），治梁州，领梁、洋、集、壁、通、巴、兴、凤、利、开、渠、蓬、渝、合十四州。

《唐大诏令集》："嗣道王（李）炼……可充云安（夔州）、夷陵（峡州）、南浦（万州）、南平（忠州）、巴东（归州）等五郡节度采访处置防御等使。至德二年正月五日。"④ 由此可知，渝州已不隶夔峡节度，应是割隶山南西道节度。

---

① 《新唐书》卷六七《方镇四·山南西道》，第 1869 页。
② 《资治通鉴》卷二一八，至德元载六月条，第 6978 页。
③ 《旧唐书》卷三九《地理二·山南西道》，第 1528—1542 页。
④ 贾至：《嗣道王炼云安等五郡节度等使制》，宋敏求编《唐大诏令集》卷三八，第 176 页。

山南西道防御守捉使（759），治梁州，领梁、洋、集、壁、通、巴、兴、凤、利、开、渠、蓬十二州。

《方镇表五》："乾元二年（759），剑南东川增领昌、渝、合三州。"①可知，乾元二年，山南西道又割出合、渝二州。

山南西道防御守捉使（760），治梁州，领梁、洋、集、壁、通、巴、利、开、渠、蓬十州。

《方镇表一》载："上元元年（760），置兴凤陇节度使。"②《旧唐书·肃宗纪》载：上元元年十二月庚辰，"以右羽林军大将军李鼎为凤翔尹、兴凤陇等州节度使"。③可知，上元元年，山南西道割出兴、凤二州，还领十州。

山南西道防御守捉使（762），治梁州，领梁、洋、集、壁、利、开六州。

《方镇表四》："宝应元年（762），剑南节度增领通、巴、蓬、渠四州，寻以四州隶山南西道。"④

山南西道节度使（763），治梁州，领梁、洋、集、壁、通、巴、利、开、渠、蓬、文、兴、凤十三州。

《方镇表四》："广德元年（763），升山南西道防御守捉使为节度使，

① 《新唐书》卷六八《方镇五·东川》，第1903页。《新唐书·方镇四》："乾元二年（759），置兴、凤二州都团练守捉使，治凤州。"乾元二年，虽置兴、凤二州都团练守捉使，但二州仍为山南西道节制。检《旧唐书》卷一一七《严震传》："至德、乾元已后……山南西道节度使又奏为凤州刺史，加侍御史，丁母忧罢。起复本官，仍充兴、凤两州团练使，累加开府仪同三司、兼御史中丞。……建中三年，代贾耽为梁州刺史、兼御史大夫、山南西道节度观察等使。"从该条可推，凤州刺史严震为山南西道节度使所荐。再检《全唐文》卷五〇五权德舆《唐故山南西道节度营田观察处置等使开府仪同三司检校尚书左仆射同中书门下平章事兼兴元尹上柱国冯翊郡王赠太保严公墓志铭（并序）》："是岁迁凤州刺史，充本道节度副使，摄侍御史。……寻丁内忧，诏复厥职，充兴凤两州都团练使……居部十四年，考课为天下最。……建中三年，陟报政之九，修连帅之职，拜梁州刺史御史大夫山南西道节度观察等使。后二岁……夏六月，诏梁州为兴元府，公为尹，迁尚书左仆射。"《金石萃编》卷六六《佛顶尊胜陀罗尼石幢赞并序》："开府仪同三司、试秘书监、使持节凤州诸军事兼凤州刺史、兼御史中丞，充兴凤两州都团练使、同山南西道节度副使、上柱国□□县开国侯□（严）震敬造并撰文及书。"大历十三年二月十八日立。由上可看出，严震任凤州刺史、兴凤两州都团练使时，充山南西道节度副使，兴、凤二州应由山南西道节制。

② 《新唐书》卷六四《方镇一·兴凤陇》，第1767页。

③ 《旧唐书》卷一〇《肃宗》，第260页。

④ 《新唐书》卷六七《方镇四·剑南》，第1872页。

寻降为观察使，领梁、洋、集、壁、文、通、巴、兴、凤、利、开、渠、蓬十三州，治梁州。"① 可知，山南西道复领兴、凤、通、巴、蓬、渠六州，增领文州，共领十三州。

山南西道节度使（784），治兴元府，领兴元府、洋、集、壁、通、巴、利、开、渠、蓬、文、兴、凤、阆、果十五府州。

兴元元年（784）六月，梁州升为"兴元府"。② 《方镇表四》："兴元元年，山南西道节度使兼领兴元尹，增领果、阆二州。"③ 又检《资治通鉴》：兴元元年三月壬辰，"车驾至梁州。山南地薄民贫，自安、史以来，盗贼攻剽，户口减耗太半，虽节制十五州，（胡注：十五州，梁、洋、兴、凤、开、通、渠、集、蓬、利、壁、巴、阆、果、金也。）租赋不及中原数县"。④ 《旧唐书》卷一一七《严震传》载同。笔者认为，山南西道节度使所领十五州无金州，金州此时隶金商都防御使（参见金商节度使一节）。

山南西道节度使（789），治兴元府，领兴元府、洋、集、壁、通、巴、利、开、渠、蓬、文、兴、凤、阆、果、成十六府州。

《元和郡县图志》载：贞元五年（789），节度使严震奏割成州隶山南道。今于同谷县西界泥公山上权置行成州。⑤ 《新唐书》卷四〇《地理四》山南道右东道采访使条载同。

---

① 《新唐书》卷六七《方镇四·山南西道》，第1873页。此处载寻降为观察使，同书同卷建中元年（780）载，山南西道观察使为节度使，从新表载应是自广德元年至建中元年为山南西道观察使。而据《旧唐书》及《资治通鉴》，这段时间均有节度使出现。如《资治通鉴》卷二二三永泰元年（765）闰十月条载：……山南西道节度使张献诚……。《资治通鉴》卷二二四大历元年（766）二月癸丑条载：以山南西道节度使张献诚兼剑南东川节度使。《旧唐书》卷一一《代宗》二月癸丑条载同。《旧唐书·代宗纪》载，大历三年（768）夏四月戊寅，以山南西道节度使张献诚为检校户部尚书，以疾辞位也。右羽林将军张献恭为梁州刺史、兼御史中丞，充山南西道节度观察使，兄献诚所荐也。《资治通鉴》卷二二四大历五年（770）五月辛卯条载，徙李抱玉为山南西道节度使。《资治通鉴》卷二二五大历十二年（777）十一月壬子条载，山南西道节度使张献恭奏破吐蕃万余众于岷州。《旧唐书》卷一二《德宗上》大历十四年（779）十一月辛未条载，以鸿胪卿贾耽为梁州刺史、山南西道节度观察使。可知，自广德元年至大历十四年，山南西道均置节度使。新表载广德元年寻降为观察使，建中元年升为节度使应有误，今不取。
② 《旧唐书》卷三九《地理二》，第1528页。
③ 《新唐书》卷六七《方镇四·山南西道》，第1876页。
④ 《资治通鉴》卷二三〇，兴元元年三月壬辰条，第7419页。
⑤ 李吉甫：《元和郡县图志》卷二二《山南道三》，第572页。

山南西道节度使（813），治兴元府，领兴元府、洋、集、壁、通、巴、利、开、渠、蓬、文、兴、凤、阆、果、成、扶十七府州。

《元和郡县图志》载：山南西道节度使，治所梁州（兴元府），"管州十七：兴元府、洋州、利州、凤州、兴州、成州、文州、扶州、集州（集州以下九州阙）、壁州、巴州、蓬州、通州、开州、阆州、果州、渠州"。① 又《旧唐书》载：元和八年（813）二月乙酉朔，"宰相李吉甫进所撰《元和郡国图》三十卷，又进《六代略》三十卷，又为《十道州郡图》五十四卷"。② 可知，至迟元和八年，山南西道节度使增领扶州。

山南西道节度使（849），治兴元府，领兴元府、洋、集、壁、通、巴、利、开、渠、蓬、文、兴、凤、阆、果、扶十六府州。

《方镇表四》："大中三年（849），升秦州防御守捉使为秦成两州经略、天雄军使。"③ 可知，大中三年，成州割隶秦成经略使，山南西道还领十六州。

山南西道节度使（850），治兴元府，领兴元府、洋、集、壁、通、巴、利、开、渠、蓬、文、兴、凤、阆、果、成、扶十七府州。

《资治通鉴》：大中四年（850）二月，"以秦州隶凤翔"。④ 《方镇表一》亦载："大中四年，增领秦州。"⑤ 是年，秦州隶凤翔，表明秦成经略使废，成州应复隶山南西道。

山南西道节度使（852），治兴元府，领兴元府、洋、集、壁、通、巴、利、开、渠、蓬、文、兴、凤、阆、果、扶十六府州。

《旧唐书·宣宗纪》：大中六年（852）春正月戊辰，"以陇州防御使薛逵为秦州刺史、天雄军使，兼秦、成两州经略使"。⑥ 表明成州复隶秦成经略使。

山南西道节度使（885），治兴元府，领兴元府、集、壁、通、巴、利、开、渠、蓬、文、阆、果、扶十三府州。

《方镇表四》："光启元年（885），升兴、凤二州都团练守捉使为防御使，治凤州。置武定军节度使，治洋州。二年，升兴、凤二州防御使为感义军节度

---

① 李吉甫：《元和郡县图志》卷二二《山南道三》，第557页。
② 《旧唐书》卷一五《宪宗下》，第445页。
③ 《新唐书》卷六七《方镇四·陇右》，第1884页。
④ 《资治通鉴》卷二四九，大中四年二月条，第8042页。
⑤ 《新唐书》卷六四《方镇一·兴凤陇》，第1785页。
⑥ 《旧唐书》卷一八下《宣宗》，第630页。

使。"① 《资治通鉴》亦载：光启二年正月，"置感义军于兴、凤二州，以杨晟为节度使，守散关"。② 可知，光启元年，山南西道割出兴、凤、洋三州。

山南西道节度使（886），治兴元府，领兴元府、集、壁、通、巴、利、开、渠、蓬、文、阆、果、扶、兴、凤十五府州。

《资治通鉴》亦载：光启二年（886）五月，朱玫遣其将王行瑜将邠宁、河西兵五万追乘舆，感义节度使杨晟战数却，弃散关走，王行瑜进屯凤州。十二月，戊寅，诸军拔凤州，以满存为凤州防御使。③ 因杨晟败走，兴、凤二州应复隶山南西道。

山南西道节度使（888），治兴元府，领兴元府、集、壁、通、巴、开、渠、蓬、阆、果、扶十一府州。

《方镇表四》："文德元年（888），感义军节度增领利州。"④ 剑南条载："文德元年，升彭州防御使为威戎军节度使，领彭、文、成、龙、茂五州，治彭州。"⑤ 《资治通鉴》载：文德元年七月，"升凤州为节度府，割兴、利州隶之，以凤州防御使满存为节度使、同平章事"。⑥ 可知，文德元年割出利、文、兴、凤四州。

山南西道节度使（891），治兴元府，领兴元府、集、壁、通、巴、开、渠、蓬、阆、果十府州。

大顺二年（891），"扶州隶武定军节度使"。⑦

山南西道节度使（893），治兴元府，领兴元府、集、壁、通、巴、开、渠、蓬八府州。

景福二年（893）正月，凤翔节度使李茂贞自请镇兴元，诏以李茂贞为山南西道兼武定节度使，以中书侍郎、同平章事徐彦若同平章事，充凤翔节度使，又"割果、阆二州隶武定军"。⑧

---

① 《新唐书》卷六七《方镇四·山南西道》，第 1890 页。
② 《资治通鉴》卷二五六，光启二年正月条，第 8330 页。
③ 《资治通鉴》卷二五六，光启二年五月、十二月戊寅条，第 8336—8341 页。
④ 《新唐书》卷六七《方镇四·山南西道》，第 1890 页。
⑤ 《新唐书》卷六七《方镇四·剑南》，第 1890 页。
⑥ 《资治通鉴》卷二五七，文德元年七月条，第 8380 页。
⑦ 《新唐书》卷六七《方镇四·山南西道》，第 1891 页。
⑧ 《资治通鉴》卷二五九，景福二年正月条，第 8439 页。《新唐书》卷六七《方镇四·山南西道》载："景福元年（892），阆、果二州割隶武定军节度。"今从《资治通鉴》载。

山南西道节度使（894），治兴元府，领兴元府、集、壁、通、巴、开、渠、蓬、文九府州。

《资治通鉴》：乾宁元年（894）五月，"王建攻彭州，城中人相食，彭州内外都指挥使赵章出降。……丙子，西川兵登城，杨晟犹帅众力战，刀子都虞候王茂权斩之"。[1] 自文德元年文州隶威戎军节度，至乾宁元年威戎军节度废，文州应复隶山南西道节度。

山南西道节度使（898），治兴元府，领兴元府、集、通、巴、开、渠、文七府州。

光化元年（898），"蓬、壁二州隶武定军节度"。[2]

山南西道节度使（905），治兴元府，领兴元府、集、通、文四府州。

天祐二年（905），山南西道节度罢领"巴、渠、开三州"。[3]

山南西道节度使（906），治兴元府，仅领兴元府和凤州。

天祐三年（906），"通州隶利州节度使，文、集二州隶兴文节度使"。[4] 凤州不见隶兴文节度，应是复隶山南西道节度使。至唐末，山南西道被分为数镇，仅领兴元府和凤州。

第二节　感义军节度使辖区沿革

感义军节度使置于光启二年（886），治凤州，领兴、凤二州，是年废。文德元年（888），复置感义军节度使，增领利州。乾宁四年（897），更名昭武军节度，徙治利州。天复二年（902），割出利州。天祐三年（906）废，凤州隶山南西道节度，兴州隶兴文节度。

表 8－2　感义军节度使辖区变动

时间	方镇名称	治所	辖区
光启二年（886）	感义军节度使	凤州	凤、兴二州
文德元年（888）			凤、兴、利三州

---

[1] 《资治通鉴》卷二五九，乾宁元年五月条，第 8455 页。
[2] 《新唐书》卷六七《方镇四·山南西道》，第 1893 页。
[3] 《新唐书》卷六七《方镇四·山南西道》，第 1894 页。
[4] 《新唐书》卷六七《方镇四·山南西道》，第 1894 页。

续表

时间	方镇名称	治所	辖区
乾宁四年（897）	昭武军节度使	利州	
天复二年（902）		凤州	凤、兴二州

感义军节度使（886），治凤州（今陕西省宝鸡市凤县），领凤、兴二州。

《方镇表四》："光启元年（885），升兴、凤二州都团练守捉使为防御使，治凤州。二年，升兴、凤二州防御使为感义军节度使。"① 《资治通鉴》亦载：光启二年正月，"置感义军于兴、凤二州，以杨晟为节度使，守散关"。②

《资治通鉴》亦载：光启二年（886）十二月戊寅，"诸军拔凤州，以满存为凤州防御使"。③ 是年，废感义军节度使，兴、凤二州隶山南西道。

感义军节度使（888），治凤州，领凤、兴、利三州。

《方镇表四》："文德元年（888），感义军节度增领利州。"④ 《资治通鉴》载：文德元年七月，"升凤州为节度府，割兴、利州隶之，以凤州防御使满存为节度使"。⑤ 可知，文德元年复置感义军节度使，领凤、兴、利三州。

昭武军节度使（897），治利州（今四川省广元市利州区），领凤、兴、利三州。

《资治通鉴》：乾宁四年（897）三月，"更名感义军曰昭武，治利州，以前静难节度使苏文建为节度使"。⑥

昭武军节度使（902），治凤州，领凤、兴二州。

《方镇表四》："天复二年（902），昭武军节度罢领利州。三年，置利州节度使。"⑦ 天复二年二月，西川兵至利州，昭武军节度使李继忠弃镇奔

---

① 《新唐书》卷六七《方镇四·山南西道》，第1890页。
② 《资治通鉴》卷二五六，光启二年正月条，第8330页。
③ 《资治通鉴》卷二五六，光启二年十二月戊寅条，第8341页。
④ 《新唐书》卷六七《方镇四·山南西道》，第1890页。
⑤ 《资治通鉴》卷二五七，文德元年七月条，第8380页。
⑥ 《资治通鉴》卷二六一，乾宁四年三月条，第8503页。
⑦ 《新唐书》卷六七《方镇四·山南西道》，第1893页。

凤翔。王建以剑州刺史王宗伟为"利州制置使"。① 可知，天复二年，割出利州。

天祐三年（906），兴州隶兴文节度，凤州隶山南西道节度。

第三节　利阆节度使辖区沿革

利州节度使置于天复三年（903），治利州，领利州。天祐三年（906），增领阆、陵、荣、果、蓬、通六州，更号利阆节度，仍治利州。

表 8 - 3　利阆节度使辖区变动

时间	方镇名称	治所	辖区
天复三年（903）	利州节度使	利州	利州
天祐三年（906）	利阆节度使		利、阆、陵、荣、果、蓬、通七州

利州节度使（903），治利州，领利州。

天复二年（902）二月，西川兵至利州，昭武军节度使李继忠弃镇奔凤翔。王建以剑州刺史王宗伟为"利州制置使"。三年，"置利州节度使"。② 时应仅领利州，治利州。

利阆节度使（906），治利州，领利、阆、陵、荣、果、蓬、通七州。

天祐三年（906），"利州节度增领阆、陵、荣、果、蓬、通六州，更号利阆节度"。③

第四节　武定军节度使辖区沿革

光启元年（885），置武定军节度使，治洋州，领洋州。大顺二年（891），增领武、扶二州。景福二年（893），增领阆、果二州，是年，割出阆州。光化元年（898），增领蓬、壁二州。天祐三年（906），割出果、蓬、壁三州，还领洋、扶、阶三州。

---

① 《资治通鉴》卷二六三，天复二年二月条，第 8568 页。
② 《新唐书》卷六七《方镇四·山南西道》，第 1893 页。
③ 《新唐书》卷六七《方镇四·山南西道》，第 1894 页。

表 8 - 4　武定军节度使辖区变动

时间	方镇名称	治所	辖区
光启元年（885）	武定军节度使	洋州	洋州
大顺二年（891）			洋、扶、武三州
景福二年（893）			洋、扶、阶、果四州
光化元年（898）			洋、扶、阶、果、蓬、壁六州
天祐三年（906）			洋、扶、阶三州

　　武定军节度使（885），治洋州（今陕西省汉中市西乡县城关镇），领洋州。

　　《方镇表四》："光启元年（885），置武定军节度使，治洋州。"①

　　武定军节度使（891），治洋州，领洋、扶、武三州。

　　《方镇表四》："大顺二年（891），武定军节度增领阶、扶二州。"②《新唐书·地理志》载："阶州武都郡，本武州，因没吐蕃，废。大历二年（767）复置为行州，咸通中始得故地，龙纪初遣使招葺之，景福元年（892）更名，治皋兰镇。"③ 可知，大顺二年增领的应为扶、武二州，景福元年，武州改称阶州。

　　武定军节度使（893），治洋州，领洋、扶、阶、果四州。

　　《方镇表四》："景福元年，武定军节度增领阆、果二州。是年，以阆州隶龙剑节度。"④

　　按，《资治通鉴》：景福二年正月，"凤翔节度使李茂贞自请镇兴元，诏以茂贞为山南西道兼武定节度使，以中书侍郎、同平章事徐彦若同平章事，充凤翔节度使，又割果、阆二州隶武定军。茂贞欲兼得凤翔，不奉诏"。⑤ 从《资治通鉴》看，果、阆二州隶武定军应是在景福二年，今从之。

---

① 《新唐书》卷六七《方镇四·山南西道》，第 1890 页。
② 《新唐书》卷六七《方镇四·山南西道》，第 1891 页。
③ 《新唐书》卷四〇《地理四》阶州武都郡条，第 1042 页。
④ 《新唐书》卷六七《方镇四·山南西道》，第 1892 页。
⑤ 《资治通鉴》卷二五九，景福二年正月条，第 8439 页。

武定军节度使（898），治洋州，领洋、扶、阶、果、蓬、壁六州。

《方镇表四》："光化元年（898），蓬、壁二州隶武定军节度。"①

武定军节度使（906），治洋州，领洋、扶、阶三州。

天祐三年（906），"果、蓬二州割隶利阆节度，壁州割隶兴文节度"。②

第五节　巴渠开观察使辖区沿革

巴渠开观察使置于天祐二年（905），治巴州，领巴、渠、开三州，至唐灭亡。

表 8 – 5　巴渠开观察使辖区变动

时间	方镇名称	治所	辖区
天祐二年（905）	巴渠开都团练观察使	巴州	巴、渠、开三州

巴渠开都团练观察使（905），治巴州（今四川省巴中市巴州区），领巴、渠、开三州。

《方镇表四》："光化三年（900），巴州置防御使。"③ 仍隶山南西道节度。天祐二年（905），山南西道节度罢领"巴、渠、开三州，升巴州防御使为渠巴开三州团练观察使，治巴州"。④

《资治通鉴》：天祐二年八月，"王宗贺等攻冯行袭，所向皆捷。丙子，行袭弃金州，奔均州；其将全师朗以城降。王建更师朗姓名曰王宗朗，补金州观察使，割渠、巴、开三州以隶之"。⑤ 可知，渠、巴、开三州曾隶王建所署的金州观察使。但天祐二年十二月壬寅，戎昭军奏"收复金州，兵火之后，井邑残破，请移理所于均州，从之"。⑥ 可知，冯行袭复得金州

---

① 《新唐书》卷六七《方镇四·山南西道》，第1893页。《旧五代史》卷一三二《李茂贞传》："朱玫之乱，唐僖宗再幸兴元，文通扈跸山南，论功第一，迁检校太保、同平章事、洋蓬壁等州节度使，赐姓，名茂贞，僖宗亲为制字曰正臣。"此处已见蓬、壁二州，有美化李茂贞之意，恐有误。待考，今不取。

② 《新唐书》卷六七《方镇四·山南西道》，第1894页。

③ 《新唐书》卷六七《方镇四·山南西道》，第1893页。

④ 《新唐书》卷六七《方镇四·山南西道》，第1894页。

⑤ 《资治通鉴》卷二六五，天祐二年八月条，第8647页。

⑥ 《旧唐书》卷二〇下《哀帝》，第804页。

后，渠、巴、开三州另置都团练观察使，至唐灭亡。

第六节　兴文节度使辖区沿革

兴文节度使置于天祐三年，治兴州（今陕西省汉中市略阳县），领兴、文、集、壁四州。

《方镇表四》："天祐三年（906），置兴文节度使，领兴、文、集、壁四州，治兴州。"①

表 8－6　兴文节度使辖区变动

时间	方镇名称	治所	辖区
天祐三年（906）	兴文节度使	兴州	兴、文、集、壁四州

---

① 《新唐书》卷六七《方镇四·山南西道》，第 1894 页。

第九章 淮南道方镇辖区变动考

淮南道，唐贞观元年（627）置，"盖古扬州之域"，辖扬、楚、滁、和、寿、庐、舒、光、蕲、安、黄、申等十二州，五十三县。

安史之乱后，淮南道主要有淮南节度使、淮南西道节度使。因战事临时设置寿州都团练观察使、泗濠观察使及安黄节度使。黄巢起义后，蔡州置奉国军节度使。

第一节 淮南节度使辖区沿革

至德元载（756），置淮南节度使，治扬州，领扬、楚、滁、和、寿、庐、舒、蕲、安、黄、濠、沔十二州。二载，割出安州。乾元二年（759），割出寿、沔、蕲、黄四州。宝应元年（762），复领寿州。建中二年（781），增领泗州。兴元元年（784），割出濠、寿、庐三州。贞元四年（788），复领寿、庐二州，割出泗州。十六年，复领泗、濠二州。元和元年（806），复割出泗、濠二州。十三年，增领光州。长庆元年（821），增领宿州。大和三年（829），割出宿州。咸通三年（862），复领濠州。四年，增领宿州，割出濠州，是年，复领濠州。十年，割出濠、宿二州。乾符二年（875），复领泗州。景福元年（892），增领润州，罢领泗州。乾宁元年（894），复领泗州。四年，割出光州。天复二年（902），增领升州，领扬、楚、滁、和、舒、庐、寿、泗、润、升十州，至唐亡。

表 9-1 淮南节度使辖区变动

时间	方镇名称	治所	辖区
至德元载（756）	淮南节度使	扬州	扬、楚、滁、和、寿、庐、舒、蕲、安、黄、濠、沔十二州

续表

时间	方镇名称	治所	辖区
至德二载（757）			扬、楚、滁、和、寿、庐、舒、蕲、黄、濠、沔十一州
乾元二年（759）			扬、楚、滁、和、庐、舒、濠七州
宝应元年（762）			扬、楚、滁、和、庐、舒、濠、寿八州
建中二年（781）			扬、楚、滁、和、庐、舒、濠、寿、泗九州
兴元元年（784）			扬、楚、滁、和、舒、泗六州
贞元四年（788）			扬、楚、滁、和、舒、庐、寿七州
贞元十六年（800）			扬、楚、滁、和、舒、庐、寿、泗、濠九州
元和元年（806）			扬、楚、滁、和、舒、庐、寿七州
元和十三年（818）			扬、楚、滁、和、舒、庐、寿、光八州
长庆元年（821）			扬、楚、滁、和、舒、庐、寿、光、宿九州
大和三年（829）			扬、楚、滁、和、舒、庐、寿、光八州
咸通三年（862）			扬、楚、滁、和、舒、庐、寿、光、濠九州
咸通四年（863）			扬、楚、滁、和、舒、庐、寿、光、宿、濠十州
咸通十年（869）			扬、楚、滁、和、舒、庐、寿、光八州
乾符二年（875）			扬、楚、滁、和、舒、庐、寿、光、泗九州
景福元年（892）			扬、楚、滁、和、舒、庐、寿、光、润九州
乾宁元年（894）			扬、楚、滁、和、舒、庐、寿、光、泗、润十州
乾宁四年（897）			扬、楚、滁、和、舒、庐、寿、泗、润九州
天复二年（902）			扬、楚、滁、和、舒、庐、寿、泗、润、升十州

淮南节度使（756），治扬州（今江苏省扬州市），领扬、楚、滁、和、寿、庐、舒、蕲、安、黄、濠、沔十二州。

《方镇表五》："至德元载（756），置淮南节度使，领扬、楚、滁、和、寿、庐、舒、光、蕲、安、黄、申、沔十三州，治扬州。寻以光州隶淮西。"① 《方镇表二》："至德元载，置淮南西道节度使，领义阳（申州）、弋阳（光州）、颍川（许州）、荥阳（郑州）、汝南（蔡州）。"② 材料表明淮南节度和淮西节度均领有申、光二州，即使如新表五载寻以光州隶淮西，仍不能解释两材料间的矛盾。

又《资治通鉴》：至德元载（756）十二月，"置淮南节度使，领广陵等十二郡，以（高）适为之；置淮南西道节度使，领汝南等五郡，以来瑱为之"。胡注："义阳、弋阳已属淮南节度，又载隶淮南西道，当考。"③ 胡三省对淮南节度所领是何十二州亦有疑问。再检《旧唐书·地理志》，淮南道还领有"濠州"。④ 若将新表五所载淮南节度所辖的申、光二州放入淮南西道，添加漏掉的濠州，便是所领十二州，符合《资治通鉴》所载的"领广陵等十二郡"之数。

淮南节度使（757），治扬州，领扬、楚、滁、和、寿、庐、舒、蕲、黄、濠、沔十一州。

至德二载（757），"安州割隶山南东道节度"。⑤

淮南节度使（759），治扬州，领扬、楚、滁、和、庐、舒、濠七州。

《方镇表五》："乾元二年（759），沔州隶鄂岳节度，寿州隶淮西节度。"⑥ 《方镇表二》："乾元二年，废淮南西道节度使，以陈、颍、亳隶陈郑。是年，复置淮南西道节度使，领申、光、寿、安、沔、蕲、黄七州，治寿州。"⑦ 可知，乾元二年，淮南节度割出寿、沔、蕲、黄四州，还领七州。

淮南节度使（762），治扬州，领扬、楚、滁、和、庐、舒、濠、寿八州。

《旧唐书·来瑱传》：上元三年（即宝应元年，762），"以瑱检校户部尚书、兼御史大夫、安州刺史，充淮西申、安、蕲、黄、光、沔

---

① 《新唐书》卷六八《方镇五·淮南》，第1902页。
② 《新唐书》卷六五《方镇二·淮南西道》，第1800页。
③ 《资治通鉴》卷二一九，至德元载十二月条，第7007—7008页。
④ 《旧唐书》卷四〇《地理三·淮南道》，第1575页。
⑤ 《新唐书》卷六七《方镇四·南阳》，第1870页。
⑥ 《新唐书》卷六八《方镇五·淮南》，第1903页。
⑦ 《新唐书》卷六五《方镇二·淮南西道》，第1802页。

节度观察"。① 《旧唐书·张万福传》："寻真拜寿州刺史、淮南节度副使。为节度使崔圆所忌,失刺史改鸿胪卿,以节度副使将千人镇寿州,万福不以为恨。"② 《新唐书》卷一七〇《张万福传》载略同。崔圆为淮南节度使,以节度副使将千人镇寿州,表明寿州应为淮南节度使所辖。上元二年二月己未,"崔圆为扬州大都督府长史、淮南节度观察等使"。③ 此条表明,寿州复隶淮南是在上元二年后。上元三年,来瑱任安州刺史,充申、安、蕲、黄、光、沔节度观察,表明徙治安州,所领已不含寿州。

综上,宝应元年,淮南节度应复领寿州。

淮南节度使(781),治扬州,领扬、楚、滁、和、庐、舒、濠、寿、泗九州。

《方镇表五》:"建中二年(781),淮南节度增领泗州。"④ 《资治通鉴》:建中二年,"以泗州隶淮南"。⑤ 可知,建中二年,淮南节度增领泗州。

淮南节度使(784),治扬州,领扬、楚、滁、和、舒、泗六州。

《方镇表五》:"建中四年(783),置寿州团练使。兴元元年(784),淮南节度罢领濠、寿、庐三州。升寿州团练使为都团练观察使,领寿、濠、庐三州,治寿州。"⑥ 《资治通鉴》:兴元元年正月,"以建封为濠、寿、庐三州都团练使"。⑦ 《旧唐书》卷一二《德宗上》兴元元年十二月乙亥条、《旧唐书》卷一四〇《张建封传》、《新唐书》卷一五八《张建封传》所载略同。可知,兴元元年,淮南节度割出濠、寿、庐三州。

淮南节度使(788),治扬州,领扬、楚、滁、和、舒、庐、寿七州。

《方镇表五》:"贞元四年(788),淮南节度复领庐、寿二州,以泗州隶徐泗节度,废寿州都团练观察使为团练使。"⑧ 《资治通鉴》:贞元四年十一月,"李泌言于上曰:'……请徙寿、庐、濠都团练使张建封镇徐州,割濠、泗以隶之;复以庐、寿归淮南,则淄青慑息而运路常通,江、淮安

---

① 《旧唐书》卷一一四《来瑱传》,第3366页。
② 《旧唐书》卷一五二《张万福传》,第4074页。
③ 《旧唐书》卷一〇《肃宗》,第260页。
④ 《新唐书》卷六八《方镇五·淮南》,第1908页。
⑤ 《资治通鉴》卷二二六,建中二年正月丙子条,第7295页。
⑥ 《新唐书》卷六八《方镇五·淮南》,第1909页。
⑦ 《资治通鉴》卷二二九,兴元元年正月条,第7393页。
⑧ 《新唐书》卷六八《方镇五·淮南》,第1910页。

矣。……'上从之。以建封为徐、泗、濠节度使"。① 可知，贞元四年，淮南节度复领寿、庐二州，割出泗州。

淮南节度使（800），治扬州，领扬、楚、滁、和、舒、庐、寿、泗、濠九州。

《旧唐书·德宗纪》：贞元十六年（800）十一月癸卯，"泗州、濠州宜隶淮南观察使"。②《资治通鉴》：贞元十六年，"朝廷不得已除（张）愔徐州团练使，以（张）伾为泗州留后，濠州刺史杜兼为濠州留后，仍加（杜）佑兼濠泗观察使"。《通鉴考异》曰："实录：十二月癸卯，泗州、濠州，宣令淮南观察使收管。今因此终言之。"③ 可知，贞元十六年，分濠、泗隶淮南节度，以削徐州之权。

淮南节度使（806），治扬州，领扬、楚、滁、和、舒、庐、寿七州。

《旧唐书·张愔传》：元和元年（806），"以东都留守王绍为武宁军节度，代愔，复隶濠、泗二州于徐"。④《资治通鉴》卷二三七元和元年十一月戊申条载同。《旧唐书·宪宗纪》：元和元年十一月，"以东都留守王绍检校右仆射，兼徐州刺史、武宁军节度使、徐泗濠等州观察等使"。⑤ 可知，元和元年，淮南节度复割出泗、濠二州。

元和二年（807），"淮南节度罢领楚州，寻复领楚州"。⑥

淮南节度使（818），治扬州，领扬、楚、滁、和、舒、庐、寿、光八州。

《方镇表五》："元和十三年（818），淮南节度增领光州。"⑦《资治通鉴》：元和十三年五月，"以光州隶淮南"。⑧

淮南节度使（821），治扬州，领扬、楚、滁、和、舒、庐、寿、光、宿九州。

《方镇表五》："长庆元年（821），淮南节度增领宿州。"⑨

---

① 《资治通鉴》卷二三三，贞元四年十一月条，第7516—7517页。
② 《旧唐书》卷一三《德宗下》，第394页。
③ 《资治通鉴》卷二三五，贞元十六年五月，第7590页。
④ 《旧唐书》卷一四〇《张愔传》，第3833页。
⑤ 《旧唐书》卷一四《宪宗上》，第419页。
⑥ 《新唐书》卷六八《方镇五·淮南》，第1913页。
⑦ 《新唐书》卷六八《方镇五·淮南》，第1915页。
⑧ 《资治通鉴》卷二四〇，元和十三年五月条，第7751页。
⑨ 《新唐书》卷六八《方镇五·淮南》，第1916页。

淮南节度使（829），治扬州，领扬、楚、滁、和、舒、庐、寿、光八州。

《旧唐书·地理志》：大和三年（829），"徐泗观察使崔群奏罢宿州，四县各归本属"。① 表明大和三年，淮南节度割出宿州。

大中十二年（858），"淮南节度增领申州，未几，复以申州隶武昌军节度"。②

淮南节度使（862），治扬州，领扬、楚、滁、和、舒、庐、寿、光、濠九州。

《资治通鉴》：咸通三年（862）八月甲子，"敕复以濠州归淮南道"。③

淮南节度使（863），治扬州，领扬、楚、滁、和、舒、庐、寿、光、宿、濠十州。

《资治通鉴》：咸通四年（863）十一月辛巳，"废宿泗观察使，复以徐州为观察府，以濠、泗隶焉"。④《方镇表二》徐海沂密条："咸通四年，以濠州隶淮南节度。五年，置徐、泗团练观察处置使，治徐州。"⑤《旧唐书·懿宗纪》：咸通五年（864）五月，"宜令徐泗团练使选拣召募官健三千人，赴邕管防戍"。⑥

综上可知，咸通四年，复置徐州观察使不见领宿州。从地理位置看，宿州应是隶淮南节度，且长庆元年，宿州曾隶淮南节度。是年，濠州复隶淮南节度。

淮南节度使（869），治扬州，领扬、楚、滁、和、舒、庐、寿、光八州。

《方镇表二》："咸通十年（869），置徐泗节度使。是年，复置都团练防御使，增领濠、宿二州。"⑦ 可知，咸通十年，淮南节度割出濠、宿二州。

① 《旧唐书》卷三八《地理一·河南道》，第1449页。
② 《新唐书》卷六八《方镇五·淮南》，第1920页。
③ 《资治通鉴》卷二五〇，咸通三年八月甲子条，第8100页。《新唐书》卷六八《方镇五·淮南》："咸通四年（863），淮南节度增领濠州。"新表载恐误，今不取。
④ 《资治通鉴》卷二五〇，咸通四年十一月辛巳条，第8107页。
⑤ 《新唐书》卷六五《方镇二·徐海沂密》，第1822页。
⑥ 《旧唐书》卷一九上《懿宗》，第657页。
⑦ 《新唐书》卷六五《方镇二·徐海沂密》，第1823页。

咸通十一年（870），泗州隶淮南节度，寻又割隶感化军节度。

《资治通鉴》：咸通十一年五月，"徐州依旧为观察使，统徐、濠、宿三州，泗州为团练使，割隶淮南。……十一月……丁卯，复以徐州为感化军节度"。[1]《建徐州为感化军节度敕》："其徐州都团练使，仍改为感化军节度、徐宿濠泗等州观察处置等使。咸通十一年十一月。"[2]《旧唐书》卷一九上《懿宗》咸通十一年十一月载同。

由上可知，咸通十一年五月，泗州隶淮南，十一月，复隶感化军节度。

淮南节度使（875），治扬州，领扬、楚、滁、和、舒、庐、寿、光、泗九州。

《方镇表二》："乾符二年（875），感化军节度罢领泗州。"[3] 泗州应是复隶淮南节度。

淮南节度使（892），治扬州，领扬、楚、滁、和、舒、庐、寿、光、润九州。

《资治通鉴》：景福元年（892）二月，"杨行密取润州"。[4] 十一月，"时泗州刺史张谏以州附于朱全忠"。[5] 可知，景福元年，淮南节度增领润州，失领泗州。润州自此属淮南。

淮南节度使（894），治扬州，领扬、楚、滁、和、舒、庐、寿、光、泗、润十州。

《资治通鉴》：乾宁元年（894）十一月，"朱全忠遣使至泗州，陵慢刺

---

① 《资治通鉴》卷二五二，咸通十一年五月、十一月条，第8159—8161页。
② 宋敏求编《唐大诏令集》卷九九《政事·建易州县》，第501页。
③ 《新唐书》卷六五《方镇二·徐海沂密》，第1824页。赖青寿先生据《资治通鉴》卷二五九：乾宁元年（894）十一月，"朱全忠遣使至泗州，陵慢刺史张谏，谏举州降杨行密"。胡注："泗州，本徐州巡属，自此遂为杨行密所有。"认为该材料作"乾符二年"误，应是乾宁元年，泗州割隶淮南节度。参见氏著《唐后期方镇建置沿革研究》，第138页。检《资治通鉴》景福元年（892）十一月条："时溥濠州刺史张璲、泗州刺史张谏以州附于朱全忠。"据此可知，乾宁元年张谏举州降杨行密是因景福元年曾降朱全忠，该材料不能证明乾符二年感化军罢领泗州为错误。《新安志》卷九《牧守》："于涛者，授泗州防御使、歙州刺史，佐淮南杨行密为副使。"该条亦表明泗州应隶淮南节度。郁贤皓先生认为于涛约光启中（885—887）任泗州防御使，参见氏著《唐刺史考》卷六五《河南道·泗州》，第833页。亦可说明乾宁元年前，泗州隶淮南节度。综上可证，《方镇表》作"乾符二年，感化军节度罢领泗州"应不误，恐赖先生误。
④ 《资治通鉴》卷二五九，景福元年二月条，第8426页。
⑤ 《资治通鉴》卷二五九，景福元年十一月条，第8427页。

史张谏，谏举州降杨行密"。① 表明，是年淮南节度复领泗州。泗州本徐州巡属，自此为杨行密所有。

淮南节度使（897），治扬州，领扬、楚、滁、和、舒、庐、寿、泗、润九州。

《方镇表二》："乾宁四年（897），奉国军节度增领申、和二州。"② 该材料中的"和"应是"光"之误，从位置上看，和州与申、蔡之间隔有光、寿、庐等州，时朝廷已无力控制地方，以奉国军遥领和州的可能性不大。光州与申、蔡连为一体，申、光、蔡本是奉国军节度所辖。故乾宁四年，淮南节度应割出光州。

淮南节度使（902），治扬州，领扬、楚、滁、和、舒、庐、寿、泗、润、升十州。

《资治通鉴》：天复二年（902）六月，杨行密以李神福为升州刺史。天复三年正月，杨行密承制加朱瑾东面诸道行营副都统、同平章事，以升州刺史李神福为淮南行军司马。③《新唐书》卷一九〇《张雄传》亦载，天复二年，升州刺史冯弘铎率州降淮南杨行密。可知，天复二年，淮南节度增领升州，共领十州，至唐灭亡。

第二节　淮西·奉国军节度使辖区沿革

一　淮南西道节度使

淮南西道节度使置于至德元载（756），治许州，领许、申、光、郑、豫五州。乾元元年（758），徙治郑州，增领陈、亳、颍三州，割出许、豫二州。二年，徙治寿州，领申、光、寿、安、沔、蕲、黄七州。宝应元年（762），徙治安州，增领陈、郑、颍、亳、汴、曹、宋、徐、泗九州。是年末，增领隋、唐、邓三州，割出郑、陈、颍、汴、宋、曹、泗、申、徐、寿十州，还领光、安、沔、蕲、黄、亳、许、隋、唐九州。广德元年（763），割出亳州。永泰元年（765），割出沔、蕲、黄三州。

---

① 《资治通鉴》卷二五九，乾宁元年十一月条，第8458页。

② 《新唐书》卷六五《方镇二·淮南西道》，第1827页。

③ 《资治通鉴》卷二六三，天复二年六月条，第8577、8600页。

大历八年（773），徙治蔡州，增领蔡、申、汝三州。十一年，徙治汴州，增领汴州。十四年，徙治蔡州，增领沔、蕲、黄三州，割出汴、汝二州。建中二年（781），增领溵州，省沔州。贞元元年（785），割出唐、许、蕲、黄四州。二年，废溵州。三年，割出安、隋二州。元和十一年（816），增领唐、隋、邓三州，是年，割出该三州。十二年，增领溵州，是年末，割出该州。十三年，废淮西节度，蔡州隶忠武，申州隶鄂岳，光州隶淮南。

表 9 - 2　淮南西道节度使辖区变动

时间	方镇名称	治所	辖区
至德元载（756）	淮南西道节度使	许州	申、光、许、郑、豫五州
乾元元年（758）		郑州	申、光、郑、陈、颍、亳六州
乾元二年（759）		寿州	申、光、寿、安、沔、蕲、黄七州
宝应元年（762）		安州	光、安、沔、蕲、黄、亳、许、隋、唐九州
广德元年（763）			光、安、沔、蕲、黄、许、隋、唐八州
永泰元年（765）			光、安、许、隋、唐五州
大历八年（773）		蔡州	蔡、申、汝、光、安、许、隋、唐八州
大历十一年（776）		汴州	汴、蔡、申、汝、光、安、许、隋、唐九州
大历十四年（779）		蔡州	蔡、申、光、安、许、隋、唐、沔、蕲、黄十州
建中二年（781）			蔡、申、光、安、许、隋、唐、蕲、黄、溵十州
贞元元年（785）			蔡、申、光、安、隋、溵六州
贞元二年（786）			蔡、申、光、安、隋五州
贞元三年（787）	申光蔡节度使		蔡、申、光三州
贞元十四年（798）	彰义军节度使		
元和十一年（816）		唐州	蔡、申、光、唐、隋、邓六州
元和十二年（817）	淮西节度使	蔡州	蔡、溵、申、光四州

淮南西道节度使（756），治许州（今河南省许昌市），领申、光、许、郑、豫五州。

《方镇表二》："至德元载（756），置淮南西道节度使，领义阳（申州）、弋阳（光州）、颍川（许州）、荥阳（郑州）、汝南（豫州）五郡，置颍川郡。"① 《资治通鉴》：至德元载（756）十二月，"置淮南西道节度使，领汝南等五郡，以来瑱为之"。②

淮南西道节度使（758），治郑州（今河南省郑州市），领申、光、郑、陈、颍、亳六州。

《方镇表二》："乾元元年（758），淮南西道节度徙治郑州，增领陈、颍、亳三州，别置豫许汝节度使，治豫州。"③ 《旧唐书·鲁炅传》："乾元元年，兼郑州刺史，充郑、陈、颍、亳等州节度使。"④ 可知，乾元元年，淮南西道节度徙治郑州，增领陈、亳、颍，割出豫、许二州。

淮南西道节度使（759），治寿州（今安徽省六安市寿县），领申、光、寿、安、沔、蕲、黄七州。

《资治通鉴》：乾元二年（759）九月丁亥，"以陈、颍、亳、申节度使王仲昇为申、沔等五州节度使，知淮南西道行营兵马"。⑤ 《方镇表二》郑陈条："乾元二年，置郑陈节度使，领郑、陈、亳、颍四州，治郑州，寻

---

① 《新唐书》卷六五《方镇二·淮南西道》，第1800页。
② 《资治通鉴》卷二一九，至德元载十二月条，第7007—7008页。
③ 《新唐书》卷六五《方镇二·淮南西道》，第1801页。《旧唐书》卷一〇《肃宗》载："乾元元年（758）九月庚寅，大举讨安庆绪于相州。命朔方节度郭子仪……淮西襄阳节度鲁炅……郑蔡节度使季广琛等九节度之师……"《资治通鉴》卷二二〇载：乾元元年九月庚寅，"命朔方郭子仪、淮西鲁炅……郑蔡季广琛……及平卢兵马使董秦将步骑二十万讨庆绪"。《通鉴考异》曰："汾阳传又以炅为襄邓，广琛为淮西、荆澧。旧本纪，广琛为荆州。今从实录。"余按：两书均载，乾元元年同时出现淮西节度和郑蔡节度。蔡州应是豫州，《旧唐书》卷一一《代宗》："宝应元年（762）六月，'改豫州为蔡州，避上名也'。"若乾元元年淮西节度徙治郑州，那么应不能同时出现淮西和郑蔡两节度使。上述两材料均载，鲁炅于是年任淮西节度使，《新唐书》卷一四七《鲁炅传》亦载，乾元元年，"又加淮西节度、邓州刺史"，可认为淮西节度无误。再检《旧唐书》卷一〇《肃宗》：乾元元年五月戊子，以张镐为荆州大都督府长史、本州防御使，以荆州长史季广琛赴河南行营会计讨贼于河北。八月壬寅，以青徐等五州节度使季广琛兼许州刺史。虽《资治通鉴》卷二二〇乾元元年八月壬寅条《通鉴考异》曰："实录云'青、徐等五州节度使季广琛，青、登等五州节度使许叔冀'，按青州岂可属两节度！又广琛先为荆州长史，今年五月为右常侍，九月讨安庆绪时，实录称郑蔡节度使。汾阳家传称淮西、荆、澧，旧纪称荆州，未尝镇青、徐。实录于此称青、徐，恐误也。"但仍可看出，乾元元年季广琛兼许州刺史，可推其担任的应为是年置的豫许汝节度使。故《旧唐书》和《资治通鉴》所载的郑蔡节度应是豫许汝节度。
④ 《旧唐书》卷一一四《鲁炅传》，第3363页。
⑤ 《资治通鉴》卷二二一，乾元二年九月丁亥条，第7081页。

增领申、光、寿三州；未几，以三州隶淮西。"①《方镇表二》淮南西道条：
"乾元二年，废淮南西道节度使，以陈、颍、亳隶陈郑。是年，复置淮南
西道节度使，领申、光、寿、安、沔、蕲、黄七州，治寿州。"②

综上，乾元二年，淮西节度应是先割出郑、陈、亳、颍四州，领申、
光、寿、安、沔五州。后又割申、光、寿三州隶郑陈节度，应是废淮西节
度。最后复置淮西，徙治寿州，领申、光、寿、安、沔、蕲、黄七州。

**淮南西道节度使（762），治安州（今湖北省安陆市），领光、安、沔、
蕲、黄、亳、许、隋、唐九州。**

《方镇表二》淮南西道条载："上元二年（761），淮南西道节度使增领
陈、郑、颍、亳、汴、曹、宋、徐、泗九州，徙治安州，号淮西十六州节
度使。寻以亳州隶滑卫节度，徐州隶兖郓节度。"③《方镇表二》青密条载：
"上元二年，兖郓节度增领徐州。"④

按，《旧唐书·肃宗纪》：上元二年九月壬寅，"制：……自今已后，
朕号唯称皇帝，其年号但称元年，去上元之号"。宝应元年（762）建辰月
癸巳，"以襄州刺史来瑱为安州刺史，充淮西申、安、蕲、黄、沔等十六
州节度使"。⑤《资治通鉴》亦载：宝应元年建辰月（三月）癸巳，"以瑱
为淮西、河南十六州节度使"。建巳月丁酉，"来瑱闻徙淮西，大惧，上
言：'淮西无粮，请俟收麦而行。'又讽将吏留己。上欲姑息无事，壬寅，
复以瑱为山南东道节度使"。⑥

综上可知，来瑱于宝应元年建辰月充淮西节度使；上元二年九月壬寅
改称元年，新书方镇表所载，上元二年淮南西道节度领十六州应是指宝应
元年建辰月，应是新表忽略是年九月改元之事。

宝应元年，淮西节度使辖区变化较大，来瑱复为山南东道节度使后，
还领光、安、沔、蕲、黄、亳、许、隋、唐九州。

《方镇表二》："宝应元年（762），淮西节度增领许、隋、唐三州，以

①　《新唐书》卷六五《方镇二·郑陈》，第1802页。
②　《新唐书》卷六五《方镇二·淮南西道》，第1802页。
③　《新唐书》卷六五《方镇二·淮南西道》，第1803页。
④　《新唐书》卷六五《方镇二·青密》，第1804页。
⑤　《旧唐书》卷一〇《肃宗》，第262页。
⑥　《资治通鉴》卷二二二，宝应元年建辰月癸巳、建巳月丁酉条，第7121、7128页。

郑州隶泽潞节度，颖、汴、宋、曹四州隶河南节度，泗州隶兖郓节度，申
州隶蔡汝节度使。"① 《旧唐书·代宗纪》载：宝应元年六月，"改豫州为
蔡州，避上名也"。② 《资治通鉴》载：宝应元年七月，"以郭子仪……潞
仪沁泽陈郑等节度行营及兴平等军副元帅"。③ 上述表明，宝应元年，淮
西割出郑、陈、颖、汴、宋、曹、泗、申八州，再有前引新表载，徐州
隶兖郓节度，寿州隶淮南节度（参见淮南节度使一节），共割出十州。
同时，淮西节度又增领许、隋、唐三州，加余下六州，还领光、安、沔、
蕲、黄、亳、许、隋、唐九州。

**淮南西道节度使（763），治安州，领光、安、沔、蕲、黄、许、隋、
唐八州。**

《方镇表二》："广德元年（763），滑卫节度增领亳州，更号滑亳节度
使。"④ 是年，淮西节度割出亳州。

淮南西道节度使（765），治安州，领光、安、许、隋、唐五州。

《方镇表二》："永泰元年（765），沔、蕲、黄三州隶鄂岳节度。"⑤ 可
知，是年淮西割出三州。

**淮南西道节度使（773），治蔡州（今河南省驻马店市汝南县），领蔡、
申、汝、光、安、许、隋、唐八州。**

《方镇表二》："大历八年（773），淮西节度使徙治蔡州，废蔡汝节度
使，所管州皆隶淮西节度。"⑥ 宝应元年（762），蔡汝节度增领申州，领
蔡、汝、申三州。可知，大历八年，淮西节度增领三州，徙治蔡州。自宝
应元年七月，李忠臣同时兼领淮西和蔡汝两节度，是年废蔡汝节度，所领
三州仍由李忠臣管辖。

① 《新唐书》卷六五《方镇二·淮南西道》，第 1804 页。
② 《旧唐书》卷一一《代宗》，第 269 页。
③ 《资治通鉴》卷二二二，宝应元年七月条，第 7129 页。《旧唐书》卷一四五《李忠臣传》
　宝应元年七月，"拜忠臣太常卿同正、兼御史中丞、淮西十一州节度；寻加安州刺史，仍
　镇蔡州"。该条言宝应元年七月，李忠臣领淮西十一州，恐指是年七月郑、陈二州尚未割
　隶泽潞节度，待考。
④ 《新唐书》卷六五《方镇二·滑卫》，第 1804 页。
⑤ 《新唐书》卷六五《方镇二·淮南西道》，第 1805 页。
⑥ 《新唐书》卷六五《方镇二·淮南西道》，第 1807 页。

淮南西道节度使（776），治汴州（今河南省开封市），领汴、蔡、申、汝、光、安、许、隋、唐九州。

《资治通鉴》：大历十一年（776）十二月庚戌，"加淮西节度使李忠臣同平章事，仍领汴州刺史，治汴州"。①《方镇表二》："大历十一年，淮西节度使增领汴州，徙治汴州。"② 李忠臣破李灵曜，得汴州，朝廷便以其为汴州刺史。

淮南西道（淮宁军、申光蔡）节度使（779），治蔡州，领蔡、申、光、安、许、隋、唐、沔、蕲、黄十州。

《方镇表二》："大历十四年（779），淮西节度使复治蔡州。是年赐号淮宁军节度，寻更号申光蔡节度使。汝州隶东都畿，汴州隶永平军节度。"③《资治通鉴》：大历十四年三月丁未，以李希烈为蔡州刺史、淮西留后。五月戊子，以淮西留后李希烈为节度使。④ 可知，大历十四年，淮西节度徙治蔡州，割出汴、汝二州。

《旧唐书·德宗纪》载：大历十四年六月辛酉，罢鄂岳沔都团练观察使，以其地分隶诸道。⑤《新唐书》卷六八《方镇五·鄂岳沔》载同。时鄂岳沔观察使领鄂、岳、沔、蕲、黄五州，其中沔、蕲、黄三州自永泰元年（765）改隶鄂岳节度。现罢鄂岳沔观察使，其地分隶诸道，所领沔、蕲、黄三州应复隶淮西节度。

综上，大历十四年，淮西节度应领十州。

淮南西道节度使（781），治蔡州，领蔡、申、光、安、许、隋、唐、蕲、黄、溵十州。

《旧唐书·德宗纪》：建中二年（781）三月，于郾城置溵州。四月己酉朔，废沔州。⑥《资治通鉴》卷二二七建中二年三月条亦载，置溵州于郾城。又检《旧唐书·地理志》："郾城隶蔡州。"⑦ 可知，建中二年，淮西

---

① 《资治通鉴》卷二二五，大历十一年十二月庚戌条，第7241页。
② 《新唐书》卷六五《方镇二·淮南西道》，第1807页。
③ 《新唐书》卷六五《方镇二·淮南西道》，第1808页。
④ 《资治通鉴》卷二二五，大历十四年三月丁未条，第7255—7260页。
⑤ 《旧唐书》卷一二《德宗上》，第322页。
⑥ 《旧唐书》卷一二《德宗上》，第328—329页。《唐会要》卷七一《州县改置下·淮南道》沔州条："沔州，建中元年（780）四月，析入黄州。"应是建中二年，析入黄州。
⑦ 《旧唐书》卷三八《地理一·河南道》，第1435页。

节度割出沔州，增领溵州，仍领十州。

淮南西道节度使（785），治蔡州，领蔡、申、光、安、隋、溵六州。

《方镇表二》："贞元元年（785），唐州隶东都畿，许州隶义成军节度。"[1] 蕲、黄二州隶鄂岳观察使（参见鄂岳观察使一节）。可知，贞元元年，淮西节度割出唐、许、蕲、黄四州，还领六州。

淮南西道节度使（786），治蔡州，领蔡、申、光、安、隋五州。

《新唐书·地理志》郾城条："贞元二年（786），溵州废，县还故属。"[2]

申光蔡节度使（787），治蔡州，领蔡、申、光三州。

《资治通鉴》：贞元三年（787）闰五月，"上以襄、邓扼淮西冲要，癸亥，以荆南节度使曹王皋为山南东道节度使，以襄、邓、复、郢、安、随、唐七州隶之"。[3]《新唐书·方镇表二》："贞元三年，安州隶山南东道。"[4] 可知，贞元三年，安、隋二州隶山南东道节度，淮西节度还领蔡、申、光三州。

彰义军节度使（798），治蔡州，领蔡、申、光三州。

《旧唐书·德宗纪》：贞元十四年（798）二月乙亥，"赐光蔡节度曰彰义军"。[5]《方镇表二》："贞元十四年，申光蔡节度赐号彰义军节度。"[6]《资治通鉴》卷二三五贞元十四年春二月乙亥条载同。仍领蔡、申、光三州。

《元和郡县图志》载：蔡州节度使，治蔡州，管州三：蔡州、申州、光州。[7]

彰义军节度使（816），治唐州（今河南省驻马店市泌阳县），领蔡、申、光、唐、隋、邓六州。

《方镇表二》："元和十一年（816），彰义军节度增领唐、随、邓三

---

① 《新唐书》卷六五《方镇二·淮南西道》，第1811页。

② 《新唐书》卷三八《地理二·河南道》，第988页。

③ 《资治通鉴》卷二三二，贞元三年闰五月条，第7485页。《新唐书》卷六七《方镇四·南阳》："贞元三年（787），山南东道节度增领复州。"从文中看，前不见山南东道割出复州，此言增领该州恐有误，今不取。

④ 《新唐书》卷六五《方镇二·淮南西道》，第1811页。

⑤ 《旧唐书》卷一三《德宗下》，第387页。

⑥ 《新唐书》卷六五《方镇二·淮南西道》，第1812页。

⑦ 李吉甫：《元和郡县图志》卷九《河南道五·蔡州节度使》，第237页。

州，寻以三州别置节度使。"① 《旧唐书·宪宗纪》：元和十一年秋七月丁丑，以荆南节度使袁滋为唐州刺史、彰义节度使、申光唐蔡隋邓州观察使。权以唐州为理所。十二月甲寅，以李愬兼邓州刺史，充唐隋邓等州节度使。② 《资治通鉴》卷二三九元和十一年十二月甲寅条载同。可知，元和十一年，彰义军节度徙治唐州，增领唐、隋、邓三州，是年末，复割出三州。

淮西节度使（817），治蔡州，领蔡、溵、申、光四州。

《方镇表二》淮南西道条："元和十二年（817），彰义军节度复为淮西节度，增领溵州，未几，以溵州隶忠武军节度。"③ 郑陈条："元和十二年，忠武节度增领溵州。"④ 《旧唐书·马总传》："裴度宣慰淮西，奏为制置副使。吴元济诛，（裴）度留（马）总蔡州，知彰义军留后。寻检校工部尚书、蔡州刺史、兼御史大夫，充淮西节度使。总以申、光、蔡等州久陷贼寇，人不知法，威刑劝导，咸令率化。奏改彰义军曰淮西，贼之伪迹，一皆削荡。"⑤ 可知，元和十二年，复为淮西节度使，增领溵州。

《旧唐书·宪宗纪》载，元和十二年十月己卯，淮西平。十一月甲午，以蔡州郾城为溵州，析上蔡、西平、遂平三县隶焉。戊申，以淮西宣慰副使、刑部侍郎马总为彰义军节度留后。十二月壬戌，"以蔡州留后马总检校工部尚书、蔡州刺史、彰义军节度使、溵州颍陈许节度使"。⑥

按："溵州颍陈许节度使"应是蔡溵申光节度使之误，陈、许隶忠武军节度，颍州隶宣武军节度。又《平淮西大赦文》："元和十三年正月十日昧爽已前……如闻申、光、蔡、溵四州百姓，干戈之后，饿殍为病，宜委所在长吏设法绥理。"⑦ 可知，元和十二年，淮西节度不曾领颍、陈、许三州，应是蔡溵申光节度使。溵州割隶忠武军应是在元和十二年末。上述旧纪所引应有衍文、误文。

元和十三年（818），废淮西节度使，蔡州隶忠武，申州隶鄂岳，光州

---

① 《新唐书》卷六五《方镇二·淮南西道》，第 1815 页。
② 《旧唐书》卷一五《宪宗下》，第 456、458 页。
③ 《新唐书》卷六五《方镇二·淮南西道》，第 1815 页。
④ 《新唐书》卷六五《方镇二·郑陈》，第 1815 页。
⑤ 《旧唐书》卷一五七《马总传》，第 4152 页。
⑥ 《旧唐书》卷一五《宪宗下》，第 461—462 页。
⑦ 宪宗皇帝：《平淮西大赦文》，董诰等编《全唐文》卷六三，第 675 页。

隶淮南。

《方镇表二》："元和十三年（818），废淮西节度。"① 《资治通鉴》：元和十三年五月丙申，"以淮西节度使马总为忠武节度使、陈许溵蔡州观察使。以申州隶鄂岳，光州隶淮南"。② 可知，是年，蔡州隶忠武节度，申、光分隶鄂岳及淮南二镇。

二 奉国军节度使

中和二年（882），于蔡州置奉国军节度使，仅领蔡州。乾宁四年（897），增领申、光二州，共领三州，至唐亡。

表 9 - 3　奉国军节度使辖区变动

时间	方镇名称	治所	辖区
中和二年（882）	奉国军节度使	蔡州	蔡州
乾宁四年（897）			蔡、申、光三州

奉国军节度使（882），治蔡州，领蔡州。

《方镇表二》："中和二年（882），升蔡州防御使为奉国军节度。"③ 《旧唐书·僖宗纪》：中和元年八月，"许州牙将秦宗权奏破贼于汝州，乃授宗权蔡州防御使"。④ 可知，中和元年，置蔡州防御使，二年，升为奉国军节度使，仅领蔡州。

奉国军节度使（897），治蔡州，领蔡、申、光三州。

《方镇表二》："乾宁四年（897），奉国军节度增领申、和二州。"⑤

按：该材料中的"和"应是"光"之误，从位置上看，和州与申、蔡之间隔有光、寿、庐等州，是朝廷已无力控制之处，故奉国军遥领和州的可能性不大。光州与申、蔡连为一体，故乾宁四年，奉国军应是增领申、光二州。

---

① 《新唐书》卷六五《方镇二·淮南西道》，第 1815 页。
② 《资治通鉴》卷二四〇，元和十三年五月丙申条，第 7751 页。
③ 《新唐书》卷六五《方镇二·淮南西道》，第 1825 页。
④ 《旧唐书》卷一九下《僖宗》，第 711 页。
⑤ 《新唐书》卷六五《方镇二·淮南西道》，第 1827 页。

第三节　寿州都团练观察使辖区沿革

寿州都团练观察使置于兴元元年（784），治寿州，领寿、濠、庐三州。贞元四年（788），废寿州都团练观察使，寿、庐二州隶淮南，濠州隶徐泗濠节度使。

表 9 - 4　寿州都团练观察使辖区变动

时间	方镇名称	治所	辖区
兴元元年（784）	寿州都团练观察使	寿州	寿、濠、庐三州
贞元四年（788）	废寿州都团练观察使		

寿州都团练观察使（784），治寿州（今安徽省六安市寿县），领寿、濠、庐三州。

《方镇表五》："建中四年（783），置寿州团练使。兴元元年（784），淮南节度罢领濠、寿、庐三州。升寿州团练使为都团练观察使，领寿、濠、庐三州，治寿州。"①《资治通鉴》：兴元元年正月，"以建封为濠、寿、庐三州都团练使"。②《旧唐书》卷一二《德宗上》兴元元年十二月乙亥条、《旧唐书》卷一四〇《张建封传》、《新唐书》卷一五八《张建封传》载略同。可知，兴元元年，置寿州都团练观察使，领寿、濠、庐三州。

寿州都团练观察使废（788），寿、庐隶淮南，濠州隶徐泗濠节度。

《方镇表五》："贞元四年（788），废寿州都团练观察使为团练使。"③《资治通鉴》：贞元四年十一月，"李泌言于上曰：'……请徙寿、庐、濠都团练使张建封镇徐州，割濠、泗以隶之；复以庐、寿归淮南，则淄青慑息而运路常通，江、淮安矣。……'上从之。以建封为徐、泗、濠节度使。"④可知，贞元四年，废寿州都团练观察使，寿、庐二州隶淮南节度，濠州隶徐泗濠节度。

① 《新唐书》卷六八《方镇五·淮南》，第 1909 页。
② 《资治通鉴》卷二二九，兴元元年正月条，第 7393 页。
③ 《新唐书》卷六八《方镇五·淮南》，第 1910 页。
④ 《资治通鉴》卷二三三，贞元四年十一月条，第 7516—7517 页。

第四节　泗濠观察使辖区沿革

唐代后期，以泗州为理所的方镇有二：一是泗濠观察使，置于贞元十六年（800），领二州，元和元年（806）废；二是泗寿都团练使，置于元和二年，领泗、寿、楚三州，是年即废。

表 9-5　泗濠观察使辖区变动

时间	方镇名称	治所	辖区
贞元十六年（800）	泗濠观察使	泗州	泗、濠二州
元和元年（806）	废泗濠观察使		
元和二年（807）	泗寿都团练使，是年即废	泗州	寿、泗、楚三州

泗濠观察使（800），治泗州（今江苏省淮安市盱眙县对岸），领泗、濠二州。

《方镇表二》："贞元十六年（800），废徐、泗、濠三州节度使。未几，复置泗濠二州观察使，隶淮南。"[1]《旧唐书·德宗纪》：贞元十六年十一月癸卯，"泗州、濠州宜隶淮南观察使"。[2]《资治通鉴》：贞元十六年，"朝廷不得已除（张）愔徐州团练使，以（张）愔为泗州留后，濠州刺史杜兼为濠州留后，仍加（杜）佑兼濠泗观察使"。[3] 由上可知，贞元十六年，泗、濠二州置观察使，由淮南节度使兼领。

泗濠观察使废（806），濠、泗二州隶武宁军节度。

《旧唐书·张愔传》：元和元年（806），"以东都留守王绍为武宁军节度，代愔，复隶濠、泗二州于徐"。[4]

泗寿都团练使（807），治泗州，领寿、泗、楚三州。是年即废。

《方镇表五》："元和二年（807），升寿州团练使为都团练使，领寿、泗、楚三州，治泗州。寻废都团练使，复为寿州团练使，以泗州隶武宁节

---

① 《新唐书》卷六五《方镇二·徐海沂密》，第 1813 页。

② 《旧唐书》卷一三《德宗下》，第 394 页。

③ 《资治通鉴》卷二三五，贞元十六年五月条，第 7590 页。

④ 《旧唐书》卷一四○《张愔传》，第 3833 页。

度，楚州隶淮南节度。"①

元和元年，于徐州复置武宁军节度使，元和二年，割武宁节度所辖的泗州，淮南节度所领的寿、楚二州置都团练使，如此与武宁军节度所领的徐、濠二州交错分布，应是为节制武宁军节度使。但存续时间不长，当年即废泗寿都团练使，泗州仍隶武宁军节度，寿、楚二州复隶淮南节度。

第五节　安黄节度使辖区沿革

贞元十五年（799），为平淮西吴少诚之乱，置安黄节度观察使，治安州，领安、黄二州。十九年，赐号奉义军节度使。元和元年（806）废节度使。安黄节度使的辖区始终无变化。

表 9-6　安黄节度使辖区变动

时间	方镇名称	治所	辖区
贞元十五年（799）	安黄节度观察使	安州	安、黄二州
贞元十九年（803）	奉义军节度使		
元和元年（806）	废奉义军节度使		

安黄节度观察使（799），治安州（今湖北省安陆市），领安、黄二州。

《方镇表五》："贞元十五年（799），置安黄节度观察使，治安州。"②《旧唐书·德宗纪》：贞元十五年四月癸未，"以安州刺史伊慎为安黄节度营田观察使"。③《资治通鉴》卷二三五贞元十五年十月条载略同。可知，贞元十五年，置安黄节度观察使，领二州。

奉义军节度使（803），治安州，领安、黄二州。

《方镇表五》："贞元十九年（803），赐安黄节度观察使号奉义军节度。"④《旧唐书·德宗纪》载同新表。⑤ 又检《资治通鉴》：贞元十九年春，二月

---

① 《新唐书》卷六八《方镇五·淮南》，第 1913 页。

② 《新唐书》卷六八《方镇五·鄂岳沔》，第 1912 页。

③ 《旧唐书》卷一三《德宗下》，第 390 页。

④ 《新唐书》卷六八《方镇五·鄂岳沔》，第 1912 页。

⑤ 《旧唐书》卷一三《德宗下》，第 397 页。《旧唐书》卷一五一《伊慎传》："贞元二十一年（805），于安黄置奉义军额。"从文中所考看，该条载置奉义军额时间应误，今不取。

丁亥，名安黄军曰奉义。胡注：以宠伊慎也。[①] 综上可知，贞元十九年，因宠伊慎，赐安黄节度为奉义军节度。

元和元年（806），"罢奉义军节度使，安、黄二州隶武昌军节度使"。[②]《旧唐书》卷一四《宪宗上》元和元年春正月丙寅朔条载略同。

---

① 《资治通鉴》卷二三六，贞元十九年二月丁亥条，第 7600 页。
② 《新唐书》卷六八《方镇五·鄂岳沔》，第 1913 页。

第十章　江南东道方镇辖区变动考

江南道，初设于唐贞观元年（627），"盖古扬州南境"，[①] 辖润、升、常、苏、湖、杭、睦、越、明、衢、处、婺、温、台、福、建、泉、汀、漳、宣、歙、池、洪、江、鄂、岳、饶、虔、吉、袁、信、抚、潭、衡、永、道、郴、邵、黔、辰、锦、施、叙、奖、夷、播、思、费、南、溪、溱五十一州，二百四十七县，相当于今江西、浙江、湖南省的全部，江苏南部，安徽、湖北长江以南，四川的东南部和贵州的东北部。

开元二十一年（733），江南道析分为东、西二道。江南东道辖润、常、苏、湖、杭、歙、睦、衢、越、婺、台、温、明、括、建、福、泉、汀等十八州，相当于今上海、浙江、福建的全部，江苏南部及安徽徽州地区。

安史之乱后，江南东道主要有浙江东道观察使、浙江西道观察使、福建观察使，唐末年，置歙婺衢睦观察使。上述方镇中，以福建观察使和歙婺衢睦观察使辖区最为稳定。浙江东、西道观察使辖区于黄巢起义后变动频繁，主要是方镇割据兼并的结果。

第一节　浙江东道观察使辖区沿革

浙江东道节度使置于乾元元年（758），治越州，领越、睦、衢、婺、台、明、括、温八州。大历五年（770），废浙江东道节度使，置都团练守捉及观察处置等使，仍领八州。十四年，改括州为处州，废浙东观察使，所管州隶浙江西道。建中元年（780），复置浙东观察使。建中二年（781），又废浙东观察使。贞元三年（787），复置浙东观察使，领越、衢、

---

① 《新唐书》卷四一《地理五·江南道》，第1056页。

婺、台、明、处、温七州。中和三年（883），升为义胜军节度使。光启三年（887），改义胜军节度为威胜军节度。乾宁三年（896），改威胜军节度为镇东军节度，辖区均不变。天祐二年（905），割出婺、衢二州。三年，复领婺、衢二州，仍领七州。

表 10 - 1　浙江东道观察使辖区变动

时间	方镇名称	治所	辖区
乾元元年（758）	浙江东道节度使	越州	越、睦、衢、婺、台、明、括、温八州
大历五年（770）	浙江东道观察使		
贞元三年（787）			越、衢、婺、台、明、处、温七州
中和三年（883）	义胜军节度使		
光启三年（887）	威胜军节度使		
乾宁三年（896）	镇东军节度使		
天祐二年（905）			越、台、明、处、温五州
天祐三年（906）			越、衢、婺、台、明、处、温七州

浙江东道节度使（758），治越州（今浙江省绍兴市），领越、睦、衢、婺、台、明、括、温八州。

《方镇表五》："乾元元年（758），置浙江东道节度使，领越、睦、衢、婺、台、明、处（括）、温八州，治越州。"[1]《资治通鉴》：乾元元年十二月，庚戌，"置浙江东道节度使，领越、睦等八州"。[2]

浙江东道观察使（770），治越州，领越、睦、衢、婺、台、明、括（处）、温八州。

《方镇表五》："大历五年（770），废浙江东道节度使，置都团练守捉及观察处置等使，领州如故。"[3]《旧唐书·代宗纪》：大历五年九月丁丑，"以宣歙池等州都团练观察使、宣州刺史、兼御史中丞陈少游充浙江东道团练观察使"。[4] 可知，大历五年，浙江东道节度使降为都团练观察使，辖区不变。

①　《新唐书》卷六八《方镇五·浙东》，第 1903 页。
②　《资治通鉴》卷二二〇，乾元元年十二月庚戌条，第 7063 页。
③　《新唐书》卷六八《方镇五·浙东》，第 1906 页。
④　《旧唐书》卷一一《代宗》，第 297 页。

《方镇表五》："大历十四年，废浙江东道都团练观察使，以所管州隶浙江西道。"① 是年闰五月癸未，改"括州为处州"。②《资治通鉴》：大历十四年十一月丁丑，"以晋州刺史韩滉为苏州刺史、浙江东西观察使"。③可知，大历十四年，废浙江东道观察使，其所领隶浙江西道节度。

建中元年（780），"复置浙江东道都团练观察使"。④ 应领原八州。

建中二年，"废浙江东道都团练观察使，以所管州隶浙江西道"。⑤

浙江东道观察使（787），治越州，领越、衢、婺、台、明、处、温七州。

《资治通鉴》：贞元三年（787）二月，"分浙江东、西道为三：浙西，治润州；浙东，治越州；宣、歙、池，治宣州"。⑥《方镇表五》："贞元三年，分浙江东、西为二道，复置浙江西道都团练观察使，领润、江、常、苏、杭、湖、睦七州，治苏州。"⑦ 综上可推，浙江东道应是领越、衢、婺、台、明、处、温七州。

《元和郡县图志》载：浙东观察使，治越州，管州七：越州、婺州、衢州、处州、温州、台州、明州。⑧

义胜军节度使（883），治越州，领越、衢、婺、台、明、处、温七州。

《方镇表五》："中和三年（883），升浙江东道观察使为义胜军节度使。"⑨《资治通鉴》：中和三年十二月，"升浙东为义胜军，以刘汉宏为节度使"。⑩《旧唐书·刘汉宏传》："僖宗在蜀，贡输踵驿而西，帝悦，宠其军为义胜军，即授节度使。（刘）汉宏既有七州，志侈大……"⑪

综上可知，中和三年，升浙东观察使为义胜军节度使，领七州之地。

---

① 《新唐书》卷六八《方镇五·浙东》，第1908页。

② 《旧唐书》卷一二《德宗上》，第320页。

③ 《资治通鉴》卷二二六，大历十四年十一月丁丑条，第7272页。

④ 《新唐书》卷六八《方镇五·浙东》，第1908页。

⑤ 《新唐书》卷六八《方镇五·浙东》，第1908页。

⑥ 《资治通鉴》卷二三二，贞元三年二月条，第7481页。

⑦ 《新唐书》卷六八《方镇五·江东》，第1910页。

⑧ 李吉甫：《元和郡县图志》卷二六《江南道二·浙东观察使》，第617页。

⑨ 《新唐书》卷六八《方镇五·浙东》，第1923页。

⑩ 《资治通鉴》卷二三二，中和三年十二月条，第7481页。

⑪ 《新唐书》卷一九〇《刘汉宏传》，第5488页。

威胜军节度使（887），治越州，领越、衢、婺、台、明、处、温七州。

光启三年（887），"改义胜军节度为威胜军节度"，① 仍领越、衢、婺、台、明、处、温七州。

镇东军节度使（896），治越州，领越、衢、婺、台、明、处、温七州。

乾宁三年（896），"改威胜军节度为镇东节度"。②《资治通鉴》：乾宁三年十月丙子，"更名威胜曰镇东军"。③ 仍领越、衢、婺、台、明、处、温七州。

镇东军节度使（905），治越州，领越、台、明、处、温五州。

《方镇表五》："天祐二年（905），置歙、婺、衢、睦四州都团练观察处置使。"④《资治通鉴》卷二六五天祐二年九月条载同。可知，天祐二年，镇东军节度割出婺、衢二州，领五州。

镇东军节度使（906），治越州，领越、衢、婺、台、明、处、温七州。

《资治通鉴》：天祐三年（906）正月，"两浙将方永珍等取婺州，进攻衢州。……八月……两浙兵取衢州"。⑤ 淮南与浙人争婺、睦、衢三州，至是复悉归于钱氏。天祐三年，镇东军节度复领婺、衢二州，仍领七州之地。睦州隶镇海军节度。

第二节　浙江西道观察使辖区沿革

浙江西道节度使置于乾元元年（758），先是治升州，是年又徙治苏

---

① 《新唐书》卷六八《方镇五·浙东》，第1924页。
② 《新唐书》卷六八《方镇五·浙东》，第1925页。
③ 《资治通鉴》卷二六〇，乾宁三年十月丙子条，第8495页。《旧唐书》卷一九下《僖宗》：中和元年（881）春正月，以宿州刺史刘汉宏为越州刺史、镇东军节度、浙江东道观察处置等使。光启元年（885）三月，以董昌为越州刺史、镇东军节度、浙江东道观察等使。旧纪载自中和元年已更号浙东观察使为镇东军节度使，从文中考看，应有误。又检《资治通鉴》卷二五五中和二年八月条，刘汉宏为浙东观察使。《吴越备史》卷一《武肃王》："乾宁三年（896）冬十月，敕改越州威胜军为镇东军，授王抟领镇海、镇东等军节度使。"综上，旧纪载有误，今不取。
④ 《新唐书》卷六八《方镇五·洪吉》，第1927页。
⑤ 《资治通鉴》卷二六五，天祐三年正月、八月条，第8657—8661页。

州。初领升、润、宣、歙、饶、江、苏、常、杭、湖十州，是年，又割出宣、歙、饶、江四州。二年，复领宣、歙、饶三州。上元二年（761），徙治宣州，罢领升州。永泰元年（765），浙西节度使改为观察使，徙治苏州，割出宣、歙二州。大历十四年（779），增领宣、歙、池、越、睦、衢、婺、台、明、处、温十一州。建中元年（780），割出越、睦、衢、婺、台、明、处、温八州。二年，复领前述八州。贞元三年（787），析出浙东、宣歙二道，仍置浙江西道都团练观察使，领润、江、常、苏、杭、湖、睦七州。四年，割出江州。元和二年（807），升观察使为镇海军节度使，此后两称号多次互易。龙纪元年（889），浙西节度军乱，置杭州防御使，实际领有原浙西诸州。大顺元年（890），复置升州。景福元年（892），杨行密取润州，杭州防御观察使不能实际领有润州。景福二年（893），复置镇海军节度使，治杭州，领杭、苏、湖、常、睦、升六州。乾宁三年（896），不领湖州，浙西镇海军节度与浙东观察使均为钱镠所领，但镇海军节度建制仍在。乾宁四年，复领湖州。天复二年（902），割出升州。天祐二年（905），失领睦州。天祐三年，复领，仍领杭、苏、湖、常、睦五州。

表 10 - 2　浙江西道观察使辖区变动

时间	方镇名称	治所	辖区
乾元元年（758）	浙江西道节度使	苏州	苏、升、润、常、杭、湖六州
乾元二年（759）		升州	升、润、苏、常、杭、湖、宣、歙、饶九州
上元二年（761）		宣州	润、苏、常、杭、湖、宣、歙、饶八州
永泰元年（765）	浙江西道观察使	苏州	苏、润、常、杭、湖、饶六州
大历十四年（779）			苏、润、常、杭、湖、饶、宣、歙、池、越、睦、衢、婺、台、明、处、温十七州
建中元年（780）			苏、润、常、杭、湖、饶、宣、歙、池九州
建中二年（781）		润州	润、苏、常、杭、湖、饶、宣、歙、池、越、睦、衢、婺、台、明、处、温十七州
贞元三年（787）			润、苏、常、杭、湖、江、睦七州
贞元四年（788）			润、苏、常、杭、湖、睦六州
龙纪元年（889）	杭州防御使	杭州	杭、苏、润、常、湖、睦六州

续表

时间	方镇名称	治所	辖区
大顺元年（890）			杭、苏、润、常、湖、睦、升七州
景福元年（892）			杭、苏、常、湖、睦、升六州
景福二年（893）	镇海军节度使		
乾宁三年（896）			杭、苏、常、睦、升五州
乾宁四年（897）			杭、苏、湖、常、睦、升六州
天复二年（902）			杭、苏、湖、常、睦五州
天祐二年（905）			杭、苏、湖、常四州
天祐三年（906）			杭、苏、湖、常、睦五州

浙江西道节度使（758），治苏州（今江苏省苏州市），领苏、升、润、常、杭、湖六州。

《方镇表五》："乾元元年（758），置浙江西道节度兼江宁军使，领升、润、宣、歙、饶、江、苏、常、杭、湖十州，治升州，寻徙治苏州。未几，罢领宣、歙、饶三州。副使兼余杭军使，治杭州。"①

《旧唐书·肃宗纪》：乾元元年十二月甲辰，"以升州刺史韦黄裳为苏州刺史、浙西节度使"。② 则浙江西道节度徙治苏州的时间，应在乾元元年末。

又检《方镇表五》："乾元元年，置宣歙饶观察使，治宣州。"③ 此条可证，乾元元年，浙江西道便割出宣、歙、饶三州。江州本隶江南西道节度，置宣歙饶观察使后，江州与浙江西道节度主体间隔有宣、歙、饶三州，时江州应复隶江南西道节度为妥。

综上，乾元元年末，徙治苏州，是年又割出宣、歙、饶、江四州，还

---

① 《新唐书》卷六八《方镇五·江东》，第1903页。

② 《旧唐书》卷一〇《肃宗》，第254页。《资治通鉴》卷二二〇乾元元年十二月甲辰条载："置浙江西道节度使，领苏、润等十州，以升州刺史韦黄裳为之。"则升州刺史韦黄裳改苏州刺史，出任浙江西道节度使。如是，乾元元年十二月，浙江西道节度治所已徙治苏州。另《旧唐书》卷四〇《地理三·江南东道》："上元县，至德二年（757）二月，置江宁郡。乾元元年，于江宁置升州，割润州之句容、江宁、宣州之当涂、溧水四县，置浙西节度使。"该条言"置浙西节度使"应是指乾元元年，以升州为治所置浙西节度使。可证乾元元年，浙西节度使初治升州。两材料合在一起便与新表所载相吻合。

③ 《新唐书》卷六八《方镇五·洪吉》，第1903页。

领六州。

浙江西道节度使（759），治升州（今江苏省南京市），领升、润、苏、常、杭、湖、宣、歙、饶九州。

《方镇表五》："乾元二年（759），废浙江西道节度使，置观察处置都团练守捉及本道营田使，更领丹阳军使，治苏州，复领宣、歙、饶三州。"[①]

按，《旧唐书·肃宗纪》：乾元二年六月乙未朔，以饶州刺史颜真卿为升州刺史，充浙江西道节度使。上元元年（760）正月辛巳，杭州刺史侯令仪为浙江西道节度使、升州刺史、江宁军使。[②]《资治通鉴》：上元元年十一月，"峘引兵渡江，与副使润州刺史韦儇、浙西节度使侯令仪屯京口，邓景山将万人屯徐城"。[③]

上述两材料均可证明，乾元二年仍置浙江西道节度使，徙治升州。新表载乾元二年废浙江西道节度使，或非常制，寻复建节。又检《方镇表五》："乾元二年，废宣歙饶观察使。"[④] 可知，浙江西道复领宣、歙、饶三州应可信。

浙江西道节度使（761），治宣州（今安徽省宣城市），领润、苏、常、杭、湖、宣、歙、饶八州。

《方镇表五》："上元二年（761），浙江西道观察使徙治宣州，罢领升州。"[⑤]《旧唐书·地理志》载，上元二年，废升州，"复为上元县，还润州"。[⑥]《元和郡县图志》卷二五《江南道一·浙西观察使》润州上元县条、《新唐书》卷四一《地理五·江南道》升州条、《太平寰宇记》卷九〇《江南东道三·升州》条载同。《资治通鉴》：上元二年六月，"江淮都统李峘畏失守之罪，归咎于浙西节度使侯令仪。丙子，令仪坐除名，长流

---

① 《新唐书》卷六八《方镇五·江东》，第1903页。
② 《旧唐书》卷一〇《肃宗》，第256—257页。
③ 《资治通鉴》卷二二一，上元元年十一月条，第7098页。
④ 《新唐书》卷六八《方镇五·洪吉》，第1903页。
⑤ 《新唐书》卷六八《方镇五·江东》，第1904页。
⑥ 《旧唐书》卷四〇《地理三·江南东道》，第1584页。《唐会要》卷七一《州县改置下·江南道》润州条、《旧唐书》卷四〇《地理三·江南东道》句容县条均载，宝应元年（762）废升州，从文中所看看，应误，今不取。

康州"。①

综上可知，上元二年，废升州，浙江西道节度使徙治宣州，领八州。

浙江西道观察使（765），治苏州，领苏、润、常、杭、湖、饶六州。

《旧唐书·韦元甫传》："（韦）元甫……累迁苏州刺史、浙江西道都团练观察等使。大历初……征为尚书右丞。"②《润州丹阳县复练塘颂（并序）》："永泰元年（765）……是岁十一月二十三日，拜常州刺史京兆韦公损为润州。……公素知截湖开壤，灾甚螟螫……乃白本道观察使兼御史中丞韦公元甫。"③

《唐湖州法华寺大光传》："永泰元年浙西廉使韦元甫表请，光为六郡别敕道场持念之首。"④ 该条表明，是年浙西观察使领六州。检《方镇表五》："大历元年（766），浙江西道观察使罢领宣、歙二州。"⑤ 恐是永泰元年，浙西观察使已罢领此二州，新表载延迟一年。

综上可知，永泰元年，浙西节度使改为观察使，徙治苏州，领润、苏、常、杭、湖、饶六州。

浙江西道观察使（779），治苏州，领苏、润、常、杭、湖、饶、宣、歙、池、越、睦、衢、婺、台、明、处、温十七州。

《方镇表五》："大历十四年（779），废浙江东道都团练观察使，以所管州隶浙江西道。"⑥《资治通鉴》：大历十四年十一月丁丑，"以晋州刺史韩滉为苏州刺史、浙江东西观察使"。⑦《旧唐书·德宗纪》：大历十四年六月辛酉，罢宣歙池都团练观察使，以其地分隶诸道。⑧ 可知，浙西观察使增领浙东八州。从地理位置及宣、歙曾隶浙江西道看，浙西亦应增领宣、歙、池三州。

---

① 《资治通鉴》卷二二二，上元二年六月条，第7114页。

② 《旧唐书》卷一一五《韦元甫传》，第3376页。

③ 李华：《润州丹阳县复练塘颂（并序）》，《文苑英华》卷七七九《颂八》，第4111页。

④ 赞宁：《宋高僧传》卷二四《读诵篇第八之一》，范祥雍点校，中华书局，1987，第623—624页。

⑤ 《新唐书》卷六八《方镇五·江东》，第1905页。

⑥ 《新唐书》卷六八《方镇五·浙东》，第1908页。

⑦ 《资治通鉴》卷二二六，大历十四年十一月丁丑条，第7272页。

⑧ 《旧唐书》卷一二《德宗上》，第322页。

浙江西道观察使（780），治苏州，领苏、润、常、杭、湖、饶、宣、歙、池九州。

《方镇表五》："建中元年（780），分浙江东、西道都团练观察使为二道。"[1]《旧唐书·德宗纪》：建中元年春正月，"除韩滉苏州刺史，领都团观察使，不带台省兼官"。[2]

浙江西道观察使（781），治润州（今江苏省镇江市），领润、苏、常、杭、湖、饶、宣、歙、池、越、睦、衢、婺、台、明、处、温十七州。

《方镇表五》："建中二年（781），合浙江东、西二道观察置节度使，治润州，寻赐号镇海军节度。"[3]《唐故特进左领军卫上将军兼御史大夫平原郡王赠司空柏公神道碑》："建中初，尝至京师，宰相杨炎召之语，公因言两河有事，职税所办者，惟在江东，李道昌无政，宜速得人以代之。炎许诺，其冬遂并宣、越与浙西以为一，而以晋州刺史韩滉代道昌焉。"[4] 该条所载的"宣、越与浙西以为一"应是宣歙池节度使、浙东观察使、浙西观察使三镇合一，后述贞元三年（787）二月，分浙江东、西道为三，亦可佐证。

再检《旧唐书·德宗纪》：建中二年五月庚寅，"以浙江西道为镇海军，加苏州刺史韩滉检校礼部尚书、润州刺史，充镇海军节度使、浙江东西道观察等使"。[5]《资治通鉴》卷二二七建中二年六月庚寅条载同。

综上可知，建中二年，浙江西道观察使复增领浙江东道八州及宣、歙、池三州，共领十七州，徙治润州。

浙江西道观察使（787），治润州，领润、苏、常、杭、湖、江、睦七州。

《方镇表五》："贞元三年（787），分浙江东、西为二道，复置浙江西道都团练观察使，领润、江、常、苏、杭、湖、睦七州，治苏州。"[6]

按，《资治通鉴》："贞元三年二月，分浙江东、西道为三：浙西，治

---

① 《新唐书》卷六八《方镇五·江东》，第1908页。
② 《旧唐书》卷一二《德宗上》，第324页。
③ 《新唐书》卷六八《方镇五·江东》，第1908页。
④ 李翱：《唐故特进左领军卫上将军兼御史大夫平原郡王赠司空柏公神道碑》，董诰等编《全唐文》卷六三八，第6446页。
⑤ 《旧唐书》卷一二《德宗上》，第329页。
⑥ 《新唐书》卷六八《方镇五·江东》，第1910页。

润州；浙东，治越州；宣歙池，治宣州。"①《旧唐书·德宗纪》：贞元三年
春正月戊寅，"度支盐铁转运使、镇海军节度、浙江东西道观察等使、检
校左仆射、同中书同下平章事、晋国公韩滉卒，赠太傅，以果州刺史白志
贞为润州刺史、兼御史大夫、浙西观察使"。②

综上，贞元三年，复置浙江西道观察使，领七州。《方镇表》载治苏
州似误，从《资治通鉴》、旧纪看，应是治润州。

浙江西道观察使（788），治润州，领润、苏、常、杭、湖、睦六州。

《方镇表五》："贞元四年（788），江州隶江西观察使。"③ 可知，贞元
四年，割出江州，还领六州。

《元和郡县图志》载：浙西观察使，治润州，管州六：润州、常州、
苏州、杭州、湖州、睦州。④

自元和年间至光启末年浙西观察使周宝卒，浙西辖润、苏、常、杭、
湖、睦六州几无变化。浙西观察使屡更为镇海军节度使。

元和二年（807），升浙江西道都团练观察使为镇海军节度使。四年，
废浙江西道节度使，复置观察使，领镇海军使。六年，浙西观察使罢领镇
海军使。大和九年（835），复置镇海军节度使，数日废，既而复置，逾月
又废。十二年（858），复置镇海军节度使。十三年，废镇海军节度使，置
都团练观察使。咸通三年（862），置镇海军节度使。八年，废镇海军节度
使。十一年，置镇海军节度使。⑤

**杭州防御使（889），治杭州（今浙江省杭州市），领杭、苏、润、常、
湖、睦六州。**

《方镇表五》："龙纪元年（889），置杭州防御使。"⑥《旧唐书·昭
宗纪》：龙纪元年七月，"诏于杭州置武胜军，以缪为本军防御、观察
等使"。⑦

光启三年（887）三月，镇海军将刘浩逐节度使周宝，推度支催勘使

① 《资治通鉴》卷二三二，贞元三年二月条，第7481页。
② 《旧唐书》卷一二《德宗上》，第355页。
③ 《新唐书》卷六八《方镇五·江东》，第1910页。
④ 李吉甫：《元和郡县图志》卷二五《江南道一·浙西观察使》，第589页。
⑤ 《新唐书》卷六八《方镇五·江东》，第1913—1922页。
⑥ 《新唐书》卷六八《方镇五·江东》，第1924页。
⑦ 《旧唐书》卷二〇上《昭宗》，第738页。

薛朗为留后。① 是年五月，杭州刺史钱镠将兵讨薛朗，奉周宝归杭州，钱镠渐次收复常州、润州、苏州。十二月，"钱镠以杜棱为常州制置使"。② 文德元年（888）正月，"以阮结为润州制置使"。③ 龙纪元年（889）三月丙申，"钱镠以海昌都将沈粲权知苏州"。④ 钱镠虽是杭州防御使，但实际领有原浙西观察使所领诸州。

龙纪元年后，宣州观察使杨行密遣安仁义破钱镠之兵而取常、苏、润，淮南节度使孙儒又夺取三州，浙西地区成为周边方镇争夺的对象，致使杭州防御使实际不领有上述各州。《资治通鉴》载：龙纪元年十月，杨行密遣马步都虞候田頵等攻常州。十一月，田頵攻取常州，十二月戊寅，孙儒自广陵引兵渡江，壬午，逐田頵，取常州，以刘建锋守之。儒还广陵，建锋又逐成及，取润州。⑤ 大顺元年（890）二月，杨行密遣其将袭据润州。十二月，孙儒拔苏州、润州，使沈粲守苏州，又遣其将归传道守润州。⑥

杭州防御使（890），治杭州，领杭、苏、润、常、湖、睦、升七州。

《资治通鉴》：大顺元年（890），置升州于上元县，以张雄为刺史。⑦ 光启三年（887）夏四月，"前苏州刺史张雄帅其众自海溯江，屯于东塘，遣其将赵晖入据上元"。⑧ 张雄由此得据升州。

综上可知，张雄自光启三年占据上元县，至大顺元年，朝廷方升上元县为升州，任命张雄为刺史。光启三年应是张雄割据上元县的时间，大顺元年朝廷始承认张雄占据上元等地的合法性，并升为州。

杭州防御使（892），治杭州，领杭、苏、常、湖、睦、升六州。

景福元年（892）二月，"杨行密取润州"，⑨ 润州自此隶淮南节度。

---

① 《资治通鉴》卷二五六，光启三年三月条，第8346页。
② 《资治通鉴》卷二五七，光启三年十二月条，第8372页。
③ 《资治通鉴》卷二五七，文德元年正月条，第8373页。
④ 《资治通鉴》卷二五八，龙纪元年三月丙申条，第8386页。
⑤ 《资治通鉴》卷二五八，龙纪元年十月、十一月、十二月条，第8389—8392页。
⑥ 《资治通鉴》卷二五八，大顺元年二月、十二月条，第8394—8409页。
⑦ 《资治通鉴》卷二五八，大顺元年十二月条，第8410页。《太平寰宇记》卷九〇《江南东道三·升州》载："光启三年，复为升州。"《通鉴考异》曰："《新地理志》：'光启三年（887），以上元等四县置升州。'张雄传：'大顺初，以上元为升州，授雄刺史。'吴录冯弘铎传：'大顺元年，复以上元为升州，命弘铎为刺史。'按是时雄尚存。今从雄传。"
⑧ 《资治通鉴》卷二五七，光启三年四月条，第8356页。
⑨ 《资治通鉴》卷二五九，景福元年二月条，第8426页。

镇海军节度使（893），权治杭州，领杭、苏、湖、常、睦、升六州。

景福元年（892），"赐杭州防御使号武胜军防御使"。① 《资治通鉴》亦载：景福元年四月乙酉，"置武胜军于杭州，以钱镠为防御使"。②

《方镇表五》："景福二年（893），升武胜军防御使为都团练苏杭等州观察使，寻废。徙镇海军节度使治杭州。"③ 《旧唐书·昭宗纪》：景福二年九月丙寅朔，"以武胜军防御使钱镠为镇海军节度、浙江西道观察处置等使，仍移镇海军额于杭州"。④

《资治通鉴》载：景福二年闰五月，以武胜防御使钱镠为苏杭观察使。又以耀德都头李铤为镇海军节度使，九月丁卯，以钱镠为镇海军节度使。《通鉴考异》曰："今年五月，以李铤为镇海节度使，令赴镇。今复除镠者，按是时安仁义已据润州，又孙惟晟除荆南，时成汭已据荆南，二人安得赴镇！盖但欲罢其军权，其实不至镇而返耳。实录云，仍徙镇海军额于杭州。按《吴越备史》，是岁，镠初除镇海节度使，犹领润州刺史，至光化元年，始移镇海军于杭州。实录误也。"⑤ 唐本置镇海军于润州，今命钱镠治杭州，至光化元年（898），钱镠遂请徙军于杭州。

综上可知，景福二年，先是升武胜军防御使为苏杭观察使，九月，升为镇海军节度、浙江西道观察处置等使。《通鉴考异》认为光化元年方徙镇海军于杭州，景福二年应治润州。实际情况是，自景福元年润州为淮南将安仁义所占，镇海军节度使实治于杭州。光化元年，钱镠请徙军于杭州，也表明此前是权治于杭。

镇海军节度使（896），治杭州，领杭、苏、常、睦、升五州。

《资治通鉴》：乾宁三年（896）十一月，"湖州刺史李师悦求旌节，诏置忠国军于湖州，以师悦为节度使。赐告身旌节者未入境，戊子，师悦卒。杨行密表师悦子前绵州刺史彦徽知州事"。⑥ 《新唐书·昭宗纪》：乾宁

---

① 《新唐书》卷六八《方镇五·江东》，第1925页。
② 《资治通鉴》卷二五九，景福元年四月乙酉条，第8429页。
③ 《新唐书》卷六八《方镇五·江东》，第1925页。
④ 《旧唐书》卷二〇上《昭宗》，第750页。
⑤ 《资治通鉴》卷二五九，景福二年九月丁卯条，第8448页。
⑥ 《资治通鉴》卷二六〇，乾宁三年十一月条，第8495页。

三年十一月戊子，"忠国军节度使李师悦卒，其子继徽自称留后"。①《新唐书》卷一八六《周宝传》载略同。可知，乾宁三年，因湖州置节度使，镇海军节度应不领湖州。

镇海军节度使（897），治杭州，领杭、苏、湖、常、睦、升六州。

《新唐书·昭宗纪》：乾宁四年（897）九月，"钱镠陷湖州，忠国军节度使李继徽奔于淮南"。②据此可知，乾宁四年，镇海军节度复领湖州。

镇海军节度使（902），治杭州，领杭、苏、湖、常、睦五州。

《资治通鉴》载：天复二年（902）六月，杨行密以李神福为升州刺史。天复三年（903）正月，杨行密承制加朱瑾东面诸道行营副都统、同平章事，以升州刺史李神福为淮南行军司马。③可知，天复二年升州隶淮南节度，镇海军节度领五州。

镇海军节度使（905），治杭州，领杭、苏、湖、常四州。

《资治通鉴》：天祐二年（905）九月，"淮南将陶雅、陈璋拔婺州，执刺史沈夏以归。杨行密以雅为江南都招讨使，歙、婺、衢、睦观察使"。④表明天祐二年，睦州隶歙婺衢睦观察使，镇海军节度领四州。

镇海军节度使（906），治杭州，领杭、苏、湖、常、睦五州。

《资治通鉴》：天祐三年（906）正月，"钱镠复取睦州"。⑤可知，镇海军节度于天祐三年复领睦州，仍领五州。

第三节　福建观察使辖区沿革

福建都防御使置于乾元元年（758），治福州，领福、建、漳、汀、泉五州。上元元年（760），升福建都防御使为节度使，增领潮州。大历六年（771），福建节度使降为都团练观察使，割出潮州，还领五州。乾宁三年（896），升福建观察使为威武军节度使，领福、建、漳、汀、泉五州，至唐灭亡。

---

① 《新唐书》卷一〇《昭宗》，第293页。
② 《新唐书》卷一〇《昭宗》，第294页。
③ 《资治通鉴》卷二六三，天复二年六月条，第8577页。
④ 《资治通鉴》卷二六五，天祐二年九月条，第8647页。
⑤ 《资治通鉴》卷二六五，天祐三年正月条，第8656页。

表 10 - 3　福建观察使辖区变动

时间	方镇名称	治所	辖区
乾元元年（758）	福建都防御使	福州	福、建、漳、汀、泉五州
上元元年（760）	福建节度使		福、建、漳、汀、泉、潮六州
大历六年（771）	福建观察使		福、建、漳、汀、泉五州
乾宁三年（896）	威武军节度使		

福建都防御使（758），治福州（今福建省福州市），领福、建、漳、汀、泉五州。

《方镇表五》："乾元元年（758），改福建经略使为都防御使兼宁海军使。"① 但该条材料不载福建都防御使所辖范围，应与福建经略使所领同。

福建经略使置于开元二十一年（733），领福、泉、建、漳、潮五州。开元二十二年（734），福建经略使增领汀州，漳、潮二州隶岭南道经略使。天宝元年（742），福建经略使复领漳、潮二州。天宝十载（751），漳、潮二州隶岭南经略使。② 据上引，至天宝十载，福建经略使应领福、建、汀、泉四州。

再检《方镇表六》："至德元载（756），升五府经略讨击使为岭南节度使，领广、韶、循、潮、康、泷、端、新、封、春、勤、罗、潘、高、思、雷、崖、琼、振、儋、万安、藤二十二州，治广州。"③ 该条表明，至德元载时，漳州已不隶岭南节度，应是复隶福建经略使。

综上，乾元元年，福建都防御使应领福、建、漳、汀、泉五州。

福建节度使（760），治福州，领福、建、漳、汀、泉、潮六州。

《方镇表五》："上元元年（760），升福建都防御使为节度使。"④《淳熙三山志》："上元元年，升节度使，领州六……大历六年，罢节度，置都团练观察处置使。以潮州归岭南。"⑤

---

① 《新唐书》卷六八《方镇五·福建》，第 1903 页。

② 《新唐书》卷六八《方镇五·福建》，第 1899—1901 页。

③ 《新唐书》卷六九《方镇六·岭南》，第 1934 页。

④ 《新唐书》卷六八《方镇五·福建》，第 1904 页。

⑤ "《旧记》云：'代宗时领温州。'《治平记》云：'宝应元年，袁晃反，攻陷台、温、明三州。李承昭率兵破之。遂以温州来属。未几，归越州。'按：《唐书》：'台州人袁晃僭号，改元宝胜。李光弼遣将破之于衢州。广德二年，晃伏诛。免越州今岁田租之半。三州给复一年。'其间来属未详，姑载之。"梁克家：《淳熙三山志》卷一《地理类一·叙州》，陈叔侗校注，《宋元方志丛刊》第 8 册，中华书局，1990，第 7795 页。笔者倾向于领潮州。

由上可知，上元元年，福建都防御使升为节度使后，增领的应是潮州。

福建观察使（771），治福州，领福、建、漳、汀、泉五州。

《方镇表五》："大历六年（771），废福建节度使，置都团练观察处置使。"① 又如前引，废节度使后，潮州割隶岭南节度。《旧唐书·代宗纪》：大历七年（772）十一月甲申，"以华州刺史李琦为福州刺史、福建都团练观察使"。②《福州都督府新学碑》："公讳椅，字某。皇帝之诸父，宗室之才子。……大历七年冬十有一月，加御史大夫、持节、都督福建泉汀漳五州军事，领观察处置都防御等使。"③

综上可推，大历六年福建节度使降为观察使后，领福、建、漳、汀、泉五州。

《元和郡县图志》载：福建观察使，治福州，管州五：福州、建州、泉州、漳州、汀州。④

威武军节度使（896），治福州，领福、建、漳、汀、泉五州。

《方镇表五》："乾宁四年（897），升福建都团练观察处置使为威武军节度使。"⑤

按，《资治通鉴》：乾宁三年（896）九月庚辰，"升福建为威武军，以观察使王潮为节度使"。⑥ 今从《资治通鉴》，领福、建、漳、汀、泉五州，至唐灭亡。

第四节　歙婺衢睦观察使辖区沿革

歙婺衢睦都团练观察处置使置于天祐二年（905），治歙州，领歙、婺、衢、睦四州。三年，废观察使。

---

① 《新唐书》卷六八《方镇五·福建》，第1907页。
② 《旧唐书》卷一一《代宗》，第301页。
③ 独孤及：《福州都督府新学碑》，《文苑英华》卷八四七《碑四·儒三》，第4478页。
④ 李吉甫：《元和郡县图志》卷二九《江南道五·福建观察使》，第715页。
⑤ 《新唐书》卷六八《方镇五·福建》，第1926页。
⑥ 《资治通鉴》卷二六〇，乾宁三年九月庚辰条，第8493页。

表 10 - 4　歙婺衢睦观察使辖区变动

时间	方镇名称	治所	辖区
天祐二年（905）	歙婺衢睦观察使	歙州	歙、婺、衢、睦四州
天祐三年（906）	废歙婺衢睦观察使		

歙婺衢睦观察使（905），治歙州（今安徽省黄山市歙县），领歙、婺、衢、睦四州。

《方镇表五》："天祐二年（905），置歙、婺、衢、睦四州都团练观察处置使。"① 《资治通鉴》载：天祐二年正月，两浙兵围陈询于睦州，杨行密遣西南招讨使陶雅将兵救之。四月，淮南将陶雅会衢、睦兵攻婺州。九月，淮南将陶雅、陈璋拔婺州。杨行密以陶雅为江南都招讨使，歙、婺、衢、睦观察使。胡三省注："杨行密本用陶雅为歙州。以璋为衢、婺副招讨使。"② 可知歙州刺史陶雅为西南招讨使，先是救睦州，后又会衢、睦兵攻婺州，最后杨行密以陶雅为歙、婺、衢、睦观察使，由此可断，治所应是歙州。

天祐三年，废歙婺衢睦观察使，婺、衢二州为镇东节度所占，睦州为镇海节度所占，歙州复隶宣池观察使。

---

① 《新唐书》卷六八《方镇五·洪吉》，第 1927 页。
② 《资治通鉴》卷二六五，天祐二年正月、四月、九月条，第 8647 页。

第十一章 江南西道方镇辖区变动考

开元二十一年（733），江南道析分为东、西二道。江南西道辖宣、饶、抚、虔、洪、吉、郴、袁、江、鄂、岳、潭、衡、永、道、邵、澧、朗、饰、业、巫、夷、珍等三十三州，相当于今江西的全部，湖南大部，安徽长江以南，江苏和湖北的一部分。

安史之乱后，江南西道主要有江南西道观察使、湖南观察使、鄂岳观察使、宣歙观察使。贞元十五年（799）至元和元年（806），为平淮西之乱，曾置安黄节度使，事平即罢。上述方镇，以江南西道、湖南观察使辖区较为稳定，鄂岳观察使辖区变动较频繁。整体而言，江南西道方镇辖区较为稳定。

第一节 江南西道观察使辖区沿革

至德二载（757），始置豫章防御使，以洪州为治所，领洪州。乾元元年（758），更名为洪吉观察处使，增领吉、虔、抚、袁、信五州。广德二年（764），更号江南西道观察使，增领江州。大历十四年（779），增领鄂州。建中三年（782），割出鄂、江二州。贞元三年（787），复领饶州。贞元四年，复领江州，时江西观察使领洪、吉、虔、抚、袁、信、饶、江八州，至唐灭亡。

表 11 – 1 江西观察使辖区变动

时间	方镇名称	治所	辖区
至德二载（757）	豫章防御使	洪州	洪州
乾元元年（758）	洪吉观察处使		洪、吉、虔、抚、袁、信六州
广德二年（764）	江南西道观察使		洪、吉、虔、抚、袁、江、信七州
大历十四年（779）			洪、吉、虔、抚、袁、江、信、鄂八州

时间	方镇名称	治所	辖区
建中三年（782）			洪、吉、虔、抚、袁、信六州
贞元三年（787）			洪、吉、虔、抚、袁、信、饶七州
贞元四年（788）			洪、吉、虔、抚、袁、信、饶、江八州

豫章（洪州）防御使（757），治洪州（今江西省南昌市），领洪州。

《授元载豫章防御使制》："守职方员外郎元载……豫章雄镇，襟带江湖，干戈始宁，安人是切。俾尔藩守，缉熙厥政。可豫章太守。"① 材料中"干戈始宁"应是指至德二载（757）十一月朝廷收复两京之事。另"豫章太守"表明是乾元元年之前事，乾元元年（758）应称洪州刺史。至德二载置豫章防御使应是单州防御使，仅领洪州。

洪吉观察处使（758），治洪州，领洪、吉、虔、抚、袁、信六州。

《方镇表五》："乾元元年（758），置洪吉都防御团练观察处置使，领洪、吉、虔、抚、袁五州，治洪州。"②

《元和郡县图志》载：信州，乾元元年，租庸使洪州刺史元载奏置。③ 《旧唐书》卷四〇《地理三·江南东道》信州条、《新唐书》卷四一《地理五》信州条亦载置于乾元元年。时元载应为洪吉观察使，其所奏置的信州应为其所管辖。④ 乾元元年，可证洪吉观察使应领洪、吉、虔、抚、袁、信六州。

江南西道观察使（764），治洪州，领洪、吉、虔、抚、袁、江、信七州。

《方镇表五》："广德二年（764），洪吉都防御团练观察使更号江南西道。"⑤《旧唐书·张镐传》："代宗即位，推恩海内，（张镐）迁洪州刺史、饶吉等七州都团练观察等使，寻正授江南西道都团练观察等使。广德二年

---

① 贾至：《授元载豫章防御使制》，《文苑英华》卷四〇九《诸使二·防御使》，第 2073 页。
② 《新唐书》卷六八《方镇五·洪吉》，第 1903 页。
③ 李吉甫：《元和郡县图志》卷二八《江南道四·江西观察使》，第 678 页。
④ 《新唐书》卷六八《方镇五·洪吉》："上元元年（760），洪吉观察使增领信州。"从文中所考，应是乾元元年增信州，该材料有误，今不取。
⑤ 《新唐书》卷六八《方镇五·洪吉》，第 1905 页。

九月卒。"①

由上可知，广德二年，升洪吉观察使为江南西道观察使，领七州。从地理位置上看，应是增领江州。

江南西道观察使（779），治洪州，领洪、吉、虔、抚、袁、江、信、鄂八州。

《鄂州新厅记》："大历十四年（779）六月，二使废，特置当州防御使，且属于江西。"② 表明大历十四年废鄂岳观察使，江西观察使增领鄂州。

江南西道观察使（782），治洪州，领洪、吉、虔、抚、袁、信六州。

《鄂州新厅记》："是年（大历十四年）十月，乃命秘书少监兼侍御史李公授之。公名兼，陇西人也。到官三年之五月，使改为三州防御使，江、岳隶焉。"③ 表明应是建中三年（782）置鄂岳防御使，则江西观察使割出鄂、江二州，还领六州。

江南西道观察使（787），治洪州，领洪、吉、虔、抚、袁、信、饶七州。

乾元二年（759），"宣、歙、饶三州隶浙江西道节度使"。④ 大历元年（766），"浙江西道观察使罢领宣、歙二州"。⑤ 贞元三年（787），分浙江东、西为二道，"复置浙江西道都团练观察使，领润、江、常、苏、杭、湖、睦七州"。⑥《资治通鉴》：贞元三年二月，"分浙江东、西道为三：浙西，治润州；浙东，治越州；宣、歙、池，治宣州"。⑦ 综上，乾元二年浙江西道都团练观察使增领饶州后，不见割出。贞元三年，饶州不再隶浙江西道都团练观察使，亦不隶宣歙观察使，从地理位置看，应是隶江南西道节度。

江南西道观察使（788），治洪州，领洪、吉、虔、抚、袁、信、饶、江八州。

贞元四年（788），"江南西道观察使增领江州"，⑧ 领有八州。

《元和郡县图志》载：江西观察使，治洪州，管州八：洪州、饶州、

---

① 《旧唐书》卷一一一《张镐传》，第3328页。

② 赵憬：《鄂州新厅记》，《文苑英华》卷八〇一《厅壁记五·州郡中》，第4235页。

③ 赵憬：《鄂州新厅记》，《文苑英华》卷八〇一《厅壁记五·州郡中》，第4235页。

④ 《新唐书》卷六八《方镇五·江东》，第1903页。

⑤ 《新唐书》卷六八《方镇五·江东》，第1905页。

⑥ 《新唐书》卷六八《方镇五·江东》，第1910页。

⑦ 《资治通鉴》卷二三二，贞元三年二月条，第7481页。

⑧ 《新唐书》卷六八《方镇五·洪吉》，第1910页。

虔州、吉州、江州、袁州、信州、抚州。①

咸通六年（865），"升江南西道团练观察使为镇南军节度使"。②《资治通鉴》卷二五〇咸通六年五月辛丑条载同。

乾符元年（874），"废镇南军节度，复置江南西道观察使"。③

中和二年（882）五月，"故复置镇南军，以湖南观察使闵勖权充镇南节度使"。④

龙纪元年（889），"复升江南西道观察使为镇南军节度使"。⑤

自咸通六年至唐末，虽江南西道观察使级别屡有升降，但所辖八州几无变化。

第二节　湖南观察使辖区沿革

衡州防御使置于至德二载（757），治衡州，领衡、涪、岳、潭、郴、邵、永、道八州。乾元元年（758），割出郴州。二年，又割出涪、岳二州。上元二年（761），废衡州防御使。广德二年（764），复置湖南观察使，仍治衡州，领衡、潭、邵、永、道、郴、连、岳八州。永泰元年（765），割出岳州，领七州。至唐灭亡，其辖区未见变动。大历四年（769），徙治潭州。中和三年（883），升为钦化军节度使。光启二年（886），更号为武安军节度使。

表 11 - 2　湖南观察使辖区变动

时间	方镇名称	治所	辖区
至德二载（757）	衡州防御使	衡州	衡、涪、岳、潭、郴、邵、永、道八州
乾元元年（758）			衡、涪、岳、潭、邵、永、道七州
乾元二年（759）			衡、潭、邵、永、道五州
上元二年（761）	废衡州防御使		

① 李吉甫：《元和郡县图志》卷二八《江南道四·江西观察使》，第 669 页。
② 《新唐书》卷六八《方镇五·洪吉》，第 1921 页。
③ 《新唐书》卷六八《方镇五·洪吉》，第 1922 页。
④ 《资治通鉴》卷二五五，中和二年五月条，第 8269 页。
⑤ 《新唐书》卷六八《方镇五·洪吉》，第 1924 页。

续表

时间	方镇名称	治所	辖区
广德二年（764）	湖南观察使		衡、潭、邵、永、道、郴、连、岳八州
永泰元年（765）			衡、潭、邵、永、道、郴、连七州
大历四年（769）		潭州	
中和三年（883）	钦化军节度使		
光启二年（886）	武安军节度使		

衡州防御使（757），治衡州（今湖南省衡阳市），领衡、涪、岳、潭、郴、邵、永、道八州。

《方镇表六》："至德二载（757），置衡州防御使，领衡、涪、岳、潭、郴、邵、永、道八州，治衡州。"① 衡州防御使主体与涪州之间隔有黔中节度使，应是对其遥领。

衡州防御使（758），治衡州，领衡、涪、岳、潭、邵、永、道七州。

《方镇表六》："乾元元年（758），衡州防御使罢领郴州。"②

衡州防御使（759），治衡州，领衡、潭、邵、永、道五州。

《方镇表六》："乾元二年（759），涪州隶荆南节度使，岳州隶鄂岳团练使。"③

乾元二年，衡州防御使割出涪、岳二州应是无疑，但言涪州隶荆南节度使似有误。

检《方镇表四》，上元二年（761），"荆南节度增领涪"州。④《旧唐书·地理志》，"又割黔中之涪"州。⑤《资治通鉴》：上元二年正月，"荆南节度使吕諲奏：请以江南之潭岳郴邵永道连、黔中之涪州，皆隶荆南。从之"。⑥ 由上可知，上元二年前，涪州应是隶黔中节度，故前述新表，乾元二年涪州隶荆南节度使应是隶黔中节度使之误。

---

① 《新唐书》卷六九《方镇六·衡州》，第1935页。
② 《新唐书》卷六九《方镇六·衡州》，第1935页。该书本卷岭南条载："置韶、连、郴三州都团练守捉使，治韶州。"
③ 《新唐书》卷六九《方镇六·衡州》，第1936页。
④ 《新唐书》卷六七《方镇四·荆南》，第1872页。
⑤ 《旧唐书》卷三九《地理二·山南道》荆州江陵府条，第1552页。
⑥ 《资治通鉴》卷二二二，上元二年正月条，第7104页。

上元二年（761），"废衡州防御使"。①

湖南观察使（764），治衡州，领衡、潭、邵、永、道、郴、连、岳八州。

《方镇表六》："广德二年（764），置湖南都团练守捉观察处置使，领衡、潭、邵、永、道五州，治衡州。"②

按：此处言领五州似有误。《方镇表四》："广德二年，以衡、潭、邵、永、道五州隶湖南观察使。"③ 此处载将荆南五州割隶湖南观察使，非是。《旧唐书·地理志》载：上元元年（760）九月，"以旧相吕諲为尹，充荆南节度使，领澧、朗、硖、夔、忠、归、万等八州，又割黔中之涪，湖南之岳、潭、衡、郴、邵、永、道、连八州……至［广］德二年，江陵尹卫伯玉，以湖南阔远，请于衡州置防御使。自此，八州置使，改属江南西道。"④ 此言八州置使，包括岳州，并隶江南西道。可推知，广德二年，湖南观察使应领八州，新表载领五州应有误。

湖南观察使（765），治衡州，领衡、潭、邵、永、道、郴、连七州。

《方镇表五》："永泰元年（765），升鄂州都团练使为观察使，增领岳、蕲、黄三州。"⑤ 可知，湖南观察使割出岳州。

湖南观察使（769），治潭州（今湖南省长沙市），领衡、潭、邵、永、道、郴、连七州。

《旧唐书·代宗纪》：大历四年（769）二月辛酉，"以湖南都团练观察使、衡州刺史韦之晋为潭州刺史，因是徙湖南军于潭州"。⑥ 《方镇表六》："大历四年，湖南观察使徙治潭州。"⑦

自大历四年至唐末，湖南观察使治潭州，领七州，辖区未见有变。

《赵公神道碑铭》："公讳憬，字退翁，天水陇西人。……未几，检校工部郎中、副湘中七州军事。"⑧ 《旧唐书·德宗纪》：建中四年（783）十

---

① 《新唐书》卷六九《方镇六·衡州》，第 1936 页。
② 《新唐书》卷六九《方镇六·衡州》，第 1937 页。
③ 《新唐书》卷六七《方镇四·荆南》，第 1873 页。
④ 《旧唐书》卷三九《地理二·山南道》荆州江陵府条，第 1552 页。
⑤ 《新唐书》卷六八《方镇五·鄂岳沔》，第 1905 页。
⑥ 《旧唐书》卷一一《代宗》，第 292 页。
⑦ 《新唐书》卷六九《方镇六·衡州》，第 1938 页。
⑧ 权德舆：《赵公神道碑铭》，《文苑英华》卷八八六《碑四三·神道三》，第 4667 页。

二月甲子，"以湖南观察留后赵憬为湖南观察使"。[①] 上述可证，建中四年，湖南观察使领七州之地。

《吕公墓志铭》："吕氏世居河东，至延之始大，以御史大夫为浙东道节度大使。延之生渭，为中书舍人、尚书礼部侍郎，刺湖南七州。"[②]《旧唐书·德宗纪》：贞元十三年（797）九月，"以礼部侍郎吕渭为潭州刺史、湖南观察使"。[③] 可证，贞元十三年，湖南观察使领七州。

《元和郡县图志》载：湖南观察使，治潭州，管州七：潭州、衡州、郴州、永州、连州、道州、邵州。[④]

钦化军节度使（883），治潭州，领衡、潭、邵、永、道、郴、连七州。

《方镇表六》："中和三年（883），升湖南观察使为钦化军节度。"[⑤]《资治通鉴》：中和三年八月，"升湖南为钦化军，以观察使闵勖为节度使"。[⑥] 可知，中和三年，湖南观察使升为钦化军节度使，所辖未变。

武安军节度使（886），治潭州，领衡、潭、邵、永、道、郴、连七州。

《方镇表六》："光启元年（885），改钦化军节度为武安军节度使。"[⑦]

按，《新唐书·僖宗纪》："光启二年六月，淮西将黄皓杀钦化军节度使闵顼。衡州刺史周岳陷潭州自称节度使。"[⑧]《资治通鉴》：光启二年六月，衡州刺史周岳发兵攻潭州，钦化节度使闵勖招淮西将黄皓入城共守，黄皓遂杀闵勖。周岳攻拔州城，擒黄皓，杀之。七月，更命钦化军曰武安，以衡州刺史周岳为节度使。[⑨]

由上可知，钦化军节度更为武安军节度应于光启二年，恐新表误。至唐亡，湖南军额不见有变。

① 《旧唐书》卷一二《德宗上》，第338页。
② 柳宗元：《吕公墓志铭》，《文苑英华》卷九五七《志二三·职官一九》，第5032页。
③ 《旧唐书》卷一三《德宗下》，第386页。
④ 李吉甫：《元和郡县图志》卷二九《江南道五·湖南观察使》，第701页。
⑤ 《新唐书》卷六九《方镇六·衡州》，第1951页。
⑥ 《资治通鉴》卷二五五，中和三年八月条，第8299页。
⑦ 《新唐书》卷六九《方镇六·衡州》，第1951页。
⑧ 《新唐书》卷九《僖宗》，第278页。
⑨ 《资治通鉴》卷二五六，光启二年六月、七月条，第8338页。

第三节　鄂岳观察使辖区沿革

乾元二年（759），置鄂岳沔都团练使，以鄂州为治所，领鄂、岳、沔三州，是年割出沔州。上元元年（760），割出岳州。永泰元年（765），升鄂州都团练使为观察使，增领岳、沔、蕲、黄三州。大历四年（769），割出蕲、黄二州。十四年，罢鄂岳沔观察使。建中三年（782），置鄂岳防御使，领鄂、岳、江三州。四年，复领沔州。贞元元年（785），增领蕲、黄二州。四年，割出江州。十五年，割出黄州。元和元年（806），升鄂岳观察使为武昌军节度使，增领安、黄二州。十三年，增领申州。宝历二年（826），省沔州。乾宁四年（897），割出申州，还领鄂、岳、蕲、安、黄五州，至唐末。

表 11 - 3　鄂岳观察使辖区变动

时间	方镇名称	治所	辖区
乾元二年（759）	鄂岳沔都团练使	鄂州	鄂、岳二州
上元元年（760）			鄂州
永泰元年（765）	鄂岳沔观察使		鄂、岳、沔、蕲、黄五州
大历四年（769）			鄂、岳、沔三州
建中三年（782）	鄂岳观察防御使		鄂、岳、江三州
建中四年（783）	鄂岳观察使		鄂、岳、江、沔四州
贞元元年（785）			鄂、岳、江、沔、蕲、黄六州
贞元四年（788）			鄂、岳、沔、蕲、黄五州
贞元十五年（799）			鄂、岳、沔、蕲四州
元和元年（806）	武昌军节度使		鄂、岳、沔、蕲、安、黄六州
元和五年（810）	鄂岳观察使		
元和十三年（818）			鄂、岳、沔、蕲、安、黄、申七州
宝历元年（825）	武昌军节度使		
宝历二年（826）			鄂、岳、蕲、安、黄、申六州
大和五年（831）	鄂岳观察使		
文德元年（888）	武昌军节度使		
乾宁四年（897）			鄂、岳、蕲、安、黄五州
天祐二年（905）	鄂岳观察使		

鄂岳沔都团练使（759），治鄂州（今湖北省武汉市），领鄂、岳二州。

《方镇表五》："乾元二年（759），置鄂、岳、沔三州都团练守捉使，治鄂州。"① 乾元二年九月，沔州隶"申、沔等五州节度使"。②

鄂岳沔都团练使（760），治鄂州，领鄂州。

《方镇表五》："上元元年（760），岳州隶荆南节度。"③ 时鄂岳沔都团练使仅领鄂州。

鄂岳沔观察使（765），治鄂州，领鄂、岳、沔、蕲、黄五州。

《方镇表五》鄂岳沔条："永泰元年（765），升鄂州都团练使为观察使，增领岳、蕲、黄三州。"④ 《方镇表二》淮南西道条载："永泰元年（765），沔、蕲、黄三州隶鄂岳节度。"⑤ 前者载上元元年割出岳州，不载割出沔州一事，故本条载增领岳、蕲、黄三州。后者载乾元二年割沔州隶淮西，故本条载沔、蕲、黄三州来隶。总之，永泰元年鄂州观察使增领岳、沔、蕲、黄四州。

鄂岳沔观察使（769），治鄂州，领鄂、岳、沔三州。

《授独孤问俗鄂岳等州团练使制》："荆吴边带之口，江汉朝宗之会，尚有戎备，难于任人。外攘内抚，文武迭用。……独孤间［问］俗……可使持节都督鄂州诸军事鄂州刺史兼御史中丞充鄂岳沔等三州都团练守捉使，散官勋如故。"⑥ 该材料可证，时鄂岳沔观察使领鄂、岳、沔三州。吴廷燮、郁贤皓两先生认为，独孤问俗出任鄂岳沔观察使时间约在大历四年（769）至七年。又《旧唐书·代宗纪》：大历八年夏四月戊午，"以太仆卿吴仲孺为鄂州刺史、鄂岳沔等州团练观察使"。⑦ 笔者倾向于至迟大历四年仅领上述三州，蕲、黄二州割出。

大历十四年（779），罢鄂岳沔观察使。《旧唐书·德宗纪》：大历十四

---

① 《新唐书》卷六八《方镇五·鄂岳沔》，第1903页。
② 《资治通鉴》卷二二一，乾元二年九月条，第7081页。
③ 《新唐书》卷六八《方镇五·鄂岳沔》，第1904页。
④ 《新唐书》卷六八《方镇五·鄂岳沔》，第1905页。
⑤ 《新唐书》卷六五《方镇二·淮南西道》，第1805页。
⑥ 常充：《授独孤问俗鄂岳等州团练使制》，《文苑英华》卷四〇九《诸使二·团练使》，第2076—2077页。
⑦ 《旧唐书》卷一一《代宗》，第302页。

年六月辛酉，罢鄂岳沔都团练观察使，以其地分隶诸道。① 《新唐书》卷六八《方镇五·鄂岳沔》载同。

鄂岳观察防御使（782），治鄂州，领鄂、岳、江三州。

《鄂州新厅记》："是年（大历十四年）十月，乃命秘书少监兼侍御史李公授之。公名兼，陇西人也。到官三年之五月，使改为三州防御使，江、岳隶焉。"② 该材料可证，应是建中三年（782）置鄂岳防御使，领上述三州。

鄂岳观察使（783），治鄂州，领鄂、岳、江、沔四州。

《方镇表五》："建中四年（783），复置鄂州都团练观察使，复领沔州。"③ 《旧唐书·德宗纪》：建中四年三月己卯，"复置沔州"。④ 因建中二年曾"废沔州"。⑤ 可知，是年复领沔州。

鄂岳观察使（785），治鄂州，领鄂、岳、江、沔、蕲、黄六州。

《土洑镇保宁记》："（贞元）元年（785）夏四月，国家裂诸侯之地，俾大夫卢公藩壤沔鄂，以江、蕲等六大郡属之。"⑥ 从鄂岳观察使之前所领及地理位置看，该材料所言"六大郡"应是指鄂、岳、江、沔、蕲、黄六州。

鄂岳观察使（788），治鄂州，领鄂、岳、沔、蕲、黄五州。

《方镇表五》："贞元四年（788），江南西道观察使增领江州。"⑦ 《旧唐书·德宗纪》：贞元四年六月丁丑，"鄂岳观察使李崾卒。乙未，以谏议大夫何士干为鄂岳沔蕲黄等州都团练观察使"。⑧

综上，贞元四年，鄂州观察使割出江州，领上述五州。

鄂岳观察使（799），治鄂州，领鄂、岳、沔、蕲四州。

贞元十五年（799），"置安黄节度观察使，治安州"。⑨ 四月癸未，

---

① 《旧唐书》卷一二《德宗上》，第322页。

② 赵憬：《鄂州新厅记》，《文苑英华》卷八○一《厅壁记五·州郡中》，第4235页。

③ 《新唐书》卷六八《方镇五·鄂岳沔》，第1909页。《资治通鉴》卷二二九，兴元元年（784）正月："上以兼为鄂、岳、沔都团练使。"据文中考，该材料恐有误，今不取。

④ 《旧唐书》卷一二《德宗上》，第336页。

⑤ 《旧唐书》卷一二《德宗上》，第329页。《唐会要》卷七一《州县改置下·淮南道》沔州条："沔州，建中元年（780）四月，析入黄州。"应是建中二年，析入黄州。

⑥ 符载：《土洑镇保宁记》，《文苑英华》卷八三○《记三四·纪事上》，第4381页。

⑦ 《新唐书》卷六八《方镇五·洪吉》，第1910页。

⑧ 《旧唐书》卷一三《德宗下》，第365页。

⑨ 《新唐书》卷六八《方镇五·鄂岳沔》，第1912页。

"以安州刺史伊慎为安黄节度营田观察使"。① 可知，贞元十五年，割出黄州。

武昌军节度使（806），治鄂州，领鄂、岳、沔、蕲、安、黄六州。

《方镇表五》："元和元年（806），罢奉义军节度使，升鄂岳观察使为武昌军节度使，增领安、黄二州。"②《旧唐书·宪宗纪》：元和元年春正月丁卯，"以鄂岳沔观察使韩皋为鄂岳蕲安黄等州节度使"。③ 可知，元和元年，增领安、黄二州。

鄂岳观察使（810），治鄂州，领鄂、岳、沔、蕲、安、黄六州。

《方镇表五》："元和五年（810），罢武昌军节度使，置鄂岳都团练观察使。"④《旧唐书·宪宗纪》：元和五年十二月壬午，"以吏部郎中柳公绰为御史中丞，以前御史中丞吕元膺为鄂州刺史、鄂岳沔蕲安黄等州观察使"。⑤ 可知，元和五年，虽降为都团练观察使，但所辖范围不变。

鄂岳观察使（818），治鄂州，领鄂、岳、沔、蕲、安、黄、申七州。

《资治通鉴》："元和十三年（818）五月，以申州隶鄂岳。"⑥《方镇表五》："元和十三年，鄂岳观察使增领申州。"⑦

武昌军节度使（825），治鄂州，领鄂、岳、沔、蕲、安、黄、申七州。

《旧唐书·敬宗纪》：宝历元年（825）正月乙卯，"以僧孺检校礼部尚书、同平章事、鄂州刺史，充武昌军节度、鄂岳观察使。于鄂州特置武昌

---

① 《旧唐书》卷一三《德宗下》，第390页。
② 《新唐书》卷六八《方镇五·鄂岳沔》，第1913页。
③ 《旧唐书》卷一四《宪宗上》，第414页。
④ 《新唐书》卷六八《方镇五·鄂岳沔》，第1914页。
⑤ 《旧唐书》卷一四《宪宗上》，第433页。《旧唐书》卷一五《宪宗下》载，元和八年（813）冬十月庚寅，以湖南观察使柳公绰为岳鄂沔蕲安黄观察使。《元和郡县图志》卷二七《江南道三·鄂岳观察使》载：鄂岳观察使，治鄂州，管州六：鄂州、沔州、安州、黄州、蕲州、岳州。
⑥ 《资治通鉴》卷二四〇，元和十三年五月条，第7751页。
⑦ 《新唐书》卷六八《方镇五·鄂岳沔》，第1915页。《唐会要》："申州，太和十三年五月，割隶鄂州，后却隶淮南道。"按：该条"太和十三年"应是"元和十三年"之误。太和年号只有九年，且元和十三年五月割申州隶鄂州符合废淮西节度，将其所辖分隶诸道的时间。如《唐会要》卷七一《州县改置下·淮南道》光州条载，光州亦是元和十三年五月割隶淮南道，故笔者认为上述记载有误。

军额，宠僧孺也"。① 《资治通鉴》：宝历元年正月乙卯，"升鄂岳为武昌军，以僧孺同平章事，充武昌节度使"。② 可证，宝历元年，鄂岳观察使升为武昌军节度使，所辖不变。

武昌军节度使（826），治鄂州，领鄂、岳、蕲、安、黄、申六州。

《旧唐书·敬宗纪》：宝历二年（826）四月庚戌，"鄂岳观察使牛僧孺奏：'当道沔州与鄂州隔江相对，才一里余，其州请并省，其汉阳、汉川两县隶鄂州。'从之。"③ 《方镇表五》："宝历二年，省沔州。"④ 可知，宝历二年，沔州废，武昌军节度领六州。

鄂岳观察使（831），治鄂州，领鄂、岳、蕲、安、黄、申六州。

《旧唐书·文宗纪》：大和五年（831）八月庚午，"武昌军节度使、检校户部尚书元积卒。戊寅，以陕虢观察使崔郾为鄂岳安黄观察使"。⑤ 《崔公行状》："今上即位四年……除陕虢观察使、兼御史大夫。……凡二年，改岳鄂安黄蕲申等州观察使，襄山带江，三十余城，缭绕数千里，洞庭、百越、巴、蜀、荆、汉而会注焉。……凡五年，迁浙西观察使，加礼部尚书。"⑥ 可知，大和五年，复为观察使，仍领上述六州。

大中十二年（858），"淮南节度增领申州，未几，复以申州隶武昌军节度"。⑦

《旧唐书·宣宗纪》：大中十二年（858）春正月，"以张毅夫为鄂州刺史、御史大夫、鄂岳蕲黄申等州都团练观察使"。⑧ 应于是年初，申州曾割隶淮南节度，张毅夫任鄂岳都团练观察使时，已复领申州。另该材料恐漏载安州，因其与上述五州连为一体，又位于申、黄、沔与山南东道之间，

---

① 《旧唐书》卷一七上《敬宗》，第 513 页。
② 《资治通鉴》卷二四三，宝应元年正月乙卯条，第 7841 页。
③ 《旧唐书》卷一七上《敬宗》，第 519 页。
④ 《新唐书》卷六八《方镇五·鄂岳沔》，第 1916 页。《旧唐书》卷四〇《地理三·江南西道》鄂州条："至太和七年，鄂岳节度使牛僧孺奏，沔州与鄂州隔江，都管一县，请并入鄂州，从之。"《唐会要》卷七一《州县改置下·淮南道》沔州条："宝历三年（827），武昌节度使牛僧孺奏：'沔州，鄂州隔江，相去才余一里，其州请并省，汉阳、仪州两县，并割隶鄂州。'从之。"据文中考，两书所载废沔州时间似有误，今不取。
⑤ 《旧唐书》卷一七下《文宗下》，第 543 页。
⑥ 杜牧：《崔公行状》，《文苑英华》卷九七七《行状七》，第 5145—5146 页。
⑦ 《新唐书》卷六八《方镇五·淮南》，第 1920 页。
⑧ 《旧唐书》卷一八下《宣宗》，第 642 页。

又不见隶山南东道节度，故仍应隶鄂岳观察使节度。

武昌军节度使（888），治鄂州，领鄂、岳、蕲、安、黄、申六州。

《方镇表五》："文德元年（888），复置武昌军节度。"①

武昌军节度使（897），治鄂州，领鄂、岳、蕲、安、黄五州。

乾宁四年（897），申州隶奉国军节度。② 武昌军节度使领五州。

鄂岳观察使（905），治鄂州，领鄂、岳、蕲、安、黄五州。

天祐二年（905）二月，"武昌军节度为鄂岳观察使"。③ 领五州，至唐灭亡。

第四节　宣歙观察使辖区沿革

乾元元年（758），置宣歙饶观察使，以宣州为治所，领宣、歙、饶三州。二年废。大历元年（766），复置宣歙池观察使。十四年废，贞元三年（787）复置。大顺元年（890），赐宣歙军号宁国军。天复三年（903），复为宣歙池观察使。天祐二年（905），割出歙州，领宣、池二州。三年，复领歙州。

表 11-4　宣歙观察使辖区变动

时间	方镇名称	治所	辖区
乾元元年（758）	宣歙饶观察使	宣州	宣、歙、饶三州
大历元年（766）	宣歙池观察使		宣、歙、池三州
大历十四年（779）	废宣歙池观察使		
贞元三年（787）	复置宣歙池观察使	宣州	宣、歙、池三州
大顺元年（890）	宁国军节度使		
天复三年（903）	宣歙池观察使		
天祐二年（905）	宣池观察使		宣、池二州
天祐三年（906）			宣、歙、池三州

---

① 《新唐书》卷六八《方镇五·鄂岳沔》，第1924页。

② 《新唐书》卷六五《方镇二·淮南西道》，第1827页。

③ 《资治通鉴》卷二六五，天祐二年二月条，第8641页。

宣歙饶观察使（758），治宣州（今安徽省宣城市），领宣、歙、饶三州。

《方镇表五》："乾元元年（758），置宣歙饶观察使，治宣州。"[1] 乾元二年，"废宣歙饶观察使"，[2]"三州隶浙江西道观察使节度"。[3]

宣歙池观察使（766），治宣州，领宣、歙、池三州。

《方镇表五》："大历元年（766），复置宣歙池等州都团练守捉观察处置使兼采石军使。"[4]《旧唐书·陈少游传》：大历元年，"（陈少游）拜宣州刺史、宣歙池都团练观察使"。[5]《资治通鉴》卷二二四大历元年十二月条载同。

宣歙池观察使废（779），所领三州隶浙江西道节度。

《方镇表五》："大历十四年（779），废宣歙池观察使，置团练使。"[6]《旧唐书·德宗纪》：大历十四年六月辛酉，罢宣歙池都团练观察使，以其地分隶诸道。[7] 可知，大历十四年废观察使，三州应是隶浙江西道节度。新表、旧纪不同，今从旧纪。

宣歙池观察使（787），治宣州，领宣、歙、池三州。

《旧唐书·德宗纪》：贞元三年（787）八月壬申，"以常州刺史刘赞为宣州刺史、宣歙池观察使"。[8]《旧唐书》卷一三六《刘赞传》载略同。又检《方镇表五》："贞元三年，分浙江东、西为二道，复置浙江西道都团练观察使，领润、江、常、苏、杭、湖、睦七州。"[9] 由上可知，贞元三年，复置宣歙池观察使。

大顺元年（890）三月，"赐宣歙军号宁国，以杨行密为节度使"。[10]

---

① 《新唐书》卷六八《方镇五·洪吉》，第 1903 页。
② 《新唐书》卷六八《方镇五·洪吉》，第 1903 页。
③ 《新唐书》卷六八《方镇五·洪吉》，第 1904 页。
④ 《新唐书》卷六八《方镇五·洪吉》，第 1905 页。
⑤ 《旧唐书》卷一二六《陈少游传》，第 3564 页。
⑥ 《新唐书》卷六八《方镇五·洪吉》，第 1908 页。
⑦ 《旧唐书》卷一二《德宗上》，第 322 页。
⑧ 《旧唐书》卷一二《德宗上》，第 358 页。
⑨ 《新唐书》卷六八《方镇五·江东》，第 1910 页。
⑩ 《资治通鉴》卷二五八，大顺元年三月条，第 8395 页。《新唐书》卷六八《方镇五·洪吉》："景福元年（892），升宣歙团练使为宁国军节度。"笔者倾向于大顺元年（890）升为宁国军节度使，恐新表载误，今不取。

天复三年（903），"废宁国军节度使复为都团练观察使"。[1]

宣池观察使（905），治宣州，领宣、池二州。

《方镇表五》："天祐二年（905），置歙、婺、衢、睦四州都团练观察处置使。"[2] 可知，天祐二年，割出歙州，领宣、池二州。三年，复领歙州。

---

① 《新唐书》卷六八《方镇五·洪吉》，第 1926 页。
② 《新唐书》卷六八《方镇五·洪吉》，第 1927 页。

第十二章　黔中道方镇辖区变动考

黔中道，设立于玄宗开元二十一年（733），因辖区中大部分州来自江南道，也有学者认为，黔中道是由江南道析分而设。所辖地包括诸蛮州（羁縻州）五十一①和黔、辰、锦、施、叙、奖、夷、播、思、费、南、溪、溱等州，相当于今贵州的大部分和重庆、湖北、湖南的一部分。

安史乱后，黔中道主要置黔中观察使。大历四年（769），析置辰锦观察使，十年，废辰锦观察使，所领复隶黔中观察使。

第一节　黔中观察使辖区沿革

黔中节度使置于至德元载（756），初领黔、辰、锦、施、巫、业、夷、播、思、费、南、溪、溱、珍十四州。二载（757），增领涪州。乾元二年（759），割出巫州。上元元年（760），复领巫州。二年，割出涪州。大历四年（769），割出辰、溪、巫、锦、业五州。五年，改巫州为溆州，业州为蒋州。十年，复领辰、锦、溪、奖（即蒋）、溆五州。十二年，黔中节度改经略招讨观察使，辖区割出奖、溪二州。贞元元年（785），黔中观察使徙治辰州，增领奖、溪二州。二年，复理黔州，辖区不变。元和三年（808），复领涪州。大中二年（848），割出涪州。中和三年（883），复领涪州。大顺元年（890），赐黔中观察使号武泰军节度使。光化元年（898），割出溆州。三年，割出涪州。天复三年（903），武泰军节度使增领涪州，徙治涪州，辖区不变，至唐灭亡。

---

① 《新唐书》卷四三《地理七下·江南道》，第1143—1144页。

表 12 - 1 黔中观察使辖区变动

时间	方镇名称	治所	辖区
至德元载 (756)	黔中节度使	黔州	黔、辰、锦、施、巫、业、夷、播、思、费、南、溪、溱、珍十四州
至德二载 (757)			黔、辰、锦、施、巫、业、夷、播、思、费、南、溪、溱、珍、涪十五州
乾元二年 (759)			黔、辰、锦、施、业、夷、播、思、费、南、溪、溱、珍、涪十四州
上元元年 (760)			黔、辰、锦、施、业、夷、播、思、费、南、溪、溱、珍、涪、巫十五州
上元二年 (761)			黔、辰、锦、施、业、夷、播、思、费、南、溪、溱、珍、巫十四州
大历四年 (769)			黔、施、夷、播、思、费、南、溱、珍九州
大历十年 (775)			黔、辰、锦、施、奖、夷、播、思、费、南、溪、溱、珍、溆十四州
大历十二年 (777)	黔中观察使		黔、辰、锦、施、夷、播、思、费、南、溱、珍、溆十二州
贞元元年 (785)		辰州	黔、辰、锦、施、奖、夷、播、思、费、南、溪、溱、珍、溆十四州
贞元二年 (786)		黔州	
元和三年 (808)			黔、辰、锦、施、奖、夷、播、思、费、南、溪、溱、珍、溆、涪十五州
大中二年 (848)			黔、辰、锦、施、奖、夷、播、思、费、南、溪、溱、珍、溆十四州
中和三年 (883)			黔、辰、锦、施、奖、夷、播、思、费、南、溪、溱、珍、溆、涪十五州
大顺元年 (890)	武泰军节度使		
光化元年 (898)			黔、辰、锦、施、奖、夷、播、思、费、南、溪、溱、珍、涪十四州
光化三年 (900)			黔、辰、锦、施、奖、夷、播、思、费、南、溪、溱、珍十三州
天复三年 (903)		涪州	黔、辰、锦、施、奖、夷、播、思、费、南、溪、溱、珍、涪十四州

黔中节度使（756），治黔州（今重庆市彭水苗族土家族自治县），领黔、辰、锦、施、巫、业、夷、播、思、费、南、溪、溱、珍十四州。

开元二十六年（738），"黔州置五溪诸州经略使"。[①] 天宝十四载（755），"五溪经略使增领守捉使"。[②] 至德元载（756）秋七月，"升五溪经略使为黔中节度，领黔中等诸郡"。[③] 上述言至德元载置黔中节度，领黔中诸郡，但不载具体各州。

《旧唐书·地理志》黔州都督府条载，黔中道领"黔州、辰州、锦州、施州、巫州、业州、夷州、播州、思州、费州、南州、溪州、溱州、珍州"。[④] 黔中节度应领有该十四州。

黔中节度使（757），治黔州，领黔、辰、锦、施、巫、业、夷、播、思、费、南、溪、溱、珍、涪十五州。

《资治通鉴》：上元二年（761）正月，"荆南节度使吕𬤇奏：请以……黔中之涪州，皆隶荆南"。[⑤]《唐会要》："涪州，武德元年，以渝州之涪陵镇置州。元和三年七月，复以涪州隶黔中道。涪州案疆理以黔管接近，顷年割附荆州，至是复旧。"[⑥] 由上可知，从地理位置看，涪州更便于黔中道管辖；从上元二年割隶荆南节度看，之前应是隶黔中节度。但不知何时割隶黔中节度。

涪州本是由渝州分置，至德元载（756），涪、渝二州皆隶夔州都防御使（参见夔峡节度使一节）。至德二载，渝州本山南西道所辖，此时复隶山南西道节度。又《唐大诏令集》："嗣道王（李）炼……可充云安（夔州）、夷陵（峡州）、南浦（万州）、南平（忠州）、巴东（归州）等五郡节度采访处置防御等使。至德二年正月五日。"[⑦] 由此可知，涪州已不隶夔峡节度，从地理位置看，应是隶黔中节度为妥。

---

① 《新唐书》卷六九《方镇六·黔州》，第1931页。
② 《新唐书》卷六九《方镇六·黔州》，第1934页。
③ 《资治通鉴》卷二一八，至德元载七月条，第6962—6963页。
④ 《旧唐书》卷四〇《地理三·江南道》，第1620—1629页。《新唐书》卷四一《地理五》不载珍州，检《旧唐书》卷三八《地理一·黔中观察使》、《元和郡县图志》卷三〇《江南道六·黔州观察使》均载有珍州，新志应有误，故不取。
⑤ 《资治通鉴》卷二二二，上元二年正月条，第7104页。
⑥ 王溥：《唐会要》卷七一《州县改置下》涪州条，第1267页。
⑦ 贾至：《嗣道王炼云安等五郡节度等使制》，宋敏求编《唐大诏令集》卷三八，第176页。

综上，应是至德二载（757），黔中节度增领涪州，共领十五州。

黔中节度使（759），治黔州，领黔、辰、锦、施、业、夷、播、思、费、南、溪、溱、珍、涪十四州。

《方镇表四》："乾元二年（759），置澧朗溆都团练使，治澧州。"① 检《新唐书·地理志》："叙州潭阳郡，本巫州，贞观八年以辰州之龙标县置，天授二年曰沅州。开元十三年复为巫州，大历五年更名。"② 可知，叙州即是巫州。

又检《方镇表四》："光化元年（898），置武贞军节度使，领澧、朗、溆三州，治澧州。"③《方镇表六》："光化元年，溆州隶武贞军节度。"④ 由此可知，溆州即是黔中道所辖的叙州，亦是巫州。

综上，乾元二年，黔中节度割出巫州，还领十四州。

黔中节度使（760），治黔州，领黔、辰、锦、施、业、夷、播、思、费、南、溪、溱、珍、涪、巫十五州。

《方镇表四》："上元元年（760），废澧朗溆都团练使。"⑤ 可知，上元元年，黔中节度复领巫州。

黔中节度使（761），治黔州，领黔、辰、锦、施、业、夷、播、思、费、南、溪、溱、珍、巫十四州。

如前引《资治通鉴》载，上元二年（761）正月，荆南节度使吕𬤇奏："请以……黔中之涪州，皆隶荆南，从之。"《旧唐书》卷三九《地理二·山南道》荆州江陵府条、《新唐书》卷一四〇《吕𬤇传》载略同。可知，上元二年，黔中节度割出涪州，还领十四州。

黔中节度使（769），治黔州，领黔、施、夷、播、思、费、南、溱、珍九州。

《方镇表六》："大历四年（769），置辰、溪、巫、锦、业五州都团练守捉观察处置使。"⑥《旧唐书·代宗纪》：大历四年六月，"升辰州为都督

---

① 《新唐书》卷六七《方镇四·荆南》，第1871页。
② 《新唐书》卷四一《地理五》，第1074页。
③ 《新唐书》卷六七《方镇四·荆南》，第1893页。
④ 《新唐书》卷六九《方镇六·黔州》，第1953页。
⑤ 《新唐书》卷六七《方镇四·荆南》，第1871页。
⑥ 《新唐书》卷六九《方镇六·黔州》，第1938页。

府，析辰、巫、溪、锦、业等州置团练观察使"。① 可知，大历四年，黔中
节度割出辰、巫、溪、锦、业五州，还领九州。

大历五年十二月，"改巫州为溆州，业州为蒋州"。② 《新唐书》卷四
一《地理五》载同。蒋州即是奖州。

**黔中节度使（775），治黔州，领黔、辰、锦、施、奖、夷、播、思、
费、南、溪、溱、珍、溆十四州。**

《旧唐书·代宗纪》：大历十年（775）二月丙寅，"罢辰、锦、溪、
奖、溆五州经略使，复隶黔中"。③ 可知，黔中节度复领上述五州。

**黔中观察使（777），治黔州，领黔、辰、锦、施、夷、播、思、费、
南、溱、珍、溆十二州。**

《方镇表六》："大历十二年（777），置黔州经略招讨观察使，领黔、
施、夷、辰、思、费、溆、播、南、溱、珍、锦十二州，治黔州。"④《旧
唐书·代宗纪》：大历十二年二月，"以朗州刺史李国清为黔州刺史、经略
招讨观察使"。⑤ 可知，大历十二年，黔中节度使改为黔州经略诏讨观察
使，领十二州，割出奖、溪二州。此二州一南一北，中间隔有锦州，也不
见二州隶于他镇，不知何故不领二州。

**黔中观察使（785），治辰州（今湖南省怀化市沅陵县），领黔、辰、
锦、施、奖、夷、播、思、费、南、溪、溱、珍、溆十四州。**

《方镇表六》："贞元元年（785），黔州观察使徙治辰州，增领奖、溪
二州。"⑥ 此条言黔州观察使徙治辰州，再加前述大历十二年置黔州经略招
讨观察使，恐是奖、溪二州发生叛乱，否则不应置经略招讨使，徙治辰州
也是便于对二州的治理。但不见相关史料，仅是推测，待考。

**黔中观察使（786），治黔州，领黔、辰、锦、施、奖、夷、播、思、
费、南、溪、溱、珍、溆十四州。**

《旧唐书·德宗纪》：贞元二年（786）秋七月戊子，"黔中观察使理所

---

① 《旧唐书》卷一一《代宗》，第 293 页。
② 《旧唐书》卷一一《代宗》，第 297 页。
③ 《旧唐书》卷一一《代宗》，第 306 页。
④ 《新唐书》卷六九《方镇六·黔州》，第 1939 页。
⑤ 《旧唐书》卷一一《代宗》，第 311 页。
⑥ 《新唐书》卷六九《方镇六·黔州》，第 1940 页。

复在黔州"。① 恐是溪、奖二州稳定后，复徙治原理所黔州。

黔中观察使（808），治黔州，领黔、辰、锦、施、奖、夷、播、思、费、南、溪、溱、珍、溆、涪十五州。

《旧唐书·宪宗纪》：元和三年（808）秋七月丁未，"涪州复隶黔中道"。② 《新唐书·方镇表六》："元和三年，黔州观察增领涪州。"③ 可知，元和三年，黔中观察使增领涪州，领十五州。

《元和郡县图志》载：黔中观察使，治黔州，管州十五：黔州、涪州、夷州、思州、费州、南州、珍州、溱州、播州、辰州、锦州、叙州、溪州、施州、奖州。④

黔中观察使（848），治黔州，领黔、辰、锦、施、奖、夷、播、思、费、南、溪、溱、珍、溆十四州。

《方镇表六》："大中二年（848），涪州隶荆南节度，未几，复隶黔州观察。"⑤ 可知，大中二年，割出涪州。

黔中观察使（883），治黔州，领黔、辰、锦、施、奖、夷、播、思、费、南、溪、溱、珍、溆、涪十五州。

中和三年（883）夏四月庚子，《通鉴考异》曰："据郑畋集，有覆黔南观察使陈佹奏涪州韩秀昇谋乱已收管在州候敕旨状云：'秀昇劫害黔府，俘掠帅臣，占据涪陵，扼截江路，遽怀僭妄，求作察廉。'"⑥ 从秀昇据涪州欲求黔中观察使看，至迟于中和三年，涪州应是隶黔中节度。虽"未几，复隶黔州观察"有些长，但也是能证明涪州复隶黔中节度最早的材料。

武泰军节度使（890），治黔州，领黔、辰、锦、施、奖、夷、播、思、费、南、溪、溱、珍、溆、涪十五州。

《方镇表六》："大顺元年（890），赐黔州观察使号武泰军节度。"⑦ 可

---

① 《旧唐书》卷一二《德宗上》，第353页。《新唐书》卷六九《方镇六·黔州》载，贞元三年（787），黔州观察使复治黔州。笔者倾向于贞元二年复治黔州，今不取。
② 《旧唐书》卷一四《宪宗上》，第426页。
③ 《新唐书》卷六九《方镇六·黔州》，第1943页。
④ 李吉甫：《元和郡县图志》卷三〇《江南道六·黔州观察使》，第735页。
⑤ 《新唐书》卷六九《方镇六·黔州》，第1947页。
⑥ 《资治通鉴》卷二五五，中和三年四月庚子考异条，第8292页。
⑦ 《新唐书》卷六九《方镇六·黔州》，第1952页。

知，大顺元年，黔中观察使更号武泰军节度使，辖区不变。

武泰军节度使（898），治黔州，领黔、辰、锦、施、奖、夷、播、思、费、南、溪、溱、珍、涪十四州。

《方镇表六》："光化元年（898），溆州隶武贞军节度。"① 可知，武泰军节度割出溆州，还领十四州。

武泰军节度使（900），治黔州，领黔、辰、锦、施、奖、夷、播、思、费、南、溪、溱、珍十三州。

《旧唐书·昭宗纪》：光化三年（900）八月壬午，"制荆南节度、忠万归夔涪峡等州观察处置水陆催运等使……成汭可检校太师、中书令，余如故"。② 可知，是年，武泰军节度割出涪州。

武泰军节度使（903），治涪州（今重庆市涪陵区），领黔、辰、锦、施、奖、夷、播、思、费、南、溪、溱、珍、涪十四州。

《方镇表六》："天复三年（903），武泰军节度徙治涪州。"③《资治通鉴》：天复三年十月，"武泰军旧治黔州，（王）宗本以其地多瘴疠，请徙治涪州，（王）建许之"。④ 可知，天复三年，武泰军节度徙治涪州，此后辖区不变，至唐灭亡。

第二节　辰锦观察使辖区沿革

大历四年（769），置辰锦观察使，以辰州为治所，领辰、溪、巫、锦、业五州。该镇前后存续六年，辖区无所变动。

表 12－2　辰锦观察使辖区变动

时间	方镇名称	治所	辖区
大历四年（769）	辰锦观察使	辰州	辰、溪、巫、锦、业五州

---

① 《新唐书》卷六九《方镇六·黔州》，第 1953 页。
② 《旧唐书》卷二〇上《昭宗》，第 768 页。
③ 《新唐书》卷六九《方镇六·黔州》，第 1954 页。
④ 《资治通鉴》卷二六四，天复三年十月条，第 8619 页。

辰锦观察使（769），治辰州（今湖南省怀化市沅陵县），领辰、溪、巫、锦、业五州。

《方镇表六》："大历四年（769），置辰、溪、巫、锦、业五州都团练守捉观察处置使，治辰州。"① 《旧唐书·代宗纪》：大历四年六月辛亥，"升辰州为都督府，析辰、巫、溪、锦、业等州置团练观察使"。②

大历五年十二月乙未，"改巫州为溆州，业州为蒋州"。③

大历十年二月丙寅，"罢辰、锦、溪、奖、溆五州经略使，复隶黔中"。④ 至此，辰锦观察使撤销，所领五州复隶黔中节度。

---

① 《新唐书》卷六九《方镇六·黔州》，第1938页。
② 《旧唐书》卷一一《代宗》，第293页。
③ 《旧唐书》卷一一《代宗》，第297页。
④ 《旧唐书》卷一一《代宗》，第306页。

第十三章　剑南道方镇辖区变动考

剑南道，初设于唐太宗贞观元年（627），"盖古梁州之域"，[①] 辖成都府，保宁都护府，彭、蜀、汉、嘉、眉、邛、简、资、巂、雅、黎、茂、翼、维、戎、姚、松、当、悉、静、柘、恭、保、真、霸、乾、梓、遂、绵、剑、合、龙、普、渝、陵、荣、昌、泸三十八州，一百八十九县，相当于今四川省的大部分地区，云南澜沧江、哀牢山以东，贵州和甘肃的一小部分。

安史之乱后，剑南道主要有剑南东川、剑南西川节度使。咸通年间，为防控南诏，曾置定边军节度使。黄巢起义后，蜀中战乱增多，析置威戎军节度使、永平军节度使、龙剑节度使、武信军节度使。其中剑南东川节度使被分解为数镇，至天祐三年（906），仅领梓、绵、普三州。剑南西川维持管辖十余府州。该道方镇辖区变动主要集中在文德元年（888）之后。

第一节　剑南东川节度使辖区沿革

剑南东川节度使置于至德二载（757），治梓州，领梓、遂、绵、剑、龙、阆、普、陵、泸、荣、资、简十二州。乾元二年（759），增领昌、渝、合三州。广德二年（764），废东川节度，以所管十五州隶西川节度。大历元年（766），复置剑南东川节度使，领十五州。二年，废剑南东川节度使，置东川都防御观察使，治遂州，领绵、剑、梓、遂、渝、合、龙、普八州。三年，复为节度使，徙治梓州，增领阆、昌二州。六年，罢领昌州。兴元元年（784），罢领阆州。元和元年（806），增领资、简、陵、荣、昌、泸六州。四年，割出资、简二州。文德元年（888），割出龙、剑

---

① 《新唐书》卷四二《地理六·剑南道》，第1079页。

二州。光化二年（899），割出遂、合、泸、渝、昌。天祐三年（906），割
出陵、荣二州，还领梓、绵、普三州。

表 13－1　剑南东川节度使辖区变动

时间	方镇名称	治所	辖区
至德二载（757）	剑南东川节度使	梓州	梓、遂、绵、剑、龙、阆、普、陵、泸、荣、资、简十二州
乾元二年（759）			梓、遂、绵、剑、龙、阆、普、陵、泸、荣、资、简、昌、渝、合十五州
广德二年（764）	废剑南东川节度使		
大历元年（766）	复置剑南东川节度使	梓州	梓、遂、绵、剑、龙、阆、普、陵、泸、荣、资、简、昌、渝、合十五州
大历二年（767）	剑南东川观察使	遂州	梓、遂、绵、剑、龙、普、渝、合八州
大历三年（768）	剑南东川节度使	梓州	梓、遂、绵、剑、龙、普、渝、合、阆、昌十州
大历六年（771）			梓、遂、绵、剑、龙、普、渝、合、阆九州
兴元元年（784）			梓、遂、绵、剑、龙、普、渝、合八州
元和元年（806）			梓、遂、绵、剑、龙、普、陵、泸、荣、资、简、昌、渝、合十四州
元和四年（809）			梓、遂、绵、剑、龙、普、陵、泸、荣、昌、渝、合十二州
文德元年（888）			梓、遂、绵、普、陵、泸、荣、昌、渝、合十州
光化二年（899）			梓、绵、普、陵、荣五州
天祐三年（906）			梓、绵、普三州

剑南东川节度使（757），治梓州（今四川省绵阳市三台县），领梓、遂、绵、剑、龙、阆、普、陵、泸、荣、资、简十二州。

《方镇表五》："至德二载（757），置剑南东川节度使，领梓、遂、绵、剑、龙、阆、普、陵、泸、荣、资、简十二州，治梓州。"[①]《资治通鉴》载，至德二载，分剑南为东、西川节度，"东川领梓、遂等十二州"。[②]

---

① 《新唐书》卷六八《方镇五·东川》，第1902页。
② 《资治通鉴》卷二二〇，至德二载十二月升河中防御使为节度条，第7051页。

剑南东川节度使（759），治梓州，领梓、遂、绵、剑、龙、阆、普、陵、泸、荣、资、简、昌、渝、合十五州。

《方镇表五》："乾元二年（759），剑南东川增领昌、渝、合三州。"①

剑南东川节度使废（764），所领十五州隶西川节度。

广德二年（764），废"东川节度，以所管十五州隶西川节度"。②《资治通鉴》亦载：广德二年正月癸卯，"合剑南东、西川为一道，以黄门侍郎严武为节度使"。③

剑南东川节度使（766），治梓州，领梓、遂、绵、剑、龙、阆、普、陵、泸、荣、资、简、昌、渝、合十五州。

《方镇表五》："大历元年（766），复置剑南东川节度使，领州如故。"④

剑南东川观察使（767），治遂州（今四川省遂宁市），领梓、遂、绵、剑、龙、普、渝、合八州。

《资治通鉴》：大历二年（767）正月壬申，"分剑南置东川观察使，镇遂州"。⑤《方镇表五》："大历二年，废剑南东川节度，置都防御观察使兼静戎军使，治遂州。寻复置节度使，治梓州。"⑥又检《杜公神道碑铭》："大历初，杜鸿渐分蜀为东西川，公为副元帅判官，知东川节度。拜大中大夫、绵剑梓遂渝合龙普等州都防御使、梓州刺史兼御史中丞。公以威信驭戎，宽明莅俗，克念八州之地，绥靖两川之人。朝廷嘉之，寻拜东川节度使。"⑦

由上可知，大历二年，废剑南东川节度使，置东川都防御观察使，领绵、剑、梓、遂、渝、合、龙、普八州，治遂州。

剑南东川节度使（768），治梓州，领梓、遂、绵、剑、龙、普、渝、合、阆、昌十州。

《旧唐书·代宗纪》：大历三年（768）五月庚午，"以邛州刺史鲜

---

① 《新唐书》卷六八《方镇五·东川》，第1903页。

② 《新唐书》卷六八《方镇五·东川》，第1905页。

③ 《资治通鉴》卷二二三，广德二年正月癸卯条，第7159页。

④ 《新唐书》卷六八《方镇五·东川》，第1905页。

⑤ 《资治通鉴》卷二二四，大历二年正月壬申条，第7194页。

⑥ 《新唐书》卷六八《方镇五·东川》，第1906页。

⑦ 颜真卿：《京兆尹御史中丞梓遂杭三州刺史剑南东川节度使杜公神道碑铭》，董诰等编《全唐文》卷三四四，第3489页。

于叔明为梓州刺史，充剑南东川节度使"。① 又如前引《方镇表五》，
"寻复置节度使，治梓州"。综上可知，应是大历三年复为节度使，领
十州。

之所以认定领梓、遂、绵、剑、龙、普、渝、合、阆、昌十州，是依
据后述大历六年罢领昌州、兴元元年（784）罢领阆州、元和元年（806）
增领资、简、陵、荣、昌、泸六州反推而得。

**剑南东川节度使（771），治梓州，领梓、遂、绵、剑、龙、普、渝、
合、阆九州。**

《方镇表五》："大历六年（771），剑南东川节度罢领昌州。"②

**剑南东川节度使（784），治梓州，领梓、遂、绵、剑、龙、普、渝、
合八州。**

《方镇表五》："兴元元年（784），阆州隶山南西道。"③

**剑南东川节度使（806），治梓州，领梓、遂、绵、剑、龙、普、陵、
泸、荣、资、简、昌、渝、合十四州。**

《严公神道碑铭（并序）》："元和元年（806）迁尚书左仆射，三蜀既
平，拜梓州刺史、剑南东川节度观察使，且以资阳（资州）、阳安（简州）
等六郡四十余城隶焉。"④ 又检《资治通鉴》：元和元年十月，"制割资、
简、陵、荣、昌、泸隶东川"。⑤

综上可知，元和元年，自剑南西川割隶东川的应是资、简、陵、荣、
昌、泸六州。而上述应是大历二年（767）割隶剑南西川的六州。

**剑南东川节度使（809），治梓州，领梓、遂、绵、剑、龙、普、陵、
泸、荣、昌、渝、合十二州。**

《方镇表五》："元和四年（809），资、简二州隶西川节度。"⑥ 可知元
和四年后，剑南东川节度使领十二州。《元和郡县图志》亦云：剑南东川

① 《旧唐书》卷一一《代宗》，第 289 页。
② 《新唐书》卷六八《方镇五·东川》，第 1907 页。
③ 《新唐书》卷六八《方镇五·东川》，第 1909 页。
④ 权德舆：《唐故剑南东川节度副大使知节度事管内支度营田观察处置静戎军等使光禄大夫
检校尚书左仆射使持节梓州诸军事兼梓州刺史御史大夫郑国公赠司空严公神道碑铭（并
序）》，董诰等编《全唐文》卷四九七，第 5070 页。
⑤ 《资治通鉴》卷二三七，元和元年十月条，第 7637 页。
⑥ 《新唐书》卷六八《方镇五·东川》，第 1914 页。

节度使，管州十二：梓、剑、绵、遂、渝、合、普、荣、陵、泸、龙、昌十二州，治梓州。①

剑南东川节度使（888），治梓州，领梓、遂、绵、普、陵、泸、荣、昌、渝、合十州。

《新唐书·杨守亮传》："杨复恭收京师……以假子杨守贞为龙剑节度使。"② 可见龙剑节度使置于杨复恭收京师后。

《旧唐书·僖宗纪》：文德元年（888）二月己巳朔，壬午，"车驾在凤翔至京师。……左右神策十军观军容使……杨复恭进封魏国公……赐号'忠贞启圣定国功臣'"。③ 又《旧唐书·杨复恭传》："僖宗晏驾，迎寿王践祚。文德元年，加开府、金吾上将军，专典禁兵，既军权在手，颇擅朝政。"④ 可知，杨复恭因收复京师立功，有权立其假子为节度使应是在文德元年，故龙剑节度使应置于文德元年。既如此，是年，剑南东川应是割出龙、剑二州，还领十州。

剑南东川节度使（899），治梓州，领梓、绵、普、陵、荣五州。

《资治通鉴》：光化元年（898）九月己丑，东川留后王宗涤言于王建，以东川封疆五千里，文移往还，动逾数月，请分遂、合、泸、渝、昌五州别为一镇；建表言之。……二年五月，甲午，置武信军于遂州，以遂、合等五州隶之。六月，以西川大将王宗佶为武信节度使。⑤ 故光化二年，剑南东川领梓、绵、普、陵、荣五州。

剑南东川节度使（906），治梓州，领梓、绵、普三州。

天祐三年（906），"陵、荣二州割隶利阆节度"。⑥ 剑南东川节度还领三州。

---

① 李吉甫：《元和郡县图志》卷三三《剑南道下·东川节度使》，第 841 页。
② 《新唐书》卷一八六《杨守亮传》，第 5428—5429 页。
③ 《旧唐书》卷一九下《僖宗》，第 729 页。
④ 《旧唐书》卷一八四《杨复恭传》，第 4774 页。
⑤ 《资治通鉴》卷二六一，光化元年九月己丑、二年五月甲午、六月条，第 8517—8526 页。
《新唐书》卷六八《方镇五·东川》："乾宁四年（897），置武信军节度使，领遂、合、昌、渝、泸五州。"笔者倾向于光化二年置武信军，故不取。
⑥ 《新唐书》卷六七《方镇四·山南西道》，第 1894 页。

第二节 剑南西川节度使辖区沿革

剑南西川节度使，置于至德二载（757），治成都府，领彭、蜀、汉、眉、邛、嘉、巂、黎、戎、茂、雅、维、文、扶、奉、霸、果十七州。自设立至唐亡，其辖区变动较大。宝应元年（762），增领松、当、悉、柘、翼、恭、静、真八州。广德元年（763）后，松、当、悉、静、柘、恭、保、真、霸、维、翼等州相继陷于吐蕃，唐廷设上述诸州为行州。［除维州于大中三年（849）曾复隶西川外，其他诸州朝廷未能收复。］二年，复领东川十五州。大历元年（766），割东川十五州及邛、蜀、眉、嘉、巂、黎、戎、雅八州。二年，增领东川阆、陵、泸、荣、资、简、昌七州。三年，复领邛、蜀、眉、嘉、巂、黎、戎、雅八州，增领乾州，割出阆、昌二州。十年，增领昌州。兴元元年（784），割出果州。元和元年（806），割出陵、泸、荣、资、简、昌六州。四年，增领资、简二州。八年，割出扶州。咸通九年（868），割出巂、眉、蜀、邛、雅、嘉、黎七州。十一年，复领上述七州。文德元年（888），割出邛、蜀、黎、雅、彭、茂六州。大顺二年（891），复领邛、蜀、黎、雅四州。景福元年（892），复领茂州。至唐亡，西川节度领成都府、蜀、茂、汉、眉、邛、嘉、巂、黎、戎、雅、乾、资、简十四府州。

表 13 - 2　剑南西川节度使辖区变动

时间	方镇名称	治所	辖区
至德二载（757）	剑南西川节度使	成都府	成都府、彭、蜀、汉、眉、邛、嘉、巂、黎、戎、茂、雅、维、文、扶、奉、霸、果十七州
宝应元年（762）			成都府、彭、蜀、汉、眉、邛、嘉、巂、黎、戎、茂、雅、维、文、扶、保、霸、果、松、当、悉、柘、翼、恭、静、真二十五州
广德元年（763）			成都府、彭、蜀、汉、眉、邛、嘉、巂、黎、戎、茂、雅、扶、果（松、维、保、霸、当、悉、柘、翼、恭、静、真十一州陷吐蕃）二十四州

时间	方镇名称	治所	辖区
广德二年（764）			成都府，彭、蜀、汉、眉、邛、嘉、嶲、黎、戎、茂、雅、扶、果（松、维、保、霸、当、悉、柘、翼、恭、静、真十一州陷吐蕃）、梓、遂、绵、剑、龙、阆、普、陵、泸、荣、资、简、昌、渝、合三十九州
大历元年（766）			成都府，彭、茂、汉、扶、果（松、维、保、霸、当、悉、柘、翼、恭、静、真十一州陷吐蕃）十六州
大历二年（767）			成都府，彭、茂、汉、扶、果（松、维、保、霸、当、悉、柘、翼、恭、静、真十一州陷吐蕃）、阆、陵、泸、荣、资、简、昌二十三州
大历三年（768）			成都府，彭、蜀、茂、汉、扶、果、眉、邛、嘉、嶲、黎、戎、雅（松、维、保、霸、当、悉、柘、翼、恭、静、真十一州陷吐蕃）、陵、泸、荣、资、简、乾三十州
大历十年（775）			成都府，彭、蜀、茂、汉、扶、果、眉、邛、嘉、嶲、黎、戎、雅（松、维、保、霸、当、悉、柘、翼、恭、静、真十一州陷吐蕃）、陵、泸、荣、资、简、乾、昌三十一州
兴元元年（784）			成都府，彭、蜀、茂、汉、扶、眉、邛、嘉、嶲、黎、戎、雅（松、维、保、霸、当、悉、柘、翼、恭、静、真十一州陷吐蕃）、陵、泸、荣、资、简、乾、昌三十州
元和元年（806）			成都府，彭、蜀、茂、汉、扶、眉、邛、嘉、嶲、黎、戎、雅（松、维、保、霸、当、悉、柘、翼、恭、静、真十一州陷吐蕃）、乾二十四州
元和四年（809）			成都府，彭、蜀、茂、汉、扶、眉、邛、嘉、嶲、黎、戎、雅（松、维、保、霸、当、悉、柘、翼、恭、静、真十一州陷吐蕃）、乾、资、简二十六州
元和八年（813）			成都府，彭、蜀、茂、汉、眉、邛、嘉、嶲、黎、戎、雅（松、维、保、霸、当、悉、柘、翼、恭、静、真十一州陷吐蕃）、乾、资、简二十五州
咸通九年（868）			成都府，彭、茂、汉、戎（松、维、保、霸、当、悉、柘、翼、恭、静、真十一州陷吐蕃）、乾、资、简十八州

时间	方镇名称	治所	辖区
咸通十一年（870）			成都府，彭、蜀、茂、汉、眉、邛、嘉、巂、黎、戎、雅（松、维、保、霸、当、悉、柘、翼、恭、静、真十一州陷吐蕃）、乾、资、简二十五州
文德元年（888）			成都府，汉、眉、嘉、巂、戎（松、维、保、霸、当、悉、柘、翼、恭、静、真十一州陷吐蕃）、乾、资、简十九州
大顺二年（891）			成都府，蜀、汉、眉、邛、嘉、巂、黎、戎、雅（松、维、保、霸、当、悉、柘、翼、恭、静、真十一州陷吐蕃）、乾、资、简二十三州
景福元年（892）			成都府，蜀、茂、汉、眉、邛、嘉、巂、黎、戎、雅（松、维、保、霸、当、悉、柘、翼、恭、静、真十一州陷吐蕃）、乾、资、简二十四州

剑南西川节度使（757），治成都府（今四川省成都市），领成都府，彭、蜀、汉、眉、邛、嘉、巂、黎、戎、茂、雅、维、文、扶、奉、霸、果十七州。

《方镇表四》载，开元七年（719），升剑南支度、营田、处置、兵马经略使为节度使，兼昆明军使，"领益、彭、蜀、汉、眉、绵、梓、遂、邛、剑、荣、陵、嘉、普、资、巂、黎、戎、维、茂、简、龙、雅、泸、合二十五州，治益州"。① 开元二十二年（734），剑南节度兼山南西道采访处置使，号山剑西道，"增领文、扶、姚三州"。② 开元二十八年（740），剑南节度增领"奉州"。③ 天宝元年（742），剑南节度增领"霸州"。④ 天宝元年八月二十四日，"姚州改为南泸县"，⑤ 应是并入巂州。至德元载（756），合州隶山南西道节度（参见山南西道节度使一节）。

由上可知，至德二载（757）前，剑南节度使所辖在开元七年二十五州的基础上，割合州，又增领文、扶、奉、霸四州，共领有二十八州。

至德二载（757），"更剑南节度号西川节度使，兼成都尹，增领果州。以

① 《新唐书》卷六七《方镇四·剑南》，第1864页。
② 《新唐书》卷六七《方镇四·剑南》，第1866页。
③ 《新唐书》卷六七《方镇四·剑南》，第1867页。
④ 《新唐书》卷六七《方镇四·剑南》，第1868页。
⑤ 王溥：《唐会要》卷七一《州县改置下·剑南道》姚州条，第1277页。

梓、遂、绵、剑、龙、阆、普、陵、泸、荣、资、简十二州隶东川节度"。①

至德二载，剑南分为东、西川二节度使，割出剑南东川所领十二州后，西川应领彭、蜀、汉、眉、邛、嘉、巂、黎、戎、维、茂、雅、文、扶、奉、霸、果十七州。

剑南西川节度使（762），治成都府，领成都府，彭、蜀、汉、眉、邛、嘉、巂、黎、戎、茂、雅、维、文、扶、保、霸、果、松、当、悉、柘、翼、恭、静、真二十五州。

《方镇表四》："宝应元年（762），剑南节度增领通、巴、蓬、渠四州，寻以四州隶山南西道。其后又领松、当、悉、柘、翼、恭、静、环、真九州。"②

按：上述"环州"恐是"保州"之误。环州隶岭南邕管经略使，③ 若剑南西川遥领之，中间隔有黔中道，不太合理。又检《旧唐书·地理志》，当州、悉州、静州、恭州、柘州、保州、真州，旧属陇右道。永徽以后，割属松州都督，入剑南道。诸州隶松州都督，相继属剑南也。④ 据上可推，《方镇表四》所载的环州应是保州之误。

《旧唐书·地理志》载，"开元二十八年（740），置奉州，乾元元年（758）改为保州"，⑤ 不属新增领之州，应以又领松、当、悉、柘、翼、恭、静、真八州为是。

剑南西川节度使（763），治成都府，领成都府，彭、蜀、汉、眉、邛、嘉、巂、黎、戎、茂、雅、扶、果（松、维、保、霸、当、悉、柘、翼、恭、静、真十一州陷吐蕃）二十四州。

广德元年（763），"文州隶山南西道节度使"。⑥ 广德元年十二月，"吐蕃陷松、维、保三州及云山新筑二城，西川节度使高适不能救，剑南西山

---

① 《新唐书》卷六七《方镇四·剑南》，第1870页。
② 《新唐书》卷六七《方镇四·剑南》，第1872页。
③ 参见《旧唐书》卷四一《地理四·岭南道五管》、《新唐书》卷四三上《地理七上·岭南道》和谭其骧主编《中国历史地图集》第五册《隋唐五代十国时期·岭南道西部》（中国地图出版社，1982）。
④ 《旧唐书》卷四一《地理四·剑南道》，第1699页。《旧唐书》卷四一《地理四·剑南道》："真州下，天宝五载，分临翼郡之昭德、鸡川两县置昭德郡。乾元元年，改为真州，取真符县为名也。"真州是分翼州而置。
⑤ 《旧唐书》卷四一《地理四·剑南道》，第1705页。
⑥ 《新唐书》卷六七《方镇四·山南西道》，第1872页。

诸州亦渐入于吐蕃"。① 西山诸州应是指宝应元年（762）增领的松、当、悉、柘、翼、恭、静、真八州，霸州本是于维州境内分置，如此陷入吐蕃的应有十一州。上述诸州虽陷吐蕃，但仍属剑南西川法定所辖。

剑南西川节度使（764），治成都府，领成都府，彭、蜀、汉、眉、邛、嘉、巂、黎、戎、茂、雅、扶、果（松、维、保、霸、当、悉、柘、翼、恭、静、真十一州陷吐蕃）、梓、遂、绵、剑、龙、阆、普、陵、泸、荣、资、简、昌、渝、合三十九州。

《方镇表四》："广德二年（764），剑南西川节度复领东川十五州。"② 《资治通鉴》亦载：广德二年正月癸卯，"合剑南东、西川为一道，以黄门侍郎严武为节度使"。③

剑南西川节度使（766），治成都府，领成都府，彭、茂、汉、扶、果（松、维、保、霸、当、悉、柘、翼、恭、静、真十一州陷吐蕃）十六州。

《方镇表四》："大历元年（766），置邛南防御使，治邛州，寻升为节度使，未几废。置剑南西山防御使，治茂州，未几废。"④ 又《旧唐书·代宗纪》载，大历元年二月壬子，因平郭英乂之乱立功，杜鸿渐兼成都尹，持节充山南西道、剑南东川等道副元帅，仍充剑南西川节度使。"癸丑，以山南西道节度使、梁州刺史张献诚兼充剑南东川节度观察使，邛州刺史柏茂林充邛南防御使，剑南西山兵马使崔旰为茂州刺史，充剑南西山防御使，从杜鸿渐请也。"⑤ 八月壬寅，以茂州刺史崔旰为成都尹、兼御史大夫、剑南西川节度行军司马，邛南防御使、邛州刺史柏茂林为邛南节度使，从杜鸿渐所请也。⑥《资治通鉴》卷二二四大历元年二月壬子条载同。

由上可知，平前剑南节度使郭英乂之乱后，剑南道分为剑南东西川、邛南防御使、剑南西山防御使四镇。

① 《资治通鉴》卷二二三，广德元年十二月条，第7158页。
② 《新唐书》卷六七《方镇四·剑南》，第1873页。
③ 《资治通鉴》卷二二三，广德二年正月癸卯条，第7159页。
④ 《新唐书》卷六七《方镇四·剑南》，第1874页。
⑤ 《旧唐书》卷一一《代宗》，第282页。
⑥ 《旧唐书》卷一一《代宗》，第283页。

剑南东川领原十五州。大历元年，"复置剑南东川节度使，领州如故"。①《方镇表四》剑南条亦载："大历元年，复以十五州还东川节度。"②梓、遂、绵、剑、龙、阆、普、陵、泸、荣、资、简、昌、渝、合十五州复隶剑南东川节度。

检《中散大夫京兆尹汉阳郡太守赠太子少保鲜于公神道碑铭》："永泰二年（大历元年）秋八月，有诏自太子左庶子复拜为邛州刺史、兼御史中丞、邛南八州都防御观察等使。"③ 从地理位置看，邛南防御使应领邛、蜀、眉、嘉、雟、黎、戎、雅八州。④

剑南西山防御使，治茂州，所辖范围不详，恐是领茂州及所陷吐蕃的十一州。

综上，大历元年，剑南西川又分出东川，再置邛南防御使，两镇应不为剑南西川所领。但剑南西山防御使所辖应受西川节度使节制，《旧唐书·崔宁传》载："大历元年……朝廷因鸿渐之请，加（崔旰）成都尹，兼西山防御使、西川节度行军司马，仍赐名曰宁。二年，鸿渐归朝，遂授宁西川节度使。"⑤《新唐书》卷一四四《崔宁传》载同。因崔旰任成都尹，兼西山防御使，故西山防御所辖应为西川节度所管。

剑南西川节度使（767），治成都府，领成都府，彭、茂、汉、扶、果（松、维、保、霸、当、悉、柘、翼、恭、静、真十一州陷吐蕃）、阆、陵、泸、荣、资、简、昌二十三州。

大历二年（767），剑南东川降为防御观察使，治遂州，领梓、遂、

---

① 《新唐书》卷六八《方镇五·东川》，第1905页。

② 《新唐书》卷六七《方镇四·剑南》，第1874页。

③ 颜真卿：《中散大夫京兆尹汉阳郡太守赠太子少保鲜于公神道碑铭》，董诰等编《全唐文》卷三四三，第3484页。文中《旧唐书·代宗纪》载，大历元年（766）二月癸丑，邛州刺史柏茂林充邛南防御使，八月壬寅，以茂州刺史崔旰为成都尹、兼御史大夫、剑南西川节度行军司马，邛南防御使、邛州刺史柏茂林为邛南节度使。即大历元年八月，柏茂林为邛南节度使，何又言及鲜于叔明为邛南防御观察使？又检《文苑英华》卷四〇九《诸使二·防御使·授柏贞节夔忠等州防御使制》："开府仪同三司、试太常卿使、持节邛州诸军事、兼邛州刺史、御史中丞、剑南防御使及邛南招讨使、上柱国、钜鹿县开国子柏贞节……可使持节都督夔州诸军事，兼夔州刺史，依前兼御史中丞，充夔忠万归涪等州都防御使。"此处柏贞节即柏茂林，也称柏茂琳。恐柏茂林于大历元年八月被任命为邛南节度使后，寻被任命为夔忠等州防御使。

④ 参见谭其骧主编《中国历史地图集》第五册《隋唐五代十国时期·岭南道西部》。

⑤ 《旧唐书》卷一一七《崔宁传》，第3400页。

绵、剑、龙、普、渝、合八州（参见剑南东川节度使一节）。阆、陵、泸、荣、资、简、昌七州应隶剑南西川节度。

剑南西川节度使（768），治成都府，领成都府，彭、蜀、茂、汉、扶、果、眉、邛、嘉、嶲、黎、戎、雅（松、维、保、霸、当、悉、柘、翼、恭、静、真十一州陷吐蕃）、陵、泸、荣、资、简、乾三十州。

大历三年（768）春正月辛亥，"剑南西山置乾州，管招武、宁远二县"。①《方镇表四》："大历三年，剑南节度增领乾州。"② 可知剑南西川增领乾州。

《旧唐书·代宗纪》载：大历二年秋七月丙寅，以"剑南西川节度行军司马崔旰为剑南西川节度观察等使"。③ 大历三年五月庚午，以"邛州刺史鲜于叔明为梓州刺史，充剑南东川节度使"。④ 昔任命柏茂林为邛南节度使，乃西川节度使杜鸿渐为让邛州柏茂林、泸州杨子琳与西山崔旰和解。如前所述，大历元年八月，鲜于叔明接替崔旰为邛南防御观察使。大历二年，崔宁任西川节度观察使，应有节制邛南防御使所领八州之意。西川节度使重新领有邛南八州应完成于大历三年五月，即鲜于叔明为剑南东川节度使之时。

大历三年，剑南东川观察使升为节度使，领梓、遂、绵、剑、龙、普、渝、合、阆、昌十州（参见剑南东川节度使一节），表明剑南西川节度割出阆、昌二州。

综上，至大历三年，剑南西川节度领三十州。

剑南西川节度使（775），治成都府，领成都府，彭、蜀、茂、汉、扶、果、眉、邛、嘉、嶲、黎、戎、雅（松、维、保、霸、当、悉、柘、翼、恭、静、真十一州陷吐蕃）、陵、泸、荣、资、简、乾、昌三十一州。

《旧唐书·代宗纪》：大历十年（775）五月癸卯，"剑南置昌州"。⑤ 此时剑南置昌州应是遥隶剑南西川（参见剑南东川节度使一节）。

---

① 《旧唐书》卷一一《代宗》，第288页。
② 《新唐书》卷六七《方镇四·剑南》，第1874页。
③ 《旧唐书》卷一一《代宗》，第287页。
④ 《旧唐书》卷一一《代宗》，第289页。
⑤ 《旧唐书》卷一一《代宗》，第308页。《新唐书》卷六八《方镇五·东川》："大历十年（775），剑南东川节度复领昌州。"恐有误，今不取。

剑南西川节度使（784），治成都府，领成都府，彭、蜀、茂、汉、扶、眉、邛、嘉、巂、黎、戎、雅（松、维、保、霸、当、悉、柘、翼、恭、静、真十一州陷吐蕃）、陵、泸、荣、资、简、乾、昌三十州。

兴元元年（784），"果州隶山南西道节度使"。①

剑南西川节度使（806），治成都府，领成都府，彭、蜀、茂、汉、扶、眉、邛、嘉、巂、黎、戎、雅（松、维、保、霸、当、悉、柘、翼、恭、静、真十一州陷吐蕃）、乾二十四州。

《资治通鉴》：元和元年（806）十月，"制割资、简、陵、荣、昌、泸隶东川"。② 可知，西川节度割出上述六州，还领二十四州。

剑南西川节度使（809），治成都府，领成都府，彭、蜀、茂、汉、扶、眉、邛、嘉、巂、黎、戎、雅（松、维、保、霸、当、悉、柘、翼、恭、静、真十一州陷吐蕃）、乾、资、简二十六州。

《方镇表五》："元和四年（809），资、简二州隶西川节度。"③

剑南西川节度使（813），治成都府，领成都府，彭、蜀、茂、汉、眉、邛、嘉、巂、黎、戎、雅（松、维、保、霸、当、悉、柘、翼、恭、静、真十一州陷吐蕃）、乾、资、简二十五州。

元和八年（813），扶州隶山南西道节度。④《元和郡县图志》载：剑南西川节度使，领成都府、彭、蜀、汉、眉、邛、嘉、资、巂、黎、戎、维、茂、简、雅、姚、松、翼、当、悉、静、柘、恭、真、协、曲二十六府州。⑤ 已不见西川领扶州。

按：协、曲二州本属戎州羁縻州，⑥ 不应放入正州范围内。姚州于天宝元年（742）已改为南泸县，并入巂州，此处言姚州不妥。把早已陷入

---

① 《新唐书》卷六七《方镇四·山南西道》，第1876页。《新唐书》卷六七《方镇四·剑南》："永贞元年（805），西川节度增领古州。"检《旧唐书》卷四一《地理四·剑南道》："保州天保郡，广德元年（763）没吐蕃，后又更名古州，其后复为保州。"方镇表载增领古州，应是指收复于吐蕃的保州。

② 《资治通鉴》卷二三七，元和元年十月条，第7637页。

③ 《新唐书》卷六八《方镇五·东川》，第1914页。

④ 李吉甫：《元和郡县图志》卷二二《山南道三》，第557页。《旧唐书》载："元和八年（813）二月乙酉朔，宰相李吉甫进所撰《元和郡国图》三十卷，又进《六代略》三十卷，又为《十道州郡图》五十四卷。"可知，至迟元和八年，山南西道节度使增领扶州。

⑤ 李吉甫：《元和郡县图志》卷三一《剑南道上·西川节度使》，第765页。

⑥ 参见《旧唐书》卷四一《剑南道》，第1693页。

吐蕃的松、维、当、悉、柘、翼、恭、静、真九州仍列入西川所领范围，意在表明朝廷收复失地之志。《新唐书·地理志》载，西山诸州于广德元年没吐蕃后，"松、当、悉、静、柘、恭、保、真、霸、乾、维、翼等为行州，以部落首领世为刺史、司马"。[1] 另不见载保、霸、乾三州，从地理位置看，恐保、霸二州以行维州所辖。[2] 但不载置于大历三年的乾州，则不知何故，笔者倾向于仍领乾州。

《旧唐书·宣宗纪》：大中三年（849）九月辛亥，"西川节度使杜悰奏收复维州"。[3]《资治通鉴》卷二四八大中三年十月条载同。表明，大中三年，西川节度实现对维州的实际管辖。

剑南西川节度使（868），治成都府，领成都府，彭、茂、汉、戎（松、维、保、霸、当、悉、柘、翼、恭、静、真十一州陷吐蕃）、乾、资、简十八州。

《资治通鉴》：咸通九年（868）夏，六月，"凤翔少尹李师望上言：'巂州控扼南诏，为其要冲，成都道远，难以节制，请建定边军，屯重兵于巂州，以邛州为理所。'朝廷以为信然，以师望为巂州刺史，充定边军节度，眉、蜀、邛、雅、嘉、黎等州观察，统押诸蛮并统领诸道行营、制置等使"。[4] 可知，西川节度割出巂、眉、蜀、邛、雅、嘉、黎七州。

剑南西川节度使（870），治成都府，领成都府，彭、蜀、茂、汉、眉、邛、嘉、巂、黎、戎、雅（松、维、保、霸、当、悉、柘、翼、恭、静、真十一州陷吐蕃）、乾、资、简二十五州。

《资治通鉴》：咸通十一年（870）正月癸酉，"废定边军，复以七州归西川"。[5]《方镇表四》："咸通十一年，西川节度复领统押近界诸蛮等使，又增领管内制置、指挥兵马等使。废定边军节度使，复以巂、眉、蜀、

---

① 《新唐书》卷四二《地理六·剑南道》松州交川郡条，第1086页。
② 参见谭其骧主编《中国历史地图集》第五册《隋唐五代十国时期·岭南道西部》。
③ 《旧唐书》卷一八下《宣宗》，第624页。
④ 《资治通鉴》卷二五一，咸通九年六月条，第8120页。《新唐书》卷六七《方镇四·剑南》："咸通八年（867），置定边军节度，观察、处置、统押近界诸蛮并统领诸道行营兵马制置等使，领巂、眉、蜀、邛、雅、嘉、黎七州，治邛州。"笔者倾向于咸通九年置定边军节度使。
⑤ 《资治通鉴》卷二五二，咸通十一年正月癸酉条，第8155页。

邛、雅、嘉、黎七州隶西川节度。"①

中和二年（882），为平黄巢之乱，"眉州置保胜军防御使，绵、汉、彭三州皆置防御使"。②绵州仍隶东川节制，汉、彭二州仍隶西川节制。

剑南西川节度使（888），治成都府，领成都府，汉、眉、嘉、巂、戎（松、维、保、霸、当、悉、柘、翼、恭、静、真十一州陷吐蕃）、乾、资、简十九州。

《方镇表四》："文德元年（888），置永平军节度使，领邛、蜀、黎、雅四州，治邛州。升彭州防御使为威戎军节度使，领彭、文、成、龙、茂五州，治彭州。"③《资治通鉴》载：文德元年十二月，"初，感义节度使杨晟既失兴、凤，走据文、龙、成、茂四州。王建攻西川，田令孜以晟己之故将，假威戎军节度使，使守彭州。……丁亥……割邛、蜀、黎、雅置永平军，以王建为节度使，治邛州，充行营诸军都指挥使"。④可知，文德元年，西川节度割出邛、蜀、黎、雅、彭、茂六州，还领十九州。

剑南西川节度使（891），治成都府，领成都府，蜀、汉、眉、邛、嘉、巂、黎、戎、雅（松、维、保、霸、当、悉、柘、翼、恭、静、真十一州陷吐蕃）、乾、资、简二十三州。

《资治通鉴》：大顺二年（891）十月癸未，"以永平节度使王建为西川节度使。甲申，废永平军"。⑤《方镇表四》："大顺二年，废永平军节度使，以邛、蜀、黎、雅四州复隶西川节度使。"⑥

剑南西川节度使（892），治成都府，领成都府，蜀、茂、汉、眉、邛、嘉、巂、黎、戎、雅（松、维、保、霸、当、悉、柘、翼、恭、静、真十一州陷吐蕃）、乾、资、简二十四州。

《资治通鉴》：景福元年（892）二月辛丑，"王建遣族子嘉州刺史宗裕、雅州刺史王宗侃、威信都指挥使华洪、茂州刺史王宗瑶将兵五万攻彭州。……秋七月……王建围彭州"。⑦《方镇表四》："景福元年，彭州隶龙

---

① 《新唐书》卷六七《方镇四·剑南》，第1887页。
② 《新唐书》卷六七《方镇四·剑南》，第1889页。
③ 《新唐书》卷六七《方镇四·剑南》，第1890页。
④ 《资治通鉴》卷二五七，文德元年十二月条，第8382—8383页。
⑤ 《资治通鉴》卷二五八，大顺二年十月条，第8420页。
⑥ 《新唐书》卷六七《方镇四·剑南》，第1891页。
⑦ 《资治通鉴》卷二五九，景福元年条，第8427—8431页。

剑节度。"① 可知，景福元年，茂州应复隶西川节度，彭州隶龙剑节度。

自景福元年至唐朝灭亡，剑南西川节度使所领几无变化，原陷于吐蕃的十一州，朝廷已无力收复。

第三节 定边军节度使辖区沿革

定边军节度使，置于咸通九年（868），治邛州，领嶲、眉、蜀、邛、雅、嘉、黎七州。废于咸通十一年，辖区无变化。

表 13 - 3 定边军节度使辖区变动

时间	方镇名称	治所	辖区
咸通九年（868）	定边军节度使	邛州	嶲、眉、蜀、邛、雅、嘉、黎七州
咸通十一年（870）	废定边军节度使		

定边军节度使（868），治邛州（今四川省成都市邛崃市），领嶲、眉、蜀、邛、雅、嘉、黎七州。

《资治通鉴》：咸通九年（868）夏，六月，"凤翔少尹李师望上言：'嶲州控扼南诏，为其要冲，成都道远，难以节制，请建定边军，屯重兵于嶲州，以邛州为理所。' 朝廷以为信然，以师望为嶲州刺史，充定边军节度，眉、蜀、邛、雅、嘉、黎等州观察，统押诸蛮并统领诸道行营、制置等使"。②《方镇表四》："咸通八年，置定边军节度，观察、处置、统押近界诸蛮并统领诸道行营兵马制置等使，领嶲、眉、蜀、邛、雅、嘉、黎七州，治邛州。"③ 两书载置定边军节度使时间有异，今从《资治通鉴》。

定边军节度使废（870），所领七州复隶剑南西川节度。

《方镇表四》：咸通十一年（870），"废定边军节度使，复以嶲、眉、蜀、邛、雅、嘉、黎七州隶西川节度"。④《资治通鉴》：咸通十一年正月癸

---

① 《新唐书》卷六七《方镇四·剑南》，第 1892 页。
② 《资治通鉴》卷二五一，咸通九年六月条，第 8120 页。
③ 《新唐书》卷六七《方镇四·剑南》，第 1887 页。
④ 《新唐书》卷六七《方镇四·剑南》，第 1887 页。

酉，"废定边军，复以七州归西川"。[1]

第四节　威戎军节度使辖区沿革

威戎军节度使，置于文德元年（888），治彭州，领彭、文、龙、成、茂五州。景福元年（892）废。

表 13 - 4　威戎军节度使辖区变动

时间	方镇名称	治所	辖区
文德元年（888）	威戎军节度使	彭州	彭、文、龙、成、茂五州
景福元年（892）	废威戎军节度使		

威戎军节度使（888），治彭州（今四川省成都市彭州市），领彭、文、龙、成、茂五州。

《方镇表四》："文德元年（888），升彭州防御使为威戎军节度使，领彭、文、成、龙、茂五州，治彭州。"[2]　《资治通鉴》：文德元年十二月，"初，感义节度使杨晟既失兴、凤，走据文、龙、成、茂四州。王建攻西川，田令孜以晟己之故将，假威戎军节度使，使守彭州"。[3]

《资治通鉴》：景福元年（892）二月辛丑，"王建遣族子嘉州刺史宗裕、雅州刺史王宗侃、威信都指挥使华洪、茂州刺史王宗瑶将兵五万攻彭州。……秋七月……王建围彭州"。[4]《方镇表四》："景福元年，彭州隶龙剑节度。"[5]

由上可知，景福元年，茂州应复隶西川节度，龙、彭二州隶龙剑节度。田令孜所署的伪威戎军节度使已形同虚设，彭州已被西川节度使王建表为龙剑节度使所领，茂州亦复隶西川节度，文州隶山南西道节度，成州隶天雄军节度。

---

① 《资治通鉴》卷二五二，咸通十一年正月癸酉条，第8155页。
② 《新唐书》卷六七《方镇四·剑南》，第1890页。
③ 《资治通鉴》卷二五七，文德元年十二月条，第8382页。
④ 《资治通鉴》卷二五九，景福元年条，第8427—8431页。
⑤ 《新唐书》卷六七《方镇四·剑南》，第1892页。

第五节　永平军节度使辖区沿革

永平军节度使，置于文德元年（888），治邛州，领邛、蜀、黎、雅四州。废于大顺二年（891），所领四州复隶剑南西川节度。

表 13-5　永平军节度使辖区变动

时间	方镇名称	治所	辖区
文德元年（888）	永平军节度使	邛州	邛、蜀、黎、雅四州
大顺二年（891）	废永平军节度使		

永平军节度使（888），治邛州，领邛、蜀、黎、雅四州。

《方镇表四》："文德元年（888），置永平军节度使，领邛、蜀、黎、雅四州，治邛州。"① 《资治通鉴》：文德元年十二月，"割邛、蜀、黎、雅置永平军，以王建为节度使，治邛州，充行营诸军都指挥使"。②

永平军节度使废（891），所领四州复隶剑南西川节度。

《资治通鉴》：大顺二年（891）十月"癸未，以永平节度使王建为西川节度使。甲申，废永平军"。③ 《方镇表四》："大顺二年，废永平军节度使，以邛、蜀、黎、雅四州复隶西川节度使。"④

第六节　龙剑节度使辖区沿革

龙剑节度使置于景福元年（892），治龙州，领龙、剑、利、阆、彭五州。二年，割出阆州。乾宁四年（897），割出利州，复领阆州。天祐三年（906），罢领阆州，领龙、剑、彭三州。

---

① 《新唐书》卷六七《方镇四·剑南》，第 1890 页。
② 《资治通鉴》卷二五七，文德元年十二月条，第 8383 页。
③ 《资治通鉴》卷二五八，大顺二年十月条，第 8420 页。
④ 《新唐书》卷六七《方镇四·剑南》，第 1891 页。

表 13-6　龙剑节度使辖区变动

时间	方镇名称	治所	辖区
景福元年（892）	龙剑节度使	龙州	龙、剑、利、阆、彭五州
景福二年（893）			龙、剑、利、彭四州
乾宁四年（897）			龙、剑、阆、彭四州
天祐三年（906）			龙、剑、彭三州

龙剑节度使（892），治龙州（今四川省绵阳市江油市），领龙、剑、利、阆、彭五州。

《方镇表五》东川条载："景福元年（892），置龙剑节度使，领龙、剑、利、阆四州。"① 又剑南条载："景福元年，彭州隶龙剑节度。"②

《资治通鉴》载：景福元年秋七月，王建围彭州。八月辛丑，李茂贞攻拔兴元，杨复恭、杨守亮、杨守信、杨守贞、杨守忠、满存奔阆州。十二月壬午，王建遣其将华洪击杨守亮于阆州，破之。③

由上可知，景福元年置龙剑节度使，领龙、剑、利、阆四州，是年，又增领彭州。王建旨在获取彭州，故将其也纳入龙剑节度管辖。乾宁元年（894）五月，"西川兵攻下彭州"。④ 从地理位置来看，应是遥领彭州，彭州与龙、剑诸州间隔有茂州，应是王建防龙剑节度生异心之故。

龙剑节度使（893），治龙州，领龙、剑、利、彭四州。

《资治通鉴》：景福二年（893）正月，"割果、阆二州隶武定军"。⑤ 可知，景福二年，龙剑节度使割出阆州。

龙剑节度使（897），治龙州，领龙、剑、阆、彭四州。

《资治通鉴》：乾宁四年（897）三月，"更名感义军曰昭武，治利州，以前静难节度使苏文建为节度使"。⑥ 乾宁四年九月，复以王建为西川节度

---

① 《新唐书》卷六八《方镇五·东川》，第 1925 页。
② 《新唐书》卷六七《方镇四·剑南》，第 1892 页。
③ 《资治通鉴》卷二五九，景福元年七月、八月辛丑、十二月壬午条，第 8431、8435、8438 页。
④ 《资治通鉴》卷二五九，乾宁元年五月条，第 8455 页。
⑤ 《资治通鉴》卷二五九，景福二年正月条，第 8439 页。《新唐书》卷六七《方镇四·山南西道》载："景福元年（892），阆、果二州割隶武定军节度。"今从《资治通鉴》载。
⑥ 《资治通鉴》卷二六一，乾宁四年三月条，第 8503 页。

使、同平章事，"削夺新西川节度使李茂贞官爵"。^①

由上可知，乾宁四年，利州隶昭武军节度。又据下引天祐三年（906）罢领阆州，应自景福二年阆州割隶武定军节度后，至天祐三年，阆州应复隶龙剑节度。从上述《资治通鉴》看，应是乾宁四年九月削李茂贞官爵时所为。

龙剑节度使（906），治龙州，领龙、剑、彭三州。

《方镇表五》："天祐三年（906），龙剑节度罢领阆州。"^② 表明天祐三年，龙剑节度还领三州。

第七节　武信军节度使辖区沿革

武信军节度使置于光化二年（899），治遂州，领遂、合、昌、渝、泸五州。至唐灭亡，其辖区无变动。

表 13 - 7　武信军节度使辖区变动

时间	方镇名称	治所	辖区
光化二年（899）	武信军节度使	遂州	遂、合、昌、渝、泸五州

武信军节度使（899），治遂州（今四川省遂宁市），领遂、合、昌、渝、泸五州。

《方镇表五》："乾宁四年（897），置武信军节度使，领遂、合、昌、渝、泸五州。"^③

按：《资治通鉴》载，光化元年（898）九月己丑，东川留后王宗涤言于王建，因东川封疆五千里，文移往还，动逾数月，请分遂、合、泸、渝、昌五州别为一镇；建表言之。光化二年（899）五月，"甲午，置武信军于遂州，以遂、合等五州隶之"。^④ 六月，以西川大将王宗佶为武信军节度使。今从《资治通鉴》。

---

① 《资治通鉴》卷二六一，乾宁四年九月条，第 8509 页。
② 《新唐书》卷六八《方镇五·东川》，第 1927 页。
③ 《新唐书》卷六八《方镇五·东川》，第 1926 页。
④ 《资治通鉴》卷二六一，光化二年五月甲午条，第 8526 页。

　　《新唐书·赵匡凝传》："全忠以师厚为山南东道节度留后，遂趋江陵。（赵）匡明亦谋奔淮南，子承规谏曰：'昔诸葛兄弟分仕二国，若适扬州，是自取疑也。'匡明谓然，乃趋成都，王建待以宾礼，授武信军节度使……"①《资治通鉴》载：天祐二年（905）九月戊辰，"朱全忠以杨师厚为山南东道留后"。② 综上可知，赵匡明应于天祐二年九月后出任武信军节度使。武信军节度自设立至唐亡，其辖区几无变化。

---

　　① 《新唐书》卷一八六《赵匡凝传》，第 5428 页。
　　② 《资治通鉴》卷二六五，天祐二年九月戊辰条，第 8647 页。

第十四章　岭南道方镇辖区变动考

岭南道，唐太宗贞观元年（627）置，"盖古扬州之南境"，[1] 辖安南中都护府，广、韶、循、潮、康、泷、端、新、封、潘、春、勤、罗、辩、高、恩、雷、崖、琼、振、儋、万安、邕、澄、宾、横、浔、峦、钦、贵、龚、象、藤、岩、宜、邕管、瀼、笼、田、琼、桂、梧、贺、连、柳、富、昭、蒙、严、融、思唐、古、容、牢、白、顺、绣、郁、党、窦、禺、廉、义、陆、峰、爱、欢、长、福禄、汤、武峨、演、武安七十三州，三百一十四县，相当于今福建和广东省的全部、广西壮族自治区大部、云南省东南部、越南北部等地区。

安史乱后，岭南道主要有岭南节度使、邕管经略使（后改为岭南西道节度使）、容管观察使、桂管经略使、安南经略使五方镇，辖区变动主要集中于邕管、容管、桂管三镇，缘于平定岭南的需要。

第一节　岭南节度使辖区沿革

岭南节度使置于至德元载（756），治广州，领广、韶、循、潮、康、泷、端、新、封、春、勤、罗、潘、高、恩、雷、崖、琼、振、儋、万安、藤二十二州。乾元元年（758），割出韶州。上元二年（761），复领韶州，割出罗、潘二州。建中元年（780），割出藤州。元和元年（806），增领罗、潘、辩三州，领二十二州。咸通三年（862），更为岭南东道节度使，辖区不变。乾宁二年（895），赐号清海军节度，辖区不变，至唐灭亡。

---

① 《新唐书》卷四三《地理七上·岭南道》，第1095页。

表 14 - 1 岭南节度使辖区变动

时间	方镇名称	治所	辖区
至德元载（756）	岭南节度使	广州	广、韶、循、潮、康、泷、端、新、封、春、勤、罗、潘、高、恩、雷、崖、琼、振、儋、万安、藤二十二州
乾元元年（758）			广、循、潮、康、泷、端、新、封、春、勤、罗、潘、高、恩、雷、崖、琼、振、儋、万安、藤二十一州
上元二年（761）			广、韶、循、潮、康、泷、端、新、封、春、勤、高、恩、雷、崖、琼、振、儋、万安、藤二十州
建中元年（780）			广、韶、循、潮、康、泷、端、新、封、春、勤、高、恩、雷、崖、琼、振、儋、万安十九州
元和元年（806）			广、韶、循、潮、康、泷、端、新、封、春、勤、罗、潘、高、恩、雷、崖、琼、振、儋、万安、辩二十二州
咸通三年（862）	岭南东道节度使		
乾宁二年（895）	清海军节度使		

岭南节度使（756），治广州（今广东省广州市），领广、韶、循、潮、康、泷、端、新、封、春、勤、罗、潘、高、恩、雷、崖、琼、振、儋、万安、藤二十二州。

《方镇表六》载："至德元载（756），升五府经略讨击使为岭南节度使，领广、韶、循、潮、康、泷、端、新、封、春、勤、罗、潘、高、恩、雷、崖、琼、振、儋、万安、藤二十二州，治广州。"①

岭南节度使（758），治广州，领广、循、潮、康、泷、端、新、封、春、勤、罗、潘、高、恩、雷、崖、琼、振、儋、万安、藤二十一州。

《方镇表六》载："乾元元年（758），置韶连郴三州都团练守捉使，治韶州。"②《旧唐书·韦纶传》载："代宗即位，以中官吕太一于岭南矫诏

---

① 《新唐书》卷六九《方镇六·岭南》，第 1934 页。艾冲先生著《唐代都督府研究》（第 244 页）认为，至德元载，岭南节度使领二十二州，但有辩州，无藤州。按：建中元年（780），藤州割隶容管。元和元年（806），辩州从容管割出，隶岭南节度使。故至德元载，岭南节度应领有藤州，而无辩州。

② 《新唐书》卷六九《方镇六·岭南》，第 1935 页。

募兵为乱，乃以（韦）纶为韶州刺史、兼御史中丞、韶连郴三州都团练使。"[1] 可知，乾元元年，割出韶州，领二十一州。

岭南节度使（761），治广州，领广、韶、循、潮、康、泷、端、新、封、春、勤、高、恩、雷、崖、琼、振、儋、万安、藤二十州。

《方镇表六》载："上元二年（761），废韶连郴三州都团练守捉使，三州复隶岭南节度，罗、潘二州隶邕管观察使。"[2]

按：该条言三州复隶岭南节度似误，韶州隶岭南，连、郴二州隶荆南节度（参见荆南节度使一节）。可知，上元二年，岭南复领韶州，又割出罗、潘二州，领二十州。

岭南节度使（780），治广州，领广、韶、循、潮、康、泷、端、新、封、春、勤、高、恩、雷、崖、琼、振、儋、万安十九州。

建中元年（780），割藤州隶容管观察使（参见容管观察使一节），岭南节度还领十九州。

岭南节度使（806），治广州，领广、韶、循、潮、康、泷、端、新、封、春、勤、罗、潘、高、恩、雷、崖、琼、振、儋、万安、辩二十二州。

《方镇表六》岭南条载："元和元年（806），岭南节度复领潘、辩二州。"邕管条载："元和元年，罗州复隶岭南节度。"[3] 可知，元和元年，岭南增领罗、潘、辩三州，领二十二州。《元和郡县图志》载，岭南节度使，管州二十二：广州、循州、潮州、端州、康州、封州、韶州、春州、新州、雷州、罗州、高州、恩州、潘州、辩州、泷州、勤州、崖州、琼州、振州、儋州、万安州。[4] 又《全唐文》："岭之南，其州七十，其二十二隶岭南节度府，其四十余分四府，府各置帅，然独岭南节度为大府。……长庆三年四月，以工部尚书郑公为刑部尚书，兼御史大夫，往践其任。"[5] 可证，长庆年间，岭南辖二十二州。

---

① 《旧唐书》卷一三八《韦纶传》，第3781页。
② 《新唐书》卷六九《方镇六·衡州》，第1936页。该条所载割"罗、潘二州隶邕管"置于衡州条，似置栏错误，二州本隶岭南节度，应放置岭南条为是。
③ 《新唐书》卷六九《方镇六·岭南》，第1942—1943页。
④ 李吉甫：《元和郡县图志》卷三四《岭南道一·岭南节度使》，第885页。
⑤ 韩愈：《送郑权尚书序》，《文苑英华》卷七三〇《序三二》，第3791页。

岭南东道节度使（862），治广州，领广、韶、循、潮、康、泷、端、新、封、春、勤、罗、潘、高、恩、雷、崖、琼、振、儋、万安、辩二十二州。

《方镇表六》载："咸通三年（862），改岭南节度为岭南东道节度。"[1] 改为岭南东道节度使后，辖区不变。

清海军节度使（895），治广州，领广、韶、循、潮、康、泷、端、新、封、春、勤、罗、潘、高、恩、雷、崖、琼、振、儋、万安、辩二十二州。

《方镇表六》载："乾宁二年（895），赐岭南东道节度号清海军节度。"[2] 乾宁二年，岭南东道节度更号清海军节度，领二十二州不变，至唐灭亡。

第二节　岭南西道节度使辖区沿革

邕管经略使置于天宝十四载（755），治邕州，领邕、贵、横、钦、澄、宾、严、罗、淳、瀼、山、田、笼十三州。至德元载（756），割出罗州。上元二年（761），增领罗、潘二州。广德二年（764），废邕管，所辖州隶桂管经略使。大历五年（770），复置邕管经略使，领邕、贵、横、钦、澄、宾、严、淳、瀼、山、田、笼、罗、潘十四州。八年，增领桂管所辖桂、梧、贺、连、柳、富、昭、蒙、环、融、古、思唐、龚十三州。贞元元年（785），增领浔州，罢领十三州。永贞元年（805），省瀼、田、山三州。元和元年（806），割出严、罗、潘三州。八年，省笼州。十五年，废邕管，所管八州隶容管观察使。长庆二年（822），复置邕管经略使，仍领邕、贵、横、钦、澄、宾、浔、峦八州。咸通三年（862），升邕管经略使为岭南西道节度使，增领龚、象、藤、岩、蒙五州。四年，增领容管所辖容、白、禺、牢、绣、党、窦、廉、义、郁林、顺十一州，割出龚、象二州。五年，罢领容管十一州，领邕、贵、横、钦、澄、宾、峦、浔、藤、岩、蒙十一州，至唐灭亡。

---

[1] 《新唐书》卷六九《方镇六·岭南》，第1948页。
[2] 《新唐书》卷六九《方镇六·岭南》，第1952页。

表 14 – 2　岭南西道节度使辖区变动

时间	方镇名称	治所	辖区
天宝十四载（755）	邕管经略使	邕州	邕、贵、横、钦、澄、宾、严、罗、淳、瀼、山、田、笼十三州
至德元载（756）			邕、贵、横、钦、澄、宾、严、淳、瀼、山、田、笼十二州
上元二年（761）			邕、贵、横、钦、澄、宾、严、淳、瀼、山、田、笼、罗、潘十四州
广德二年（764）	废邕管经略使		
大历五年（770）	复置邕管经略使	邕州	邕、贵、横、钦、澄、宾、严、淳、瀼、山、田、笼、罗、潘十四州
大历八年（773）			邕、贵、横、钦、澄、宾、严、淳、瀼、山、田、笼、罗、潘、桂、梧、贺、连、柳、富、昭、蒙、环、融、古、思唐、龚二十七州
贞元元年（785）			邕、贵、横、钦、澄、宾、严、淳、瀼、山、田、笼、罗、潘、浔十五州
永贞元年（805）			邕、贵、横、钦、澄、宾、严、峦、笼、罗、潘、浔十二州
元和元年（806）			邕、贵、横、钦、澄、宾、峦、笼、浔九州
元和八年（813）			邕、贵、横、钦、澄、宾、峦、浔八州
元和十五年（820）	废邕管经略使		
长庆二年（822）	复置邕管经略使	邕州	邕、贵、横、钦、澄、宾、峦、浔八州
咸通三年（862）	岭南西道节度使		邕、贵、横、钦、澄、宾、峦、浔、龚、象、藤、岩、蒙十三州
咸通四年（863）			邕、贵、横、钦、澄、宾、峦、浔、藤、岩、蒙、容、白、禺、牢、绣、党、窦、廉、义、郁林、顺二十二州
咸通五年（864）			邕、贵、横、钦、澄、宾、峦、浔、藤、岩、蒙十一州

邕管经略使（755），治邕州（今广西壮族自治区南宁市），领邕、贵、横、钦、澄、宾、严、罗、淳、瀼、山、田、笼十三州。

《方镇表六》载："天宝十四载（755），置邕州管内经略使，领邕、贵、横、钦、澄、宾、严、罗、淳、瀼、山、田、笼十三州，治邕州。"①

邕管经略使（756），治邕州，领邕、贵、横、钦、澄、宾、严、淳、瀼、山、田、笼十二州。

《方镇表六》载，至德元载（756），割"罗州隶岭南节度使"，② 领十二州。

乾元二年（759），升邕管都防御经略使为节度使。上元元年（760），废邕管节度使，仍置都防御经略使。③

邕管经略使（761），治邕州，领邕、贵、横、钦、澄、宾、严、淳、瀼、山、田、笼、罗、潘十四州。

上元二年（761），"罗、潘二州隶邕管观察使"，④ 领十四州。

邕管经略使废（764），所领诸州隶桂管。

《方镇表六》载："广德二年（764），废邕州管内都防御使，以所管州隶桂管经略使。"⑤

邕管经略使（770），治邕州，领邕、贵、横、钦、澄、宾、严、淳、瀼、山、田、笼、罗、潘十四州。

《方镇表六》载："大历五年（770），复置邕州管内都防御使。"⑥ 仍领十四州。

邕管经略使（773），治邕州，领邕、贵、横、钦、澄、宾、严、淳、瀼、山、田、笼、罗、潘、桂、梧、贺、连、柳、富、昭、蒙、环、融、古、思唐、龚二十七州。

《方镇表六》载："大历八年（773），邕州管内都防御使增领桂管诸州。"⑦ 时桂管领桂、梧、贺、连、柳、富、昭、蒙、环、融、古、思唐、龚十三州（参见桂管观察使一节），共领二十七州。

---

① 《新唐书》卷六九《方镇六·邕管》，第 1934 页。
② 《新唐书》卷六九《方镇六·岭南》，第 1935 页。
③ 《新唐书》卷六九《方镇六·邕管》，第 1936 页。
④ 《新唐书》卷六九《方镇六·衡州》，第 1936 页。《方镇表》邕管条载："乾元元年，邕州管内经略使兼都防御使，增领罗州。"或乾元元年后，罗州复隶岭南节度，待考。
⑤ 《新唐书》卷六九《方镇六·邕管》，第 1937 页。
⑥ 《新唐书》卷六九《方镇六·邕管》，第 1938 页。
⑦ 《新唐书》卷六九《方镇六·邕管》，第 1938 页。

邕管经略使（785），治邕州，领邕、贵、横、钦、澄、宾、严、淳、瀼、山、田、笼、罗、潘、浔十五州。

《方镇表六》载："贞元元年（785），邕州都防御使罢领桂管诸州，增领浔州。"① 领十五州。

邕管经略使（805），治邕州，领邕、贵、横、钦、澄、宾、严、峦、笼、罗、潘、浔十二州。

《方镇表六》载："永贞元年（805），省瀼、田、山三州。"② 《旧唐书·地理志》载，峦州，乾元元年，复为淳州。永贞元年，改为"峦州"。③ 邕管领十二州。

邕管经略使（806），治邕州，领邕、贵、横、钦、澄、宾、峦、笼、浔九州。

《方镇表六》邕管条载："元和元年（806），严州隶容管观察使，罗州隶岭南节度。"岭南条载：元和元年，潘州隶岭南节度。④ 割出三州，领邕、贵、横、钦、澄、宾、浔、峦、笼九州。

邕管经略使（813），治邕州，领邕、贵、横、钦、澄、宾、峦、浔八州。

《元和郡县图志》载，邕管领八州：邕、贵、横、钦、澄、宾、浔、峦（淳州）。⑤ 《元和郡县图志》成书于元和八年（813），至是年，省笼州，恐是降为羁縻州。

邕管经略使废（820），所领八州隶容管经略使。

《方镇表六》："元和十五年（820），废邕管经略使。"⑥ 《旧唐书·穆宗纪》载，元和十五年二月癸巳，"罢邕管经略使，所管州县隶邕府"。⑦ 《资治通鉴》载，元和十五年二月壬辰，"废邕管，命容管经略使阳旻兼领之"。⑧ 笔者倾向于邕管所领隶容管经略使。

① 《新唐书》卷六九《方镇六·邕管》，第1940页。
② 《新唐书》卷六九《方镇六·邕管》，第1942页。
③ 《旧唐书》卷四一《地理四·岭南道》峦州条，第1741页。
④ 《新唐书》卷六九《方镇六》，第1942—1943页。
⑤ 李吉甫：《元和郡县图志》卷三八《岭南道五·邕管经略使》，第945页。
⑥ 《新唐书》卷六九《方镇六·邕管》，第1944页。
⑦ 《旧唐书》卷一六《穆宗》，第476页。
⑧ 《资治通鉴》卷二四一，元和十五年二月壬辰条，第7779页。

邕管经略使（822），治邕州，领邕、贵、横、钦、澄、宾、峦、浔八州。

《方镇表六》："长庆二年（822），复置邕管经略使。"① 《旧唐书·穆宗纪》载，长庆二年六月戊子，"复置邕管，以安南副使崔结为邕管经略使"。② 韩愈建言："昨者并邕、容两管为一道，深合事宜。然邕州与贼逼近，容州则甚悬隔。其经略使若置在邕州，与贼隔江对岸，兵镇所处，物力必全。一则不敢轻有侵犯，一则易为逐便控制。今置在容州，则邕州兵马必少。贼见势弱，易生奸心。伏请移经略使于邕州，其容州但置刺史，实为至便。"③ 长庆二年，复置邕管经略使，应复领八州。

岭南西道节度使（862），治邕州，领邕、贵、横、钦、澄、宾、峦、浔、龚、象、藤、岩、蒙十三州。

《方镇表六》："咸通三年（862），升邕管经略使为岭南西道节度使，增领蒙州。"④ 《唐大诏令集》载："敕：……邕州西接南蛮，深据黄洞，投两江之犷俗，居数道之游民。比以委人太轻，军威不振，境连内地，不并海南。宜分岭南为东、西道节度观察处置等使，以广州为岭南东道，邕州为岭南西道，别择良吏，付以节旄。其所管八州……宜添州县。宜割桂州管内龚州、象州，容州管内藤州、岩州，并隶岭南西道收管。咸通三年十月。"⑤ 咸通三年，邕管增领龚、象、藤、岩、蒙五州，领十三州。应是为提高邕管地位，加强平定边患的力量。

岭南西道节度使（863），治邕州，领邕、贵、横、钦、澄、宾、峦、浔、藤、岩、蒙、容、白、禺、牢、绣、党、窦、廉、义、郁林、顺二十二州。

《资治通鉴》载，咸通四年（863）五月乙亥，"废容管，隶岭南西道，龚、象二州复隶桂管"。⑥ 割出龚、象二州，还领十一州，加容管所辖十一州（参见容管观察使一节），共领二十二州。

---

① 《新唐书》卷六九《方镇六·邕管》，第 1944 页。
② 《旧唐书》卷一六《穆宗》，第 498 页。
③ 韩愈撰，马其昶校注《韩昌黎文集校注》卷八《状疏·黄家贼事宜状》，第 638 页。
④ 《新唐书》卷六九《方镇六·邕管》，第 1948 页。
⑤ 宋敏求编《唐大诏令集》卷九九《政事·建易州县》，第 501 页。
⑥ 《资治通鉴》卷二五〇，咸通四年五月乙亥条，第 8104 页。

岭南西道节度使（864），治邕州，领邕、贵、横、钦、澄、宾、峦、浔、藤、岩、蒙十一州。

《资治通鉴》载，咸通五年（864）七月，以容管经略使张茵为岭南西道节度使，"复以容管四州别为经略使"。① 此处应为复以容管十一州别为经略使（参见容管观察使一节），岭南西道仍领十一州。

第三节　容管观察使辖区沿革

容管经略使置于天宝十四载（755），治容州，领容、白、禺、牢、绣、党、窦、廉、义、郁林、汤、岩、辩、平琴十四州。上元元年（760），升为观察使。大历八年（773），增置顺州。建中元年（780），增领藤州。二年，省平琴。元和元年（806），割出辩州，省汤州。十五年，增领邕管所辖邕、贵、横、钦、澄、宾、峦、浔八州。长庆二年（822），罢领邕管八州。咸通三年（862），割出藤、岩二州。咸通四年（863），废容管，所辖隶岭南西道。五年，复置容管观察使，领容、白、禺、牢、绣、党、窦、廉、义、郁林、顺十一州。乾宁四年（897），升容管观察使为宁远军节度使，仍领十一州，至唐灭亡。

表 14－3　容管观察使辖区变动

时间	方镇名称	治所	辖区
天宝十四载（755）	容管经略使	容州	容、白、禺、牢、绣、党、窦、廉、义、郁林、汤、岩、辩、平琴十四州
上元元年（760）	容管观察使		
大历八年（773）			容、白、禺、牢、绣、党、窦、廉、义、郁林、汤、岩、辩、平琴、顺十五州
建中元年（780）			容、白、禺、牢、绣、党、窦、廉、义、郁林、汤、岩、辩、平琴、顺、藤十六州
建中二年（781）			容、白、禺、牢、绣、党、窦、廉、义、郁林、汤、岩、辩、顺、藤十五州
元和元年（806）			容、白、禺、牢、绣、党、窦、廉、义、郁林、岩、顺、藤十三州

① 《资治通鉴》卷二五〇，咸通五年七月条，第8110页。

续表

时间	方镇名称	治所	辖区
元和十五年（820）			容、白、禺、牢、绣、党、窦、廉、义、郁林、岩、顺、藤、邕、贵、横、钦、澄、宾、峦、浔二十一州
长庆二年（822）			容、白、禺、牢、绣、党、窦、廉、义、郁林、岩、顺、藤十三州
咸通三年（862）			容、白、禺、牢、绣、党、窦、廉、义、郁林、顺十一州
咸通四年（863）	废容管观察使		
咸通五年（864）	复置容管观察使		容、白、禺、牢、绣、党、窦、廉、义、郁林、顺十一州
乾宁四年（897）	宁远军节度使		

　　容管经略使（755），治容州（今广西壮族自治区北流市），领容、白、禺、牢、绣、党、窦、廉、义、郁林、汤、岩、辩、平琴十四州。

　　《方镇表六》载，天宝十四载（755），"置容州管内经略使，领容、白、禺、牢、绣、党、窦、廉、义、郁林、汤、岩、辩、平琴十四州，治容州"。①

　　容管观察使（760），治容州，领容、白、禺、牢、绣、党、窦、廉、义、郁林、汤、岩、辩、平琴十四州。

　　《方镇表六》载，上元元年（760），"升容州经略都防御使为观察使"。②

　　容管经略使法定治所为容州，但安史之乱后，容州为岭南溪峒诸蛮所占，故只能寄理藤州或是梧州，大历六年（771）徙治容州。《旧唐书·王翃传》载："大历五年，（王翃）迁容州刺史、容管经略使。自安史之乱……岭南溪洞夷獠乘此相恐为乱……据容州。前后经略使陈仁琇、李抗、侯令仪、耿慎惑、元结、长孙全绪等，虽容州刺史，皆寄理藤州，或寄梧州。及王翃至藤州，言于众曰：'吾为容州刺史，安得寄理他邑！'……尽复容州故境。"③《资治通鉴》载：大历六年二月，王翃募得三千余人，"攻容州，拔之，擒梁崇牵，前后大小百余战，尽复容州故地"。④

---

① 《新唐书》卷六九《方镇六·容管》，第 1934 页。
② 《新唐书》卷六九《方镇六·容管》，第 1936 页。
③ 《旧唐书》卷一五七《王翃传》，第 4143—4144 页。
④ 《资治通鉴》卷二二四，大历六年二月条，第 7216 页。

容管观察使（773），治容州，领容、白、禺、牢、绣、党、窦、廉、义、郁林、汤、岩、辩、平琴、顺十五州。

《新唐书·地理志》载："顺州顺义郡，下。大历八年（773），容管经略使王翃析禺、罗、辩、白四州置。"① 大历八年，增置顺州，领十五州。

容管观察使（780），治容州，领容、白、禺、牢、绣、党、窦、廉、义、郁林、汤、岩、辩、平琴、顺、藤十六州。

《方镇表六》载，建中元年（780），"容管观察使增领顺、藤二州"。② 如前述，顺州于大历八年增置，建中元年应是增领藤州。

容管观察使（781），治容州，领容、白、禺、牢、绣、党、窦、廉、义、郁林、汤、岩、辩、顺、藤十五州。

《方镇表六》载，建中二年（781），"省平琴州"。③《旧唐书·地理志》载，建中二年二月，废平琴州并入党州。④

容管观察使（806），治容州，领容、白、禺、牢、绣、党、窦、廉、义、郁林、岩、顺、藤十三州。

《方镇表六》容管条载，元和元年（806），"辩州隶岭南节度，严州隶桂管观察，省汤州。"邕管条载："元和元年，严州隶容管观察使。"⑤ 可知，严州先自邕管经略使割隶容管观察使，是年，又割隶桂管观察使，割出辩州，省汤州，还领十三州。

《清河郡公房公墓碣铭》载：元和末，王叔文举荐房启为容州经略使，"管有岭外十三州之地。在容九年，迁领桂州"。⑥ 元和八年四月乙酉，以"邕管经略使房启为桂管观察使"。⑦ 上述可证，元和八年，容管领十三州：容、白、禺、牢、绣、党、窦、廉、义、郁林、岩、顺、藤。⑧

---

① 《新唐书》卷四三上《地理七上·岭南道》，第1109页。

② 《新唐书》卷六九《方镇六·容管》，第1940页。

③ 《新唐书》卷六九《方镇六·容管》，第1940页。

④ 《旧唐书》卷四一《地理四·岭南道》党州条，第1739页。

⑤ 《新唐书》卷六九《方镇六》，第1943页。

⑥ 韩愈撰，马其昶校注《韩昌黎文集校注》卷六《碑志》，第420页。

⑦ 《旧唐书》卷一五《宪宗下》，第445页。按校勘记（二）知，此处"邕管"应作"容管"。

⑧ 艾冲《唐代都督府研究》（第246页）认为领十二州，无岩州。今不取。

容管观察使（820），治容州，领容、白、禺、牢、绣、党、窦、廉、义、郁林、岩、顺、藤、邕、贵、横、钦、澄、宾、峦、浔二十一州。

《方镇表六》载，元和十五年（820），"废邕管经略使"。① 《资治通鉴》载，元和十五年二月壬辰，"废邕管，命容管经略使阳旻兼领之"。② 时邕管领邕、贵、横、钦、澄、宾、峦、浔八州（参见岭南西道节度使一节），容管领二十一州。

容管观察使（822），治容州，领容、白、禺、牢、绣、党、窦、廉、义、郁林、岩、顺、藤十三州。

《旧唐书·穆宗纪》载，长庆二年（822）六月戊子，"复置邕管，以安南副使崔结为邕管经略使"。③ 可知，长庆二年，割出邕管所领八州，仍领十三州。

容管观察使（862），治容州，领容、白、禺、牢、绣、党、窦、廉、义、郁林、顺十一州。

《旧唐书·懿宗纪》载，咸通三年（862）五月敕："……容州管内藤州、岩州，并隶岭南西道收管。"④ 《资治通鉴》卷二五○咸通三年五月敕以广州为东道，邕州为西道条载同。可知，咸通三年，割出藤、岩二州后，容管经略使领十一州。

容管观察使（864），治容州，领容、白、禺、牢、绣、党、窦、廉、义、郁林、顺十一州。

《方镇表六》载："咸通元年（860），废容管观察使，以所管十一州隶邕管经略使，未几复置，领州如故。"⑤

按：《方镇表》所载咸通元年废容管观察使似误，如前考，咸通三年时，容管方辖十一州，《方镇表》言以所管十一州隶邕管，应发生于咸通三年之后。又《资治通鉴》载：咸通四年五月乙亥，废容管，隶岭南西道。咸通五年七月，以容管经略使张茵为岭南西道节度使，复以容管四州

① 《新唐书》卷六九《方镇六·邕管》，第1944页。
② 《资治通鉴》卷二四一，元和十五年二月壬辰条，第7779页。
③ 《旧唐书》卷一六《穆宗》，第498页。
④ 《旧唐书》卷一九上《懿宗》，第652页。
⑤ 《新唐书》卷六九《方镇六·容管》，第1948页。

别为经略使。^① 据上可推知，应是咸通四年废容管观察使，所管十一州隶岭南西道，五年，复置容管经略使，仍领十一州。《资治通鉴》所载复以"容管四州别为经略使"，"四"应是"十一"之误。

宁远军节度使（897），治容州，领容、白、禺、牢、绣、党、窦、廉、义、郁林、顺十一州。

《方镇表六》载："乾宁四年（897），容管观察使升为宁远军节度使。"^②《资治通鉴》载：乾宁四年六月，"置宁远军于容州，以李克用大将盖寓领节度使"。^③ 可知，乾宁四年升为宁远军节度使，不见辖区变动，应仍领容、白、禺、牢、绣、党、窦、廉、义、郁林、顺十一州，至唐灭亡。

第四节　桂管观察使辖区沿革

桂管经略使置于天宝十四载（755），治桂州，领桂、梧、贺、连、柳、富、昭、蒙、环、融、古、思唐、龚十三州。乾元元年（758），割出连州。广德二年（764），增领邕管所辖邕、贵、横、钦、澄、宾、严、罗、潘、淳、瀼、山、田、笼十四州。大历五年（770），罢领前增十四州。八年，罢桂管观察使，以诸州隶邕管。贞元元年（785），复置桂管经略使，领桂、梧、贺、柳、富、昭、蒙、环、融、古、思唐、龚十二州。元和元年（806），增领严州。八年，增领象州，省环、古二州。咸通三年（862），割出龚、象、蒙三州。四年，复领龚、象二州，领十一州，至唐灭亡。

表 14-4　桂管观察使辖区变动

时间	方镇名称	治所	辖区
天宝十四载（755）	桂管经略使	桂州	桂、梧、贺、连、柳、富、昭、蒙、环、融、古、思唐、龚十三州
乾元元年（758）			桂、梧、贺、柳、富、昭、蒙、环、融、古、思唐、龚十二州
广德二年（764）	桂管观察使		桂、梧、贺、柳、富、昭、蒙、环、融、古、思唐、龚、邕、贵、横、钦、澄、宾、严、淳、瀼、山、田、笼、罗、潘二十六州

---

① 《资治通鉴》卷二五〇，咸通四年五月乙亥条，第8110页。
② 《新唐书》卷六九《方镇六·容管》，第1953页。
③ 《资治通鉴》卷二六一，乾宁四年六月条，第8505页。

续表

时间	方镇名称	治所	辖区
大历五年（770）			桂、梧、贺、柳、富、昭、蒙、环、融、古、思唐、龚十二州
大历八年（773）	废桂管观察使		
贞元元年（785）	复置桂管经略使	桂州	桂、梧、贺、柳、富、昭、蒙、环、融、古、思唐、龚十二州
元和元年（806）			桂、梧、贺、柳、富、昭、蒙、环、融、古、思唐、龚、严十三州
元和八年（813）			桂、梧、贺、柳、富、昭、蒙、融、象、思唐、龚、严十二州
咸通三年（862）			桂、梧、贺、柳、富、昭、融、思唐、严九州
咸通四年（863）			桂、梧、贺、柳、富、昭、融、思唐、严、龚、象十一州

桂管经略使（755），治桂州（今广西壮族自治区桂林市），领桂、梧、贺、连、柳、富、昭、蒙、环、融、古、思唐、龚十三州。

《方镇表六》载，景云元年（710）置管内经略使时，领桂、梧、贺、连、柳、富、昭、蒙、严、环、融、古、思唐、龚十四州。① 天宝十四载（755），严州隶邕管经略使，② 还领十三州。

桂管经略使（758），治桂州，领桂、梧、贺、柳、富、昭、蒙、环、融、古、思唐、龚十二州。

《方镇表六》载，乾元元年（758），割连州隶韶连郴三州都团练守捉使。③ 还领十二州。

桂管观察使（764），治桂州，领桂、梧、贺、柳、富、昭、蒙、环、融、古、思唐、龚、邕、贵、横、钦、澄、宾、严、淳、瀼、山、田、笼、罗、潘二十六州。

《方镇表六》："广德二年（764），置桂邕都防御、观察、招讨、处置等使，增领邕管诸州。"④ 时邕管领邕、贵、横、钦、澄、宾、严、罗、

---

① 《新唐书》卷六九《方镇六·桂管》，第 1929 页。
② 《新唐书》卷六九《方镇六·邕管》，第 1934 页。
③ 《新唐书》卷六九《方镇六·岭南》，第 1935 页。
④ 《新唐书》卷六九《方镇六·桂管》，第 1937 页。

潘、淳、瀼、山、田、笼十四州（参见岭南西道节度使一节），加之桂管所领十二州，共领二十六州。

桂管观察使（770），治桂州，领桂、梧、贺、柳、富、昭、蒙、环、融、古、思唐、龚十二州。

《方镇表六》载，大历五年（770），"桂管观察使罢领邕管诸州"。① 仍领十二州。

桂管观察使废（773），所辖诸州隶邕管。

《方镇表六》载，大历八年（773），"罢桂管观察使，以诸州隶邕管"。② 盖大历八年，岭南将哥舒晃杀节度使吕崇贲反，五岭骚扰，以桂管诸州隶邕管便于平定军乱。

桂管经略使（785），治桂州，领桂、梧、贺、柳、富、昭、蒙、环、融、古、思唐、龚十二州。

《方镇表六》载，贞元元年（785），"复置桂管经略招讨使"。③ 应复领十二州。

桂管经略使（806），治桂州，领桂、梧、贺、柳、富、昭、蒙、环、融、古、思唐、龚、严十三州。

《方镇表六》载，元和元年（806），"桂管经略使增领岩州"。④

按：此处"岩州"应为"严州"之误，应是增领"严州"。⑤

---

① 《新唐书》卷六九《方镇六·桂管》，第1938页。
② 《新唐书》卷六九《方镇六·桂管》，第1938页。
③ 《新唐书》卷六九《方镇六·桂管》，第1940页。
④ 《新唐书》卷六九《方镇六·桂管》，第1942页。
⑤ 《方镇表六》邕管条载："严州隶容管观察使。"容管条载："严州隶桂管观察。"《元和郡县图志》岭南道四桂管经略使条领有"严州"，无"岩州"。艾冲先生认为自景云二年设桂管经略使至元和八年，其所辖为"岩州"（艾冲：《唐代都督府研究》，第245页）。郭声波先生考证认为，唐代岭南道岩州系调露二年（永隆元年）以郁林州安乐县及横、贵、牢、白四州置。至德二载改名常乐郡，乾元元年复为岩州，属容管。元和十一年，黄峒蛮攻陷岩州，常乐县迁于廉州大廉县西境，治今合浦县石康镇；十三年，置行岩州于常乐县。咸通三年，行岩州改属邕管（郭声波：《试解岩州失踪之谜——唐五代岭南道岩州、常乐州地理考》，《中国边疆史地研究》2000年第3期）。按郭先生的说法，"严州"与"岩州"是两个州。如元和元年桂管增领"岩州"，则桂管领有"岩州"与"严州"，这将同《元和郡县图志》所载相矛盾。且《资治通鉴》卷二五〇咸通三年（862）五月敕以广州为东道，邕州为西道载，"容管藤、岩二州隶邕管"，表明咸通三年时，尚见岩州隶容管节度。此可上溯证明，元和元年割隶桂管的应是严州，而非岩州。

桂管经略使（813），治桂州，领桂、梧、贺、柳、富、昭、蒙、融、象、思唐、龚、严十二州。

《元和郡县图志》载，桂管领州十二：桂州、梧州、贺州、昭州、象州、柳州、严州、融州、龚州、富州、蒙州、思唐州。① 迄元和八年（813），桂管所辖不见环州及古州，恐是二州降为羁縻州，桂管领十二州。

桂管经略使（862），治桂州，领桂、梧、贺、柳、富、昭、融、思唐、严九州。

《分领南为东西道敕》："宜割桂州管内龚州、象州……隶岭南西道收管。咸通三年（862）十月。"② 《方镇表六》载，咸通三年，岭南西道节度"增领蒙州"。③ 咸通三年，割龚、象、蒙三州隶岭南西道，还领九州。

桂管经略使（863），治桂州，领桂、梧、贺、柳、富、昭、融、思唐、严、龚、象十一州。

《资治通鉴》载，咸通四年（863）五月乙亥，"复以龚、象二州隶桂管"。④ 桂管领十一州，至唐灭亡。

光化三年（900），"升桂管经略使为静江军节度使"。⑤

第五节　安南经略使辖区沿革

安南经略使置于天宝十载（751），至德二载（757），改为镇南节度使，治交州，领交、陆、峰、爱、欢、长、福禄、芝、武峨、演、武安十一州。大历三年（768），罢镇南节度使，复置安南经略使，仍领十一州。元和八年（813），增领郡、谅、唐林、武定、贡五州，省福禄、芝、武峨三州。咸通七年（866），更号为静海军节度使，不见辖区变动。囿于材料，难以详考其辖区变动情况。

---

① 李吉甫：《元和郡县图志》卷三七《岭南道四·桂管经略使》，第917页。
② 宋敏求编《唐大诏令集》卷九九《政事·建易州县》，第501页。
③ 《新唐书》卷六九《方镇六·邕管》，第1948页。
④ 《资治通鉴》卷二五〇，咸通四年五月乙亥条，第8104页。
⑤ 《新唐书》卷六九《方镇六·桂管》，第1953页。

314

表 14 - 5　安南经略使辖区变动

时间	方镇名称	治所	辖区
至德二载（757）	镇南节度使	交州	交、陆、峰、爱、欢、长、福禄、芝、武峨、演、武安十一州
大历三年（768）	安南经略使		
元和八年（813）			交、陆、峰、爱、欢、长、演、武安、郡、谅、唐林、武定、贡十三州
咸通七年（866）	静海军节度使		

镇南节度使（757），治交州（今越南河内东），领交、陆、峰、爱、欢、长、福禄、芝、武峨、演、武安十一州。

《元和郡县图志》载："至德二载（757），改为镇南都护府，兼置节度。"①

《方镇表六》载，乾元元年（758），"升安南管内经略使为节度使"。②《资治通鉴》载，乾元元年，置安南经略使为节度使，领"交、陆等十一州"。③

综上，笔者倾向于至德二载改镇南节度使。从《资治通鉴》看，"领交、陆等十一州"，但不知具体州名。检《方镇表六》："天宝十载（751），置安南管内经略使，领交、陆、峰、爱、欢、长、福禄、芝、武峨、演、武安十一州。"④ 中间不见安南经略使辖区有变动，可推知，至德二载，镇南节度使领上述十一州。

安南经略使（768），治交州，领交、陆、峰、爱、欢、长、福禄、芝、武峨、演、武安十一州。

《元和郡县图志》载："大历三年（768），罢节度置经略使，仍改镇南为安南都护府。"⑤ 不见辖区变动，应仍领前述十一州。

---

① 李吉甫：《元和郡县图志》卷三八《岭南道五·安南》，第 956 页。《新唐书》卷四三上《地理七上·岭南道》亦载："至德二载曰镇南都护府，大历三年复为安南。"

② 《新唐书》卷六九《方镇六·安南》，第 1935 页。

③ 《资治通鉴》卷二二〇，乾元元年十二月条，第 7066 页。

④ 《新唐书》卷六九《方镇六·安南》，第 1933 页。

⑤ 李吉甫：《元和郡县图志》卷三八《岭南道五·安南》，第 956 页。《新唐书》卷六九《方镇六》安南条载："广德二年（764），改安南节度使为镇南大都护、都防御观察经略使。大历元年（766），更镇南曰安南。"

安南经略使（813），治交州，领交、陆、峰、爱、欢、长、演、武安、郡、谅、唐林、武定、贡十三州。

《元和郡县图志》载：安南观察经略使领十三州：交州、爱州、欢州、峰州、陆州、演州、长州、郡州、谅州、武安州、唐林州、武定州、贡州。[①] 迄元和八年（813），安南经略使领十三州，较至德二载（757），省福禄、芝、武峨三州，增郡、谅、唐林、武定、贡五州。具体何时增减，难以厘清，之后亦难见辖区变动材料，是否变化，俟后详考。

静海军节度使（866），治交州，领交、陆、峰、爱、欢、长、演、武安、郡、谅、唐林、武定、贡十三州。

咸通四年（863）一月，安南陷于南诏。据《资治通鉴》，咸通四年六月，废安南都护府，置行交州于海门镇。七月，复置安南都护府于行交州，以宋戎为经略使。[②] 咸通七年十月，安南都护经略招讨使高骈攻下交州。十一月，盖因安南逐南诏有功，"置静海军于安南，以高骈为节度使"。[③] 更号为静海军节度使后，推定仍领前述十三州。

---

① 李吉甫：《元和郡县图志》卷三八《岭南道五·安南》，第955页。
② 《资治通鉴》卷二五〇，咸通四年六月、七月条，第8105页。
③ 《资治通鉴》卷二五〇，咸通七年十一月条，第8117页。

第十五章　陇右道方镇辖区变动考

陇右道，唐太宗贞观元年（627）置，"盖古雍、梁二州之境"，[①] 辖北庭、安西两大都护府，秦、河、渭、鄯、兰、临、阶、洮、岷、廓、叠、宕、凉、沙、瓜、甘、肃、伊、西十九州，六十县，相当于今甘肃六盘山以西、青海省青海湖以东及新疆东部地区。

安史之乱后，陇右道主要有陇右节度使、河西节度使、天雄军节度使、伊西北庭节度使和安西四镇节度使。广德元年（763）后，陇右、河西地区陷于吐蕃，陇右节度使由凤翔节度使兼领，河西节度使于建中二年（781）废。伊西北庭和安西四镇二节度使亦长期不通朝廷，贞元六年（790），由泾原节度使兼领安西四镇、伊西北庭节度使。大中五年（851）后，张义潮率十一州归朝，置归义军节度使。咸通四年（863），置凉州节度使。

第一节　陇右节度使辖区沿革

陇右节度使（亦曰陇西节度使）置于开元五年（717），治鄯州，领秦、河、渭、鄯、兰、武、洮、岷、廓、叠、宕、成十二州。天宝三载（744），增领临州。乾元二年（759），割出秦州。上元元年（760），割出成州。广德元年（763），陇右诸州悉陷吐蕃。此后，陇右节度使主要由凤翔节度使兼领。大中五年（851）之后，张义潮率众归唐，析置归义军节度和凉州节度。

表 15-1　陇右节度使辖区变动

时间	方镇名称	治所	辖区
至德元载（756）	陇右节度使	鄯州	秦、河、渭、鄯、兰、武、洮、岷、廓、叠、宕、成、临十三州

---

① 《新唐书》卷四〇《地理四·陇右道》，第1039页。

续表

时间	方镇名称	治所	辖区
乾元二年（759）			河、渭、鄯、兰、武、洮、岷、廓、叠、宕、成、临十二州
上元元年（760）			河、渭、鄯、兰、武、洮、岷、廓、叠、宕、临十一州

陇右节度使（756），治鄯州（今青海省乐都区），领秦、河、渭、鄯、兰、武、洮、岷、廓、叠、宕、成、临十三州。

《方镇表四》载："开元五年（717），置陇右节度，亦曰陇西节度，兼陇右道经略大使，领秦、河、渭、鄯、兰、临、武、洮、岷、廓、叠、宕十二州。"[1]

按：《旧唐书·地理志》载，天宝三载（744），"分（兰州）金城郡置狄道郡。乾元元年（758），改为临州都督府"。[2] 洮州于开元十七年废，临潭县置临州，二十七年，又改为洮州，天宝元年，改为临洮郡，乾元元年，复为洮州。[3] 前引《方镇表》载临州应误。从地理位置上看，应是领成州，如此符合十二州之数。

综上可知，至至德元载（756），陇右节度使领秦、河、渭、鄯、兰、武、洮、岷、廓、叠、宕、成、临十三州。

陇右节度使（759），治鄯州，领河、渭、鄯、兰、武、洮、岷、廓、叠、宕、成、临十二州。

乾元二年（759），秦州割隶秦陇防御使（参见凤翔陇右节度使一节）。

陇右节度使（760），治鄯州，领河、渭、鄯、兰、武、洮、岷、廓、叠、宕、临十一州。

上元元年（760），成州隶凤翔节度使（参见凤翔陇右节度使一节）。

上元年后，河西、陇右州郡悉陷吐蕃。广德元年（763）七月，"吐蕃大寇河、陇，陷我秦、成、渭三州，入大震关，陷兰、廓、河、鄯、洮、岷等州，盗有陇右之地"。[4]

---

[1] 《新唐书》卷六七《方镇四·陇右》，第1863页。

[2] 《旧唐书》卷四〇《地理三·陇右道》临州下都督府，第1634页。

[3] 《旧唐书》卷四〇《地理三·陇右道》洮州条，第1636页。

[4] 《旧唐书》卷一一《代宗》，第273页。

陇右诸州虽陷于吐蕃，陇右节额仍在，由其他节度使兼领，以图收复河、湟地区。永泰元年（765），泽潞李抱玉兼凤翔陇右节度使，兼南道通和吐蕃、凤翔秦陇临洮以东观察处置等使。大历十二年（777）三月，河西陇右副元帅、凤翔怀泽潞秦陇等州节度观察等使李抱玉卒。十二月，以幽州节度使朱泚兼陇右节度副大使，权知河西、泽潞行营兵马事。此后多以凤翔节度使兼领陇右节度。

大中至咸通年间，陇右遗黎始以图籍归，又析置归义军节度、凉州节度。

第二节　河西节度使辖区沿革

至德元载（756），河西节度使治凉州，领凉、甘、肃、瓜、沙五州。广德元年（763），凉州陷于吐蕃。永泰元年（765），遣使巡抚河西及置凉、甘、肃、瓜、沙等州长史。大历元年（766），徙治沙州。建中二年（781），废河西节度使。

表 15 - 2　河西节度使辖区变动

时间	方镇名称	治所	辖区
至德元载（756）	河西节度使	凉州	凉、甘、肃、瓜、沙五州
广德元年（763）			凉州陷于吐蕃
大历元年（766）		沙州	凉、甘、肃、瓜、沙五州
建中二年（781）	废河西节度使		

河西节度使（756），治凉州（今甘肃省武威市），领凉、甘、肃、瓜、沙五州。

河西节度使置于景云元年（710），治凉州，领凉、甘、肃、伊、瓜、沙、西七州，副使治甘州，领都知河西兵马使。[1]《资治通鉴》卷二一〇景

---

[1] 《新唐书》卷六七《方镇四·河西》，第 1861 页。赖青寿先生依据《唐会要》卷七八、《通典》卷三二州郡上、《新唐书·兵志》所载"景云二年（711），贺拔延嗣为凉州都督、河西节度使"，认为河西节度使置于景云二年，《方镇表》应误。张国刚先生主要考订唐节度使之"官"的始置年代，并未对河西节度使始置时间的分歧进行考证。参见氏著《唐代节度使始置年代考定》，《唐代藩镇研究》，第 235—238 页。王永兴先生对此分歧

云元年十二月置河西节度条载同。至德元载（756）之前，除先天元年（712）伊、西二州隶伊西、北庭节度使外，[①] 囿于材料，不见其辖区变化情况，至德元载应是领凉、甘、肃、瓜、沙五州。

《方镇表四》："至德元载，河西节度兼陇右河西北路，未几而罢。"[②]

河西节度使（763），凉州陷于吐蕃。

《资治通鉴》载：广德元年（763）秋七月，"吐蕃入大震关，陷兰、廓、河、鄯、洮、岷、秦、成、渭等州，尽取河西、陇右之地"。[③] 二年十月，河西节度使尽领河西精锐五千攻打灵武，试图逼迫仆固怀恩退兵，然被叛军突袭，士卒死伤过半。"吐蕃围凉州，士卒不为用；（杨）志烈奔甘州，为沙陀所杀。"[④] 凉州陷。《旧唐书》卷一九六上《吐蕃上》、《新唐书》卷六《代宗纪》载略同。

永泰元年（765）闰十月乙巳，郭子仪"请遣使巡抚河西及置凉、甘、肃、瓜、沙等州长史。上皆从之"。[⑤] 虽凉州已陷于吐蕃，但朝廷仍遣使巡抚河西并置诸州长史，表明朝廷仍视河西诸州为辖地。

河西节度使（766），治沙州（今甘肃省敦煌市），领凉、甘、肃、瓜、沙五州。

大历元年（766）夏，五月，"河西节度使杨休明徙镇沙州"。[⑥]《新唐书》卷六七《方镇四·河西》载同。

《唐故太尉广平文贞公宋公神道碑侧记》载："第六子衡，因谪居沙州，参佐戎幕，河陇失守，介于吐蕃。以功累拜工部郎中、兼御史、河西

认为应暂存疑，参见氏著《试论唐代前期的河西节度使》，《国学研究》第 2 卷，北京大学出版社，1994，第 363 页。而《资治通鉴》卷二一〇载："景云元年（710）十二月，置河西节度、支度、营田等使，领凉、甘、肃、伊、瓜、沙、西七州，治凉州。"又《通鉴考异》景云元年十月条据太上皇实录，认定节度使之名自幽州镇守经略节度大使薛讷始。笔者认为，《通鉴考异》史料依据实录应为可靠，且不排除景云元年十二月先置河西节度，二年方任命节度使的可能性，因此造成起算的时间标准不同。笔者倾向于景云元年置河西节度使。

① 《新唐书》卷六七《方镇四·安西》，第 1862 页。

② 《新唐书》卷六七《方镇四·河西》，第 1869 页。

③ 《资治通鉴》卷二二三，广德元年七月条，第 7146 页。

④ 《资治通鉴》卷二二三，广德二年十月条，第 7169 页。

⑤ 《资治通鉴》卷二二四，永泰元年闰十月乙巳条，第 7185 页。

⑥ 《资治通鉴》卷二二四，大历元年五月条，第 7191 页。

节度行军司马，与节度周鼎，保守敦煌仅十余岁，遂有中丞、常侍之拜。……
大历十二年十一月，以二百骑尽室护归。"① 又检《旧唐书》：建中二年
（781），"秋七月戊子朔，诏曰：'二庭四镇，统任西夏五十七蕃、十姓部落，
国朝以来，相奉率职。自关、陇失守，东西阻绝，忠义之徒，泣血相守，慎
固封略，奉遵礼教，皆侯伯守将交修共理之所致也。伊西北庭节度观察使李
元忠可北庭大都护，四镇节度留后郭昕为安西大都护、四镇节度观察使。'"②
建中三年（782）五月丙申，"诏……故河西节度使周鼎……固守西陲，以
抗戎虏。殁身异域……鼎赠太保"。至此可认为，河西节度使已废。

第三节　天雄军节度使辖区沿革

天雄军节度使的前身是天雄军使，兼秦、成两州经略使。咸通四年
（863），置天雄军于秦州，领秦、成、河、渭四州。是年，割出河州。五
年，增领武州。中和四年（884），罢领渭州。文德元年（888），割出成
州。大顺二年（891），割出武州。景福元年（892），复领成州，领秦、成
二州，至唐灭亡。

表 15 – 3　天雄军节度使辖区变动

时间	方镇名称	治所	辖区
咸通四年（863）	天雄军节度使	秦州	秦、成、渭三州
咸通五年（864）			秦、成、武、渭四州
中和四年（884）			秦、武、成三州
文德元年（888）			秦、武二州
大顺二年（891）			秦州
景福元年（892）			秦、成二州

天雄军节度使（863），治秦州（今甘肃省天水市），领秦、成、渭三州。
《方镇表四》载："大中六年（852），秦、成两州经略领押蕃落副

---

①　颜真卿：《唐故太尉广平文贞公宋公神道碑侧记》，董诰等编《全唐文》卷三三八，第
　　3432 页。
②　《旧唐书》卷一二《德宗上》，第 329 页。

使。"① 《旧唐书》载：大中六年春正月戊辰，"以陇州防御使薛逵为秦州刺史、天雄军使，兼秦、成两州经略使"。② 此应为天雄军节度使的前身。

《资治通鉴》载：咸通四年（863）二月，置天雄军于秦州，以成、河、渭三州隶焉；以前左金吾将军王晏实为天雄观察使。三月，归义年节度使张义潮奏自将蕃、汉兵七千克复凉州。③ 又检《授王安［晏］实天雄军节度使制》："平襄旧壤，成纪雄军，控压外夷，保障中夏。前守右金吾将军王安［晏］实，可起复忠武将军、守金吾卫将军、兼秦州刺史，充天雄军节度、秦成河渭等州营田、观察、处置、押蕃落等使。"④ 又《方镇表四》载："咸通四年，河、鄯、西三州隶凉州节度。"⑤ 由上可知，咸通四年二月，升秦成防御使为天雄军节度使，领秦、成、河、渭四州。三月，归义年节度使张义潮收复凉州，置凉州节度使，河州隶凉州节度，天雄军节度使还领秦、成、渭三州。

天雄军节度使（864），治秦州，领秦、成、武、渭四州。

《方镇表四》载："咸通五年（864），增领阶州。"⑥

按，《新唐书·地理志》载："阶州武都郡，下。本武州，因没吐蕃，废。大历二年（767）复置为行州，咸通中始得故地，龙纪初遣使招葺之，景福元年（892）更名，治皋兰镇。"⑦ 可知，咸通五年增领的阶州应称武州，景福元年方改为阶州。

天雄军节度使（884），治秦州，领秦、武、成三州。

《新唐书·地理志》载：渭州，"广明元年（880）为吐蕃所破，中和四年（884），泾原节度使张钧表置"。⑧

按：广明元年，已隶属天雄军节度的渭州为吐蕃所陷，至中和四年，

---

① 《新唐书》卷六七《方镇四·陇右》，第 1885 页。
② 《旧唐书》卷一八下《宣宗》，第 630 页。
③ 《资治通鉴》卷二五○，咸通四年二月条，第 8104 页。《新唐书》卷六七《方镇四·陇右》载："咸通五年（864），升秦成两州经略、天雄军节度为天雄军节度、观察、处置、营田、押蕃落等使，增领阶州"。笔者倾向于咸通四年升为天雄军节度使。
④ 佚名：《授王安［晏］实天雄军节度使制》，《文苑英华》卷四五三《制书六·节镇二》，第 2301 页。
⑤ 《新唐书》卷六七《方镇四·陇右》，第 1886 页。
⑥ 《新唐书》卷六七《方镇四·陇右》，第 1886 页。
⑦ 《新唐书》卷四○《地理四》阶州武都郡条，第 1042 页。
⑧ 《新唐书》卷三七《地理一·关内道》渭州条，第 968—969 页。

泾原节度使张钧上表复置（行）渭州，应由泾原节度复领。故天雄军不再领渭州。

天雄军节度使（888），治秦州，领秦、武二州。

《方镇表四》载："文德元年（888），成州隶威戎军节度。"[1] 成州隶威戎军节度，天雄军还领秦、武二州。

天雄军节度使（891），治秦州，领秦州。

《资治通鉴》载：大顺二年（891）十二月，"是岁，赐泾原军号曰彰义，增领渭、武二州"。[2] 又检《新唐书·地理志》："武州，大中五年（851）以原州之萧关置。中和四年侨治潘原。县一：萧关。"[3] 再检《方镇表四》："大顺二年，武定军节度增领阶州。"[4] 由上可知，泾原节度使增领的武州并非天雄军节度使所领的"武州"，恐新表为避免混淆故称之为"阶州"。可知阶州（武州）割隶武定军节度。故天雄军节度使于大顺二年割出阶州（武州），仅领秦州。

天雄军节度使（892），治秦州，领秦、成二州。

《方镇表五》："景福元年（892），彭州隶龙剑节度。"[5] 彭州本是威戎军节度使治所，现隶龙剑节度，威戎军节度使应废，成州应复隶天雄军节度使。至唐灭亡，天雄节度使领秦、成二州。

清人顾祖禹言："秦州……当关、陇之会，介雍、凉之间，屹为重镇。……唐初，薛举据秦州与唐争关中，举不速亡，则三辅未必能一日无事也。大历以后，秦州没于吐蕃，雍岐之境，烽火相接矣。李茂贞兼有秦州，关中诸镇，岐为最强。"[6] 可以看出秦州的地位尤为重要，故安史之乱爆发后，朝廷便于此地置天水防御使。广德之后，虽陇右陷于吐蕃，仍于凤翔境内置行秦州，为陇右经略使治所，足以表明秦州为防遏吐蕃的重镇。

大中三年（849）收复之后，复于秦州置秦成经略使。咸通四年

---

① 《新唐书》卷六七《方镇四·陇右》，第 1890 页。
② 《资治通鉴》卷二五八，大顺二年十二月条，第 8423 页。《新唐书》卷六四《方镇一·泾原》载："乾宁元年（894），泾原节度赐号曰彰义军节度，增领渭、武二州。"《通鉴考异》曰："新表在乾宁元年，今从实录。"笔者倾向于大顺二年（891）泾原增领渭、武二州。
③ 《新唐书》卷三七《地理一·关内道》武州条，第 969 页。
④ 《新唐书》卷六七《方镇四·山南西道》，第 1891 页。
⑤ 《新唐书》卷六七《方镇四·剑南》，第 1892 页。
⑥ 顾祖禹：《读史方舆纪要》卷五九《陕西八·巩昌府》秦州条，第 2833—2834 页。

（863），升为天雄军节度使，增领河、渭二州。整个辖区呈东西走向，目的是控压吐蕃，保障中原。后因凉州收复，并置节度使，河州隶之。自此，天雄军节度使辖区主要为南北走向，大顺二年（891）割出武州。唐后期，因凉州节度和泾原节度防御西部边疆的作用增强，天雄军节度遂退居第二道防线，辖区亦呈缩小趋势。

第四节　伊西北庭·安西四镇节度使辖区沿革

一　伊西北庭节度使

伊西北庭节度使置于先天元年（712），以北庭都护府及河西所辖的伊、西二州组建，治北庭都护府。此后曾多次并安西四镇置碛西节度使。赖青寿先生考证认为，开元二年（714），更置碛西节度使，治北庭都护府，领北庭都护府，伊、西二州和安西四镇。三年，碛西节度罢领安西四镇。四年，罢碛西节度，该地不置节镇。六年，复置伊西北庭节度，治西州；安西四镇节度，治龟兹。十二年，复并二镇为碛西节度，治龟兹。十五年，罢碛西节度，复置伊西北庭和安西四镇二节度，二镇治所及辖区仍旧。十九年，二方镇并为安西四镇北庭经略节度使。二十九年，复分置伊西北庭节度使，治北庭都护府；安西四镇节度使，治安西都护府。天宝十三载（754），安西四镇复兼北庭节度，是年，复置二节度。① 即伊西北庭节度使，治北庭都护府（今新疆吉木萨尔县），领北庭都护府，伊、西二州。

表 15-4　伊西北庭节度使辖区变动

时间	方镇名称	治所	辖区
天宝十四载（755）	伊西北庭节度使	北庭都护府	北庭都护府，伊、西二州

二　安西四镇节度使

景云元年（710），置安西都护四镇经略大使。开元六年（718），升为安西节度使，领龟兹、焉耆、于阗、疏勒四镇，治龟兹（今新疆

---

① 参见《新唐书》卷六七《方镇四·安西》，第1861—1869页。

库车县）。^① 此后多次并伊西北庭节度置碛西节度使。天宝十三载（754），复置安西四镇节度使。至德二载（757），更安西曰镇西。大历二年（767），镇西复为安西。^②

上元年后，河西、陇右州郡悉陷吐蕃，安西四镇与唐朝廷之间的通道被阻。

建中三年（782）五月丙申，诏："故伊西北庭节度使杨休明、故河西节度使周鼎、故西州刺史李琇璋、故瓜州刺史张铣等，寄崇方镇，时属殷忧，固守西陲，以抗戎虏。殁身异域，多历岁年，以迄于兹，旅榇方旋，诚深追悼……"^③ 这些人皆陇右牧守，至德以来因陷吐蕃而殁故，至建中三年西蕃通和，方知伊西北庭、安西四镇等地仍为朝廷所有。

贞元六年（790），泾原节度使兼领安西四镇、伊西北庭节度，^④ 标志着安西四镇、伊西北庭节度所辖业已陷落。

表 15 - 5　安西四镇节度使辖区变动

时间	方镇名称	治所	辖区
天宝十四载（755）	安西四镇节度使	龟兹	龟兹、焉耆、于阗、疏勒四镇
至德二载（757）	镇西四镇节度使		
大历二年（767）	安西四镇节度使		

第五节　归义军节度使辖区沿革

归义军节度使置于大中五年（851），治沙州，领沙、甘、瓜、肃、鄯、伊、西、河、兰、岷、廓十一州。咸通二年（861），增领凉州。四年，割出凉、西、鄯、河四州隶凉州节度。咸通十三年后，归义军所领诸州多被羌、胡所占据。光化三年（900），领瓜、沙、伊、西四州，实际领有瓜、沙二州，直至唐末。

---

① 参见赖青寿《唐后期方镇建置沿革研究》，第 187 页。
② 参见《新唐书》卷六七《方镇四·安西》，第 1861—1874 页。
③ 《旧唐书》卷一二《德宗上》，第 333 页。
④ 《新唐书》卷六七《方镇四·安西》，第 1877 页。

表 15 – 6　归义军节度使辖区变动

时间	方镇名称	治所	辖区
大中五年（851）	归义军节度使	沙州	沙、甘、瓜、肃、鄯、伊、西、河、兰、岷、廓十一州
咸通二年（861）			沙、甘、瓜、肃、鄯、伊、西、河、兰、岷、廓、凉十二州
咸通四年（863）			沙、甘、瓜、肃、伊、兰、岷、廓八州
咸通七年（866）			瓜、沙、甘、肃、伊、廓六州

归义军节度使（851），治沙州（今甘肃省敦煌市），领沙、甘、瓜、肃、鄯、伊、西、河、兰、岷、廓十一州。

《旧唐书》载：大中五年（851）十一月，"沙州置归义军，以张义潮为节度使"。① 又检《资治通鉴》：大中五年春正月壬戌，天德军奏摄沙州刺史张义潮遣使来降。以张义潮为沙州防御使。冬十月，张义潮发兵略定其旁瓜、伊、西、甘、肃、兰、鄯、河、岷、廓十州，遣其兄义泽奉十一州图籍入见，于是河、湟之地尽入于唐。十一月，置归义军于沙州，以张义潮为节度使、十一州观察使。②《新唐书》卷六七《方镇四·陇右》载略同。

归义军节度使（861），治沙州，领沙、甘、瓜、肃、鄯、伊、西、河、兰、岷、廓、凉十二州。

《新唐书》载："咸通二年（861），（张）义潮奉凉州来归。"③ 增领凉州。

归义军节度使（863），治沙州，领沙、甘、瓜、肃、伊、兰、岷、廓八州。

《方镇表四》载："咸通四年（863），置凉州节度，领凉、洮、西、鄯、河、临六州，治凉州。"④ 可知归义军节度割出凉、西、鄯、河四州。

---

① 《旧唐书》卷一八下《宣宗》，第 630 页。
② 《资治通鉴》卷二四九，大中五年正月壬戌、十月、十一月条，第 8044、8048、8049 页。
③ 《新唐书》卷二一六下《吐蕃下》，第 6108 页。《资治通鉴》卷二五〇咸通四年（863）三月条载："归义节度使张义潮奏自将蕃、汉兵七千克复凉州。"《新唐书》卷九《懿宗》载：咸通三年（862）三月戊寅，"归义军节度使张义潮克凉州"。《张淮深碑》载："咸通二年（861），张义潮率蕃汉兵七千人攻克凉州。"上述诸书载张义潮攻克凉州的时间有分歧，笔者倾向于咸通二年。是年，归义军辖境东抵灵州，西达伊吾，控瓜、沙、甘、肃、伊、凉六州之地，势力达到极盛。参见荣新江《归义军史研究——唐宋时代敦煌历史考索》，上海古籍出版社，1996，第 5 页。
④ 《新唐书》卷六七《方镇四·河西》，第 1886 页。

归义军节度使（866），治沙州，实领瓜、沙、甘、肃、伊、廓六州。

《资治通鉴》载：咸通七年（866）春，二月，"归义节度使张义潮奏北庭回鹘固俊克西州、北庭、轮台、清镇等城。论恐热寓居廓州，纠合旁侧诸部，欲为边患，皆不从；所向尽为仇敌，无所容。仇人以告拓跋怀光于鄯州，怀光引兵击破之。……冬十月……拓跋怀光以五百骑入廓州，生擒论恐热"。①《新唐书》卷二一六下《吐蕃下》载略同。

由上可知，咸通七年，归义军收回廓州。归义军节度使实际领瓜、沙、甘、肃、伊、廓六州，名义上遥领兰、岷二州，但已无实际意义。唐朝廷设置凉州节度使，应是出于两方面考虑：一是防止归义军势力增强；二是由归义军向西防御，同时逐步收复凉州节度使所领诸州。兰、岷二州地处中原西出河、湟关要之地，西为凉州、洮州、西州、鄯州、河州、临州所包围，东邻渭州、原州，一旦凉州节度使收复所辖诸州，在东西夹击之下，朝廷收复兰、岷二州则较为容易。兰、岷二州对朝廷收复陇右地区极为重要，朝廷自然不愿意把二州交由归义军节度使节制。

随着张义潮势力的增强，朝廷担心其会成为河西、陇右地区新的威胁，开始削弱张义潮。咸通八年（867），"（张）义潮入朝，为右神武统军，赐第及田，命族子淮深守归义。十三年卒。沙州以长史曹义金领州务，遂授归义节度使。后中原多故，王命不及，甘州为回鹘所并，归义诸城多没"。②《资治通鉴》亦载："是后中原多故，朝命不及，回鹘陷甘州，自余诸州隶归义者多为羌、胡所据。"③ 至唐末，河、湟之地复为羌胡所据，朝廷不能复取。

荣新江先生依据敦煌文献认为："乾符三年（876）四月，西州回鹘攻占归义军属下之伊州。光化二年（899），甘州回鹘日渐强盛，肃州已非归义军

---

① 《资治通鉴》卷二五〇，咸通七年条，第8113—8115页。《通鉴考异》曰：实录："义潮奏俊收西河及部落胡、汉皆归伏，并表贺收西州等城事。"新吐蕃传："七年，俊击取西州，收诸部。"按大中五年，义潮以十一州图籍来上，西州已在其中。今始云收西州者，盖当时虽得其图籍，其地犹为吐蕃所据耳。又《通鉴考异》曰："实录：'义潮又奏鄯州城使张季颙押领拓跋怀光下使送到尚恐热将，并随身器甲等，并以进奉。'新吐蕃传曰："鄯州城使张季颙与尚恐热战，破之，收器铠以献。"由此可知鄯州、廓州等仍在归义军张义潮的控制之下，应是张义潮兼领凉州节度使。

② 《新唐书》卷二一六下《吐蕃下》，第6108页。

③ 《资治通鉴》卷二五二，咸通十三年八月条，第8164页。

所有，而瓜、沙亦受胁。设新城、邕归、寿昌、紫亭、玉门、应泉六镇，以镇使、副使、监使率兵镇守，重在控遏东南边境，以防甘州进犯。"①

《旧唐书》载：光化三年（900）八月己巳，"制前归义军节度副使张承奉为检校左散骑常侍，兼沙州刺史、御史大夫，充归义节度、瓜沙伊西等州观察、处置、押蕃落等使"。② 依据荣新江先生的研究，此时归义军并没有实际控制伊、西二州，仅表明"张承奉企图得到伊、西二州的愿望"。③ 可以认为，至光化三年，归义军法定领瓜、沙、伊、西四州，实际领有瓜、沙二州，直至唐末。

第六节　凉州节度使辖区沿革

凉州节度使置于咸通四年（863），领凉、洮、西、鄯、河、临六州。七年，方实际控制上述六州。八年，凉州节度使改为河西都防御使，领凉、甘、肃三州。龙纪元年（889），升河西都防御使为河西节度使，仍领凉、甘、肃三州，至唐灭亡。

表 15-7　凉州节度使辖区变动

时间	方镇名称	治所	辖区
咸通四年（863）	凉州节度使	凉州	凉、洮、西、鄯、河、临六州
咸通八年（867）	河西都防御使		凉、甘、肃三州
龙纪元年（889）	河西节度使		

凉州节度使（863），治凉州（今甘肃省武威市），领凉、洮、西、鄯、河、临六州。

咸通四年（863），随着归义军节度使张义潮势力的增强，朝廷为加强对其的牵制，"置凉州节度，领凉、洮、西、鄯、河、临④六州，治凉州"。⑤

---

① 参见荣新江《归义军史研究——唐宋时代敦煌历史考索》，第8—12页。
② 《旧唐书》卷二〇上《昭宗》，第768页。
③ 参见荣新江《归义军史研究——唐宋时代敦煌历史考索》，第361页。
④ 《旧唐书》卷四〇《地理三·陇右道》临州下都督府条载："天宝三载（744），分（兰州）金城郡置狄道郡。乾元元年（758），改为临州都督府，督保塞州，羁縻之名也。"
⑤ 《新唐书》卷六七《方镇四·河西》，第1886页。

《旧唐书》亦载："大中、咸通之间，陇右遗黎，始以地图归国，又析置节度……凉州节度使。治凉州，管西、洮、鄯、临、河等州。"①亦载领此六州。

凉州节度使初置时，并没有实际控制所领六州，所能控制的恐仅有凉、河二州。至咸通七年（866），方实际控制余下四州。

《资治通鉴》载：咸通七年（866）春，二月，"归义节度使张义潮奏北庭回鹘固俊克西州、北庭、轮台、清镇等城。论恐热寓居廓州……仇人以告拓跋怀光于鄯州，怀光引兵击破之。……冬十月……拓跋怀光以五百骑入廓州，生擒论恐热……其部众东奔秦州，尚延心邀击，破之，悉奏迁于岭南。吐蕃自是衰绝，乞离胡君臣不知所终"。②《新唐书》卷二一六下《吐蕃下》载略同。又检《旧唐书》：咸通七年"十月，沙州节度使张义潮奏：差回鹘首领仆固俊与吐蕃大将尚恐热交战，大败蕃寇，斩尚恐热，传首京师"。③

可知，至咸通七年，张义潮奏方收回西州，鄯州已为张义潮所有，并将吐蕃赶出廓州，原吐蕃所占的洮州、临州亦应为张义潮控制。

随着张义潮势力的增强，朝廷担心其会成为河西、陇右地区新的威胁，开始削弱张义潮。咸通八年（867），"（张）义潮入朝，为右神武统军，赐第及田，命族子淮深守归义。十三年卒。沙州以长史曹义金领州务，遂授归义节度使"。④是后中原多故，朝命不及，"回鹘陷甘州，自余诸州隶归义者多为羌、胡所据"。⑤至唐末，朝廷未能收复河、湟之地。

咸通十三年，张义潮卒后，朝廷应任命新的凉州节度使。从上述后中原多故，诸州多为羌、胡所据看，凉州亦是孤悬在外，其所领诸州亦难逃厄运。

---

① 《旧唐书》卷三八《地理一·凉州节度使》，第1392页。

② 《资治通鉴》卷二五〇，咸通七年条，第8113—8115页。《资治通鉴》卷二四六会昌二年（842）十二月条载："吐蕃达磨赞普有佞幸之臣，以为相；达磨卒，无子，佞相立其妃綝氏兄尚延力之子乞离胡为赞普，才三岁。佞相与妃共制国事，吐蕃老臣数十人皆不得预政事。"

③ 《旧唐书》卷一九上《懿宗》，第660页。

④ 《新唐书》卷二一六下《吐蕃下》，第6108页。

⑤ 《资治通鉴》卷二五二，咸通十三年八月条，第8164页。

河西都防御使（867），治凉州，领凉、甘、肃三州。

李军据敦煌文献研究认为，咸通八年（867）九月至十二年十月，唐政府利用嗢末等族在凉州兴起的契机，将凉州节度改为河西都防御使，并将凉、甘、肃划其统辖。[①]

河西节度使（889），治凉州，领凉、甘、肃三州。

据李军研究，龙纪元年（889），升河西都防御使为河西节度使，仍领凉、甘、肃三州。唐朝廷将河西都防御使复名凉州节度，并最终定名为河西节度。[②]

笔者认同其说，咸通八年，于凉州置河西都防御使，后升为河西节度使，领凉、甘、肃三州，至唐灭亡。

附 关于凉州节度使相关问题的再讨论

关于凉州节度使的设置，因材料所限，学界看法尚有分歧，观点有如下几种。

第一，对凉州节度使是否真的存在表示怀疑。罗振玉、藤枝晃、唐长孺等先生认为凉州节度使设置后由归义军节度使兼领。苏莹辉先生推测张义潮入朝前曾任凉州节度使，其卒后由张淮深任凉州节度使或以归义军节度使兼任凉州节度使。[③]

第二，荣新江先生依据敦煌文献所载，认为凉州节度使的设置应是事实，但很可能是唐朝试图从归义军手中夺取凉州以及部分名义上已属于张义潮而实际上还未被其控制的陇右州郡与西州飞地的一种努力。[④]

第三，李军依据敦煌文献及相关资料，钩沉出自咸通四年至唐亡，曾有卢潘、郑某、翁郜三位凉州节度使赴任。其中卢潘是以朔方节度使的身份兼领凉州节度使，郑某及翁郜是出镇凉州节度，主要体现唐朝廷利用凉

---

① 李军：《晚唐政府对河西东部地区的经营》，《历史研究》2007年第4期，第34—36页。
② 李军：《晚唐政府对河西东部地区的经营》，《历史研究》2007年第4期，第34—36页。
③ 参见罗振玉《补唐书张义潮传》，《永丰乡人杂著》，1922；藤枝晃《沙州归义军节度使始末》（一）至（四），《东方报》（京都）第12本第3、4分，第13本第12分，1942—1943；唐长孺《关于归义军节度的几种资料跋》，《中华文史论丛》第1辑，中华书局，1962，第275—298页；苏莹辉《补唐书张淮深传》，《大陆杂志》第27卷第5期，收入氏著《敦煌论集（修订版）》，台湾学生书局，1973，第243—252页。
④ 参见荣新江《归义军史研究——唐宋时代敦煌历史考索》，第159页。

州节度削弱并牵制归义军的意图。①并认为朝廷将本属于归义军掌控的甘、肃二州先后划归河西都防御使及此后的凉州（河西）节度使，当是其以凉州节度使领六州之地的策略受挫后新的尝试，进而体现对归义军权力的剥夺，亦是晚唐朝廷经营河西最重要的举措之一。②

笔者认为，唐朝确实有设置凉州节度使，且设置之初，有引张义潮内迁，实现逐步对其控制之目的，但主要应是利用凉州有利的地理位置及张义潮的军事力量恢复河陇地区。咸通八年（867）诏张义潮入朝，此后朝廷牵制归义军，防止其再次形成新的威胁的意图渐次明显。中和以后，归义军势力明显下降，已无法构成对唐朝的较大威胁，朝廷此时置河西都防御使应是为守住打通东西的重镇，以期能够再次收复河湟地区。理由如下。

咸通四年（863）置凉州节度，但不见朝廷任命节度使，这不合常理，凉州节度使应由张义潮兼领。李军认为，凉州节度设置之初，由朔方节度使裴识兼领，但裴识未实际到镇。③这仅是一种推测。大中年间（847—859），原陷于吐蕃的河、陇数州相继归附，朝廷威势日渐上升。至咸通二年，张义潮克复凉州。咸通三年，收复凉州的消息传到长安，应在是年底派郓州兵两千五百人前往凉州筑城戍守。④正值朝廷威势上升之际，设置一关键的凉州节度，应是为防范张义潮势力不断强大，成为朝廷新的威胁。虽置凉州节度，但没有任命他人出任节度使，而是由张义潮兼任，应出于如下考虑：一是避免引起张义潮的猜疑，二是寄希望于张义潮能助朝廷收复河陇失地。新设凉州节度是为从长计议，令张义潮兼任凉州节度使并内迁至凉州，更便于控制。适当的时候再任命新的凉州节度使，实现对张义潮大权的剥夺。

设置凉州节度应主要为尽快收复河陇地区。"乾元后，陇右、剑南西山三州七关军镇监牧三百所皆失之。"素有中兴之主称号的宪宗常览天下

① 参见李军《晚唐凉州节度使考》，《敦煌研究》2007年第6期，第78页。
② 李军：《晚唐政府对河西东部地区的经营》，《历史研究》2007年第4期，第36页。
③ 参见李军《晚唐凉州节度使考》，《敦煌研究》2007年第6期，第73页。
④ 李军认为，咸通三年至咸通四年，朝廷派兵入驻凉州。参见氏著《晚唐（公元861—907年）凉州相关问题考察——以凉州控制权的转移为中心》，《中国史研究》2006年第4期，第80页。

图，见河湟旧封，赫然思经略之，然犹未能实现。至大中五年（851），张义潮献十一州地图来降，并置归义军节度使，辖法定十一州。群臣奏言："王者建功立业，必有以光表于世者。今不勤一卒，血一刃，而河湟自归，请上天子尊号。"宣帝曰："宪宗尝念河湟，业未就而殂落。今当述祖宗之烈，其议上顺、宪二庙谥号，夸显后世。"① 上述表明，唐朝廷收复河湟旧封的愿望极为迫切，然至咸通二年（861），凉州节度也不过实际领有瓜、沙、甘、肃、伊、凉六州。

凉州节度所领诸州表明朝廷收复河湟地区的意图。治所凉州，为置于景云元年的河西节度使治所。② "唐之盛时，河西、陇右三十三州，凉州最大。土沃物繁而人富乐。"③ 清人顾祖禹言："凉州，山川险阨，土田沃饶。然则凉州不特河西之根本，实秦陇之襟要矣。"④ 唐左拾遗刘蜕上疏曰："今西凉筑城，应接未决于与夺；南蛮侵轶，干戈悉在于道途。旬月以来，不为无事。陛下不形忧闵以示远近，则何以责其死力！"⑤ 西凉，即凉州。刘蜕指出凉州乃打通西部河湟地区的必经之路，若不重视加强此处的防守，则无法鼓舞士心。

再看凉州节度所辖其他几州，均为控扼西陲的要地。顾祖禹云，西宁镇"河湟环带，山峡纡回，扼束羌番，屹为襟要。……唐之边备，近在邠、岐、泾、原之境。西平（天宝初曰西平郡，乾元元年改曰鄯州），诚西面之保障矣"；河州"控扼番戎，山川盘郁。自昔西垂多衅，枹罕尝为战地。盖犄角河西，肘腋陇右，州亦中外之要防矣"；临洮府"襟带河湟，控御边裔，为西陲之襟要。……唐拒吐蕃，临州其控扼之道也。临州不守，而陇右遂成荒外矣"；洮州"西控番、戎，东蔽湟、陇，据高临深，控扼要害"。⑥ 鄯州、河州、临州、洮州连在一起，其左边就是高山，临州紧邻渭州，过秦州就是唐朝廷的控制区域，此时的秦、渭隶属朝廷控制的

① 《新唐书》卷二一六下《吐蕃下》，第6107页。
② 《新唐书》卷六七《方镇四·河西》，第1861页。
③ 《新五代史》卷七四《四夷附录第三》，第913页。
④ 顾祖禹：《读史方舆纪要》卷六三《陕西一二》陕西行都指挥使司凉州卫条，第2991页。
⑤ 《资治通鉴》卷二五〇，咸通四年正月上游宴无节条，第8103页。
⑥ 顾祖禹：《读史方舆纪要》卷六四《陕西一三》西宁卫条，第3005—3006页。《读史方舆纪要》卷六〇《陕西九》河州条，第2880页；临洮府条，第2863—2864页；洮州条，第2890页。

天雄军节度（参见天雄军节度使一节），河西通道复通。令西州隶凉州节度，应是为复领伊西北庭、安西四镇做准备。由此可推，凉州节度的设置，收复河陇旧地的意图远大于对归义军的牵制。

荣新江先生认为，调郓州天平军两千五百人戍守凉州，是唐朝试图从归义军手中夺取凉州以及部分名义上已属于张义潮而实际上还未被其控制的陇右州郡与西州飞地的另一措施。[①] 郁贤皓认为，唐朝廷在调郓州兵戍守凉州的同时，也调郓州兵原来的使主即天平军节度使裴识任朔方军节度使。[②] 李军认为，唐政府或有让裴识以朔方节度使兼领凉州节度使的意图，而郓州兵则可以为裴识提供强有力的军事支持。[③] 而《新唐书·裴识传》载："（裴识）徙凤翔、忠武、天平、邠宁、灵武等军。进检校尚书右仆射。灵武地斥卤无井，识誓神而凿之，果得泉。历六节度，所莅皆有可述。"[④] 此条可知，裴识并非从郓州天平军节度直接调任朔方灵武节度，中间还曾任邠宁节度使。又吴廷燮认为裴识出任朔方节度使的时间是咸通二年（861），而李军认为调郓州兵戍守凉州的时间是在咸通三年三月至咸通四年。因此，恐裴识并不熟悉调往凉州戍守的郓州兵，自然也谈不上李军认为的以本镇兵随行移镇，并提供强有力的军事支持。

昔河西节度使，断隔羌胡，"管兵七万三千人，马万九千四百匹，衣赐岁百八十万匹段。赤水军，在凉州城内，管兵三万三千人，以万三千匹"。[⑤] 可见唐盛时之所以能控制河陇地区，与其布置强大的兵力有关。现调两千五百郓州兵戍守凉州，具体能对击败吐蕃并收复数州的归义军起多大的牵制作用，值得怀疑。不可否认，朝廷有控制凉州的意图，但凉州节度之设置，应不是急于剥夺张义潮的权力，而是以鼓励归义军尽力收复河陇失地为主。如前所述，咸通七年（866），归义节度使张义潮奏"北庭回鹘仆固俊克西州、北庭、轮台、清镇等城"，又"差回鹘首领仆固俊与吐蕃大将尚恐热交战，大败蕃寇，斩尚恐热"，应是最好的证明。

综上，咸通四年确置凉州节度使，且以张义潮兼领凉州节度使。设置

---

①　荣新江：《归义军史研究——唐宋时代敦煌历史考索》，第159页。

②　郁贤皓：《唐刺史考全编》第1册，安徽大学出版社，2000，第347页。

③　李军：《晚唐政府对河西东部地区的经营》，《历史研究》2007年第4期，第28页。

④　《新唐书》卷一七三《裴度附裴识传》，第5219页。

⑤　《旧唐书》卷三八《地理一·关内道》，第1386页。

之初使归义军节度使张义潮内迁，应是为了确保朝廷能控制凉州。后调张义潮入朝，方有防止张义潮势力过大的目的。咸通十三年张义潮死后，归义军所辖诸州亦逐渐陷落，其势力范围主要限于沙、瓜、伊、西四州，实际控制沙、瓜二州。归义军已无法对朝廷形成威胁。将原归义军所领的甘、肃二州与凉州另置河西都防御使，应是朝廷试图保住河西走廊这条重要通道。待实力增强之时，东向可与朝廷相对夹击，一举收复鄯、兰等数州，西向可监视归义军动向，亦可西进收复安西、北庭之地。总之，将甘、肃二州割隶凉州节度，不仅是为剥夺归义军节度使的权力，主要的目的应是收复河陇失地。凉州节度使领凉、甘、肃三州应是可信，从地理位置上看，这最有利于实现朝廷确保河西走廊这条通道，并最终收复河陇失地的宏愿。

第十六章　唐后期方镇设置概况与方镇辖区变动特点

第一节　唐后期方镇设置概况

安史之乱爆发后，方镇数量明显增多，但因战事，方镇存废不定，置废频繁。代宗、德宗、宪宗三朝采取不同程度的削藩措施，势必影响方镇的置废。唐朝末年，方镇割据，致使方镇数量较以前明显增加。今取广德元年、大历十四年、贞元四年、元和十五年、咸通十四年和天祐三年几个断代，分别概述方镇设置的概况。

广德元年（763），祸乱平定，但由于河朔旧将仍任河北四镇节度使，潜在的叛乱隐患犹存，故朝廷不能撤销已经设置的方镇，且逐渐形成唐后期地方管理的一个层级。至广德元年，全国共有三十八个方镇：时安西、北庭、河西、陇右四节度已陷于吐蕃，此外有兴凤陇、朔方、振武、邠宁、鄜坊、河南、滑亳、淄青、淮西、河东、河中、泽潞、相卫、魏博、成德、幽州、山南西道、山南东道、荆南、剑南东川、剑南西川、黔中、淮南、浙江东道、福建、岭南、安南二十七节度使，陕西、浙江西道、洪吉三观察使，邕管、容管、桂管三都防御经略使，鄂沔都团练使。

大历末年，随着唐蕃关系开始缓和，西北边境的威胁减轻，朝廷对方镇的态度渐趋强硬。较之广德元年，节度镇数目减少，观察镇数目增多。江南、岭南地区的方镇出现合并趋势，如浙江东道、宣歙池观察使并入浙江西道，桂管观察使并入邕管观察使，鄂州观察使并入江南西道。西北方镇相对稳定。至大历十四年（779），全国共有三十七个方镇：凤翔、泾原、安西、北庭、河西、陇右、朔方、振武、邠宁、永平、淄青、淮西、河东、河中、泽潞、昭义、魏博、成德、幽州、山南西道、山南东道、荆南、剑南东川、剑南西川、淮南、岭南二十六节度使，京畿、东都畿、渭北鄜坊、福建、浙江西道（东、西道合一）、江南西道、黔中、湖南八观察使，邕管（桂管诸州隶邕管）、容管、安南三都防御观察经略使。

德宗即位后锐意削藩，但因方镇势力太强，以妥协告终。但德宗朝苦心孤诣的经营，创造了有利于朝廷控制方镇的利好局面。

德宗朝主要增置宣武、徐泗、陈许、义武、横海、夏绥六节度镇。为控扼淄青、淮西两强藩，置宣武、徐泗、陈许三镇。且新置三镇得以控制汴河、颍水两条水运线，如此能确保江南财赋及时顺畅地运抵京师。置义武、横海二镇是为分化、牵制河朔三镇。置夏绥节度是为防御吐蕃内寇。又河中李怀光叛乱，为削弱河中节度，割晋、慈、隰三州另置观察使。该时期主要设观察使，尽量减少军事方镇对朝廷的直接威胁。至贞元四年（788），全国共有四十六个方镇：凤翔（兼领陇右）、泾原、安西、北庭、镇国军、朔方、振武、邠宁、夏绥、义成（永平）、宣武、陈许、徐泗、淄青、淮西、河东、河中、昭义、魏博、成德、幽州、义武、横海军、山南西道、山南东道、荆南、剑南东川、剑南西川、淮南、岭南三十一节度使，东都畿、陕虢、渭北鄜坊、晋慈隰、福建、浙江东道、浙江西道、宣歙池、江南西道、黔中、湖南十一观察使，邕管、容管、安南、桂管四都防御观察经略使。

宪宗时期，朝廷致力于"恢复对搞自治的藩镇的控制"，[1] 是唐后期朝廷削藩最为强硬的时期。宪宗李纯即位，尝言："今两河数十州，皆国家政令所不及，河湟数千里，沦于左衽，朕日夜思雪祖宗之耻。"[2] 朝廷利用方镇力量剿平叛乱方镇，将大镇分裂为数镇，最终利于朝廷均衡控制。经过宪宗削藩，淮西节度使废，实力较强的淄青平卢镇又被分为三个方镇。但总体上看，方镇数量及分布格局与贞元时期相比没有大的改变，仍是两京之间、长江以南多置观察使，岭南多为观察经略使，西北防御重地多置节度使。至元和十五年（820），全国共有四十八个方镇：凤翔、泾原（自贞元六年兼领安西、北庭）、朔方、鄜坊、邠宁、夏绥、振武、义成、宣

---

[1]〔英〕崔瑞德编《剑桥中国隋唐史（589—906 年）》，中国社会科学院历史研究所西方汉学研究课题组译，中国社会科学出版社，1990，第 534 页。

[2]《资治通鉴》卷二三八，元和五年十二月条，第 7682 页。

武、忠武、武宁、淄青、天平、河阳、河东、河中、昭义、魏博、成德、幽州、义武、横海军、山南西道、山南东道、荆南、剑南东川、剑南西川、淮南、岭南三十一节度使，东都畿、陕虢、沂海、福建、浙江东道、浙江西道、鄂岳、宣歙池、江南西道、黔中、湖南十一观察使，邕管、容管、安南、桂管四都防御观察经略使，陇右经略使，天德军都防御使。①

穆宗即位后采纳了宰相萧俛、段文昌的建议，实行"销兵"政策，然结果未能如愿。长庆元年（821），幽州朱克融、成德王廷凑相继叛乱，朝廷再失河朔。

这一时期，节度镇数目增多，观察镇数目减少，但总体方镇数变化不大。主要是收复失地、边疆不稳、军乱多发所致。大中至咸通年间河陇失地相继收复后，朝廷设置归义军、凉州、天雄军节度使。岭南道"南蛮"扰乱，邕管观察经略使升为岭南西道节度使，安南观察经略使升为静海军节度使。因江南诸道军乱现象增多，武臣出任节度使，江南西道观察使升为镇南军节度使。至咸通十四年（873），全国共有四十九个方镇：凤翔、归义、凉州、天雄、泾原、朔方、鄜坊、邠宁、夏绥、振武、义成、宣武、忠武、感化、淄青、天平、沂海、河阳、河东、河中、昭义、魏博、成德、幽州、义武、义昌、镇海、镇南、山南西道、山南东道、荆南、剑南东川、剑南西川、淮南、岭南东道、岭南西道、静海三十七节度使，东都畿、陕虢、福建、浙江东道、鄂岳、宣歙池、黔中、湖南八观察使，容管、桂管二都防御观察经略使，大同、天德军二都防御使。

黄巢起义后，唐朝陷入方镇割据混战状态。该时期最强大的几个节度使，如王建、朱温等，开始把难以控制的大镇分割为数个较小方镇，如此便于割据节度使对它们的控制，又能满足节度使瓜分地盘的欲望。唐朝廷

---

① 元和二年十二月，李吉甫上《元和国计簿》时云，"总天下方镇凡四十八"，明文见载于《旧唐书·宪宗纪》。《资治通鉴》卷二三七载，李吉甫上《元和郡县图志》表称天下凡四十七镇。赖青寿《唐后期方镇（道）建置研究》（《历史地理》第17辑，上海人民出版社，2001，第114页）据《唐语林》卷三载四十六个，认为旧纪、《资治通鉴》均因"六""八"二字形近致误。笔者认为元和二年包括淮西节度使和晋慈隰观察使，无天平、沂海二节度使，总数为四十八个，因元和三年废晋慈隰观察使，《元和郡县图志》成书于元和八年（813）二月，故《元和郡县图志》载四十七个方镇。元和末年，废淮西，增加天平、沂海二节度使，仍为四十八个方镇。《元和国计簿》云四十八、《元和郡县图志》载四十七均不误。

先后被几个较强方镇挟持，仰方镇的鼻息得以苟延残喘，为此方镇大都被赐予军号，以示朝廷对它们的重视。时方镇的置废、辖区的盈缩已由不得朝廷，操纵权主要在割据的节度使之手。析置方镇多发生在剑南、山南及一向相对稳定的江南地区。如利阆、兴文、武定、巴渠开为分山南西道而置，武贞即是原山南东道、黔中、江南西道交会处的澧朗溆都团练使，镇江是分荆南节度而置，龙剑、武信是分剑南东川而置。江淮以北亦增置一些方镇，如分鄜坊节度的丹、延二州置卫国节度，分昭义邢、洺、磁三州置保义节度，以同、华二州置匡国节度，以蔡州置奉国节度，仅增四镇。总之，较咸通末年，增置卫国、匡国、奉国、保义、利阆、兴文、武定、武贞、镇江、龙剑、武信十一节度使，巴渠开都团练观察使。至天祐三年（906），全国共有六十三个方镇：佑国（京畿）、义胜、保胜（陇州）、凤翔、归义、凉州、天雄（秦成）、彰义（泾原）、朔方、保大（鄜坊）、卫国（丹延）、静难（邠宁）、定难（夏绥）、振武、陕虢、匡国（同华）、宣义（义成）、宣武、武宁、忠武、奉国（蔡州）、淄青、天平、泰宁（沂海）、河阳、河东、代北（大同）、护国（河中）、昭义、保义（邢洺磁）、天雄（魏博）、武顺（成德）、幽州、义武、义昌、淮南、镇海、镇南、武安（湖南）、武昌、镇东（浙东）、威武（福建）、山南西道、利阆、兴文、武定（洋扶阶）、山南东道、荆南、武贞（澧朗溆）、镇江（夔忠涪）、剑南东川、龙剑、武信、剑南西川、武泰（黔中）、清海（岭南东道）、岭南西道、宁远（容管）、静江（桂管）、静海六十节度使，巴渠开、宣歙池二都团练观察使，天德军都防御使。

　　唐朝末年的方镇割据情况。剑南东西川、山南西道、利阆、兴文、巴渠开、镇江等方镇为王建所占。王建北依剑阁，东扼瞿塘，据险要实现割据。淮南、江西大部为淮南节度使杨行密所占。天祐二年（905），杨行密以陶雅为江南都招讨使、歙婺衢睦观察使。三年，淮南节度使杨渥兼领镇南节度使。钱镠割据两浙，马殷据湖南，王朝、王审知割据福建，刘隐割据岭南，杜洪据武昌。中原地区，朱全忠打败秦宗权后逐步走上兼并之路。大顺二年（891），降服跋扈不可一世的魏博镇。天祐时（904—907），控制宣武、宣义、天平、护国、天雄、武顺、佑国、河阳、义武、昭义、保义、戎昭、武定、泰宁、平卢、忠武、匡国、镇国、武宁、忠义、荆南、定难等二十二道，成为北方最大的军事集团，无人能与之抗衡。李克用割据河东、代北、振武、天德军及昭义节度的潞州，护国节度的慈、隰二州。李茂贞割据凤翔、天雄、保胜、静难、彰义、保大、保塞等方镇。刘仁恭据幽州、义昌二镇。韩逊据朔方。归义、凉州二镇被羌胡所阻隔。

第二节　唐后期方镇辖区变动的特点

一　变动呈现时段性和区域性特点

方镇的普遍设置是因安史之乱。叛乱平定后，方镇对朝廷的威胁不断增强，朝廷则通过对方镇的调整来应对。唐朝廷在穷于应对方镇叛乱之时，边疆少数民族亦不断侵扰，遂又对岭南、关内等地的方镇及其辖区进行调整。

安史之乱期间，方镇置废主要发生在河南、山南、河东、都畿、京畿等有战事的地区。广德元年（763）至元和末年（820），出现魏博田承嗣抢占相、卫四州之地以及李灵曜叛乱、建中之乱等诸多乱事。上述祸乱主要发生在河南、河北、淮西、山南、剑南等地，这些地区方镇的置废和辖区变动较为频繁。

元和之后（821）至乾符元年（874），方镇与朝廷之间势力均衡，方镇及辖区变动处于相对稳定时期。该时期不稳定因素主要出现在边疆地区，方镇置废、辖区调整主要发生在岭南、陇右道。前者为防御边疆进行辖区调整，后者因收复河陇失地而复置方镇。

黄巢起义后，方镇势力不断扩张，朝廷却更为衰微，原势力均衡的局面被打破，随之出现强藩大镇，形成数个军阀割据的局面。剑南、山南方镇数量明显增多，一向较为稳定的东南亦陷入割据混战的状态。

河北道、河南道、山南东西道、剑南东西川、河东昭义镇属于经常变动者。岭南道邕管、容管、桂管变动亦相对较多。元和末年，淮西镇被废止，淄青被分解为三镇，此后上述两地则相对稳定。

浙江东西道、淮南道、江西道，乾符之前相对稳定，之后则处于相互争夺状态，但方镇数量并未明显增加。

岭南节度使、福建观察使、黔中观察使以及京西北泾原、邠宁、鄜坊、夏绥、朔方、振武、天德七镇则属于长期稳定的方镇。

二 多元化的方镇辖区设置原则

1. 方镇辖区范围有承袭历史因素和临时制宜的特点

淮河以南及剑南诸方镇，多以开元十五道监察区为基础置节度使或观察使。如山南东、西道节度使，剑南东、西川节度使，淮南道节度使，黔中观察使，岭南五府经略使，等等。江南东、西道则因辖区过大，分为浙江东西道、福建及歙婺衢睦观察使与江南西道、湖南、鄂岳及宣歙观察使。

节度使制是在都督制基础上经朝廷特别授权而形成，两者有一定的继承关系。[1] 北方交战之地的方镇，有的是直接在原都督府所辖基础上改置，如夏绥银、鄜坊、泽潞、代北、魏博、成德、幽州等方镇，即是据原夏州、延州、潞州、代州、魏州、冀州、幽州等都督府改置。[2] 也有的是由数个都督府并置而成，如河东节度使包含并、代二都督府等。[3] 形成较早且有较好管理效果的地理格局，自然易为新置方镇所借鉴。毛汉光先生认为，就中国北方而言，贞观时的都督府与一百二十年后安史乱后的藩镇地理区分，颇有相似之处。[4]

河南道诸方镇，因战事需要临时以数州建置方镇，"非有一定规模"。[5]如乾元二年（759），置郑陈节度使，领郑、陈、亳、颍四州，上元二年（761）即行废置。乾元二年，置河南、汴滑二节度，上元二年亦废。根据战场形势变化，方镇所辖又打破常规，出现跨地区的遥领现象。如乾元元

---

① 艾冲：《唐代都督府研究》，第 222 页。
② 贞观末年（649），夏州都督府领夏、绥、银三州。贞观十六年（642），延州都督府领延、丹、鄜、坊四州。贞观十七年（643），潞州都督府领泽、潞、沁三州。贞观二十三年（649），代州都督府领代、忻、蔚、朔四州。贞观十六年，魏州都督府领魏、博、棣、观、德、相、卫、黎、魏、洺、邢、贝十二州，贞观十七年，黎州废入相、卫二州。贞观二十三年，冀州都督府领冀、沧、瀛、定、恒、赵六州。贞观八年（634），幽州都督府领幽、易、妫、平、檀、燕六州。参见艾冲《唐代都督府研究》，第 60、59、68、69、74、75、76 页。
③ 赖青寿先生亦认为，唐后期方镇有的是直接在原都督府所辖基础上改置，如夏绥银、泽潞、幽州、平卢等方镇即是据原夏、潞、幽、营等都督府设置。参见氏著《唐后期方镇（道）建置研究》，《历史地理》第 17 辑，第 102 页。
④ 毛汉光：《魏博二百年史论》，氏著《中国中古政治史论》，上海书店出版社，2002，第 353 页。
⑤ 《资治通鉴》卷二二一，乾元二年四月甲辰条，第 7075 页。

年八月，以青登等五州节度使许叔冀为滑濮等六州节度使。滑、濮二州隶青密节度使，此二州与青密节度所辖主体之间隔有淄、沂、兖、郓等数州，属于遥领。究其原因，青密节度置于至德元载，不久即陷于安史叛将，但青密节度使建制仍存。青密节度使率兵在他处抵抗叛军，所战之地，朝廷将就近州县割隶其管辖，既可补充兵员，又可"保证兵卒给养之需要"。①

2. 方镇辖区跨越江河山岭

方镇辖区突破山河形便原则，出现跨越江河及山岭的情况，并呈犬牙交错分布。其目的是让方镇能彼此牵制。如鄂岳观察使，鄂、岳二州居长江以南，沔州位于长江以北，与"鄂州隔江相对"，②后又长期管辖长江以北的蕲、安、黄等州，以牵制淮南节度使。武宁军节度使主体为徐、宿、泗三州，领淮河之南的濠州，淮南节度使有时会兼领淮河以北的泗州和宿州。两节度所辖之所以跨越淮河，即是为它们能相互牵制。泽潞节度使辖有黄河对岸的郑、陈等州，既有获取军需给养的目的，又能控扼河北诸镇。

建中三年（782）后，昭义镇领太行山以西泽、潞二州及以东的邢、洺、磁三州，打破原以太行山分置河东及河北的格局。以邢州邻成德镇，磁、洺邻魏博镇，呈犬牙状，嵌入其中，为牵制河朔三镇的关键。李德裕曾曰："昭义根本尽在山东。"③

3. 跨州遥领

所谓"遥领"，即某方镇跨他镇辖区而领有某州，该州与方镇所辖主体部分在地理位置上不相连接，属飞地。赖青寿先生将方镇遥领归纳为五种类型。第一，边地方镇为保证军费而遥领内地属州。如大历五年（770），泾原节度遥领郑、颍二州。第二，方镇兵随命征讨而产生的遥领。如乾元元年（758），青密节度使遥领河南节度使之徐州，后又遥领濮、滑二州。第三，收复失地之权宜之计。如大中三年（849），邠宁节度遥领从吐蕃收复的武州，九年，武州改隶泾原节度。第四，意在牵制某些方镇而

---

① 赖青寿：《唐后期方镇（道）建置研究》，《历史地理》第17辑，第120页。
② 《旧唐书》卷一七上《敬宗》，第519页。
③ 《资治通鉴》卷二四八，会昌四年八月辛卯条，第8006页。

产生的遥领。如宝应元年（762）至大历五年，泽潞节度遥领郑、陈二州，以牵制河北方镇。广德元年（763），滑亳节度遥领亳州，以牵制中原方镇。第五，唐末军阀割据而产生的遥领。如武定节度使领洋、扶、武①三州，三州之间均未能相互连接，属"蛙跳区"式辖区。景福二年，又遥领远离洋州的果州。光化三年（900），增领蓬、壁二州，时武定节度辖洋、扶、阶、果、蓬、壁六州，洋、壁相连，蓬、果相连，扶、阶相连，但三片区域之间不相连接，仍然是"蛙跳区"式的断续衔接。另，利阆节度、兴文节度、巴渠开观察使也存在遥领的情况。这种现象与该地区方镇割据混战有关，多属权宜建置。②

以方镇相互牵制应是唐后期遥领的主要目的，且此类遥领亦出现于江南地区。如永泰元年（765），浙江西道观察使治苏州，领润、苏、常、杭、湖、饶六州，而饶州与其他五州之间隔有宣、歙、睦等州；贞元三年（787），浙江西道观察使治润州，领润、江、常、苏、杭、湖、睦七州，而江州与其他六州间隔有歙、饶等州。

广德元年，滑亳节度领滑、亳二州，应是朝廷为牵制安史旧将令狐彰。上元二年（761）五月甲午，史思明伪将滑州刺史令狐彰以滑州归朝，授御史中丞，"依前滑州刺史、滑魏德贝相六州节度使"。③但几经变动，至广德元年，仅两年时间，就削夺令狐彰魏、贝、相、德、卫五州之地，滑州仅领亳州一州。滑州与亳、颍二州之间隔有汴、陈、宋等数州，显然属于遥领。如此既能防范滑亳节度令狐彰，又能以其牵制周边方镇。

又如朝廷为控制宣武重镇及保证江南财赋输入京师，义成军节度治滑州，主体领滑、郑二州，长期遥领颍州。建中二年（781）至唐灭亡，颍州却交替隶宣武军节度使和义成军节度使，其中隶属义成军节度近七十年，隶宣武军节度达五十多年。④颍州与义成军节度所领主体辖区郑、滑二州间隔有汴、许、陈等州，属于典型的遥领。对于中原方镇，遥领时间

① 景福元年（892）改武州为阶州，参见《新唐书》卷四〇《地理四》阶州武都郡条，第1042页。
② 赖青寿：《唐后期方镇（道）建置研究》，《历史地理》第17辑，第119—121页。
③ 《旧唐书》卷一〇《肃宗》，第261页。
④ 参见付先召《唐朝后期颍州隶属变动及其对政局的影响》，《安徽师范大学学报》2011年第6期。

如此之长的情况并不多见。

陈寅恪先生认为："唐代自安史乱后，长安政权之得以继续维持，除文化势力外，仅恃东南八道财赋之供给。"① 朝廷之所以要依赖南方经济，一方面是北方各地多为藩镇所据，另一方面是北边驻屯重兵，当地的租税已就近使用。② 江南财赋北运主要通过漕运。

宣武镇境内辖有汴河与淮颍（蔡）两条连通南北的漕运通道。"当天下之要，总舟车之繁，控河朔之咽喉，通淮湖之运漕。"③ 宣武军节度是保障江南财赋运送京都的经济咽喉，又是屏障东都的军事重镇。④ 宣武重镇在防遏东藩、维护朝廷权威上起到了重要作用。⑤ 周宝珠先生认为这与其雄厚的兵力和汴河漕运有关。⑥ 宣武地位举足轻重，能震慑邻边强藩，战略地位极为重要。如果宣武镇成为战场，或是骄兵悍将为乱，⑦ 则会使汴水受阻，严重影响朝廷的财赋供给，或威胁朝廷安全。此时，便会割颍州隶义成军节度。⑧

义成军节度所领郑、滑、颍三州。滑州是"用武地，东有淄青，北有魏博"，⑨ 为通往永济渠的必经之处。颍州为通淮入江南的要冲。义成军节度增领颍州，既可贯通南北，又能屏障东都。朝廷若控制该水路要道，既能确保京师财赋供给，又能牵制宣武重镇，这应是朝廷以义成军节度遥领颍州的深层用意。事实证明，义成军节度确也起到了牵制宣武、确保漕运畅通的作用。

三　镇属州调整的具体方式多样

其一，割出数州隶属他镇，目的是削弱该镇，增强能对其起牵制作用

① 陈寅恪：《唐代政治史述论稿》，上海古籍出版社，1997，第20页。
② 全汉升：《唐宋帝国与运河》，商务印书馆，1946，第45页。
③ 《文苑英华》卷八〇三《汴州纠曹厅壁记》，第4246页。
④ 于式平：《唐宣武镇始末》，《史学月刊》1997年第1期，第26页。
⑤ 程遂营：《唐后期汴镇节帅韩弘》，《史学月刊》2000年第5期，第140页。
⑥ 周宝珠：《隋唐时期的汴州与宣武军》，《河南大学学报》1989年第1期，第65页。
⑦ 据王寿南和张国刚先生统计，唐代后期宣武军节度出现八次军乱。参见张国刚《唐代藩镇研究》；王寿南《唐代藩镇与中央关系之研究》。
⑧ 方积六先生亦认为，将颍州割隶义成军是朝廷控制宣武镇的重要举措。参见方积六《略论唐宪宗平定藩镇割据的历史意义》，《中国古代史论丛》1982年第3辑，第153—166页。
⑨ 《新唐书》卷一五一《袁滋传》，第4824页。

的邻近方镇的力量。如广德元年（763），割魏博沧、瀛二州隶淄青，淄青节度所辖范围深入河北，主要为牵制魏博等河北方镇。又如元和十三年（818），割成德镇德、棣二州隶横海军，以横海军牵制成德镇。

其二，新置方镇，即从相邻方镇分别割出数州，设置能对强藩起牵制作用的方镇。如贞元四年（788），割淮南节度的泗、濠二州，淄青平卢节度的徐州，新置徐泗濠节度使，以控扼淮西、淄青二镇。

其三，肢解较强方镇，将其分为若干方镇。如建中三年（782），析成德镇所辖易、定、沧三州，另置义武军节度使，成德镇被分解为两个方镇。又如元和十四年（819），淄青平卢节度使被分为淄青、郓曹濮、兖海沂密三个方镇。

其四，在方镇原辖区内升县为州，一般为军事战略要地，来提升原方镇的地位。如横海军节度使领沧、景二州，景州即是原沧州境内的弓高县，贞元二年（786），于弓高县置景州。虽增加州数，但实际所辖范围并未扩大。类似的还有朔方镇所增领的威、雄、警三州，均是于大中三年（849）后在灵州境内设置。

其五，划定数州直隶朝廷。贞元十四年（798），盐州直隶朝廷；元和二年（807），方复隶朔方节度。主要是朝廷为增加盐税而进行的临时调整。元和三年，罢东畿汝州都防御使，东都留守和汝州防御使均直隶朝廷。同、华二州置防御使时，亦隶属京师。相较而言，同、华二州成为朝廷直辖区的时间较长。

唐代州直属京师的现象较少，但启迪后世，意义颇大。宋太宗即位之初，即诏："邠、宁、泾、原、鄜、坊、丹、延、陕、虢、襄、均、房、复、邓、唐、澶、濮、宋、亳、郓、济、沧、德、曹、单、青、淄、兖、沂、贝、冀、滑、卫、镇、深、赵、定、祁等州并直属京，天下节镇无复领支郡者矣。"[1] 此举对于方镇割据势力最终退出历史舞台起到了重要作用。

四 方镇辖区总体趋于变小

安史乱后，唐朝廷为实现对方镇的控制便不断析置新的方镇，故方镇

---

① 李焘：《续资治通鉴长编》卷一八，宋太宗太平兴国二年八月条，中华书局，2004，第411页。

辖区范围总体上趋于变小。

河南道内的河南节度使及淄青平卢节度使。至德元载（756），以汴州为治所的河南节度使，领汴、宋等十三州。至贞元四年（788），以汴州置宣武军节度使，原河南节度使分置宣武、永平、陈许、徐泗四方镇，宣武镇领汴、宋、亳、颍四州。上元二年（761），淄青平卢节度使领青、密等十一州，大历末年，所领达十五州。至元和十四年（819），淄青节度析出郓曹濮、兖海沂密二镇，还领青、淄、齐、登、莱五州，至唐末，仍保持辖领五州的规模。

淮南西道节度使，乾元二年（759）至建中末年（783），领十州左右，贞元三年（787）后，仅领蔡、申、光三州。

河北道的成德镇，广德元年（763），领恒、定等六州，元和十三年（818）后，领镇、冀等四州。

关内道的朔方节度使，至德元载，领灵、夏等十三州，至元和八年（813），渐次析出泾原、鄜坊、邠宁、夏绥、振武、天德军六方镇，仅领灵、盐、会三州。虽唐末新增威、雄、警三州，但实际所辖范围并未扩大，新增三州是原所辖三州境内的县、军上升为州。

山南西道节度使，至德元载，领梁、洋等十三州，至天祐三年（906），先后析置感义军、利阆、武定军、兴文、巴渠开等镇，仅领兴元府和凤州。

剑南东川节度使，至德二载（757），领梓、遂等十二州，至天祐三年，渐次析出武信军、龙剑二镇，仅领梓、绵、普三州。

唐后期方镇，一般辖领三、五州，多至十几州，最少的仅领一州。总的来看，领十几州的不多，主要是岭南诸方镇、黔中观察使、幽州节度使等。剑南东西两川节度使前期辖领十几州，但至唐末，剑南东川仅领三州。辖领一州的方镇亦较少。如广德二年（764），京畿观察使仅领京兆府。广德元年，东都畿观察使仅领河南府。乾宁元年（894）至光化三年（900），东都畿观察使升为佑国军节度使后，亦仅领河南府。大顺元年（890）后，镇国军节度使仅领华州。乾宁二年（895），匡国军节度仅领同州。兴元元年（784），横海军使仅领沧州。天复三年（903），利州节度使仅领利州。光启元年（885），武定军节度使仅领洋州。上述单州方镇，主要出现在京畿周边地区。

由上可看出，凡叛乱多发之地或对朝廷构成威胁的跋扈方镇，大都被渐次肢解，所领范围逐渐变小。其他相对稳定的方镇，其辖区亦相对稳定，前后或有盈缩，但幅度不大，总体仍趋于变小。相对稳定时期，京兆府和同、华二州及河南府，多为朝廷直属区。

通过肢解来削弱方镇的方式亦为节度使所采用。如长庆初（821），幽州节度使刘总累疏请求入朝，请分割幽州为三镇。以幽、涿、营三州为一道；瀛、莫二州为一道；平、蓟、妫、檀四州为一道。然朝廷未能采纳其建议，"惟瀛、漠两州许置观察使，其他郡县悉命弘靖统之"，[1] 以"卢士玫为瀛州刺史，充瀛莫等州都团练观察使"。[2] 不久幽州兵乱，执节度使张弘靖，取裨将朱克融领军务，遣兵袭瀛、莫。朝廷虑防御之名不足抗凶逆，即日除卢士玫"检校工部尚书，充瀛莫节度使"。[3] 二年，朝廷无法平定朱克融乱，只得废瀛莫节度使，幽州节度"复领瀛、莫二州"。[4] 虽最终未能将幽州镇一分为三，但至少表明，把方镇化小应是当时解决方镇问题的主要方式之一。再如割据剑南的王建，亦采用肢解剑南东川的方式来实现对剑南东西两川的有效控制。

① 《旧唐书》卷一四三《刘总传》，第 3903 页。
② 《旧唐书》卷一六《穆宗》，第 487 页。
③ 《旧唐书》卷一六二《卢士玫传》，第 4247 页。
④ 《新唐书》卷六六《方镇三·幽州》，第 1850 页。

第十七章　唐后期方镇置废与辖区变动原因

方镇置废及辖区调整，主要缘于唐朝廷与方镇之间利益的博弈及实力的较量。朝廷与边疆少数民族、朝廷与方镇、方镇与方镇之间的利益争夺是造成方镇辖区变动的内在动因。归纳而言，致使方镇增减、辖区盈缩的原因有四种。

一　为平定叛乱而进行的调整

唐后期，因安史之乱，内地遍置方镇，且方镇的增减、辖区的盈缩皆随战事的需要而进行调整。安史乱后的唐朝，方镇之乱如影随形，平定方镇之乱仍是方镇辖区变动的主要原因。此类方镇调整的主动权在朝廷之手，主要发生在安史之乱期间及代宗、德宗、宪宗、武宗、懿宗几朝。为平定叛乱而进行的方镇及辖区调整，一般有如下几种结果：一是保留新置方镇及辖区调整后的状态；二是恢复原状，即将变动的诸州复隶原方镇；三是对叛乱方镇进行肢解，使其无力再叛朝廷；四是废除叛乱方镇。

1. 平定安史之乱引起的辖区变动

为平定安史之乱而引起的方镇置废及辖区变动最为烦琐，这一点已成为学界共识。该时期方镇置废及辖区变动的原因是军事需要及地理形势便利。因处于战时状态，故该时期方镇辖区变化极为频繁。该时期既保留了大量新置方镇，也有许多事平即废的情况。

至德元载（756），于河南、东畿、京畿、关内、山南、淮南、河东等道，置河南节度使、青密节度使、东畿观察使、京畿节度使、关内节度使、河中防御守捉使、泽潞沁节度使、山南西道防御守捉使、兴平节度使、襄阳防御使、南阳节度使和夔州防御守捉使。

至德二载，叛军推进至山南道邓州一带，危及江淮地区。朝廷将剑南节度使分为东、西川二节度，于荆州置荆南节度使，将夔州防御使升为夔峡节度使，在江东置防御使，江南西道置衡州防御使。

乾元元年（758），朝廷增置豫许汝节度使，二年，分汴州都防御使置汴滑节度使、河南节度使、郑陈节度使、郓齐兖节度使。

为防止江南地区出现新的动乱，朝廷于长江以南亦设置方镇。乾元二年，置浙江东道节度使、浙江西道节度使、福建都防御使、洪吉都防御团练观察使、韶连郴都团练守捉使、澧朗溆都团练使、宣歙饶观察使、鄂岳沔都团练守捉使。将邕管都防御使升为节度使，容管经略使增领都防御使。上述方镇辖区虽据情况会有所调整，但基本的方镇分布格局已经形成。

2. 代宗朝平定叛乱引起的辖区变动

代宗朝，主要是剑南、同华、汴宋、魏博等地发生叛乱，平乱致使上述方镇及周边方镇的辖区有所变动。

永泰元年（765），剑南西山兵马使崔旰杀剑南节度使郭英乂，蜀中大乱。大历元年（766），分剑南为东、西川节度使，增置剑南西山防御使和邛南节度使，[①] 剑南节度使被分为四镇。这次蜀中之乱以朝廷妥协告终。大历二年七月，以崔旰为剑南西川节度、观察等使，遂州刺史杜济为剑南东川节度、观察等使。[②] 保留剑南东、西川二镇，西山防御使和邛南节度使战后撤销。

大历元年十二月，同华节度使周智光乱。平乱后，罢同华节度使，同、华二州直隶朝廷。

大历九年末，魏博节度使田承嗣乱。十年，朝廷命淄青、成德、幽州等方镇讨伐魏博。因讨伐过程中，"诸道共攻其地，得者为己邑"。[③] 结果是瀛洲隶幽州节度，德州隶淄青平卢节度，[④] 沧州隶成德节度。[⑤] 十一年，魏博节度增领"卫、相、洺、贝四州"，[⑥] 昭义军节度（即相卫节度，原领相、卫、洺、贝、磁、邢六州）仅领邢、磁二州。

---

① 《旧唐书》卷一一《代宗》，第283页。
② 《旧唐书》卷一一《代宗》，第287页。
③ 《旧唐书》卷一二四《李正己传》，第3535页。
④ 《新唐书》卷六六《方镇三·横海》，第1843页。
⑤ 《资治通鉴》卷二二五，大历十年十月条，第7234页。
⑥ 《新唐书》卷六六《方镇三·魏博》，第1843页。

大历十一年八月，汴宋李灵曜据汴州叛，朝廷遂废河南节度使，割河南所辖宋、泗二州隶永平军节度，曹、兖、郓、濮、徐五州隶淄青平卢节度，汴州隶淮西，并成为淮西节度治所，对河南地区方镇辖区进行了大范围调整。

3. 德宗朝平乱引起的辖区变动

德宗朝削藩引发的方镇之乱主要发生在河朔三镇、淄青、淮西等地，方镇辖区变动亦主要体现在上述各镇及周边方镇。

建中二年（781），魏博田悦与成德李惟岳、淄青李纳、山南东道梁崇义连兵拒命叛唐，史称"四镇之乱"。为平定叛乱，朝廷对叛乱周边的方镇进行大幅整合。如割昭义镇怀州及河阳三城、东畿五县置河阳三城节度使，[1] 割泾原镇郑州隶永平军节度，析永平军节度所辖的宋、亳、颍三州另置宣武军节度使。三年，废淄青平卢节度使，其地分置徐海沂密都团练观察使、淄青都团练观察使、曹濮都团练观察使。[2] 分成德军节度使为易定沧三州节度使、恒冀都团练观察使、深赵都团练观察使。[3]

建中四年九月，平叛淮西的泾原兵发生哗变，拥立朱泚为大秦皇帝，进而威逼德宗避难所处的奉天。唐遂置京畿渭南节度观察使，复置渭北鄜坊节度使、东畿汝州节度使、陕西节度使平定泾原兵乱。

兴元元年（784），战争因朝廷妥协而结束，唐罢去京畿、陕西节度使，同、华二州各置单州节度使，金、商二州置都防御使。

4. 宪宗朝平乱引起的辖区调整

宪宗朝主要平定的叛乱是剑南西川刘辟、淮西吴元济、淄青李师道，因此引起上述地区方镇及辖区的变化。

元和元年（806）正月，为平定剑南西川节度使刘辟叛乱，朝廷"割资、简、陵、荣、昌、泸六州隶东川"。[4]

元和九年九月，淮西节度使吴少阳卒，其子吴元济匿丧不报，且自总兵柄，焚劫舞阳等四县。为平定淮西之乱，朝廷令河阳节度使乌重胤前往讨伐，遂割汝州隶河阳节度。为将指挥中心前移，徙治汝州。十年十月，

---

① 《新唐书》卷六四《方镇一·东畿》，第 1772 页。
② 《新唐书》卷六五《方镇二·青密》，第 1811—1812 页。
③ 《旧唐书》卷一二《德宗上》，第 332 页。
④ 《资治通鉴》卷二三七，元和元年十月条，第 7637 页。

分山南东道为襄复郢均房和唐隋邓两节度。以"唐与蔡接",故以唐隋邓节度专事攻战,以襄复郢均房五州之赋提供军饷。[①] 十二年,淮西之乱平,废唐隋邓节度使,以唐、隋、邓三州还隶山南东道。[②] 十三年,废淮西节度使,蔡州隶忠武,申州隶鄂岳,光州隶淮南。是年,废河阳节度使,汝州隶东都畿汝州都防御使,体现出事平即废的特点。

魏博田弘正率兵助朝廷平淄青李师道,唐收复淄青十二州。元和十四年,朝廷欲分化淄青平卢镇,"按图籍,视土地远迩,计士马众寡,校仓库虚实,分为三道,使之适均。以郓、曹、濮为一道,淄、青、齐、登、莱为一道,兖、海、沂、密为一道"。[③] 自此,淄青平卢分为三镇。

因淮西吴元济被平,成德节度使王承宗畏惧雌伏,献出德、棣二州。朝廷欲借机削弱成德镇,遂割"德、棣二州隶横海节度"。[④]

5. 武宗和懿宗两朝平定局部叛乱引起的辖区调整

宪宗之后至黄巢起义之间的一段时间,大的叛乱不多,主要有昭义镇刘稹之乱及徐州军乱,平定两次叛乱亦引起部分辖区变动。

自穆宗长庆初(821)刘悟始帅昭义,三传至刘稹。会昌三年(843),昭义节度使刘从谏卒,其侄刘稹欲效河北故事,朝廷不许,刘稹举兵反叛。经此一役,朝廷对昭义节度的地位重新考量。为避免昭义再次出现不利于中央的事态,将割泽州隶河阳节度管辖。李德裕奏:"其怀州别置刺史。俟昭义平日,仍割泽州隶河阳节度,则太行之险不在昭义,而河阳遂为重镇,东都无复忧矣!"[⑤] 四年九月,敕以河阳三城镇遏使为孟州,"割泽州隶焉,与怀、孟、泽为节度,号河阳"。[⑥] 泽州割隶河阳节度,使河阳成为重镇,既有让昭义防河北之目的,又有提防昭义之意图,昭义已不是控扼河北的主要依靠力量,昭义镇反成为朝廷防御的对象。[⑦] 这亦表明朝廷的防线再次回到黄河一线,朝廷控制方镇的能力亦趋于减弱。

---

① 《资治通鉴》卷二三九,元和十年十月条,第7718页。
② 《新唐书》卷六七《方镇四·南阳》,第1880页。
③ 《资治通鉴》卷二四一,元和十四年二月条,第7765页。
④ 《新唐书》卷六六《方镇三·成德》,第1849页。
⑤ 《资治通鉴》卷二四七,会昌三年九月丙午条,第7991页。
⑥ 《旧唐书》卷一八上《武宗》,第602页。
⑦ 成一农:《唐代地缘政治结构》,李孝聪主编《唐代地域结构与运作空间》,上海辞书出版社,2003,第40—41页。

咸通三年（862）七月，徐州军乱，逐节度使温璋。朝廷以为，时置徐泗节度本以控扼淄青、光蔡，今武宁镇成为祸乱之源，遂废武宁节度，置徐州团练使，隶兖海节度，濠州隶淮南道，宿州置宿泗都团练观察使。[①]四年，朝廷虑及徐州一道行政督察的便利，复以徐州为观察府，以"濠、泗隶焉"。[②]十年，置徐泗节度使。

二　为控制跋扈方镇而进行的调整

广德元年，安史乱平，国家恢复稳定，朝廷需要恢复稳定的地方管理体制。朝廷欲削弱方镇，收回部分权力，但方镇不想失去既得利益，因此朝廷和方镇之间展开长时段的博弈。平定叛乱后，朝廷一般会对方镇进行调整，通过肢解方镇或是辖区调整来削弱对朝廷具有较大威胁的方镇，并增强其周边方镇力量，实现对强镇的牵制。这种方式主要体现在对河朔三镇、淄青、淮西等骄藩悍镇的控制上。

1. 安史乱后对相卫、魏博、成德、幽州四镇进行的调整

宝应二年（763）三月，代宗登基后颁布大赦，叛将中除史朝义以外，凡能投降和率众归附者，"当超与封赏"，[③]希望能尽快结束叛乱。十一月，邺郡节度使薛嵩以相、卫、洺、邢四州，恒阳节度使张忠志以赵、恒、深、定、易五州相继降于朝廷。朝廷以张忠志为成德军节度使，统"恒、赵、深、定、易五州"，[④]薛嵩为相、卫、邢、洺、贝、磁六州节度使，田承嗣为魏、博、德、沧、瀛五州都防御使。[⑤]

虽安史旧将相继归朝，朝廷对他们担任河北诸镇节度使仍心存戒备。广德元年（763）五月，朝廷制分河北诸州，重新调整河北方镇的辖区，以对其加强控制。以幽、莫、妫、檀、平、蓟为幽州管；恒、定、赵、深、易为成德军管；相、贝、邢、洺为相州管；魏、博、德为魏州管；沧、棣、冀、瀛为青淄管；怀、卫、河阳为泽潞管。[⑥]

---

① 《资治通鉴》卷二五〇，咸通三年七月条，第8100页。
② 《资治通鉴》卷二五〇，咸通四年十一月辛巳条，第8107页。
③ 宋敏求编《唐大诏令集》卷二《帝王·即位赦上》代宗即位赦条，第9页。
④ 《资治通鉴》卷二二二，宝应元年十一月条，第7135—7136页。
⑤ 《资治通鉴》卷二二二，广德元年闰正月条，第7141页。
⑥ 《资治通鉴》卷二二二，广德元年五月条，第7143页。

从上述看，从闰正月至五月，朝廷把原属于幽州节度的冀州和魏博都防御使的沧、瀛二州割隶淄青，原属相卫的卫州割隶泽潞节度。冀、沧、瀛三州均为兵家必争的战略要地，这显然是代宗朝欲控制河北方镇的措施。[1]

顾祖禹谓冀州据"河北之中，川原饶衍，控带燕齐，称为都会。……东近瀛海则资储可充，南临河济则折冲易达"。[2] 瀛州亦"南邻青、济，水陆要冲，饷道所经，自古幽燕有事，未有不先图河间（瀛州）者。……北不得河间，青、冀之祸未烈；南不得河间，幽、平之患未深"。[3] 沧州乃水陆辐聚之地，"燕得之势足以弱齐，齐得之势足以威燕动赵矣"。[4]

沧、瀛、冀三州皆具有战略意义，朝廷得此三州，等于是在河北腹心安置一把利刃，北窥幽州，西牵成德及魏博。之所以将此三州割隶淄青节度，是因淄青节度使侯希逸本为卢龙节度使。昔既数为安史叛将所逼迫，侯希逸率军两万余人且行且战，"遂达于青州"。[5] 朝廷因诏加侯希逸为平卢、淄青节度使。上述足以表明侯希逸对朝廷的忠诚，加之平卢亦曾管辖上述诸州，隶属淄青亦能减少河北方镇的猜疑。朝廷用淄青牵制河北方镇的意图已十分明显。

泽潞增领怀、卫及河阳三城，具有攻防河北方镇之目的。卫州"南滨

---

① 史家多言代宗对安史叛将姑息纵容。《樊川文集》卷五《守论》载，唐人杜牧将代宗大历年间的方镇政策称为"守邦之术"，实指姑息之政。《读通鉴论》卷二三载，明人王夫之亦言代宗"骄纵藩镇，不可复制"，同时分析该策略得之于老子"将欲取之，必固与之"的观点。近来学界对代宗朝的方镇政策评价趋于客观。樊文礼撰《安史之乱以后的藩镇形势和唐代宗朝的藩镇政策》（《烟台师范学院学报》1995年第4期）认为，代宗初年，迫于形势，朝廷不得不对跋扈的方镇有所姑息，但随着边疆形势趋缓，国力逐渐恢复，朝廷对方镇的政策开始由过去的姑息为主改变为限制、打击为主。陈翔撰《再论安史之乱的平定与河北藩镇重建》（《江汉论坛》2010年第1期）认为，代宗朝任安史叛将分帅河北，是担心不同意会招致仆固怀恩与河北将的联合抗唐，同时采取措施最大限度地削弱、限制河北的实力，以期灭其实力于无形之中。
② 顾祖禹：《读史方舆纪要》卷一四《北直五·冀州》，第626页。
③ 顾祖禹：《读史方舆纪要》卷一三《北直四·河间府》，第549—550页。卷一七《北直八·永平府》载：平州"西接蓟门，东达渝关，负山阻海，四塞险固。……然卢龙之险，惟在营、平二州间……失营州，渝关之险犹可恃；失平州，则幽州以东，无复藩篱之限矣"。第749—750页。
④ 顾祖禹：《读史方舆纪要》卷一三《北直四·河间府》，第576页。
⑤ 《旧唐书》卷一二四《侯希逸传》，第3534页。

大河，西控上党"，^① 堪称冲要之地。李德裕曰："河阳捍蔽东都，临制魏博。"^② 顾祖禹言，怀州"南控虎牢之险，北倚太行之固，沁河东流，沇水西带，表里山河，雄跨晋、卫，舟车都会，号称陆海"。^③ 严耕望先生言河阳三城"安史乱后，中原多事，更置河阳三城节度使，屏障洛京，兼制北道，故李吉甫称为'都城之巨防'也"。^④

泽潞一镇，"借以禁制山东，说者谓州据太行之雄固，实东洛之藩垣。……太行为河北之屏障，而州又太行之首冲"。^⑤ 杜牧曰：泽、潞"肘京、洛而履蒲津，倚太原而跨河朔"。^⑥ 语其形胜，为屏障京都、抵御河朔之要地。如此怀、卫、河阳三城隶泽潞节度，以河阳三城为纽带，南连怀、陈、郑三州，北接泽、潞二州，形成进可攻退可守的防线，随时防止河北方镇的复叛。

但广德元年末，魏博"复领瀛、沧二州"，^⑦"卫州还隶相卫节度"，^⑧ 冀州隶成德军节度。^⑨ 仆固怀恩曾担心平定叛乱后将会失宠，故奏留薛嵩、李宝臣等人分帅河北，"自为党援"。^⑩ 朝廷担心安史旧将与仆固怀恩联合对抗朝廷，^⑪ 造成朝廷两面受敌，故对河北方镇有所让步，让他们复领广德元年割出的诸州。

由上可知，朝廷意图控制河北方镇是导致诸方镇辖区变动的主要原因。

2. 建中之乱后对魏博、成德、淄青、淮西等强藩的调整

建中之乱后，魏博领魏、博、澶、相、贝、卫六州。河阳节度领河阳三城及怀州，可有效防御魏博南下，确保东都畿无忧。朝廷将邢、洺、磁

---

① 顾祖禹：《读史方舆纪要》卷四九《河南四·卫辉府》，第 2303 页。
② 《资治通鉴》卷二四七，会昌三年六月条，第 7990 页。
③ 顾祖禹：《读史方舆纪要》卷四九《河南四·怀庆府》，第 2284—2285 页。
④ 严耕望：《唐代洛阳太原道驿程述》，《唐史研究丛稿》，新亚研究所，1969，第 607—608 页。
⑤ 顾祖禹：《读史方舆纪要》卷四三《山西五·泽州》，第 1972 页。
⑥ 杜牧：《贺中书门下平泽潞启》，《文苑英华》卷六五二，第 3354 页。
⑦ 《新唐书》卷六六《方镇三·魏博》，第 1841 页。
⑧ 《新唐书》卷六六《方镇三·泽潞沁》，第 1841 页。
⑨ 《新唐书》卷六六《方镇三·成德》，第 1840 页。
⑩ 《资治通鉴》卷二二二，广德元年闰正月癸亥条，第 7141 页。
⑪ 陈翔：《再论安史之乱的平定与河北藩镇重建》，《江汉论坛》2010 年第 1 期，第 73 页。

三州割隶昭义节度后，昭义节度领泽、潞、邢、磁、洺五州。表明朝廷力控河北，以期尽可能地削弱、钳制河北的力量。① 李绛尝言："昭义五州据山东要害，魏博、恒、幽诸镇蟠结，朝廷惟恃此以制之。邢、磁、洺入其腹内，诚国之宝地，安危所系也。"② 朝廷此举，对平定叛乱和控制河北诸镇起到了良好的效果。

对于成德镇，贞元元年（785），朝廷割幽州镇德、棣二州隶成德军节度，此二州本是幽州镇于建中三年（782）夺自淄青镇，朝廷此举实为削弱幽州节度。同时割成德镇易、定二州置义武军节度使，割沧州置横海军节度使，以二节度牵制成德镇。朝廷的该举措可谓一举两得。

对于淄青镇，贞元四年徙治郓州，分其地置徐泗濠节度使。李泌曰："江、淮漕运以甬桥为咽喉，地属徐州，邻于李纳……若李纳一旦复有异图，窃据徐州，是失江、淮也，国用何从而致！请徙寿、庐、濠都团练使张建封镇徐州，割濠、泗以隶之；复以庐、寿归淮南，则淄青慑息而运路常通，江、淮安矣。"③ 表明朝廷置徐泗濠节度使主要为"控扼淄青、光蔡"。④

对于淮西节度，朝廷通过割其辖地、增强周边方镇，实现对其牵制。贞元元年，淮西节度割出唐、许、蕲、黄四州，还领蔡、申、光、安、隋、溵六州。二年，废溵州。三年，安、隋二州隶山南东道节度，淮西节度仅领蔡、申、光三州。宣武军增领汴州，并徙治汴州，领汴、宋、亳、颍四州。东都畿汝州都防御使领河南府及汝、唐、邓三州。置陈许节度使，领许、陈二州。四年，置徐泗濠节度使。上述辖区调整、方镇的增置，是朝廷控制淮西的措施。

三 为防御少数民族侵扰而进行的调整

为防御少数民族内侵而增减方镇、调整方镇辖区的情况，主要发生在关内、河东、陇右和岭南、剑南地区。关内地区的方镇辖区变动完成于德宗时期，且形成七镇格局后，方镇及其辖区就少有变化。河东道方镇变化发生在武宗时期，为防范回鹘而析置方镇。陇右地区方镇的变化发生在宣

---

① 刘玉峰：《唐德宗评传》，齐鲁书社，2002，第 61 页。
② 《资治通鉴》卷二三八，元和五年三月条，第 7675 页。
③ 《资治通鉴》卷二三三，贞元四年十一月条，第 7516—7517 页。
④ 《资治通鉴》卷二五〇，咸通三年八月甲子条，第 8100 页。

宗时期，主要因收复陇右失地而重置方镇。岭南地区，自安史之乱至懿宗时期，经常受岭南"蛮患"侵扰，为此调整方镇，平定"蛮患"后，一般会恢复原状。岭南辖区变动主要发生在邕管、容管、桂管三镇。

（一）防御吐蕃、回鹘引起的辖区变动

1. 关内地区分置方镇

安史之乱爆发后，在悉师东讨，边备空虚之际，杂处京西北的党项、吐蕃等少数民族开始内侵。"至德以来，党项内寇邠、宁二州。"[①] 上元元年（760）春，"党项等羌吞噬边鄙，将逼京畿"。[②] 唐朝廷在平定叛乱的同时，于京西北新置节度使以防御少数民族侵扰。乾元元年（758），置振武军节度使，二年，置邠宁节度使。上元元年，分邠宁节度置鄜坊丹延节度使，为防范吐蕃置兴凤陇节度使。

广德元年（763），吐蕃尽取河西、陇右之地，直接威胁朝廷。二年，仆固怀恩先后引诱吐蕃、回纥之众进攻唐朝。永泰元年（765）九月，"仆固怀恩诱吐蕃数十万寇邠州"。[③] 朝廷分鄜坊节度之丹、延二州，"置丹延观察使"。[④] 为集中兵力防御吐蕃、回纥，广德二年罢河中、振武节度，以所管七州隶朔方节度。形势好转后，"废丹延观察使，二州复隶渭北鄜坊节度"。[⑤] 大历三年（768）八月，吐蕃十万寇灵武，进而寇邠州，京师戒严。十二月，"以邠宁节度使马璘为泾原节度，移镇泾州，其邠宁割隶朔方军"。[⑥]

大历五年，因泾原节度使马璘屡诉本镇荒残，无力筹措军需，朝廷遂割郑、颍二州隶泾原节度，以马璘兼"郑颍节度使"。[⑦] 主要为增强泾原节度使抵御吐蕃的能力。大历十四年和建中二年（781），方相继割出颍、郑二州。赖青寿先生认为，泾原节度遥领郑、颍二州，是为了获取两州租税来弥补军费不足。[⑧] 陶卫宁先生认为，泾原节度对郑、颍二州的遥领是一

---

① 《资治通鉴》卷二二〇，乾元元年九月丙子胡三省注条，第7060页。
② 《资治通鉴》卷二二一，上元元年正月条，第7090页。
③ 《旧唐书》卷一一《代宗》，第279—285页。
④ 《新唐书》卷六四《方镇一·渭北鄜坊》，第1769页。
⑤ 《新唐书》卷六四《方镇一·渭北鄜坊》，第1770页。
⑥ 《旧唐书》卷一一《代宗》，第291页。
⑦ 《资治通鉴》卷二二四，大历五年四月条，第7214页。
⑧ 赖青寿：《唐后期方镇（道）建置研究》，《历史地理》第17辑，第120页。

种单向的经济协助关系。① 张国刚先生亦认为是以郑、颍二州财赋弥补泾原节度的贫瘠。② 笔者认为此举不仅是为获取二州财赋，若仅为财物计，何不增领所邻之州，反而舍近求远呢？除为防御吐蕃而遥领郑、颍二州外，朝廷的意图还应有通过淮（蔡）入汴水一线，确保江南财赋输入京师及泾原，控制运输通道方是遥领的深层用意。

大历末年（779），唐蕃关系开始缓和，吐蕃已基本停止对唐朝廷的进攻。德宗即位后，析朔方为河中、邠宁、振武三节度。泾原之变后，吐蕃复内寇。贞元二年（786），吐蕃相继攻陷盐、夏、银三州。三年，"割振武之绥、银二州，以右羽林将军韩潭为夏绥银节度使"，③ 增置夏州节度观察使。十二年，置天德军都团练防御使。至此，于京西北形成朔方、邠宁、振武、鄜坊、夏绥、泾原、天德军七方镇的格局。至唐末，方镇数量及辖区几无变动。就节度使的分置而言，颇像恢复了唐初都督府的分布格局。④

为防止类似泾原军变事情的发生，朝廷于京西北诸方镇中大力发展由朝廷直接掌握的神策军，许多部队被强制编入。加之提供优厚待遇，京西北方镇的部队主动脱离方镇，请求归属神策军，成为神策行营。于是"塞上往往称神策行营，皆内统于中人，其军乃至十五万"。⑤ 神策行营杂处于京西北方镇之间，西北方镇的力量日渐削弱，其也成为一支由朝廷完全控制的军队。⑥ 这也是关内方镇动乱较少的原因之一。

2. 河东道为防御回鹘内寇析置方镇

会昌三年（843）八月，回鹘乌介可汗过天德，俘掠"云、朔北川"。⑦ 因回鹘犯边，渐侵内地，河东节度使罢领云、朔、蔚三州，以"云、蔚、朔三州置大同都团练使，治云州"。⑧

① 陶卫宁：《释〈新唐书·方镇年表（一）〉"遥领"》，《中国历史地理论丛》1996 年第 1 期，第 218 页。
② 张国刚：《唐代藩镇研究》，第 204 页。
③ 《资治通鉴》卷二三二，贞元三年七月甲子条，第 7492 页。
④ 参见严耕望《唐代河套地区军事防御系统》，黄约瑟主编《港台学者隋唐史论文精选》，三秦出版社，1990，第 45 页。
⑤ 《新唐书》卷五〇《兵志》，第 1334 页。
⑥ 黄利平：《唐京西北藩镇述略》，《陕西师范大学学报》1991 年第 1 期，第 91 页。
⑦ 《旧唐书》卷一八上《武宗》，第 591 页。
⑧ 《新唐书》卷六五《方镇二·北都》，第 1819 页。

3. 收复河陇失地重置方镇

大中三年（849）八月，收复秦州，[①] 置"秦成两州经略、天雄军使"。[②] 大中五年正月，摄沙州刺史张义潮遣使来降。以张义潮为沙州防御使。十月，张义潮发兵略定其旁瓜、伊、西、甘、肃、兰、鄯、河、岷、廓十州，遣其兄张义泽奉十一州图籍入见，于是河湟之地尽入于唐。十一月，"置归义军于沙州，以义潮为节度使、十一州观察使"。[③]

咸通四年（863），随着归义军节度使张义潮势力的增强，朝廷为加强对其的牵制，"置凉州节度，领凉、洮、西、鄯、河、临六州，治凉州"。[④]

（二）防御岭南"蛮患"引起的方镇变动

岭南道诸方镇的军事力量薄弱，不足以与朝廷对抗。岭南五府虽有兵乱，但少有帅强则叛上，父子继袭握兵，或取舍由于士卒，往往自择将吏，号为"留后"，以邀命于朝廷的现象。岭南道诸方镇无相互兼并行为，少有因此引起的辖区变化。赖青寿先生据此认为，岭南道诸方镇属于"基本稳定型"方镇。[⑤] 陈伟明先生认为，唐朝廷在岭南驻军少，造成对边患难以实施有效的军事镇压。[⑥] 面对岭南边患，朝廷主要是通过调整方镇辖区来增强抵御能力。

岭南道诸方镇辖区的变化与岭南地区的民族冲突有关，主要是为抵御岭南"蛮患"和南诏侵扰。安史之乱爆发后，南诏据有云南地，入寇安南。乾元元年（758），为有效抵御南诏内侵，朝廷升安南管内经略使为节度使，邕州管内经略使兼都防御使，并增领罗州。桂管、邕管和容管为西原"黄洞蛮"侵扰较频繁的地区。"西原蛮"，位居广、容之南，邕、桂之西，其地西接南诏。尤其是黄氏大族，终唐一代，叛服不定，势蔓岭南，为唐代南疆一大边患。

至德初，"西原蛮"首领黄乾曜联合其他"洞蛮"反叛，攻桂管十八

---

① 《旧唐书》卷一八下《宣宗》，第623页。
② 《新唐书》卷六七《方镇四·陇右》，第1884页。
③ 《资治通鉴》卷二四九，大中五年正月、十月、十一月条，第8044—8049页。
④ 《新唐书》卷六七《方镇四·河西》，第1886页。有关凉州节度使的相关问题，学界仍有分歧，本书对此亦有探讨，详见凉州节度使一节。
⑤ 赖青寿：《唐后期方镇（道）建置研究》，《历史地理》第17辑。
⑥ 陈伟明：《唐代岭南用兵与安边》，《广西民族研究》1987年第4期。

州。朝廷经四年未能平定。广德二年（764），朝廷置桂邕都防御、观察、招讨处置等使，增领邕管诸州。

大历六年（771）二月，岭南"蛮酋"梁崇牵自称平南十道大都统，与"西原蛮"张侯、夏永等连兵为乱，侵扰容管、桂管地区。唐朝廷于邕州管内增领桂管诸州，以便讨伐"西原蛮"叛乱。

元和末年，因"西原蛮"不断为乱，邕管和容管二道人数骤减，"杀伤疾疫死者十八以上"。① 朝廷遂将两道合并，"废邕管，命容管经略使阳旻兼领之"。②

至长庆初（821），兵部侍郎韩愈建言："昨合邕、容为一道，邕与贼限一江，若经略使居之，兵镇所处，物力雄完，则敌人不敢轻犯；容州则隔阻已甚，以经略使居之，则邕州兵少情见，易启蛮心。请以经略使还邕州，容置刺史，便甚。"③ 长庆二年（822）六月，据形势变化，复置邕管经略使。④

咸通元年（860），南诏再度入寇安南。鉴于南诏来势凶猛，唐朝廷把容管十一州割隶邕管来加强防御。二年七月，"南蛮"攻陷邕州。邕州陷落后，罢领容管诸州。但"邕州西接南蛮，深据黄洞，控两江之犷俗，居数道之游民"，⑤ 战略地位非常重要。三年，为加强抵御南诏的力量，改变邕管"委人太轻，军威不振"的状况，懿宗采纳岭南节度使蔡京的建议，分岭南为东西两道节度、观察、处置等使，邕州为岭南西道。但邕州所管八州，"俗无耕桑，地极边远，近罢寇扰，尤甚凋残"，⑥ 为增强其实力，据形势对该地进行调整，将原属桂管的龚州、象州，容管的藤州、岩州并隶岭南西道。

咸通四年（863），南诏破安南，诏康承训"徙岭南西道，城邕州，合容管经略使隶之，遂统诸军行营兵马"。⑦ 七年，岭南西道节度使高骈率诸道军攻破南诏，收复交州。方国瑜先生认为安南都护府与邕管经略使共同

---

① 《新唐书》卷二二二下《西原蛮传》，第6329—6330页。
② 《资治通鉴》卷二四一，元和十五年二月壬辰条，第7779页。
③ 《新唐书》卷二二二下《南蛮下·西原蛮》，第6331页。
④ 《资治通鉴》卷二四二，长庆二年六月条，第7818页。
⑤ 宋敏求编《唐大诏令集》卷九九《分岭南东西道敕》，咸通三年十月，第501页。
⑥ 宋敏求编《唐大诏令集》卷九九《分岭南东西道敕》，咸通三年十月，第501页。
⑦ 《新唐书》卷一四八《康承训传》，第4774页。

构筑了唐朝南部边疆的重要军事防线。唐设安南都护，以邕州为支柱，邕州与安南互为犄角，唐兵守安南，当加强邕州。[①] 鉴于邕管的重要地理位置，南诏内寇安南都护府时，朝廷便增强邕管辖区力量，邕管同安南都护府一道成为抵御南诏的防线。

防御岭南"蛮患"，桂管、邕管和容管在位置上居重要地位，故三方镇辖区变化较大。岭南东道南依大海，西有容管、桂管、邕管为屏障，其辖区无须进行大幅调整。安南都护府，其外濒海诸"蛮"，无广土坚城可以据守，且受南诏侵扰较为频繁，朝廷把它作为屏障岭南东道、容管、邕管地区的缓冲地带。南诏内寇时，朝廷加强的是邕管经略使的力量，对安南辖区则基本没有调整。

四　唐末方镇割据引起的辖区变动

方镇割据引起的辖区变动主要发生在黄巢起义之后。懿宗即位以后，日渐奢侈，加上连续用兵，赋敛不断加重。方镇节帅需要进奉，同时又想增加自己的财富，便不断加重属州百姓的负担。加之关东连年水旱，州县瞒报实情，上下相欺，百姓疾苦，无所控诉，于是相聚为盗，民乱蜂起。乾符元年（874）底，濮州人王仙芝聚众数千，于长垣揭竿而起，拉开唐末农民大起义的序幕。唐朝廷与地方的矛盾进一步深入社会底层，社会根基日益不稳。

节镇叛唐，而牙将又逐杀节帅、刺史，整个统治已经失序。平定黄巢起义后，出现方镇牙将皆"逐主帅，自号藩臣"的情况。[②] 唐朝廷所依赖的忠武、昭义、武宁等方镇已出现牙将换易主帅的情况。如中和初，昭义军大将成麟杀节度使高浔，天井关大将孟方立又杀成麟以代。中和二年（882），武宁牙将时溥趁军乱驱逐节度使支详，自称留后。一向比较安宁的江南方镇，亦出现"江、淮盗贼蜂起"[③] 的局面。如中和元年，江西大将闵勖逐观察使李裕。二年，和州刺史秦彦袭宣州，逐观察使窦潏以自代。此类事例于晚唐文献中俯拾皆是，兹不赘述。

---

① 方国瑜：《南诏与唐朝、吐蕃之和战》，林超民主编《方国瑜文集》第2辑，云南教育出版社，2001，第303—305页。

② 《旧唐书》卷一六四《王铎传》，第4284页。

③ 《旧五代史》卷一三四《王审知传》，第1791页。

方镇动乱除牙将驱逐节度使外，还有逐杀刺史以自代的情况。如秦宗权闻许州乱，便"选募蔡兵，逐刺史，据其城"。① "武陵蛮"雷满，擅率部兵自广陵逃亡于朗州，"杀刺史翟彦，遂据朗州"。② 邵溪人周岳，亦聚众袭衡州，"逐刺史徐颢"。③ 同时，河朔的幽州、魏博，西北的凤翔、邠宁等地也发生了拥兵自立事件。方镇更为跋扈，目无朝廷，纷纷拥兵割据，相互兼并，出现了无藩不反的局面，由此产生了一批新的军阀。他们的兼并割据是造成唐末期方镇数量增加、辖区不稳的最主要原因。

朝廷虽借助方镇力量平定了农民的反抗，但朝廷的威势却日渐下降。老牌方镇及借机崛起的新方镇均不再满足于占有一方之地，"天子，兵强马壮者为之，宁有种耶？④"始有称王图霸的念头。高骈欲兼并两浙，为"孙策三分之计"。⑤ 刘汉宏曾称："天下方乱，卯金刀非吾尚谁？"⑥ 为扩大地盘，他率军十万进攻董昌，争夺两浙地区。稍后的杨行密率兵争夺浙西，夺取苏、常、润等州，继而夺得扬州，"自淮以南、江以东，诸州皆下之"。⑦

朝廷与方镇之间势力均衡的局面被打破，朝廷已不能控制方镇独立的趋势，仅靠授予爵命来维系摇摇欲坠的政权。时方镇置废、节帅任命，已不由朝廷。朝廷所能控制的范围，仅河西、山南、剑南、岭南西道数十州。"大约郡将自擅，常赋殆绝，藩侯废置，不自朝廷，王业于是荡然。"⑧ "五侯九伯，无非问鼎之徒；四岳十连，皆畜无君之迹。"⑨ 在相互兼并的过程中，割据的节度使认识到，方镇势力过大将对自己产生威胁，故将所辖分割成数个方镇。如此既有利于对辖区进行控制，又便于灵活作战。析置方镇主要发生在剑南东川和山南东、西道。

剑南地区，唐朝廷借助王建驱逐了陈敬瑄，随后王建兼并东川、山南

---

① 《资治通鉴》卷二五四，广明元年十一月条，第8237页。
② 《新五代史》卷四一《雷满传》，第445页。
③ 《新唐书》卷一八六《邓处讷传》，第5421页。
④ 《新五代史》卷五一《安重荣传》，第583页。
⑤ 《旧唐书》卷一八二《高骈传》，第4705页。
⑥ 《新唐书》卷一九〇《刘汉宏传》，第5488页。
⑦ 《新五代史》卷六一《杨行密传》，第749页。
⑧ 《旧唐书》卷一九下《僖宗》，第720页。
⑨ 《旧唐书》卷二〇下《哀帝》，史臣曰，第812页。

西道，最终拥有三川之地。乾宁四年（897），王建攻下梓州，占有两川。光化二年（899），以东川封疆五千里，文移往还不便，析"遂、合、泸、渝、昌五州别为一镇"，①置武信军，治遂州。剑南东川分出武信军节度、龙剑节度，加之割"陵、荣二州隶利阆节度"，仅领三州。

山南西道，为剑南两川王建和凤翔李茂贞争夺之地。光启元年（885），洋州置武定军节度使。天祐三年（906），武定军领洋、扶、阶三州。光启二年，朱玫为乱，唐僖宗逃至兴元，升兴凤二州防御使为感义军节度使，以加强兴元府的防御。乾宁四年（897），更感义军曰昭武军，徙镇利州。李茂贞既兼山南，欲以昭武镇兵控扼西川王建。然天复二年（902），利州为王建所占。天祐三年，废昭武军节度使，兴州置兴文节度使，利州置利阆节度使。天祐二年，置巴渠开团练观察使。至此，山南西道分出武定、利阆、兴文、巴渠开四个方镇，仅领兴元府和凤州。

山南东道，是剑南西川王建与朱全忠争夺之地。天祐二年，曾置戎昭军节度使，领金、商、均、房四州。三年，废节度使，均、房二州隶山南东道，金、商二州隶佑国军节度。荆南节度析出武贞军和镇江二方镇。光化元年（898），雷满久据澧州，置武贞军节度使。天祐三年，升夔忠涪防御使为镇江节度使。辖区变化最大的是荆南节度使，至天祐三年，荆南还领江陵府和峡、归二州。

---

① 《资治通鉴》卷二六一，光化元年九月己丑条，第8517页。《新唐书》卷六八《方镇五·东川》："乾宁四年（897），置武信军节度使，领遂、合、昌、渝、泸五州。"笔者倾向于光化二年置武信军，故不取。

第十八章　方镇辖区变动对唐后期中央治理地方的影响

唐后期方镇置废和辖区变动频繁是中央与地方博弈的结果。中央力图收回权力，加强对地方的控制力，而方镇则努力保持既得利益，由此呈现彼此进退的局面。唐朝廷主要从加强中央权威和削弱方镇实力两方面入手，以实现在双方博弈中占据优势。

一　通过封赏鼓励领兵将领

安史之乱后，对朝廷而言，克敌之要，在得其人，驭将之方，在操得其柄。选人不当，则兵虽多但战力不强，操失其柄，将虽材不为朝廷尽忠效力。陆贽说："将不能使兵，国不能驭将，非止费财玩寇之弊，亦有不戢自焚之灾。"[1] 刘喆认为："唐后期封爵制度是对节度使的政治拉拢，册封是中央政府为实现某种政治或军事目的的一种手段。"[2] 兴元元年二月，陆贽奏曰："自兵兴以来，财赋不足以供赐，而职官之赏兴焉；青朱杂沓于胥徒，金紫普施于舆皂。当今所病，方在爵轻，设法贵之，犹恐不重，若又自弃，将何劝人！夫诱人之方，惟名与利，名近虚而于教为重，利近实而于德为轻。专实利而不济之以虚，则耗匮而物力不给；专虚名而不副之以实，则诞谩而人情不趋。故国家命秩之制，有职事官，有散官，有勋官，有爵号，然掌务而授俸者，唯系职事之一官也，此所谓施实利而寓虚名者也。其勋、散、爵号三者所系，大抵止于服色、资荫而已，此所谓假虚名而佐实利者也。"[3] 通过对重要方镇节度使的册封对其进行拉拢，目的

---

① 《资治通鉴》卷二二八，建中四年八月条，第7348页。

② 刘喆：《"四平王"之封与唐五代的节度使政治》，《唐史论丛》第27辑，三秦出版社，2018年。

③ 《资治通鉴》卷二三〇，兴元元年二月条，第7417—7418页。

是实现对强藩悍镇的控制，并加强对其他方镇的威慑。

天宝九载（750）夏五月，"乙卯，安禄山进封东平郡王。节度使封王，自此始也"。① 天宝十二载，哥舒翰"进封凉国公，食实封三百户，加河西节度使，寻封西平郡王"。② 代宗大历年间，"以忠臣为汴州刺史，加检校司空、同中书门下平章事，封西平郡王"。③ 建中二年（781）五月"己巳，以淮宁军节度使李希烈充汉南北诸道都知兵马招抚处置等使，封南平王"。④ 兴元元年（784）正月，马燧"加检校司徒，封北平郡王"。⑤ 兴元元年八月，"癸卯，加司徒、中书令、合川郡王李晟兼凤翔尹，充凤翔陇右节度等使、泾原四镇北庭行营兵马副帅，改封西平郡王"。⑥ 元和元年（806）九月，"丙寅，以剑南东川节度使、检校兵部尚书、梓州刺史、封渤海郡王高崇文检校司空，兼成都尹、御史大夫，充剑南西川节度副大使、知节度事、管内度支营田观察使、处置统押近界诸蛮及西山八国兼云南安抚等使，仍改封南平郡王，食邑三千户"。⑦

朝廷的封爵方式的确起过积极作用，出现一批为朝廷拼死效力的将领，但如陆贽所言，朝廷给予赏赐也有问题。因为战时总会出现财力不足的情况，虚名又犹恐不重，但虚名赏赐过多就会失去价值。赵翼曾经对唐后期滥授王爵的情况予以激烈的批评，说"是时爵命虽荣，人皆不以为贵，即身受者亦不以为荣，故大将军告身，才易一醉。爵赏驭人之柄，于是乎穷"。⑧ 赵翼所批评的滥授王爵主要是郡王爵，这种批评形象地反映了当时封爵制度"爵赏驭人"功能的丧失。

二　试图恢复府兵制度，解决方镇骄兵问题

唐朝实行府兵制度。府兵制度形成于西魏、北周，完善于隋、唐，唐建立后承袭隋府兵制度。《新唐书·兵志》谓"兵列府以居外，将列卫以

---

① 《旧唐书》卷九《玄宗》，第 224 页。
② 《旧唐书》卷一〇四《哥舒翰传》，第 3213 页。
③ 《旧唐书》卷二二四《叛臣传》，第 6389 页。
④ 《旧唐书》卷一二《德宗上》，第 329 页。
⑤ 《旧唐书》卷一三四《马燧传》，第 3696 页。
⑥ 《旧唐书》卷一二《德宗上》，第 345 页。
⑦ 《旧唐书》卷一四《宪宗上》，第 418—419 页。
⑧ 赵翼：《陔余丛考》卷一七《唐时王爵之滥》，中华书局，1963，第 338—339 页。

居内"，卫、府是府兵组织中的两个基本单位。高祖李渊逐渐恢复府兵制，太宗即位后阶级矛盾暂时缓和，中央集权进一步加强，呈现世所盛称的"贞观之治"。贞观十年以后，府兵制度进入全盛时期。武则天称帝之前，府兵在征战与宿卫中居于极为重要的地位。

唐太宗贞观十年（636），军府的名称为折冲府，因府的长官改称折冲都尉之故。自秦汉以来，都尉一般属于郡县级的军官，军府长官改称折冲都尉后，其实际职权随着名号的变更有所削弱。州或郡的长官虽不直接管辖折冲府，但点兵、练兵、发兵等事务，刺史或太守还是参与的。折冲府或折冲兵不称为折冲都尉府或折冲都尉兵是太宗朝加强专制主义中央集权的表现。

折冲府因地命名，以其所在区域的名称确定折冲府名称。如长安城内的永乐坊设置的折冲府称为永乐府。折冲府的兵源和军人家室居处有一定范围，叫作"地团"。《唐律疏议·职制律》载："州县有境界，折冲府有地团，不因公事，私自出境者，杖一百。"其户籍属于州县，军籍属于折冲府，地域范围类似州县的境界。"有军府州"，凡兵役重、兵源多的地方，折冲府的设置就多，相应的地团区域就小一些。军人一般分散居住，基本上不脱离家乡和农业生产生活。军人户口与一般民户，除注明"卫士"和"不课"外，其他相同。

折冲府绝大多数分布于京城附近。关内、河东、河南三道，据计算数（尚非实际数）有526府，占计算数总额657府的80%；而京兆府就设置了131府，占计算数总额的20%。极为集中的折冲府形成内围重兵。在京城的东、南、西、北四个方向也设置了折冲府，形成外围重兵。[1] 陆贽《陆宣公奏议》卷一一《论关中事宜状》："太宗……列置府兵，分隶禁卫。大凡诸府八百余所，而在关中者殆五百焉。举天下不敌关中，则举重驭轻之意明矣！"

府兵制瓦解后，地方兵力又过于分散，唐朝廷能够直接控制的兵力明显不足，政权稳定受到影响，于是中央考虑集中兵权，加强对地方兵力的控制。睿宗景云二年，拟设二十四都督府，分统诸州，后因反对意见过大未能成行。边疆设置节度使，朝廷派所信任的大臣出任边防军使或节度

---

[1] 谷霁光：《府兵制度考释》，中华书局，2011，第144页。

使，欲收回地方军队的指挥权。安史之乱后，内地遍设节度使，出现了新的募兵。如郭子仪统领的朔方军，驻屯泾州、原州等地，属于地方军队。朝廷欲利用地方军队维护中央集权，地方军队也以朝廷的倚重不断壮大，节度使可以维护皇权，也可以削弱皇权。因地方军队增多，势力不断增强，终形成尾大不掉之势。

朝廷集中大量财富，若承担起供养军队的责任，则可直接有效地控制军队，有利于维护中央集权和社会稳定。如果把养兵义务转嫁给地方，尤其是将财富掌握在手中的地方，则地方的实力增强后容易形成分裂状态。

贞元三年七月，德宗问李泌恢复府兵之策。李泌对曰："此须急为之，过旬日则不及矣。今吐蕃久居原、会之间，以牛运粮，粮尽，牛无所用，请发左藏恶缯染为彩缬，因党项以市之，每头不过二三匹，计十八万匹，可致六万余头。又命诸冶铸农器，籴麦种，分赐沿边军镇，募戍卒，耕荒田而种之，约明年麦熟倍偿其种，其余据时价五分增一，官为籴之。来春种禾亦如之。关中土沃而久荒，所收必厚。戍卒获利，耕者浸多。边地居人至少，军士月食官粮，粟麦无所售，其价必贱，名为增价，实比今岁所减多矣。"上曰："善！"即命行之。泌又言："边地官多阙，请募人入粟以补之，可足今岁之粮。"上亦从之，因问曰："卿言府兵亦集，如何？"对曰："戍卒因屯田致富，则安于其土，不复思归。旧制，戍卒三年而代，及其将满，下令有愿留者，即以所开田为永业。家人愿来者，本贯给长牒续食而遣之。据应募之数，移报本道，虽河朔诸帅得免更代之烦，亦喜闻矣。不过数番，则戍卒土著，乃悉以府兵之法理之，是变关中之疲弊为富强也。"上喜曰："如此，天下无复事矣。"泌曰："未也。臣能不用中国之兵使吐蕃自困。"上曰："计将安出？"对曰："臣未敢言之，俟麦禾有效，然后可议也。"[①]

李泌恢复府兵的方法是在战后荒芜的关中和战乱频仍的边疆地区组织戍卒开垦荒田，以为永业田，官家提供耕牛、农具、种子等，让垦荒者因此致富，并可以让家人随军。因垦田致富的戍卒具有自备资粮和戎具的能力，又能使家人的生活富足，自然愿意留下。但这一方略只有在拥有大量荒地的关中和边疆地区才具有可行性，而且随着人口增多和土地兼并日益

---

① 《资治通鉴》卷二三二，贞元三年七月条，第7494—7495页。

严重，府兵存在的经济基础终会失去。解决问题的关键在于制度，而且还要看站在谁的立场上制定政策。

府兵制崩解后，唐朝实行募兵制度。唐朝募兵制是适应经济社会发展的结果，对唐朝军力的回升有重要作用，但也存在诸多弊病，甚至是葬送王朝的弊端。士兵忠于国家的意识弱于对利益的追求，尤其在动乱时期，士兵追求赏赐、贪图眼前利益导致地方军镇动乱频仍，给唐朝带来极大的威胁。很多时候，方镇的动乱并非因反抗中央，更多是出于对利益的贪图。

长庆年间的"销兵"政策，不但没有削弱方镇，反而引起了方镇的再次叛乱，原因何在？杜牧对此有一段极为深刻的论断："雄健敢勇之士，百战千攻之劳，坐食租赋，其来已久。一旦黜去，使同编户，纷纷诸镇，停解至多。是以天下兵士闻之，无不忿恨。至长庆元年七月，幽镇乘此，首唱为乱。"①

方镇骄兵的形成与节度使出于自身利益考虑对方镇兵赏赐过多和骄纵有关。如清人赵翼所论："为之帅者，既虑其变而为肘腋之患，又欲结其心以为爪牙之助，遂不敢制以威令，而徒恃厚其恩施，此骄兵之所以益横也。"②

魏博是唐后期著名的"河朔三镇"之一，其牙兵尤"悍骄不顾法令"，时有"长安天子，魏府牙军"之说。③ 唐德宗欲罢魏博兵四万归田，节度使田悦因"大集所罢将士……尽出其家财帛衣服以给之，各令还其部伍，自此魏博感悦而怨朝廷"。④ 该措施虽在一定程度上保证了节帅与牙兵相安而处，对维护军政稳定有一定作用，但助长了牙兵的骄横。长庆销兵的失败，最终还是缘于魏博镇率先实现独立化，骄兵跋扈是其必然产物。利益的驱使，又被其他方镇争相效仿，结果形成有唐一朝无法解决的藩镇之祸。

唐朝后期，骄兵已成为藩镇节帅所不能控制的力量。如《旧唐书》所载："其凶戾者，强买豪夺，逾法犯令，长吏不能禁。"⑤ 岑仲勉先生

---

① 杜牧：《上李司徒相公论用兵书》，董诰等编《全唐文》卷七五一，第7786页。
② 赵翼著，王树民校证《廿二史札记校证》卷二〇《方镇骄兵》，第431页。
③ 《新唐书》卷二一〇《罗绍威传》，第5942页。
④ 《旧唐书》卷一四一《田悦传》，第3841页。
⑤ 《旧唐书》卷一八一《罗绍威传》，第4692页。

曾言："若夫镇使跋扈，初无非挟军士以自重，久之军士得势，镇使反为其所左右，稍失控制，危亡立至。"① 杨志玖先生说："藩镇割据的真正主动者是割据地区的军士，即投身军戎成为职业雇佣兵的破产农民和流氓无产者。"②

方镇骄兵反抗是为维护他们的既得利益，且是足以养家糊口的经济利益。③ 如杨志玖先生所言，方镇兵多招募自没有固定职业的流民，他们一旦加入军籍，便全家随军，主要依靠粮饷衣赐及赏赐维持生计，所谓"仰缘廪养父母妻子"，④ 如果突然被解除兵籍，便会无以为生。即使方镇兵中有些最初征自农民，但由于入伍后"有役干戈，无田耕稼"，最终也脱离农桑，即所谓"皆成父子之军，不习农桑之业，一朝罢归农田，顿绝衣粮"。⑤ 因能否当兵直接关乎他们的生计，这令朝廷裁减方镇兵变得十分困难。强制销兵将会激起兵士的强烈不满，终致方镇再乱。

唐后期的方镇已非节帅所能控制。朝廷所任命的节度使，如果不能满足方镇兵的利益需求，他们则会杀帅、逐帅，并自行拥立能确保他们利益的将领为帅。方镇兵已成为左右方镇，甚至是朝廷格局的力量。

三　朝廷通过置废方镇来弱化方镇

代宗朝，通过方镇置废来平定剑南、同华、汴宋、魏博等方镇叛乱。大历九年（774）末，魏博节度使田承嗣乱。十年，朝廷令淄青、成德、幽州等镇讨伐魏博。因讨伐过程中，"诸道共攻其地，得者为己邑"。⑥ 最后瀛洲隶幽州节度，德州隶淄青平卢节度，⑦ 沧州隶成德节度。⑧

---

① 岑仲勉：《隋唐史》，河北教育出版社，2000，第264页。
② 杨志玖：《试论唐代藩镇割据的社会基础》，《历史教学》1980年第6期。
③ 胡如雷先生、杨西云先生、张国刚先生均认为经济利益是骄兵叛乱最主要的驱动因素。参见胡如雷《唐五代时期的"骄兵"与藩镇》，《光明日报》1963年7月3日；杨西云《唐中后期中央对藩镇的斗争政策——从元和用兵到长庆销兵》，《历史教学》1996年第7期；张国刚《唐代兵制的演变与中古社会变迁》，《中国社会科学》2006年第4期。
④ 参见《旧唐书》卷一四一《田悦传》，第3841页。
⑤ 《文苑英华》卷四三七《叙用勋旧武臣德音》，第2212页。
⑥ 《旧唐书》卷一二四《李正己传》，第3535页。
⑦ 《新唐书》卷六六《方镇三·横海》，第1843页。
⑧ 《资治通鉴》卷二二五，大历十年十月条，第7234页。

大历十年（775），成德军节度增领沧州。① 是年，因魏博节度田承嗣盗取相、卫四州之地，朝廷诏河东、成德、幽州、淄青、淮西、永平、汴宋、河阳、泽潞诸道进讨魏博。十月，田承嗣为分化瓦解朝廷力量，以沧州贿成德节度使李宝臣。田承嗣遣使游说李宝臣曰："公与朱滔共取沧州，得之，则地归国，非公所有。公能舍承嗣之罪，请以沧州归公，仍愿从公取范阳以自效。公以精骑前驱，承嗣以步卒继之，蔑不克矣。"② 李宝臣遂与田承嗣通谋，成德镇亦获沧州之地。

建中二年，成德军节度使李宝臣死，其子李惟岳企图承袭节度使位，朝廷诏幽州节度使朱滔率兵讨伐。三年闰正月，成德军兵马使王武俊杀李惟岳。二月，时既诛李惟岳，分四州各置观察使，"以张孝忠检校兵部尚书、易定沧三州节度使，以检校太子宾客王武俊检校秘书监、恒州刺史、恒冀都团练观察使，康日知为赵州刺史、深赵都团练观察使"。③

宪宗朝平定淄青镇叛乱后，对淄青镇进行分解，降低其对唐朝廷的威胁。元和十四年，唐朝廷在魏博节度使田弘正的帮助下，收复淄青十二州。朝廷借机肢解淄青镇，"以郓、曹、濮为一道，淄、青、齐、登、莱为一道，兖、海、沂、密为一道"。④ 自此，淄青镇被一分为三。

四　充分利用形胜之便调整方镇辖区，使其相互牵制，达到以方镇制方镇的目的

广德元年（763），成德军节度增领冀州是为了削弱、牵制幽州。是年五月，朝廷割魏博镇的瀛、沧州转隶淄青镇，⑤ 就是为便于控制河朔方镇。顾祖禹谓冀州是据"河北之中，川原饶衍，控带燕齐，称为都会。……东近瀛海则资储可充，南临河济则折冲易达"。⑥ 瀛州亦"南邻青、济，水陆要冲，饷道所经，自古幽燕有事，未有不先图河间（瀛州）者。……北不得河间，青、冀之祸未烈；南不得河间，幽、平之患未深"。⑦ 沧州乃水陆

---

① 《新唐书》卷六六《方镇三·成德镇》，第1843页。
② 《资治通鉴》卷二二五，大历十年十月条，第7234页。
③ 《旧唐书》卷一二《德宗上》，第331—332页。
④ 《资治通鉴》卷二四一，元和十四年二月条，第7765页。
⑤ 《新唐书》卷六六《方镇三·魏博》，第1840—1841页。
⑥ 顾祖禹：《读史方舆纪要》卷一四《北直五·冀州》，第626页。
⑦ 顾祖禹：《读史方舆纪要》卷一三《北直四·河间府》，第549—550页。

辐聚之地，"燕得之势足以弱齐，齐得之势足以威燕动赵矣"。① 沧、瀛、冀三州皆战略要地，朝廷得此三州，控制河北的意图明显。

贞元元年（785），德、棣二州隶成德军节度也是为了抗衡幽州节度。建中三年四月，"李纳将李士真以德、棣二州降。是月，幽州镇节度使朱滔反，陷德、棣二州"。② 朝廷平叛朱滔后，将其侵占的德、棣二州割隶成德镇，主要是为增强牵制幽州的力量。从战略位置看，若牵制幽州，成德镇是最佳选择。但此时成德仅辖恒、冀、赵、深四州，实力相对弱些，所以才割德、棣二州隶成德军。

原成德所辖的易、定、沧三州，已另置义武军节度使，且节帅张孝忠忠于朝廷。昔朱滔欲起兵反叛，派人游说张孝忠，张孝忠不为所动。《资治通鉴》载，张孝忠对使者说："昔者司徒发幽州，遣人语孝忠曰'李惟岳负恩为逆'，谓孝忠归国即为忠臣。孝忠性直，用司徒之教。今既为忠臣矣，不复助逆也。且孝忠与武俊皆出夷落，深知其心最喜翻覆。司徒勿忘鄙言，他日必相念矣！"③ 使者最终被怒斥而逃。张孝忠完城砺兵，独居于强寇之间，皆不能让其屈降。义武军节度应是朝廷牵制幽州和成德两镇的重要力量，因此朝廷不会把此三州复隶成德镇。

河北三镇是唐方镇割据中的核心问题，河北三镇稳定，则全国其他方镇亦无力单独对抗朝廷。方镇之间势力均衡，彼此相互牵制，既不能相互兼并，又不能对抗朝廷。方镇之间因利益关系彼此颇有间隙，相互不愿臣服。如王武俊谋臣贾林曾说王武俊曰："今退军前辎重，后锐师，人心固一，不可图也。且胜而得地，则利归魏博；丧师，即成德大伤。大夫本部易、定、沧、赵四州，何不先复故地？"武俊遂北马首，背田悦约。贾林复说武俊曰："大夫冀邦豪族，不合谋据中华。且滔心幽险，王室强即借大夫援之，卑即思有并吞。且河朔无冀国，唯赵、魏、燕耳。今朱滔称冀，则窥大夫冀州，其兆已形矣。若滔力制山东，大夫须整臣礼，不从，即为所攻夺，此时臣滔乎？"武俊投袂作色曰："二百年宗社，我尚不能臣，谁能臣田舍汉！"④ 由此计定，遂南修好李抱真，西联盟马燧。河北方

---

① 顾祖禹：《读史方舆纪要》卷一三《北直四·河间府》，第576页。
② 《新唐书》卷七《德宗》，第188页。
③ 《资治通鉴》卷二二七，建中三年二月条，第7323页。
④ 《旧唐书》卷一四二《王武俊传》，第3874—3875页。

镇之间的利益争夺及相互猜疑，给朝廷控制方镇提供了契机。且方镇若想立足于强藩之间，还需要朝廷的支持。若"彼不倚朝廷之援以自存，则立为邻道所蒌粉矣"。① 故"夫弱唐者，诸侯也。唐既弱矣，而久不亡者，诸侯维之也"。②

宣武镇所管辖范围常在汴、宋、亳、颍四州或汴、宋、亳三州之间变动，其原因多是唐中央为了控制宣武重镇。

汴州地处中原，居汴河上游，有"扼吴楚之津梁，据咽喉之要地"之美誉，是全国交通和漕运的枢纽，也是中原地区首屈一指的"雄郡"，"自江、淮达于河、洛，舟车辐辏，人庶浩繁"。③ 从军事地位来看，"大梁（汴州）襟带河、汴，控引淮、泗，足以禁制山东"。④ 宋州襟带河济，屏蔽淮徐，舟车之所会。又因据江淮之上游，为汴洛之后劲。"自古争在中原，未有不以睢阳为腰膂之地者。"唐天宝末，张巡、许远力守睢阳（宋州），"既足以挫贼之锋，使不敢席卷东下，又即以分贼之势，使不得并力西侵，江淮得以富庶，全力赡给诸军"。⑤ 可见宋州对唐王朝的重要性非同一般。亳州"走汴、宋之郊，拊颍、寿之背，南北分疆，此亦争衡之所也"。⑥ 颍州"东蔽濠、寿，西出陈、许，不特可以固淮服之藩篱，实恃以通中原之声气。且川泽流通，田畴沃衍，耕屯于此，兵食可以交足也"。⑦ 宣武镇位居交通要塞，所辖各州多是兵家必争之地，是唐朝廷控遏河北诸镇的主要力量，所以朝廷必须保持对宣武镇的有效控制。

唐中央割宣武镇颍州隶属义成军节度，一是出于管辖习惯，颍州原隶属义成军节度；二是义成军节度遥领颍州可对宣武镇形成南北夹击之势。

义成军节度使于建中二年时被称为永平军节度使，宣武镇所辖宋、亳、颍就是从永平镇析出，永平镇还领有汴、滑、郑、陈四州。兴元元年（784），唐朝廷割其汴州隶属宣武镇，移其治所于滑州，领滑、陈、郑三州。贞元元年（785），更号为义成军节度使，增领许州，共辖四州之地。

① 《资治通鉴》卷二三八，元和七年八月条，第7693页。
② 《宋史》卷四四二《尹源传》，第13082页。
③ 《旧唐书》卷一九〇中《齐澣传》，第5037页。
④ 顾祖禹：《读史方舆纪要》卷四七《河南二·开封府》，第2137页。
⑤ 顾祖禹：《读史方舆纪要》卷五〇《河南五·归德府》，第2340页。
⑥ 顾祖禹：《读史方舆纪要》卷二一《南直三·亳州》，第1064页。
⑦ 顾祖禹：《读史方舆纪要》卷二一《南直三·颍州》，第1057页。

贞元三年，割出陈、许二州另置陈许节度。此后，义成军节度主要领滑、郑二州之地。

义成军节度增领颍州后，滑、郑两州对汴州形成掎角之势，遥领颍州又对宣武镇进行南北牵制。义成军节度所领三州之地，滑州北依黄河，是"用武地，东有淄青，北魏博"。① 郑州"雄峙中枢，控御险要"。② 两州位于宣武镇治所汴州之北，形成进可攻退可防的掎角之势。义成军节度治滑州，颍州与义成军节度所领主体辖区郑、滑二州间隔有汴、许、陈等州，属于典型的遥领。对于中原方镇，遥领时间如此之长的情况并不多见。如此调整辖区足以体现唐中央控制宣武重镇的用意。方积六亦认为，将颍州割隶义成军是朝廷控制宣武镇的重要举措。③

贞元元年，淮西节度割出唐、许、蕲、黄四州，领蔡、申、光、安、隋、溵六州。二年，废溵州。三年，安、隋二州隶山南东道节度，淮西节度仅领蔡、申、光三州。四年，淄青镇徙治郓州，分其地置徐泗濠节度使。李泌曰："江、淮漕运以甬桥为咽喉，地属徐州，邻于李纳……若李纳一旦复有异图，窃据徐州，是失江、淮也，国用何从而致！请徙寿、庐、濠都团练使张建封镇徐州，割濠、泗以隶之；复以庐、寿归淮南，则淄青慑息而运路常通，江、淮安矣。"④ 表明朝廷置徐泗濠节度使主要为"控扼淄青、光蔡"。⑤ 上述辖区调整、方镇的增置，均是朝廷控制淮西、淄青的措施。

"以方镇制方镇"的策略虽是朝廷的无奈之举，但使安史乱后的唐朝仍能延续近一百五十年，也为五代解决方镇问题提供了借鉴。

五　控制漕运沿线的关键州，确保朝廷军队费用

陈寅恪先生认为："唐代自安史乱后，长安政权之得以继续维持，除文化势力外，仅恃东南八道财赋之供给。"⑥ 朝廷之所以要依赖南方经济，

---

① 《新唐书》卷一五一《袁滋传》，第4824—4825页。
② 顾祖禹：《读史方舆纪要》卷四七《河南二·郑州》，第2197页。
③ 方积六：《略论唐宪宗平定藩镇割据的历史意义》，《中国古代史论丛》1982年第3辑，第153—166页。
④ 《资治通鉴》卷二三三，贞元四年十一月条，第7516—7517页。
⑤ 《资治通鉴》卷二五○，咸通三年八月甲子条，第8100页。
⑥ 陈寅恪：《唐代政治史述论稿》，第20页。

一方面是北方各地多为方镇所据，另一方面是北边驻屯重兵，当地的租税已就近使用。[1] 江南财赋主要通过漕运。

颍州境内有便利的水路交通，境内有淮水、颍水、汝水流经。颍水由西北向东南贯穿全境，是淮河北岸最大的支流，源出河南登封的少室山，经项城（今河南省沈丘县）、颍州，在颍口（今安徽省寿县西）汇入淮河。[2] 颍水在项城与蔡水[3]交汇，向北流经陈州（今河南省淮阳区）、汴州尉氏县（今河南省尉氏县），可与汴河（即通济渠汴河以东段）贯通。[4]

安史之乱前，沟通南北的主要是通济渠，安史之乱后，因方镇祸乱，汴河常无法通行。颍州境内的颍水，北接陈州境内的蔡水，最后入汴水可抵东都，颍、蔡漕运就成为沟通南北的主要通道。

如唐建中二年，杜佑改凿漕运路线，沟通颍水与蔡河。江淮水陆转运使杜佑以"秦、汉运路出浚仪十里入琵琶沟，绝蔡河，至陈州而合"。疏通鸡鸣冈，则江、湖、黔中、岭南、蜀、汉之粟可沿河而下，由白沙趋东关，历"颍、蔡，涉汴抵东都，无浊河溯淮之阻，减故道二千余里"。[5] 元和十一年十二月，朝廷置负责淮颍水运的机构，以确保南粮北运。"淮颍水运使，运扬子院米，自淮阴溯流至寿州，四十里入颍口，又溯流至颍州沈丘界，五百里至于项城，又溯流五百里入溵河，又三百里输于郾城。得米五十万石，茭一千五百万束。省汴运七万六千贯。"[6] 故颍州于当时已具有重要的战略、交通和军事地位。拥有颍州就等于掌控了从江南调入财物的又一关键通道。如前文所引大历五年（770）四月，"泾原节度使马璘屡诉本镇荒残，无以赡军，上讽李抱玉以郑、颍二州让之；乙巳，以璘兼郑颍节度使"。赖青寿先生认为，泾原节度遥领郑、颍二州，是为了获取两州租税，主要用来弥补军费之不足。[7] 陶卫宁先生认为，泾原节度对郑、

---

① 全汉升：《唐宋帝国与运河》，第 45 页。

② 李吉甫：《元和郡县图志》卷七《河南道》颍州条，第 189—190 页。

③ 蔡水，即古沙水，隋唐时期，蔡水的上游又叫"琵琶沟水"，可与汴河贯通，经汴州尉氏县、陈州，在项城与颍水交汇，然后与颍水一起在颍口入淮。参见李吉甫《元和郡县图志》卷七《河南道》汴州条。

④ 李吉甫：《元和郡县图志》卷七《河南道》汴州条，第 177 页。

⑤ 《新唐书》卷五三《食货三》，第 1369 页。

⑥ 《旧唐书》卷一五《宪宗下》，第 458 页。

⑦ 赖青寿：《唐后期方镇（道）建置研究》，《历史地理》第 17 辑，第 120 页。

颍二州的遥领，是一种单向的经济协助关系。[①] 张国刚先生亦认为是以郑、颍二州财赋弥补泾原节度的贫瘠。[②] 恐怕时朝廷或泾原节度使并非只想得到郑、颍二州的租税，如是那样，为何不考虑增加就近的州，反而舍近求远呢？朝廷以郑、颍二州隶泾原节度的最重要目的应是通过淮（蔡）入汴水一线，保证有更多的财物能从江南输入，想必这才是遥领的深层用意。

六 利用方镇之间的矛盾，实现在博弈中占据优势

元和七年（812），魏博节度使田弘正举六州归朝，打破了长期以来河朔三镇铁板一块的割据联盟局面。元和十年，朝廷平定淮西，对方镇震慑极大，"自吴元济诛，强藩悍将，皆欲悔过而孝顺"。[③] 元和十三年，横海节度使程权"心不自安，乃请入朝"。卢龙镇刘总亦上表归顺。成德镇王承宗上表请求自新，并愿献出德、棣二州。魏博镇田弘正率兵出击，平淄青李师道，收复淄青十二州。魏博田弘正的归朝，瓦解了河朔三镇唇齿相依的联盟，取得了宪宗削藩的短暂胜利，被史家称为"宪宗中兴"。

宪宗中兴与魏博归顺不无关系，可田弘正为何会归顺朝廷呢？是朝廷实力增强所致吗？田弘正出任魏博节度使是牙兵拥立，原因是魏博节度使田季安死后，其子田怀谏继袭，而其年仅十岁，军政大事皆决于家僮蒋士则。蒋士则"数以爱憎移易诸将"，致使诸将不满。而朝廷对此问题没有及时解决，较长时间没有任命节帅，造成军心不稳。最终是魏博牙兵数千人哗变，拥立"有勇力"且颇得军心的都知兵马使田弘正为节帅。

大将起而代帅，邻道诸藩担心本道诸将会效仿，便会合力攻击魏博田弘正。如淄青李师道就曾"与田氏约相保援"，以田弘正并非"田氏族"，欲与成德军联合讨伐田弘正。元和七年十一月，"郓、蔡、恒遣游客间说百方，（田）兴（即田弘正）终不听。李师道使人谓宣武节度使韩弘曰：'我世与田氏约相保援，今兴非田氏族，又首变两河事，亦公之所恶也！我将与成德合军讨之。'"[④] 此种形势下，田弘正想立足于强藩之间，若

---

① 陶卫宁：《释〈新唐书·方镇年表（一）〉"遥领"》，《中国历史地理论丛》1996年第1期，第218页。

② 张国刚：《唐代藩镇研究》，第204页。

③ 《新唐书》卷七《宪宗》，第219页。

④ 《资治通鉴》卷二三九，元和七年十一月条，第7697页。

"不倚朝廷之援以自存，则立为邻道所齑粉矣"。① 如李德裕所言："河朔兵力虽强，不能自立，须借朝廷官爵威命以安军情。"②

事实表明，田弘正是因其出任节度使违背了河北方镇节帅世袭的传统，为求自保而不得已归顺朝廷。冯金忠先生认为，地域主义对河北方镇来说是一柄双刃剑，一方面在维持河北稳定，恢复发展经济方面发挥了重要作用，另一方面也消弭了河朔三镇的斗志。父子相袭和军将拥立的继任方式，使节度使多为幼主，内乱频仍，严重削弱了河北方镇的力量。③ 而田弘正的无奈归朝，恰恰是地域主义的负面影响。

黄巢起义之后，方镇之间开始相互兼并，兼并方镇较多的节度使也通过肢解所辖方镇以有效控制管辖范围。上述做法致使唐末期方镇数量明显增多，但这种方镇兼并所导致的局部统一对以后解决方镇问题予以启迪。

唐代方镇的长官集军事、行政、财政大权于一身，易造成地方的独立化倾向，对正常的地方行政管理产生不利影响。④ 唐后期，朝廷不断瓦解强藩，使方镇势力均衡、彼此牵制的举措，五代致力于将方镇分解变小的努力，为宋代解决方镇问题提供了借鉴，也为后来宋路、元明清行省和近代省道县三级制的发展奠定了基础。

---

① 《资治通鉴》卷二三八，元和七年八月条，第 7693 页。
② 《资治通鉴》卷二四八，会昌四年八月余，第 8010 页。
③ 冯金忠：《唐代河北藩镇与地域社会》，《唐都学刊》2010 年第 5 期。
④ 贾玉英：《唐宋时期"道""路"制度区划理念变迁论略》，《中州学刊》2006 年第 6 期。

结　语

安史之乱爆发，朝廷将置于边境的节度使制度移至中原平叛之地，没有战事的大郡要临设都防御使，后设都团练使。乾元元年，朝廷以军事防区为基础设置观察使，仍用监察道的管理模式，只是把原十五道分为四十多个方镇，以此防止地方势力过大给朝廷造成威胁。

广德元年，朝廷以安史旧将分帅河北的方式结束平叛，试图日后逐步削减其军事实力。因河朔三镇的存在，朝廷无法解除其他方镇。虽经安史祸乱，朝廷威势下降，但大多数方镇还是忠于朝廷，为朝廷管理地方及平定叛乱的主要力量。对于跋扈方镇，朝廷一直试图掌握方镇节度使及方镇属州刺史的最终任免权，这也是唐后期朝廷与方镇之间争夺的焦点。

对于河朔三镇、淄青平卢、淮西等方镇的反叛行为，朝廷主要依靠其他方镇予以平叛。并分置方镇，调整辖区，不断强化朝廷对州刺史的任命权，削弱强藩悍镇，扶持弱小方镇，利用方镇彼此牵制，使强藩无力对抗朝廷。"夫弱唐者，诸侯也。唐既弱矣，而久不亡者，诸侯维之也。"① 方镇既希望保持较大的独立性，又无力推翻朝廷，同时也不希望向其他方镇称臣纳贡。如成德王武俊言："二百年宗社，我尚不能臣，谁能臣田舍汉！"② 因此方镇还要依靠朝廷，若"不倚朝廷之援以自存，则立为邻道所葅粉矣"。③ 宪宗时期朝廷任裴垍为相，加强对方镇税赋的增收。"先是，天下百姓输赋于州府：一曰上供，二曰送使，三曰留州……及垍为相，奏请：'天下留州、送使物，一切令省估。其所在观察使，仍以其所莅之郡租赋自给，若不足，然后征于支郡。'其诸州送使额，悉变为上供。"④ 至

① 《宋史》卷四四二《尹源传》，第 13082 页。
② 《旧唐书》卷一四二《王武俊传》，第 3875 页。
③ 《资治通鉴》卷二三八，元和七年八月条，第 7693 页。
④ 《旧唐书》卷一四八《裴垍传》，第 3991—3992 页。

此，朝廷对方镇取得暂时优势，但仍未彻底解决方镇问题。

唐后期两税三分制的实行，虽一定程度上增加了朝廷收入，但节度使为保证自己的收入不减，甚至是为获取更多的财赋，无疑会增加对属州财物的征收。如此便会增加百姓负担，同时也引起属州刺史的不满。这种矛盾积累到一定程度，农民起义便会爆发，终将朝廷推向万劫不复的深渊。黄巢起义之后，方镇之间陷入割据混战的状态，方镇数量明显增多，较为明显地出现在剑南、山南等地。这种方镇兼并所导致的局部统一和方镇碎化，对以后解决方镇问题予以启迪。

五代十国时期继续以分解方镇及直接控制州刺史的方法来应对方镇对朝廷的威胁。如开平四年（910）九月辛丑，敕："魏博管内刺史，比来州务并委督邮，遂使曹官擅其威权，州牧同于闲冗，俾循通制，宜塞异端。并依河南诸州例，刺史得以专达。"① 严耕望先生认为，"盖方镇擅权，不欲刺史预事，故特委此职，以便直接控制耳"。② 表明朱全忠已注意需加强朝廷同州之间的直达，以削弱方镇使府的权力。以方镇起家的朱全忠更懂得如何应对节度使带给朝廷的威胁。

唐代方镇的长官既是军事长官，又是行政长官，军事、行政、财政大权集于一人，易造成地方的独立化倾向，对于正常的地方行政管理产生不利影响。③ 唐后期朝廷不断瓦解强藩，使方镇势力均衡、彼此牵制及强调州刺史应直属朝廷的举措，五代致力于将方镇分解变小的努力，为宋代解决方镇问题提供了借鉴，也为后来宋路、元明清行省和近代省道县三级制的发展奠定了基础。宋代在路一级机构设置转运使、提点刑狱、安抚使，三者互不统属，且彼此牵制，使各州直属朝廷得以实现，中央集权得以高度强化。但一味强干弱枝又会造成地方实力的过度削弱，内忧外患伴随有宋一代，最终亡于少数民族之手。

① 《旧五代史》卷五《梁书·太祖纪五》，第 86 页。

② 严耕望：《唐史研究丛稿》第二篇《唐代府州僚佐考》，香港新亚研究所，1969，第 134 页。

③ 贾玉英：《唐宋时期"道""路"制度区划理念变迁论略》，《中州学刊》2006 年第 6 期。

附　录

一　京畿道方镇辖区变动

年代	京畿观察使			匡国军节度使			镇国军节度使			凤翔陇右节度使			义胜军节度使		
	方镇名称	治所	辖区	方镇名称	治所	辖区	方镇名称	治所	辖区	方镇名称	治所	辖区	方镇名称	治所	辖区
天宝十四载（755）															
至德元载（756）	京畿节度使	京兆府	京兆府、同州							凤翔防御使	凤翔郡	凤翔郡			
二载（757）															
乾元元年（758）															
二年（759）										凤翔秦陇防御使	凤翔府	凤翔府及秦、陇二州			

续表

年代	京畿观察使			匡国军节度使			镇国军节度使			凤翔陇右节度使			义胜军节度使		
	方镇名称	治所	辖区	方镇名称	治所	辖区	方镇名称	治所	辖区	方镇名称	治所	辖区	方镇名称	治所	辖区
上元元年（760）										凤翔节度使		凤翔府及兴、凤、秦、陇、成五州			
二年（761）							镇国军节度使	华州	华、同二州						
宝应元年（762）	是年废		京兆、金、商三府州												
广德元年（763）															
二年（764）	复置京畿观察使	京兆府	京兆府												
永泰元年（765）							同华节度使			凤翔陇右右节度使		凤翔府、陇州			
大历元年（766）															
二年（767）															
三年（768）															
四年（769）															
五年（770）															

续表

年代	京畿观察使			匡国军节度使			镇国军节度使			凤翔陇右节度使			义胜军节度使		
	方镇名称	治所	辖区	方镇名称	治所	辖区	方镇名称	治所	辖区	方镇名称	治所	辖区	方镇名称	治所	辖区
六年（771）															
七年（772）															
八年（773）															
九年（774）															
十年（775）															
十一年（776）															
十二年（777）															
十三年（778）															
十四年（779）															
建中元年（780）															
二年（781）															
三年（782）															
四年（783）	京畿金商节度使	奉天	京兆府、商州									凤翔府			
兴元元年（784）	京畿节度使废			奉诚军节度使是年即废	同州	同、晋、慈、隰四州	镇国军节度使					凤翔府、陇州			

续表

年代	京畿观察使			匡国军节度使			镇国军节度使			凤翔陇右节度使			义胜军节度使		
	方镇名称	治所	辖区	方镇名称	治所	辖区	方镇名称	治所	辖区	方镇名称	治所	辖区	方镇名称	治所	辖区
贞元元年(785)															
二年(786)															
三年(787)															
四年(788)															
五年(789)															
六年(790)															
七年(791)															
八年(792)															
九年(793)															
十年(794)															
十一年(795)															
十二年(796)															
十三年(797)															
十四年(798)															
十五年(799)															
十六年(800)															
十七年(801)															

续表

年代	京畿观察使			匡国军节度使			镇国军节度使			凤翔陇右节度使			义胜军节度使		
	方镇名称	治所	辖区	方镇名称	治所	辖区	方镇名称	治所	辖区	方镇名称	治所	辖区	方镇名称	治所	辖区
十八年（802）															
十九年（803）															
二十年（804）															
永贞元年（805）															
元和元年（806）															
二年（807）															
三年（808）															
四年（809）															
五年（810）															
六年（811）															
七年（812）															
八年（813）															
九年（814）															
十年（815）															
十一年（816）															
十二年（817）															

续表

年代	京畿观察使			匡国军节度使			镇国军节度使			凤翔陇右节度使			义胜军节度使		
	方镇名称	治所	辖区	方镇名称	治所	辖区	方镇名称	治所	辖区	方镇名称	治所	辖区	方镇名称	治所	辖区
十三年（818）															
十四年（819）															
十五年（820）															
长庆元年（821）															
二年（822）															
三年（823）															
四年（824）															
宝历元年（825）															
二年（826）															
大和元年（827）															
二年（828）															
三年（829）															
四年（830）															
五年（831）															
六年（832）															

续表

年代	京畿观察使			匡国军节度使			镇国军节度使			凤翔陇右节度使			义胜军节度使		
	方镇名称	治所	辖区	方镇名称	治所	辖区	方镇名称	治所	辖区	方镇名称	治所	辖区	方镇名称	治所	辖区
七年(833)															
八年(834)															
九年(835)															
开成元年(836)															
二年(837)															
三年(838)															
四年(839)															
五年(840)															
会昌元年(841)															
二年(842)															
三年(843)															
四年(844)															
五年(845)															
六年(846)															
大中元年(847)															

续表

年代	京畿观察使			匡国军节度使			镇国军节度使			凤翔陇右节度使			义胜军节度使		
	方镇名称	治所	辖区	方镇名称	治所	辖区	方镇名称	治所	辖区	方镇名称	治所	辖区	方镇名称	治所	辖区
二年（848）															
三年（849）															
四年（850）												凤翔府及秦、陇二州			
五年（851）												凤翔府及秦州			
六年（852）												凤翔府及陇州			
七年（853）															
八年（854）															
九年（855）															
十年（856）															
十一年（857）															
十二年（858）															
十三年（859）															
咸通元年（860）															
二年（861）															

续表

年代	京畿观察使			匡国军节度使			镇国军节度使			凤翔陇右节度使			义胜军节度使		
	方镇名称	治所	辖区	方镇名称	治所	辖区	方镇名称	治所	辖区	方镇名称	治所	辖区	方镇名称	治所	辖区
三年（862）															
四年（863）															
五年（864）															
六年（865）															
七年（866）															
八年（867）															
九年（868）															
十年（869）															
十一年（870）															
十二年（871）															
十三年（872）															
十四年（873）															
乾符元年（874）															
二年（875）															
三年（876）															
四年（877）															
五年（878）															

续表

年代	京畿观察使			匡国军节度使			镇国军节度使			凤翔陇右节度使			义胜军节度使		
	方镇名称	治所	辖区	方镇名称	治所	辖区	方镇名称	治所	辖区	方镇名称	治所	辖区	方镇名称	治所	辖区
六年（879）															
广明元年（880）															
中和元年（881）															
二年（882）				同华节度使	同州	同、华二州									
三年（883）												凤翔府			
四年（884）															
光启元年（885）												凤翔府、陇州			
二年（886）															
三年（887）															
文德元年（888）															
龙纪元年（889）															
大顺元年（890）									华州						

续表

年代	京畿观察使			匡国军节度使			镇国军节度使			凤翔陇右节度使			义胜军节度使		
	方镇名称	治所	辖区	方镇名称	治所	辖区	方镇名称	治所	辖区	方镇名称	治所	辖区	方镇名称	治所	辖区
二年（891）															
景福元年（892）															
二年（893）															
乾宁元年（894）				匡国军节度使		同州									
二年（895）												凤翔府及陇、乾二州			
三年（896）															
四年（897）												凤翔府、陇州			
光化元年（898）															
二年（899）															
三年（900）															
天复元年（901）												凤翔府			
二年（902）															

续表

年代	京畿观察使			匡国军节度使			镇国军节度使			凤翔陇右节度使			义胜军节度使		
	方镇名称	治所	辖区	方镇名称	治所	辖区	方镇名称	治所	辖区	方镇名称	治所	辖区	方镇名称	治所	辖区
三年（903）							感化军节度使								
天祐元年（904）	佑国军节度使						镇国军节度使					凤翔府及乾州			
二年（905）		京兆府	京兆府，金、商二州			同、华二州									
三年（906）													义胜军节度使	耀州	耀、鼎二州

二　关内道方镇辖区变动

年代	泾原节度使			邠宁节度使			鄜坊节度使			夏绥节度使			朔方节度使			振武节度使			天德军都防御使		
	方镇名称	治所	辖区	方镇名称	治所	辖区	方镇名称	治所	辖区	方镇名称	治所	辖区	方镇名称	治所	辖区	方镇名称	治所	辖区	方镇名称	治所	辖区
天宝十四载（755）																					
至德元载（756）													朔方节度使	灵州	安北都护府，定远、丰安军，东、中、西三受降城，灵、夏、盐、绥、银、丰、胜。						

续表

年代	泾原节度使			邠宁节度使			鄜坊节度使			夏绥节度使			朔方节度使			振武节度使			天德军都防御使		
	方镇名称	治所	辖区	方镇名称	治所	辖区	方镇名称	治所	辖区	方镇名称	治所	辖区	方镇名称	治所	辖区	方镇名称	治所	辖区	方镇名称	治所	辖区
至德元载(756)															陇、郇、会、宥、麟、邠十三州						
二载(757)																					
乾元元年(758)															定远、丰安、天德军、东、中、西三受降城、灵、夏、盐、绥、银、	振武节度使	不明	镇北大都护府、麟、胜二州			

续表

年代	泾原节度使			邠宁节度使			鄜坊节度使			夏绥节度使			朔方节度使			振武节度使			天德军都防御使		
	方镇名称	治所	辖区	方镇名称	治所	辖区	方镇名称	治所	辖区	方镇名称	治所	辖区	方镇名称	治所	辖区	方镇名称	治所	辖区	方镇名称	治所	辖区
乾元元年（758）															丰、陇、鄜、会、宥邠十一州						
二年（759）				邠宁节度使	邠州	邠、宁、庆、泾、原、鄜、坊、丹、延九州									单于大都护府，定远、丰安、天德军，东、中、西三受降城，灵、夏、盐、绥						

续表

年代	泾原节度使			邠宁节度使			鄜坊节度使			夏绥节度使			朔方节度使			振武节度使			天德军都防御使		
	方镇名称	治所	辖区	方镇名称	治所	辖区	方镇名称	治所	辖区	方镇名称	治所	辖区	方镇名称	治所	辖区	方镇名称	治所	辖区	方镇名称	治所	辖区
二年（759）															银、丰、会、有八州						
上元元年（760）						邠、宁、庆、泾、原五州	鄜坊节度使	坊州	鄜、坊、丹、延四州												
二年（761）																					
宝应元年（762）															单于大都护府，镇北大都护府，定远、丰安、天德军、东、中、						

续表

年代	泾原节度使			邠宁节度使			鄜坊节度使			夏绥节度使			朔方节度使			振武节度使			天德军都防御使		
	方镇名称	治所	辖区	方镇名称	治所	辖区	方镇名称	治所	辖区	方镇名称	治所	辖区	方镇名称	治所	辖区	方镇名称	治所	辖区	方镇名称	治所	辖区
宝应元年（762）															西三受降城，灵、夏、盐、绥、银、丰、会七州						
广德元年（763）																					
二年（764）															单于大都护府，镇北大都护府，定远、丰安、天德军，	废振武节度使					

续表

年代	泾原节度使			邠宁节度使			鄜坊节度使			夏绥节度使			朔方节度使			振武节度使			天德军都防御使		
	方镇名称	治所	辖区	方镇名称	治所	辖区	方镇名称	治所	辖区	方镇名称	治所	辖区	方镇名称	治所	辖区	方镇名称	治所	辖区	方镇名称	治所	辖区
二年(764)															东、中、西三受降城，灵、夏、盐、绥、银、丰、会、麟、胜九州，兼领河中府，晋、绛、慈、隰五府州						

续表

年代	泾原节度使			邠宁节度使			鄜坊节度使			夏绥节度使			朔方节度使			振武节度使			天德军都防御使		
	方镇名称	治所	辖区	方镇名称	治所	辖区	方镇名称	治所	辖区	方镇名称	治所	辖区	方镇名称	治所	辖区	方镇名称	治所	辖区	方镇名称	治所	辖区
永泰元年（765）									鄜、坊、绥三州						单于大都护府、镇北大都护府，定远，丰安，天德军，东、中、西三受降城，灵、夏、盐、银、丰、会、麟、胜八						

续表

年代	泾原节度使			邠宁节度使			鄜坊节度使			夏绥节度使			朔方节度使			振武节度使			天德军都防御使		
	方镇名称	治所	辖区	方镇名称	治所	辖区	方镇名称	治所	辖区	方镇名称	治所	辖区	方镇名称	治所	辖区	方镇名称	治所	辖区	方镇名称	治所	辖区
永泰元年（765）															州，兼领河中府、晋、绛、慈、隰五府州						
大历元年（766）																					
二年（767）																					
三年（768）	泾原节度使	泾州	泾、原二州	罢邠宁节度使											单于大都护府、镇北大都护府、定远、丰安、天德						

续表

年代	泾原节度使			邠宁节度使			鄜坊节度使			夏绥节度使			朔方节度使			振武节度使			天德军都防御使	
	方镇名称	治所	辖区	方镇名称	治所	辖区	方镇名称	治所	辖区	方镇名称	治所	辖区	方镇名称	治所	辖区	方镇名称	治所	辖区	方镇名称	治所	辖区
三年（768）															军、东、中、西三受降城，灵、夏、盐、银、丰、会、麟、胜、邠、宁、庆十一州，兼领河中府、晋、绛、						

续表

年代	泾原节度使			邠宁节度使			鄜坊节度使			夏绥节度使			朔方节度使			振武节度使			天德军都防御使		
	方镇名称	治所	辖区	方镇名称	治所	辖区	方镇名称	治所	辖区	方镇名称	治所	辖区	方镇名称	治所	辖区	方镇名称	治所	辖区	方镇名称	治所	辖区
三年(768)															慈、隰五府州						
四年(769)																					
五年(770)			泾、原、郑、颍四州																		
六年(771)							渭北节度使		鄜、坊、丹、延、绥五州												
七年(772)																					
八年(773)																					
九年(774)																					

续表

年代	泾原节度使			邠宁节度使			鄜坊节度使			夏绥节度使			朔方节度使			振武节度使			天德军都防御使		
	方镇名称	治所	辖区	方镇名称	治所	辖区	方镇名称	治所	辖区	方镇名称	治所	辖区	方镇名称	治所	辖区	方镇名称	治所	辖区	方镇名称	治所	辖区
十年（775）																					
十一年（776）																					
十二年（777）			泾、原、郑、颍四州，兼领四镇北庭行营节度使																		
十三年（778）																					
十四年（779）				复置邠宁节度使	邠州	邠、宁、庆三州	渭北鄜坊观察使	鄜州	鄜、坊、丹、延四州						定远、天德军，西受降城，灵、	析置振武节度使	单于都护府	单于都护府，东、中二受降			

续表

年代	泾原节度使			邠宁节度使			鄜坊节度使			夏绥节度使			朔方节度使			振武节度使			天德军都防御使		
	方镇名称	治所	辖区	方镇名称	治所	辖区	方镇名称	治所	辖区	方镇名称	治所	辖区	方镇名称	治所	辖区	方镇名称	治所	辖区	方镇名称	治所	辖区
十四年(779)															夏、盐、丰四州			城、绥、银、麟、胜四州			
建中元年(780)																					
二年(781)			泾、原二州				鄜坊观察使	坊州													
三年(782)																					
四年(783)							渭北节度使	鄜州													
兴元元年(784)																					
贞元元年(785)																					
二年(786)							鄜坊观察使														

续表

年代	泾原节度使			邠宁节度使			鄜坊节度使			夏绥节度使			朔方节度使			振武节度使			天德军都防御使		
	方镇名称	治所	辖区	方镇名称	治所	辖区	方镇名称	治所	辖区	方镇名称	治所	辖区	方镇名称	治所	辖区	方镇名称	治所	辖区	方镇名称	治所	辖区
三年(787)							渭北节度使			夏绥节度使	夏州	夏、绥、银三州			定远、天德军、西受降城、灵、盐、丰三州			单于都护府、东、中二受降城、麟及胜三州			
四年(788)																					
五年(789)																					
六年(790)																					
七年(791)																					
八年(792)																					
九年(793)																					

续表

年代	泾原节度使			邠宁节度使			鄜坊节度使			夏绥节度使			朔方节度使			振武节度使			天德军都防御使		
	方镇名称	治所	辖区	方镇名称	治所	辖区	方镇名称	治所	辖区	方镇名称	治所	辖区	方镇名称	治所	辖区	方镇名称	治所	辖区	方镇名称	治所	辖区
十年(794)																					
十一年(795)																					
十二年(796)															定远军、灵、盐二州			单于都护府及麟、胜二州	天德军都防御使	丰州	东、中、西三受降城、丰、会二州
十三年(797)																					
十四年(798)												夏、绥、银、盐四州			定远军、灵州						
十五年(799)																					
十六年(800)																					

续表

年代	泾原节度使			邠宁节度使			鄜坊节度使			夏绥节度使			朔方节度使			振武节度使			天德军都防御使		
	方镇名称	治所	辖区	方镇名称	治所	辖区	方镇名称	治所	辖区	方镇名称	治所	辖区	方镇名称	治所	辖区	方镇名称	治所	辖区	方镇名称	治所	辖区
十七年（801）																					
十八年（802）																					
十九年（803）												夏、绥、银三州									
二十年（804）																					
永贞元年（805）																					
元和元年（806）																					
二年（807）															定远军、灵、盐二州						
三年（808）																					

续表

年代	泾原节度使			邠宁节度使			鄜坊节度使			夏绥节度使			朔方节度使			振武节度使			天德军都防御使		
	方镇名称	治所	辖区	方镇名称	治所	辖区	方镇名称	治所	辖区	方镇名称	治所	辖区	方镇名称	治所	辖区	方镇名称	治所	辖区	方镇名称	治所	辖区
四年(809)			泾、原、(行)渭三州																		
五年(810)																					
六年(811)																					
七年(812)																					
八年(813)															定远军、灵、盐、会三州			单于都护府、东受降城及麟、胜二州	天德军都团练防御使		丰州、天德军、西、中二受降城
九年(814)												夏、绥、银、宥四州									

404

续表

年代	泾原节度使			邠宁节度使			鄜坊节度使			夏绥节度使			朔方节度使			振武节度使			天德军都防御使		
	方镇名称	治所	辖区	方镇名称	治所	辖区	方镇名称	治所	辖区	方镇名称	治所	辖区	方镇名称	治所	辖区	方镇名称	治所	辖区	方镇名称	治所	辖区
十年（815）																					
十一年（816）																					
十二年（817）																					
十三年（818）																					
十四年（819）																					
十五年（820）																					
长庆元年（821）																					
二年（822）																					
三年（823）																					

续表

年代	泾原节度使			邠宁节度使			鄜坊节度使			夏绥节度使			朔方节度使			振武节度使			天德军都防御使		
	方镇名称	治所	辖区	方镇名称	治所	辖区	方镇名称	治所	辖区	方镇名称	治所	辖区	方镇名称	治所	辖区	方镇名称	治所	辖区	方镇名称	治所	辖区
四年(824)																					
宝历元年(825)																					
二年(826)																					
大和元年(827)																					
二年(828)																					
三年(829)																					
四年(830)																					
五年(831)																					
六年(832)																					

续表

年代	泾原节度使			邠宁节度使			鄜坊节度使			夏绥节度使			朔方节度使			振武节度使			天德军都防御使		
	方镇名称	治所	辖区	方镇名称	治所	辖区	方镇名称	治所	辖区	方镇名称	治所	辖区	方镇名称	治所	辖区	方镇名称	治所	辖区	方镇名称	治所	辖区
七年(833)																					
八年(834)																					
九年(835)																					
开成元年(836)																					
二年(837)																					
三年(838)																					
四年(839)																					
五年(840)																					
会昌元年(841)																					

续表

年代	泾原节度使			邠宁节度使			鄜坊节度使			夏绥节度使			朔方节度使			振武节度使			天德军都都防御使		
	方镇名称	治所	辖区	方镇名称	治所	辖区	方镇名称	治所	辖区	方镇名称	治所	辖区	方镇名称	治所	辖区	方镇名称	治所	辖区	方镇名称	治所	辖区
二年（842）																					
三年（843）																	安北都护府	安北都护府、东受降城及麟、胜二州			
四年（844）																					
五年（845）																					
六年（846）																					
大中元年（847）																					
二年（848）																					

续表

年代	泾原节度使			邠宁节度使			鄜坊节度使			夏绥节度使			朔方节度使			振武节度使			天德军都防御使		
	方镇名称	治所	辖区	方镇名称	治所	辖区	方镇名称	治所	辖区	方镇名称	治所	辖区	方镇名称	治所	辖区	方镇名称	治所	辖区	方镇名称	治所	辖区
三年(849)					宁州	邠、宁、庆、武四州									定远军，灵、盐、会、威四州						
四年(850)																					
五年(851)																					
六年(852)																					
七年(853)																					
八年(854)																					
九年(855)			泾、原、渭（行）、武四州		邠州	邠、宁、庆三州															

409

续表

年代	泾原节度使			邠宁节度使			鄜坊节度使			夏绥节度使			朔方节度使			振武节度使			天德军都防御使		
	方镇名称	治所	辖区	方镇名称	治所	辖区	方镇名称	治所	辖区	方镇名称	治所	辖区	方镇名称	治所	辖区	方镇名称	治所	辖区	方镇名称	治所	辖区
十年(856)																					
十一年(857)																					
十二年(858)																					
十三年(859)																					
咸通元年(860)																					
二年(861)																					
三年(862)																					
四年(863)			泾、原、武三州																		
五年(864)																					

续表

年代	泾原节度使			邠宁节度使			鄜坊节度使			夏绥节度使			朔方节度使			振武节度使			天德军都防御使		
	方镇名称	治所	辖区	方镇名称	治所	辖区	方镇名称	治所	辖区	方镇名称	治所	辖区	方镇名称	治所	辖区	方镇名称	治所	辖区	方镇名称	治所	辖区
六年(865)																					
七年(866)																					
八年(867)																					
九年(868)																					
十年(869)																					
十一年(870)																					
十二年(871)																					
十三年(872)																					
十四年(873)																					
乾符元年(874)																					

续表

年代	泾原节度使			邠宁节度使			鄜坊节度使			夏绥节度使			朔方节度使			振武节度使			天德军都防御使		
	方镇名称	治所	辖区	方镇名称	治所	辖区	方镇名称	治所	辖区	方镇名称	治所	辖区	方镇名称	治所	辖区	方镇名称	治所	辖区	方镇名称	治所	辖区
二年(875)																					
三年(876)															定远军、灵、盐、会、威、雄五州						
四年(877)																					
五年(878)																					
六年(879)																					
广明元年(880)																					
中和元年(881)																					

续表

年代	泾原节度使			邠宁节度使			鄜坊节度使			夏绥节度使			朔方节度使			振武节度使			天德军都防御使		
	方镇名称	治所	辖区	方镇名称	治所	辖区	方镇名称	治所	辖区	方镇名称	治所	辖区	方镇名称	治所	辖区	方镇名称	治所	辖区	方镇名称	治所	辖区
二年（882）							保大军节度使			定难节度使											
三年（883）									鄜、坊、丹三州												
四年（884）			泾、原、渭、武四州															安北都护府、东受降城及胜州			
光启元年（885）				静难军节度使																	
二年（886）																					
三年（887）																					
文德元年（888）																					

续表

年代	泾原节度使			邠宁节度使			鄜坊节度使			夏绥节度使			朔方节度使			振武节度使			天德军都防御使		
	方镇名称	治所	辖区	方镇名称	治所	辖区	方镇名称	治所	辖区	方镇名称	治所	辖区	方镇名称	治所	辖区	方镇名称	治所	辖区	方镇名称	治所	辖区
龙纪元年(889)																					
大顺元年(890)																					
二年(891)	彰义军节度使																				
景福元年(892)															灵、盐、会、威、雄、警六州						
二年(893)																					
乾宁元年(894)																					

续表

年代	泾原节度使			邠宁节度使			鄜坊节度使			夏绥节度使			朔方节度使			振武节度使			天德军都防御使		
	方镇名称	治所	辖区	方镇名称	治所	辖区	方镇名称	治所	辖区	方镇名称	治所	辖区	方镇名称	治所	辖区	方镇名称	治所	辖区	方镇名称	治所	辖区
二年（895）																					
三年（896）																					
四年（897）																					
光化元年（898）									鄜、坊二州												
二年（899）																					
三年（900）																					
天复元年（901）																					
二年（902）									鄜、坊、翟三州												

续表

年代	泾原节度使			邠宁节度使			鄜坊节度使			夏绥节度使			朔方节度使			振武节度使			天德军都防御使		
	方镇名称	治所	辖区	方镇名称	治所	辖区	方镇名称	治所	辖区	方镇名称	治所	辖区	方镇名称	治所	辖区	方镇名称	治所	辖区	方镇名称	治所	辖区
三年（903）																					
天祐元年（904）																					
二年（905）																					
三年（906）																					

三　都畿道方镇辖区变动

年代	东都畿观察使			陕虢观察使		
	方镇名称	治所	辖区	方镇名称	治所	辖区
天宝十四载（755）						
至德元载（756）	东畿观察使	东都	河南府、怀州、汝州、陕州			
二载（757）						
乾元元年（758）	东畿采访处置使		河南府、陕州、怀州			
二年（759）			河南府、怀州	陕华节度使	陕州	陕、虢、华三州
上元元年（760）				陕西节度使		陕、虢二州
二年（761）						
宝应元年（762）						
广德元年（763）	东畿观察使		河南府	陕虢都防御观察使		
二年（764）						
永泰元年（765）						
大历元年（766）						
二年（767）						
三年（768）						
四年（769）						
五年（770）						

续表

年代	东都畿观察使			陕虢观察使		
	方镇名称	治所	辖区	方镇名称	治所	辖区
六年（771）						
七年（772）						
八年（773）						
九年（774）						
十年（775）						
十一年（776）						
十二年（777）						
十三年（778）						
十四年（779）			河南府、汝州、陕州、虢州			
建中元年（780）						
二年（781）			河南府、郑州、汝州、陕州			
三年（782）						
四年（783）	东畿汝州节度使		河南府、汝州	陕虢节度使		
兴元元年（784）						
贞元元年（785）	东畿都防御使		河南府、汝州、唐州、邓州	陕虢都防御观察使		
二年（786）	东畿都防御观察使		河南府、汝州			
三年（787）						
四年（788）						

续表

年代	东都畿观察使			陕虢观察使		
	方镇名称	治所	辖区	方镇名称	治所	辖区
五年（789）	东畿汝州都防御使					
六年（790）						
七年（791）						
八年（792）						
九年（793）						
十年（794）						
十一年（795）						
十二年（796）						
十三年（797）						
十四年（798）						
十五年（799）						
十六年（800）						
十七年（801）						
十八年（802）						
十九年（803）						
二十年（804）						
永贞元年（805）						
元和元年（806）						

续表

年代	东都畿观察使			陕虢观察使		
	方镇名称	治所	辖区	方镇名称	治所	辖区
二年（807）						
三年（808）	废东都畿汝州都防御使					
四年（809）						
五年（810）						
六年（811）						
七年（812）						
八年（813）						
九年（814）						
十年（815）						
十一年（816）						
十二年（817）						
十三年（818）	复置东都畿汝州都防御使	东都	河南府、汝州			
十四年（819）						
十五年（820）			河南府			
长庆元年（821）	东都畿都防御使					
二年（822）						
三年（823）			河南府、汝州			

续表

年代	东都畿观察使			陕虢观察使		
	方镇名称	治所	辖区	方镇名称	治所	辖区
四年（824）						
宝历元年（825）						
二年（826）						
大和元年（827）						
二年（828）						
三年（829）						
四年（830）						
五年（831）				废陕虢都防御观察使		
六年（832）						
七年（833）						
八年（834）						
九年（835）						
开成元年（836）				复置陕虢都防御观察使	陕州	陕、虢二州
二年（837）						
三年（838）						
四年（839）						
五年（840）						
会昌元年（841）						

唐代后期方镇辖区变动研究

年代	东都畿观察使			陕虢观察使		
	方镇名称	治所	辖区	方镇名称	治所	辖区
二年（842）						
三年（843）						
四年（844）						
五年（845）						
六年（846）						
大中元年（847）						
二年（848）						
三年（849）						
四年（850）						
五年（851）						
六年（852）						
七年（853）						
八年（854）						
九年（855）						
十年（856）						
十一年（857）						
十二年（858）						
十三年（859）						

续表

年代	东都畿观察使			陕虢观察使		
	方镇名称	治所	辖区	方镇名称	治所	辖区
咸通元年（860）						
二年（861）						
三年（862）						
四年（863）						
五年（864）						
六年（865）						
七年（866）						
八年（867）						
九年（868）						
十年（869）						
十一年（870）						
十二年（871）						
十三年（872）						
十四年（873）						
乾符元年（874）						
二年（875）						
三年（876）						
四年（877）						

续表

年代	东都畿观察使			陕虢观察使		
	方镇名称	治所	辖区	方镇名称	治所	辖区
五年（878）						
六年（879）						
广明元年（880）						
中和元年（881）						
二年（882）						
三年（883）				陕虢节度使		
四年（884）						
光启元年（885）						
二年（886）						
三年（887）						
文德元年（888）	佑国军节度使					
龙纪元年（889）				保义军节度使		
大顺元年（890）						
二年（891）						
景福元年（892）						
二年（893）						
乾宁元年（894）			河南府			
二年（895）						

续表

年代	东都畿观察使			陕虢观察使		
	方镇名称	治所	辖区	方镇名称	治所	辖区
三年（896）						
四年（897）						
光化元年（898）						
二年（899）						
三年（900）	东畿观察使		河南府、汝州			
天复元年（901）						
二年（902）						
三年（903）						
天祐元年（904）						
二年（905）						
三年（906）						

四 河南道方镇辖区变动

年代	河南·汴滑·宣武军节度使			义成军节度使			忠武军节度使			郓兖节度使			天平军节度使			河南·徐海·徐泗·武宁军节度使			泰宁军节度使			淄青平卢节度使			豫许汝节度使			郑陈节度使			曹濮观察使		
	方镇名称	治所	辖区	方镇名称	治所	辖区	方镇名称	治所	辖区	方镇名称	治所	辖区	方镇名称	治所	辖区	方镇名称	治所	辖区	方镇名称	治所	辖区	方镇名称	治所	辖区	方镇名称	治所	辖区	方镇名称	治所	辖区	方镇名称	治所	辖区
天宝十四载（755）	河南节度使	汴州	汴、宋、滑、陈、颍、亳、曹、濮、淄、沂、徐、泗、海十三州																														
至德元载（756）										郓、齐、兖都	齐州	郓、齐、兖三州										青密节度使	青州	青、密、登、莱									

续表

年代	河南·汴滑·宣武军节度使			义成军节度使			忠武军节度使			郓兖节度使			天平军节度使			河南·徐海·徐泗·武宁军节度使			泰宁军节度使			淄青平卢节度使			豫许汝节度使			郑陈节度使			曹濮观察使		
	方镇名称	治所	辖区	方镇名称	治所	辖区	方镇名称	治所	辖区	方镇名称	治所	辖区	方镇名称	治所	辖区	方镇名称	治所	辖区	方镇名称	治所	辖区	方镇名称	治所	辖区	方镇名称	治所	辖区	方镇名称	治所	辖区
至德元载（756）										防御使															四州							
二载（757）																															
乾元元年（758）	汴州都防御使		汴、宋、曹、淄、沂、徐、泗、海 八州																					青、密、登、莱、潍、濮 六州									
二年（759）	汴滑节度使		汴、滑、曹、宋、海 五州							郓兖节度使	兖州	郓、齐、兖、濮 四州				河南节度使	徐州	徐、泗、海 三州				青、密、登、莱、淄、沂 六州			豫许汝节度使	豫州	豫、许、汝 三州	郑陈节度使	郑州	郑、陈、亳、颍 四州			

续表

年代	河南·汴滑·宣武军节度使 方镇名称	治所	辖区	义成军节度使 方镇名称	治所	辖区	忠武军节度使 方镇名称	治所	辖区	郓兖节度使 方镇名称	治所	辖区	天平军节度使 方镇名称	治所	辖区	河南·徐海·徐泗武宁军节度使 方镇名称	治所	辖区	泰宁军节度使 方镇名称	治所	辖区	淄青平卢节度使 方镇名称	治所	辖区	豫许汝节度使 方镇名称	治所	辖区	郑陈节度使 方镇名称	治所	辖区	曹濮观察使 方镇名称	治所	辖区
上元元年（760）			汴、滑、曹、宋四州																					青、密、登、莱、淄、沂、海七州									
二年（761）	汴滑节度使废			滑卫节度使	滑州	滑、卫、相、魏、博、贝六州						郓、兖、濮、徐四州				废河南节度使		徐、泗二州				淄青平卢节度使		青、密、登、莱、海、淄、沂、沧、德、棣、齐十一州				废郑陈节度使					

续表

年代	河南·汴滑·宣武军节度使 方镇名称	治所	辖区	义成军节度使 方镇名称	治所	辖区	忠武军节度使 方镇名称	治所	辖区	郓兖节度使 方镇名称	治所	辖区	天平军节度使 方镇名称	治所	辖区	河南·徐海·徐泗·武宁军节度使 方镇名称	治所	辖区	泰宁军节度使 方镇名称	治所	辖区	淄青平卢节度使 方镇名称	治所	辖区	豫许汝节度使 方镇名称	治所	辖区	郑陈节度使 方镇名称	治所	辖区	曹濮观察使 方镇名称	治所	辖区
宝应元年（762）	河南节度使	汴州	汴、宋、曹、徐、颍、兖、郓、濮 八州							废郓兖节度使														青、密、登、莱、海、淄、沂、沧、德、棣、齐、泗 十二州	蔡汝节度使	蔡州	蔡、申、汝 三州						
广德元年（763）				清亳节度使		清、亳 二州																		青、密、登、莱、海、淄、沂、棣、									

续表

年代	河南·汴滑·宣武军节度使 方镇名称	治所	辖区	义成军节度使 方镇名称	治所	辖区	忠武军节度使 方镇名称	治所	辖区	郓兖节度使 方镇名称	治所	辖区	天平军节度使 方镇名称	治所	辖区	河南·徐海·徐泗·武宁军节度使 方镇名称	治所	辖区	泰宁军节度使 方镇名称	治所	辖区	淄青平卢节度使 方镇名称	治所	辖区	豫许汝节度使 方镇名称	治所	辖区	郑陈节度使 方镇名称	治所	辖区	曹濮观察使 方镇名称	治所	辖区
广德元年(763)																								齐、淄十州										
二年(764)																																		
永泰元年(765)																																		
大历元年(766)																																		
二年(767)																																		
三年(768)			汴、宋、曹、徐、兖、郓、濮七州			滑、亳、颍三州																												

续表

年代	河南·汴滑宣武军节度使 方镇名称	治所	辖区	义成军节度使 方镇名称	治所	辖区	忠武军节度使 方镇名称	治所	辖区	郓兖节度使 方镇名称	治所	辖区	天平军节度使 方镇名称	治所	辖区	河南·徐海·徐泗·武宁军节度使 方镇名称	治所	辖区	泰宁军节度使 方镇名称	治所	辖区	淄青平卢节度使 方镇名称	治所	辖区	豫许汝节度使 方镇名称	治所	辖区	郑陈节度使 方镇名称	治所	辖区	曹濮观察使 方镇名称	治所	辖区
四年（769）			汴、宋、曹、徐、兖、郓、濮、泗八州			滑、亳、陈三州														海沂密都防御使	海州	海、沂、密三州			青、密、登、莱、海、淄、沂、棣、齐九州			蔡、申、汝、仙四州						
五年（770）																												蔡、申、汝三州						
六年（771）																																		
七年（772）	永平节度使																																	

续表

年代	河南·汴滑·宣武军节度使			义成军节度使			忠武军节度使			郓兖节度使			天平军节度使			河南·徐海·徐泗·武宁军节度使			泰宁军节度使			淄青平卢节度使			豫许汝节度使			郑陈节度使			曹濮观察使		
	方镇名称	治所	辖区	方镇名称	治所	辖区	方镇名称	治所	辖区	方镇名称	治所	辖区	方镇名称	治所	辖区	方镇名称	治所	辖区	方镇名称	治所	辖区	方镇名称	治所	辖区	方镇名称	治所	辖区	方镇名称	治所	辖区	方镇名称	治所	辖区
八年（773）																																	
九年（774）																																	
十年（775）																						青、密、登、莱、海、淄、沂、棣、齐、德 十州											
十一年（776）	河南节度使废			滑、亳、陈、宋、泗 五州																		青、密、登、莱、海、淄、沂、棣											

续表

年代	河南·汴滑宣武军节度使			义成军节度使			忠武军节度使			郓兖节度使			天平军节度使			河南·徐海·徐泗武宁军节度使			泰宁军节度使			淄青平卢节度使			豫许汝节度使			郑陈节度使			曹濮观察使		
	方镇名称	治所	辖区	方镇名称	治所	辖区	方镇名称	治所	辖区	方镇名称	治所	辖区	方镇名称	治所	辖区	方镇名称	治所	辖区	方镇名称	治所	辖区	方镇名称	治所	辖区	方镇名称	治所	辖区	方镇名称	治所	辖区	方镇名称	治所	辖区
十一年（776）																								齐、德、郓、曹、濮、徐、兖十五州										
十二年（777）																							郓州										
十三年（778）																																	
十四年（779）	汴州		汴、滑、亳、陈、宋、泗、颍七州																														

433

续表

年代	河南·许滑·宣武军节度使			义成军节度使			忠武军节度使			郓兖节度使			天平军节度使			河南·徐海·徐泗·武宁军节度使			泰宁军节度使			淄青·平卢节度使			豫许汝节度使			郑陈节度使			曹濮观察使		
	方镇名称	治所	辖区	方镇名称	治所	辖区	方镇名称	治所	辖区	方镇名称	治所	辖区	方镇名称	治所	辖区	方镇名称	治所	辖区	方镇名称	治所	辖区	方镇名称	治所	辖区	方镇名称	治所	辖区	方镇名称	治所	辖区
建中元年（780）	宣武军节度使	宋州	宋、亳、颍三州			滑、清、陈、郑四州																										
二年（781）																徐海沂密都团练观察使	徐州	徐海沂密四州				淄青都团练观察使	青州	淄青登莱齐兖郓七州								
三年（782）																																
四年（783）					滑州	滑、陈、郑三州																										
兴元元年（784）		汴州	汴、宋、亳、颍			滑、陈、郑三州										废徐海沂密			淄青平卢	青州	青、淄登莱齐							废曹濮观		

续表

年代	河南·汴滑宣武军节度使			义成军节度使			忠武军节度使			郓兖节度使			天平军节度使			河南·徐海·徐泗·武宁军节度使			泰宁军节度使			淄青平卢节度使			豫许汝节度使			郑陈节度使			曹濮观察使		
	方镇名称	治所	辖区	方镇名称	治所	辖区	方镇名称	治所	辖区	方镇名称	治所	辖区	方镇名称	治所	辖区	方镇名称	治所	辖区	方镇名称	治所	辖区	方镇名称	治所	辖区	方镇名称	治所	辖区	方镇名称	治所	辖区	方镇名称	治所	辖区
兴元元年（784）			四州													都团练观察使						节度使		兖、郓、徐、海、沂、密、曹、濮十三州							观察使		
贞元元年（785）				义成军节度使		滑、陈、郑、许四州																											
二年（786）							陈许节度使	许州	陈、许二州																								

435

续表

年代	河南·许滑·宣武军节度使			义成军节度使			忠武军节度使			郓兖节度使			天平军节度使			河南·徐海·徐泗武宁军节度使			泰宁军节度使			淄青平卢节度使			豫许汝节度使			郑陈节度使			曹濮观察使		
	方镇名称	治所	辖区	方镇名称	治所	辖区	方镇名称	治所	辖区	方镇名称	治所	辖区	方镇名称	治所	辖区	方镇名称	治所	辖区	方镇名称	治所	辖区	方镇名称	治所	辖区	方镇名称	治所	辖区	方镇名称	治所	辖区	方镇名称	治所	辖区
三年（787）						滑、郑二州																											
四年（788）																徐泗濠节度使	徐州	徐、泗、濠三州					郓州	青、淄、登、莱、齐、兖、郓、海、沂、密、曹、濮十二州									
五年（789）																																	
六年（790）																																	

续表

年代	河南·汴滑宣武军节度使			义成军节度使			忠武军节度使			郓兖节度使			天平军节度使			河南·徐海·徐泗·武宁军节度使			泰宁军节度使			淄青平卢节度使			豫许汝节度使			郑陈节度使			曹濮观察使		
	方镇名称	治所	辖区	方镇名称	治所	辖区	方镇名称	治所	辖区	方镇名称	治所	辖区	方镇名称	治所	辖区	方镇名称	治所	辖区	方镇名称	治所	辖区	方镇名称	治所	辖区	方镇名称	治所	辖区	方镇名称	治所	辖区	方镇名称	治所	辖区
七年（791）																																	
八年（792）																																	
九年（793）																																	
十年（794）																																	
十一年（795）																																	
十二年（796）																																	
十三年（797）																																	
十四年（798）																																	
十五年（799）																																	
十六年（800）																废徐濠泗节度使																	
十七年（801）																																	

续表

年代	河南·汴滑·宣武军节度使			义成军节度使			忠武军节度使			郓兖节度使			天平军节度使			河南·徐海·徐泗武宁军节度使			泰宁军节度使			淄青平卢节度使			豫许汝节度使			郑陈节度使			曹濮观察使		
	方镇名称	治所	辖区	方镇名称	治所	辖区	方镇名称	治所	辖区	方镇名称	治所	辖区	方镇名称	治所	辖区	方镇名称	治所	辖区	方镇名称	治所	辖区	方镇名称	治所	辖区	方镇名称	治所	辖区	方镇名称	治所	辖区	方镇名称	治所	辖区
十八年（802）																																	
十九年（803）																																	
二十年（804）							忠武军节度使																										
永贞元年（805）																武宁军节度使	徐州	徐州															
元和元年（806）																																	
二年（807）																	徐州	徐、泗、濠三州															

438

续表

年代	河南·汴滑·宣武军节度使			义成军节度使			忠武军节度使			郓兖节度使			天平军节度使			河南·徐海·徐泗·武宁军节度使			泰宁军节度使			淄青平卢节度使			豫许汝节度使			郑陈节度使			曹濮观察使		
	方镇名称	治所	辖区	方镇名称	治所	辖区	方镇名称	治所	辖区	方镇名称	治所	辖区	方镇名称	治所	辖区	方镇名称	治所	辖区	方镇名称	治所	辖区	方镇名称	治所	辖区	方镇名称	治所	辖区	方镇名称	治所	辖区	方镇名称	治所	辖区
三年（808）																																	
四年（809）																		徐、泗、濠、宿四州															
五年（810）																																	
六年（811）																																	
七年（812）			汴、宋、亳三州			滑、郑、颍三州																											
八年（813）																																	
九年（814）																																	
十年（815）																																	
十一年（816）																																	

续表

年代	河南·汴滑·宣武军节度使			义成军节度使			忠武军节度使			郓兖节度使			天平军节度使			河南·徐海·徐泗·武宁军节度使			泰宁军节度使			淄青平卢节度使			豫许汝节度使			郑陈节度使			曹濮观察使		
	方镇名称	治所	辖区	方镇名称	治所	辖区	方镇名称	治所	辖区	方镇名称	治所	辖区	方镇名称	治所	辖区	方镇名称	治所	辖区	方镇名称	治所	辖区	方镇名称	治所	辖区	方镇名称	治所	辖区	方镇名称	治所	辖区	方镇名称	治所	辖区
十二年（817）									陈、许、溵三州																									
十三年（818）									陈、许、溵、蔡四州																									
十四年（819）			汴、宋、亳、颍四州			滑、郑二州							郓曹濮节度使	郓州	郓、曹、濮三州				沂海观察使	沂州	沂、海、兖、密四州		青州	青、淄、登、莱、齐五州									
十五年（820）													天平军节度							兖州													

续表

年代	河南·汴滑·宣武军节度使			义成军节度使			忠武军节度使			郓兖节度使			天平军节度使			河南·徐海·徐泗·武宁军节度使			泰宁军节度使			淄青平卢节度使			豫许汝节度使			郑陈节度使			曹濮观察使		
	方镇名称	治所	辖区	方镇名称	治所	辖区	方镇名称	治所	辖区	方镇名称	治所	辖区	方镇名称	治所	辖区	方镇名称	治所	辖区	方镇名称	治所	辖区	方镇名称	治所	辖区	方镇名称	治所	辖区	方镇名称	治所	辖区	方镇名称	治所	辖区
长庆元年（821）																沂海节度使		徐、泗、濠三州															
二年（822）			汴、宋、亳三州			滑、郑、颍三州			陈、许、蔡三州																								
三年（823）																																	
四年（824）																																	
宝历元年（825）																																	
二年（826）																																	
大和元年（827）																					青、淄、登、莱四州												

441

续表

年代	河南·汴滑宣武军节度使			义成军节度使			忠武军节度使			郓兖节度使			天平军节度使			河南·徐海·徐泗·武宁军节度使			泰宁军节度使			淄青平卢节度使			豫许汝节度使			郑陈节度使			曹濮观察使		
	方镇名称	治所	辖区	方镇名称	治所	辖区	方镇名称	治所	辖区	方镇名称	治所	辖区	方镇名称	治所	辖区	方镇名称	治所	辖区	方镇名称	治所	辖区	方镇名称	治所	辖区	方镇名称	治所	辖区	方镇名称	治所	辖区	方镇名称	治所	辖区
二年（828）																								青、淄、登、莱、棣五州									
三年（829）																																	
四年（830）																																	
五年（831）																																	
六年（832）																																	
七年（833）																		徐、泗、濠、宿四州															
八年（834）																																	

续表

年代	河南·汴滑宣武军节度使			义成军节度使			忠武军节度使			郓兖节度使			天平军节度使			河南·徐海·徐泗·武宁军节度使			泰宁军节度使			淄青平卢节度使			豫许汝节度使			郑陈节度使			曹濮观察使		
	方镇名称	治所	辖区	方镇名称	治所	辖区	方镇名称	治所	辖区	方镇名称	治所	辖区	方镇名称	治所	辖区	方镇名称	治所	辖区	方镇名称	治所	辖区	方镇名称	治所	辖区	方镇名称	治所	辖区	方镇名称	治所	辖区	方镇名称	治所	辖区
九年（835）			汴、宋、亳、颍四州			滑、郑二州																												
开成元年（836）																																	
二年（837）																																	
三年（838）																																	
四年（839）																																	
五年（840）																																	
会昌元年（841）																																	
二年（842）																																	
三年（843）							滑、郑、濮三州									郓、曹二州																	

续表

年代	河南·汴滑·宣武军节度使			义成军节度使			忠武军节度使			郓兖节度使			天平军节度使			河南·徐海·徐泗·武宁军节度使			泰宁军节度使			淄青平卢节度使			豫许汝节度使			郑陈节度使			曹濮观察使		
	方镇名称	治所	辖区	方镇名称	治所	辖区	方镇名称	治所	辖区	方镇名称	治所	辖区	方镇名称	治所	辖区	方镇名称	治所	辖区	方镇名称	治所	辖区	方镇名称	治所	辖区	方镇名称	治所	辖区	方镇名称	治所	辖区	方镇名称	治所	辖区
四年（844）																																	
五年（845）																																	
六年（846）						滑、郑二州									郓、曹、濮三州																		
大中元年（847）																																	
二年（848）																																	
三年（849）																																	
四年（850）																																	
五年（851）																																	
六年（852）																																	
七年（853）																																	
八年（854）																																	
九年（855）																																	

续表

年代	河南·汴滑·宣武军节度使			义成军节度使			忠武军节度使			郓兖节度使			天平军节度使			河南·徐海·徐泗·武宁军节度使			泰宁军节度使			淄青平卢节度使			豫许汝节度使			郑陈节度使			曹濮观察使		
	方镇名称	治所	辖区	方镇名称	治所	辖区	方镇名称	治所	辖区	方镇名称	治所	辖区	方镇名称	治所	辖区	方镇名称	治所	辖区	方镇名称	治所	辖区	方镇名称	治所	辖区	方镇名称	治所	辖区	方镇名称	治所	辖区	方镇名称	治所	辖区
十年（856）																																	
十一年（857）			汴、宋、亳三州			滑、郑、颍三州																											
十二年（858）																																	
十三年（859）																																	
咸通元年（860）																																	
二年（861）																																	
三年（862）																废武宁军节度使					兖、沂、海、密、徐五州												

续表

年代	河南·汴滑·宣武军节度使			义成军节度使			忠武军节度使			郓兖节度使			天平军节度使			河南·徐海·徐泗·武宁军节度使			泰宁军节度使			淄青平卢节度使			豫许汝节度使			郑陈节度使			曹濮观察使		
	方镇名称	治所	辖区	方镇名称	治所	辖区	方镇名称	治所	辖区	方镇名称	治所	辖区	方镇名称	治所	辖区	方镇名称	治所	辖区	方镇名称	治所	辖区	方镇名称	治所	辖区	方镇名称	治所	辖区	方镇名称	治所	辖区	方镇名称	治所	辖区
四年（863）																																	
五年（864）															郓、曹、濮、齐、棣五州	徐泗团练观察处置使	徐州	徐、泗二州			兖、沂、海、密四州			青、淄、登、莱四州									
六年（865）																																	
七年（866）																																	
八年（867）																																	
九年（868）																																	

446

续表

年代	河南·汴滑·宣武军节度使 名称	治所	辖区	义成军节度使 名称	治所	辖区	忠武军节度使 名称	治所	辖区	郓兖节度使 名称	治所	辖区	天平军节度使 名称	治所	辖区	河南·徐海·徐泗·武宁军节度使 名称	治所	辖区	泰宁军节度使 名称	治所	辖区	淄青平卢节度使 名称	治所	辖区	豫许汝节度使 名称	治所	辖区	郑陈节度使 名称	治所	辖区	曹濮观察使 名称	治所	辖区
十年（869）																徐泗都团练防御使		徐、泗、濠、宿四州															
十一年（870）															郓、曹、濮三州	感化军节度使																	
十二年（871）																																	
十三年（872）																								青、淄、登、莱									

续表

年代	河南·汴滑·宣武军节度使			义成军节度使			忠武军节度使			郓兖节度使			天平军节度使			河南·徐海·徐泗·武宁军节度使			泰宁军节度使			淄青平卢节度使			豫许汝节度使			郑陈节度使			曹濮观察使		
	方镇名称	治所	辖区	方镇名称	治所	辖区	方镇名称	治所	辖区	方镇名称	治所	辖区	方镇名称	治所	辖区	方镇名称	治所	辖区	方镇名称	治所	辖区	方镇名称	治所	辖区	方镇名称	治所	辖区	方镇名称	治所	辖区
十三年（872）																								齐、棣六州									
十四年（873）																																	
乾符元年（874）																																	
二年（875）																		徐、濠、宿三州															
三年（876）																			泰宁军节度使														
四年（877）																																	
五年（878）																																	

续表

年代	河南·许滑宣武军节度使 方镇名称	治所	辖区	义成军节度使 方镇名称	治所	辖区	忠武军节度使 方镇名称	治所	辖区	郓兖节度使 方镇名称	治所	辖区	天平军节度使 方镇名称	治所	辖区	河南·徐海·徐泗·武宁军节度使 方镇名称	治所	辖区	泰宁军节度使 方镇名称	治所	辖区	淄青平卢节度使 方镇名称	治所	辖区	豫许汝节度使 方镇名称	治所	辖区	郑陈节度使 方镇名称	治所	辖区	曹濮观察使 方镇名称	治所	辖区
六年（879）																																	
广明元年（880）																																	
中和元年（881）																																	
二年（882）									陈、许二州																								
三年（883）																																	
四年（884）																																	
光启元年（885）																宣义军节度使																	
二年（886）																																	
三年（887）																																	

449

续表

年代	河南·汴滑·宣武军节度使			义成军节度使			忠武军节度使			郓兖节度使			天平军节度使			河南·徐海·徐泗·武宁军节度使			泰宁军节度使			淄青平卢节度使			豫许汝节度使			郑陈节度使			曹濮观察使		
	方镇名称	治所	辖区	方镇名称	治所	辖区	方镇名称	治所	辖区	方镇名称	治所	辖区	方镇名称	治所	辖区	方镇名称	治所	辖区	方镇名称	治所	辖区	方镇名称	治所	辖区	方镇名称	治所	辖区	方镇名称	治所	辖区	方镇名称	治所	辖区
文德元年（888）																																	
龙纪元年（889）								陈州																									
大顺元年（890）																																	
二年（891）																																	
景福元年（892）																																	
二年（893）																																	
乾宁元年（894）									陈、许、汝三州																								
二年（895）																						青、淄、登、莱、棣五州											

450

续表

年代	河南·汴滑宣武节度使			义成军节度使			忠武军节度使			郓兖节度使			天平军节度使			河南·徐海·徐泗·武宁军节度使			泰宁军节度使			淄青平卢节度使			豫许汝节度使			郑陈节度使			曹濮观察使		
	方镇名称	治所	辖区	方镇名称	治所	辖区	方镇名称	治所	辖区	方镇名称	治所	辖区	方镇名称	治所	辖区	方镇名称	治所	辖区	方镇名称	治所	辖区	方镇名称	治所	辖区	方镇名称	治所	辖区	方镇名称	治所	辖区	方镇名称	治所	辖区
三年（896）																																	
四年（897）																																	
光化元年（898）			汴、宋、亳、辉四州																														
二年（899）									陈、许二州																								
三年（900）																																	
天复元年（901）															郓、曹、濮、齐四州																		

451

续表

年代	河南·许滑·宣武军节度使			义成军节度使			忠武军节度使			郓兖节度使			天平军节度使			河南·徐海·徐泗·武宁军节度使			泰宁军节度使			淄青平卢节度使			豫许汝节度使			郑陈节度使			曹濮观察使		
	方镇名称	治所	辖区	方镇名称	治所	辖区	方镇名称	治所	辖区	方镇名称	治所	辖区	方镇名称	治所	辖区	方镇名称	治所	辖区	方镇名称	治所	辖区	方镇名称	治所	辖区	方镇名称	治所	辖区	方镇名称	治所	辖区	方镇名称	治所	辖区
二年(902)																武宁军节度使																	
三年(903)																																	
天祐元年(904)								许州																									
二年(905)																																	
三年(906)																																	

五　河东道方镇辖区变动

年代	河中节度使			晋慈节度使			河东节度使			代北节度使			昭义军节度使			邢洺节度使		
	方镇名称	治所	辖区	方镇名称	治所	辖区	方镇名称	治所	辖区	方镇名称	治所	辖区	方镇名称	治所	辖区	方镇名称	治所	辖区
天宝十四载（755）																		
至德元载（756）							河东节度使	太原府	太原府及仪、石、岚、汾、代、忻、朔、蔚、云九州				泽潞沁节度使	潞州	泽、潞、沁三州			
二载（757）	河中节度使	蒲州	蒲、晋、绛、慈、隰、虢同七州															
乾元元年（758）	蒲同虢节度使		蒲、同、虢三州															
二年（759）	蒲同绛节度使		蒲、同、绛三州															

续表

年代	河中节度使			晋慈节度使			河东节度使			代北节度使			昭义军节度使			邢洺节度使		
	方镇名称	治所	辖区	方镇名称	治所	辖区	方镇名称	治所	辖区	方镇名称	治所	辖区	方镇名称	治所	辖区	方镇名称	治所	辖区
上元元年（760）	河中节度使	河中府	河中府、晋、绛二州															
二年（761）		绛州	河中府、晋、绛、慈、隰四州															
宝应元年（762）									太原府及石、岚、汾、代、忻、朔、蔚、云八州				泽潞节度使		泽、潞、陈、郑四州			
广德元年（763）									太原府及石、沁、岚、汾、代、忻、朔、蔚、云十州						泽、潞、郑、陈、怀五州及河阳三城			
二年（764）	河中都团练观察使	河中府																

续表

年代	河中节度使			晋慈节度使			河东节度使			代北节度使			昭义军节度使			邢洺节度使		
	方镇名称	治所	辖区	方镇名称	治所	辖区	方镇名称	治所	辖区	方镇名称	治所	辖区	方镇名称	治所	辖区	方镇名称	治所	辖区
永泰元年（765）																		
大历元年（766）																		
二年（767）																		
三年（768）																		
四年（769）															泽、潞、郑、怀、颖五州及河阳三城			
五年（770）															泽、潞、怀三州及河阳三城			
六年（771）																		
七年（772）																		
八年（773）																		
九年（774）																		
十年（775）																		

续表

年代	河中节度使			晋慈节度使			河东节度使			代北节度使			昭义军节度使			邢洺节度使		
	方镇名称	治所	辖区	方镇名称	治所	辖区	方镇名称	治所	辖区	方镇名称	治所	辖区	方镇名称	治所	辖区	方镇名称	治所	辖区
十一年（776）															泽、潞、怀、磁、邢五州及河阳三城			
十二年（777）																		
十三年（778）																		
十四年（779）	河中节度使																	
建中元年（780）																		
二年（781）													昭义军节度使		泽、潞、磁、邢四州			
三年（782）															泽、潞、磁、邢、洺五州			
四年（783）																		
兴元元年（784）			河中府、绛、陕、虢三州	晋慈隰节度使	晋州	晋、慈、隰三州	晋、保宁军节度使											

续表

年代	河中节度使			晋慈节度使			河东节度使			代北节度使			昭义军节度使			邢洺节度使		
	方镇名称	治所	辖区	方镇名称	治所	辖区	方镇名称	治所	辖区	方镇名称	治所	辖区	方镇名称	治所	辖区	方镇名称	治所	辖区
贞元元年（785）			河中府、绛州															
二年（786）																		
三年（787）							河东节度使											
四年（788）				晋慈隰防御观察使														
五年（789）																		
六年（790）																		
七年（791）																		
八年（792）																		
九年（793）																		
十年（794）																		
十一年（795）																		
十二年（796）																		
十三年（797）																		
十四年（798）																		

续表

年代	河中节度使			晋慈节度使			河东节度使			代北节度使			昭义军节度使			邢洺节度使		
	方镇名称	治所	辖区	方镇名称	治所	辖区	方镇名称	治所	辖区	方镇名称	治所	辖区	方镇名称	治所	辖区	方镇名称	治所	辖区
十五年（799）	河中防御观察使																	
十六年（800）	河中节度使																	
十七年（801）																		
十八年（802）																		
十九年（803）																		
二十年（804）																		
永贞元年（805）																		
元和元年（806）																		
二年（807）			河中府、晋、绛、慈、隰四州	废晋慈隰观察防御使														
三年（808）																		
四年（809）																		

续表

年代	河中节度使			晋慈节度使			河东节度使			代北节度使			昭义军节度使			邢洺节度使		
	方镇名称	治所	辖区	方镇名称	治所	辖区	方镇名称	治所	辖区	方镇名称	治所	辖区	方镇名称	治所	辖区	方镇名称	治所	辖区
五年（810）																		
六年（811）																		
七年（812）																		
八年（813）																		
九年（814）																		
十年（815）																		
十一年（816）																		
十二年（817）																		
十三年（818）																		
十四年（819）	河中都防御观察使																	
十五年（820）	河中节度使																	
长庆元年（821）																		
二年（822）			河中府、绛、隰二州	晋慈都团练观察使	晋州	晋、慈二州												

459

续表

年代	河中节度使			晋慈节度使			河东节度使			代北节度使			昭义军节度使			邢洺节度使		
	方镇名称	治所	辖区	方镇名称	治所	辖区	方镇名称	治所	辖区	方镇名称	治所	辖区	方镇名称	治所	辖区	方镇名称	治所	辖区
三年（823）																		
四年（824）																		
宝历元年（825）																		
二年（826）																		
大和元年（827）			河中府，晋、慈、绛、隰四州	废晋慈都团练观察使														
二年（828）																		
三年（829）																		
四年（830）																		
五年（831）																		
六年（832）																		
七年（833）																		
八年（834）																		
九年（835）																		
开成元年（836）																		

续表

年代	河中节度使			晋慈节度使			河东节度使			代北节度使			昭义军节度使			邢洺节度使		
	方镇名称	治所	辖区	方镇名称	治所	辖区	方镇名称	治所	辖区	方镇名称	治所	辖区	方镇名称	治所	辖区	方镇名称	治所	辖区
二年（837）																		
三年（838）																		
四年（839）																		
五年（840）																		
会昌元年（841）																		
二年（842）																		
三年（843）									太原及仪、石、沁、汾、岚、代、忻七州	大同都团练使	云州	云、蔚、朔三州						
四年（844）															潞、磁、邢、洺四州			
五年（845）																		
六年（846）																		
大中元年（847）																		

续表

年代	河中节度使			晋慈节度使			河东节度使			代北节度使			昭义军节度使			邢洺节度使		
	方镇名称	治所	辖区	方镇名称	治所	辖区	方镇名称	治所	辖区	方镇名称	治所	辖区	方镇名称	治所	辖区	方镇名称	治所	辖区
二年（848）																		
三年（849）																		
四年（850）																		
五年（851）																		
六年（852）																		
七年（853）																		
八年（854）																		
九年（855）																		
十年（856）																		
十一年（857）																		
十二年（858）																		
十三年（859）										大同节度使								
咸通元年（860）																		
二年（861）																		
三年（862）																		
四年（863）																		

续表

年代	河中节度使			晋慈节度使			河东节度使			代北节度使			昭义军节度使			邢洺节度使		
	方镇名称	治所	辖区	方镇名称	治所	辖区	方镇名称	治所	辖区	方镇名称	治所	辖区	方镇名称	治所	辖区	方镇名称	治所	辖区
五年（864）																		
六年（865）																		
七年（866）																		
八年（867）																		
九年（868）																		
十年（869）																		
十一年（870）																		
十二年（871）																		
十三年（872）										大同军防御使								
十四年（873）																		
乾符元年（874）																		
二年（875）																		
三年（876）																		
四年（877）																		
五年（878）																		
六年（879）																		

续表

年代	河中节度使 方镇名称	治所	辖区	晋慈节度使 方镇名称	治所	辖区	河东节度使 方镇名称	治所	辖区	代北节度使 方镇名称	治所	辖区	昭义军节度使 方镇名称	治所	辖区	邢洺节度使 方镇名称	治所	辖区
广明元年(880)																		
中和元年(881)																		
二年(882)									太原府及沁、石、岚、汾五州	雁门节度使	代州	忻、代、云、蔚、朔五州						
三年(883)										代北节度使								
四年(884)									太原府及沁、石、汾、岚、云、朔、蔚、麟九州			忻、代二州			潞州	邢洺节度使	邢州	邢、洺、磁三州
光启元年(885)	护国军节度使																	
二年(886)																		

续表

年代	河中节度使			晋慈节度使			河东节度使			代北节度使			昭义军节度使			邢洺节度使		
	方镇名称	治所	辖区	方镇名称	治所	辖区	方镇名称	治所	辖区	方镇名称	治所	辖区	方镇名称	治所	辖区	方镇名称	治所	辖区
三年（887）									大原府及仪、沁、石、岚、汾、忻、代、云、蔚、朔、麟十一州						潞、泽二州			
文德元年（888）																		
龙纪元年（889）									大原府及沁、石、岚、汾、忻、代、云、蔚、朔、麟、宪十二州									
大顺元年（890）																		
二年（891）																		

续表

年代	河中节度使			晋慈节度使			河东节度使			代北节度使			昭义军节度使			邢洺节度使		
	方镇名称	治所	辖区	方镇名称	治所	辖区	方镇名称	治所	辖区	方镇名称	治所	辖区	方镇名称	治所	辖区	方镇名称	治所	辖区
景福元年（892）															潞州			
二年（893）																		
乾宁元年（894）																		
二年（895）																		
三年（896）																		
四年（897）																		
光化元年（898）																		
二年（899）																		
三年（900）															泽、潞二州			
天复元年（901）									太原府及仪、沁、石、岚、汾						泽、潞、磁、邢、洺五州	废邢洺节度使		
二年（902）																		

466

续表

年代	河中节度使			晋慈节度使			河东节度使			代北节度使			昭义军节度使			邢洺节度使		
	方镇名称	治所	辖区	方镇名称	治所	辖区	方镇名称	治所	辖区	方镇名称	治所	辖区	方镇名称	治所	辖区	方镇名称	治所	辖区
二年（902）									忻、代、蔚、云、朔、麟、宪、慈、隰十四州									
三年（903）																		
天祐元年（904）																		
二年（905）																		
三年（906）															潞州			

六　河北道方镇辖区变动

年代	河阳三城节度使			相卫节度使			魏博节度使			成德军节度使			义武军节度使			义昌军节度使			幽州节度使		
	方镇名称	治所	辖区	方镇名称	治所	辖区	方镇名称	治所	辖区	方镇名称	治所	辖区	方镇名称	治所	辖区	方镇名称	治所	辖区	方镇名称	治所	辖区
天宝十四载（755）																					
至德元载（756）																					
二载（757）																					
乾元元年（758）																					
二年（759）																					
上元元年（760）																					
二年（761）																					
宝应元年（762）										成德军节度使	恒州	恒、定、易、赵、深五州							幽州节度使	幽州	幽、冀、营、莫、归顺、燕、妫、檀、平、蓟十一州

续表

年代	河阳三城节度使			相卫节度使			魏博节度使			成德军节度使			义武军节度使			义昌军节度使			幽州节度使		
	方镇名称	治所	辖区	方镇名称	治所	辖区	方镇名称	治所	辖区	方镇名称	治所	辖区	方镇名称	治所	辖区	方镇名称	治所	辖区	方镇名称	治所	辖区
广德元年（763）				相卫节度使	相州	相、卫、洺、邢、贝五州	魏博节度使	魏州	魏、博、德、沧、瀛五州			恒、定、易、赵、深、冀六州									幽、莫、妫、檀、平、蓟、营、燕八州
二年（764）																					
永泰元年（765）						相、卫、贝、邢、洺、磁六州															
大历元年（766）				昭义军节度使																	
二年（767）																					
三年（768）																					

续表

年代	河阳三城节度使			相卫节度使			魏博节度使			成德军节度使			义武军节度使			义昌军节度使			幽州节度使		
	方镇名称	治所	辖区	方镇名称	治所	辖区	方镇名称	治所	辖区	方镇名称	治所	辖区	方镇名称	治所	辖区	方镇名称	治所	辖区	方镇名称	治所	辖区
四年（769）																					幽、莫、妫、檀、平、蓟、营、燕、涿九州
五年（770）																					
六年（771）																					
七年（772）									魏、博、德、沧、瀛、澶六州												
八年（773）																					
九年（774）																					

续表

年代	河阳三城节度使			相卫节度使			魏博节度使			成德军节度使			义武军节度使			义昌军节度使			幽州节度使		
	方镇名称	治所	辖区	方镇名称	治所	辖区	方镇名称	治所	辖区	方镇名称	治所	辖区	方镇名称	治所	辖区	方镇名称	治所	辖区	方镇名称	治所	辖区
十年（775）									魏、博、澶三州			恒、定、易、赵、深、冀、沧七州									幽、莫、妫、檀、平、蓟、营、燕、涿、瀛十州
十一年（776）						磁、邢二州			魏、博、澶、相、卫、洺、贝七州												
十二年（777）																					
十三年（778）																					
十四年（779）																					
建中元年（780）																					

续表

年代	河阳三城节度使			相卫节度使			魏博节度使			成德军节度使			义武军节度使			义昌军节度使			幽州节度使		
	方镇名称	治所	辖区	方镇名称	治所	辖区	方镇名称	治所	辖区	方镇名称	治所	辖区	方镇名称	治所	辖区	方镇名称	治所	辖区	方镇名称	治所	辖区
二年（781）	河阳三城节度使	河阳	河阳三城，怀、卫二州																		幽、莫、妫、檀、平、蓟、营、涿、瀛九州
三年（782）									魏、博、澶、相、卫、贝六州	废成德军节度使			义武军节度使	定州	定、易、沧三州						幽、莫、妫、檀、平、蓟、营、涿、瀛、德、棣十一州

续表

年代	河阳三城节度使			相卫节度使			魏博节度使			成德军节度使			义武军节度使			义昌军节度使			幽州节度使		
	方镇名称	治所	辖区	方镇名称	治所	辖区	方镇名称	治所	辖区	方镇名称	治所	辖区	方镇名称	治所	辖区	方镇名称	治所	辖区	方镇名称	治所	辖区
四年（783）	河阳军节度使								魏、博、澶、相、贝五州												
兴元元年（784）	河阳三城节度使		河阳三城、怀州						魏、博、澶、相、贝、卫六州	复置成德军节度使	恒州	恒、冀、赵、深四州			定、易二州	横海军节度使	沧州	沧州			
贞元元年（785）	河阳怀州都团练使		河阳三城、怀州									恒、冀、赵、深、德、棣六州									
二年（786）																横海军节度使	沧州	沧、景二州			幽、莫、妫、檀、平、蓟、营、涿、瀛、九州

续表

年代	河阳三城节度使			相卫节度使			魏博节度使			成德军节度使			义武军节度使			义昌军节度使			幽州节度使		
	方镇名称	治所	辖区	方镇名称	治所	辖区	方镇名称	治所	辖区	方镇名称	治所	辖区	方镇名称	治所	辖区	方镇名称	治所	辖区	方镇名称	治所	辖区
三年（787）																					
四年（788）																					
五年（789）																					
六年（790）																					
七年（791）																					
八年（792）																					
九年（793）																					
十年（794）																					
十一年（795）																					
十二年（796）	河阳怀节度使	怀州	河阳三城、怀州																		
十三年（797）																					
十四年（798）																					
十五年（799）																					
十六年（800）																					
十七年（801）																					
十八年（802）																					

续表

年代	河阳三城节度使 方镇名称	治所	辖区	相卫节度使 方镇名称	治所	辖区	魏博节度使 方镇名称	治所	辖区	成德军节度使 方镇名称	治所	辖区	义武军节度使 方镇名称	治所	辖区	义昌军节度使 方镇名称	治所	辖区	幽州节度使 方镇名称	治所	辖区
十九年（803）																					
二十年（804）																					
永贞元年（805）																					
元和元年（806）																					
二年（807）																					
三年（808）																					
四年（809）												恒、冀、赵、深四州									
五年（810）												恒、冀、赵、深、德、棣六州									
六年（811）																					
七年（812）																					
八年（813）																					

续表

年代	河阳三城节度使			相卫节度使			魏博节度使			成德军节度使			义武军节度使			义昌军节度使			幽州节度使		
	方镇名称	治所	辖区	方镇名称	治所	辖区	方镇名称	治所	辖区	方镇名称	治所	辖区	方镇名称	治所	辖区	方镇名称	治所	辖区	方镇名称	治所	辖区
九年（814）	河阳节度使	汝州	河阳、怀州、汝州																		
十年（815）																					
十一年（816）																					
十二年（817）																					
十三年（818）		怀州	河阳、怀州									恒、冀、赵、深 四州						沧、景、德、棣 四州			
十四年（819）																					
十五年（820）																					
长庆元年（821）											镇州	镇、冀、赵、深 四州						沧、德、棣 三州			幽、妫、檀、平、蓟、涿、营、七州

续表

年代	河阳三城节度使			相卫节度使			魏博节度使			成德军节度使			义武军节度使			义昌军节度使			幽州节度使		
	方镇名称	治所	辖区	方镇名称	治所	辖区	方镇名称	治所	辖区	方镇名称	治所	辖区	方镇名称	治所	辖区	方镇名称	治所	辖区	方镇名称	治所	辖区
二年（822）																		沧、景、德、棣四州			幽、莫、妫、檀、平、蓟、营、涿、瀛九州
三年（823）		河阳																			
四年（824）																					
宝历元年（825）																					
二年（826）																					
大和元年（827）																		沧、景、德、棣、齐五州			
二年（828）																		沧、景、德、齐四州			

续表

年代	河阳三城节度使			相卫节度使			魏博节度使			成德军节度使			义武军节度使			义昌军节度使			幽州节度使		
	方镇名称	治所	辖区	方镇名称	治所	辖区	方镇名称	治所	辖区	方镇名称	治所	辖区	方镇名称	治所	辖区	方镇名称	治所	辖区	方镇名称	治所	辖区
三年(829)																					
四年(830)																		沧、德、齐三州			
五年(831)		怀州														义昌军节度使					
六年(832)																					
七年(833)																					
八年(834)																					
九年(835)																					
开成元年(836)																					
二年(837)																					
三年(838)																					
四年(839)																					
五年(840)																					
会昌元年(841)																					
二年(842)																					

续表

年代	河阳三城节度使			相卫节度使			魏博节度使			成德军节度使			义武军节度使			义昌军节度使			幽州节度使		
	方镇名称	治所	辖区	方镇名称	治所	辖区	方镇名称	治所	辖区	方镇名称	治所	辖区	方镇名称	治所	辖区	方镇名称	治所	辖区	方镇名称	治所	辖区
三年（843）		孟州	河阳三城，怀、孟二州																		
四年（844）			河阳三城，怀、孟、泽三州																		
五年（845）																					
六年（846）																					
大中元年（847）																					
二年（848）																					
三年（849）																					
四年（850）																					
五年（851）																					
六年（852）																					
七年（853）																					
八年（854）																					

续表

年代	河阳三城节度使 方镇名称	河阳三城节度使 治所	河阳三城节度使 辖区	相卫节度使 方镇名称	相卫节度使 治所	相卫节度使 辖区	魏博节度使 方镇名称	魏博节度使 治所	魏博节度使 辖区	成德军节度使 方镇名称	成德军节度使 治所	成德军节度使 辖区	义武军节度使 方镇名称	义武军节度使 治所	义武军节度使 辖区	义昌军节度使 方镇名称	义昌军节度使 治所	义昌军节度使 辖区	幽州节度使 方镇名称	幽州节度使 治所	幽州节度使 辖区
九年（855）																					
十年（856）																					
十一年（857）																					
十二年（858）																					
十三年（859）																					
咸通元年（860）																					
二年（861）																					
三年（862）																					
四年（863）																					
五年（864）																		沧、德二州			
六年（865）																					
七年（866）																					
八年（867）																					
九年（868）																					
十年（869）																					
十一年（870）																					
十二年（871）																					

续表

年代	河阳三城节度使			相卫节度使			魏博节度使			成德军节度使			义武军节度使			义昌军节度使			幽州节度使		
	方镇名称	治所	辖区	方镇名称	治所	辖区	方镇名称	治所	辖区	方镇名称	治所	辖区	方镇名称	治所	辖区	方镇名称	治所	辖区	方镇名称	治所	辖区
十三年（872）																					
十四年（873）																					
乾符元年（874）																					
二年（875）																					
三年（876）																					
四年（877）																					
五年（878）																					
六年（879）																					
广明元年（880）																					
中和元年（881）																					
二年（882）																					
三年（883）																					
四年（884）																					
光启元年（885）																					
二年（886）																					
三年（887）																					
文德元年（888）																					
龙纪元年（889）																					

年代	河阳三城节度使			相卫节度使			魏博节度使			成德军节度使			义武军节度使			义昌军节度使			幽州节度使		
	方镇名称	治所	辖区	方镇名称	治所	辖区	方镇名称	治所	辖区	方镇名称	治所	辖区	方镇名称	治所	辖区	方镇名称	治所	辖区	方镇名称	治所	辖区
大顺元年（890）																					
二年（891）																					
景福元年（892）																		沧、景、德三州			
二年（893）															定、易、祁三州						
乾宁元年（894）																					幽、莫、妫、檀、平、蓟、营、涿、瀛、武、新十一州
二年（895）																					

482

续表

年代	河阳三城节度使			相卫节度使			魏博节度使			成德军节度使			义武军节度使			义昌军节度使			幽州节度使		
	方镇名称	治所	辖区	方镇名称	治所	辖区	方镇名称	治所	辖区	方镇名称	治所	辖区	方镇名称	治所	辖区	方镇名称	治所	辖区	方镇名称	治所	辖区
三年（896）																					
四年（897）																					
光化元年（898）																					
二年（899）			河阳三城，怀、孟二州																		
三年（900）																					
天复元年（901）																					
二年（902）																					
三年（903）																					
天祐元年（904）																					
二年（905）																					
三年（906）																					

七 山南东道方镇辖区变动

年代	山南东道节度使 方镇名称	治所	辖区	荆南节度使 方镇名称	治所	辖区	金商节度使 方镇名称	治所	辖区	唐隋邓节度使 方镇名称	治所	辖区	夔峡节度使 方镇名称	治所	辖区	武贞军节度使 方镇名称	治所	辖区
天宝十四载（755）																		
至德元载（756）	山南东道节度使	襄州	襄、邓、隋、唐四州										夔州都防御使	夔州	归、夔、忠、万、涪、渝、南七州			
二载（757）				荆南节度使	荆州	荆、澧、朗、郢、复五州							夔峡节度使		峡、夔、忠、万、归五州			
乾元元年（758）						荆、澧、朗、郢、复、峡、夔、忠、归、万十州							废夔峡节度使					
二年（759）						荆、郢、复三州							复置夔峡节度使	夔州	夔、峡、忠、万、归五州	澧朗溆都团练使	澧州	澧、朗、溆三州

续表

年代	山南东道节度使			荆南节度使			金商节度使			唐隋邓节度使			夔峡节度使			武贞军节度使		
	方镇名称	治所	辖区	方镇名称	治所	辖区	方镇名称	治所	辖区	方镇名称	治所	辖区	方镇名称	治所	辖区	方镇名称	治所	辖区
上元元年（760）			襄、邓、隋、唐、复、郢、金、商、均、房十州		江陵府	江陵府、澧、朗、夔、峡、忠、万、归、岳九府州												
二年（761）						江陵府、澧、朗、夔、峡、忠、万、归、岳、涪、潭、衡、郴、邵、江陵、永、道、连十七府州												
宝应元年（762）			襄、邓、复、郢、金、商、均、房八州															

续表

年代	山南东道节度使			荆南节度使			金商节度使			唐隋邓节度使			夔峡节度使			武贞军节度使		
	方镇名称	治所	辖区	方镇名称	治所	辖区	方镇名称	治所	辖区	方镇名称	治所	辖区	方镇名称	治所	辖区	方镇名称	治所	辖区
广德元年（763）																		
二年（764）						江陵府、澧、朗、峡、万、归、岳七府州												
永泰元年（765）						江陵府、澧、朗、峡、万、归六府州												
大历元年（766）						江陵府、澧、朗、峡四府州							夔忠都防御使		夔、忠、万、归、涪五州			
二年（767）																		
三年（768）																		

486

续表

年代	山南东道节度使			荆南节度使			金商节度使			唐隋邓节度使			夔峡节度使			武贞军节度使		
	方镇名称	治所	辖区	方镇名称	治所	辖区	方镇名称	治所	辖区	方镇名称	治所	辖区	方镇名称	治所	辖区	方镇名称	治所	辖区
四年（769）						江陵府、澧、朗、峡、夔、归、万、忠、涪九府州							废夔忠都防御使					
五年（770）																			
六年（771）						江陵府、澧、朗、峡、夔、归、万、忠、涪七府州										澧朗镇遏使		澧、朗二州
七年（772）																			
八年（773）																			
九年（774）						江陵府、澧、朗、峡、夔、归、万、忠、涪九府州												

续表

年代	山南东道节度使			荆南节度使			金商节度使			唐隋邓节度使			夔峡节度使			武贞军节度使		
	方镇名称	治所	辖区	方镇名称	治所	辖区	方镇名称	治所	辖区	方镇名称	治所	辖区	方镇名称	治所	辖区	方镇名称	治所	辖区
十年（775）																		
十一年（776）																		
十二年（777）																		
十三年（778）																		
十四年（779）						江陵府、澧、朗、峡、夔、忠、归、万、涪十府州										澧朗峡都团练使		澧、朗、峡三州
建中元年（780）																		
二年（781）																		
三年（782）																		
四年（783）			襄、邓、复、郢、均、房六州															

续表

年代	山南东道节度使			荆南节度使			金商节度使			唐隋邓节度使			夔峡节度使			武贞军节度使		
	方镇名称	治所	辖区	方镇名称	治所	辖区	方镇名称	治所	辖区	方镇名称	治所	辖区	方镇名称	治所	辖区	方镇名称	治所	辖区
兴元元年（784）						江陵府、澧、朗、峡、归、夔、忠、万、涪九府州	金商都防御使	商州	金、商二州									
贞元元年（785）			襄、复、郢、均、房五州															
二年（786）																		
三年（787）			襄、邓、郢、复、安、隋、唐、均、房九州															
四年（788）																		
五年（789）																		
六年（790）																		
七年（791）																		

年代	山南东道节度使			荆南节度使			金商节度使			唐隋邓节度使			襄峡节度使			武贞军节度使		
	方镇名称	治所	辖区	方镇名称	治所	辖区	方镇名称	治所	辖区	方镇名称	治所	辖区	方镇名称	治所	辖区	方镇名称	治所	辖区
八年（792）																		
九年（793）																		
十年（794）																		
十一年（795）																		
十二年（796）																		
十三年（797）																		
十四年（798）																		
十五年（799）			襄、邓、复、隋、唐、均、房八州															
十六年（800）																		
十七年（801）																		
十八年（802）																		
十九年（803）																		
二十年（804）																		
永贞元年（805）																		

续表

年代	山南东道节度使			荆南节度使			金商节度使			唐隋邓节度使			夔峡节度使			武贞军节度使		
	方镇名称	治所	辖区	方镇名称	治所	辖区	方镇名称	治所	辖区	方镇名称	治所	辖区	方镇名称	治所	辖区	方镇名称	治所	辖区
元和元年（806）																		
二年（807）																		
三年（808）			襄、复、郢、均、房五州			江陵府、澧、朗、峡、归、夔、万、忠八府州												
四年（809）																		
五年（810）																		
六年（811）																		
七年（812）																		
八年（813）																		
九年（814）																		
十年（815）										唐隋邓节度使	唐州	唐、隋、邓三州						
十一年（816）																		

年代	山南东道节度使			荆南节度使			金商节度使			唐隋邓节度使			夔峡节度使			武贞军节度使		
	方镇名称	治所	辖区	方镇名称	治所	辖区	方镇名称	治所	辖区	方镇名称	治所	辖区	方镇名称	治所	辖区	方镇名称	治所	辖区
十二年（817）			襄、邓、复、隋、唐、均、房八州							废唐隋邓节度使								
十三年（818）																		
十四年（819）																		
十五年（820）																		
长庆元年（821）																		
二年（822）																		
三年（823）																		
四年（824）																		
宝历元年（825）																		
二年（826）																		
大和元年（827）																		
二年（828）																		

续表

年代	山南东道节度使			荆南节度使			金商节度使			唐隋邓节度使			夔峡节度使			武贞军节度使		
	方镇名称	治所	辖区	方镇名称	治所	辖区	方镇名称	治所	辖区	方镇名称	治所	辖区	方镇名称	治所	辖区	方镇名称	治所	辖区
三年（829）																		
四年（830）																		
五年（831）																		
六年（832）																		
七年（833）																		
八年（834）																		
九年（835）																		
开成元年（836）																		
二年（837）																		
三年（838）																		
四年（839）																		
五年（840）																		
会昌元年（841）																		
二年（842）																		
三年（843）																		
四年（844）																		

年代	山南东道节度使			荆南节度使			金商节度使			唐隋邓节度使			夔峡节度使			武贞军节度使		
	方镇名称	治所	辖区	方镇名称	治所	辖区	方镇名称	治所	辖区	方镇名称	治所	辖区	方镇名称	治所	辖区	方镇名称	治所	辖区
五年（845）																		
六年（846）																		
大中元年（847）																		
二年（848）						江陵府、澧、朗、峡、归、夔、万、忠、涪九府州												
三年（849）																		
四年（850）																		
五年（851）																		
六年（852）																		
七年（853）																		
八年（854）																		
九年（855）																		
十年（856）																		

续表

年代	山南东道节度使			荆南节度使			金商节度使			唐隋邓节度使			夔峡节度使			武贞军节度使		
	方镇名称	治所	辖区	方镇名称	治所	辖区	方镇名称	治所	辖区	方镇名称	治所	辖区	方镇名称	治所	辖区	方镇名称	治所	辖区
十一年（857）																		
十二年（858）																		
十三年（859）																		
咸通元年（860）																		
二年（861）																		
三年（862）																		
四年（863）																		
五年（864）																		
六年（865）																		
七年（866）																		
八年（867）																		
九年（868）																		
十年（869）																		
十一年（870）																		
十二年（871）																		
十三年（872）																		
十四年（873）																		

续表

年代	山南东道节度使			荆南节度使			金商节度使			唐隋邓节度使			夔峡节度使			武贞军节度使		
	方镇名称	治所	辖区	方镇名称	治所	辖区	方镇名称	治所	辖区	方镇名称	治所	辖区	方镇名称	治所	辖区	方镇名称	治所	辖区
乾符元年（874）																		
二年（875）																		
三年（876）																		
四年（877）																		
五年（878）																		
六年（879）																		
广明元年（880）																		
中和元年（881）																		
二年（882）																		
三年（883）																		
四年（884）																		
光启元年（885）																		
二年（886）							金商节度使	金州										

续表

年代	山南东道节度使 方镇名称	治所	辖区	荆南节度使 方镇名称	治所	辖区	金商节度使 方镇名称	治所	辖区	唐隋邓节度使 方镇名称	治所	辖区	夔峡节度使 方镇名称	治所	辖区	武贞军节度使 方镇名称	治所	辖区
三年（887）							昭信军防御使											
文德元年（888）	忠义军节度使																	
龙纪元年（889）																		
大顺元年（890）																		
二年（891）																		
景福元年（892）																		
二年（893）																		
乾宁元年（894）																		
二年（895）																		
三年（896）																		
四年（897）																		
光化元年（898）						江陵府、峡、归、夔、	昭信军节度使									武贞军节度使		澧、朗、溆三州

续表

年代	山南东道节度使			荆南节度使			金商节度使			唐隋邓节度使			夔峡节度使			武贞军节度使		
	方镇名称	治所	辖区	方镇名称	治所	辖区	方镇名称	治所	辖区	方镇名称	治所	辖区	方镇名称	治所	辖区	方镇名称	治所	辖区
光化元年（898）						万、忠六府州												
二年（899）																		
三年（900）						江陵府、峡、归、夔、万、忠、涪七府州												
天复元年（901）																		
二年（902）																		
三年（903）						江陵府、峡、归三府州	武定军节度使	均州	金、商、均、房四州				复置夔忠都防御使	夔州	夔、忠、万三州			
天祐元年（904）			襄、邓、复、隋、唐六州															
二年（905）																		

续表

年代	山南东道节度使			荆南节度使			金商节度使			唐隋邓节度使			夔峡节度使			武贞军节度使		
	方镇名称	治所	辖区	方镇名称	治所	辖区	方镇名称	治所	辖区	方镇名称	治所	辖区	方镇名称	治所	辖区	方镇名称	治所	辖区
三年（906）	山南东道节度使		襄、邓、复、郢、唐（沘）、隋、均、房八州				废武定军节度使						镇江节度使					

八 山南西道方镇辖区变动

年代	山南西道节度使			感义军节度使			利阆节度使			武定军节度使			巴渠开观察使			兴文节度使		
	方镇名称	治所	辖区	方镇名称	治所	辖区	方镇名称	治所	辖区	方镇名称	治所	辖区	方镇名称	治所	辖区	方镇名称	治所	辖区
天宝十四载（755）																		
至德元载（756）	山南西道防御守捉使	梁州	梁、洋、集、壁、通、巴、兴、凤、利、开、渠、遂、合十三州															
二载（757）			梁、洋、集、壁、通、巴、兴、凤、利、开、渠、遂、合、渝十四州															
乾元元年（758）																		

续表

年代	山南西道节度使			感义军节度使			利阆节度使			武定军节度使			巴渠开观察使			兴文节度使		
	方镇名称	治所	辖区	方镇名称	治所	辖区	方镇名称	治所	辖区	方镇名称	治所	辖区	方镇名称	治所	辖区	方镇名称	治所	辖区
二年（759）			梁、集、通、利、兴、渠、洋、壁、巴、凤、开、蓬十二州															
上元元年（760）			梁、集、通、利、渠、洋、壁、巴、开、蓬十州															
二年（761）																		
宝应元年（762）			梁、集、利、开、洋、壁、六州															
广德元年（763）	山南西道节度使		梁、集、通、利、开、洋、壁、巴、利、开															

续表

年代	山南西道节度使			感义军节度使			利阆节度使			武定军节度使			巴渠开观察使			兴文节度使		
	方镇名称	治所	辖区	方镇名称	治所	辖区	方镇名称	治所	辖区	方镇名称	治所	辖区	方镇名称	治所	辖区	方镇名称	治所	辖区
广德元年(763)			渠、蓬、文、兴、凤十三州															
二年(764)																		
永泰元年(765)																		
大历元年(766)																		
二年(767)																		
三年(768)																		
四年(769)																		
五年(770)																		
六年(771)																		
七年(772)																		
八年(773)																		
九年(774)																		
十年(775)																		
十一年(776)																		
十二年(777)																		

续表

年代	山南西道节度使			感义军节度使			利阆节度使			武定军节度使			巴渠开观察使			兴文节度使		
	方镇名称	治所	辖区	方镇名称	治所	辖区	方镇名称	治所	辖区	方镇名称	治所	辖区	方镇名称	治所	辖区	方镇名称	治所	辖区
十三年（778）																		
十四年（779）																		
建中元年（780）																		
二年（781）																		
三年（782）																		
四年（783）																		
兴元元年（784）	兴元	兴元府	兴元府、洋、壁、巴、集、通、利、开、渠、蓬、文、兴、凤、阆、果十五府州															
贞元元年（785）																		
二年（786）																		

续表

年代	山南西道节度使			感义军节度使			利阆节度使			武定军节度使			巴渠开观察使			兴文节度使		
	方镇名称	治所	辖区	方镇名称	治所	辖区	方镇名称	治所	辖区	方镇名称	治所	辖区	方镇名称	治所	辖区	方镇名称	治所	辖区
三年（787）																		
四年（788）																		
五年（789）			兴元府、洋、集、壁、巴、通、利、开、渠、蓬、文、兴、凤、阆、果、成十六府州															
六年（790）																		
七年（791）																		
八年（792）																		
九年（793）																		
十年（794）																		
十一年（795）																		

续表

年代	山南西道节度使			感义军节度使			利阆节度使			武定军节度使			巴渠开观察使			兴文节度使		
	方镇名称	治所	辖区	方镇名称	治所	辖区	方镇名称	治所	辖区	方镇名称	治所	辖区	方镇名称	治所	辖区	方镇名称	治所	辖区
十二年（796）																		
十三年（797）																		
十四年（798）																		
十五年（799）																		
十六年（800）																		
十七年（801）																		
十八年（802）																		
十九年（803）																		
二十年（804）																		
永贞元年（805）																		
元和元年（806）																		
二年（807）																		
三年（808）																		
四年（809）																		
五年（810）																		
六年（811）																		

续表

年代	山南西道节度使			感义军节度使			利阆节度使			武定军节度使			巴渠开观察使			兴文节度使		
	方镇名称	治所	辖区	方镇名称	治所	辖区	方镇名称	治所	辖区	方镇名称	治所	辖区	方镇名称	治所	辖区	方镇名称	治所	辖区
七年（812）																		
八年（813）			兴元府、洋、壁、集、巴、通、开、利、渠、蓬、文、兴、凤、阆、果、成、扶十七府州															
九年（814）																		
十年（815）																		
十一年（816）																		
十二年（817）																		
十三年（818）																		
十四年（819）																		
十五年（820）																		
长庆元年（821）																		

续表

年代	山南西道节度使			感义军节度使			利闐节度使			武定军节度使			巴渠开观察使			兴文节度使		
	方镇名称	治所	辖区	方镇名称	治所	辖区	方镇名称	治所	辖区	方镇名称	治所	辖区	方镇名称	治所	辖区	方镇名称	治所	辖区
二年（822）																		
三年（823）																		
四年（824）																		
宝历元年（825）																		
二年（826）																		
大和元年（827）																		
二年（828）																		
三年（829）																		
四年（830）																		
五年（831）																		
六年（832）																		
七年（833）																		
八年（834）																		
九年（835）																		
开成元年（836）																		

续表

年代	山南西道节度使			感义军节度使			利阆节度使			武定军节度使			巴渠开观察使			兴文节度使		
	方镇名称	治所	辖区	方镇名称	治所	辖区	方镇名称	治所	辖区	方镇名称	治所	辖区	方镇名称	治所	辖区	方镇名称	治所	辖区
二年（837）																		
三年（838）																		
四年（839）																		
五年（840）																		
会昌元年（841）																		
二年（842）																		
三年（843）																		
四年（844）																		
五年（845）																		
六年（846）																		
大中元年（847）																		
二年（848）																		
三年（849）			兴元府、洋、集、壁、通、巴、利、开															

续表

年代	山南西道节度使			感义军节度使			利阆节度使			武定军节度使			巴渠开观察使			兴文节度使		
	方镇名称	治所	辖区	方镇名称	治所	辖区	方镇名称	治所	辖区	方镇名称	治所	辖区	方镇名称	治所	辖区	方镇名称	治所	辖区
三年（849）			渠、蓬、兴、文、凤、果、阆、扶十六府州															
四年（850）			兴元府、洋、壁、集、通、巴、利、开、渠、蓬、文、兴、凤、果、阆、成、扶十七府州															
五年（851）																		
六年（852）			兴元府、洋、壁、集、通、巴															

续表

年代	山南西道节度使			感义军节度使			利阆节度使			武定军节度使			巴渠开观察使			兴文节度使		
	方镇名称	治所	辖区	方镇名称	治所	辖区	方镇名称	治所	辖区	方镇名称	治所	辖区	方镇名称	治所	辖区	方镇名称	治所	辖区
六年（852）			利、开、渠、文、凤、果、兴、阆、扶十六府州															
七年（853）																		
八年（854）																		
九年（855）																		
十年（856）																		
十一年（857）																		
十二年（858）																		
十三年（859）																		
咸通元年（860）																		
二年（861）																		
三年（862）																		
四年（863）																		

续表

年代	山南西道节度使			感义军节度使			利阆节度使			武定军节度使			巴渠开观察使			兴文节度使		
	方镇名称	治所	辖区	方镇名称	治所	辖区	方镇名称	治所	辖区	方镇名称	治所	辖区	方镇名称	治所	辖区	方镇名称	治所	辖区
五年（864）																		
六年（865）																		
七年（866）																		
八年（867）																		
九年（868）																		
十年（869）																		
十一年（870）																		
十二年（871）																		
十三年（872）																		
十四年（873）																		
乾符元年（874）																		
二年（875）																		
三年（876）																		
四年（877）																		
五年（878）																		
六年（879）																		

续表

年代	山南西道节度使			感义军节度使			利阆节度使			武定军节度使			巴渠开观察使			兴文节度使		
	方镇名称	治所	辖区	方镇名称	治所	辖区	方镇名称	治所	辖区	方镇名称	治所	辖区	方镇名称	治所	辖区	方镇名称	治所	辖区
广明元年（880）																		
中和元年（881）																		
二年（882）																		
三年（883）																		
四年（884）			兴元府、集、壁、通、巴、利、开、渠、文、蓬、阆、果、扶十三府州															
光启元年（885）			兴元府、集、壁、通、巴、利、渠、开、	感义军节度使	凤州	凤、兴二州				武定军节度使	洋州	洋州						
二年（886）			兴元府、集、壁、通、巴、利、渠、开、															

续表

年代	山南西道节度使			感义军节度使			利闾节度使			武定军节度使			巴渠开观察使			兴文节度使		
	方镇名称	治所	辖区	方镇名称	治所	辖区	方镇名称	治所	辖区	方镇名称	治所	辖区	方镇名称	治所	辖区	方镇名称	治所	辖区
二年（886）			蓬、文、阆、果、兴、扶、凤十五府州	感义军节度使	凤州	凤、兴二州												
三年（887）																		
文德元年（888）			兴元府、集、壁、巴、渠、阆、果、扶十一府州			凤、兴、利三州												
龙纪元年（889）																		
大顺元年（890）																		
二年（891）			兴元府、集、壁、巴、开、									洋、扶、武三州						

续表

年代	山南西道节度使			感义军节度使			利阆节度使			武定军节度使			巴渠开观察使			兴文节度使		
	方镇名称	治所	辖区	方镇名称	治所	辖区	方镇名称	治所	辖区	方镇名称	治所	辖区	方镇名称	治所	辖区	方镇名称	治所	辖区
二年（891）			渠、蓬、阆、果十府州									洋、扶、武三州						
景福元年（892）																		
二年（893）			兴元府、集、壁、通、巴、开、渠、蓬八府州									洋、扶、阶、果四州						
乾宁元年（894）			兴元府、集、壁、通、巴、开、渠、蓬、文九府州															
二年（895）																		
三年（896）																		

续表

年代	山南西道节度使			感义军节度使			利阆节度使			武定军节度使			巴渠开观察使			兴文节度使		
	方镇名称	治所	辖区	方镇名称	治所	辖区	方镇名称	治所	辖区	方镇名称	治所	辖区	方镇名称	治所	辖区	方镇名称	治所	辖区
四年（897）				昭武军节度使	利州													
光化元年（898）			兴元府、集、巴、通、开、渠、文七府州									洋、扶、阶、果、蓬、壁六州						
二年（899）																		
三年（900）																		
天复元年（901）					凤州	凤、兴二州												
二年（902）																		
三年（903）							利州节度使	利州										
天祐元年（904）									利州									

续表

年代	山南西道节度使			感义军节度使			利阆节度使			武定军节度使			巴渠开观察使			兴文节度使		
	方镇名称	治所	辖区	方镇名称	治所	辖区	方镇名称	治所	辖区	方镇名称	治所	辖区	方镇名称	治所	辖区	方镇名称	治所	辖区
二年（905）			兴元府、集、通、文四府州										巴渠开都团练观察使	巴州	巴、渠、开三州			
三年（906）			兴元府和凤州				利阆节度使		利、阆、陵、荣、果、蓬、通七州			洋、扶、阶三州				兴文节度使	兴州	兴、文、集、壁四州

九　淮南道方镇辖区变动

年代	淮南节度使			淮南西道节度使			奉国军节度使			寿州都团练观察使			泗濠观察使			安黄节度使		
	方镇名称	治所	辖区	方镇名称	治所	辖区	方镇名称	治所	辖区	方镇名称	治所	辖区	方镇名称	治所	辖区	方镇名称	治所	辖区
天宝十四载（755）																		
至德元载（756）	淮南节度使	扬州	扬、滁、和、寿、庐、舒、蕲、安、黄、沔、沂十二州	淮南西道节度使	许州	申、光、许、郑、豫五州												
二载（757）			扬、滁、和、寿、庐、舒、蕲、黄、沔、沂十一州															
乾元元年（758）					郑州	申、光、郑、陈、颍、亳六州												

517

续表

年代	淮南节度使			淮南西道节度使			奉国军节度使			寿州都团练观察使			泗濠观察使			安黄节度使		
	方镇名称	治所	辖区	方镇名称	治所	辖区	方镇名称	治所	辖区	方镇名称	治所	辖区	方镇名称	治所	辖区	方镇名称	治所	辖区
二年（759）			扬、楚、滁、和、庐、舒、濠七州		寿州	申、光、寿、沔、蕲、黄七州												
上元元年（760）																		
二年（761）																		
宝应元年（762）			扬、楚、滁、和、庐、舒、濠、寿八州		安州	光、沔、黄、蕲、许、唐九州												
广德元年（763）						光、沔、黄、蕲、许、隋、唐八州												
二年（764）																		
永泰元年（765）						光、安、许、隋、唐五州												

518

续表

年代	淮南节度使			淮南西道节度使			奉国军节度使			寿州都团练观察使			泗濠观察使			安黄节度使		
	方镇名称	治所	辖区	方镇名称	治所	辖区	方镇名称	治所	辖区	方镇名称	治所	辖区	方镇名称	治所	辖区	方镇名称	治所	辖区
大历元年(766)																		
二年(767)																		
三年(768)																		
四年(769)																		
五年(770)																		
六年(771)																		
七年(772)																		
八年(773)					蔡州	蔡、申、光、汝、安、许、隋、唐八州												
九年(774)																		
十年(775)																		
十一年(776)					许州	许、蔡、申、光、汝、安、隋、唐九州												

续表

年代	淮南节度使			淮南西道节度使			奉国军节度使			寿州都团练观察使			泗濠观察使			安黄节度使		
	方镇名称	治所	辖区	方镇名称	治所	辖区	方镇名称	治所	辖区	方镇名称	治所	辖区	方镇名称	治所	辖区	方镇名称	治所	辖区
十二年（777）																		
十三年（778）																		
十四年（779）					蔡州	蔡、申、光、许、隋、唐、沔、蕲、黄十州												
建中元年（780）			扬、楚、滁、和、庐、舒、濠、寿、泗九州															
二年（781）			扬、楚、滁、和、舒、寿、泗六州		蔡州	蔡、申、光、许、隋、唐、黄、蕲、濠十州												
三年（782）																		
四年（783）																		
兴元元年（784）			扬、楚、滁、和、润、泗六州							寿州都团练观察使	寿州	寿、濠、庐三州						

续表

年代	淮南节度使 方镇名称	淮南节度使 治所	淮南节度使 辖区	淮南西道节度使 方镇名称	淮南西道节度使 治所	淮南西道节度使 辖区	奉国军节度使 方镇名称	奉国军节度使 治所	奉国军节度使 辖区	寿州都团练观察使 方镇名称	寿州都团练观察使 治所	寿州都团练观察使 辖区	泗濠观察使 方镇名称	泗濠观察使 治所	泗濠观察使 辖区	安黄节度使 方镇名称	安黄节度使 治所	安黄节度使 辖区
贞元元年（785）						蔡、申、光、隋、溆、六州												
二年（786）						蔡、申、光、安、隋五州												
三年（787）				申光蔡节度使		蔡、申、光三州												
四年（788）			扬、楚、滁、和、舒、庐、寿七州							废寿州都团练观察使								
五年（789）																		
六年（790）																		
七年（791）																		
八年（792）																		
九年（793）																		
十年（794）																		
十一年（795）																		

续表

年代	淮南节度使			淮南西道节度使			奉国军节度使			寿州都团练观察使			泗濠观察使			安黄节度使		
	方镇名称	治所	辖区	方镇名称	治所	辖区	方镇名称	治所	辖区	方镇名称	治所	辖区	方镇名称	治所	辖区	方镇名称	治所	辖区
十二年（796）																		
十三年（797）																		
十四年（798）				彰义军节度使														
十五年（799）			扬、楚、滁、和、舒、庐、寿、泗、濠九州										安黄节度使	安州	安、黄、二州			
十六年（800）													泗濠观察使	泗州	泗、濠、二州			
十七年（801）																		
十八年（802）																		
十九年（803）																奉义军节度使		
二十年（804）																		
永贞元年（805）																		
元和元年（806）			扬、楚、滁、和、舒、庐、寿七州										废泗濠观察使					

续表

年代	淮南节度使			淮南西道节度使			奉国军节度使			寿州都团练观察使			泗濠观察使			安黄节度使		
	方镇名称	治所	辖区	方镇名称	治所	辖区	方镇名称	治所	辖区	方镇名称	治所	辖区	方镇名称	治所	辖区	方镇名称	治所	辖区
二年（807）													泗寿都团练使，是年即废	泗州	寿、泗、楚三州			
三年（808）																		
四年（809）																		
五年（810）																		
六年（811）																		
七年（812）																		
八年（813）																		
九年（814）																		
十年（815）																		
十一年（816）					唐州	蔡、申、唐、光、隋、邓六州												
十二年（817）				淮西节度使	蔡州	蔡、申、渡、光四州												

续表

年代	淮南节度使			淮南西道节度使			奉国军节度使			寿州都团练观察使			泗濠观察使			安黄节度使		
	方镇名称	治所	辖区	方镇名称	治所	辖区	方镇名称	治所	辖区	方镇名称	治所	辖区	方镇名称	治所	辖区	方镇名称	治所	辖区
十三年（818）			扬、楚、滁、和、舒、庐、寿、光、八州															
十四年（819）																		
十五年（820）																		
长庆元年（821）			扬、楚、滁、和、舒、庐、寿、光、宿九州															
二年（822）																		
三年（823）																		
四年（824）																		
宝历元年（825）																		
二年（826）																		
大和元年（827）																		

续表

年代	淮南节度使			淮南西道节度使			奉国军节度使			寿州都团练观察使			泗濠观察使			安黄节度使		
	方镇名称	治所	辖区	方镇名称	治所	辖区	方镇名称	治所	辖区	方镇名称	治所	辖区	方镇名称	治所	辖区	方镇名称	治所	辖区
二年（828）																		
三年（829）			扬、楚、滁、和、庐、舒、寿、光八州															
四年（830）																		
五年（831）																		
六年（832）																		
七年（833）																		
八年（834）																		
九年（835）																		
开成元年（836）																		
二年（837）																		
三年（838）																		
四年（839）																		
五年（840）																		

续表

年代	淮南节度使			淮南西道节度使			奉国军节度使			寿州都团练观察使			泗濠观察使			安黄节度使		
	方镇名称	治所	辖区	方镇名称	治所	辖区	方镇名称	治所	辖区	方镇名称	治所	辖区	方镇名称	治所	辖区	方镇名称	治所	辖区
会昌元年(841)																		
二年(842)																		
三年(843)																		
四年(844)																		
五年(845)																		
六年(846)																		
大中元年(847)																		
二年(848)																		
三年(849)																		
四年(850)																		
五年(851)																		
六年(852)																		
七年(853)																		
八年(854)																		
九年(855)																		
十年(856)																		

续表

年代	淮南节度使			淮南西道节度使			奉国军节度使			寿州都团练观察使			泗濠观察使			安黄节度使		
	方镇名称	治所	辖区	方镇名称	治所	辖区	方镇名称	治所	辖区	方镇名称	治所	辖区	方镇名称	治所	辖区	方镇名称	治所	辖区
十一年（857）																		
十二年（858）																		
十三年（859）																		
咸通元年（860）																		
二年（861）			扬、楚、滁、和、舒、寿、庐、光、濠九州															
三年（862）																		
四年（863）			扬、楚、滁、和、舒、寿、庐、光、宿、濠十州															
五年（864）																		
六年（865）																		
七年（866）																		
八年（867）																		

年代	淮南节度使			淮南西道节度使			奉国军节度使			寿州都团练观察使			泗濠观察使			安黄节度使		
	方镇名称	治所	辖区	方镇名称	治所	辖区	方镇名称	治所	辖区	方镇名称	治所	辖区	方镇名称	治所	辖区	方镇名称	治所	辖区
九年（868）																		
十年（869）			扬、楚、滁、和、舒、庐、寿、光八州															
十一年（870）																		
十二年（871）																		
十三年（872）																		
十四年（873）																		
乾符元年（874）																		
二年（875）			扬、楚、和、滁、舒、庐、寿、光、泗濠九州															
三年（876）																		
四年（877）																		
五年（878）																		

续表

年代	淮南节度使			淮南西道节度使			奉国军节度使			寿州都团练观察使			泗濠观察使			安黄节度使		
	方镇名称	治所	辖区	方镇名称	治所	辖区	方镇名称	治所	辖区	方镇名称	治所	辖区	方镇名称	治所	辖区	方镇名称	治所	辖区
六年（879）																		
广明元年（880）																		
中和元年（881）							奉国军节度使											
二年（882）								蔡州	蔡州									
三年（883）																		
四年（884）																		
光启元年（885）																		
二年（886）																		
三年（887）																		
文德元年（888）																		
龙纪元年（889）																		
大顺元年（890）																		

年代	淮南节度使			淮南西道节度使			奉国军节度使			寿州都团练观察使			泗濠观察使			安黄节度使		
	方镇名称	治所	辖区	方镇名称	治所	辖区	方镇名称	治所	辖区	方镇名称	治所	辖区	方镇名称	治所	辖区	方镇名称	治所	辖区
二年（891）																		
景福元年（892）			扬、楚、滁、和、舒、庐、寿、光、润九州															
二年（893）																		
乾宁元年（894）			扬、楚、滁、和、舒、庐、寿、光、泗、润十州															
二年（895）																		
三年（896）																		
四年（897）			扬、楚、滁、和、舒、庐、寿、泗、润九州						蔡、申、光三州									
光化元年（898）																		

续表

年代	淮南节度使			淮南西道节度使			奉国军节度使			寿州都团练观察使			泗濠观察使			安黄节度使		
	方镇名称	治所	辖区	方镇名称	治所	辖区	方镇名称	治所	辖区	方镇名称	治所	辖区	方镇名称	治所	辖区	方镇名称	治所	辖区
二年（899）																		
三年（900）																		
天复元年（901）																		
二年（902）			扬、楚、和、滁、舒、寿、润、泗、升十州															
三年（903）																		
天祐元年（904）																		
二年（905）																		
三年（906）																		

十　江南东道方镇辖区变动

年代	浙江东道观察使			浙江西道观察使			福建观察使			歙婺衢睦观察使		
	方镇名称	治所	辖区	方镇名称	治所	辖区	方镇名称	治所	辖区	方镇名称	治所	辖区
天宝十四载（755）												
至德元载（756）												
二载（757）												
乾元元年（758）	浙江东道节度使	越州	越、睦、衢、婺、台、明、括、温八州	浙江西道节度使	苏州	苏、升、润、常、杭、湖六州	福建都防御使	福州	福、建、汀、漳、泉五州			
二年（759）					升州	升、润、苏、常、杭、宣、歙、饶九州						
上元元年（760）							福建节度使		福、建、汀、漳、泉、潮六州			

续表

年代	浙江东道观察使			浙江西道观察使			福建观察使			歙婺衢睦观察使		
	方镇名称	治所	辖区	方镇名称	治所	辖区	方镇名称	治所	辖区	方镇名称	治所	辖区
二年（761）					宣州	苏、杭、常、湖、宣、饶、歙、八州						
宝应元年（762）												
广德元年（763）												
二年（764）												
永泰元年（765）				浙江西道观察使	苏州	苏、润、杭、常、湖、饶、六州						
大历元年（766）												
二年（767）												
三年（768）												
四年（769）												
五年（770）	浙江东道观察使											

唐代后期方镇辖区变动研究

续表

年代	浙江东道观察使 方镇名称	治所	辖区	浙江西道观察使 方镇名称	治所	辖区	福建观察使 方镇名称	治所	辖区	歙婺衢睦观察使 方镇名称	治所	辖区
六年（771）							福建观察使		福、建、漳、汀、泉五州			
七年（772）												
八年（773）												
九年（774）												
十年（775）												
十一年（776）												
十二年（777）												
十三年（778）												
十四年（779）						苏、润、常、杭、湖、饶、宣、歙、池、越、睦、婺、衢、明、台、处、温十七州						

534

续表

年代	浙江东道观察使			浙江西道观察使			福建观察使			歙歙衢睦观察使		
	方镇名称	治所	辖区	方镇名称	治所	辖区	方镇名称	治所	辖区	方镇名称	治所	辖区
建中元年（780）						苏、润、常、湖、宣、饶、歙、池九州						
二年（781）					润州	润、常、杭、湖、宣、池、睦、越、衢、台、明、温、处、十七州						
三年（782）												
四年（783）												
兴元元年（784）												
贞元元年（785）												
二年（786）												

续表

年代	浙江东道观察使			浙江西道观察使			福建观察使			歙婺衢睦观察使		
	方镇名称	治所	辖区	方镇名称	治所	辖区	方镇名称	治所	辖区	方镇名称	治所	辖区
三年（787）			越、衢、台、婺、明、温七州			润、苏、常、杭、湖、江、睦七州						
四年（788）						润、苏、常、杭、湖、睦六州						
五年（789）												
六年（790）												
七年（791）												
八年（792）												
九年（793）												
十年（794）												
十一年（795）												
十二年（796）												
十三年（797）												
十四年（798）												
十五年（799）												
十六年（800）												

续表

年代	浙江东道观察使			浙江西道观察使			福建观察使			歙婺衢睦观察使		
	方镇名称	治所	辖区	方镇名称	治所	辖区	方镇名称	治所	辖区	方镇名称	治所	辖区
十七年（801）												
十八年（802）												
十九年（803）												
二十年（804）												
永贞元年（805）												
元和元年（806）												
二年（807）												
三年（808）												
四年（809）												
五年（810）												
六年（811）												
七年（812）												
八年（813）												
九年（814）												
十年（815）												
十一年（816）												
十二年（817）												
十三年（818）												

续表

年代	浙江东道观察使			浙江西道观察使			福建观察使			歙婺衢睦观察使		
	方镇名称	治所	辖区	方镇名称	治所	辖区	方镇名称	治所	辖区	方镇名称	治所	辖区
十四年（819）												
十五年（820）												
长庆元年（821）												
二年（822）												
三年（823）												
四年（824）												
宝历元年（825）												
二年（826）												
大和元年（827）												
二年（828）												
三年（829）												
四年（830）												
五年（831）												
六年（832）												
七年（833）												
八年（834）												
九年（835）												
开成元年（836）												

续表

年代	浙江东道观察使			浙江西道观察使			福建观察使			歙婺衢睦观察使		
	方镇名称	治所	辖区	方镇名称	治所	辖区	方镇名称	治所	辖区	方镇名称	治所	辖区
二年（837）												
三年（838）												
四年（839）												
五年（840）												
会昌元年（841）												
二年（842）												
三年（843）												
四年（844）												
五年（845）												
六年（846）												
大中元年（847）												
二年（848）												
三年（849）												
四年（850）												
五年（851）												
六年（852）												
七年（853）												

续表

年代	浙江东道观察使			浙江西道观察使			福建观察使			歙婺衢睦观察使		
	方镇名称	治所	辖区	方镇名称	治所	辖区	方镇名称	治所	辖区	方镇名称	治所	辖区
八年（854）												
九年（855）												
十年（856）												
十一年（857）												
十二年（858）												
十三年（859）												
咸通元年（860）												
二年（861）												
三年（862）												
四年（863）												
五年（864）												
六年（865）												
七年（866）												
八年（867）												
九年（868）												
十年（869）												
十一年（870）												

续表

年代	浙江东道观察使			浙江西道观察使			福建观察使			歙婺衢睦观察使		
	方镇名称	治所	辖区	方镇名称	治所	辖区	方镇名称	治所	辖区	方镇名称	治所	辖区
十二年（871）												
十三年（872）												
十四年（873）												
乾符元年（874）												
二年（875）												
三年（876）												
四年（877）												
五年（878）												
六年（879）												
广明元年（880）												
中和元年（881）												
二年（882）												
三年（883）	义胜军节度使											
四年（884）												
光启元年（885）												
二年（886）												

续表

年代	浙江东道观察使			浙江西道观察使			福建观察使			歙婺睦衢观察使		
	方镇名称	治所	辖区	方镇名称	治所	辖区	方镇名称	治所	辖区	方镇名称	治所	辖区
三年（887）	威胜军节度使											
文德元年（888）												
龙纪元年（889）				杭州防御使	杭州	杭、苏、润、常、湖、睦、六州						
大顺元年（890）						杭、苏、润、常、湖、睦、升七州						
二年（891）												
景福元年（892）				镇海军节度使		杭、苏、常、湖、睦、升、六州						
二年（893）												
乾宁元年（894）												
二年（895）												

续表

年代	浙江东道观察使			浙江西道观察使			福建观察使			歙婺衢睦观察使		
	方镇名称	治所	辖区	方镇名称	治所	辖区	方镇名称	治所	辖区	方镇名称	治所	辖区
三年（896）	镇东军节度使					杭、苏、常、睦、升五州	威武军节度使					
四年（897）						杭、苏、常、湖、睦、升六州						
光化元年（898）												
二年（899）												
三年（900）												
天复元年（901）						杭、苏、常、湖、睦五州						
二年（902）						杭、苏、湖、常、睦五州						
三年（903）												
天祐元年（904）												
二年（905）			越、台、明、处、温五州			杭、苏、湖、常四州				歙婺衢睦观察使	歙州	歙、婺、衢、睦四州

续表

年代	浙江东道观察使			浙江西道观察使			福建观察使			歙婺衢睦观察使		
	方镇名称	治所	辖区	方镇名称	治所	辖区	方镇名称	治所	辖区	方镇名称	治所	辖区
三年（906）			越、衢、婺、台、明、处、温七州			杭、苏、湖、常、睦五州				废歙婺衢睦观察使		

十一 江南西道方镇辖区变动

年代	江南西道观察使			湖南观察使			鄂岳观察使			宣歙观察使		
	方镇名称	治所	辖区	方镇名称	治所	辖区	方镇名称	治所	辖区	方镇名称	治所	辖区
天宝十四载 (755)												
至德元载 (756)												
二载 (757)	豫章防御使	洪州	洪州	衡州防御使	衡州	衡、岳、潭、郴、邵、永、道八州						
乾元元年 (758)	洪吉观察处置使	洪州	洪、吉、虔、袁、信六州			衡、岳、潭、邵、永、道七州				宣歙观察使	宣州	宣、歙、饶三州
二年 (759)						衡、潭、邵、永、道五州	鄂岳沔都团练使	鄂州	鄂、岳二州			
上元元年 (760)									鄂州			
二年 (761)												

545

续表

年代	江南西道观察使			湖南观察使			鄂岳观察使			宣歙观察使		
	方镇名称	治所	辖区	方镇名称	治所	辖区	方镇名称	治所	辖区	方镇名称	治所	辖区
宝应元年（762）				废衡州防御使								
广德元年（763）												
二年（764）	江南西道观察使		洪、吉、度、抚、袁、江、信七州	湖南观察使		衡、潭、邵、永、道、连、岳八州						
永泰元年（765）						衡、潭、邵、永、道、连七州	鄂岳沔观察使		鄂、岳、沔、蕲、黄五州			
大历元年（766）										宣歙池观察使		宣、歙、池三州
二年（767）												
三年（768）												
四年（769）					潭州				鄂、岳、沔三州			
五年（770）												
六年（771）												
七年（772）												

续表

年代	江南西道观察使			湖南观察使			鄂岳观察使			宣歙观察使		
	方镇名称	治所	辖区	方镇名称	治所	辖区	方镇名称	治所	辖区	方镇名称	治所	辖区
八年(773)												
九年(774)												
十年(775)												
十一年(776)												
十二年(777)												
十三年(778)												
十四年(779)			洪、虔、抚、袁、江、信、鄂 八州							废宣歙池观察使		
建中元年(780)												
二年(781)												
三年(782)			洪、虔、抚、袁、信 六州				鄂岳观察防御使		鄂、岳、江 三州			
四年(783)							鄂岳观察使		鄂、岳、江、沔 四州			

续表

年代	江南西道观察使			湖南观察使			鄂岳观察使			宣歙观察使		
	方镇名称	治所	辖区	方镇名称	治所	辖区	方镇名称	治所	辖区	方镇名称	治所	辖区
兴元元年（784）												
贞元元年（785）									鄂、岳、江、沔、蕲、黄六州			
二年（786）			洪、吉、抚、虔、袁、信、饶七州									
三年（787）			洪、吉、抚、虔、袁、信、饶七州							复置宣歙池观察使	宣州	宣、歙、池三州
四年（788）			洪、吉、抚、虔、袁、信、饶、江八州						鄂、岳、沔、蕲、黄五州			
五年（789）												
六年（790）												
七年（791）												
八年（792）												
九年（793）												
十年（794）												

续表

年代	江南西道观察使			湘南观察使			鄂岳观察使			宣歙观察使		
	方镇名称	治所	辖区	方镇名称	治所	辖区	方镇名称	治所	辖区	方镇名称	治所	辖区
十一年（795）												
十二年（796）												
十三年（797）												
十四年（798）												
十五年（799）									鄂、岳、沔、蕲四州			
十六年（800）												
十七年（801）												
十八年（802）												
十九年（803）												
二十年（804）												
永贞元年（805）												
元和元年（806）							武昌军节度使		鄂、岳、沔、安、黄六州			
二年（807）												
三年（808）												

续表

年代	江南西道观察使			湖南观察使			鄂岳观察使			宣歙观察使		
	方镇名称	治所	辖区	方镇名称	治所	辖区	方镇名称	治所	辖区	方镇名称	治所	辖区
四年（809）												
五年（810）							鄂岳观察使					
六年（811）												
七年（812）												
八年（813）												
九年（814）												
十年（815）												
十一年（816）												
十二年（817）												
十三年（818）									鄂、岳、沔、蕲、安、黄、申七州			
十四年（819）												
十五年（820）												
长庆元年（821）												
二年（822）												
三年（823）												

续表

年代	江南西道观察使			湖南观察使			鄂岳观察使			宣歙观察使		
	方镇名称	治所	辖区	方镇名称	治所	辖区	方镇名称	治所	辖区	方镇名称	治所	辖区
四年（824）												
宝历元年（825）							武昌军节度使					
二年（826）									鄂、岳、蕲、黄、安、申六州			
大和元年（827）												
二年（828）												
三年（829）												
四年（830）												
五年（831）							鄂岳观察使					
六年（832）												
七年（833）												
八年（834）												
九年（835）												
开成元年（836）												
二年（837）												

续表

年代	江南西道观察使			湖南观察使			鄂岳观察使			宣歙观察使		
	方镇名称	治所	辖区	方镇名称	治所	辖区	方镇名称	治所	辖区	方镇名称	治所	辖区
三年（838）												
四年（839）												
五年（840）												
会昌元年（841）												
二年（842）												
三年（843）												
四年（844）												
五年（845）												
六年（846）												
大中元年（847）												
二年（848）												
三年（849）												
四年（850）												
五年（851）												
六年（852）												
七年（853）												
八年（854）												
九年（855）												

续表

年代	江南西道观察使			湖南观察使			鄂岳观察使			宣歙观察使		
	方镇名称	治所	辖区	方镇名称	治所	辖区	方镇名称	治所	辖区	方镇名称	治所	辖区
十年（856）												
十一年（857）												
十二年（858）												
十三年（859）												
咸通元年（860）												
二年（861）												
三年（862）												
四年（863）												
五年（864）												
六年（865）												
七年（866）												
八年（867）												
九年（868）												
十年（869）												
十一年（870）												
十二年（871）												
十三年（872）												
十四年（873）												

续表

年代	江南西道观察使			湖南观察使			鄂岳观察使			宣歙观察使		
	方镇名称	治所	辖区	方镇名称	治所	辖区	方镇名称	治所	辖区	方镇名称	治所	辖区
乾符元年（874）												
二年（875）												
三年（876）												
四年（877）												
五年（878）												
六年（879）												
广明元年（880）												
中和元年（881）												
二年（882）				钦化军节度使								
三年（883）												
四年（884）												
光启元年（885）				武安军节度使								
二年（886）												
三年（887）												
文德元年（888）							武昌军节度使					
龙纪元年（889）												

续表

年代	江南西道观察使			湖南观察使			鄂岳观察使			宣歙观察使		
	方镇名称	治所	辖区	方镇名称	治所	辖区	方镇名称	治所	辖区	方镇名称	治所	辖区
大顺元年（890）										宁国军节度使		
二年（891）												
景福元年（892）												
二年（893）												
乾宁元年（894）												
二年（895）												
三年（896）												
四年（897）									鄂、岳、蕲、安、黄五州			
光化元年（898）												
二年（899）												
三年（900）												
天复元年（901）												
二年（902）												
三年（903）										宣歙池观察使		

续表

年代	江南西道观察使			湖南观察使			鄂岳观察使			宣歙观察使		
	方镇名称	治所	辖区	方镇名称	治所	辖区	方镇名称	治所	辖区	方镇名称	治所	辖区
天祐元年（904）												
二年（905）							鄂岳观察使			宣池观察使		宣、池二州
三年（906）												宣、歙、池三州

十二　黔中道方镇辖区变动

年代	黔中观察使			辰锦观察使		
	方镇名称	治所	辖区	方镇名称	治所	辖区
天宝十四载（755）						
至德元载（756）	黔中节度使	黔州	黔、辰、锦、施、巫、业、夷、播、思、费、南、溪、溱、珍十四州			
二载（757）			黔、辰、锦、施、巫、业、夷、播、思、费、南、溪、溱、珍、涪十五州			
乾元元年（758）						
二年（759）			黔、辰、锦、施、业、夷、播、思、费、南、溪、溱、珍、涪十四州			
上元元年（760）			黔、辰、锦、施、业、夷、播、思、费、南、溪、溱、珍、涪十五州			
二年（761）			黔、辰、锦、施、业、夷、播、思、费、南、溪、溱、珍、巫十四州			
宝应元年（762）						
广德元年（763）						
二年（764）						
永泰元年（765）						
大历元年（766）						

续表

年代	黔中观察使			辰锦观察使		
	方镇名称	治所	辖区	方镇名称	治所	辖区
二年（767）						
三年（768）						
四年（769）			黔、施、夷、播、思、费、南、溱、珍九州	辰锦观察使	辰州	辰、溪、巫、锦、业五州
五年（770）						
六年（771）						
七年（772）						
八年（773）						
九年（774）						
十年（775）			黔、辰、锦、施、奖、夷、播、思、费、南、溱、珍十四州			
十一年（776）						
十二年（777）	黔中观察使		黔、辰、锦、施、夷、播、思、费、南、溱、珍十二州			
十三年（778）						
十四年（779）						
建中元年（780）						
二年（781）						
三年（782）						
四年（783）						

续表

年代	黔中观察使			辰锦观察使		
	方镇名称	治所	辖区	方镇名称	治所	辖区
兴元元年（784）		辰州	黔、辰、锦、施、奖、夷、播、思、费、南、溪、溱、珍、溆十四州			
贞元元年（785）		黔州				
二年（786）						
三年（787）						
四年（788）						
五年（789）						
六年（790）						
七年（791）						
八年（792）						
九年（793）						
十年（794）						
十一年（795）						
十二年（796）						
十三年（797）						
十四年（798）						
十五年（799）						
十六年（800）						

续表

年代	黔中观察使			辰锦观察使		
	方镇名称	治所	辖区	方镇名称	治所	辖区
十七年（801）						
十八年（802）						
十九年（803）						
二十年（804）						
永贞元年（805）						
元和元年（806）						
二年（807）						
三年（808）			黔、辰、锦、施、奖、夷、播、思、费、南、溪、溱、珍、溆、涪十五州			
四年（809）						
五年（810）						
六年（811）						
七年（812）						
八年（813）						
九年（814）						
十年（815）						
十一年（816）						
十二年（817）						

续表

年代	黔中观察使			方镇名称	辰锦观察使		
	方镇名称	治所	辖区		治所	辖区	
十三年（818）							
十四年（819）							
十五年（820）							
长庆元年（821）							
二年（822）							
三年（823）							
四年（824）							
宝历元年（825）							
二年（826）							
大和元年（827）							
二年（828）							
三年（829）							
四年（830）							
五年（831）							
六年（832）							
七年（833）							
八年（834）							
九年（835）							

续表

年代	黔中观察使			辰锦观察使		
	方镇名称	治所	辖区	方镇名称	治所	辖区
开成元年（836）						
二年（837）						
三年（838）						
四年（839）						
五年（840）						
会昌元年（841）						
二年（842）						
三年（843）						
四年（844）						
五年（845）						
六年（846）						
大中元年（847）			黔、辰、锦、施、奖、夷、播、思、费、南、溪、溱、珍、溆十四州			
二年（848）						
三年（849）						
四年（850）						
五年（851）						
六年（852）						

续表

年代	黔中观察使			辰锦观察使		
	方镇名称	治所	辖区	方镇名称	治所	辖区
七年（853）						
八年（854）						
九年（855）						
十年（856）						
十一年（857）						
十二年（858）						
十三年（859）						
咸通元年（860）						
二年（861）						
三年（862）						
四年（863）						
五年（864）						
六年（865）						
七年（866）						
八年（867）						
九年（868）						
十年（869）						
十一年（870）						

续表

年代	黔中观察使			辰锦观察使		
	方镇名称	治所	辖区	方镇名称	治所	辖区
十二年（871）						
十三年（872）						
十四年（873）						
乾符元年（874）						
二年（875）						
三年（876）						
四年（877）						
五年（878）						
六年（879）						
广明元年（880）						
中和元年（881）						
二年（882）						
三年（883）			黔、辰、锦、施、奖、夷、播、思、费、南、溪、溱、珍、溵、涪十五州			
四年（884）						
光启元年（885）						
二年（886）						
三年（887）						

续表

年代	黔中观察使			辰锦观察使		
	方镇名称	治所	辖区	方镇名称	治所	辖区
文德元年（888）						
龙纪元年（889）						
大顺元年（890）	武泰军节度使					
二年（891）						
景福元年（892）						
二年（893）						
乾宁元年（894）						
二年（895）						
三年（896）						
四年（897）						
光化元年（898）			黔、辰、锦、施、奖、夷、播、思、费、南、溪、溱、珍、涪十四州			
二年（899）						
三年（900）			黔、辰、锦、施、奖、夷、播、思、费、南、溪、溱、珍十三州			
天复元年（901）						
二年（902）						
三年（903）		涪州	黔、辰、锦、施、奖、夷、播、思、费、南、溪、溱、珍、涪十四州			

续表

年代	黔中观察使			辰锦观察使		
	方镇名称	治所	辖区	方镇名称	治所	辖区
天祐元年（904）						
二年（905）						
三年（906）						

十三　剑南道方镇辖区变动

年代	剑南东川节度使 方镇名称	治所	辖区	剑南西川节度使 方镇名称	治所	辖区	定边军节度使 方镇名称	治所	辖区	威戎军节度使 方镇名称	治所	辖区	永平军节度使 方镇名称	治所	辖区	龙剑节度使 方镇名称	治所	辖区	武信军节度使 方镇名称	治所	辖区
天宝十四载（755）																					
至德元载（756）				剑南西川节度使	成都府	成都府，彭、蜀、汉、眉、邛、嘉、檎、黎、戎、茂、雅、维、文、扶、奉、															
二载（757）	剑南东川节度使	梓州	梓、遂、绵、剑、龙、阆、普、陵、泸、荣、资、简十二州																		

续表

年代	剑南东川节度使			剑南西川节度使			定边军节度使			威戎军节度使			永平军节度使			龙剑节度使			武信军节度使		
	方镇名称	治所	辖区	方镇名称	治所	辖区	方镇名称	治所	辖区	方镇名称	治所	辖区	方镇名称	治所	辖区	方镇名称	治所	辖区	方镇名称	治所	辖区
二载（757）						霸、果十七州															
乾元元年（758）																					
二年（759）			梓、遂、绵、剑、龙、阆、普、陵、泸、荣、资、简、昌、渝、合十五州																		
上元元年（760）																					
二年（761）																					

续表

年代	剑南东川节度使		剑南西川节度使		定边军节度使		威戎军节度使		永平军节度使		龙剑节度使		武信军节度使	
	方镇名称	治所	辖区	方镇名称	治所	辖区	方镇名称	治所	辖区	方镇名称	治所	辖区	方镇名称	治所	辖区	方镇名称	治所	辖区
宝应元年（762）						成都府、彭、蜀、汉、眉、邛、嘉、簡、黎、戎、茂、雅、维、文、扶、保、霸、果、松、当、悉、柘、												

续表

年代	剑南东川节度使			剑南西川节度使			定边军节度使			威戎军节度使			永平军节度使			龙剑节度使			武信军节度使		
	方镇名称	治所	辖区	方镇名称	治所	辖区	方镇名称	治所	辖区	方镇名称	治所	辖区	方镇名称	治所	辖区	方镇名称	治所	辖区	方镇名称	治所	辖区
宝应元年（762）						翼、恭、静、真二十五州															
广德元年（763）						成都府，彭、蜀、汉、眉、邛、嘉、嶲、黎、戎、茂、雅、扶、果（松、维、															

续表

年代	剑南东川节度使			剑南西川节度使			定边军节度使			威戎军节度使			永平军节度使			龙剑节度使			武信军节度使		
	方镇名称	治所	辖区	方镇名称	治所	辖区	方镇名称	治所	辖区	方镇名称	治所	辖区	方镇名称	治所	辖区	方镇名称	治所	辖区	方镇名称	治所	辖区
广德元年（763）						保、霸、当、悉、柘、翼、恭、静、真十一州（陷吐蕃）二十四州															
二年（764）	废剑南东川节度使					成都府,彭、蜀、汉、眉、邛、嘉、巂、															

571

续表

年代	剑南东川节度使			剑南西川节度使			定边军节度使			威戎军节度使			永平军节度使			龙剑节度使			武信军节度使		
	方镇名称	治所	辖区	方镇名称	治所	辖区	方镇名称	治所	辖区	方镇名称	治所	辖区	方镇名称	治所	辖区	方镇名称	治所	辖区	方镇名称	治所	辖区
二年（764）						黎、戎、茂、雅、扶、果（松、维、保、霸、当、悉、柘、翼、恭、静、真十一州陷吐蕃）、梓、遂、绵、剑、															

续表

年代	剑南东川节度使			剑南西川节度使			定边军节度使			威戎军节度使			永平军节度使			龙剑节度使			武信军节度使		
	方镇名称	治所	辖区	方镇名称	治所	辖区	方镇名称	治所	辖区	方镇名称	治所	辖区	方镇名称	治所	辖区	方镇名称	治所	辖区	方镇名称	治所	辖区
二年（764）						龙、阆、普、陵、泸、荣、资、简、昌、渝、合三十九州															
永泰元年（765）	复置剑南东川节度使	梓州																			
大历元年（766）	东川节度使		梓、遂、绵、剑、龙、阆、普、陵、泸			成都府、彭、茂、汉、扶、果（松、维、															

年代	剑南东川节度使			剑南西川节度使			定边军节度使			威戎军节度使			永平军节度使			龙剑节度使			武信军节度使		
	方镇名称	治所	辖区	方镇名称	治所	辖区	方镇名称	治所	辖区	方镇名称	治所	辖区	方镇名称	治所	辖区	方镇名称	治所	辖区	方镇名称	治所	辖区
大历元年（766）			荣、资、简、昌、渝、合五州			保、霸、当、悉、柘、翼、恭、静、真十一州（陷吐蕃）十六州																
二年（767）	剑南东川观察使	遂州	梓、遂、绵、剑、龙、普、渝、合八州			成都府、彭、茂、汉、扶、果（松、维、保、																

续表

年代	剑南东川节度使			剑南西川节度使			定边军节度使			威戎军节度使			永平军节度使			龙剑节度使			武信军节度使		
	方镇名称	治所	辖区	方镇名称	治所	辖区	方镇名称	治所	辖区	方镇名称	治所	辖区	方镇名称	治所	辖区	方镇名称	治所	辖区	方镇名称	治所	辖区
二年（767）						霸、当、悉、柘、翼、恭、静、真十一州陷吐蕃）、阆、陵、泸、荣、资、简、昌二十三州															
三年（768）	剑南东川节度使	梓州	梓、遂、绵、剑、		成都府	成都府，彭、蜀、															

续表

年代	剑南东川节度使			剑南西川节度使			定边军节度使			威戎军节度使			永平军节度使			龙剑节度使			武信军节度使		
	方镇名称	治所	辖区	方镇名称	治所	辖区	方镇名称	治所	辖区	方镇名称	治所	辖区	方镇名称	治所	辖区	方镇名称	治所	辖区	方镇名称	治所	辖区
三年（768）			龙、普、渝、合、阆、昌十州			茂、汉、扶、果、眉、邛、嘉、嶲、黎、戎、雅（松、维、保、霸、当、悉、柘、翼、恭、静、真十一州陷吐蕃）															

年代	剑南东川节度使			剑南西川节度使			定边军节度使			威戎军节度使			永平军节度使			龙剑节度使			武信军节度使		
	方镇名称	治所	辖区	方镇名称	治所	辖区	方镇名称	治所	辖区	方镇名称	治所	辖区	方镇名称	治所	辖区	方镇名称	治所	辖区	方镇名称	治所	辖区
三年（768）						蕃）、陵、泸、荣、资、简、乾三十州															
四年（769）																					
五年（770）																					
六年（771）		梓、遂、绵、剑、龙、普、渝、合、阆九州																			
七年（772）																					

续表

年代	剑南东川节度使			剑南西川节度使			定边军节度使			威戎军节度使			永平军节度使			龙剑节度使			武信军节度使		
	方镇名称	治所	辖区	方镇名称	治所	辖区	方镇名称	治所	辖区	方镇名称	治所	辖区	方镇名称	治所	辖区	方镇名称	治所	辖区	方镇名称	治所	辖区
八年（773）																					
九年（774）																					
十年（775）						成都府、彭、蜀、茂、汉、扶、果、眉、邛、嘉、巂、黎、戎、雅、松、维、保、霸、当、悉															

续表

年代	剑南东川节度使			剑南西川节度使			定边军节度使			威戎军节度使			永平军节度使			龙剑节度使			武信军节度使		
	方镇名称	治所	辖区	方镇名称	治所	辖区	方镇名称	治所	辖区	方镇名称	治所	辖区	方镇名称	治所	辖区	方镇名称	治所	辖区	方镇名称	治所	辖区
十年（775）						柘、翼、恭、静、真十一州陷吐蕃）、陵、泸、荣、资、简、乾、昌三十一州															
十一年（776）																					
十二年（777）																					
十三年（778）																					
十四年（779）																					
建中元年（780）																					

续表

年代	剑南东川节度使			剑南西川节度使			定边军节度使			威戎军节度使			永平军节度使			龙剑节度使			武信军节度使		
	方镇名称	治所	辖区	方镇名称	治所	辖区	方镇名称	治所	辖区	方镇名称	治所	辖区	方镇名称	治所	辖区	方镇名称	治所	辖区	方镇名称	治所	辖区
二年（781）																					
三年（782）																					
四年（783）																					
兴元元年（784）			梓、遂、绵、剑、龙、普、渝、合八州			成都府，彭、蜀、茂、汉、扶、眉、邛、嘉、簡、黎、戎、雅、（松、维、保、霸、当）															

年代	剑南东川节度使			剑南西川节度使			定边军节度使			威戎军节度使			水平军节度使			龙剑节度使			武信军节度使		
	方镇名称	治所	辖区	方镇名称	治所	辖区	方镇名称	治所	辖区	方镇名称	治所	辖区	方镇名称	治所	辖区	方镇名称	治所	辖区	方镇名称	治所	辖区
兴元年（784）						悉、柘、翼、恭、静、真十一州（陷吐蕃）、陵、泸、荣、资、简、乾、昌三十州															
贞元元年（785）																					
二年（786）																					
三年（787）																					
四年（788）																					

续表

年代	剑南东川节度使			剑南西川节度使			定边军节度使			威戎军节度使			永平军节度使			龙剑节度使			武信军节度使		
	方镇名称	治所	辖区	方镇名称	治所	辖区	方镇名称	治所	辖区	方镇名称	治所	辖区	方镇名称	治所	辖区	方镇名称	治所	辖区	方镇名称	治所	辖区
五年（789）																					
六年（790）																					
七年（791）																					
八年（792）																					
九年（793）																					
十年（794）																					
十一年（795）																					
十二年（796）																					
十三年（797）																					
十四年（798）																					
十五年（799）																					
十六年（800）																					
十七年（801）																					
十八年（802）																					
十九年（803）																					
二十年（804）																					
永贞元年（805）																					

续表

年代	剑南东川节度使			剑南西川节度使			定边军节度使			威戎军节度使			永平军节度使			龙剑节度使			武信军节度使		
	方镇名称	治所	辖区	方镇名称	治所	辖区	方镇名称	治所	辖区	方镇名称	治所	辖区	方镇名称	治所	辖区	方镇名称	治所	辖区	方镇名称	治所	辖区
元和元年（806）			梓、遂、绵、剑、龙、普、陵、泸、荣、资、简、昌、渝、合十四州			成都府、彭、蜀、茂、汉、扶、眉、邛、嘉、嶲、黎、戎、雅、（松、维、保、霸、当、悉、柘、翼、恭、															

续表

年代	剑南东川节度使			剑南西川节度使			定边军节度使			威戎军节度使			永平军节度使			龙剑节度使			武信军节度使		
	方镇名称	治所	辖区	方镇名称	治所	辖区	方镇名称	治所	辖区	方镇名称	治所	辖区	方镇名称	治所	辖区	方镇名称	治所	辖区	方镇名称	治所	辖区
元和元年（806）						静、真十一州（陷吐蕃）、乾二十四州															
二年（807）																					
三年（808）																					
四年（809）			梓、遂、绵、剑、龙、普、陵、泸、荣、昌、渝、合十二州			成都府、彭、蜀、茂、汉、扶、眉、邛、嘉、儶、黎、戎、															

续表

年代	剑南东川节度使			剑南西川节度使			定边军节度使			威戎军节度使			永平军节度使			龙剑节度使			武信军节度使		
	方镇名称	治所	辖区	方镇名称	治所	辖区	方镇名称	治所	辖区	方镇名称	治所	辖区	方镇名称	治所	辖区	方镇名称	治所	辖区	方镇名称	治所	辖区
四年（809）						雅（松、维、保、霸、当、悉、柘、翼、恭、静、真十一州陷吐蕃）、乾、资、简二十六州														
五年（810）																					
六年（811）																					

続表

年代	剑南东川节度使			剑南西川节度使			定边军节度使			威戎军节度使			永平军节度使			龙剑节度使			武信军节度使		
	方镇名称	治所	辖区	方镇名称	治所	辖区	方镇名称	治所	辖区	方镇名称	治所	辖区	方镇名称	治所	辖区	方镇名称	治所	辖区	方镇名称	治所	辖区
七年（812）																					
八年（813）						成都府，彭、蜀、茂、汉、眉、邛、嘉、巂、黎、戎、雅、(松、维、保、霸、当、悉、柘、翼、恭、														

续表

年代	剑南东川节度使			剑南西川节度使			定边军节度使			威戎军节度使			永平军节度使			龙剑节度使			武信军节度使		
	方镇名称	治所	辖区	方镇名称	治所	辖区	方镇名称	治所	辖区	方镇名称	治所	辖区	方镇名称	治所	辖区	方镇名称	治所	辖区	方镇名称	治所	辖区
八年（813）						静、真十一州陷吐蕃）、乾、资、简二十五州															
九年（814）																					
十年（815）																					
十一年（816）																					
十二年（817）																					
十三年（818）																					
十四年（819）																					
十五年（820）																					
长庆元年（821）																					
二年（822）																					
三年（823）																					

续表

年代	剑南东川节度使			剑南西川节度使			定边军节度使			威戎军节度使			永平军节度使			龙剑节度使			武信军节度使		
	方镇名称	治所	辖区	方镇名称	治所	辖区	方镇名称	治所	辖区	方镇名称	治所	辖区	方镇名称	治所	辖区	方镇名称	治所	辖区	方镇名称	治所	辖区
四年（824）																					
宝历元年（825）																					
二年（826）																					
大和元年（827）																					
二年（828）																					
三年（829）																					
四年（830）																					
五年（831）																					
六年（832）																					
七年（833）																					
八年（834）																					
九年（835）																					
开成元年（836）																					
二年（837）																					
三年（838）																					
四年（839）																					
五年（840）																					

续表

年代	剑南东川节度使			剑南西川节度使			定边军节度使			威戎军节度使			永平军节度使			龙剑节度使			武信军节度使		
	方镇名称	治所	辖区	方镇名称	治所	辖区	方镇名称	治所	辖区	方镇名称	治所	辖区	方镇名称	治所	辖区	方镇名称	治所	辖区	方镇名称	治所	辖区
会昌元年（841）																					
二年（842）																					
三年（843）																					
四年（844）																					
五年（845）																					
六年（846）																					
大中元年（847）																					
二年（848）																					
三年（849）																					
四年（850）																					
五年（851）																					
六年（852）																					
七年（853）																					
八年（854）																					
九年（855）																					
十年（856）																					
十一年（857）																					

续表

年代	剑南东川节度使 方镇名称	治所	辖区	剑南西川节度使 方镇名称	治所	辖区	定边军节度使 方镇名称	治所	辖区	威戎军节度使 方镇名称	治所	辖区	永平军节度使 方镇名称	治所	辖区	龙剑节度使 方镇名称	治所	辖区	武信军节度使 方镇名称	治所	辖区
十二年（858）																					
十三年（859）																					
咸通元年（860）																					
二年（861）																					
三年（862）																					
四年（863）																					
五年（864）																					
六年（865）																					
七年（866）																					
八年（867）																					
九年（868）						成都府、彭、茂、汉、戎（松、维、保、霸、）		邛州	嶲、眉、蜀、邛、雅、嘉、黎七州												

续表

年代	剑南东川节度使			剑南西川节度使			定边军节度使			威戎军节度使			永平军节度使			龙剑节度使			武信军节度使		
	方镇名称	治所	辖区	方镇名称	治所	辖区	方镇名称	治所	辖区	方镇名称	治所	辖区	方镇名称	治所	辖区	方镇名称	治所	辖区	方镇名称	治所	辖区
九年（868）						当、悉、柘、翼、恭、静、真十一州（陷吐蕃）、乾、资、简十八州															
十年（869）																					
十一年（870）						成都府，彭、蜀、茂、汉、眉、邛、	废定边军节度使														

续表

年代	剑南东川节度使			剑南西川节度使			定边军节度使			威戎军节度使			永平军节度使			龙剑节度使			武信军节度使		
	方镇名称	治所	辖区	方镇名称	治所	辖区	方镇名称	治所	辖区	方镇名称	治所	辖区	方镇名称	治所	辖区	方镇名称	治所	辖区	方镇名称	治所	辖区
十一年（870）						嘉、楣、黎、戎、雅（松、维、保、霸、当、悉、柘、翼、恭、静十一州陷吐蕃）、乾、资、简二十五州															

续表

年代	剑南东川节度使			剑南西川节度使			定边军节度使			威戎军节度使			永平军节度使			龙剑节度使			武信军节度使		
	方镇名称	治所	辖区	方镇名称	治所	辖区	方镇名称	治所	辖区	方镇名称	治所	辖区	方镇名称	治所	辖区	方镇名称	治所	辖区	方镇名称	治所	辖区
十二年（871）																					
十三年（872）																					
十四年（873）																					
乾符元年（874）																					
二年（875）																					
三年（876）																					
四年（877）																					
五年（878）																					
六年（879）																					
广明元年（880）																					
中和元年（881）																					
二年（882）																					
三年（883）																					
四年（884）																					
光启元年（885）																					
二年（886）																					
三年（887）																					

续表

年代	剑南东川节度使			剑南西川节度使			定边军节度使			威戎军节度使			永平军节度使			龙剑节度使			武信军节度使		
	方镇名称	治所	辖区	方镇名称	治所	辖区	方镇名称	治所	辖区	方镇名称	治所	辖区	方镇名称	治所	辖区	方镇名称	治所	辖区	方镇名称	治所	辖区
文德元年（888）			梓、遂、绵、普、陵、泸、荣、昌、渝、合十州			成都府，汉、眉、嘉、檔、戎（松、维、保、霸、当、悉、柘、翼、恭、静、真十一州陷吐蕃）、乾、资、				威戎军节度使	彭州	彭、文、龙、成、茂五州	永平军节度使	邛州	邛、蜀、黎、雅四州						

594

续表

年代	剑南东川节度使			剑南西川节度使			定边军节度使			威戎军节度使			永平军节度使			龙剑节度使			武信军节度使		
	方镇名称	治所	辖区	方镇名称	治所	辖区	方镇名称	治所	辖区	方镇名称	治所	辖区	方镇名称	治所	辖区	方镇名称	治所	辖区	方镇名称	治所	辖区
文德元年（888）						简十九州															
龙纪元年（889）																					
大顺元年（890）																					
二年（891）						成都府、蜀、汉、眉、邛、嘉、嶲、黎、戎、雅（松、维、保、霸、当、悉、柘、						废永平军节度使								

续表

年代	剑南东川节度使			剑南西川节度使			定边军节度使			威戎军节度使			永平军节度使			龙剑节度使			武信军节度使		
	方镇名称	治所	辖区	方镇名称	治所	辖区	方镇名称	治所	辖区	方镇名称	治所	辖区	方镇名称	治所	辖区	方镇名称	治所	辖区	方镇名称	治所	辖区
二年（891）						翼、恭、静、真十一州陷吐蕃、乾、资、简二十三州															
景福元年（892）						成都府，蜀、茂、汉、眉、邛、嘉、檐、黎、戎										龙剑节度使	龙州	龙、剑、利、阆、彭五州			

续表

年代	剑南东川节度使			剑南西川节度使			定边军节度使			威戎军节度使			永平军节度使			龙剑节度使			武信军节度使		
	方镇名称	治所	辖区	方镇名称	治所	辖区	方镇名称	治所	辖区	方镇名称	治所	辖区	方镇名称	治所	辖区	方镇名称	治所	辖区	方镇名称	治所	辖区
景福元年（892）						雅（松、维、保、霸、当、悉、柘、翼、恭、静、真十一州陷吐蕃）、乾、资、简二十四州															
二年（893）																		龙、剑、利、彭四州			

续表

年代	剑南东川节度使			剑南西川节度使			定边军节度使			威戎军节度使			永平军节度使			龙剑节度使			武信军节度使		
	方镇名称	治所	辖区	方镇名称	治所	辖区	方镇名称	治所	辖区	方镇名称	治所	辖区	方镇名称	治所	辖区	方镇名称	治所	辖区	方镇名称	治所	辖区
乾宁元年（894）																					
二年（895）																					
三年（896）																					
四年（897）																		龙、剑、阆、彭四州			
光化元年（898）																					
二年（899）			梓、绵、普、陵、荣五州																武信军节度使	遂州	遂、合、昌、渝、泸五州
三年（900）																					
天复元年（901）																					
二年（902）																					
三年（903）																					
天祐元年（904）																					
二年（905）																					

续表

年代	剑南东川节度使			剑南西川节度使			定边军节度使			威戎军节度使			永平军节度使			龙剑节度使			武信军节度使		
	方镇名称	治所	辖区	方镇名称	治所	辖区	方镇名称	治所	辖区	方镇名称	治所	辖区	方镇名称	治所	辖区	方镇名称	治所	辖区	方镇名称	治所	辖区
三年（906）			梓、绵、普三州															龙、剑、彭三州			

十四 岭南道方镇辖区变动

年代	岭南节度使			岭南西道节度使			容管观察使			桂管观察使			安南经略使		
	方镇名称	治所	辖区	方镇名称	治所	辖区	方镇名称	治所	辖区	方镇名称	治所	辖区	方镇名称	治所	辖区
天宝十四载（755）				邕管经略使	邕州	邕、横、澄、严、淳、罗、灢、宾、山、田、笼十三州	容管经略使	容州	容、白、牢、禺、党、绣、窦、廉、义、郁、林、汤、岩、辩、平琴十四州	桂管经略使	桂州	桂、贺、梧、连、柳、昭、富、蒙、环、古、唐、融、思、龚十三州			
至德元载（756）	岭南节度使	广州	广、韶、循、潮、康、泷、端、新、封、春、罗、高、勤、潘、恩、雷、崖、琼、振、儋、万安			邕、横、澄、严、淳、山、灢、田、笼十二州									

续表

年代	岭南节度使			岭南西道节度使			容管观察使			桂管观察使			安南经略使		
	方镇名称	治所	辖区	方镇名称	治所	辖区	方镇名称	治所	辖区	方镇名称	治所	辖区	方镇名称	治所	辖区
至德元载（756）			藤二十二州												
二载（757）													镇南节度使	交州	交、陆、峰、爱、长、福禄、芝、武峨、武安、演、安十一州
乾元元年（758）			广、循、潮、康、泷、端、新、封、春、勤、罗、潘、高、恩、雷、崖、琼、振、儋、万、安、藤二十二州									桂、梧、贺、柳、昭、富、蒙、环、融、古、思唐、龚十二州			

续表

年代	岭南节度使			岭南西道节度使			容管观察使			桂管观察使			安南经略使		
	方镇名称	治所	辖区	方镇名称	治所	辖区	方镇名称	治所	辖区	方镇名称	治所	辖区	方镇名称	治所	辖区
二年（759）															
上元元年（760）							容管观察使								
二年（761）			广、韶、循、潮、康、泷、端、新、封、春、高、雷、勤、恩、崖、琼、振、儋、万安、藤二十州			邕、横、贵、钦、澄、宾、严、淳、灌、山、田、笼、罗、潘十四州									
宝应元年（762）															
广德元年（763）				废邕管经略使											
二年（764）										桂管观察使		桂、梧、柳、昭、贺、富、蒙、环、融、古			

续表

年代	岭南节度使			岭南西道节度使			容管观察使			桂管观察使			安南经略使		
	方镇名称	治所	辖区	方镇名称	治所	辖区	方镇名称	治所	辖区	方镇名称	治所	辖区	方镇名称	治所	辖区
二年（764）												思唐、龚、贵、邕、横、钦、澄、宾、严、浔、濑、田、笼、罗二十六州			
永泰元年（765）															
大历元年（766）				复置邕管经略使	邕州	邕、横、澄、严、濑、田、罗、贵、钦、宾、浔、山、笼、潘									
二年（767）															
三年（768）													安南经略使		
四年（769）															
五年（770）												桂、梧、柳、昭、贺、富、蒙、环、融、古、思唐、龚十			

续表

年代	岭南节度使 方镇名称	治所	辖区	岭南西道节度使 方镇名称	治所	辖区	容管观察使 方镇名称	治所	辖区	桂管观察使 方镇名称	治所	辖区	安南经略使 方镇名称	治所	辖区
五年（770）												二州			
六年（771）															
七年（772）						十四州									
八年（773）						邕、贵、横、钦、澄、宾、严、淳、瀼、山、田、笼、罗、潘、桂、梧、贺、连、柳、富、昭、蒙、环、融、古、思、唐、龚 二十七州			容、白、禺、牢、绣、党、窦、廉、义、林、郁、汤、岩、辩、平、琴、顺 十五州	废桂管观察使					
九年（774）															
十年（775）															

续表

年代	岭南节度使			岭南西道节度使			容管观察使			桂管观察使			安南经略使		
	方镇名称	治所	辖区	方镇名称	治所	辖区	方镇名称	治所	辖区	方镇名称	治所	辖区	方镇名称	治所	辖区
十一年（776）															
十二年（777）															
十三年（778）															
十四年（779）															
建中元年（780）			广、韶、循、潮、康、端、封、新、春、高、雷、勤、恩、崖、振、琼、儋、万安十九州						容、白、牢、党、廉、郁、绣、窦、义、林、汤、岩、辩、平琴、顺、藤十六州						
二年（781）									容、白、牢、党、廉、郁、绣、窦、义、林、汤、岩、辩、						

续表

年代	岭南节度使 方镇名称	治所	辖区	岭南西道节度使 方镇名称	治所	辖区	容管观察使 方镇名称	治所	辖区	桂管观察使 方镇名称	治所	辖区	安南经略使 方镇名称	治所	辖区
二年（781）									顺、藤十五州						
三年（782）															
四年（783）															
兴元元年（784）															
贞元元年（785）						邕、贵、横、钦、澄、宾、严、淳、瀼、山、田、笼、罗、潘、浔十五州				复置桂管经略使	桂州	桂、梧、柳、昭、贺、富、蒙、环、古、唐、融、思、龚十二州			
二年（786）															
三年（787）															
四年（788）															
五年（789）															
六年（790）															
七年（791）															

续表

年代	岭南节度使			岭南西道节度使			容管观察使			桂管观察使			安南经略使		
	方镇名称	治所	辖区	方镇名称	治所	辖区	方镇名称	治所	辖区	方镇名称	治所	辖区	方镇名称	治所	辖区
八年（792）															
九年（793）															
十年（794）															
十一年（795）															
十二年（796）															
十三年（797）															
十四年（798）															
十五年（799）															
十六年（800）															
十七年（801）															
十八年（802）															
十九年（803）															
二十年（804）															
永贞元年（805）						邕、横、澄、严、笼、潘、贵、钦、宾、峦、罗、寻									

续表

年代	岭南节度使			岭南西道节度使			容管观察使			桂管观察使			安南经略使		
	方镇名称	治所	辖区	方镇名称	治所	辖区	方镇名称	治所	辖区	方镇名称	治所	辖区	方镇名称	治所	辖区
永贞元年（805）			广、韶、循、潮、康、端、泷、新、封、春、罗、勤、高、雷、潘、恩、琼、崖、振、儋、万安二十三州			十三州									
元和元年（806）						邕、横、澄、峦、贵、钦、宾、笼、瀼九州			容、白、牢、禺、绣、党、窦、廉、义、林、郁、顺、藤十三州			桂、梧、柳、昭、环、古、贺、富、蒙、融、思、唐、龚、严十三州			
二年（807）															
三年（808）															
四年（809）															
五年（810）															
六年（811）															
七年（812）															

续表

年代	岭南节度使			岭南西道节度使			容管观察使			桂管观察使			安南经略使		
	方镇名称	治所	辖区	方镇名称	治所	辖区	方镇名称	治所	辖区	方镇名称	治所	辖区	方镇名称	治所	辖区
八年（813）						邕、横、澄、峦、贵、钦、宾、浔、八州						桂、梧、柳、贺、昭、富、融、蒙、思、象、唐、龚严十二州			交、峰、爱、演、长、武、安、谅、郡、唐、林、定、武、贡十三州
九年（814）															
十年（815）															
十一年（816）															
十二年（817）															
十三年（818）															
十四年（819）															
十五年（820）				废邕管经略使					容、禺、白、绣、牢、窦、党、义、廉、郁、林、岩						

609

续表

年代	岭南节度使			岭南西道节度使			容管观察使			桂管观察使			安南经略使		
	方镇名称	治所	辖区	方镇名称	治所	辖区	方镇名称	治所	辖区	方镇名称	治所	辖区	方镇名称	治所	辖区
十五年（820）									顺、藤、贵、钦、邕、横、镇、澄、峦、浔二十二州						
长庆元年（821）															
二年（822）				复置邕管经略使	邕州	邕、贵、横、钦、澄、宾、峦、浔八州			容、白、牢、党、禺、绣、窦、廉、义、郁、林、岩、顺、藤十三州						
三年（823）															
四年（824）															
宝历元年（825）															
二年（826）															
大和元年（827）															

续表

年代	岭南节度使			岭南西道节度使			容管观察使			桂管观察使			安南经略使		
	方镇名称	治所	辖区	方镇名称	治所	辖区	方镇名称	治所	辖区	方镇名称	治所	辖区	方镇名称	治所	辖区
二年（828）															
三年（829）															
四年（830）															
五年（831）															
六年（832）															
七年（833）															
八年（834）															
九年（835）															
开成元年（836）															
二年（837）															
三年（838）															
四年（839）															
五年（840）															
会昌元年（841）															
二年（842）															
三年（843）															
四年（844）															

续表

年代	岭南节度使			岭南西道节度使			容管观察使			桂管观察使			安南经略使		
	方镇名称	治所	辖区	方镇名称	治所	辖区	方镇名称	治所	辖区	方镇名称	治所	辖区	方镇名称	治所	辖区
五年(845)															
六年(846)															
大中元年(847)															
二年(848)															
三年(849)															
四年(850)															
五年(851)															
六年(852)															
七年(853)															
八年(854)															
九年(855)															
十年(856)															
十一年(857)															
十二年(858)															
十三年(859)															
咸通元年(860)															
二年(861)															

续表

年代	岭南节度使			岭南西道节度使			容管观察使			桂管观察使			安南经略使		
	方镇名称	治所	辖区	方镇名称	治所	辖区	方镇名称	治所	辖区	方镇名称	治所	辖区	方镇名称	治所	辖区
三年（862）	岭南东道节度使			岭南西道节度使		邕、横、澄、峦、龚、藤、蒙、贵、钦、宾、浔、象、岩十三州			容、白、牢、党、廉、郁、顺、禺、绣、窦、义、林十一州			桂、梧、柳、昭、思、严、贺、富、融、唐、九州			
四年（863）						邕、横、澄、峦、藤、蒙、容、白、牢、党、廉、郁林、顺、贵、钦、宾、浔、岩、绣、窦、义二十三州	废容管观察使					桂、梧、柳、昭、思、严、象、贺、富、融、唐、龚十一州			

续表

年代	岭南节度使			岭南西道节度使			容管观察使			桂管观察使			安南经略使		
	方镇名称	治所	辖区	方镇名称	治所	辖区	方镇名称	治所	辖区	方镇名称	治所	辖区	方镇名称	治所	辖区
五年（864）						邕、横、贵、钦、澄、宾、峦、浔、岩、藤、蒙十一州	复置容管观察使		容、白、牢、禹、绣、党、窦、廉、义、郁、林、顺十一州						
六年（865）															
七年（866）													静海军节度使		
八年（867）															
九年（868）															
十年（869）															
十一年（870）															
十二年（871）															
十三年（872）															
十四年（873）															
乾符元年（874）															

续表

年代	岭南节度使			岭南西道节度使			容管观察使			桂管观察使			安南经略使		
	方镇名称	治所	辖区	方镇名称	治所	辖区	方镇名称	治所	辖区	方镇名称	治所	辖区	方镇名称	治所	辖区
二年（875）															
三年（876）															
四年（877）															
五年（878）															
六年（879）															
广明元年（880）															
中和元年（881）															
二年（882）															
三年（883）															
四年（884）															
光启元年（885）															
二年（886）															
三年（887）															
文德元年（888）															
龙纪元年（889）															
大顺元年（890）															
二年（891）															

续表

年代	岭南节度使			岭南西道节度使			容管观察使			桂管观察使			安南经略使		
	方镇名称	治所	辖区	方镇名称	治所	辖区	方镇名称	治所	辖区	方镇名称	治所	辖区	方镇名称	治所	辖区
景福元年（892）															
二年（893）															
乾宁元年（894）	清海军节度使														
二年（895）															
三年（896）															
四年（897）							宁远军节度使								
光化元年（898）															
二年（899）															
三年（900）															
天复元年（901）															
二年（902）															
三年（903）															
天祐元年（904）															
二年（905）															
三年（906）															

十五　陇右道方镇辖区变动

年代	陇右节度使			河西节度使			天雄军节度使			伊西北庭节度使			安西四镇节度使			归义军节度使			凉州节度使		
	方镇名称	治所	辖区	方镇名称	治所	辖区	方镇名称	治所	辖区	方镇名称	治所	辖区	方镇名称	治所	辖区	方镇名称	治所	辖区	方镇名称	治所	辖区
天宝十四载（755）										伊西北庭节度使	北庭都护府	北庭都护府、伊、西二州	安西四镇节度使	龟兹镇	龟兹、焉耆、于阗、疏勒四镇						
至德元载（756）	陇右节度使	鄯州	秦、河、渭、鄯、兰、武、洮、岷、廓、叠、宕、成、临十三州	河西节度使	凉州	凉、甘、肃、瓜、沙五州															

续表

年代	陇右节度使 方镇名称	治所	辖区	河西节度使 方镇名称	治所	辖区	天雄军节度使 方镇名称	治所	辖区	伊西北庭节度使 方镇名称	治所	辖区	安西四镇节度使 方镇名称	治所	辖区	归义军节度使 方镇名称	治所	辖区	凉州节度使 方镇名称	治所	辖区
二载（757）																					
乾元元年（758）													镇西四镇节度使								
二年（759）			河、渭、鄯、兰、武、洮、岷、廓、叠、宕、成、临十二州																		
上元元年（760）			河、渭、鄯、兰、武、洮、																		

618

续表

年代	陇右节度使			河西节度使			天雄军节度使			伊西北庭节度使			安西四镇节度使			归义军节度使			凉州节度使		
	方镇名称	治所	辖区	方镇名称	治所	辖区	方镇名称	治所	辖区	方镇名称	治所	辖区	方镇名称	治所	辖区	方镇名称	治所	辖区	方镇名称	治所	辖区
上元元年（760）			岷、廓、叠、宕、临十一州																		
二年（761）																					
宝应元年（762）																					
广德元年（763）						凉州陷于吐蕃															
二年（764）																					
永泰元年（765）																					
大历元年（766）					沙州	凉、甘、肃、瓜、沙五州							安西四镇节度使								
二年（767）																					

续表

年代	陇右节度使			河西节度使			天雄军节度使			伊西北庭节度使			安西四镇节度使			归义军节度使			凉州节度使		
	方镇名称	治所	辖区	方镇名称	治所	辖区	方镇名称	治所	辖区	方镇名称	治所	辖区	方镇名称	治所	辖区	方镇名称	治所	辖区	方镇名称	治所	辖区
三年（768）																					
四年（769）																					
五年（770）																					
六年（771）																					
七年（772）																					
八年（773）																					
九年（774）																					
十年（775）																					
十一年（776）																					
十二年（777）																					
十三年（778）																					
十四年（779）																					
建中元年（780）																					
二年（781）																					
三年（782）																					
四年（783）																					
兴元元年（784）																					

续表

年代	陇右节度使			河西节度使			天雄军节度使			伊西北庭节度使			安西四镇节度使			归义军节度使			凉州节度使		
	方镇名称	治所	辖区	方镇名称	治所	辖区	方镇名称	治所	辖区	方镇名称	治所	辖区	方镇名称	治所	辖区	方镇名称	治所	辖区	方镇名称	治所	辖区
贞元元年（785）																					
二年（786）																					
三年（787）																					
四年（788）																					
五年（789）																					
六年（790）																					
七年（791）																					
八年（792）																					
九年（793）																					
十年（794）																					
十一年（795）																					
十二年（796）																					
十三年（797）																					
十四年（798）																					
十五年（799）																					
十六年（800）																					
十七年（801）																					

续表

年代	陇右节度使			河西节度使			天雄军节度使			伊西北庭节度使			安西四镇节度使			归义军节度使			凉州节度使		
	方镇名称	治所	辖区	方镇名称	治所	辖区	方镇名称	治所	辖区	方镇名称	治所	辖区	方镇名称	治所	辖区	方镇名称	治所	辖区	方镇名称	治所	辖区
十八年（802）																					
十九年（803）																					
二十年（804）																					
永贞元年（805）																					
元和元年（806）																					
二年（807）																					
三年（808）																					
四年（809）																					
五年（810）																					
六年（811）																					
七年（812）																					
八年（813）																					
九年（814）																					
十年（815）																					
十一年（816）																					
十二年（817）																					
十三年（818）																					

续表

年代	陇右节度使			河西节度使			天雄军节度使			伊西北庭节度使			安西四镇节度使			归义军节度使			凉州节度使		
	方镇名称	治所	辖区	方镇名称	治所	辖区	方镇名称	治所	辖区	方镇名称	治所	辖区	方镇名称	治所	辖区	方镇名称	治所	辖区	方镇名称	治所	辖区
十四年（819）																					
十五年（820）																					
长庆元年（821）																					
二年（822）																					
三年（823）																					
四年（824）																					
宝历元年（825）																					
二年（826）																					
大和元年（827）																					
二年（828）																					
三年（829）																					
四年（830）																					
五年（831）																					
六年（832）																					
七年（833）																					
八年（834）																					
九年（835）																					

续表

年代	陇右节度使			河西节度使			天雄军节度使			伊西北庭节度使			安西四镇节度使			归义军节度使			凉州节度使		
	方镇名称	治所	辖区	方镇名称	治所	辖区	方镇名称	治所	辖区	方镇名称	治所	辖区	方镇名称	治所	辖区	方镇名称	治所	辖区	方镇名称	治所	辖区
开成元年（836）																					
二年（837）																					
三年（838）																					
四年（839）																					
五年（840）																					
会昌元年（841）																					
二年（842）																					
三年（843）																					
四年（844）																					
五年（845）																					
六年（846）																					
大中元年（847）																					
二年（848）																					
三年（849）																					
四年（850）																					
五年（851）																归义军节度使	沙州	沙、甘、瓜、肃、			

续表

年代	陇右节度使			河西节度使			天雄军节度使			伊西北庭节度使			安西四镇节度使			归义军节度使			凉州节度使	
	方镇名称	治所	辖区	方镇名称	治所	辖区	方镇名称	治所	辖区	方镇名称	治所	辖区	方镇名称	治所	辖区	方镇名称	治所	辖区	方镇名称	治所	辖区
五年（851）																		鄯、伊、西、河、兰、岷、廓十一州			
六年（852）																					
七年（853）																					
八年（854）																					
九年（855）																					
十年（856）																					
十一年（857）																					
十二年（858）																					
十三年（859）																					
咸通元年（860）																					
二年（861）																		沙、甘、瓜、			

续表

年代	陇右节度使			河西节度使			天雄军节度使			伊西北庭节度使			安西四镇节度使			归义军节度使			凉州节度使		
	方镇名称	治所	辖区	方镇名称	治所	辖区	方镇名称	治所	辖区	方镇名称	治所	辖区	方镇名称	治所	辖区	方镇名称	治所	辖区	方镇名称	治所	辖区
二年（861）																		肃、鄯、伊、西、河、兰、岷、廓、凉十二州			
三年（862）							天雄军节度使	秦州	秦、成、渭三州									沙、甘、瓜、肃、伊、兰、岷、廓八州			
四年（863）																			凉州节度使	凉州	凉、洮、西、鄯、河、临六州
五年（864）									秦、成、												

续表

年代	陇右节度使 方镇名称	治所	辖区	河西节度使 方镇名称	治所	辖区	天雄军节度使 方镇名称	治所	辖区	伊西北庭节度使 方镇名称	治所	辖区	安西四镇节度使 方镇名称	治所	辖区	归义军节度使 方镇名称	治所	辖区	凉州节度使 方镇名称	治所	辖区
五年（864）									武、渭四州												
六年（865）																					
七年（866）																		瓜、沙、甘、肃、伊、廓六州			
八年（867）																	河西都防御使			凉、甘、肃三州	
九年（868）																					
十年（869）																					
十一年（870）																					
十二年（871）																					
十三年（872）																					

续表

年代	陇右节度使			河西节度使			天雄军节度使			伊西北庭节度使			安西四镇节度使			归义军节度使			凉州节度使		
	方镇名称	治所	辖区	方镇名称	治所	辖区	方镇名称	治所	辖区	方镇名称	治所	辖区	方镇名称	治所	辖区	方镇名称	治所	辖区	方镇名称	治所	辖区
十四年（873）																					
乾符元年（874）																					
二年（875）																					
三年（876）																					
四年（877）																					
五年（878）																					
六年（879）																					
广明元年（880）																					
中和元年（881）																					
二年（882）																					
三年（883）									秦、武、成三州												
四年（884）																					
光启元年（885）																					
二年（886）																					
三年（887）																					

续表

年代	陇右节度使			河西节度使			天雄军节度使			伊西北庭节度使			安西四镇节度使			归义军节度使			凉州节度使		
	方镇名称	治所	辖区	方镇名称	治所	辖区	方镇名称	治所	辖区	方镇名称	治所	辖区	方镇名称	治所	辖区	方镇名称	治所	辖区	方镇名称	治所	辖区
文德元年（888）									秦、武二州												
龙纪元年（889）																			河西节度使		
大顺元年（890）																					
二年（891）																					
景福元年（892）									秦州												
二年（893）									秦、成二州												
乾宁元年（894）																					
二年（895）																					
三年（896）																					
四年（897）																					
光化元年（898）																					
二年（899）																					
三年（900）																					
天复元年（901）																					
二年（902）																					

续表

年代	陇右节度使			河西节度使			天雄军节度使			伊西北庭节度使			安西四镇节度使			归义军节度使			凉州节度使		
	方镇名称	治所	辖区	方镇名称	治所	辖区	方镇名称	治所	辖区	方镇名称	治所	辖区	方镇名称	治所	辖区	方镇名称	治所	辖区	方镇名称	治所	辖区
三年（903）																					
天祐元年（904）																					
二年（905）																					
三年（906）																					

参考文献

一 历史文献

（北齐）魏收：《魏书》，中华书局，1974。

（唐）房玄龄等：《晋书》，中华书局，1974。

（唐）魏徵等：《隋书》，中华书局，1973。

（唐）李泰等撰，贺次君辑校《括地志辑校》，中华书局，1980。

（唐）长孙无忌等：《唐律疏议》，中华书局，1983。

（唐）李林甫等：《唐六典》，中华书局，1992。

（唐）元结：《元次山集》，中华书局，1936。

（唐）赵元一：《奉天录》，《丛书集成初编》本，中华书局，1985。

（唐）杜佑：《通典》，中华书局，1988。

（唐）陆贽：《陆贽集》，中华书局，2006。

（唐）林宝：《元和姓纂》，中华书局，1994。

（唐）李吉甫：《元和郡县图志》，中华书局，1983。

（唐）柳宗元：《柳宗元集》，中华书局，1979。

（唐）韩愈撰，刘真伦、岳珍校注《韩愈文集汇校笺注》，中华书局，2010。

（唐）刘禹锡撰，瞿蜕园笺证《刘禹锡集笺证》，上海古籍出版社，1989。

（唐）元稹：《元氏长庆集》，中华书局，1982。

（唐）李肇：《唐国史补》，上海古籍出版社，1979。

（唐）白居易撰，朱金城笺校《白居易集笺校》，上海古籍出版社，1988。

（唐）李德裕撰，傅璇琮、周建国校笺《李德裕文集校笺》，河北教育出版社，2000。

（唐）杜牧：《樊川文集》，上海古籍出版社，1978。

（后晋）刘昫等：《旧唐书》，中华书局，1975。

（宋）王溥：《唐会要》，中华书局，1955。

（宋）王溥：《五代会要》，中华书局，1998。

（宋）薛居正等：《旧五代史》，中华书局，1976。

（宋）李昉等编《太平广记》，中华书局，1961。

（宋）乐史：《太平寰宇记》，中华书局，2008。

（宋）李昉等编《太平御览》，中华书局，1960。

（宋）李昉等编《文苑英华》，中华书局，1966。

（宋）王钦若等编《册府元龟》，中华书局，1960。

（宋）欧阳修：《新五代史》，中华书局，1974。

（宋）欧阳修、宋祁：《新唐书》，中华书局，1975。

（宋）宋敏求编《唐大诏令集》，商务印书馆，1959。

（宋）王存等：《元丰九域志》，中华书局，1984。

（宋）司马光编著《资治通鉴》，中华书局，1956。

（宋）王谠撰，周勋初校证《唐语林校证》，中华书局，1987。

（宋）李焘：《续资治通鉴长编》，中华书局，2004。

（宋）袁枢：《通鉴纪事本末》，中华书局，1956。

（南宋）计有功辑《唐诗纪事》，上海古籍出版社，2008。

（元）马端临：《文献通考》，中华书局，1986。

（元）脱脱等：《宋史》，中华书局，1977。

（清）顾祖禹：《读史方舆纪要》，中华书局，2005。

（清）曹寅、彭定求等编《全唐诗》，中华书局，1960。

（清）沈炳震编《唐书合钞》，书目文献出版社，1992。

（清）赵翼著，王树民校证《廿二史札记校证》，中华书局，2013。

（清）王鸣盛：《十七史商榷》，上海书店出版社，2005。

（清）钱大昕：《廿二史考异》，上海古籍出版社，2004。

（清）董诰等编《全唐文》，中华书局，1983。

（清）徐松辑《宋会要辑稿》，中华书局，1957。

（清）吴廷燮：《唐方镇年表》，中华书局，1980。

陈尚君辑校《全唐文补编》，中华书局，2005。

丁如明、李宗为、李学颖等校点《唐五代笔记小说大观》（上、下），上海古籍出版社，2000。

二 今人著作

艾冲：《唐代都督府研究》，西安地图出版社，2005。

岑仲勉：《隋唐史》，河北教育出版社，2000。

岑仲勉：《唐史余渖》，中华书局，2004。

岑仲勉：《通鉴隋唐纪比事质疑》，中华书局，2004。

陈寅恪：《隋唐制度渊源略论稿》，上海古籍出版社，1987。

陈寅恪：《唐代政治史述论稿》，上海古籍出版社，1997。

陈志坚：《唐代州郡制度研究》，上海古籍出版社，2005。

程志、韩滨娜：《唐代的州和道》，三秦出版社，1987。

戴伟华：《唐方镇文职僚佐考》，天津古籍出版社，1994。

樊文礼：《唐末五代的代北集团》，中国文联出版社，2000。

谷霁光：《府兵制度考释》，中华书局，2011。

何灿浩：《唐末政治变化研究》，中国文联出版社，2001。

胡阿祥主编《兵家必争之地》，海南出版社，2007。

胡戟：《二十世纪唐研究》，中国社会科学出版社，2002。

李昌宪：《中国行政区划通史·宋西夏卷》，复旦大学出版社，2007。

李鸿宾：《隋唐对河北地区的经营与双方的互动》，中央民族大学出版
社，2008。

李鸿宾：《唐朝朔方军研究——兼论唐廷与西北诸族的关系及其演变》，吉
林人民出版社，2000。

李孝聪主编《唐代地域结构与运作空间》，上海辞书出版社，2003。

李治安：《唐宋元明清中央与地方关系研究》，南开大学出版社，1996。

陆扬：《清流文化与唐帝国》，北京大学出版社，2016。

吕思勉：《隋唐五代史》，上海古籍出版社，1959。

牛致功：《唐代史学与墓志研究》，三秦出版社，2006。

史念海：《唐代历史地理研究》，中国社会科学出版社，1998。

谭其骧主编《中国历史地图集》第5册，中国地图出版社，1982。

王寿南：《唐代藩镇与中央关系之研究》，台北：大化书局，1978。

王永兴：《唐代后期军事史略论稿》，北京大学出版社，2006。

王仲荦：《隋唐五代史》，上海人民出版社，2003。

翁俊雄：《唐后期政区与人口》，首都师范大学出版社，1999。

吴松弟编著《两唐书地理志汇释》，安徽教育出版社，2002。

吴宗国主编《中国古代官僚政治制度研究》，北京大学出版社，2004。

薛作云：《唐代地方行政制度研究》，台北：台湾商务印书馆，1974。

严耕望：《唐代交通图考》（第一至三卷），台北：中研院历史语言研究
　　所，1985。

严耕望：《唐代交通图考》（第四至五卷），台北：中研院历史语言研究
　　所，1986。

严耕望遗著，李启文整理《唐代交通图考》第六卷，台北：中研院历史语
　　言研究所，2003。

郁贤皓：《唐刺史考》，江苏古籍出版社，1987。

张国刚：《唐代藩镇研究》，湖南教育出版社，1987。

张天虹：《中晚唐五代的河朔藩镇与社会流动》，社会科学文献出版社，2021。

周振鹤：《西汉政区地理》，人民出版社，1987。

周振鹤：《中国地方行政制度史》，上海人民出版社，2005。

周振鹤主编《中国行政区划通史》，复旦大学出版社，2009。

朱玉龙编著《五代十国方镇年表》，中华书局，1997。

邹劲风：《南唐国史》，南京大学出版社，2000。

邹逸麟：《中国历史地理概述》（修订版），上海教育出版社，2005。

〔日〕堀敏一：《唐末五代变革期の政治と经济》，东京：汲古书院，2002。

李碧妍：《危机与重构——唐帝国及其地方诸侯》，北京师范大学出版
　　社，2015。

〔日〕栗原益男：《五代宋初藩镇年表》，东京：昭和堂出版，1988。

〔日〕砺波护：《唐代政治社会史研究》，京都：同朋舍，1986。

〔日〕平冈武夫、市原亨吉编集《唐代的行政地理》，上海古籍出版
　　社，1989。

〔日〕青山定雄：《唐宋时代の交通と地志地图の研究》，东京：吉川弘文
　　馆，1963。

〔日〕日野开三郎：《支那中世の军阀——唐代藩镇の研究》，东京：三省
　　堂，1942。

〔日〕日野开三郎：《日野开三郎东洋史学论集》第 1 卷《唐代藩镇の支配

体制》，东京：三一书房，1980。

〔日〕日野开三郎：《日野开三郎东洋史学论集》第 19 卷《唐末混乱史考》，东京：三一书房，1996。

三 资料集类

洛阳市第二文物工作队、乔栋、李献奇、史家珍编著《洛阳新获墓志续编》，科学出版社，2008。

饶宗颐编著《唐宋墓志：远东学院藏拓片图录》，香港中文大学出版社，1981。

王昶：《金石萃编》，中国书店，1985。

杨作龙、赵水森等编著《洛阳新出土墓志释录》，北京图书馆出版社，2004。

赵君平编《邙洛碑志三百种》，中华书局，2004。

赵力光主编《西安碑林博物馆新藏墓志汇编》，线装书局，2007。

周绍良主编《唐代墓志汇编》，上海古籍出版社，1992。

周绍良、赵超主编《唐代墓志汇编续集》，上海古籍出版社，2001。

四 今人论文

卞师军、王瑞平：《浅论唐宪宗平定藩镇割据的策略》，《黄淮学刊》1991年第 2 期。

卞孝萱：《关于北朝、隋、唐的"道"》，《南开大学学报》1977年第 6 期。

曹尔琴：《隋唐时期行政区划的演变》，《中国历史地理论丛》1992年第 1 期。

陈长征：《论唐代中后期藩镇内部的军事集权》，《临沂师范学院学报》2004年第 1 期。

陈明光：《论唐代方镇"进奉"》，《中国社会经济史研究》1985年第 1 期。

陈明光、王敏：《唐朝开元天宝时期节度使权力状况析论》，《厦门大学学报》2006年第 3 期。

陈伟明：《唐代岭南用兵与安边》，《广西民族研究》1987年第 4 期。

陈习刚：《唐五代时期的许州与忠武军》，《唐都学刊》2007年第 4 期。

陈翔：《唐代后期泽潞镇军事地位的变化》，《中国历史地理论丛》2008年第 3 期。

陈翔:《再论安史之乱的平定与河北藩镇重建》,《江汉论坛》2010 年第
　　1 期。

陈志学:《建中削藩失败的原因管窥》,《中华文化论坛》2006 年第 4 期。

成一农:《唐代的地缘政治结构》,李孝聪主编《唐代地域结构和运作空
　　间》,上海辞书出版社,2003。

程志:《都督、总管、节度使》,《东北师大学报》1986 年第 3 期。

程志:《论中唐藩镇的本质和作用》,《东北师大学报》1986 年第 6 期。

程志:《晚唐藩镇与唐朝灭亡》,《东北师大学报》1988 年第 3 期。

樊文礼:《安史之乱以后的藩镇形势和唐代宗朝的藩镇政策》,《烟台师范
　　学院学报》1995 年第 4 期。

樊文礼:《从宋初的改革措施看唐末五代藩镇的割据统治》,《内蒙古大学
　　学报》1982 年第 2 期。

樊文礼:《试论唐河朔三镇内外矛盾的发展演变》,《内蒙古大学学报》
　　1983 年第 4 期。

樊文礼:《唐代平卢淄青节度使略论》,《烟台师范学院学报》1993 年第
　　2 期。

樊文礼:《唐淮西节度使略论》,《烟台师范学院学报》1994 年第 2 期。

方积六:《略论唐宪宗平定藩镇割据的历史意义》,《中国古代史论丛》
　　1982 年第 3 辑,福建人民出版社,1982。

方积六:《论唐代河朔三镇的长期割据》,《中国史研究》1984 年第 1 期。

方积六:《唐及五代的魏博镇》,《魏晋南北朝隋唐史资料》第 11 期,武汉
　　大学出版社,1991。

冯金忠:《唐代幽州镇组织体系探微》,《中国史研究》2002 年第 2 期。

冯金忠:《唐后期地方武官制度与唐宋历史变革》,《河北师范大学学报》
　　2008 年第 1 期。

冯金忠:《唐代河北藩镇与地域社会》,《唐都学刊》2010 年第 5 期。

冯金忠:《庙堂与故园之间:李德裕河朔政策的再审视》,《宁夏社会科学》
　　2020 年第 4 期。

傅玟:《试论唐代藩镇割据形成的原因》,《历史教学》1965 年第 2 期。

葛焕礼、王育济:《魏博牙兵与唐末五代政局的变动》,《河北学刊》2003
　　年第 1 期。

耿虎：《试论唐代河北道政区的几个问题》，《厦门大学学报》2002 年第 3 期。

郭峰：《唐代道置改革与三级制地方行政体制的形成》，《历史研究》2002 年第 6 期。

郭声波：《试解岩州失踪之谜——唐五代岭南道岩州、常乐州地理考》，《中国边疆史地研究》2000 年第 3 期。

郭声波：《唐代监察道功能演变过程的考察》，陕西师范大学西北历史环境与经济社会发展研究中心编《历史环境与文明演进——2004 年历史地理国际学术会议研讨会论文集》，商务印书馆，2005。

郭声波：《唐代京畿道行政区划沿革史》，《史念海教授纪念文集》，三秦出版社，2006。

郭声波：《唐代前期都督府为州一级行政机构吗？——对〈唐代前期都督府探讨〉的商榷》，《中国历史地理论丛》2006 年第 4 期。

韩国磐：《关于魏博镇影响唐末五代政权递嬗的社会经济分析》，《厦门大学学报》1954 年第 5 期。

韩国磐：《唐末五代的藩镇割据》，《历史教学》1958 年第 8 期；后收入《隋唐五代史论集》，生活·读书·新知三联书店，1979。

〔韩〕任大熙：《唐代河东道政区沿革考》，《历史地理》第 15 辑，上海人民出版社，1999。

郝黎：《唐代淄青镇的特点》，《青岛科技大学学报》2003 年第 4 期。

何灿浩：《安定战略与南唐方镇体制的崩解》，《史学月刊》2007 年第 2 期。

何灿浩：《唐末方镇的类型》，张国刚主编《中国社会历史评论》，天津古籍出版社，2000。

胡如雷：《唐五代时期的“骄兵”与藩镇》，《光明日报》1963 年 7 月 3 日；后收入《隋唐五代社会经济史论稿》，中国社会科学出版社，1996。

华林甫：《隋唐五代政区研究述评》，《中国史研究动态》2008 年第 8 期。

黄利平：《唐天德镇领三受降城说质疑》，《中国历史地理论丛》1989 年第 1 期。

黄利平：《唐京西北藩镇述略》，《陕西师范大学学报》1991 年第 1 期。

黄利平：《中晚唐京西北八镇考》，《中国历史地理论丛》2004 年第 2 期。

黄清连:《忠武军:唐代藩镇个案研究》,《中央研究院历史语言研究所集刊》第 61 本,1993 年。

黄亚新:《唐藩镇割据的社会基础辨》,《青海师范学院学报》1983 年第 2 期。

贾燕红:《唐后期河北道区域性经济的发展》,《齐鲁学刊》1996 年第 4 期。

贾玉英:《唐宋时期"道""路"制度区划理念变迁论略》,《中州学刊》2006 年第 6 期。

贾云:《唐贞观诸道的产生及其使职的作用》,《汉中师范学院学报》2002 年第 4 期。

金滢坤:《论中晚唐河朔藩镇割据与联姻的关系》,《学术月刊》2006 年第 12 期。

景退东:《使职设置与唐代地方行政级制的演变》,《社会科学》2002 年第 6 期。

赖青寿:《唐后期方镇(道)建置研究》,《历史地理》第 17 辑,上海人民出版社,2001。

劳允兴:《唐代河北道》,《北京社会科学》1994 年第 2 期。

雷学华:《试论唐代岭南民族政策》,《中南民族学院学报》1991 年第 2 期。

李昌宪:《略论宋代知州制的形成及其历史意义》,《南京大学学报》1996 年第 4 期。

李昌宪:《五代削藩制置初探》,《中国史研究》1982 年第 3 期。

李锋敏:《略论唐末宰相与藩镇的关系》,《甘肃社会科学》1998 年第 6 期。

李怀生:《试论唐宪宗削藩战争的策略失误》,《晋阳学刊》1991 年第 3 期。

李焕青:《唐宪宗中兴与藩镇政策》,《内蒙古社会科学》2001 年第 3 期。

李青淼:《唐代前期都督府探讨》,《中国历史地理论丛》2006 年第 4 期。

李全德:《晚唐五代时期中枢体制变化的特点及其渊源》,《中国人民大学学报》2005 年第 6 期。

李晓路:《唐代中央集权之变化与方镇的产生》,《历史研究》1989 年第 3 期。

李新贵:《唐代泾原节度使设置原因考辨》,《社会科学辑刊》2013 年第 5 期。

李宗保、曾敏:《浅析唐末藩镇的特点》,《唐都学刊》1992 年第 3 期。

李宗保、曾敏：《试论唐末藩镇对昭宗朝政局的影响》，《史学月刊》1993年第3期。

林英男：《唐宋时代地方行政体制和强干弱枝传统的形成》，《深圳大学学报》1988年第3期。

刘枫林：《唐代黔中道建制初探》，《长江师范学院学报》2018年第5期。

刘瑞清：《从德、顺、宪三朝看唐中央对藩镇割据的态度》，《阴山学刊》2008年第1期。

刘兴云：《唐代中央对藩镇控制问题研究综述》，《中国史研究动态》2011年第2期。

刘玉峰：《评唐德宗"姑息"藩镇说》，《学术月刊》1993年第7期。

卢建荣：《地方军事化对唐代后期淮北地区政治与社会的冲击（780—893）》，《国立台湾师范大学历史学报》总第27期，1999年。

卢建荣：《中晚唐藩镇文职幕僚职位的探讨》，《第二届国际唐代学术会议论文集》下册，台北：文津出版社，1993。

陆扬：《从西川和浙西事件论元和政治格局的形成》，《唐研究》第8卷，北京大学出版社，2002。

罗春雄：《试论李绛谏唐宪宗》，《广西师范大学学报》1992年第1期。

罗凯：《何为方镇：方镇的特指、泛指与常指》，《学术月刊》2018年第8期。

罗联添：《论平淮西碑》，《铁道师院学报》1992年第4期。

马剑、孙琳：《唐代剑南道之分合》，《中国历史地理论丛》2014年第4期。

马俊民：《唐朝刺史军权考——兼论与藩镇割据的关系》，《南开大学历史系建系七十五周年纪念文集》，南开大学出版社，1998。

毛汉光：《魏博二百年史论》，《中国古代政治史论》，上海书店出版社，2002。

孟宪实：《略论唐前期河北地区的军事问题》，《中国史研究》2003年第3期。

宓三能：《唐代都畿道的属郡》，《中国历史地理论丛》1991年第4期。

宁志新：《唐朝使职若干问题研究》，《历史研究》1999年第2期。

彭文峰：《唐代河朔三镇两税法实施情况略论》，《临沂师范学院学报》2005年第1期。

齐勇锋:《五代藩镇兵制和五代宋初的削藩措施》,《河北学刊》1993 年第
　　4 期。

屈弓:《水利与唐朝后期政权》,《西南师范大学学报》1997 年第 2 期。

屈卡乐:《唐后期团练、防御州考论:以唐会昌五年为时间截面》,《历史
　　地理研究》2020 年第 3 期。

沙宪如:《唐代节度使的再探讨》,《史学集刊》1994 年第 2 期。

石云涛:《唐后期有关方镇使府僚佐的限令》,《唐研究》第 3 卷,北京大
　　学出版社,1997。

史念海:《论唐代贞观十道和开元十五道》,《唐代历史地理研究》,中国社
　　会科学出版社,1998。

宋建莹:《论唐代安南都护府及其属州建制的演变》,《西安文理学院学报》
　　2010 年第 2 期。

宋卿:《试述唐代东北边疆重镇营州的权力伸缩》,《史学集刊》2014 年第
　　3 期。

宋卿:《唐代平卢节度使略论》,《中国边疆史地研究》2010 年第 2 期。

粟美玲:《略论唐代安南都护府的设置及历史作用》,《广西民族学院学报》
　　1987 年第 4 期。

孙慧庆:《唐代治理东北边疆的重要机构平卢军节度使》,《北方文物》
　　1991 年第 4 期。

孙慧庆:《唐代平卢节度使南迁之后琐议》,《北方文物》1992 年第 4 期。

孙继民:《唐代军事统帅僚属制度及其对藩镇形成的影响》,《河北学刊》
　　1992 年第 6 期。

谭其骧:《历代政区概述》,《文史知识》1987 年第 8 期。

唐建华:《试论唐代永贞改革》,《贵州社会科学》1992 年第 4 期。

陶卫宁:《释新唐书·方镇年表(一)"遥领"》,《中国历史地理论丛》
　　1996 年第 1 期。

田尚:《唐代十道和十五道的产生及其性质》,《中国古代史论丛》1982 年
　　第 3 辑,福建人民出版社,1982。

王力平:《唐后期淮颍(蔡)水运的利用与影响》,《河北学刊》1991 年第
　　2 期。

王力平:《唐德宗朝汴河水利之争的由来与影响》,《内蒙古民族师院学报》

1988 年第 2 期。

王德权：《中晚唐使府僚佐升迁之研究》，《中正大学学报》人文分册第 5 卷，1994。

王赛时：《论唐朝藩镇军队的三级构成》，《人文杂志》1986 年第 4 期。

王赛时：《唐代的淄青镇》，《东岳论丛》1994 年第 2 期。

王使臻：《浅析晚唐藩镇与中央朝廷之间的信息沟通》，《中华文化论坛》2010 年第 1 期。

王寿南：《论唐代河北三镇之独立性在文化上的原因》，《中山学术文化集刊》1968 年第 1 集。

王寿南：《从藩镇之选任看安史之乱后唐中央政府对地方之控制》，《国立政治大学学报》第 6 期，1988 年。

王效锋：《唐代原州城建废争议探析》，《北方民族大学学报》2013 年第 6 期。

王玉群：《藩镇节度使——唐军事变革的产物》，《广州大学学报》2007 年第 11 期。

王玉群、谷立新：《试论节度使为晚唐中枢的一元》，《河北师范大学学报》2001 年第 1 期。

王育民：《论唐末五代的牙兵》，《北京师院学报》1987 年第 2 期。

王兆刚：《藩镇与节度使制度》，《历史教学》1997 年第 8 期。

魏承思：《略论唐五代商人和割据势力的关系》，《学术月刊》1984 年第 5 期。

魏璐璐：《试论唐朝藩镇长期割据的原因》，《重庆科技学院学报》2008 年第 1 期。

吴泽：《〈新唐书·方镇表〉考校记》，《史学史研究》1992 年第 1 期。

武强：《区域变迁背景下的唐代藩镇——以淮西节度使为例的分析》，《黄河文明与可持续发展》第 6 辑，河南大学出版社，2013。

武强：《唐淮西节度使相关问题考论》，《史学月刊》2010 年第 4 期。

许正文：《从汉州唐道的设置看中央集权与地方分权》，《唐都学刊》2001 年第 3 期。

许正文：《汉州唐道的设置与分裂王朝割据的形成》，《中国历史地理论丛》2003 年第 3 期。

薛明扬：《论唐代使职的功能与社会作用》,《复旦大学学报》1990 年第
　　1 期。

严耕望：《景云十三道与开元十六道》,《中研院史语所集刊》第 36 本,
　　1964 年。

严耕望：《唐代方镇使府军将考》,《庆祝李济先生七十岁论文集》上册, 台
　　北：清华学报社, 1965。

严耕望：《唐代洛阳太原道驿程述》,《唐史研究丛稿》, 香港新亚研究
　　所, 1969。

严耕望：《唐方镇使府僚佐考》,《唐史研究丛稿》, 香港新亚研究所, 1969。

杨西云：《唐长庆销兵政策平议》,《社会科学战线》1985 年第 3 期。

杨西云：《唐中后期中央对藩镇的斗争政策——从元和用兵到长庆销兵》,
　　《历史教学》1996 年第 7 期。

杨志玖：《试论唐代藩镇割据的社会基础》,《历史教学》1980 年第 6 期。

杨志玖、张国刚：《藩镇割据与唐代的封建大土地所有制——再论唐代藩
　　镇割据的社会基础》,《学术月刊》1982 年第 6 期。

杨志玖、张国刚：《唐代藩镇使府辟署制度》,《社会科学战线》1984 年第
　　1 期。

于式平：《唐宣武镇始末》,《史学月刊》1997 年第 1 期。

曾代伟：《元和削平藩镇淮西述论》,《重庆师范大学学报》1983 年第
　　1 期。

张春海：《唐代平卢军南下后的种族与文化问题》,《史学月刊》2006 年第
　　10 期。

张达志：《唐代后期藩镇与州之关系新解》,《学术月刊》2010 年第 1 期。

张国刚：《唐代藩镇类型及其动乱特点》,《历史研究》1983 年第 4 期。

张国刚：《唐代藩镇军队的统兵体制》,《晋阳学刊》1991 年第 3 期。

张国刚：《唐代团结兵问题辨析》,《历史研究》1996 年第 4 期。

张国刚、何灿浩：《略论唐末藩镇的兼并》,《庆祝何兹全先生九十岁论文
　　集》, 北京师范大学出版社, 2001。

张国刚：《唐代兵制的演变与中古社会变迁》,《中国社会科学》2006 年第
　　4 期。

张鹤泉：《北魏后期的“道”考略》,《古代文明》2008 年第 1 期。

张剑光:《唐代藩镇割据与商业》,《文史哲》1997 年第 4 期。

张小稳:《唐代道制建设与改革三题》,《兰州学刊》2010 年第 2 期。

张雄:《略论唐朝治理岭南的政策》,《中南民族学院学报》1983 年第 1 期。

张正田:《唐代成德军节度使之变动——安史乱后初期（781—789）河北中部军政形势研究》,《国立政治大学历史学报》第 22 期,2004 年。

张重艳:《推进唐代藩镇史研究的一部力作——评冯金忠〈唐代河北藩镇研究〉》,《高校社科动态》2013 年第 1 期。

周宝珠:《隋唐时期的汴州与宣武军》,《河南大学学报》1989 年第 1 期。

周东平:《唐代淮南道区划、人口考》,《中国唐史学会论文集》,三秦出版社,1989。

周振鹤:《中央地方关系史的一个侧面——两千年地方层级变迁的分析（上、下）》,《复旦大学学报》1995 年第 3、4 期。

朱德军:《唐代中后期"地方独立化"问题初探》,《陕西师范大学学报》2009 年第 2 期。

朱德军:《略论唐代中原藩镇的演变及其表现》,《洛阳师范学院学报》2010 年第 4 期。

朱德军:《唐代中原藩镇与地域社会》,《唐都学刊》2010 年第 5 期。

祖大祥:《唐代藩镇赏赐述论》,《人文杂志》1992 年第 2 期。

〔日〕山根直生:《唐朝军政统治的终局与五代十国割据的开端》,《浙江大学学报》2004 年第 3 期。

〔日〕松井秀一:《卢龙藩镇考》,《史学杂志》第 68 卷第 12 号,1959 年。

〔日〕日野开三郎:《藩镇体制と直属州》,《东洋学报》1961 年第 4 期。

五　学位论文

陈兵:《南下淄青前之平卢镇研究（717—761）——以平卢节度内部的分裂为中心》,硕士学位论文,华东师范大学,2017。

陈乐保:《唐代剑南道研究——以政治地理与戍防体系为中心》,博士学位论文,山东大学,2015。

陈奕亨:《国家政策与地域社会变动——唐五代忠武军个案研究》,硕士学位论文,中正大学,2000。

成雪艳：《唐代淮南镇研究——肃宗—宪宗时期》，硕士学位论文，中央民族大学，2009。

崔人杰：《唐中后期河中镇研究——以朔方化和中央化时期为主》，硕士学位论文，陕西师范大学，2013。

杜正乾：《唐代节度使旌节制度研究》，硕士学位论文，西北师范大学，2002。

冯金忠：《唐代幽州镇研究》，硕士学位论文，河北师范大学，2001。

桂齐逊：《唐代河东军研究》，硕士学位论文，中国文化大学，1991。

郭想：《唐监察道使臣体制研究》，硕士学位论文，云南大学，2019。

郝黎：《唐代淄青镇探析》，硕士学位论文，河北师范大学，2000。

胡献漳：《唐代原州军事地位研究》，硕士学位论文，山东大学，2019。

吉东梁：《中晚唐藩镇判官研究》，硕士学位论文，西北大学，2019。

姜密：《唐代的成德镇》，硕士学位论文，河北师范大学，1998。

阚大成：《藩镇地方政府中央化之研究——以宣武军为例》，硕士学位论文，中国文化大学，1994。

赖青寿：《唐后期方镇建置沿革研究》，博士学位论文，复旦大学，1999。

郎洁：《唐中晚期昭义镇研究——兼论中央与藩镇关系》，硕士学位论文，中央民族大学，2007。

李堪秋：《唐代夏绥镇研究》，硕士学位论文，黑龙江大学，2019。

李想：《唐代关内道研究——以敦煌文书为中心》，硕士学位论文，西北师范大学，2022。

林云鹤：《唐代淮西镇的演变及其特点》，硕士学位论文，上海师范大学，2014。

林云鹤：《唐代山南道研究》，博士学位论文，上海师范大学，2018。

刘诗平：《论唐后期的地方行政体制》，硕士学位论文，北京大学，1997。

龙晶：《唐肃代德时期鄂州的几个问题》，硕士学位论文，山东大学，2020。

穆溯：《唐代宣歙镇研究》，硕士学位论文，南京师范大学，2017。

穆渭生：《唐代关内道军事地理研究》，博士学位论文，陕西师范大学，2002。

彭文峰：《唐后期河朔三镇与中央政府经济关系研究》，硕士学位论文，河北师范大学，2003。

秦后升：《唐元和平定藩镇研究》，硕士学位论文，安徽大学，2010。

任记国：《唐代浙江西道研究》，硕士学位论文，浙江大学，2009。

任艳艳：《唐代河东道政区"调整"之研究》，博士学位论文，武汉大学，2013。

王荣霞：《荆州方镇与刘宋政局研究》，硕士学位论文，湘潭大学，2017。

王天宇：《唐代河中府研究三题》，硕士学位论文，西北大学，2021。

王韵：《论唐、五代的昭义镇》，硕士学位论文，西川师范大学，2003。

吴光华：《唐代卢龙镇之研究》，硕士学位论文，台湾大学，1981。

吴晓宇：《唐代山南东道藩镇的形成及演变》，硕士学位论文，辽宁大学，2018。

夏炎：《唐代州级行政体制研究》，博士学位论文，南开大学，2005。

向楠：《唐代剑南西川节度使的政治地理研究》，硕士学位论文，北京大学，2012。

许辉：《隋唐时期幽州军事防御研究——兼论幽州与中央关系》，博士学位论文，北京师范大学，2005。

闫云荣：《唐代平卢淄青藩镇探微》，硕士学位论文，天津师范大学，2014。

杨文春：《唐代淮西镇割据问题研究》，硕士学位论文，首都师范大学，2011。

于欢：《唐代浙江东道研究（758—907）——以中央与地方关系为中心》，硕士学位论文，辽宁大学，2014。

曾贤熙：《唐代汴州——宣武军节度使研究》，博士学位论文，中国文化大学，1991。

曾现江：《唐后期、五代之淮蔡军人集团研究》，硕士学位论文，四川大学，2002。

张世伟：《唐代剑南道的重要性及其分合与中央关系之研究》，硕士学位论文，成功大学，1992。

张正田：《唐代昭义军研究》，硕士学位论文，中正大学，2002。

郑晗：《唐代振武镇研究》，硕士学位论文，南京师范大学，2017。

朱祖德：《唐代淮南道研究》，硕士学位论文，中国文化大学，1997。

后　记

本书是我的国家社科基金项目研究成果，也是在我的博士学位论文基础上继续深入研究创作而成。2009 年，我考入南京大学，师从著名宋史专家李昌宪先生，攻读博士学位。入学第一天我去拜访先生时，先生建议我对唐代后期方镇辖区变动情况进行研究。因为唐代安史之乱后方镇置废无常、方镇辖区变动纷繁复杂，梳理清楚实为不易，学界也没有系统性研究，如能对该问题进行系统考证梳理，具有重要的学术价值。选此论题，难度较大，但只要能坐得住冷板凳、不放过任何一个细节，就能够有所收获。

先生是考证方面的专家，能得到先生的指教，可以使自己在文献考证训练方面获得较大的收益，我决定以唐代后期方镇辖区变动作为博士论文选题。在先生的精心指导和帮助下，我基本上完成了对方镇辖区变动情况的考证研究。博士毕业后，我回到商丘师范学院任教，继续围绕方镇辖区变动沿革、特点、作用和历史影响等问题进行深入研究，并获批国家社科基金项目。

本书是对唐代后期方镇辖区变动情况的探讨，以开元二十一年设置的十五道为基础，考证梳理唐代安史之乱以后八十七个方镇的置废及其辖区变动情况，归纳方镇辖区变动的特点，分析方镇置废及其辖区变动的原因，探讨方镇辖区变动对唐后期存续的历史作用及为五代和宋代解决方镇问题提供借鉴的历史影响。尽管付出很多精力，但本书在石刻史料，尤其是墓志、碑刻材料方面还可以进一步丰富利用；考证上还有进一步深入推敲的空间；单个方镇辖区变动的原因、影响等还可以丰富完善；体例编排上，方镇辖区变动情况考证与变动特点、原因、影响等所占比例可以相对保持均衡；等等。

本书是在我的恩师李昌宪先生的教诲下完成的。先生严谨的治学精神、淡定的生活态度、谦和的处事风格，对我影响深远，使我终生受益。在此，向先生表示最衷心的感谢！在博士学位论文答辩和本书的撰写过程中，南京大学历史学院刘迎胜教授、张学锋教授，复旦大学历史地理研究中心李晓杰教授、王大学教授，陕西师范大学西北历史环境与经济社会发展研究院李令福教授，商丘师范学院郭文佳教授，陕西师范大学历史文化学院李宗俊教授，南昌大学人文学院邹锦良教授，河南大学历史文化学院田志光教授，安徽师范大学历史学院丁修真教授，西华师范大学历史文化学院符永利副教授，对论文和本书提出了很多有价值的建议和修改意见，向诸位老师致以诚挚的谢意！

本书获得国家社科基金项目资金资助，也得到商丘师范学院重点项目培育经费的支持。单位领导在工作安排上都会尽量考虑我的研究需要，于志刚博士、龙坡涛博士、杨金华博士等同事也为我分担一些工作，使我在完成本书时拥有较为充分的时间。社会科学文献出版社的郑庆寰博士和赵晨、汪延平编辑为本书精心编校多次，提出很多宝贵的意见和建议，使得本书得以顺利出版。对以上单位与个人表示衷心感谢！

我的妻子白茹冰女士在完成繁重的教学任务和扶老育幼的家务之余，帮我校对书稿，与我讨论修改完善细节，为此付出了很多的艰辛；我年迈的母亲和岳父母也都处处为我考虑，尽可能不占用我的时间，生怕耽误了我的工作；我的儿子和女儿对我的忙碌给予理解和支持，让我能够安心做好工作。亲人的帮助让我倍感温暖和深受感动。在此，向他们表示最诚挚的感谢！

本书还存在不少需要进一步完善之处，敬请方家批评指教，以使本书不断得到修正完善。

2023 年 7 月 26 日于商丘

图书在版编目（CIP）数据

　　唐代后期方镇辖区变动研究／付先召著. -- 北京：
社会科学文献出版社，2023.8（2024.5重印）
　　（唐宋藩镇研究丛书）
　　ISBN 978 - 7 - 5228 - 2228 - 0

　　Ⅰ.①唐…　Ⅱ.①付…　Ⅲ.①藩镇割据 - 研究 - 中国
- 唐代　Ⅳ.①K242.08

　　中国国家版本馆 CIP 数据核字（2023）第 138805 号

唐宋藩镇研究丛书
唐代后期方镇辖区变动研究

著　　者／付先召

出 版 人／冀祥德
责任编辑／赵　晨　汪延平
责任印制／王京美

出　　版／社会科学文献出版社·历史学分社（010）59367256
　　　　　　地址：北京市北三环中路甲29号院华龙大厦　邮编：100029
　　　　　　网址：www.ssap.com.cn
发　　行／社会科学文献出版社（010）59367028
印　　装／唐山玺诚印务有限公司

规　　格／开本：787mm × 1092mm　1/16
　　　　　　印 张：41　字 数：670 千字
版　　次／2023 年 8 月第 1 版　2024 年 5 月第 2 次印刷
书　　号／ISBN 978 - 7 - 5228 - 2228 - 0
定　　价／138.00 元

读者服务电话：4008918866